法廷で裁かれる

南洋戦・フィリピン戦

訴状編

強いられた民間人玉砕の国家責任を問う

「南洋戦・フィリピン戦」被害・国家賠償訴訟弁護団長

弁護士 瑞慶山 茂 編著

〈特別寄稿〉**西埜 章**（行政法学者）
〈編集協力〉**蟻塚 亮二**（精神科医）

高文研

◎──もくじ

❖はじめに

1 あの玉砕の戦場を、忘れない　5

2 裁判手続の中での被告国の不誠実な態度　6

3 南洋諸島・フィリピン群島の位置　6

4 「沖縄県南洋諸島」と呼称－沖縄県人約25000人以上が戦死　8

5 南洋戦・フィリピン戦－民間人玉砕の戦場と特攻の戦法　8

6 南洋諸島─日本帝国の海の生命線、絶対国防圏設定、
　　　　　　　　　　本土防衛の防波堤　13

7 フィリピン─日本軍が開戦と同時に軍事占領・神風特攻作戦発祥の地　14

8 南洋戦・フィリピン戦の民間人被害の特徴・実態　14

9 南洋戦・フィリピン戦と沖縄戦の共通点（軍・民 玉砕の戦場）　16

10 私がこの訴訟にかかわることになった経緯　17

11 本書の執筆・編集・出版について　22

解説 「南洋戦・フィリピン戦 」 被害・国家賠償訴訟の概要

❋原告45名と、36名の弁護団　24

❋請求の内容　24

❋南洋戦・フィリピン戦に至る歴史的事実経過─日米軍の加害行為と民間
　人玉砕の事実の立証　25

❋太平洋戦争における主な戦闘と民間人玉砕の発生経過と内容　25

❋日米軍の加害行為と被害類型　28

❋原告らの被害の立証　30

❋原告らの法的主張の概略　30

❋被告国の法的主張　33

❋被告国の反論の概要─戦争損害受忍論・国家無答責論・除斥期間経過論　33

❋被告国の反論に対する原告の反論の概要　34

❋米軍の国際法違反行為　34

❋原告らの受けた多岐にわたる被害類型（法的主張と請求の根拠）34

＊原告らが罹患した外傷性精神障害の症状の種類　35

＊地上戦中心の南洋戦・フィリピン戦被害と本土の各空襲被害との相違点　35

＊憲法で定める法の下の平等原則違反　36

＊軍隊・軍人の国民保護義務違反　38

＊日本軍の国内法上の「戦争犯罪行為」　38

＊米軍の国際法上の戦争犯罪　39

＊戦争被害は最大の基本的人権の侵害である　39

＊戦争PTSDなど外傷性精神障害の除斥期間　41

＊裁判所は人権回復の最後の砦　42

❖本件訴訟の「訴状」を読み解くために

※その1……原告の被害状況

　1 原告各人の被害内容一覧表　44

　2 被害類型原告一覧表　48

　3 外傷性精神障害診断一覧表　51

　4 外傷性精神障害診断・各所見一覧表　53

　5 外傷性精神障害の症状発症時期一覧表　66

※その2……太平洋戦争 主要戦闘経過概略一覧　67

訴状 「南洋戦・フィリピン戦」被害・謝罪及び損害賠償請求事件　85

■訴状詳細もくじ　86〜98

■訴訟の目的・謝罪と償いと平和を求めて　99

■本件訴訟の法的構成（要約）　102

■請求の趣旨　103

■請求の原因

　第1章　　原告らの本件被害と請求額　104

　第2章　　南洋諸島・フィリピン群島の沿革、兵要地誌等の概要　128

　第3章　　南洋諸島と沖縄の緊密な関係＝南洋移民　134

　第4章　　沖縄県人のフィリピン移民と戦争　145

　第5章　　南洋戦・フィリピン戦に至る歴史的経過　151

第 6 章　　南洋戦・フィリピン戦の戦闘経過と戦闘行為　168

第 7 章　　アメリカ軍の軍事行動における国際法違反　228

第 8 章　　南洋戦・フィリピン戦の一般民間人被害の特徴と実態　256

第 9 章　　沖縄県人の沖縄への引揚げと活動　263

第 10 章　　沖縄での軍人・軍属・戦争被害者への援護行政・救済運動　268

第 11 章　　被告国の法的責任（その１）－国民保護義務違反による不法
　　　　　　　　　　　　　　　　　　　　　行為責任　337

第 12 章　　被告国の法的責任（その２）－公法上の危険責任　355

第 13 章　　被告国の法的責任（その３）－立法の不作為責任　367

第 14 章　　本訴訟に「戦争被害受忍論」は通用するのか　448

終　　章　　「平和の礎」に込められた沖縄県民の優しさと憂い　452

■結び　真実の究明を
　　　　　－南洋戦・フィリピン戦の死者を歴史の闇に葬ってはならない　454

＊証拠方法・付属書類　455

✳謝罪文　✳原告名簿　✳原告代理人名簿　456～459

❖特別寄稿　南洋戦被害と国家責任　　西埜　章

はじめに　461

Ⅰ　被告国の国家責任否定の論拠　462

Ⅱ　南洋戦被害と国家責任　465

Ⅲ　公法上の危険責任論　472

おわりに　476

【資料編】

✳提訴経過一覧　480

✳口頭弁論期日一覧　480

✳提出証拠等一覧　482

✳本書関連の用語解説

　◆人物編　511

　◆軍事・法令関係編　522

パラオ諸島近海に点在する無人島群・ロックアイランド。日本人移民たちは「東洋の松島」と呼んで心をなごませた＝撮影 森口豁

写真提供＝森口　豁・村上有慶
装丁＝商業デザインセンター・山田由貴

◆——はじめに

❖ はじめに

1　あの玉砕の戦場を、忘れない

この訴訟は、アジア太平洋戦争（1941 年 12 月 8 日〜 1945 年 8 月 15 日、沖縄は同年 9 月 7 日まで）末期における、日米軍が激しく闘った南洋諸島の「南洋戦」や、フィリピン群島の「フィリピン戦」において、主に沖縄県出身の一般民間人で死亡した人の遺族や、負傷した本人が原告となって、救済せずに長期間放置してきた被告国に対して、2013 年 8 月 15 日に、謝罪と償い（慰謝料）と恒久平和を求めて提起した訴訟である（原告数は 45 名、うち本土出身者 2 名）。

南洋戦・フィリピン戦の際立った特徴は、民間人玉砕の戦場となったことである。原告らは、祖父母、父母、兄弟姉妹、親戚、友人が死んだ、そして自らも傷ついた南の海の「あの玉砕の戦場」の地獄絵図を 72 年経っても忘れることが出来ない。

原告ら南洋戦・フィリピン戦の生存被害者は、現在平均年齢 82 歳を超える高齢となっており、最高年齢は原告番号 22 の真境名文の 97 歳である。原告らは、無念のうちに南の海に散った人々の命の霊を弔い、自らの人間回復のために、人生最期の思いを込めてこの裁判を闘っているのである。

私は 1943 年 6 月 22 日に南洋諸島パラオ・コロール島で出生し、あの戦争の被害者である。そのことは、後述する（17 ページ）。

訴訟の詳細は、後述の訴状に記載されている。

　　注：本書は、南洋戦被害とフィリピン戦被害を取り上げているが、用語としてフィリピン戦も含めて「南洋戦」と呼称する場合と、両者をそれぞれ別個に呼称する場合がある。

本件訴訟は 2017 年 4 月 19 日に、3 年 8 カ月にわたる審理を終えて結審し、判決言渡は 2018 年 1 月 23 日となっている。

審理の結果については、平成 29 年 4 月 10 日付最終準備書面（989 頁、詳細目次を含めると 1033 頁）において原告らの事実的主張及び法的主張を整理し、

事実的主張については証拠を提出し、それらをもとに根拠のある法的主張を展開し、結審に際しては最終弁論を行った。

被告国の主張に対しては証拠に基づく適切な反論を加え、その根拠がないことを事実的にも法的にも明らかにしている。

2　裁判手続の中での被告国の不誠実な態度

ところで、被告国の応訴態度は、原告らが南洋戦・フィリピン戦における日本軍の反人道的な加害行為や、悲惨な原告らの戦争被害の事実を詳しく主張しても、それに対し通常の訴訟手続では事実を認めるか認めないかの認否すべきところ、全く認否さえもせずに若干の理屈を述べただけで審理終結を迎えた。

被告国のこのような応訴態度は、自ら起こした戦争の被害事実に向き合おうとしない、「上から目線の態度」であり、極めて不誠実な態度というほかはない。

これまでこの裁判支援運動と民間戦争被害者救済の法制定運動も高まり、沖縄県民を中心に本土、アメリカにおける署名数は本日までに 53795 筆となった。引き続き 10 万人署名の達成を目指している。

3　南洋諸島・フィリピン群島の位置

南洋諸島とフィリピン群島の位置は、次の地図に示したとおりであり、地理的には接続している。沖縄や小笠原諸島との位置関係もわかる。今日、振り返ってみると、かつて日本軍国主義帝国が、日本本土から数千キロメートルも離れた、これらの広範囲な地域を軍事力で侵略し、支配していた事実は、大変な驚きである。

　　注1：なお、南洋諸島とフィリピン群島の「諸島」と「群島」の用語について、文献等でも整然と区別されているわけではないが、本書では、南洋の場合は「南洋諸島」、フィリピンの場合は「フィリピン群島」と呼称する。引用文献については、その記述のとおりとする。
　　注2：南洋戦等の「等」はフィリピン戦を含む。

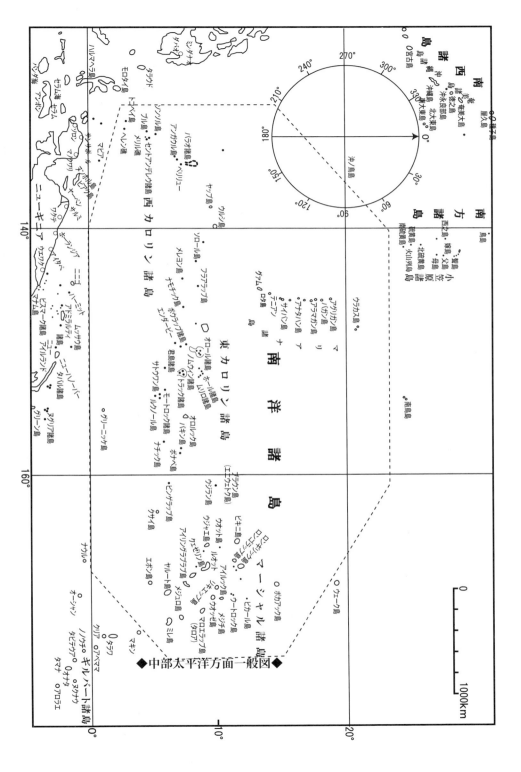

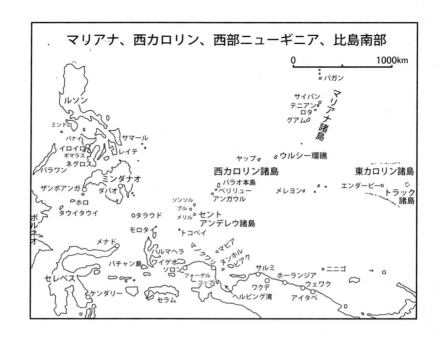

4 「沖縄県南洋諸島」と呼称－沖縄県人約25000人以上が戦死

　沖縄県人は、明治時代から南洋諸島やフィリピン群島に移民などして移住して生活し、大戦当時、約10万人の日本人のうち、約8万人余を沖縄県人が占め、「沖縄県南洋諸島」と言われたほどであった。南洋戦等により沖縄県人25000人以上が命を失ったのである（死亡率30％）。被告国は、南洋戦等による民間人犠牲者に対しては、ほとんどが補償せず放置したままである。

5　南洋戦・フィリピン戦－民間人玉砕の戦場と特攻の戦法

※民間人居住地での初めての地上戦と民間人玉砕の島々

　1941年12月8日の日米開戦以降、太平洋においては、日本の激烈な戦闘行為が続けられた。ミッドウェー海戦とガダルカナル島攻防戦に敗れた日本は守勢

一方に立たされ、敗勢の戦闘を続けてきた。日本は新たな侵攻作戦はおろか、占領地さえも全部は守りきれないとして縮小した防衛戦を設定した（1943［昭和18］年9月30日）。

これが絶対国防圏といわれるものである。千島列島・小笠原諸島・マリアナ諸島・西カロリン諸島・西部ニューギニア・小スンダ列島・ジャワ島・スマトラ島・アンダマン島・ビルマ（現ミャンマー）などを結んだ内側である。占領していた南洋諸島のうち、マーシャル諸島など東半分を切り捨てた防衛圏設定である。

サイパン、グアム、テニアンを含むマリアナ諸島はこの絶対国防圏の東の重要拠点だった。とくにサイパン島の防衛が急務となったが、日本軍はそれなりに絶対の自信をもってアメリカ軍を迎えたという。

しかし、マリアナ沖海戦における海軍の戦いも、サイパン島における陸軍の戦いも、まったく歯が立たず壊滅的打撃を受けた。

降伏を拒否して、重傷者は自決するか自決能力のない者は殺されたあとに、生存者がさあ殺せとばかりに敵に突撃した玉砕戦法は、アッツ島や太平洋の孤島で既に始まっていたが、サイパン戦からは日本民間人も多数生活していた場所が戦場となったので、軍人ばかりか強いられた民間人の玉砕（自決、家族同士の殺しあい）が含まれるようになった。

フィリピン戦では玉砕はもちろん、飛行機に爆弾を積み、飛行機ごとアメリカ軍の軍艦に体当たりする特別攻撃が始まり、その後の沖縄戦に至るまで、日本軍の日常的な戦法となった。特攻は自決を意味し、玉砕そのものである。

南洋諸島は、日本本土防衛の「防波堤」とされ、太平洋戦争において、はじめて民間人居住地での地上戦が闘われたために、はじめての住民玉砕などの日本人の民間人犠牲が夥しく発生したことがその際立った特徴といえる。民間人玉砕の被害は、15年にわたるアジア太平洋戦争において初めてのことである。

その後、日本軍は南洋戦・フィリピン戦での民間人玉砕を反省することなく、沖縄戦では更に規模を大きくして、沖縄県民に玉砕を強いていくのである。沖縄の戦いは地上戦においては無数の県民を巻き込んだ事実上の玉砕戦だったが、一方では航空機を中心とする一大特攻玉砕戦でもあった。

沖縄戦での民間人玉砕の実態と思想を解明するためには、南洋戦等において強いられた民間人玉砕の経過と実態を明らかにすることが必要不可欠である。

※戦場の悲惨な実態を隠し、美化する玉砕の思想

　太平洋戦争中、全滅を意味する「玉砕」という言葉が使われた。アッツ島の戦いで日本軍が全滅したとき、玉砕という言葉が新聞等で初めて語られ、広まっていった。人民を宝石にたとえた表現は、戦死のむごさから国民の目をそらし、泥沼化を招く一因にもなった。軍国主義日本帝国は、不都合な事実をごまかす美辞として、全滅を意味する玉砕という言葉を大々的に使用した。南洋戦・フィリピン戦・沖縄戦では、玉砕戦法が実行された。

　玉砕とは、玉が美しく砕けるように、名誉や忠義を重んじて潔く死ぬことの例えである。中国・唐代の史書に記述がある。日本では明治期の軍歌で「玉となりつつ砕けよや」と歌われた。大本営はアッツ島をはじめ、赤道に近いタラワ島、マキン島の敗戦時にも玉砕戦法を用いた。壊滅状態でも降伏を許さない戦い方はサイパン島、ペリリュー島、硫黄島、沖縄戦などでも踏襲され、死傷者を増やした。終戦間際には本土決戦による「一億玉砕」も叫ばれた。壊滅することが明らかとなっても降伏を許さない玉砕戦法は、自決を強いることを意味しているのである。この自決とは、個人の自決や集団自決など様々である。

　当初、軍人の玉砕として始まったが、日本軍が軍事的敗北を重ねるにつれて民間人玉砕へと広がっていった。最初の民間人玉砕（自決、家族同士の殺し合い）が行われたところは、サイパンなど南洋戦においてであった。この住民への玉砕を強いる日本軍の方針は、「集団自決」、住民殺害にまで広げられ、さらにはフィリピン戦（レイテ戦）において、特別攻撃隊「特攻」が始まった。そして、日本軍による住民に対する「集団自決」や住民被害は、明治天皇の名で日本帝国軍人に下賜された軍人勅諭の「命は、鴻毛より軽い」という玉砕思想の延長線上にある。

　南洋戦に始まった軍人の玉砕は、住民の「集団自決」、住民殺害、軍人の特攻作戦などとその名を変えたが、「玉砕」の思想がその後の沖縄戦に影響を与え、大規模かつ集中的に住民の被害が発生した。

※玉砕の思想の根源－「命は、鴻毛より軽し」（軍人勅諭）
「陣地は死すとも敵に委すること勿れ」（戦陣訓）

　軍人勅諭は、陸軍参謀本部御用掛の哲学者・西周が起草し、参謀本部長山県有朋らが加筆修正後、1882（明治15）年1月4日、明治天皇の名で日本帝国軍人

に下付された勅諭。〈一、軍人は忠節を尽すを本分とすべし〉で始まる本文では、忠節・礼儀・武勇・信義・質素を軍人の守るべき条件として、皇軍兵士の天皇への忠誠心を徹底して説き、〈夫兵馬の大権は、朕が統ぶる所〉と記して、天皇の統帥権（軍隊指揮権）が強調される。また、〈只々一途に己が本分の忠節を守り、義は山嶽よりも重く、死は鴻毛よりも軽しと覚悟せよ。其操を破りて不覚を取り、汚名を受くるなかれ〉の有名な一文は、天皇の命令を絶対視し、その前には兵士の生命を無価値とする。命令への服従を強い、自発性や積極性を排除して、軍隊内秩序を保とうとする前近代的な日本軍の体質は、戦争目的の曖昧さと劣悪な条件下での戦等ゆえに、侵略戦争の過程で日本兵士のあいだに様々な不満を生み出し、それが虐殺事件などを引き起こす原因の１つともなったと考えられる。

　この軍人勅諭の思想は、1941 年に東条英機陸軍大将の名で全陸軍に下した戦時下における兵の心得としての「戦陣訓」に引き継がれている。

　「戦陣訓」では、「常に戦陣に於て勅諭（注：軍人勅諭）を仰ぎて之が服行の完璧を期せむが為」に具体的に行動することを強調している。その具体的例として、攻撃精神として「必ず主動の地位を確保せよ。陣地は死すとも敵に委すること勿れ」、身心の一切を尽くして生死を超越して任務の完遂に邁進すべきこと（死を賭して任務を完遂せよ）、退却を禁止し常に前進あるのみ、屍を戦場に曝すは固より軍人の覚悟であること、などと死を絶対的な命令としている。玉砕正当化の思想の根拠となったことは明らかである。

※南洋諸島・フィリピン群島の日米軍の戦闘は最終段階の決戦

　南洋諸島・フィリピン群島での日米軍の戦争は、被告国が 1931 年 9 月 13 日の満州事変から 1941 年 12 月 8 日の日米開戦（真珠湾攻撃）へとあしかけ 15 年にわたり、勢力図拡大を意図しながら段階的に戦線を継続・拡大させたアジア太平洋戦争の最終段階にあたった。この最終段階の戦争の始まり、1941（昭和 16）年 12 月 8 日には、日本軍は真珠湾攻撃とともに米領グアム島に侵攻、10 日に軍事占領した。同島は以後約 3 年間、日本軍占領下におかれ、大宮島と改称されたことに象徴されるような軍政が在住者を苦しめた。

　またサイパン、グアム両島のチャモロは親族、親交関係にある者が多いが、日米開戦により、直接的な敵対関係を強いられた。例えば日本軍は、グアム島上陸

時に、同島に親戚を持つサイパン島チャモロを密偵員に使用したのである。一方、サイパン島在住日本人は、グアム島占領により同島での仕事、戦利品物資を手にするチャンスを得た。

　日米開戦後の緒戦で圧勝した日本軍は、その実力を過信し、以後、安易な情勢判断や作戦計画を重ねた。その結果日本は、1943年9月に死守すべき南洋諸島の西側半分に「絶対国防圏」設定を余儀なくされる。この時点で、南洋諸島のほぼ東半分が絶対死守すべき地域の外に置かれ、見捨てられた。

　これに伴い日本本土への引揚げも始まるが、これは日本人を対象に、しかも現地の稼働能力確保を優先させたものであった。引揚げるにしても船舶は少なく、航行中の撃沈もあった。残留者には労働、食糧、住居などの供出による動員があり、徴兵適齢者には在留地徴兵検査が、在郷軍人には防衛召集が実施された。朝鮮人軍夫には、より過酷な労働が強いられた。

＊民間人犠牲は二等国民といわれ差別された沖縄県出身者に集中

　戦場での犠牲は、南洋諸島植民地社会での「一等国民日本人、二等国民沖縄人／朝鮮人、三等国民島民（チャモロ、カロリニアン）」の序列を反映させたものとなり、しかも老幼婦女子に多くが強いられた。「一等国民」以外の人々、さらにヨーロッパ人宣教師には軍からスパイ容疑をかけられ、殺害された者もいた。前述したように、沖縄県出身者は8万人の移住者のうち約25000人以上が戦死し、その死亡率は30％を超えている。

　なお、朝鮮人も多数の戦死者を出したが、正確な数字は不明である。

＊「最下層」の現地住民の被害も放置

　なお、この訴訟では原告にはなっていないが、三等国民最下層と位置づけられた現地住民（チャモロ・カロリアンなど）の犠牲者を放置することは、人道と正義に反し、許されることではない。

　現地住民にとっては、この日米の戦争は、自分たちとは全く関係なく、勝手に起こした戦争である。日本軍に生まれ故郷を軍事占領され、日本軍と米軍との戦闘行為により蹂躙されて生じた現地住民の死者・負傷者たちに対して、日本は国家の責任において謝罪と償いをしなければならないのにも関わらず、その責任を

12

全く履行していない。

　日本の民間人も沖縄県出身者も、日本軍国主義の被害者であると同時に、現地住民の被害については、加害者たる側面があることを認識し、陳謝し、反省しなければならない。二重三重と幾重にもわたる構造的差別の場合は、「最下層」の被害を救済しないかぎり、真の全体としての差別解消はありえないのである。

6　南洋諸島—日本帝国の海の生命線、絶対国防圏設定　　　本土防衛の防波堤

　南洋諸島は、マリアナ諸島、東カロリン諸島、西カロリン諸島、マーシャル諸島の総称である。トラック諸島、クサイ島、ポナペ島を東カロリン、パラオ諸島及びヤップ諸島を西カロリンと呼び、これらを一括してカロリン諸島と称していた。全面積は 2149 平方キロで、東京都または琉球諸島にほぼ等しいものであった。

　南洋諸島の東部分にあるマーシャル諸島は、多数の環礁からなる諸島であるが、戦後になってアメリカの信託統治領となった。1954 年 3 月 1 日にマーシャル諸島ビキニ環礁でアメリカの水爆実験が行われ、日本の遠洋マグロ漁船第 5 福竜丸が被爆し、久保山愛吉さんが死亡した事件として有名となった。いわゆる 3・1 ビキニデーの由来である。

　第一次世界大戦当時、ドイツがマリアナ、カロリン両諸島を統治していたが、日本は 1914 年に南洋諸島を軍事占領し、1919 年にベルサイユ条約により日本帝国の委任統治領としたのである。日本は 1922 年に南洋庁を設置し、パラオのコロール島に本庁を置き支配体制を確立し、帝国の構成部分として一体不可分であることを強調し、永久に統治することを宣言した。

　帝国は「海の生命線　南洋諸島」なるスローガンを掲げ、政治的軍事的支配を一段と強化し、太平洋戦争を遂行するに至ったのである。後に帝国は 43 年には、死守すべき地域として南洋諸島のうち西側半分をを絶対国防圏として設定し、東側部分を防衛対象から除外したのである。

7　フィリピン―日本軍が開戦と同時に軍事占領
　　神風特攻作戦発祥の地

※フィリピン戦の特徴
①日本軍が50万人という最大の犠牲を出した戦場

　フィリピン群島は、西太平洋上に位置し、7000余りの島々から成り（合計面積30万平方キロ）、16世紀中期からスペインの植民地となり、1898年の米西戦争で米国が新たな支配者となったのである。日本軍は太平洋戦争開戦日の1941年12月8日に、フィリピンにおいてもアメリカと戦闘を開始して、翌年1月2日に首都マニラを占領し、フィリピンを軍事占領した。

　日本軍の侵略作戦によってフィリピン民衆は10万人以上、在留一般民間人2万人が死亡したのである。フィリピンは太平洋戦争の中で最も多い日本軍人50万人以上の戦死者を出し、神風特攻作戦が初めて行われた戦場でもあったのである。

②戦死者より病死・餓死が多い戦場

　もう一つのフィリピン戦の特徴は、戦闘行為による戦死者よりも、栄養失調を原因とする病死、餓死者の方がはるかに多かったことである。大量餓死は、太平洋戦争の最大の特徴である。

③現地住民と日本人への加害行為

　日本軍は、日本支配に反対するフィリピン民衆に対して虐殺行為、食糧強奪をした。日本軍は、民間日本人に対しても虐殺行為を行った。フィリピン住民10万人以上を虐殺した。食糧不足となった日本軍は遂には虐殺した住民の人肉まで食べた。そのことは、戦中・戦後の日本の民間人の複数の現地調査により明らかとなった事実である（『ワラン・ヒヤ―日本軍によるフィリピン住民虐殺の記録』石田甚太郎著、『聞き書きフィリピン占領』上田敏明著）。

8　南洋戦・フィリピン戦の民間人被害の特徴・実態

◆——はじめに

　前述したとおり「海の生命線」と称揚され、絶対国防圏として設定され、玉砕の戦場となった南洋諸島やフィリピン群島においては、太平洋戦争ではじめて一般住民居住地で一般住民を巻き込んだ日米の地上・空・海の壮絶な戦闘が繰り広げられた。

※南洋戦等における沖縄県出身一般住民の犠牲は、死亡者数 25000 人以上、戦死率 3 割と推定

　国が南洋戦等における戦争被害調査を実施していないため、被害の詳細については依然として不明である。沖縄南洋群島帰還者会や沖縄県遺族連合会などの関係団体や民間の研究者等の不充分な調査・資料などを総合すると、一般民間人の死者は最低でも 12500 人、最大 19000 人といわれている。フィリピン群島においては最低 12500 人、最大 19400 人といわれている。負傷者は 20000 人程度と推定されている。戦死者は、25000 人から 38400 人と推定されているのである。

※日本軍が強いた住民玉砕—サイパン島など南洋諸島の悲劇
（反人道的な日本軍の行為の数々）
①大本営のサイパン放棄決定と住民犠牲

　米軍は 1944 年 6 月 15 日にサイパン島に上陸した。大本営は、米軍の上陸開始から 10 日目である昭和 19 年 6 月 24 日にサイパン島放棄を決定し、軍事支援策を全面的に停止した。その大本営の重大決定は、現地第 31 軍にも現地の日本国民にも一切知らせることなく、戦後まで極秘にしていた。被告国は、この大本営の決定とともにサイパン戦を停戦すべきであった。放棄決定を知らない現地 31 軍は、昭和 19 年 7 月 7 日に玉砕突撃を行い壊滅し、兵 43000 名中約 40000 人が玉砕戦死した。天皇が指導する大本営は、国民も兵も見捨てたのである。

②玉砕を強制された民間人 8000 人から 19000 人と推定、悲劇の島サイパン

　軍隊のみならず、日本人一般住民（非戦闘員）はサイパン島北部のマッピ岬やマッピ山で投身自殺をしたり、軍の玉砕命令による自決、自らの子どもを突き落

としたりするなど戦慄すべき自己殺戮の地獄絵図が展開された。一般住民の被害の9割が6月24日以降に発生したと推定されている。サイパンは戦火と死の島と化した。

　サイパン放棄決定とともに太平洋戦争を停戦したとすれば、その犠牲は避けられた。その後の戦争における被害は回避できたことは、間違いない。国民の命を鴻毛より軽くみた被告国の責任は、極めて重大といわなければならない。

9　南洋戦・フィリピン戦と沖縄戦の共通点（軍・民　玉砕の戦場）

①加害行為および被害実態の酷似性・同質性

　前述したとおり、アジア太平洋戦争において南洋戦・フィリピン戦では、住民居住地での初めての地上戦により25000人から39400人の民間人死者を出し、それぞれの現地の日本軍は住民殺害、「集団自決」、玉砕命令などありとあらゆる残虐非道行為を行ってきた。そのことは、一般国民を保護すべき立場にあった国家・軍隊として取るべき行動ではなかった。軍隊は民間人を保護しなかった。

　ところで、翌年の1945年3月下旬から開始された沖縄戦においては、大本営と沖縄の32軍は、南洋戦等の民間人玉砕など住民犠牲について反省するどころか、それをはるかに上回る規模で住民犠牲を強いる軍事優先の作戦行動を展開した。普通であれば南洋戦等で住民犠牲を強いたのであるから、それを教訓的に反省し、戦争をやめるか、遂行するとしても軍人だけで、住民犠牲を避ける戦闘方法で戦争を行うべきであった。

　ところが、大本営と32軍は、沖縄県民の命を「捨て石」にして、より住民犠牲の多い出血持久戦を長期間展開。国と日本軍の国民保護義務違反には著しいものがあり、極めて悪質と言わなければならない。沖縄においても、県民の命を犠牲にする作戦行動を展開した日本軍の軍事行動をみると、「南洋戦」「フィリピン戦」における住民犠牲は一時的な誤りによるものでなく、そもそも確信的な軍事方針であったことが明らかとなった。日本軍の「南洋戦」「フィリピン戦」と沖縄戦の住民被害の法的責任には重いものがある。

②国の法的責任の同一性・同質性

◆──はじめに

沖縄戦と南洋戦・フィリピン戦による日本軍の残虐非道行為と凄惨な被害実態の酷似性・同質性からして、国の法的責任は同一性・同質性を有している。

③日本軍の「戦争犯罪」の同一性・同質性
南洋戦・フィリピン戦における日本軍の住民殺害など「戦争犯罪」も、沖縄戦におけると同様に国内法上、刑法等で処罰される犯罪行為に該当する。

④玉砕戦と国家責任
以上のとおり、南洋戦・フィリピン戦と沖縄戦の主な共通点は、日本軍の玉砕作戦に伴う民間人玉砕である。日本軍は民間人玉砕を強いたり、民間人玉砕を予見していたにもかかわらず、軍の玉砕戦を遂行して、民間人玉砕を発生させたのである。こうして、日本軍の玉砕戦法の過程により発生した民間人玉砕の結果については、被告国は、国家責任（国家賠償責任）を負う。

⑤両訴訟の進行
両国家賠償訴訟は、一審では那覇地方裁判所の同じ裁判部が担当することにより、同時に進行することになった。両訴訟原告は「統一原告団」（沖縄戦79名、南洋戦45名、合計124名）を結成した。沖縄戦訴訟の弁護団には沖縄県内を中心に43名の弁護士が、南洋戦訴訟の弁護団には38名が加わっている。

沖縄戦訴訟は2016年3月16日に判決言渡されたが、原告の全面敗訴となった。66名が控訴し、福岡高等裁判所那覇支部に係属し、2017年11月30日午後3時に判決が言渡されることになっている。

南洋戦訴訟は2017年4月19日に最終弁論を行い、結審し、判決言渡期日は裁判所の都合により追って指定するとなり、その後2018年1月23日に判決言渡期日が指定された。

10　私がこの訴訟にかかわることになった経緯

※南洋諸島・パラオで出生、戦禍に遭い奇跡の生還
私は1943（昭和18）年6月に南洋諸島・パラオのコロール島で生まれた。

17

両親は、沖縄県から出稼ぎのためパラオに移住していた。アメリカ軍のパラオ空襲が昭和19年3月頃から激しくなったため、空襲を避けるために乗っていた避難船が沈没し、1歳の私は母に抱かれて数時間漂流したが救助され、奇跡ともいえる生還をした。母と5歳の兄は無事だったが、3歳の姉は水死。父は現地パラオの日本軍に徴用され、ジャングルで米軍との戦闘に参加していたが無事であった。

戦後、父母と兄の4人で沖縄県に引き揚げたところ、沖縄に残っていた父方の祖母は、アメリカ軍に狙撃され死亡していた。私が、沖縄・民間戦争被害者の会の顧問弁護団長、沖縄戦国賠訴訟と南洋戦等国賠訴訟の各弁護団長になって、立法運動や国の法的責任を追及していることは、「天命」によるものと信じている。

※南洋戦・フィリピン戦の民間人被害者が放置されている事実

パラオや沖縄のことを考える中で気になったことは、沖縄戦や南洋戦の一般民間戦争被害者の救済がなされているか否かということであった。

2006（平成18）年5月頃、友人の中山武敏弁護士（東京大空襲訴訟弁護団長）から日本の一般戦争被害者の救済運動として、一夜に10万人がアメリカ軍の爆撃で死亡した東京大空襲の被害者が、国を被告として国家賠償訴訟を提起する動きがあるが、その弁護団に加わらないかとの誘いがあった。

私は好機とばかりその誘いに即座にＯＫの返事を出し、常任弁護団として訴訟の提起から加わることにした。東京大空襲訴訟の中で、空襲被害の事実の調査や戦争損害補償裁判の理論や判例などを調べていく中で、沖縄戦等被害についても調査などを深めずにはいられなくなった。

調査を進めてみると、沖縄戦により、当時の県民60万人のうちの4分の1の約15万人が戦死し、数え切れないほどの身体的後遺障害者、PTSDを含む精神的後遺障害や戦争孤児などが、未補償のまま放置されていることが明らかとなった。私は沖縄県内で国に対する法的責任追及が全く行われていないことや、救済運動が行われなくなっていた事実などを知ることになり、愕然とした。南洋戦・フィリピン戦被害についても放置されていることを知った。

※沖縄に法律事務所（支所）を開き、戦争被害の無料法律相談を開始

早速、私は沖縄戦被害救済問題に取り組むために、2009（平成21）年7月1

日に弁護士法人瑞慶山総合法律事務所の支所として、那覇市に沖縄事務所を開設し、常勤弁護士2人を配置した。私は松戸の事務所から、月2、3回程度沖縄事務所で仕事をするかたわら、千葉事務所と沖縄事務所間のテレビ会議システムを導入し、松戸の事務所でも常時対処できる態勢をとった。

　当初は沖縄戦被害の調査や、戦後における沖縄戦被害救済運動の歴史や問題点を調べた。沖縄戦に関しては、被害の承継運動はかなりなされていた。一方、被害や救済運動については援護法の戦闘参加者拡大適用運動が中心で、行政に対する要請運動であったが、その運動は壁にぶち当たり、打開策も講ずることなく40年以上も途絶えていた。

　この援護法の拡大適用による救済運動は、政府・行政当局に対する国家賠償の法的権利主張ではなく、要請行動として行われていたのである。戦闘参加者認定手続上、戦争で被害（死亡・負傷）を被ったときの状況を証明するために、3人の現認証明書等が必要条件になるなど不可能と思われる条件が付されていたため、この行政当局に対する拡大適用運動は限界に達しており、私は「行政的方法」では打開はできないと判断した。

　そこで私は沖縄戦の一般民間人被害者を救済するためには、軍人・軍属救済中心の従前の援護法を基本とするのではなく、一般民間被害者を救済する目的の「新援護法」の制定運動（立法的解決）と、国を被告として謝罪と損害賠償請求の国家賠償訴訟を提起する道（司法的解決）を実行することを決めた。この立法的解決と司法的解決は、車の車輪として位置づけた。

※沖縄・民間戦争被害の会の結成（2010［平成22］年10月9日）

　私は一般民間戦争被害者を結集し、戦争被害回復運動と国家（日本）の法的責任を追及するための継続的な組織の結成が必要不可欠と考え、戦争被害の相談者を中心に呼びかけて、2010年10月9日に「沖縄10・10大空襲・砲弾等被害者の会」（沖縄・民間戦争被害者の会）を結成した。2カ月足らずの結成準備であったが、40名の加入者で結成した。むろん会の活動の大目標は、新立法運動と国家賠償訴訟の提起であった。

■大田昌秀先生のメッセージ（元沖縄県知事）

　沖縄 10・10 大空襲・砲弾等被害者の会（1 年後に沖縄・民間戦争被害者の会と改称）結成総会は、2010 年 10 月 9 日に那覇市内で開催されたが、その結成総会に対するメッセージである。その内容によると、会結成を「多くの罹災者たちが待ち望んでいた一大快挙」として歴史的意義を強調している。

　《この度、10 月 9 日に那覇市職員厚生会館で瑞慶山総合法律事務所沖縄事務所（瑞慶山茂所長）が中心となって、「沖縄 10・10 大空襲・砲弾等被害者の会」の結成総会が開催されることになった。多くの罹災者たちが待ち望んでいた一大快挙が敗戦後 65 年も経ってついに陽の目を見ることになり、嬉しい限りである。

　改めて言うまでもなく、10・10 大空襲は、沖縄戦における住民の悲劇を予兆する前哨戦にもひとしく単に那覇市だけでなく沖縄各地が米艦載機の攻撃を受け、人的・物的両面で多大な損害を被った。とりわけ県都那覇市は、1 日にして市街地の 90％が焼き払われてしまった。文字通りの軍民を分かたぬ無差別攻撃であった。その前夜、沖縄守備軍首脳と配下部隊長らは、那覇市の沖縄ホテルで図上演習を行った後、宴会に興じたあげく寝過ごすありさま。あきらかに油断しているところを襲われたのである。

　だが、敗戦後、守備軍首脳らはその責任を問われることもなければ、被害者に対する何らの補償もされないまま、10・10 空襲問題は、放置され続けてきた。政府は旧軍人の被害に対しては、いろんな形で手厚く補償していながら民間人の被害については見向きもして来なかった。人権の保証と民主主義を標榜する現行憲法下での民間人に対する明白な差別である。それに対し今や東京大空襲の被害者たちを始め全国的に民間人の被った被害への補償を求める声がほうはいとして巻き起こっている。今回の那覇市における結成大会もその一環ともいえる。

　私は、1984 年に日米両軍の資料に基づいて『那覇 10・10 大空襲』という本を刊行した。そして同空襲による沖縄県民が被った被害の甚大さを痛感させられた。とりわけ、沖縄守備軍の兵器・爆弾の被害に加えて軍民

双方の大量の食糧が焼失せしめられたことは、その後の戦争を戦う上で致命的ともいうべき一大打撃であった。国が始めた戦争で大打撃を被った市民県民の被害に対する政府の補償処置は当然のことである。1人でも多くの被害者が名乗り出て自らの権利を行使することを期待するものである。
　2010年10月8日

　　　　　　　　　　　　元沖縄県知事、前参議院議員　大田昌秀》

なお、大田昌秀先生は、2017年6月12日にご逝去された。92歳であった。（用語解説＝人物編参照）

✳新救済法制定運動

　新立法運動は、当初は10・10空襲の被害者の救済から議論したが、全民間戦争被害者を救済するための立法運動へと発展した。現行の援護法が軍人・軍属中心の救援法であり、日本軍に協力した一般戦災者の一部は「戦闘参加者」として救済されるが、大半は無補償のまま放置されてきた。新救済法制定運動は、一般民間戦争被害者を直接の救援対象とする運動である。

　その運動はすでに2010年8月に結成された全国空襲被害者等連絡協議会（全国空襲連）が、空襲被害者救済として打ち出していた方針であり、沖縄10・10大空襲・砲弾等被害の会も直ちに全国空襲連に加盟した。その後、空襲被害者のみの救済ではなく、「沖縄戦」「南洋戦」「フィリピン戦」被害者を救済する方向へと救済対象を拡大した。2011年、会の名称を「沖縄・民間戦争被害者の会」とした。

　現在、沖縄・民間戦争被害者の会（会長　野里千恵子）は、約150名の会員がいる。私は会の結成以来、顧問弁護団長に就任している。

✳国家賠償訴訟の提起へ

　次の目標の国家賠償訴訟は、「沖縄戦」「南洋戦」「フィリピン戦」の被害者を原告、国を被告として謝罪と損害賠償請求を行い、国の法的責任（国家責任・国家賠償責任）を追求するということである。

　従前の援護法の拡大適用運動は、行政に対する運動であった。軍人・軍属中心

の援護法を、一般民間被害者救済として拡大適用運動はそもそも限界があった。そこで被害者の会の方針は、沖縄県内にあった従前の発想を大転換して、行政的解決ではなく、立法と司法による解決の方向に舵を切った新方針を打ち出した。

　ちなみに、私がこの沖縄・民間戦争被害者の会の活動や沖縄戦被害・国賠訴訟等のために、千葉から沖縄へ「出張」した回数は170回（340日）にのぼった。

　なお、付言するに、一般民間戦争被害者を救済するための新立法運動は、現在、国会内においては超党派の国会議員連盟が発足し、立法運動も広がりを見せている。私は、この立法運動にも加わり、院内集会などで沖縄の立場から積極的に活動に参加している。

11　本書の執筆・編集・出版について

✳本書刊行の目的

　本書刊行の動機・目的は、国に対して南洋戦・フィリピン戦の被害者に対する謝罪と償いを求め、南洋戦・フィリピン戦の死者をはじめ、先の大戦の死者の魂を弔うとともに、沖縄をはじめ日本・アジア・世界の恒久平和の実現に多少なりとも寄与することにある。

　そして南洋戦・フィリピン戦被害者が、国に対して戦争被害の国家責任を問う法廷闘争を行ったことを記録として、後世に伝えることにある。

　特に最近の政治状況は、2017年10月22日に実施された総選挙（衆議院議員）の結果、戦争を防止する憲法9条の改悪をめざす勢力が、衆議院の3分の2以上を占めるに至った。その政治状況は、自衛隊が専守防衛の範囲を大きく逸脱し、海外どこでもアメリカ軍と共同作戦（集団的自衛権の行使）を実行することの出来る体制が成立したことを意味している。

　このような平和憲法の危機的状況を鑑み、私は「あの戦争を、忘れない」ために南洋戦・フィリピン戦の教訓を実践することが重要であると考え、本書を上梓することにした。

◆——はじめに

　本書は弁護団の協力を得て、私がまとめて執筆した。編集に協力いただいた団体は、南洋戦被害・国賠訴訟原告団、沖縄戦被害・国賠訴訟弁護団、沖縄・民間戦争被害者の会などである。そして原告45名とそのご家族の方々に対しては、氏名掲載と各人の被害内容等を本書で取り上げることにご配慮とご協力をいただいた。この本は、原告団のご協力があったからこそ出版することができた。心よりお礼を申し上げる。

　また行政法学者の西埜章先生（現・新潟大学名誉教授、元・明治大学法科大学院教授）に「南洋戦被害と国家責任」をご寄稿いただいた。さらに精神科医の蟻塚亮二先生（福島県相馬市メンタルクリニックなごみ所長、元沖縄協同病院心療内科部長）には編集等についてご協力いただいた。西埜章先生、蟻塚亮二先生には心から感謝を申し上げる。

　最後に編集・出版に当たって、高文研の山本邦彦氏には、『法廷で裁かれる日本の戦争責任』『法廷で裁かれる沖縄戦〔訴状編〕・〔被害編〕』に引き続き、特段の配慮とご協力をいただき、出版することができたことに感謝する。

　なお、原告全員の個別被害を総合的にまとめた『法廷で裁かれる南洋戦・フィリピン戦〔被害編〕』を、近々刊行する予定である。

　私は、この「はじめに」を書き終えるに当たり、加害者被告国に対して次の詩を朗読して送り、筆を置く。

　　戦争責任
　　他から問われて感ずるものではない、自らに問うて意識すべき罪。
　　忘れてあげようといってくれても、時効にしてはならないもの。
　　信頼の源。

　　2017年11月吉日

　　　　　　　　　　　　　　　　　　　　　　　　　　瑞慶山　茂

解説

「南洋戦・フィリピン戦」
被害・国家賠償訴訟の概要

　訴訟の中で原告らが明らかにした事実的主張と法的主張及び被告国の反論等について解説する。

　原告らが提訴の時に提出した訴状が445頁、18回の口頭弁論で提出した準備書面10通、合計544頁、5年余りにわたる審理の結果まとめた最終準備書面は989頁、最終弁論書面は32頁、いずれも長文である（総合計2010頁）。被害事実や法的主張などを立証するために、陳述書、文献、資料、診断書などを基本証拠として、合計1076点提出した。枝番の細部にわたる証拠は、更に300点以上となる。膨大な証拠である。

　本書の本論は、訴状を中心に、最終準備書面や最終弁論の内容も加えてまとめた内容である。訴状等は長文かつ論点が多岐に渡っている。そこでまず、この全体の基本的内容が判るように、原告及び弁護団の構成、請求の内容、請求の理由・根拠、日米軍の加害行為、被害の種類・内容、原告らの法的主張、被告国の法的主張等について概要を解説する。

＊原告45名と、36名の弁護団

　原告45名の氏名及び原告団長については訴状末尾の原告名簿に、36名の弁護団の氏名及び弁護団長・同副団長については、同じく訴状末尾の原告代理人名簿一覧表にそれぞれ記載している。

＊請求の内容

　原告ら45名は、被告国に対して南洋戦・フィリピン戦被害を根拠とする謝罪（謝罪文の交付と官報への掲載）と慰謝料として一律1100万円（内100万円は弁護士費用・出世払い）の請求をしている。

南洋・フィリピンにまたがる原告ら被害地

	トラック島	パラオ	サイパン			テニアン		ロタ島
南洋	(1)東江和子 (26)大城栄昌	(2)阿良光雄 (5)上原和彦 (24)柳田虎一郎 (25)安次富信子	(3)新垣秀子 (13)島袋文雄 (17)祖堅秀子 (23)松島良智 (31)又吉康雄 (39)大石明子 (42)金城美佐子	(8)菊池美枝子 (14)城間盛正 (21)西原良子 (27)金城文郎 (35)大城スミ子 (40)大城ノリ子 (44)中村美代子	(12)島袋弘 (15)城間光子 (22)真境名文 (28)髙嶺致泉 (36)藏前清徳 (41)金城宏幸 (45)宮里和子	(4)上地清勇 (9)喜瀬光子 (11)佐久本正男 (20)名嘉山兼正 (34)上原豊子	(7)上間涼子 (10)國吉眞一 (19)髙良吉夫 (32)山入端治男	(37)渡慶次松子
フィリピン (ミンダナオ島)	(6)上原清志 (38)仲本幸代	(16)瑞慶山シズ (46)山川信子	(18)楚南兼正	(29)田仲初枝		(30)比嘉ミサ		(33)安里俊明

南洋と フィリピン での被害	(2)阿良光雄	パラオ → セブ島へ移動中魚雷攻撃を受ける。　兄はペリリュー島で戦死
	(24)柳田虎一郎	パラオ → フィリピン　母親と弟が死亡
南洋と 台湾での 被害	(5)上原和彦	パラオ → マニラ → 高雄にて姉がマラリアで死亡
	(7)上間涼子	姉がテニアンで戦死　沖縄に住んでいた家族は捕虜へ
南洋と 沖縄での 被害	(7)上間涼子	姉がテニアンで戦死　沖縄に住んでいた家族は捕虜へ
	(21)西原良子	サイパンで両親と弟が戦死　沖縄では兄と祖父母が
	(26)大城栄昌	トラック島より赤城丸で母と長男・三男が死亡。四男はは沖縄へ戻る際台湾で 死亡。父は、沖縄戦で防衛隊に徴用され死亡。
フィリピン と沖縄で の 被害	(29)田仲初枝	沖縄戦で弟が死亡、本人負傷。フィリピンで叔父が死亡。
	(38)仲本幸代	沖縄戦で長男が死亡。フィリピンでは父・次女・三男・三女・四女が死亡。

※南洋戦・フィリピン戦に至る歴史的事実経過
―日米軍の加害行為と民間人玉砕の事実の立証

　ここでは日米軍、あるいは日本軍単独の残虐非道な玉砕戦の軍事行動に伴う加害行為（反人道的不法行為）の類型と実態について述べている。これらは被告国が発行した日本陸軍や海軍の戦史叢書や、アメリカ軍の発行した戦史など、その他の多数の直接根拠に基づいてまとめて主張・立証した。

　この玉砕戦等の軍事行動としての加害行為、それに伴う被害事実は、被告国が負う国家責任（国家賠償責任）の基礎的事実を構成するものである。

※太平洋戦争における主な戦闘と民間人玉砕の発生経過と内容
　　（詳しくは 67 ページ以降の「太平洋戦争　戦闘経過概略一覧」を参照）
1　対米開戦・ハワイ作戦（真珠湾奇襲作戦）（1941.12. 8）－日本軍・連合艦隊（司令官山本五十六大将）がアメリカ太平洋艦隊を攻撃。
2　フィリピン攻略作戦（1941.12. 8 〜 1942. 1.2）－まず、日本海軍航空隊が日米開戦の日から 12 月 10 日にかけて、ルソン島の極東米軍陸軍航空部

隊を空爆のみで壊滅させた。その後、日本陸軍がマニラのあるルソン島を占領。

3　グアム島攻略戦（1941.12.10）－戦闘20分でアメリカ領グアムを占領。

4　マレー沖海戦（1941.12.10）－日本海軍航空隊がイギリスの戦艦2隻を撃沈。

5　ラバウル攻略戦（1942.1.23～2.4）－オーストラリアの小部隊を撃破、航空部隊が進攻し、占領。漫画家・水木しげる（代表作ゲゲゲの鬼太郎）はラバウルに出征し、爆撃を受け左腕を失う。

6　珊瑚海海戦（1942.5.7～5.8）－史上初の空母対空母の海戦。

7　ミッドウェー海戦（1942.6.5）－日本軍連合艦隊出撃空母4隻がすべて撃沈された。搭載航空機すべて喪失。日本軍大敗北。日本軍はそれ以降敗退に敗退を重ねる。

8　ガタルカナル島攻防戦（1942.8.7～1943.2.7）－半年にわたる日米両軍の攻防。日本軍は米軍に撃退され島を放棄。日本軍の玉砕と犠牲者多数。

9　ポートモレスビー進攻作戦（1942.8.18～11.10）－補給なき日本軍の山越え作戦は悲惨。日本軍はジャングル内で大勢の餓死者を出し撤退。

10　ブナ、ギルワの戦い（1942.11.16～1943.2.7）－玉砕相次いだ日本軍守備陣地。

11　アッツ島の玉砕（1943.5.12～5.29）－玉砕という言葉が初めて新聞に登場した戦い。救出不能、大本営から玉砕を命じられた守備隊（2600人全員玉砕）。

＊絶対国防圏の設定（1943年9月30日）

日本軍が連合軍のガダルカナル島攻防戦以来、撤退に撤退を重ねた後の御前会議で「絶対確保を要する圏域」として、サイパンなど内南洋を含む地域に戦線を縮小して、防衛圏の強化を企図とした。しかし、1944年7月7日のサイパン陥落によって、日本本土が米軍のB29爆撃機の攻撃圏内となったため、崩壊した。（用語解説＝軍事・法令関係編を参照）

12　タワラ、マキンの玉砕（1943.11.21～11.22）－日本軍5400人、孤立無援の玉砕。

13　クエゼリンの玉砕（1944.2.1～2.5）－日本軍7300人、米軍の前に5日間で玉砕。

14 　トラック大空襲（1944. 2.17 〜 2.18）－トラック泊地の飛行機と艦船が
全滅。終戦までに 6000 人が餓死・玉砕。トラック島は現ミクロネシア連邦
チューク諸島。俳人・金子兜太は海軍主計大尉として戦争に参加。終戦を
同島で迎えた。

15 　ブラウン環礁の玉砕（1944. 2.19 〜 2.23）－日本軍 3500 人、相次いで
玉砕。

16 　第二次タロキナ作戦（1944. 3. 8 〜 3.25）－戦車のない日本軍に打つ手
なし。日本軍 5400 人玉砕。日本軍 4 万人が餓死。

17 　パラオ大空襲（1944. 3.19 〜 1944. 9）－パラオは、空襲のみによって
約 3000 人の民間人が死亡。（後述のペリリュー島の玉砕、アンガウル島の
玉砕参照）

18 　ビアク島の戦い（1944. 5.27 〜 7. 3）－約 1 万人が玉砕した知られざる
戦場。

19 　サイパン玉砕戦（1944. 6.15 〜 7. 7）－日本軍、水際撃退ならず、日本
軍 4 万人以上が玉砕。民間人 8000 人から 19000 人が玉砕と推定。

20 　マリアナ沖海戦（1944. 6.19 〜 6.20）－日本軍が惨敗し、空母機動艦隊
が消滅。中部太平洋における制海権を完全に失う。

21 　タッポーチョ山の戦闘（1944. 6.22 〜 6.26）－日本軍、爆雷抱いて戦車
に体当たりの玉砕戦。

22 　最後のバンザイ突撃（1944. 7. 7）－敗残兵 3000 人、米軍陣地へ突進し
玉砕。日本兵が赤ん坊を殺害。民間日本人に玉砕を強いた。

23 　グアム玉砕戦（1944. 7.21 〜 8.11）－日本軍、約 2 万人が戦死（玉砕）。
多数の民間人玉砕。

24 　テニアン島玉砕戦（1944. 7.24 〜 8. 3）－勇敢さだけでは通じなかった
米軍の装備。日本軍の玉砕。民間日本人を爆薬により処決（殺すこと）。民
間日本人 3500 人玉砕。

25 　パラオ・ペリリュー島玉砕戦（1944. 9.15 〜 11.24）－ 73 日間の徹底抗
戦で 1 万 2000 人戦死。

26 　パラオ・アンガウル島玉砕戦（1944. 9.17 〜 10.19）－日本軍 1200 人対
米軍 2 万人の戦い。日本軍玉砕。

27　台湾沖航空戦（1944.10.12 ～ 10.16）－大本営発表「アメリカ空母機動艦隊は全滅」の大誤報。日本軍大敗北。

28　レイテ決戦（1944.10.20 ～ 12.25）－「敗残」米軍に決戦を挑む。日本軍の戦死者約 8 万人（玉砕）。［注：『レイテ戦記（上中下）』大岡昇平著、中公文庫］

29　フィリピン戦・神風特攻作戦始まる（1944.10.21 ～ 1945. 1.12）－日本軍は初めて飛行機ごとアメリカ艦船に体当たりする玉砕攻撃作戦をとり、以降特攻作戦は沖縄戦まで続く。

30　レイテ海戦（比島沖海戦）（1944.10.24 ～ 10.25）－日本軍はレイテ湾へ殴りこむ作戦で大敗北。

31　ルソンの戦い（1945. 1. 9 ～ 9. 3）－武器なき日本軍 30 万人の持久戦。21 万 8200 人戦死。多数の民間人玉砕。

32　マニラ市街戦（1945. 2. 4 ～ 2.26）－日本軍 2 万人、マニラ市内で市民の抵抗に合う。市民の犠牲者 10 万人。

33　硫黄島玉砕戦（1945. 2.19 ～ 3.17）－日本本土空襲の B 29 中継基地化を阻む戦い。日本軍約 2 万人玉砕。

34　沖縄玉砕戦（1945. 4. 1 ～ 6.23、日米軍の終戦協定は同年 9 月 7 日）－空爆・海上艦砲射撃・地上戦が闘われ県民の 4 分の 1 （15 万人）が戦死した玉砕戦。日本軍の戦死 7 万 5500 人以上。

35　沖縄特攻玉砕戦（1945. 4. 6 ～ 6.22）－沖縄地上戦に合わせて約 2500 機の特攻玉砕。

36　坊の岬沖玉砕海戦（戦艦大和海上特攻）（1945. 4. 7）－一億総特攻のさきがけとして出撃し撃沈玉砕（3721 人）

✺日米軍の加害行為と被害類型

　原告らが主張・立証してきた日米軍の加害行為類型としては、次のとおりまとめることができる。

　1　米軍の日本軍との戦闘行為・軍事行動による加害行為と被害類型

　　①米軍の爆撃機・艦載機による空襲による死亡・負傷

　　②米艦船による艦砲射撃による死亡・負傷

③地上戦闘における米軍の砲・銃撃などによる死亡・負傷

④米軍による、住民が避難している洞・壕内出入り口などに対しての、ガソリン・爆雷・ガス弾などでの攻撃による死亡・負傷

⑤米軍の潜水艦攻撃による船舶撃沈による死亡・負傷

⑥米軍の設置した戦場収容所内での事故・衰弱・負傷・栄養失調・病気などによる死亡・負傷

⑦上記①ないし⑥の加害行為（戦闘行為）に起因するPTSD（心的外傷後ストレス障害）など外傷性精神障害

2　日本軍による加害行為と被害類型
　　（日本軍による直接加害行為と被害の態様）
　　①スパイ視して殺害・負傷
　　②食糧・家畜などの強奪に起因する死亡・負傷
　　③避難壕追い出しに起因する死亡・負傷
　　④軍民雑居の壕内で、乳幼児が泣き叫ぶのを殺害すると脅迫して親をして乳幼児を殺害・負傷
　　⑤米軍の投降勧告ビラを拾って所持している者をスパイ・非国民視して殺害
　　⑥米軍への投降行為を非国民視して投降行為者を狙撃などして殺害・負傷
　　⑦米軍の民間人収容所に保護された住民を、非国民視・スパイ視して襲撃して殺害・負傷
　　⑧米軍に保護された住民を非国民・スパイ視して殺害・負傷
　　⑨上記①乃至⑧の加害行為に起因するPTSD（心的外傷後ストレス障害）など外傷性精神障害

3　日本軍の軍命・軍の要請、政府の決定等による被害を受けた人の態様
　　①退去命令による死亡
　　②「作戦地域内」からの立ち退き、立入禁止によって砲煙弾雨の中で被弾による死亡・負傷
　　③日本兵の自決の巻き添えによる死亡・負傷
　　④砲撃の恐怖・肉親の死などによる精神的ショックで精神障害者になった者

及び戦場をさまよい被弾による死亡・負傷

⑤日本軍の「集団自決」の強制による死亡・負傷

⑥砲煙弾雨の中での弾薬運搬・食糧運搬・患者の輸送等の強要に起因する死亡・負傷

⑦砲煙弾雨の中での水汲み・炊事・救護等雑役の強要による死亡・負傷

⑧砲煙弾雨の中での陣地構築の強要による死亡・負傷

⑨防衛召集以後に残存していた住民を義勇隊として強制的に編成し戦闘に参加させる等の行為による死亡・負傷

⑩避難住民を直接戦闘に参加することの強要による死亡・負傷

⑪軍の要請並びに閣議決定等に基づく疎開遂行途上の海上死没者

⑫以上の①乃至⑪の加害行為に起因するPTSD（心的外傷後ストレス障害）など外傷性精神障害

4　戦争の事後的影響による被害

①南洋戦・フィリピン戦に起因する外傷性精神障害のうち、発症時期が戦後となっているもの

❋原告らの被害の立証

　原告らの法的請求の根拠になる事実は、原告らの45名の身体的被害と精神的被害一覧表や、原告ら45名に対する日米軍の個別的加害行為と被害内容を詳細に述べている。ここでは日米軍の残虐非道行為による多種多様な加害行為の類型と、凄惨な被害事実について述べている。

　特に最終準備書面においては、南洋戦に起因する一般住民の精神的被害（外傷性精神障害）の実態と原告28名に対する診断・鑑定についても詳しく述べている。

　最終準備書面では、南洋戦被害について3年8カ月余りの審理の証拠調べを中心に集約し、原告らの被害の深刻さ・残虐さなどについて詳述している。これに対して被告国は、何らの反証・反論を行っていない。

❋原告らの法的主張の概略

　被告国の法的責任（国家賠償責任・国家責任）を根拠づける法的主張は、次の

とおりである。

（1）不法行為責任
　この不法行為責任は、交通事故などの賠償請求の根拠にもなっている民法709条による不法行為責任である。戦争中は、現行の国家賠償補償法が施行されていなかったので、既に制定されていた民法の不法行為規定を根拠とした。
　その内容は、第1に被告国（日本軍）は住民被害について予見可能であったのであるから、戦闘行為を回避するか、住民被害が生じないように戦闘行為を行えば、住民被害は回避できたのにもかかわらず、それを回避せずに戦闘行為を行った点における故意・過失または国民保護義務違反を根拠とするものである。
　第2に、日本軍の戦闘目的の逸脱行為による不法行為責任である。第1が認められないとしても、法的に認められた本来の軍事的公権力の行使としての戦闘行為は、敵兵力等の殲滅を目的としているのであり、住民の殺傷を目的としているのではない。にもかかわらず、日本軍が、その正当な戦闘目的の範囲を逸脱して住民を殺傷したのであるから、不法行為が成立し、その結果生じた住民被害については、被告国の主張する国家無答責論などはそもそも適用されず、民法715条の使用者責任が生じ、被告国が責任を負うという主張をしている。
　今次の大戦当時においても、戦闘行為としてであっても、非戦闘員の殺戮は、それが戦勝国によるものであれ、敗戦国によるものであれ、戦争犯罪であることは明白であり、戦争遂行上の規範・目的を逸脱する行為も同様である。
　本件南洋戦において原告らが受けた被害は、前述のとおり、第1には被告国の軍事政策によるものであり、仮にそれが認められないとしても、日本軍の戦闘員の逸脱行為によるものである。しかしながら、翻って、被害者からみるとき、生命を奪われ、または身体を害されることが、自国政府（被告国）による行為（国内法違反）、敵国の戦闘行為による殺害、敵国による国際法上違法な、または敵国の戦闘員の逸脱行為（戦争犯罪）のいずれによるかにより、被害と責任の軽重に差を生じるものではなく、等しく理不尽極まりないものである。
　殺人・傷害などの国内法違反行為及び国際法違反の戦争犯罪（国内法違反として評価しうる）によるとは問わず、生命・身体・精神被害が生じた場合、逸脱行為として不法行為が成立する。

具体的例を挙げると、日本軍（軍人）が敵との軍事行動・戦闘行為中の行為と言え、射撃の際に誤射により一般民間人を殺した場合は、当時も刑法上の業務上過失致死罪であり、傷害を与えた場合、業務上過失致死罪が成立する。軍事行動中・戦闘行為中の行為でも、一般民間人を故意に殺害した場合は殺人罪、故意に傷害を与えた場合は殺人罪・傷害罪に該当する。また、アメリカ軍が同様に軍事行動・戦闘行為中の行為といえども、同様の各行為により南洋・フィリピン在住の沖縄民間人を殺傷などした場合は、当時の日本の国内法（刑法）によって、殺人・傷害・業務上過失致死・業務上過失傷害等の犯罪が成立し、戦争中の行為であるので戦争犯罪に該当する。それは敵の殲滅等を目的とする、本来の軍事的公権力の行使からの逸脱行為であることは明らかである。

　いわゆる「日本軍の戦闘目的逸脱の不法行為に対する法的責任」である。

　原告らは事実的主張や法的主張を詳しく行い、それを裏付ける信用性のある証拠を多数提出してまとめた。

（２）公法上の危険責任

　上記南洋戦・フィリピン戦における旧日本軍の行った軍事的公権力の行使である戦闘行為等が、原告らやその親族の生命・身体に対し、特別な危険を創出（惹起）させた国の先行行為であり、その結果発生した損害につき故意・過失という行為の違法性を要件とせずに発生する危険責任であり、その回復のための責任は危険を創出した国が負うべきものであるとする、国の行政上の無過失責任の主張である。

　その法的根拠としては、①条理法としての正義公平の原則、②憲法 13 条（幸福追求権）、③憲法 14 条 1 項（法の下の平等の原則）を主張している。

（３）立法不作為責任

　旧日本軍の軍事的公権力行使等の結果生じた原告らの損害につき、立法を担当する国会議員が、①憲法 14 条の法の下の平等原則、②憲法 13 条の特別犠牲を強いられない権利、③先行行為に基づく条理上の作為義務、④国際法違反の行為を行ったアメリカに対する外交保護権法規に基づく救済義務に基づき、その職務上遂行すべき立法義務に違反し、長期間に渡り、新しく救済法を制定せず、原

告らの被害を救済せずに漫然と放置し続けたという不作為の違法を問うものであり、国の違法行為により重大な権利侵害を被った原告らが国家賠償法1条1項に基づきその賠償を求めるものである。

　この主張は、2005年最高裁判所大法廷判決（在外日本人選挙権剥奪違法確認請求事件）が、立法不作為の違憲・違法要件として判断している――①人権侵害の重大性と継続性、②立法課題の明確性と立法義務の存在、③合理的期間を超える立法不作為――の3要件を具備していると主張している。

（4）米軍の国際法違反
さらに原告らは、アメリカの軍事行動の国際法違反として、一般民間人が乗船している疎開船などの撃沈や無差別絨毯艦砲射撃の被害についての法的判断を求めている。

☀被告国の法的主張
　原告らの主張に対して被告国は、①明治憲法下では国は責任を負わないという国家無答責論、②国民は大なり小なり戦争被害を受けてきたのであるから、原告らの請求には根拠がないとする戦争被害受忍論、③不法行為の時より20年を経過することによって請求権が消滅するという除斥期間経過論を主張している。

　行政法学者（国家賠償法）の西埜章先生（新潟大学名誉教授、元・明治大学法科大学院教授）作成の法的意見書を4通と法学者の文献等を多数提出して、立証した。

☀被告国の反論の概要―戦争損害受忍論・国家無答責論・除斥期間経過論
　国は原告主張の日本軍の軍事行動や戦争被害の事実に対して、特に「認否」（事実関係を認めるか、認めないか）の応答を全くせずに「上から目線」の訴訟態度に終始した。法的主張として、①戦争被害は国民が等しく我慢すべきであるとする戦争被害受忍論、②明治憲法下では国の不法行為によって生じた損害については、国は責任を負わないことになっているとする国家無答責論、③仮に不法行為が成立するとしても、不法行為の時から20年（除斥期間）が経過することによっ

て、請求権が消滅し、責任を負わなくてすむという除斥期間経過論を主張している。

※被告国の反論に対する原告の反論の概要

これに対して、原告は戦争被害など事実関係について認否（応答）しないことは、歴史の真実に目を背ける「上から目線」の無責任な応訴態度であると批判し、法的各主張に対しては、前述した南洋戦等被害が日本軍の残虐非道行為によってもたらされたことを根拠にこれらの各主張は誤りであり、人道と正義の観念から南洋戦等被害には適用されないと詳しく反論している。

これらの反論の証拠として、前述の西埜章先生の法的意見書4通のほか、多数の文献等を提出した。

※米軍の国際法違反行為

米軍は国際法違反の無差別空襲・無差別艦砲射撃・無差別無警告船舶撃沈攻撃を実行し、一般民間人を多数殺傷した。沖縄、南洋諸島・フィリピン群島関係で沖縄県人の死者3427人、最大の悲劇は学童疎開船対馬丸の潜水艦攻撃による撃沈により一般民間人1481人の死者を出した事件であった。

※原告らの受けた多岐にわたる被害類型（法的主張と請求の根拠）

原告らが訴訟で主張している具体的な被害類型も、次のように複雑多岐にわたっている。南洋戦等において原告ら一般住民が受けた被害が多岐にわたっていることが判り、凄惨な戦場が目に浮かんでくる（ひとりで複数の被害を受けている原告もいるので、その場合は複数回をそれぞれ数えている）。

①船の撃沈により負傷（2人）、②船の撃沈により死亡（5人）、③戦場で行方不明（3人）、④マラリアにより死亡（1人）、⑤栄養失調による死亡・餓死・病死（17人）、⑥兵隊と間違われて銃殺（2人）、⑦銃撃戦・艦砲射撃・砲弾等の戦闘行為による死亡・負傷（34人）、⑧軍へ協力作業中の死亡（1人）、⑨戦争孤児（15人）、⑩日本軍による壕追出し（9人）、⑪日本軍による食糧強奪（1人）、⑫身体的後遺障害（7人）、⑬南洋戦等による外傷性精神障害（28人）

これらの被害は、44ページ以降に添付した原告各人の被害内容一覧表、被害

解説：南洋戦・フィリピン戦　被害・国家賠償訴訟の概要

類型原告一覧表に記載している。

❋原告らが罹患した外傷性精神障害の症状の種類

　29 名の原告が精神科医蟻塚亮二の診断を受けたところ、28 名が南洋戦等の戦時・戦場体験に起因する外傷性精神障害と診断された。その具体的な症状は、13 種類もあり、ひとりで 4 種類の症状を呈している原告もいる。症状の種類が多く、重複していること自体深刻である。戦後 72 年経ってもその症状が新たに発症している例もあり、世代間に承継されている。PTSD は、外傷性精神障害の症状の 1 つである。蟻塚亮二医師作成の 28 名の診断書と医学的鑑定書を証拠として提出した。

　その具体的症状は、次のとおり多岐にわたる。51 ページ以降に添付した診断結果一覧表（南洋戦による外傷性精神障害診断一覧表、南洋戦による外傷性精神障害診断・各所見一覧表）に詳しく記載している。

　①心的外傷後ストレス障害（PTSD）　②身体表現性障害　③パニック障害　④解離性健忘　⑤自閉性障害　⑥離人・現実感喪失症候群　⑦破局体験後の持続的パーソナリティ変化　⑧機能性ディスペプシア　⑨トラウマ後の幻覚　⑩身体表現性自律神経機能不全　⑪過覚醒不眠　⑫回避性人格障害　⑬解離性運動障害

❋地上戦中心の南洋戦・フィリピン戦被害と本土の各空襲被害との相違点

　沖縄戦と南洋戦・フィリピン戦との関係については、「はじめに」で述べたとおりである。

　本件訴訟と空襲訴訟（東京大空襲訴訟や大阪空襲訴訟）の主張との相違点は、空襲訴訟が主な法的主張として立法不作為責任のみの主張をしている点にある。

　その理由は、南洋戦等の特殊性にある。南洋戦等は日本軍が小さな島々で、数カ月にわたる地上戦闘行為が、一般住民居住地などで一般住民を巻き込んで行われたことのみならず、日本軍が一般住民に「集団自決」を強いたこと、住民を保護すべき立場にあった日本軍により住民虐殺が行われ、壕追い出しや食糧強奪などによる反人道的残虐非道な積極的加害行為などが特徴となっている。

　それに対して、原爆投下や空襲被害は、国の開戦行為がそれらを招いたとしてもアメリカ軍の一方的加害行為によるものであり、地上戦闘行為や日本軍の加害

35

行為もなかった。両者は加害行為や被害実態の形態において基本的に異なっているのである。本件の特徴は「地上戦訴訟」である。沖縄戦訴訟においても同様のことが言える。南洋戦等と同様に、地上戦の闘われた沖縄戦に関し、家永教科書検定事件における最高裁判所大法廷判決・高等裁判所と沖縄戦「集団自決」名誉毀損事件における大阪高等裁判所・最高裁判所判決は、沖縄戦被害は本土の他の戦争被害とは明らかに異なるという被害事実を認定している。沖縄戦と同様の地上戦の闘われた南洋戦等被害においても、これらの事実認定は重要である。

本件においては、日米軍の攻撃的行為のみならず、日本軍の残虐非道の加害行為が前述の各法的責任を問うための理論構成の基本的事実となっている。

※憲法で定める法の下の平等原則違反－軍人・軍属との差別と民間戦争被害者間の差別（二重差別）

原告ら南洋戦等の一般民間戦争被害者は軍人・軍属と差別されているうえ、同じ一般民間戦争被害者間においても差別が生じている。この二重の差別問題は、立法不作為の違法の主張のうち憲法 14 条 1 項（法の下の平等原則）違反の主張に関するものである。

1 援護法の米軍占領下の沖縄への適用運動
　　　―軍人・軍属への適用が実現したが、一般民間被害者は適用外

南洋戦・フィリピン戦終結後、沖縄県出身の被害者は、沖縄へ引き揚げてきた。「沖縄戦」終結後も引き続き米軍に軍事占領された沖縄には、軍人・軍属中心の戦傷病者戦没者遺族等援護法（1952 年制定）が当初適用されず、軍人・軍属さえ「援護金」は支給されなかった。

県民の 4 分の 1 の死者と多数の負傷者を出し、焦土と化し、生活基盤を失った沖縄では、県民の生存が危機に瀕していた。南洋戦・フィリピン戦被害者らも加入する沖縄遺族連合会を中心に、国に対して一丸となり、援護法の適用運動を展開し、1953 年に援護法が適用された。

しかし、それは軍人・軍属のみに補償され（沖縄県関係では 28228 人）、圧倒的多数の一般民間被害者（121772 人）は適用外とされた。

解説：南洋戦・フィリピン戦　被害・国家賠償訴訟の概要

2　行政的措置としての「戦闘参加者」認定—限定的一般民間戦争被害者救済

　これに対して、沖縄遺族連合会を中心に全民間戦争被害者救済運動が広がった。その結果、国は1957年に行政的措置により沖縄戦・南洋戦・フィリピン戦の一般住民被害者の中で「戦闘参加者」と取り扱うべき事例として集団自決、住民殺害など次の20項目を決め、それらに該当すると認定されたときは「戦闘参加者」、すなわち「準軍属」として援護法を適用すると決定し、事後的に一部の住民を救済する行政的措置をとった。

〔戦闘参加者20項目〕

①義勇隊　②直接戦闘　③弾薬、食糧、患者等の輸送　④陣地構築　⑤炊事、救護等の雑役　⑥食糧供出　⑦四散部隊への協力　⑧壕の提供　⑨職域（県庁職員、報道関係者）　⑩区（村）長としての協力　⑪海上脱出者の刳舟輸送　⑫特殊技術者（鍛冶工、大工等）　⑬馬糧蒐集　⑭飛行場破壊　⑮集団自決　⑯道案内　⑰遊撃戦協力　⑱スパイ嫌疑による斬殺　⑲漁撈勤務　⑳勤労奉仕作業

3　二重差別を生み出した恣意的な戦闘参加者認定手続

　この行政的措置は一定の救済が行われたので、その限度においては評価しうるものである。しかし、認定手続は、例えば戦場での被害を立証するため3人以上の第三者の現認者の証言が必要とされるなど、不可能を強いる厳しい要件のため認定されなかった例が続出した。そして、この措置は同じ被害を受けた一般住民の中に選別（差別）を持ち込み、それによって県民世論は分断され、その後、全民間戦争被害者救済運動は沈滞し、事実上消えてゆく。

　戦後になって事後的に日本政府が作り出した行政的基準による一般住民の「戦闘参加者」認定は、同じ戦争被害者である一般住民の選別（差別）でもあった。戦争の民間人被害者という点では全く同じ被害者を、二分したのである。南洋戦の被害者はすべて日本軍の軍事作戦行動等が原因で被害を受けたものであり、選別自体根拠はなく不当なものである。認定手続が被害住民に戦時の危険状況等を考慮することなく不可能な立証を強いたり、不公平かつ恣意的に運用されたため、多数の未補償者を発生させているのである。原告らは、その未補償者である。

4　不当な選別の結果放置されている死者約2万人、後遺障害者2万人（推定）

援護法未適用の南洋戦・フィリピン戦の民間戦争被害者は、戦死者約２万5000人、後遺障害者２万人と推定されている。

原告ら未補償の南洋戦等民間戦争被害者は、軍人・軍属との差別のみならず、同じ南洋戦等民間戦争被害者間でも差別されていることになる。憲法の定める法の下の平等原則違反である。

※軍隊・軍人の国民保護義務違反

日本軍が住民を守らなかったことは、明治憲法下の諸法規と臣民の生命・身体・自由・安全・財産の保護規定に違反している。

軍隊・軍人といえども帝国憲法上の憲法・法律遵守義務からして、刑法・民法などの諸法規・諸法令を遵守する義務があるので、戦争中であっても一般住民に対する民法上不法行為法が適用され、刑事上は殺人、強盗などとして刑法などの処罰法規や刑事手続法規が適用されるのである。

南洋戦・フィリピン戦における日本軍の個々の行為である住民虐殺や「集団自決」、壕追い出し、食糧強奪などは民法上不法行為に該当し、損害賠償責任が問われ、刑法など処罰法規により犯罪行為として最高刑死刑で処罰されることとなる（そもそも軍隊には国民保護義務はないという考え方もあるが、前述したとおりの明治憲法等の規定からして、それは間違っている。例えば、殺人を犯した人が多数いたからといって、殺人を犯してもいいということにならないのと同様のことである。）。

※日本軍の国内法上の「戦争犯罪行為」
―戒厳令の未施行と軍隊・軍人の民事・刑事責任、刑法では最高刑は死刑

南洋戦・フィリピン戦も、沖縄戦と同様に戒厳令が施行されなかった。戒厳令が施行されていれば、司法・立法・行政の基本的権限は戒厳司令官が掌握することになるが、戒厳令が施行されない場合は、通常の平時と同様の法的手続で民事・刑事についての裁判が行われることになる。戒厳令が施行された場合でも、一定の法的手続に従って、処罰等がなされる仕組となっている。

明治憲法下においても、軍隊といえども法で定められた手続なしにみだりに国民の生命、身体、安全等を侵害してはならないのである。何らの法的手続きを経

ることなく、いきなり住民を殺傷等を行うと、その行為には軍人といえども民法・刑法等の法規が適用され、民事責任を負うとともに刑事上も殺人罪、傷害罪等に該当することになるのである。

以上の点から日本軍による住民虐殺、「集団自決」「壕追い出し」「食糧強奪」などの行為は違法となり、刑事・民事上の責任を負わなければならない。いわば、国内法の「戦争犯罪」になる。しかし、民間人殺害等を理由に誰一人処罰された軍人はいない。日本軍と軍人に対する責任追及は全くなされていない。

この訴訟は、日本軍の「戦争犯罪」を民事的に問う裁判でもある。日本軍の残虐非道な犯罪行為については、今後の課題として「残虐非道な犯罪」としての刑事告発を行い、厳罰を求め続けていくことが必要である。

※米軍の国際法上の戦争犯罪

戦時における外国軍隊が敵国の一般住民を殺害したり、財産を奪取したりするなどの行為を働いた場合は、国際法違反の戦争犯罪であり、加害軍人及び加害国は法的責任を負うのである。今後の課題として、アメリカに対する法的責任の追求も行っていく必要がある。

日本軍の南洋諸島・フィリピン群島の一般住民に対する反人道的な残虐非道行為など自体は、国際法上からみても犯罪に該当すると評価しうるものである。旧日本軍の行為は国内法的にみても違法性は明確である。米軍が南洋諸島等の一般住民の殺害を行ったことは、戦争犯罪に該当し、死刑などの重罪に処せられることになる。しかし、米軍に対する責任追及も全くなされていない。

※戦争被害は最大の基本的人権の侵害である

1　人間の生命・身体・精神は、基本的人権である。戦争被害は、生命・身体・精神・生活等に対する侵害である。

戦争被害は最大の基本的人権の侵害・蹂躙であるので、国家は人権の回復措置をとる義務がある。戦争被害のうち、人命・身体・精神に対する侵害は最大の基本的人権侵害であることを、特に留意しなければならない。

2　基本的人権とは、人間が生まれながらに持っている誰も奪うことができな

い権利である

　基本的人権とは、人間が人間として当然に（国法によって与えられるまでもなく）持っている基本的な権利のことである。これは 1688 年のイギリスの名誉革命に際して定めた権利宣言として、人間または国民の権利を宣言し保障する規定の一群のことであり、権利章典ともいい、18 世紀末のアメリカ各州の憲法以来、諸国の成文憲法には原則として含まれている。

3　明治憲法と日本国憲法の定め＝生命・身体・自由・精神の保障

　我が国の明治憲法の 2 章や現行憲法の 3 章は、この権利章典にあたる。明治憲法では現行憲法のように「基本的人権」という表現自体はしていなかったが、前述したように明治憲法でも臣民（国民）の生命・身体・精神など人間の生存する基本的な権利の保障規定があった。法治主義（法律に基づいて権力が行使され、法律に基づかなければ生命・身体・精神・財産を侵害されないという決まり）。従って、明治憲法下で原告や原告の肉親も日本国家によって生命・身体・精神・財産を侵害されない権利を持っていたところ、南洋戦等によってその権利を侵害されたのであるから、その権利侵害は違法行為となり、被告国はその責任を負わなければならない。

4　世界人権宣言と日本国家

　戦後の 1948 年 12 月 10 日に国際連合で世界人権宣言を採択した。これは、第二次世界大戦において、世界の歴史上最大の基本的人権の蹂躙が行われたこと、人権尊重と平和とが深い関係に鑑み、基本的人権の尊重をその目的のために宣言したのである。第二次世界大戦最後最大の激戦となり、日米軍の地上戦闘の行われた南洋戦・フィリピン戦・沖縄戦においては、無辜の住民約 20 万人が戦死し、多数の身体的精神的障害者を出したことは、日米軍による基本的人権の蹂躙が行われたからである。

　このような、世界の歴史上最大の人権蹂躙が行われた第二次世界大戦の反省のうえに日本国憲法 9 条では戦力保持の禁止及び戦争の放棄、13 条では生命・自由及び幸福追求権として明記されたのである。

5　南洋戦・フィリピン戦被害は基本的人権の侵害・蹂躙

　原告らの南洋戦等被害は、明治憲法下で行われた生命・身体・自由・精神など基本的な権利の侵害・蹂躙であるから、権利回復が行われなければならない。そして、その被害が身体的精神的後遺障害等として継続しているのであるから、現行日本国憲法下において基本的人権の侵害・蹂躙が続いていることになるのである。明治憲法下の被害であっても、現行日本国憲法下において人権侵害の回復としての謝罪と補償が行われなければならない。

※戦争 PTSD など外傷性精神障害の除斥期間

　ここでは主に、戦争 PTSD など外傷性精神障害の場合の 20 年の除斥期間起算点について述べる。

　（1）原告らの南洋戦・フィリピン戦被害全般については、20 年の除斥期間の適用を受けないことを最終準備書面で証拠を示して力説してきた。

　（2）ここでは戦争 PTSD など外傷性精神障害の起算点について特に述べることとする。

　戦闘行為による不法行為責任は、その起算点を、①不法行為時（加害行為のとき）、②その後診断がなされて症状の発症が特定されたとき（発症時は診断によって認識することになるが）、③さらに診断がなされて受傷の事実と発症時を初めて知ったとき（診断時・認識時）の 3 通りが考えられる。

　（3）本件原告らの場合は、認識時（診断日）を起算点とすべきである

　不法行為時に発症した人とその後に発症した人、発症時期不詳の 3 種類に分かれている。いずれの場合も PTSD など外傷性精神障害の場合、身体的障害の場合とは異なり、内面的な精神の問題であるので、医学診断をなされて初めて認識することになる。このような場合は、権利行使が可能となった診断時・認識時を起算点とする考えが正義にかなっている。

　自分が PTSD など外傷性精神障害に罹患したと知ってもいないし判ってもいない場合に、損害賠償請求権の行使をすることはそもそも不可能だからである。①と②に解すると著しく不正義となる。③の認識時を起算点とすることが正義にかなっている。

　また、原告らの場合そもそも精神障害が進行中なので、①②の場合も起算点が

進行しない（到来しない）と解することが正義にかなっている。従って、本件原告らの場合は、いずれも除斥期間が進行していない。

（4）札幌高等裁判所平成26・9・25判決（判時2245号31頁）の例

平時における幼児虐待によるうつ病発症の場合に、札幌高裁の判決で、事後的診断の結果の発症時が、除斥期間の起算点として判断されている（最高裁判決でも是認）。

（5）特に南洋戦など戦闘行為に起因する外傷性精神障害者につき、除斥期間が問題になるとした場合でも、その除斥期間の起算点については医学的診断により自己が受傷していることを知った（認識）時から進行すべきということになるので、平成28年1月以降に外傷性精神障害の診断が下された原告28名については、除斥期間が終了していないので、全員が損害賠償請求権を有することになる。

この場合でも、国家無答責論・戦争被害受忍論は否定されることにより、原告らは救済されることになる。

精神は、生命・身体とともに基本的人権のうち基本中の基本である。外傷性精神障害を発症せしめたことは、明らかに最大の基本的人権の侵害である。

☀裁判所は人権回復の最後の砦

国家は国民の基本的人権を侵害してはならない。国家は侵害された国民の基本的人権を救済する義務がある。

従って、裁判所は被告国が明治憲法下で原告らに加えた被害については当然被告にその責任があり、しかもその侵害の結果が現在まで継続しているこのような人権侵害については、明治憲法下の国家無答責の法理や戦争被害受忍論は適用されないと判断すべきである。

裁判所においては、明治憲法下の国家無答責論や戦争被害受忍論などを優先するか、原告らの人権侵害の救済を優先するのかのどちらかの重大な判断を迫られることになる。

人権侵害回復の最後の砦としての役割を、是非とも果たしていただきたいと強く願っている。

解説：南洋戦・フィリピン戦　被害・国家賠償訴訟の概要

【文献案内】

　沖縄戦、南洋戦、フィリピン戦被害の国賠訴訟については、『法廷で裁かれる日本の戦争責任』（高文研発行）でも解説している。同書は、強制連行、「従軍慰安婦」、空襲、原爆、沖縄戦、南洋戦など戦後日本の裁判所に提訴された戦争責任、賠償責任を巡る50件もの裁判を主に裁判担当の弁護士が解説している。戦後73年を迎えた今、戦争責任・戦後補償を考える必携の書となっている。

　沖縄戦国賠訴訟全体については、『法廷で裁かれる沖縄戦〈訴状編〉』と『法廷で裁かれる沖縄戦〈被害編〉』として出版された（いずれも高文研発行）。

　その他の文献としては【資料編】の提出証拠等一覧、用語解説を参照。

サイパン島の「自決の崖」バンザイクリフ＝撮影　村上有慶

❖本件訴訟の「訴状」を読み解くために─その①

原告の被害状況

１ 原告各人の被害内容一覧表

作成者　弁護士　瑞慶山　茂

作成年月日　　2016年12月6日

原告番号	原告氏名	被害について
1	東江　和子	赤城丸にて米軍の爆撃により本人負傷（両耳難聴）　外傷性精神障害（晩年発症の心的外傷後ストレス障害）
2	阿良　光雄	美山丸にて姉が死亡ジョクジャ丸にて弟が死亡　兄が戦死　母親と本人負傷
3	新垣　秀子	日本軍による壕追い出し　米軍の砲弾により妹二人が死亡　外傷性精神障害（心的外傷後ストレス障害、身体表現性障害、パニック障害、解離性健忘）
4	上地　清勇	戦争孤児　両親と姉弟４人が死亡　外傷性精神障害（晩年発症の重症心的外傷後ストレス障害、自閉性障害の急性悪化、離人・現実感喪失症候群）
5	上原　和彦	母親が負傷し破傷風により死亡、長姉・弟がマラリアで死亡、妹が栄養失調で死亡、外傷性精神障害（心的外傷後ストレス障害、離人・現実感喪失症候群）
6	上原　清志	弟２人と妹が栄養失調等で死亡　父が戦死　外傷性精神障害（心的外傷後ストレス障害）
7	上間　涼子	姉が死亡　外傷性精神障害（晩年発症型の心的外傷後ストレス障害、レビー小体型認知症疑い）
8	菊池　美枝子	日本軍による壕の追い出し　砲弾の破片があたり兄と祖母が死亡
9	喜瀬　光子	日本軍による壕の追い出し　戦争孤児　艦砲射撃により両親、妹２人、弟が死亡　本人は頭と腹と足を負傷　身体的後遺障害　外傷性精神障害（心的外傷後ストレス障害、解離性障害疑い）
10	國吉　眞一	日本軍による壕の追い出し　戦争孤児　父が戦死　母、弟２人、妹が艦砲射撃により死亡　本人は艦砲射撃により右膝負傷　身体的後遺障害　外傷性精神障害（破局体験後の持続的パーソナリティ変化）

原告の被害状況

原告番号	原告氏名	被害について
11	佐久本　正男	日本軍による壕の追い出し　父が戦死　砲弾により姉と弟が死亡　本人両腕負傷　身体的後遺障害　外傷性精神障害（心的外傷後ストレス障害）
12	島袋　　弘	戦争孤児　父親は兵隊と間違われ銃殺　母親は手榴弾により、妹は栄養失調で死亡　外傷性精神障害（心的外傷後ストレス障害）
13	島袋　文雄 （No.12の弟）	戦争孤児　父親は兵隊と間違われ銃殺　母親は手榴弾により、妹は栄養失調で死亡　原告は手榴弾の破片で負傷　外傷性精神障害（心的外傷後ストレス障害）
14	城間　盛正	父親が戦死　艦砲射撃を受け兄が死亡、本人は足と手を負傷　身体的後遺障害　妹は栄養失調で死亡　姉は沖縄戦で死亡
15	城間　光子 （No.14の母）	夫が戦死　艦砲射撃を受け長男が死亡、二男は足と手を負傷　三女は栄養失調で死亡　二女が沖縄戦で死亡
16	瑞慶山　シズ	日本兵による食料強奪　戦争孤児　父は軍の奉仕作業中に戦死　空爆で母が死亡　妹タケは栄養失調で死亡　妹トシ子は行方不明　外傷性精神障害（心的外傷後ストレス障害、外傷性否定的認知、機能性ディスペプシア）
17	祖堅　秀子	戦争孤児　母が米兵の機銃で死亡、姉（長女）が負傷　兄は砲撃にあい死亡　父と姉（二女）、妹（四女）が死亡　外傷性精神障害（心的外傷後ストレス障害、トラウマ後の幻覚、身体表現性自律神経機能不全）
18	楚南　兼正	父が死亡　外傷性精神障害（パニック障害、過覚醒不眠）
19	髙良　吉夫	引揚げ船白山丸が米軍により撃沈され、母と姉が死亡
20	名嘉山　兼正	日本軍による壕の追い出し　父は軍の作業中に戦死　艦砲弾により兄と姉、弟が死亡、原告は負傷　身体的後遺障害　外傷性精神障害（心的外傷後ストレス障害）
21	西原　良子	戦争孤児　父は日本軍に召集され戦死　母、弟が艦砲射撃により死亡　兄と祖父母は沖縄戦により死亡　外傷性精神障害（心的外傷後ストレス障害、読み書きを出来ない事による否定的認知、解離性健忘）
22	真境名　文	息子２人が餓死
23	松島　良智	引揚げ船が米軍に撃沈され姉と姪２人が死亡

45

原告番号	原告氏名	被害について
24	柳田　虎一郎	米軍の空襲により負傷した母が出産後に死亡　生まれてきた弟も死亡　妹が戦病死　米軍機の攻撃により本人負傷　日本に帰国時、役人に母の遺品を没収され行方不明に　外傷性精神障害（心的外傷後ストレス障害、身体表現性障害）
25	安次富　信子	父親が徴兵されて戦死　姉と妹が栄養失調で死亡　外傷性精神障害（心的外傷後ストレス障害）
26	大城　栄昌	戦争孤児　引揚げ船赤城丸が米軍の爆撃により撃沈し、母・兄・弟が死亡　姉が米軍機の銃撃により死亡　弟が栄養失調で死亡　父が沖縄戦で戦死　外傷性精神障害（心的外傷後ストレス障害）
27	金城　文郎	戦争孤児　父親は艦砲射撃により死亡　母親は銃撃を受け負傷し収容所で死亡　外傷性精神障害（身体表現性自律神経機能不全、心的外傷後ストレス障害、トラウマ性回避性人格障害）
28	高嶺　致泉	戦争孤児　引揚げ船近江丸が米軍の攻撃により撃沈し、父が死亡
29	田仲　初枝	叔父が徴兵されフィリピンで戦死
30	比嘉　ミサ	夫の被害（戦争孤児　両親、弟4人死亡）
31	又吉　康雄	兄が艦砲を受け死亡　兄嫁と甥2人・姪が艦砲の爆風により死亡
32	山入端　治男	叔父夫婦と甥が砲弾により死亡　妹3人が栄養失調で死亡
33	安里　俊明	兄（二男）と姉と弟が栄養失調で死亡　兄（長男）は戦争中の栄養失調が原因で戦後に死亡　母は長男の死が原因で精神的に異常を来し死亡
34	上原　豊子	兄と妹2人が栄養失調で死亡　外傷性精神障害（心的外傷後ストレス障害）
35	大城　スミ子	戦争孤児　父が空襲により死亡　避難時に家族バラバラに　母、姉、弟3人は爆弾の爆発により死亡
36	蔵前　清徳	弟2人が艦砲射撃により死亡　祖父がトラブルに巻き込まれ死亡　外傷性精神障害（心的外傷後ストレス障害、身体表現性自律神経機能不全、破局体験後の持続的パーソナリティ変化）
37	渡慶次　松子	日本軍による壕追い出し　砲弾により弟と妹2人が死亡　本人は負傷し体中に破片が入った　身体的後遺障害
38	仲本　幸代	父親は銃弾を受け死亡　兄（三男）と姉3人は栄養失調の為死亡　兄（長男）は沖縄戦で戦死　外傷性精神障害（心的外傷後ストレス障害に準じる程度のトラウマ反応）
39	大石　明子	父方祖父、母方祖父、叔父が戦死　母方の祖母・叔母2人・叔父が壕の襲撃にあい死亡　兄が栄養失調で死亡

原告の被害状況

原告番号	原告氏名	被害について
40	大城 ノリ子	日本軍による壕追い出し　母・姉・弟が米軍の爆撃で死亡　本人は負傷　外傷性精神障害（心的外傷後ストレス障害、解離性健忘、解離性意識喪失、解離性運動障害）
41	金城 宏幸	父は米軍の銃弾を受けて死亡　本人負傷　身体的後遺障害
42	金城 美佐子	母と兄・妹が砲弾により死亡　外傷性精神障害（心的外傷後ストレス障害、解離性健忘、パニック障害）
43	中村 美代子	母と弟・妹が砲弾により死亡　外傷性精神障害（心的外傷後ストレス障害）
44	宮里 和子	日本軍による壕の追い出し　機銃で撃たれ母と弟が死亡　本人負傷　身体的後遺障害　外傷性精神障害（戦争と、戦後に孤児となって以来の過酷体験とによる、心的外傷後ストレス障害に準ずる程度のトラウマ反応）
45	山川 信子	戦争孤児　父は艦砲射撃により死亡　義母、妹２人も死亡　外傷性精神障害（心的外傷後ストレス障害、微少認知機能障害）

旧日本軍の野砲（サイパン島）＝撮影　村上有慶

❷ 被害類型原告一覧表

（被害様態ごとに数えているので複数回の人がいる）

作成者　　弁護士　瑞慶山　　茂
作成年月日　　2016年12月6日
（　）内の番号は原告番号

番号	被害の様態	人数	氏　　　　　名
1	船の撃沈により負傷	2人	(1) 東江和子　(2) 阿良光雄
2	船の撃沈により死亡	5人	(2) 阿良光雄　(19) 高良吉夫　(23) 松島良智　(26) 大城栄昌　(28) 高嶺致泉
3	戦場で行方不明	3人	(4) 上地清勇　(16) 瑞慶山シズ　(17) 祖堅秀子
4	マラリアにより死亡	1人	(5) 上原和彦
5	栄養失調による死亡・餓死・病死	17人	(4) 上地清勇　(5) 上原和彦　(6) 上原清志　(12) 島袋弘　(13) 島袋文雄　(14) 城間盛正　(15) 城間光子　(16) 瑞慶山シズ　(22) 真境名文　(24) 柳田虎一郎　(25) 安次富信子　(26) 大城栄昌　(32) 山入端治男　(33) 安里俊明　(34) 上原豊子　(38) 仲本幸代　(39) 大石明子
6	兵隊と間違われて銃殺	2人	(12) 島袋弘　(13) 島袋文雄
7	銃撃戦・艦砲射撃・砲弾等の戦等行為による死亡・負傷	2人	(3) 新垣秀子　(5) 上原和彦　(7) 上間涼子　(8) 菊池美枝子　(9) 喜瀬光子　(10) 國吉眞一　(11) 佐久本正男　(12) 島袋弘　(13) 島袋文雄　(14) 城間盛正　(15) 城間光子　(16) 瑞慶山シズ　(17) 祖堅秀子　(18) 楚南兼正　(20) 名嘉山兼正　(21) 西原良子　(24) 柳田虎一郎　(26) 大城栄昌　(27) 金城文郎　(29) 田仲初枝　(30) 比嘉ミサ　(31) 又吉康雄　(32) 山入端治男　(35) 大城スミ子　(36) 蔵前清徳　(37) 渡慶次松子　(38) 仲本幸代　(39) 大石明子　(40) 大城ノリ子　(41) 金城宏幸　(42) 金城美佐子　(43) 中村美代子　(44) 宮里和子　(45) 山川信子
8	軍へ協力作業中の死亡	1人	(16) 瑞慶山シズ

原告の被害状況

番号	被害の様態	人数	氏　　　名
9	戦争孤児	15人	(4) 上地清勇　(9) 喜瀬光子　(10) 國吉眞一　(12) 島袋弘　(13) 島袋文雄　(16) 瑞慶山シズ　(17) 祖堅秀子　(21) 西原良子　(26) 大城栄昌　(27) 金城文郎　(28) 高嶺致泉　(30) 比嘉ミサ　(35) 大城スミ子　(41) 金城宏幸　(45) 山川信子
10	日本軍による壕追出し	9人	(3) 新垣秀子　(8) 菊池美枝子　(9) 喜瀬光子　(10) 國吉眞一　(11) 佐久本正男　(20) 名嘉山兼正　(37) 渡慶次松子　(40) 大城ノリ子　(44) 宮里和子
11	日本軍による食糧強奪	1人	(16) 瑞慶山シズ
12	身体的後遺障害	7人	(10) 國吉眞一　(11) 佐久本正男　(14) 城間盛正　(20) 名嘉山兼正　(37) 渡慶次松子　(41) 金城宏幸　(44) 宮里和子
13	戦争による外傷性精神障害	28人	1) 東江和子（晩年発症型心的外傷後ストレス障害）(3) 新垣秀子（心的外傷後ストレス障害・身体表現性障害・パニック障害）(4) 上地清勇（晩年発症の重症心的外傷後ストレス障害、自閉性障害の急性悪化、離人・現実感喪失症候群）(5) 上原和彦（心的外傷後ストレス障害、離人・現実感喪失症候群)(6) 上原清志（心的外傷後ストレス障害）(7) 上間涼子（晩年発症型の心的外傷後ストレス障害、レビー小体型認知症疑い）(9) 喜瀬光子（心的外傷後ストレス障害、解離性障害疑い）(10) 國吉眞一（破局体験後の持続的パーソナリティ変化）(11) 佐久本正男（心的外傷後ストレス障害）(12) 島袋弘（心的外傷後ストレス障害)(13) 島袋文雄（心的外傷後ストレス障害)(16) 瑞慶山シズ（心的外傷後ストレス障害、外傷性否定的認知、機能性ディスペプシア）(17) 祖堅秀子（心的外傷後ストレス障害、トラウマ後の幻覚、身体表現性自律神経機能不全）(18) 楚南兼正（パニック障害・過覚醒不眠）(20) 名嘉山兼正（心的外傷後ストレス障害)(21) 西原良子（心的外傷後ストレス障害、読み書きを出来ない事による否定的認知、解離性健忘)(24) 柳田虎一郎（身体表現性障害・心的外傷後ストレス障害)(25) 安信富信子（心的外傷後ストレス障害）26) 大城栄昌（心的外傷後ストレス障害）

番号	被害の様態	人数	氏　　　名
13	戦争による外傷性精神障害	28人	(26) 大城栄昌（心的外傷後ストレス障害）(27) 金城文郎（身体表現性自律神経機能不全、心的外傷後ストレス障害、トラウマ性回避性人格障害）(34) 上原豊子（心的外傷後ストレス障害）(36) 蔵前清徳（心的外傷後ストレス障害、身体表現性自律神経機能不全、破局体験後の持続的パーソナリティ変化）(38) 仲本幸代（心的外傷後ストレス障害に準ずる程度のトラウマ反応）(40) 大城ノリ子（心的外傷後ストレス障害、解離性健忘、解離性意識喪失、解離性運動障害）(42) 金城美佐子（心的外傷後ストレス障害、解離性健忘、パニック障害）(43) 中村美代子（心的外傷後ストレス障害）(44) 宮里和子（戦争と戦後に孤児になって以来の過酷体験とによるトラウマ反応（PTSDに準ずる程度）(45) 山川信子（心的外傷後ストレス障害、微少認知機能障害）

原告の被害状況

❸外傷性精神障害診断一覧表

[診断者・精神科医　医師　蟻塚亮二]

[一覧表作成者　弁護士　瑞慶山　茂]

番号	原告番号	氏　名	診断日	診断書発行日	診　断　内　容
1	1	東江　和子	2016/1/9	2016/2/11	晩年発症の心的外傷後ストレス障害（F43.1）
2	3	新垣　秀子	2016/2/13	2016/3/12	心的外傷後ストレス障害（F43.1）、身体表現性障害（F45）、パニック障害（F41）、解離性健忘（F44.0）
3	4	上地　清勇	2016/2/13	2016/3/12	晩年発症の重症心的外傷後ストレス障害（F43.1）、自閉性障害（F84.1）の急性悪化、離人・現実感喪失症候群（F48.1）
4	5	上原　和彦	2016/1/9	2016/2/11	心的外傷後ストレス障害（F43.1）、離人・現実感喪失症候群（F48.1）
5	6	上原　清志	2016/1/9	2016/2/11	心的外傷後ストレス障害（F43.1）
6	7	上間　涼子	2016/2/13	2016/3/12	晩年発症型の心的外傷後ストレス障害（F43.1）、レビー小体型認知症疑い
7	9	喜瀬　光子	2016/1/9	2016/2/11	心的外傷後ストレス障害（F43.1）、解離性障害疑い
8	10	國吉　眞一	2016/2/13	2016/3/12	破局体験後の持続的パーソナリティ変化（F62.0）
9	11	佐久本正男	2016/4/9	2016/4/9	心的外傷後ストレス障害（F43.1）
10	12	島袋　弘	2016/3/12	2016/3/12	心的外傷後ストレス障害（F43.1）
11	13	島袋　文雄	2016/3/12	2016/3/12	心的外傷後ストレス障害（F43.1）
12	16	瑞慶山シズ	2016/2/13	2016/3/12	心的外傷後ストレス障害（F43.1）、外傷性否定的認知、機能性ディスペプシア（F45）
13	17	祖堅　秀子	2016/2/13	2016/3/12	心的外傷後ストレス障害（F43.1）、トラウマ後の幻覚（F28）、身体表現性自律神経機能不全（F45.3）

番号	原告番号	氏　名	診断日	診断書発行日	診　断　内　容
14	18	楚南　兼正	2016/3/12	2016/3/12	パニック障害（F40）、過覚醒不眠（F51）
15	20	名嘉山兼正	2016/4/9	2016/4/9	心的外傷後ストレス障害（F43.1）
16	21	西原　良子	2016/2/13	2016/3/12	心的外傷後ストレス障害（F43.1）、読み書きを出来ない事による否定的認知、解離性健忘（F44.0）
17	24	柳田虎一郎	2016/1/9	2016/2/11	心的外傷後ストレス障害（F43.1）、身体表現性障害（F45.0）
18	25	安次富信子	2016/3/12	2016/3/12	心的外傷後ストレス障害（F43.1）
19	26	大城　栄昌	2016/2/13	2016/3/12	心的外傷後ストレス障害（F43.1）
20	27	金城　文郎	2016/1/9	2016/2/11	身体表現性自律神経機能不全（F45.3）、心的外傷後ストレス障害（F43.1）、回避性人格障害（F60.6）
21	34	上原　豊子	2016/5/14	2016/5/14	心的外傷後ストレス障害（F43.1）
22	36	蔵前　清徳	2016/1/9	2016/2/11	心的外傷後ストレス障害（F43.1）、身体表現性自律神経機能不全（F45.3）、破局体験後の持続的パーソナリティ変化（F62.0）
23	38	仲本　幸代	2016/5/14	2016/5/14	心的外傷後ストレス障害（F43.1）に準じる程度のトラウマ反応
24	40	大城ノリ子	2016/2/13	2016/3/12	心的外傷後ストレス障害（F43.1）、解離性健忘（F44.0）、解離性意識喪失（F44）、解離性運動障害（F44.4）
25	42	金城美佐子	2016/6/11	2016/6/11	心的外傷後ストレス障害（F43.1）、解離性健忘（F44.0）、パニック障害（F41）
26	43	中村美代子	2016/3/12	2016/3/12	心的外傷後ストレス障害（F43.1）
27	44	宮里　和子	2016/1/9	2016/2/11	戦争と、戦後に孤児となって以来の過酷体験とによる、心的外傷後ストレス障害（F43.1）に準ずる程度のトラウマ反応
28	45	山川　信子	2016/11/12	22016/11/12	心的外傷後ストレス障害（F43.1）

原告の被害状況

４ 外傷性精神障害診断・各所見一覧表

［診断者診断書作成者・精神科医　蟻塚亮二］
［一覧表作成者・弁護士　瑞慶山茂］

番号	原告番号	氏　名	診断日	診断書発行日	診　断　名
1	1	東江　和子	2016 年 1 月 9 日	2016 年 2 月 11 日	晩年発症型心的外傷後ストレス障害（甲 134）

（所見）
1 歳の誕生日にトラック島で空襲にあい孤児となった。その頃の記憶はないが 50 歳を過ぎてから①２時間おきに覚醒するという戦争トラウマに典型的な過覚醒性不眠、②米軍ジェット機の音にどきどきするという戦時体験を連想させる音刺激に対する過敏な反応、③歯科診療という閉鎖空間を恐怖するというパニック発作的な反応が見られるようになって今も続いている。④中年のころにも動悸がして胸が苦しくなるというパニック発作とみられる発作が続いた。戦後結婚して子供４人を育てて実生活ではパニック障害に見られるような引きこもり的回避的な人格ではなく、むしろオープンで開き直れる人格である。これまでの人生上で幼児期の戦争体験以外に強烈なトラウマ刺激はなかった。◆そのため上記の①②③は、幼児期の戦時記憶がトラウマ記憶として刻み込まれ、晩年に発症した PTSD と考えられる。平成 28 年 1 月 9 日に診察した

番号	原告番号	氏　名	診断日	診断書発行日	診　断　名
2	3	新垣　秀子	2016 年 2 月 13 日	2016 年 3 月 12 日	心的外傷後ストレス障害、身体表現性障害、パニック障害（甲 142）、解離性健忘※鑑定書（甲 212）にて下線部追加

（所見）
サイパンで壕に避難している時、日本軍より壕を提供するように言われて壕を出たとき砲爆撃により妹２人が死亡。当時８歳。最近、高齢化してから、夜に、亡くなった妹たちのことが思い出されて泣き、眠れなくなってきた。同時に動悸もするし、そんなことを考えていると腰や足が痛む。晩年になり、人混みに入れなくなった。美容院や歯医者に行けない。◆晩年になり加齢とともに戦時記憶がフラッシュバックし、不眠とパニック障害、広場恐怖、戦争記憶の想起と関連する身体表現性障害（腰と足の痛み）などが出現して現在に至る。青壮年期にこれらの症状はなく、晩年に加齢とともに出現してきた。戦後は円満で順調な家庭生活をし、戦時記憶以外に PTSD を発生する原因が見あたらないので、上記はサイパン戦の体験によるストレス症状である。

53

番号	原告番号	氏　名	診断日	診断書発行日	診　断　名
3	4	上地　清勇	2016年2月13日	2016年3月12日	晩年発症型の重症の心的外傷後ストレス障害、過酷体験後の自閉性障害（甲143）、離人・現実感喪失症候群※鑑定書（甲212）にて下線部追加

(所見)

テニアン島の戦闘で父母と3人の弟を亡くした。死体が浮かぶ海で血だらけの衣類を洗ってくれた一人の姉は自決した。戦後沖縄に引き取られた直後は、極端な対人恐怖とコミュニケーション障害がみられた。成人して後は、自閉的な傾向は続いていたがタクシーの運転手として働き、結婚した。◆最近亡くなった姉のことやテニアンの血の海やカンカンカンという機銃掃射の場面などがフラッシュバックしてくる。同時にそれまでの自閉的傾向が一層強くなり、自宅で閉じこもっていて子供たちとの会話にも参加せず、知らない人が近づいてきたり自宅近くを子供が歩いているときに病的に恐怖する様になった。暗闇が怖くてたまらない。◆タクシー運転手として50年近く適応的に働いてきたが、退職後に戦時記憶のフラッシュバックとともに極度の自閉的傾向と対人恐怖が表面化してきた。これらは戦争トラウマによる晩年発症型のストレス障害である。

番号	原告番号	氏　名	診断日	診断書発行日	診　断　名
4	5	上原　和彦	2016年1月9日	2016年2月11日	心的外傷後ストレス障害（甲135）、離人・現実感喪失症候群※鑑定書（甲212）にて下線部追加

(所見)

当時6－7歳で、①パラオ島の空襲の中を逃げた、②やっとルソン島に上陸したものの目の前で自分たちの乗ってきた船が米戦闘機の攻撃によって爆破沈没し顔見知りだった船員たちの遺体が夕方に砂浜に打ち上げられたのを見て恐怖してジャングルに逃げた、③その後台湾の収容所にいたときに姉が亡くなり本人も機銃掃射を受けた。④その後母と弟と妹がなくなった。本人は琉球大学を終えて教員として順調な社会的活動を成してきたが、夜に母親が亡くなった場面を思い出す、台湾の事を夢に見る、眠れない、自分を標的に機銃掃射された時の場面と音がフラッシュバックしてきて戦慄する。釣りに行ったときや人がいないサトウキビ畑に一人いると、戦闘機に標的にされて隠れる場所がない状況と似ているので恐い。◆これは、①②③④の戦争関連の恐怖体験がトラウマ記憶となって現在にも続いているPTSDである。標的とされた事が致命的衝撃。

番号	原告番号	氏　名	診断日	診断書発行日	診　断　名
5	6	上原　清志	2016年1月9日	2016年2月11日	心的外傷後ストレス障害（甲136）

（所見）
フィリピンのミンダナオ島にいて空襲を避けるために山中の戦場を逃げ回った。食糧がなく弟二人が亡くなり、引き上げ船の中で姉がすし詰めのため圧死した。しばしば戦争の夢を見る、弟たちや姉が亡くなった時の事が夢に出てくる。雨の夜の山の中を、死体を踏みわけ逃げ回った場面を夢に見て怖くてならない。昼に発作性の動悸がする。「夜」「雨降り」「稲光」という条件に出会うと戦争当時の場面を思い出して驚愕する。
◆沖縄大学を卒業して社会人としては順調だった。ミンダナオ島の雨の山中で死体を踏みわけ砲火の下を逃げ回った体験がトラウマ記憶となり、今も夢に見て、「夜や雨や雷鳴」などの刺激によってその悲惨な体験と場面がフラッシュバックする。これは戦時体験によるPTSDである。

番号	原告番号	氏　名	診断日	診断書発行日	診　断　名
6	7	上間　涼子	2016年2月13日	2016年3月12日	晩年発症型の心的外傷後ストレス障害（甲144）、レビー小体認知症疑い※鑑定書（甲212）にて追加

（所見）
テニアン島にいて姉が戦闘に巻き込まれて亡くなった。
4－5年前からテレビで交通事故や戦場の場面が報道されると、自分が体験した戦時記憶を思い出して眠れなくなった。この時には呼吸も苦しくなる。戦時記憶の再想起は夜に多い。
◆高齢化に伴って一般的な記憶の脱落とともに、戦時トラウマ記憶が尖鋭化してフラッシュバックしてきた。典型的な晩年発症型のPTSDである。

番号	原告番号	氏　名	診断日	診断書発行日	診　断　名
7	9	喜瀬　光子	2016年 1月9日	2016年 2月11日	PTSDに準ずる程度のトラウマ反応、解離性障害疑い（甲137）、~~心的外傷後ストレス障害~~※鑑定書（甲212）にて取消部を下線部に訂正

(所見)
当時10歳、テニアン島で両親、二人の妹と弟が亡くなり孤児となった。本人も負傷。叔母と沖縄に帰ったが親戚の家をたらい回しされ十分な保護を受けられず、本人も病弱で殆ど学校に行けず。しかし苦手な人ごみを克服するために軍で働いた、が今も人ごみは怖い。眠れずに朝まで起きていたり、3時間くらいしか眠れないなどの過覚醒性不眠が続いている。何十年も心療内科に通院した。戦時のことや亡くなった親の事を夢に見る。時に負傷した足の裏が「つっかかる感じ」になる。
◆「病弱で学校に行けなかった」というのは、戦争ストレスによる児童のストレス反応であった可能性がある。その後読み書きも独力で獲得し苦手な人ごみにも入って働き、社会的遂行能力は高かった。にも関わらず戦時記憶に関連した夢を見て、重篤な過覚醒性不眠と対人的な回避とがあり、PTSDに匹敵する程度の戦争関連トラウマ反応である。足の「つっかかる感じ」は解離性筋肉固縮の疑い。

番号	原告番号	氏　名	診断日	診断書発行日	診　断　名
8	9	國吉　眞一	2016年 2月13日	2016年 3月12日	右膝関節内骨折、~~外傷性否定的認知、対人関係困難症~~（甲145）、破局体験後の持続的パーソナリティ変化※鑑定書（甲212）にて取消部を下線部に訂正

(所見)
テニアンで避難していた壕を日本兵に追い出され、山の中を死体を踏んで逃げていたときに妹や従兄弟が艦砲で亡くなった。自分も右膝関節と左足とに負傷した。戦争孤児となり沖縄の叔父に引き取られたが学校に行けず、読み書きができない。傷の痛みと読み書き困難とから正規の職業に就くことができず短時間のアルバイトなどを繰り返してきた。他人の中に溶け込んで行くことがうまくできない。

原告の被害状況

番号	原告番号	氏　名	診断日	診断書発行日	診　断　名
9	11	佐久本正男	2016 年 4 月 9 日	2016 年 4 月 9 日	心的外傷後ストレス障害（甲156）

（所見）
テニアン島で壕を出されて母達と歩いて居て爆弾を受けて両手切断を要する程の重症を受けたが、両手切断しないように母が懇願した。しかし両手は自由に動かないので学童の時もタクシー運転会社でも馬鹿にされた。73歳頃までタクシー運転手として働いていたが、晩年になってから、不眠、過去の体験のフラッシュバック、悪夢などに悩むようになった。戦争による両手の障害によっていじめられたので、シャツの長袖で傷を隠して生きて来た。そのように身体の不自由さや劣等感と闘いながら生きて来たが、しかし戦争記憶から自由になることはなく発症した心的外傷後ストレス障害である。

番号	原告番号	氏　名	診断日	診断書発行日	診　断　名
10	12	島袋　弘	2016 年 3 月 12 日	2016 年 3 月 12 日	心的外傷後ストレス障害（甲151）

（所見）
サイパンの戦闘で父は撃たれて死亡し、母は破傷風となり、妹は収容所で亡くなった。
畑に作った壕の中にいたとき艦砲の直撃を受けて生き埋めとなった。自分たちと父は助かったが知り合いの家族が亡くなった。新聞でニュースを見たりテレビで震災の影像を見たりすると、亡くなった妹のことや生き埋めになった知り合いのおじさん一家の事が思い出されて胸がいっぱいになり、涙があふれて口をきけなくなる。若い頃から不眠がちで、サイパンの夢を見ることもあった。

番号	原告番号	氏　名	診断日	診断書発行日	診　断　名
11	13	島袋　文雄	2016 年 3 月 12 日	2016 年 3 月 12 日	心的外傷後ストレス障害（甲152）

（所見）
サイパン戦でみた曳光弾や照明弾の光や、爆弾の匂いは覚えている。25歳から運送業をしてきたが、年を取ってから亡くなった父母や妹のことを思い出すようになった。妹には生きていて欲しかったと思うと、今でも感情の渦におそわれて涙が止まらない。夜になると妹のことや戦争のことを思い出す。寒いときや気候が不安定な時に、銃弾が貫通した右足が痛む。

番号	原告番号	氏　名	診断日	診断書発行日	診　断　名
12	16	瑞慶山シズ	2016年2月13日	2016年3月12日	心的外傷後ストレス障害、外傷性否定的認知（甲146）、機能性ディスペプシア※鑑定書（甲212）にて下線部追加

（所見）
日本軍に米を奪われ屍体の山の中を逃げた。母が即死し雨のジャングルの中で飢えに苦しんだ。戦争孤児となり沖縄に引き取られたが毎日水運びをやらされて友達と遊ぶことも出来ず、今も他人の中に入って行けない。
◆最近夜に戦時記憶がフラッシュバックしてきて、当時の惨状を再体験して涙を流して眠れないことがしばしばある。このときに爆弾の匂いがする。米軍の演習の音が怖い。飛行機の音であのときの爆発音を思い出す。花火の音や雷が怖い。
◆戦時記憶が晩年にフラッシュバックしてきたPTSDである。戦争孤児としての劣等感によって他人の中に積極的に参加していけない。これは外傷性の否定的認知である。

番号	原告番号	氏　名	診断日	診断書発行日	診　断　名
13	17	祖堅　秀子	2016年2月13日	2016年3月12日	心的外傷後ストレス障害（甲147）、トラウマ後の幻覚、身体表現性自律神経機能不全※鑑定書（甲212）にて下線部追加

（所見）
山中に避難したが日本兵が泣く子を殺すのを見た。母は撃たれて目の前で即死し、父は妹を背負って壕を探しに行って帰らず、姉は海に飛び込み、自分は「集団自決」の血の海で捕虜となった。沖縄に帰って高校卒後米軍基地で働いた後に防衛庁職員に採用されて25年間の勤務を全うした。
◆晩年になり、夢を見て頻回に覚醒するようになった。亡くなった母親や女の人の夢を今も見る。戦時中や戦後の苦しかった時の記憶が昼と夜とを問わずにフラッシュバックしてくる。すると心臓がドキドキしたり咳込んだりする。戦争の話をすると涙があふれる。◆防衛庁職員として働いていたときには表面化しなかったが、晩年になって、夢やトラウマ型の過覚醒不眠、戦時記憶や戦後の過酷体験の記憶がフラッシュバックしてきたので、これは戦争に由来する晩年発症型のPTSDである。診察していて咳込むのは咽頭喉頭の解離性硬直による。

原告の被害状況

番号	原告番号	氏　名	診断日	診断書発行日	診　断　名
14	18	楚南　兼正	2016年3月12日	2016年3月12日	パニック障害、過覚醒不眠（甲153）

（所見）

叔父に呼ばれてフィリピンに行って、父はフィリピンで現地召集されて亡くなった。本人は母と共に宜野湾や北谷の壕を転々としていた。中卒後に軍作業に従事し、その後中古自動車店をやって生活は波乱はなかった。夜中に何回も覚醒し、心臓がドキドキして飛び起きる事がある。夜中に寝付くことが出来ずに、朝が白んで来ると、やっと眠りにつける。年をとってから、叔父や父母の夢を見るようになった。

◆晩年になって叔父や父母の夢を見ることが増えたことと、夜間は過覚醒の為に眠れないというトラウマ反応型の不眠を繰り返し、しかも夜中に発作性の動悸があって飛び起きるというのは、戦争記憶と関連したパニック障害と思われる。

番号	原告番号	氏　名	診断日	診断書発行日	診　断　名
15	20	名嘉山兼正	2016年4月9日	2016年4月9日	心的外傷後ストレス障害（甲157）

（所見）

テニアン島で壕から出された所を爆発にあって兄と姉が即死した。母は戦争の事を語ることをかたくなに拒否したが、逆にそのような母の恐怖感は本人にも不安と恐怖を与えた。当時の様子は叔母から聞いた。沖縄県中城の港に下船した時のことは記憶している。60歳頃仕事をやめてから1時間おきに覚醒するトラウマ反応特有の過覚醒不眠を呈した。また悪夢を見て何かと闘うように体を動かし夜間に大声を出した。徳田心療内科でPTSDと診断された。また手が震えて字を書けない、雷の音で戦慄するなどのトラウマ反応があり。本人の人生時間の中で、幼児期の戦争体験以外に、このようなトラウマ反応を来すに足る出来事がないので、テニアン島での戦時体験と記憶による心的外傷後ストレス障害である。

番号	原告番号	氏　名	診断日	診断書発行日	診　断　名
16	21	西原　良子	2016年2月13日	2016年3月12日	心的外傷後ストレス障害、読み書きを出来ない事による否定的認知（甲148）、解離性健忘※鑑定書（甲212）にて下線部追加

（所見）
サイパン島で父母と兄弟が亡くなり戦争孤児となった。沖縄に引き取られて親戚の家を転々とたらい回しされた。学校には行けず読み書きが出来ない。40歳の頃から眠っているときに親の顔の様な幻視が現れて飛び起きるようになった。
今も花火の音などがきっかけとなって戦時記憶がフラッシュバックしてくる。テレビで報道される戦争や災害などの映像を見ると胸が苦しくなる。急な光刺激でも苦しくなる。文字を書けない事によって常に他人の中で劣等感を感じて、一歩引いて生きて来た。

番号	原告番号	氏　名	診断日	診断書発行日	診　断　名
17	24	柳田虎一郎	2016年1月9日	2016年2月11日	身体表現性障害、心的外傷後ストレス障害（甲138）

（所見）
当時6歳。パラオから避難するときにフィリピンで弟と母が死亡。子供達だけで奥地に逃げる途中に米軍機の機銃掃射で負傷。その後捕虜となり日本へ帰国途中に妹が死亡。帰国後孤児院で生活。
◆今もジャングルらしき所にいてドンという砲撃の音におびえる夢を見て恐怖する。何度も目覚める（過覚醒性不眠）、戦場で亡くなった人たちの事が視覚イメージでフラッシュバックしてくる（人々が泣き叫んでいて、亡くなった妹が「さよなら」という場面が想起される）、飛行機の音に敏感で急に発作性の動悸がする。寝るときや心配ごとがあるとき、夜に物思いが増大してくる時や、仕事で疲れた時に爆弾の破片が入りウジがわいた、そけい部の傷口が痛む。
◆夢、過覚醒性不眠、情景のフラッシュバック、発作性の動悸や飛行機の音に対する過敏反応などは、戦時記憶によるPTSDである。心理的負荷の増大した時に傷口が痛むのは戦時記憶による身体表現性障害である。

番号	原告番号	氏　名	診断日	診断書発行日	診　断　名
18	25	安次富信子	2016年3月12日	2016年3月12日	心的外傷後ストレス障害（甲194）

（所見）
当時5歳であるが、屍体を踏み越えて逃げるのがとても怖かった事を覚えている。飛行機の音がしたら妹とむしろをかぶって家の隅に逃げた。息子が亡くなり、その後夫が6年前に亡くなった頃から眠れなくなった。眠れなくて戦時の事を思い出す。夜も昼も関係なく、飛行機の大きな爆音がフラッシュバックして入ってくる。

番号	原告番号	氏　名	診断日	診断書発行日	診　断　名
19	26	大城　栄昌	2016年2月13日	2016年3月12日	心的外傷後ストレス障害（（甲149）

（所見）
当時5歳だがトラック島で戦争孤児となった。赤城丸が撃沈され母と弟が目の前で亡くなり姉は機銃で撃たれて死亡した。当時のことを思うと悲しい感情が激してきて言葉を言えなくなる。帰国後頑張ってテレビ店を営業して来たが、若いときから夜中に頻回に覚醒するという、トラウマ反応型の過覚醒不眠を繰り返してきた。今も夜になるとしばしば戦争の場面がフラッシュバックしてくる。

番号	原告番号	氏　名	診断日	診断書発行日	診　断　名
20	27	金城　文郎	2016年1月9日	2016年2月11日	身体表現性自律神経機能不全、トラウマ反応、回避性人格障害（甲139）、心的外傷後ストレス障害※鑑定書（甲212）にて訂正部を削除・下線部を追加

（所見）
父も母も米軍の砲弾を浴びて数ヵ月後に亡くなった。戦争の事をよく思い出し、飛び起きることもある。急に動悸したり、めまいや足のしびれが出てくる。いろいろ検査してもどこも異常なかった。最近は周囲の人々から孤立していると感じており、自分も他人と触れ合わないようにして生きている。◆戦争の夢を見て飛び起きるというほど、戦争記憶はトラウマ性の記憶となって刻印されている。また発作性の動悸がある。したがって、内科その他で検査しても異常のない、めまいやしびれとは、戦時記憶によるストレストラウマ反応であると考えられる。何故かと言うと、読み書きができないのにも関わらず、建設業、肉屋、知らない土地の名古屋でタクシー運転手を10年勤めるなど、本人のストレス耐性と社会的遂行能力は高く、戦時記憶以外にこのような強いトラウマ体験を見いだせないからである。

番号	原告番号	氏　名	診断日	診断書発行日	診　断　名
21	34	上原　豊子	2016年 5月14日	2016年 5月14日	心的外傷後ストレス障害（甲180）

（所見）
当時7歳でテニアン島で母とともに山の中に戦火を逃げた。飛行機からの攻撃や爆弾の破裂や死体の転がる中を耳と眼を指で押さえながら逃げた。戦後の沖縄に帰って家族的にも経済的にも無難な生活を過ごしてきたが，晩年になり眠れなくなった。頻回に覚醒する。アメリカの軍隊に追いかけられている夢を見る。戦争のことを思い出すことが多い。雷が鳴ると落ちないかととても怖いが，その怖さはテニアンの山中で体験した怖さと同じだという。

番号	原告番号	氏　名	診断日	診断書発行日	診　断　名
22	36	蔵前　清徳	2016年 1月9日	2016年 2月11日	身体表現性自律神経機能不全（甲140）、心的外傷後ストレス障害、破局体験後の持続的パーソナリティ変化※鑑定書（甲212）にて追加

（所見）
サイパン島で追いつめられてマッピ山（いわゆるバンザイクリフ）付近に来た時に食糧の奪い合いとなり，曾祖父が射殺された。その場面が強烈に残って今も思い出す。その後弟二人が亡くなった。当時9歳。戦争の事を考えて眠れないことが多い。めまいがして不安だ。発作性の動悸はない。
◆本人は莫蓙の製造や琉球通運（運送会社）に20年勤めるなど社会的遂行能力は高かった。にも関わらず晩年になって不眠と戦時記憶との再想起を繰り返して原因不明のめまいを呈しており，戦時ストレスが晩年に形をとって「めまいという身体表現性自律神経機能不全」を呈しているものと考えられる。

番号	原告番号	氏　名	診断日	診断書発行日	診　断　名
23	38	仲本　幸代	2016年 5月14日	2016年 5月14日	心的外傷後ストレス障害に準じる程度のトラウマ反応（甲181）

（所見）
フィリピンで戦争に遭い，母の背中におわれて山中に逃避行する時に3人の姉と1人の兄を亡くした。戦後の沖縄は生きるのはつらかったが，母が30代の頃から戦争トラウマによる不安パニック発作を繰り返したので，患者はその手助けをしながらの人生だった。母は亡くなったが，今も夢に見る。夜中に目覚めて思い出すこともあるが眼をつぶって，「大丈夫だ」と言い聞かせている。しかしこの話をしていると涙がにじむ。

原告の被害状況

番号	原告番号	氏　名	診断日	診断書発行日	診　断　名
24	40	大城ノリ子	2016年2月13日	2016年3月12日	心的外傷後ストレス障害、解離性けいれん疑い、解離性筋硬直（甲150）、<u>解離性健忘、解離性意識喪失、解離性運動障害</u>※鑑定書（甲212）にて訂正部を下線部に訂正および追加

（所見）
当時4歳で、家族一緒に逃げたことや鉄条網を越えて逃げようとして怪我をしたことや、父が「待っていろ」と言い残した事などは断片的に記憶している。戦後沖縄に戻り祖母や学校でいじめられたものの、壮年期に特筆すべきトラウマ的な出来事は無い。◆若いときから火事やサイレンの音が怖くて震えた。稲光と雷の音も穴に入って隠れたいほど怖い。米軍機の音も怖い。以前からストレスがかかると口の中が動かなくなる。晩年になって夢を見て何度も覚醒するようになった。急に動悸がして救急車を頼んだ後に足がけいれんし、意識を失うことがある。◆言語発達が十分でない頃のトラウマ記憶が、サイレンの音や稲妻の光などという物理的な信号によって誘発されるPTSDである。同時に、口の中が動かないのは解離性の筋硬直であり、意識喪失を伴う解離性てんかんも疑われ、いずれも戦争トラウマに起因する疑いがある。

番号	原告番号	氏　名	診断日	診断書発行日	診　断　名
25	42	金城美佐子	2016年6月11日	2016年6月11日	逆行性健忘、パニック障害、心的外傷後ストレス障害（甲182）、<u>解離性健忘</u>※鑑定書（甲212）にて訂正部を下線部に訂正

（所見）
サイパン島で砲撃から避難するときに照明弾が上がった直後に爆発で母と弟たちが亡くなった。そしてそれ以前のあらゆる記憶を思い出せない。戦後子どもを抱えながら必死で働いたが，動悸や眩暈を含むパニック障害が30代から多発していた。その頃から今に至るも夜間に頻回に覚醒して眠れない。一睡もしない日や2時間しか眠らない日など不眠の内容が日によって不規則である。夜になると戦争や過去の過酷体験について物思いが増大する。テレビ画像で見る戦争の場面が怖い。◆過去の困難を乗り切ってきた信念と自負の強さがある人だが，それでも強度の不規則な過覚醒不眠と，戦争の映像に強く反応する，と言う点では心的外傷後ストレス障害である。30代からのパニック障害は戦争体験者にしばしば見られる反応である。爆発による逆行性健忘が続いている。

番号	原告番号	氏　名	診断日	診断書発行日	診　断　名
26	43	中村美代子	2016年 3月12日	2016年 3月12日	心的外傷後ストレス障害（甲154）

（所見）
サイパン島の東海岸に住んでいて艦砲射撃から、山の中に避難した。その途中照明弾があがった直後に母が撃たれて目の前で亡くなった。収容所にとらわれてから沖縄に帰った。老令になってから、当時の夢を見るようになった。また戦時記憶がフラッシュバックしてくる事が多くなった。

番号	原告番号	氏　名	診断日	診断書発行日	診　断　名
27	44	宮里　和子	2016年 1月9日	2016年 2月11日	戦争と、戦後に孤児となって以来の過酷体験とによるトラウマ反応（PTSDに準ずる程度）（甲141）

（所見）
サイパンで戦闘機の機銃掃射にあい、母と弟は即死し本人は肩を撃たれて孤児となった。祖父母に育てられ中卒後に神奈川県の美容室で働き美容師として成功し、結婚して沖縄で順調な生活をしてきた。夜に寝る前に、戦争孤児となって以来のいじめられた場面が視覚的にフラッシュバックしてきて涙が出る。
◆幼児期の戦争関連の過酷体験がトラウマ記憶として保存されていたものと思われる。そして晩年になってそれらが眠る前やストレスがかかったときにフラッシュバックしてきた。本人はとても前向きに実業界で名を成そうと前向きで頑張って生きてきた。生活歴を聴取して戦争関連の過酷体験以外の人生時間には、晩年のこのようなトラウマ反応を引き起こす理由が見られない。従ってこれはPTSDに準ずる程度に強い戦争関連のトラウマ反応である。

番号	原告番号	氏　名	診断日	診断書発行日	診　断　名
28	45	山川　信子	2016年11月12日	2016年11月12日	心的外傷後ストレス障害、微少認知機能障害（甲233）※鑑定書2（甲253）にて取消部を削除
		（所見）自分は7歳の時に実母の遺骨を持って沖縄に帰った。その後沖縄では孤児扱いされて親戚の家をたらい回しされ、小学校も中学校も行かせてもらえず、子守や農業などの労働力として使われた。最初の結婚によって娘が出来た。が、姑の命令で家を出されて1人暮らしした。すると女の1人暮らしと知って男達が性を求めて毎晩のように訪ねてきてノイローゼ状態になった。後に再婚して苦労もしたが、子どもや孫に恵まれた。ところが今も7歳当時のフィリピンの家族団らんの様子と、その家族が亡くなったことを強く思い出す。診察室でもこの話になると嗚咽して身体を震わせ会話が出来なくなる。ＭＣＩによって人生の途中経過の記憶は後景に退きフィリピンでの原家族の記憶と、彼らが亡くなったことのフラッシュバックしてくる。同時に戦後の過酷体験についても今もつらい記憶がよみがえる。戦争孤児であったことによる心的外傷後ストレス障害である。			

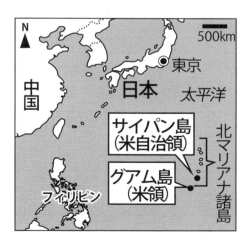

5 南洋戦・フィリピン戦による外傷性精神障害 （PTSD など）の症状発症時期一覧表

（各人の診断書、蟻塚鑑定書などからまとめた）

作成者 弁護士 瑞慶山 茂 作成年月日 2017 年（平成 29 年）2 月 10 日

原告番号	原告名	生年月日	発症時期	発症（大略）	訴訟提起日	診断日	発症〜訴訟提起（概算年数）	発症〜診断（概算年数）
1	東江和子	1943/2/17	50 歳ころ	1993/2/17	2013/8/15	2016/1/9	20	22
3	新垣秀子	1936/1/5	晩年、この数年以内	2013/1/1	2013/8/15	2016/2/13	0	3
4	上地清勇	1939/5/2	退職後、この 5 年から1-2 年以内	2011/2/13	2013/8/15	2016/2/13	2	5
5	上原和彦	1938/6/7	50 歳ころ	1988/6/7	2013/8/15	2016/1/9	25	27
6	上原清志	1938/7/15	47 歳頃	1985/7/15	2013/8/15	2016/1/9	28	30
7	上間涼子	1928/3/21	4-5 年前から	2011/2/13	2013/8/15	2016/2/13	2	5
9	喜瀬光子	1934/12/11	50 歳前後か、あるいは50 歳を過ぎて社会参加の機会が減ったころ	1984/12/11	2013/8/15	2016/1/9	28	31
10	國吉眞一	1930/6/9	20 歳代前半	1950/6/9	2013/8/15	2016/2/13	63	65
11	佐久本正男	1942/1/5	60 歳前後	2002/1/5	2013/8/15	2016/4/9	11	14
12	島袋弘	1935/2/3	30 歳代前後	1965/2/3	2013/8/15	2016/3/12	48	51
13	島袋文雄	1940/5/5	退職後、60 歳以後	2000/5/5	2013/8/15	2016/3/12	13	15
16	瑞慶山シズ	1939/8/8	30 歳代後半から、75 歳前後から戦時記憶のフラッシュバックも伴う PTSD が顕在	1974/8/8	2013/8/15	2016/2/13	39	41
17	祖堅秀子	1938/8/10	退職後、60 歳以後	1998/8/10	2013/8/15	2016/2/13	15	17
18	楚南兼正	1936/2/14	退職後、60 歳以後	1996/2/14	2013/8/15	2016/3/12	17	20
20	名嘉山兼正	1941/7/20	60 歳ころから	2001/7/20	2013/8/15	2016/4/9	12	14
21	西原良子	1939/3/10	10 代後半や 20 歳代から	1959/3/10	2013/8/15	2016/3/10	54	57
24	柳田虎一郎	1938/2/6	60 歳代以後	1998/2/6	2013/8/15	2016/1/9	15	17
25	安次富信子	1939/4/30	60 歳前後	1999/4/30	2014/4/11	2016/3/12	14	16
26	大城栄昌	1939/10/9	30 歳代または 40 歳代ころ	1974/10/9	2014/4/11	2016/2/13	39	41
27	金城文郎	1935/8/5	60 歳代	1995/8/5	2014/4/11	2016/1/9	18	20
34	上原豊子	1937/12/30	最近、2-5 年以内	2011/5/20	2014/8/15	2016/5/14	3	5
36	蔵前清徳	1934/7/12	晩年、60 歳代以後	1994/7/12	2014/8/15	2016/1/9	20	1
38	仲本幸代	1942/1/10	退職後、60 歳代	2002/1/10	2014/8/15	2016/5/14	12	14
40	大城ノリ子	1940/7/20	4 歳以後	1944/7/20	2015/12/4	2016/2/13	71	71
42	金城美佐子	1937/4/25	20 代後半から 30 歳代	1967/4/25	2015/12/4	2016/6/11	48	49
43	中村美代子	1931/8/24	60 歳代以後	1991/8/24	2015/12/4	2016/3/12	24	24
44	宮里和子	1943/7/20	60 歳代	2003/7/20	2015/12/4	2016/1/9	12	12
45	山川信子	1932/5/9	60 歳代	1992/5/9	2016/8/5	2016/11/12	24	24

◆本件訴訟の「訴状」を読み解くために—その②

太平洋戦争　主要戦闘経過概略一覧
大本営・日本軍の玉砕戦法の本質

１．対米開戦・ハワイ作戦（真珠湾奇襲作戦）(1941. 12. 8)
アメリカ太平洋艦隊を攻撃

　日本軍指揮官は、機動部隊長で第一航空艦隊司令長官南雲忠一中将。日本軍の主要兵力は、空母6隻、戦艦2隻、重巡洋艦2隻、軽巡洋艦1隻、駆逐艦9隻、航空機353機（出撃機数）。対する米軍の主要兵力は、アメリカ太平洋艦隊（戦艦8隻、重巡洋艦2隻、軽巡洋艦6隻、駆逐艦30隻、その他小艦艇48隻）（同艦隊所属の空母3隻は在泊しておらず無傷）、飛行機390機。連合艦隊司令長官山本五十六大将（海軍首脳の代表格・開戦前は米国との戦争に反対していた）が真珠湾奇襲を発案。幕僚・軍令部が猛反対したが、山本大将は長官辞任を楯になかば脅迫し認めさせ、日本から6000km東にあるハワイまで飛行機を満載した空母を連ねて飛来し、奇襲攻撃を決行。米軍の真珠湾在泊の戦艦8隻のうち撃沈4隻、大破3隻、小破1隻、飛行機311機、戦死・行方不明2402人、戦傷1382人（市民合計103人を含む）。

　日本軍の損害は、喪失29機、戦死55人。

２．フィリピン攻略作戦 (1941. 12. 8 − 1942. 1. 2)
まず、海軍航空隊がマニラのあるルソン島を空爆し、その後陸軍が占領

　前哨戦として、日本海軍航空隊が太平洋開戦日（1941.12.8）から10日にかけて、ルソン島の極東米陸軍航空部隊を空爆のみで壊滅させた。

　日本軍指揮官は、第14軍司令官本間雅晴中将。対する米軍の指揮官は極東米陸軍司令官ダグラス・マッカーサー。総兵力約75,000人で上陸した日本軍に対し、マッカーサー大将は「オープン・シティ（非武装都市）」を宣言し、米比軍は撤退。日本陸軍はマニラを筆頭に、バターン半島・コレヒドール島を除くルソ

ン島全域を日本軍が占領した。参加部隊の一つ第5飛行集団の集団長は小畑英良（後の31軍司令官、グアム玉砕戦で自決）。日本軍の損害は、戦死627人、戦傷1282人、行方不明7人、航空機喪失38機。

3．グアム島攻略戦（1941. 12. 10）
戦闘20分でアメリカ領グアムを占領

　日本軍指揮官は、南海支隊長堀井富太郎少将。赤道以北の南洋諸島が日本領であった当時、唯一のアメリカ領であったマリアナ諸島のグアム島を攻略。開戦直後、アメリカ軍の指揮官マクミリアン大佐は予定どおりに早々と降服し、20分の戦闘で日本軍はグアム島を占領し、約700人を捕虜とした。日本軍の損害は、戦死1人、戦傷若干名。

4．マレー沖海戦（1941. 12. 10）
海軍航空隊がイギリスの戦艦2隻を撃沈

　日本軍指揮官は、第1航空部隊長で第22航空戦隊司令官松永貞市少将。マレー半島のクワンタン沖合にて、爆弾・魚雷による攻撃により、戦艦プリンス・オブ・ウェールズ、巡洋戦艦レパルスを撃沈。日本軍の損害は、喪失3機。

5．ラバウル攻略戦（1942. 1. 23 － 2. 4）
オーストラリアの小部隊を撃破、航空部隊が進攻

　日本軍指揮官は、南海支隊長堀井富太郎少将。当時、オーストラリア委任統治領であったニューブリテン島ラバウルを、トラック諸島（ラバウルから1330km）の日本海軍前進泊地が爆撃される恐れがあるとして攻略、占領した。オーストラリア軍の戦死約300人、捕虜833人。日本軍の損害としては、戦死16人、戦傷49人。占領後、ラバウル飛行場に第24航空戦隊司令部が進出し、本格的なラバウル航空隊（通称）の始まりとなった。

6．珊瑚海（コーラル海）海戦（1942. 5. 7 － 5. 8）
史上初の空母対空母の海戦、日本軍の勝利

　日本軍指揮官は、第4艦隊司令長官井上成美中将（空母部隊の指揮官は第5航

空戦隊司令官原忠一少将）。ニューギニアの南岸ポートモレスビーに敵前上陸しようとしていた日本軍の輸送部隊を護衛していたＭＯ攻略部隊が、米軍の空母航空部隊に攻撃され、珊瑚海（コーラル海）にて日本軍の空母2隻、軽空母1隻、重巡洋艦6隻、軽巡洋艦3隻、駆逐艦15隻と、米軍の空母2隻、重巡洋艦7隻、軽巡洋艦1隻、駆逐艦13隻で戦闘が行われ、日本軍は米軍空母レキシントンを撃沈、空母ヨークタウンを大破し勝利した。

　日本軍の損害は、軽空母祥鳳の沈没（戦死636人）、空母翔鶴中破、93機喪失。

7．ミッドウェー海戦（1942．6．5）
日本軍、出撃空母4隻がすべて沈没され、日本軍大敗北

　日本軍指揮官は、連合艦隊司令長官山本五十六大将（実際の戦闘指揮官は、第1航空艦隊司令長官の南雲忠一中将）。日本軍は、ミッドウェー諸島占領と米軍空母艦隊の撃滅を目的に、空母4隻（空母搭載機257機）、戦艦11隻、重巡洋艦10隻、軽巡洋艦6隻、駆逐艦50隻で戦いに挑んだが、米海軍は日本海軍の暗号を既に解読しており、日本のミッドウェー攻略を事前に知っていたため、空母3隻（空母搭載機230機）、重巡洋艦7隻、軽巡洋艦1隻、駆逐艦15隻で待ち伏せし、日本軍を攻撃した。

　この戦いによる米軍の損害は空母ヨークタウン沈没、戦死362人。日本軍の損害は、出撃した空母4隻すべて沈没（搭載機すべて喪失）、重巡洋艦1隻沈没、戦死3057人。

8．ガダルカナル島攻防戦（1942．8．7－1943．2．7）
半年にわたる日米両軍の攻防の後、日本軍大敗北

　日本軍指揮官は、第17軍司令官百武晴吉中将。ソロモン諸島のガダルカナル島に日本海軍が飛行場を建設したが、完成後に上陸してきた米軍に占領されたため、日本軍が奪還するべく6カ月間にわたり戦闘を行ったが、米軍に撃退されガダルカナル島を放棄した。

　連合軍の戦死者は6842人。日本軍の損害は、戦死・行方不明2万2493人（第17軍公式報告では2万1138人）。

９．ポートモレスビー進攻作戦（1942. 8. 18 － 11. 10）
補給なき日本軍の山越え作戦は悲惨

日本軍指揮官は、南海支隊長堀井富太郎少将。日本軍の兵力は、約8000人。対する連合軍の兵力は、約2万8000人。

日本軍は、東部ニューギニア（現パプアニューギニア）のポートモレスビー（首都）をスタンレー山脈（標高3000〜4000ｍ）を越えて攻略し、占領しようとしたが、補給計画がゼロに等しかったので、部隊はジャングル内で餓死寸前となり撤退。日本軍は多数の餓死者・戦死者を出した。

10．ブナ、ギルワの戦い（1942. 11. 16 － 1943. 2. 7）
玉砕相次いだ日本軍守備陣地、日本軍大敗北

日本軍指揮官は、ブナ支隊長の独立混成第21旅団長山県栗花生少将。連合軍の総指揮官はダグラス・マッカーサー大将。日本軍の兵力約1万1000人に対し、連合軍の総兵力は約4万人。

東部ニューギニア（現パプアニューギニア）の西端北海岸にあるブナ、ギルワ、バサブア、ササナンダなどで、連合軍が日本軍を圧倒。日本軍は統一指揮もできないまま各地で小部隊ごとに戦い、海軍の援助も受けられずに撤退。

日本軍の損害は、戦死約7600人。

11．アッツ島の玉砕（1943. 5. 12 － 5. 29）
玉砕という言葉が初めて新聞に登場した戦い
－救出不能、投降禁止、玉砕を命じられた守備隊

日本軍はアメリカ領アリューシャン列島の小島であるアッツ島を1942年6月6日に占領し、8日にはキスカ島を占領した。その軍事行動はミッドウェー作戦（アメリカ領ミッドウェー島を占領しようとした作戦）の一環だった。

日本軍指揮官は、北海守備隊第2地区隊長山崎保佐大佐。

1943年5月12日米軍上陸。米軍約1万1000人。日本軍約2600人。増援なきアッツ守備隊に、北方軍（北海守備隊の上級司令部）司令官樋口季一郎中将は、「最後に至らば潔く玉砕し、皇国軍人精神の精華を発揮することを望む（皇国は天皇の統治する国、すなわち日本のこと）」と打電した。山崎守備隊長はこれに

たいして、「生きて虜囚（捕虜になること）の辱めを受けぬよう覚悟せしめたり」
と返電し、戦闘に参加できない者のうち「軽傷者は自信自ら処理せしめ（自殺さ
せ）、重傷者は軍医をして処理せしむ（殺した）」と報告した（引用は戦史叢書『北
東方面陸軍作戦＜１＞』）。

　天皇（昭和天皇）は玉砕報告を聞き、参謀総長杉山元大将にたいして、「最後
までよくやった、このことを伝えよ」と命じた。杉山大将は、「守備隊はすでに
無線機を破壊しているので受信できない」という意味のことを答えると、「それ
でもいいから、電波をだしてやれ」と言われたそうである。

　負け戦は絶対に発表しない大本営が、完敗のはずのアッツ島の戦いを「全員玉
砕したものと認む」と発表した。誰も捕虜になることなく最後の一人まで戦い抜
いたその精神を讃えることが目的だった。日本軍の損害は戦死者 2550 人。生還
者は 27 人（生還率 1 ％）。

　「人命は鴻毛より軽し」とする、玉砕という言葉が新聞に初めて登場した戦い
でもあった。その後、日本軍の玉砕が続き、日本軍は民間人に対しても、玉砕を
強いるようになった。この軍民に対する玉砕戦法が南洋戦・フィリピン戦、沖縄
戦等でも実行され、人命を否定する玉砕戦法が太平洋戦争全体をつらぬく特質と
なっていく。

12. タワラ、マキンの玉砕 (1943. 11. 21 － 11. 22)
日本軍 5400 人、孤立無援の玉砕
　日本軍指揮官は、第 3 特別根拠地隊司令官柴崎恵次海軍少将。

　中部太平洋ギルバート諸島（現キリバス共和国）のタワラ環礁ベティオ島、同
マキン環礁のマキン島（正式にはブタリタリ島）は、太平洋戦争で日本軍が占領
した地域としては、最も東に位置していた。

　サイパン攻略の拠点としてタワラ、マキンに上陸した米軍に、日本軍は貧弱な
武器を用いて、大きな損害を与えた。この戦い以前に、大本営は絶対国防圏を定
め、戦線の縮小をはかったが、その際タワラ、マキンは圏外に置かれたので、救
援部隊も送られず、孤独な玉砕戦を強いられた。

　米軍の損害としては、タワラ戦死 990 人、マキン死傷計 218 人に対し、日本
軍の損害は、タワラ戦死 4690 人、捕虜 146 人、マキン戦死 693 人。

13. クエゼリンの玉砕 (1944. 2. 1 - 2. 5)

日本軍 7300 人、5 日間で玉砕

日本軍指揮官は、クエゼリン島が第 6 根拠地隊司令官秋山門造海軍少将、ルオット・ナムル両島が第 24 航空戦隊司令官山田道行海軍少将。

中部太平洋マーシャル諸島のクエゼリン環礁は、ブーメランのような形をした環礁で、環礁内は大艦隊の泊地に適していたため、アメリカ軍は徹底的な空爆を加えた後に上陸した。マーシャル諸島もまた、絶対国防圏の圏外に置かれたため、救援部隊が送られる予定もなく、投降を禁じられている守備隊は、玉砕するより外なかった。

日本軍の損害は、戦死約 7340 人、捕虜約 680 人。

14. トラック大空襲 (1944. 2.17 - 2.18)

トラック泊地の飛行機と艦船が全滅

日本軍指揮官は、第 4 艦隊司令長官小林仁中将。1944 年 2 月 10 日に連合艦隊はトラック諸島からパラオ島に泊地を移動したが、第 4 艦隊司令部と、若干の航空部隊、艦船がとどまっていたところを、米軍に空襲を受けた。その後も米軍艦はトラック環礁の入口に哨戒線を敷き、日本軍艦と日本軍兵士の脱出を許さなかったため、終戦までに約 6000 人の餓死者が出た。

日本軍の損害は、飛行機全機喪失、軽巡洋艦 3 隻、駆逐艦 4 隻、特設巡洋艦（商船に武装）3 隻、特設潜水母艦（客船を改造）2 隻が沈没。

15. ブラウン環礁の玉砕 (1944. 2.19 - 2.23)

日本軍 3500 人、相次いで玉砕

日本軍指揮官は、海上機動第 1 旅団長西田祥実陸軍少将。

中部太平洋マーシャル諸島のブラウン環礁（現エニウェトク環礁）はトラック諸島の北東約 2500km にあり、クエゼリン環礁からは北西 700 ～ 800km。南北 38km の円形の環礁で艦隊の泊地に適していた。エンチャビ島、エニウェトク島、メリレン島の戦いで日本軍の玉砕が行われた。

米軍の損害は、戦死計 195 人。日本軍の損害は、戦死計 3496 人、捕虜 64 人。

（注）大本営（1944. 2 .25）は、第 31 軍と中部太平洋方面艦隊を新設。軍事

太平洋戦争　主要戦闘経過概略一覧

的劣勢の挽回を図った。31軍司令官に小畑英良中将を任命。31軍は、トラック地区集団、マリアナ地区集団、パラオ地区集団、小笠原地区集団、マーシャル諸島、クサイ、ウェーク、南鳥島、メレヨン島に配備の部隊からなっていた。

16. 第二次タロキナ作戦 (1944. 3. 8 − 3. 25)
戦車のない日本軍に打つ手なく、4万人が餓死

日本軍指揮官は、第17軍の第6師団長神田正種中将。日本軍の総兵力約2万人に対し、米軍の総兵力は6万2000人。

ブーゲンビル島タロキナに上陸した米軍の圧倒的な砲撃力の前に、2週間小部隊が全滅を繰り返す突撃を試みたが、まるで戦闘にならずに攻撃中止。

米軍の戦死者263人に対し、日本軍の戦死者約5400人。

以後、ジャングルに潜んだ日本軍は、芋などをつくりながら終戦まで生きながらえたが、8万人もいた日本軍は、4万人が餓死し、4万人しか生還できなかった。

17. パラオ大空襲 (1944. 3. 19 − 1944. 9)
日本の南洋統治の中心地であったパラオは、米軍の連続空襲のみによって
日本軍の軍事基地が破壊され、約3000人の民間人が戦死

1944年7月、絶対国防圏の一角が、その要衝サイパンにおいて破綻したことは、その後の戦局を決定づけた。特に「絶対」の二字を冠した要線の一角が破れたとき、おのずから勝敗の帰趨は明らかとなった。

マリアナの失陥に伴い、大本営は絶対国防圏の内域において準備を進めていた比島、台湾、南西諸島、本土、千島にわたる海洋第一線の防備を急速に強化し、右のどこかに敵が来攻した場合は、随時陸海空の戦力を結集して反撃決戦を実施しようと企図した。絶対国防圏の縦深強化である。この計画は捷号作戦計画と呼ばれた。大本営は、連合軍の作戦企図は「ニューギニア北岸からパラオ上陸経由で比島に向かうのが進行の主線」と考えていた。

捷号作戦計画の策定により、パラオ地区の戦略的地位は比島防衛の前衛地帯に変わった。

米機動部隊は1944年3月30、31日パラオ諸島を空襲、これと呼応するかのように、30日にはホーランジア地区にも基地航空部隊が来襲した。この連続的

73

大規模な攻撃によりパラオ地区の艦船及び航空機は大きな損害を受け、日本軍基地は機能不全と化し、古賀聯合艦隊司令長官もこの空襲によりダバオに転進中行方不明となった。

米機動部隊が絶対国防圏の奥深くパラオ方面を急襲したことは、今から同方面の防備強化に着手しようとしていた矢先のことだけに、大本営は大きな衝撃を受けた。その後も、パラオ諸島は、米軍による艦砲射撃や空襲が続き、約 3000 人の民間人が死亡したと推定されている。

米軍は、1944 年 9 月 15 日パラオ諸島のペリリュー島及びハルマヘラ北方のモロタイ島に上陸、次いで 17 日にはアンガウル島に上陸した。

米軍は、パラオ本島やコロール島の日本軍基地に対して、連続空襲による壊滅的打撃を与えたので、特に上陸作戦を決行することなく、パラオ本島やコロール島に上陸しないで 10 月中旬沖縄、台湾方面を空襲した後、10 月 20 日比島レイテ方面に進攻した。大本営は 10 月 18 日、捷 1 号作戦を発動し、陸海空の決戦兵力を投入してレイテ決戦を試みた。しかし戦勢はわれに利あらず、12 月下旬に至って同方面の大勢は決し、1945 年初頭には戦局はルソン島の持久戦に移っていった（後述 25・26 のペリリュー島の玉砕戦、アンガウル島の玉砕戦を参照）。

18. ビアク島の戦い（1944. 5. 27 － 7. 3）
約 1 万人が玉砕した知られざる戦場

日本軍指揮官は、ビアク島支隊長の歩兵第 222 連隊長葛目直幸大佐。

西部ニューギニア（現インドネシア）西端のサレワ湾口にあるビアク島（淡路島の 3 倍ほどの面積）に航空部隊を進出させれば、フィリピン全域を爆撃できる。戦闘機もパラオ諸島まで作戦できる。フィリピン奪回を目指してニューギニア北岸をところどころに上陸しては西進してきたマッカーサー軍は、ホーランジア占領のあとビアク島を占領した。

19. サイパン玉砕戦（1944. 6. 15 － 7. 7）
日本軍、水際撃退ならず 4 万人が玉砕、日本民間人 8000 人から 1 万 9000 人玉砕

日本軍陸海軍最高指揮官は、中部太平洋方面艦隊司令長官南雲忠一中将。陸軍

の最高指揮官は、第31軍所属北マリアナ地区集団長の第43師団長斎藤義次中将。
マリアナ諸島サイパン島全域で上陸してくる米軍（総兵力7万1034人）に対し、
日本軍（総兵力4万3682人）が水際作戦をとった。

米軍の損害は、戦死3441人、戦傷1万1465人。日本軍の損害は、戦死（玉砕）4万1244人。民間人玉砕は8000人から1万9000人と推定。

20. マリアナ沖海戦 (1944. 6. 19 - 6. 20)
日本軍が惨敗、空母機動艦隊が消滅。中部太平洋での制海権・制空権を完全に失う

日本軍指揮官は、第1機動艦隊兼第3艦隊司令長官小沢治三郎中将。マリアナ諸島西方海域での日米機動部隊による大規模な海戦。6月15日の米軍のサイパン島上陸に伴い、空母9隻を基幹とする日本艦隊は、空母15隻の米機動部隊を先制攻撃したが、レーダーやＶＴ信管（電波近接信管）等当時の先進技術を駆使した米軍の戦闘機や潜水艦の攻撃を受け、大鳳・翔鶴・飛鷹の空母3隻が撃沈、空母の搭載機439機のうち残ったのは12機だけであった。

米軍の損害は、飛行機約100機喪失。日本軍の損害は、戦死約2450人。

21. タッポーチョ山の戦闘 (1944. 6. 22 - 6. 26)
日本軍、爆雷抱いて戦車に体当たり

サイパン玉砕戦において、サイパン島最高峰のタッポーチョ山付近で行われた戦闘。米軍の南麓への戦車150両を投入した攻勢から始まり、日本軍は指揮官を先頭に玉砕戦を演じた。

22. 最後のバンザイ突撃 (1944. 7. 7)
**敗残日本兵3000人、米軍陣地へ突進し玉砕、日本兵が赤ん坊を殺害、
日本民間人がバンザイ岬から投身自殺**

サイパン玉砕戦において、米軍に追いつめられ北へ逃げた日本兵約3000人が北端マッピ岬から約8㎞先のガラパン町に向け、玉砕前提で突撃し、大部分がたおれた。玉砕を免れた日本兵はマッピ岬周辺の洞窟等に身を潜めていたが、洞窟の中には日本兵の他に民間日本人も入っており、赤ん坊が泣きじゃくると日本兵

が殺すこともあった。

　その後、米軍はマッピ岬まで進撃し、民間人に対しては保護を求めるよう説得したが、「生きて虜囚の辱めを受けず」と民間日本人までもが岬の断崖から身をひるがえして玉砕した。

23.　グアム島玉砕戦（1944.　7.21 － 8.11）
日本軍、約2万人が戦死

　日本軍指揮官は、第31軍司令官小畑英良中将（事実上の指揮は、第31軍所属マリアナ地区集団長の第29師団長高品彪中将）。マリアナ諸島グアム島に上陸してくる米軍に対し、サイパン戦同様に、日本軍は水際作戦をとった。日本軍の陣地マンガン山では約3000人が戦死し、その後日本軍は北方へ追いつめられ力尽きた。

　米軍の戦死・行方不明1435人、戦傷5648人。日本軍の戦死1万9135人、捕虜1304人。

24.　テニアン島玉砕戦（1944.　7.24 － 8.　3）
勇敢さだけでは通じなかった米軍の装備、民間日本人約3000人が玉砕

　日本軍指揮官は、テニアン守備隊長の第29師団歩兵第50連隊長緒方敬志大佐。マリアナ諸島テニアン島の北西海岸から上陸した米軍（総兵力5万4000人）に対し、サイパン戦・グアム戦同様に、日本軍（総兵力8111人）は水際作戦をとった。テニアンにはサトウキビ畑が多かったので約1万5000人ほどの民間日本人がいたが、老人や婦女子までもが爆薬により処決（殺すこと）された。

　日本軍の損害としては、戦死7798人、義勇隊も含め民間日本人約3500人。

25.　パラオ・ペリリュー島玉砕戦（1944.　9.15 － 11.24）
73日間の徹底抗戦で1万2000人戦死

　日本軍指揮官は、ペリリュー地区隊長の第14師団歩兵第2連隊長中川州男大佐。日本海軍の飛行場（爆撃機行動範囲がフィリピン全域）があったパラオ諸島ペリリュー島に上陸した米軍（総兵力4万2000人）に対し、日本軍（総兵力1万278人）は水際作戦で73日間にわたり戦った。

米軍の損害は、戦死1684人、戦傷7160人。日本軍の損害は、戦死1万22人、戦傷446人。

26．パラオ・アンガウル島玉砕戦（1944. 9.17 － 10.19）
日本軍1200人対米軍2万人の戦い、ほぼ全員玉砕

日本軍指揮官は、アンガウル地区隊長の第14師団歩兵第59連隊第1大隊長後藤丑雄少佐。パラオ諸島アンガウル島に上陸した米軍（総兵力2万1000人）に対し、日本軍（総兵力約1200人）が水際作戦で33日間戦った。

米軍の損害は、戦死260人、戦傷1354人。日本軍の損害は、戦死約1150人、戦傷約50人。

27．台湾沖航空戦（1944. 10.12 － 10.16）
大本営発表「アメリカ空母機動艦隊は全滅」の大誤報、
日本海軍航空隊大打撃を受ける

日本軍指揮官は、第2航空艦隊司令長官福留繁中将。米空母機動部隊に対して日本海軍が全力をあげて攻撃をしかけた航空戦。大本営は「空母11隻撃沈・8隻撃破・戦艦4隻を含む45隻撃沈」と発表したが、実は米空母機動部隊はまったくの無傷であり、デマであった。日本軍の損害は、喪失312機。

28．レイテ決戦（1944. 10.20 － 12.25）
「敗残」米軍に決戦を挑む。日本軍の戦死者（玉砕）約8万人、日本軍指揮官
は永久抗戦命令（死ぬまでゲリラ戦を続行せよという意味）を出す。玉砕す
るまで戦えという命令

日本軍指揮官は、第14方面軍所属の第35軍司令官鈴木宗作中将。米軍指揮官は、南西太平洋方面軍司令官ダグラス・マッカーサー大将。ルソン島攻略への足がかりとして、米軍（総兵力約20万2500人、空母17隻、戦艦10隻）がフィリピンのレイテ島に上陸した。日本軍はレイテ島に上陸した米軍は敗残兵ときめつけ、周辺の島々から部隊を送りつけてレイテ決戦が始まったが、米軍のレイテ上陸がルソン島への上陸準備であったことに気づき、日本軍は一部の将兵を除き撤退し、レイテ決戦は事実上打ち切られた。

米軍の損害は、戦死 3504 人、戦傷 1 万 1991 人、行方不明 89 人。日本軍の損害は、戦死者 7 万 2800 人〜7 万 9561 人。

29. 神風特攻作戦 (1944. 10. 21 − 1945. 1. 12)
飛行機ごとアメリカ艦船に体当たり玉砕作戦

日本軍の海軍指揮官は、第 1 航空艦隊司令長官大西瀧治郎中将、陸軍指揮官は第 4 航空軍司令官富永恭次中将。航空機ごと敵艦に突撃する作戦をとり、護衛空母 2 隻、駆逐艦 3 隻、掃海駆逐艦 1 隻、小艦艇 8 隻を撃沈、その他空母や戦艦など約 80 隻に体当たり攻撃をして損傷を負わせた。

30. レイテ海戦 (比島沖海戦) (1944. 10. 24 − 10. 25)
レイテ湾へ殴りこむ作戦の途中で米軍の攻撃にあい、日本海軍は壊滅的打撃を受ける

レイテ海戦は、シブヤン海海戦・スリガオ海峡海戦・エンガノ岬沖海戦・サマール沖海戦、4 つの海戦の総称。日本軍は空母 4 隻、武蔵を含む戦艦 3 隻他を失った。日本海軍壊滅的大敗北。

31. ルソンの戦い (1945. 1. 9 − 9. 3)
兵器なき日本軍 30 万人の持久戦、戦死者 21 万 8200 人

日本軍指揮官は、第 14 方面軍司令官山下奉文大将。兵器が底をついていた日本軍は、持久戦に持ち込もうとしたが、米軍兵力との間には圧倒的な差があり、1 ヵ月弱でマニラ市街戦へ突入した。

米軍の損害は、戦死 7933 人、戦傷 3 万 2732 人。日本軍の損害は、戦死約 21 万 8200 人。

32. マニラ市街戦 (1945. 2. 4 − 2. 26)
日本軍 2 万人、マニラ市内で抵抗

日本軍指揮官は、マニラ防衛隊の第 31 特別根拠地隊岩淵三次海軍少将。日本軍はマニラ湾を背にして狭い地域に追い込まれ立てこもったが、米軍の無差別砲撃にあい、岩渕少将以下幹部が自決して組織的抵抗が終焉した。マニラ市街戦に

よる市民の犠牲者は約10万人といわれており、米軍の砲撃による犠牲者も多かったが、日本軍による無用の殺戮も数多く記録されている。

米軍の損害は戦死約1000人。日本軍は全滅（約1万2000人）。

（注）東京大空襲（1945.3.10）で、米軍B29の大編隊の爆撃により一夜にして10万人以上の東京都民が焼死。強いられた民間人玉砕というべきものである。

33. 硫黄島玉砕戦（1945. 2. 19 － 3. 17）
日本本土空襲のB29中継基地化を阻む戦いで敗北、玉砕約2万人

日本軍指揮官は、小笠原兵団長の第109師団長栗林忠道中将。米軍が日本本土空襲の中継地点とする目的で、占領しようと上陸。米軍総兵力11万1308人に対し、日本軍は総兵力約2万人。援軍も補給も期待できないまま、米軍の日本本土上陸を遅らせる時間稼ぎのために、地下陣地にもぐりゲリラ戦法で戦った。米軍の損害は、戦死6821人、戦傷2万1865人。日本軍の損害は、玉砕戦死約1万9900人、捕虜1033人。

34. 沖縄の玉砕戦（1945. 3. 23 － 6. 23　日米軍の終戦協定は9．7）
地上戦が闘われ県民の三割も戦死した戦い

日本軍指揮官は、第32軍司令官牛島満中将。日本本土上陸作戦の前進基地を設けるため、米軍は、空からの空爆と海からの艦砲射撃（「鉄の暴風」）を行い、最大時で23万8669人の米兵を上陸させ、沖縄を攻略した。日本軍は沖縄県民約2万5000人を防衛召集して防衛隊を組織。また学生らも徴用した。

米軍の損害は、戦死1万4007人、戦傷約3万2000人。日本軍の損害は、沖縄本島だけで6万5000人、全体では7万5500人以上。

35. 沖縄特攻玉砕戦（1945. 4. 6 － 1945. 6. 22）
沖縄地上戦に合わせて約2500機の特攻

日本軍の指揮官は、海軍が第5航空艦隊司令長官宇垣纒中将、陸軍が第6航空軍司令官菅原道大中将。沖縄周辺に展開する米艦隊に対し、日本軍は集中して航

空特攻をかけた。日本軍の特攻戦死者は、海軍で 1590 人、陸軍で 1020 人。

36. 九州坊の岬沖海戦＝戦艦大和海上特攻（1945．4．7）
一億総特攻のさきがけとして出撃し玉砕沈没

　日本軍の指揮官は、第 1 遊撃部隊の第 2 艦隊司令長官伊藤整一中将。天皇の「航空部隊だけの総攻撃なのか」との質問に触発され、戦艦大和を海上特攻隊として瀬戸内海より沖縄周辺の米艦隊へ向け出撃させたが、九州南方の坊の岬沖で沈没。日本軍の損害は、玉砕戦死 3721 人。

　※広島原爆投下（1945.8.6）、長崎原爆投下（1945.8.9）
　20 万人以上の死者、強いられた民間人玉砕というべきものである
　※終戦（1945.8.15、沖縄は 1945.9.7）

※「太平洋戦争 主要戦闘経過概略一覧」引用、参照文献
　（※書名、作成・発行日、著者名・発行所等の順）
1　太平洋戦争主要戦闘事典　指揮官・参加部隊から戦果・損害まで
　2005 年 7 月 19 日　太平洋戦争研究会（PHP 研究所）
2　図説太平洋戦争
　2005 年 4 月 30 日　太平洋戦争研究会（河出書房新社）
3　「日本帝国と委任統治」南洋群島を巡る国際政治
　2011 年 12 月 25 日　等松春夫（名古屋大学出版会）
4　戦史叢書　中部太平洋陸軍作戦（1）マリアナ玉砕まで
　1967 年 7 月 5 日　防衛庁防衛研修所戦史室（朝雲新聞社）
5　戦史叢書　中部太平洋陸軍作戦（2）
　1968 年 2 月 29 日　防衛庁防衛研修所戦史室（朝雲新聞社）
6　戦史叢書　中部太平洋陸軍作戦（2）付表第一　中部太平洋方面（在陸上）
日本軍人員一覧表
　1968 年 2 月 29 日　防衛庁防衛研修所戦史室（朝雲新聞社）
7　戦史叢書　中部太平洋陸軍作戦（2）付表第二　中部太平洋陸軍作戦歴日表

1968 年 2 月 29 日　防衛庁防衛研修所戦史室（朝雲新聞社）

8　戦史叢書　北東方面陸軍作戦（1）

1968 年　　月　　日　防衛庁防衛研修所戦史室（朝雲新聞社）

9　戦史叢書　沖縄方面陸軍作戦

1968 年 1 月 15 日　防衛庁防衛研修所戦史室（朝雲新聞社）

10　戦史叢書　沖縄方面海軍作戦

1968 年 7 月 30 日　防衛庁防衛研修所戦史室（朝雲新聞社）

11　戦史叢書　沖縄・台湾・硫黄島方面　陸軍航空作戦

1970 年 7 月 30 日　防衛庁防衛研修所戦史室（朝雲新聞社）

12　戦史叢書　海軍捷号作戦（1）臺灣沖航空戦まで

1970 年 8 月 15 日　防衛庁防衛研修所戦史室（朝雲新聞社）

13　戦史叢書　捷号陸軍作戦（1）レイテ決戦

1970 年 12 月 30 日　防衛庁防衛研修所戦史室（朝雲新聞社）

14　戦史叢書　海上護衛戦

1971 年 5 月 30 日　防衛庁防衛研修所戦史室（朝雲新聞社）

15　戦史叢書　比島捷号陸軍航空作戦

1971 年 8 月 25 日　防衛庁防衛研修所戦史室（朝雲新聞社）

16　戦史叢書　海軍捷号作戦（2）フィリピン沖海戦

1972 年 6 月 10 日　防衛庁防衛研修所戦史室（朝雲新聞社）

17　戦史叢書　捷号陸軍作戦（2）ルソン決戦

1972 年 11 月 25 日　防衛庁防衛研修所戦史室（朝雲新聞社）

18　戦史叢書　中部太平洋方面海軍作戦（2）昭和十七年六月以降

1973 年 2 月 10 日　防衛庁防衛研修所戦史室（朝雲新聞社）

19　戦史叢書　潜水艦史

1979 年 6 月 20 日　防衛庁防衛研修所戦史室（朝雲新聞社）

20　戦史叢書　陸海軍年表　付 兵語・用語の解説

1980 年 1 月 20 日　防衛庁防衛研修所戦史室（朝雲新聞社）

21　図説太平洋戦争 16 の大決戦

2005 年 6 月 30 日　太平洋戦争研究会（河出書房新社）

22　図説玉砕の戦場

2004 年 4 月 30 日　太平洋戦争研究会（河出書房新社）

23　図説秘話で読む太平洋戦争 2

2001 年 9 月 30 日　太平洋戦争研究会（河出書房新社）

24　沖縄県史　各論編 5 近代　第 5 部

2011 年 3 月 31 日　沖縄県教育委員会

25　「現代の戦争」岩波小辞典

2002 年 5 月 8 日　岩波書店

26　太平洋戦争陸戦概史

1951 年 3 月 5 日　林三郎（岩波書店）

27　太平洋海戦史

1949 年 8 月 31 日　高木惣吉（岩波新書）

28　太平洋戦争

2002 年 7 月 16 日　家永三郎（岩波現代文庫）

29　ペリリュー・沖縄戦記

2008 年 8 月 7 日　E・B スレッジ（講談社）

30　ニミッツの太平洋海戦史

1992 年 8 月 30 日　チェスター・W・ニミッツ、エルマー・B・ポッター
（恒文社）

31　沖縄戦　第二次世界大戦最後の戦い

2011 年 3 月 27 日　アメリカ陸軍省戦史局（出版舎 MUGEN）

32　サイパンの戦い　太平洋戦争写真史

1980 年 7 月 1 日　加賀学（月刊沖縄社）

33　地獄の日本兵　ニューギニア戦線の真相

2008 年 7 月 20 日　飯田進（新潮社）

34　帝国陸軍の最後 3　死闘篇

1998 年 4 月 11 日　伊藤正徳（光人社）

35　南洋群島

2002 年 9 月 20 日　丸山義二（ゆまに書房）

36　7 ％の運命　東部ニューギニア戦線・密林からの生還

2003 年 5 月 26 日　菅野茂（MBC21）

37 沖縄戦全記録
　2016年5月28日　NHKスペシャル取材班（新日本出版社）
38 玉砕の島々
　1987年7月15日　出口範樹（潮書房）
39 歴史と旅　太平洋戦史総覧
　1991年9月5日　鈴木亨（秋田書店）
40 孤島の戦闘玉砕戦
　1993年2月22日　椎野八束（新人物往来社）
41 〈玉砕〉の軍隊、〈生還〉の軍隊
　2013年8月8日　河野仁（講談社）
42 太平洋戦争写真史グアムの戦い
　1981年10月20日　平塚柾緒（月刊沖縄社）
43 地域のなかの軍隊7 植民地帝国支配の最前線Ⅳ南洋群島
　2015年5月1日　坂本悠一（吉川弘文館）

旧南洋諸島の島々には、日本軍の機関砲や零戦などの残骸がいまも姿をとどめている。1992年、パラオ諸島バベルダオブ島で＝撮影 森口豁

サイパン島最北端の「自決の崖」。米軍に追いつめられた多くの邦人がここから身を投げて命を落とした＝撮影　森口豁

訴　状

「南洋戦・フィリピン戦」被害・謝罪及び損害賠償請求事件

訴　　状

2013（平成 25）年 8 月 15 日

那覇地方裁判所　民事部　御中

原告ら訴訟代理人
弁護士　瑞慶山　茂（代表他 35 名）

原告の表示　　　　　別紙原告目録記載のとおり
原告代理人の表示　　別紙原告ら代理人目録記載のとおり
被告の表示
〒 100-0013　東京都千代田区霞が関 1 丁目 1 番地 1 号
被　告　　国
上記代表者法務大臣　　谷垣　禎一

「南洋戦・フィリピン戦」被害・謝罪及び損害賠償請求事件
　訴訟物の価額　金 264,040,392 円
　貼用印紙額　金 815,000 円

◎「南洋戦・フィリピン戦」
被害・謝罪及び損害賠償請求事件
訴状詳細もくじ

■訴訟の目的─謝罪と償いと平和を求めて　99
■本件訴訟の法的構成（要約）　102
■請求の趣旨　103
■請求の原因　104

第1章　原告らの本件被害と請求額
第1　南洋諸島での戦争被害発生の特徴（概要）　104
　　　本土防衛の「防波堤」とされ、初めての一般住民居住地での地上戦が
　　　闘われ、日本人民間人犠牲者が生じた構図
第2　被告国が「終戦の詔書・内閣告諭」で「戦死者、戦災者の遺族」の「援護」
　　　を約束した事実　106
第3　原告ら各人の被害の時期・態様・質・程度　107
第4　損害　127

第2章　南洋諸島・フィリピン群島の沿革、兵要地誌等の概要
第1　兵要地誌の概観　128
第2　南洋諸島の沿革　128
第3　地誌　129
第4　気象・衛生　131
第5　行政・司法　131
第6　産業　132

訴状詳細もくじ

第3章　南洋諸島と沖縄の緊密な関係＝南洋移民
―沖縄県南洋諸島と呼称されていた

第1　沖縄から南洋移民　134

第2　南洋移民の諸形態　134

第3　沖縄県人が渡航するまでの南洋諸島　136

第4　南洋諸島社会における沖縄県人の生活　136

第5　被告国の南洋庁設置と南洋諸島統治にとっての沖縄県人の中核的役割　137

　　1　南洋開発（株）の設立とウチナーンチュの大量渡航のはじまり

　　2　南洋庁による委任統治の開始―日本国の構成部分として日本帝国国法
　　　の下で施政

　　3　「海の生命線　南洋諸島」―日本帝国の不可分の構成部分

第6　沖縄県人の仕事と暮らし－製糖業と漁業を中心に　142

　　1　南洋興発（株）下での仕事

　　2　現地住民との関係

第7　住民の戦後　144

第4章　沖縄県人のフィリピン移民と戦争

第1　はじめに　145

第2　フィリピンへの移民の展開　146

第3　フィリピンの戦争と沖縄県人　147

　　（1）　日米開戦と日本軍に占領されたフィリピン

　　（2）　ダバオの場合

　　（3）　戦争協力の日々

　　（4）　悪夢の逃避行―パナイ島の場合（「集団自決」の発生）

　　（5）　タモガンの在留邦人

　　（6）　住民被害の種類

　　（7）　移民の戦後

第5章　南洋戦・フィリピン戦に至る歴史的経過

第1　南洋戦に至る経過の概要　151

第2　太平洋戦争開戦前の軍事状況（日米の太平洋方面戦略と南洋諸島）　153

　　1　日本陸海軍の状況

　　（1）日露戦争後の国防方針

　　（2）第一次世界大戦後の国防方針の変更

　　（3）ワシントン条約の締結と国防方針の改定

　　（4）国際聯盟の脱退と無条約時代の到来

　　（5）支那事変、第二次大戦の生起と日米対立の激化

　　（6）中部太平洋方面の日本海軍の軍備

　　（7）航空部隊の編入

　　（8）日本陸軍の状況

　　（9）グアム島攻略陸海協同作戦計画（大本営のグアム島攻略準備）

　　　　■グアム島作戦に関する陸海軍中央協定

　　2　米軍の概況

　　（1）第一次大戦後の米国の対日戦略計画

　　（2）太平洋島嶼の防備強化問題

　　（3）開戦前の対日戦略計画

第3　被告国における南洋戦・フィリピン戦当時の戦争指導体制　163

　　1　天皇の軍事大権と統帥権

　　2　大本営（天皇に直属する司令部・戦争指導機関）→最高戦争指導会議

　　3　御前会議

　　4　宣戦・終戦の詔勅

　　5　南洋戦・フィリピン戦に関する戦争指導体制

第4　日米開戦後の戦局推移状況と南洋諸島の戦略的位置　166

第6章　南洋戦・フィリピン戦の戦闘経過と戦闘行為

第1　マリアナ諸島玉砕に至る経過の概要　168

第2　マリアナ沖海戦で日本空母艦隊は惨敗して消滅　170

　　1　アメリカのサイパン攻略部隊

　　2　「皇国の興廃この一戦にあり　各員一層奮励努力せよ」

　　3　1944年6月19日の航空決戦

4　アメリカ艦隊の新機軸に敗北

　　5　アメリカ潜水艦にやられた空母「大鳳」

第3　もろくも崩れ去った「絶対国防圏」―玉砕あいつぐ屍の島々　177

　　1　開戦1年目の"坂道"

　　2　早められた米軍の反攻作戦

　　3　幻の「絶対国防圏」策定

　　4　タラワ、マキン、クェゼリンと全滅する日本軍守備隊

　　5　サイパンに殺到する米軍

　　6　大本営のサイパン放棄決定、バンザイクリフの最期

　　7　テニアン、グアムの玉砕

第4　サイパン、グアム、テニアンの戦い　188

　　1　マリアナ諸島を攻略したアメリカの大空母艦隊

　　2　サイパンにおける日本軍の死闘

　　3　サイパン守備隊の玉砕

　　4　バンザイ突撃とサイパン守備隊の玉砕

　　5　繰り広げられた日本軍による一般民間人殺害

　　6　グアム島守備隊の戦い

　　7　グアム島守備隊の玉砕と日本軍による民間人殺害

　　8　テニアン島守備隊の戦闘

　　9　テニアン島守備隊の玉砕、民間人に対する玉砕命令と住民殺害

第5　パラオのペリリュー島、アンガウル島の戦い　210

　　1　パラオにおける戦闘と一般住民被害

　　2　ペリリュー島の日本軍

　　3　洞窟に拠る徹底抗戦

　　4　アンガウル島、1200人の奮戦

　　5　アンガウル島守備隊の玉砕

第6　フィリピン防衛戦　219

　　1　はじめに

　　2　レイテ決戦

　　3　頑固だった寺内総司令官

4　レイテ決戦3つの戦い

5　リモン峠の戦い

6　ダムランの戦闘

7　和合作戦

8　持久戦を強いられたルソン島の日本軍

9　無力だった日本軍の戦車

10　市街戦で破壊されたマニラ市―フィリピン一般市民10万人が犠牲

11　2つの峠の戦い

第7章　アメリカ軍の軍事行動における国際法違反

第1　戦争の変容に伴う国際法上の戦争（武力行使）の規制　228

第2　戦争そのものの規制の方向へ　229

第3　第二次世界大戦における空爆の国際法規則の存在　230

第4　本件南洋戦における空爆への適用　234

第1節　国際法違反（その1）

アメリカ潜水艦・航空機による民間船舶に対する無警告・無制限攻撃
―パリ講和会議の戦争法規慣例及びワシントン条約による砲撃等の禁止違反

第1　南洋諸島近海の海は早くから戦場化　234

第2　撃沈された船舶数とその犠牲者等　234

第3　当時の国際法による無警告砲撃等の禁止　237

　　1　パリ講和会議の戦争法規慣例

　　2　潜水艦・毒ガス条約（潜水艦及毒瓦斯ニ関スル五国条約）

第2節　国際法違反（その2）

アメリカ軍の住民居住地等に対する無差別じゅうたん艦砲射撃は国際
法違反であることは明白―戦時海軍砲撃条約等違反

第1　米艦隊は住民地域を無差別じゅうたん艦砲射撃　240

第2　住民居住地等への砲撃は国際法上禁止されている　241
　　―戦時海軍砲撃条約と戦争法規慣例違反

1　陸戦ノ法規慣例ニ関スル条約及び条約附属書（陸戦ノ法規慣例ニ
　　　　　関スル規則）による砲撃の禁止
　　　2　戦時海軍砲撃条約による砲撃禁止対象
　　　3　戦争法規慣例による砲撃等の禁止
　　第3　当時においても国際法として確立されていた軍事目標主義　249
　　　　　－住民地域等への無差別砲爆撃は、国際法違反の犯罪行為
　　　1　軍事目標主義とは
　　　2　アメリカの無差別じゅうたん艦砲射撃は戦争犯罪
　　第4　戦争拋棄に関する条約（不戦条約）の締結へ　254
　　　1　パリ不戦条約
　　　2　不戦条約・侵略とは

第8章　南洋戦・フィリピン戦の一般民間人被害の特徴と実態
　　　　　－日本軍は一般住民を守らなかったのみならず、住民に対して
　　　　　　虐殺等の加害行為を行った

　第1　被告国は戦後67年たっても南洋戦・フィリピン戦の戦争被害調査を実施
　　　　していない　256
　　　1　被告国は南洋戦等の一般住民被害についての悉皆調査を行うべきである
　　　　　にもかかわらず、実施していない
　第2　南洋戦等における沖縄県出身一般住民の犠牲－死亡数と死亡率　257
　　　1　死亡者数25000人以上と推定
　　　2　死亡率30％を超える
　第3　日本軍が強いた住民玉砕－サイパン島など南洋諸島の悲劇　257
　　　　　－残虐非道な日本軍の行為の数々
　　　1　大本営のサイパン放棄決定と住民犠牲
　　　2　軍の玉砕方針の下で死を強制された数―8000人から19000人と推定
　　　3　日本軍による住民殺害
　　　4　日本軍による一般住民に対する玉砕命令
　　　5　艦砲射撃・戦闘行為による犠牲
　　　6　「集団自決」の強制

7　　壕追い出しによる被害

　　8　　栄養失調・病気による死亡

　　9　　疎開船舶撃沈による一般住民死亡の多発

　　10　戦争孤児（戦災孤児）

　　11　他の南洋諸島における悲劇

第4　民間人犠牲は何を意味するのか　260

　　　―日本軍は国民保護義務に違反し住民を守らなかった

　　1　　住民被害の実態

　　2　　一般住民の命は本土防衛の"防波堤""捨て石"に

　　3　　狭小な島に日米軍・住民合計約15万人が入り乱れる

　　4　　主な戦場は住民居住地であった

　　5　　日本軍が自国民（一般住民）を殺害

　　6　　日本軍の国民保護義務違反の行為

第5　朝鮮人軍夫と朝鮮人「従軍慰安婦」の被害　261

　　1　　強制連行された朝鮮人軍夫

　　2　　「従軍慰安婦」とされた朝鮮人女性

第6　アジア太平洋戦争におけるアジア各国の犠牲者数　261

　　1　　各国の犠牲者数

　　2　　日本人の犠牲者数

第9章　沖縄県人の沖縄への引揚げと活動

第1　引揚げ者の実態　263

　　1　　旧南洋委任統治領からの引揚げ

　　2　　フィリピン群島からの引揚げ

第2　南洋群島帰還者会の設立と沖縄ダバオ会の設立　266

　　1　　南洋群島帰還者会の設立とその活動

　　2　　沖縄ダバオ会の設立とその活動

第3　戦没者慰霊墓参活動　266

　　1　　南洋諸島沖縄県出身戦没者慰霊墓参

　　2　　フィリピン群島沖縄県出身戦没者慰霊墓参

訴状詳細もくじ

第4　南洋戦・フィリピン戦の一般民間戦争被害者の被告国に対する謝罪と
　　　補償要求運動　267

第10章　沖縄での軍人・軍属・戦争被害者への援護行政・救済運動

第1　南洋戦・フィリピン戦で一般民間戦争被害者補償は行われたか　268
第2　日本・沖縄における戦争犠牲者遺族組織による軍人・軍属・戦争被害者
　　　に対する援護行政推進運動と救済運動　268
　　　1　沖縄の日本との行政権の分離（アメリカの直接支配）
　　　2　日本における遺族会結成と遺族会による戦争犠牲者に対する援護・救
　　　　　済運動の開始
　　　3　沖縄遺族連合会を中心に県民の軍人・軍属に対する援護行政の推進活
　　　　　動と一般住民をはじめとする全戦争犠牲者への補償要求運動
　　　4　一般住民戦災者の処遇（援護）活動
　　　5　全戦争犠牲者に対する沖縄遺族連合会の援護補償要求運動
　　　6　祖国復帰前後の沖縄遺族連合会の活動
第3　沖縄での軍人・軍属・戦争被害者への援護行政と救済運動　294
　　　1　沖縄県における援護行政事務
　　　2　沖縄戦・南洋戦・フィリピン戦における戦没者と援護法の適用
　　　3　困難を極めた遺骨収集の状況
　　　4　慰霊の塔・碑などの建立
　　　5　戦没者の慰霊
第4　沖縄戦被害補償（援護）運動の経過と到達点　317
　　　1　対馬丸遭難学童補償問題—不充分な解決
　　　2　八重山地域におけるマラリア犠牲者補償問題
　　　3　南洋戦・フィリピン戦・沖縄戦 戦時遭難船舶犠牲者補償問題
　　　4　沖縄戦一般被災者補償問題
　　　5　平和祈念事業— 一般戦争被害者への補償は対象外

93

第11章　被告国の法的責任（その1）
－国民保護義務違反による不法行為責任

第1　問題の所在　337

 1　南洋戦・フィリピン戦・沖縄戦の人的被害に対する法的責任の解明の必要性

 2　アジア太平洋戦争当時、有事（戦時）における「国民保護法」が制定されておらず、住民保護対策が完全に欠落していた事実

 3　軍事的危機状態の中での国の住民保護義務を認めた判例の立場

第2　明治憲法下の法令に基づく法的主張　340

第3　国民（人民）保護義務（責任）の法的根拠　341

 1　基本的な考え方―国家と軍隊の存在理由

 2　条理・判例

 3　五箇条の御誓文―国民（人民）保護を国是と定める

 4　讀法（軍人の基本的規範）―国家禦侮・萬民保護

 5　軍人勅諭

 6　大日本帝国憲法（帝国憲法）・告文・憲法発布勅語

 7　戦陣訓

 8　官報號外・内閣告諭（内閣総理大臣鈴木貫太郎・昭和20年8月14日）

第4　大日本帝国憲法（帝国憲法）・告文・憲法発布勅語　345

 1　成立経過と概要

 2　告文

 3　憲法発布勅語

 4　大日本帝国憲法の規定

 5　刑法など諸法律の定めと臣民の生命・身体・自由・安全・財産の保護

第5　戦時・国家事変の場合と臣民の生命・身体・自由・安全・財産の保護
 ―戒厳令施行せず　349

 1　南洋諸島と沖縄には戒厳令施行せず

 2　日本軍の住民虐殺、「集団自決」その他の違法不法行為と刑事罰

第6　民法の不法行為の成立要件―国民保護義務違反との関係　350

 1　不法行為の損害賠償の成立要件（民法709条、同715条）

第7　国民保護義務に違反する具体的な不法行為事実の例示　351
　　1　住民地域への陣地構築における国民保護義務違反
　　2　戦闘作戦方法における国民保護義務違反
　　3　サイパン放棄で停戦すべきを停戦しなかった国民保護義務違反

第12章　被告国の法的責任（その2）－公法上の危険責任

第1　南洋戦・フィリピン戦被害と危険責任の関係　355
第2　本件における危険責任の成立　356
　　1　危険責任の意義
　　2　公法上の危険責任該当性
第3　公法上の危険責任の法的根拠　359
　　1　条理法としての正義公平の原則
　　2　憲法上の根拠（行政法の法源としての憲法）
第4　被告国の公法上の危険責任　365
第5　立法不作為責任等との関係　366

第13章　被告国の法的責任（その3）－立法の不作為責任

第1節　立法不作為の国家賠償の要件

第1　昭和62年名古屋空襲訴訟最高裁第二小法廷判決　367
　　1　昭和62年最高裁第二小法廷判決の判示内容「例外的な場合」
　　2　平成17年最高裁判決による昭和62年最高裁判決「例外的な場合」の
　　　基礎の変更
第2　平成17年最高裁大法廷判決による立法不作為の国家賠償要件の変化　369
　　1　平成17年最高裁判決の意義、評価－立法不作為の違法要件の緩和
第3　平成17年最高裁判決等の具体化としての違憲違法要件　380
　　1　原告らの主張する立法不作為の国家賠償要件とその充足
　　2　本件における立法不作為の国家賠償3要件の充足

第 2 節　立法の不作為責任①－法の下の平等原則違反（憲法 14 条 1 項）

第 1　南洋戦・フィリピン戦民間戦争被害者間の補償差別問題の存在　384

　　 1　沖縄における全民間戦争被害者に対する戦争被害救済「援護」拡大運動
　　　　の経過と、一般民間戦争被害者間の著しい差別（格差）の実態

第 2　日本における戦争被害補償立法の経緯と民間戦争被害者差別の実態　389

　　 1　戦争被害補償立法の問題点

　　 2　戦時中・終戦直後までは戦時災害保護法により旧軍人軍属とともに、
　　　　民間戦争被害者も援護の対象とされていた

　　 3　軍人軍属を中核とした援護制度

　　 4　援護法適用の拡大による軍人・軍属中心主義の変容

第 3　まとめ　422

第 3 節　立法の不作為責任②－「特別犠牲を強いられない権利」（憲法 13 条）

第 1　はじめに　423

第 2　国家補償法と特別犠牲を強いられない権利　424

　　 1　国家行為による公平負担と特別犠牲

　　 2　憲法と特別犠牲を強いられない権利

　　 3　国家補償における社会的正義の基本的重要性

第 3　まとめ　430

第 4 節　立法の不作為責任③－先行行為に基づく条理上の作為義務

第 1　条理（法源又は実定法解釈の根本的指導原理としての準則）　432

第 2　先行行為と作為義務と作為義務違反　434

第 3　被告国の南洋戦・フィリピン戦における危険な先行行為　435

第 4　作為義務とその違反　435

第 5　条理を「法源」「判断基準」「判断根拠」として認め、損害賠償義務等を
　　　肯定（又は否定）した判例　436

　　 1　神戸地裁判決平成 7 年 3 月 28 日

　　 2　最高裁判所第 2 小法廷・平成 3 年 4 月 26 日判決

　　 3　最高裁判所第 3 小法廷・昭和 37 年 2 月 7 日判決

4　最高裁判所第3小法廷・昭和39年8月4日判決

　　　5　最高裁判所第1小法廷・昭和45年7月16日判決

　第6　「先行行為による条理上の作為義務」を認めた判例　437

　　　1　レール置石事件の最高裁判所第1小法廷判決（昭和62年1月27日）

　　　2　日本軍遺棄毒ガス・砲弾事件一審判決

　　　3　中国残留孤児訴訟神戸地裁判決（平成18年12月1日）

　　　4　劉連仁訴訟一審判決（平成13年7月12日）

　　　5　松江地裁判決1957年12月27日

　　　6　東京地裁判決1959年9月19日

　　　7　最高裁判決1971年11月30日

　　　8　東京地裁判決1974年12月18日

　第7　まとめ　443

第5節　立法の不作為責任④－外交保護権放棄による補償立法の義務

　第1　外交的保護とは何か　443

　第2　個人の賠償請求権と平和条約　444

　　　1　被害者個人のアメリカ政府に対する損害賠償請求権

　　　2　被告国の外交保護義務違反

　第3　国内補償条項が存在しない放棄条項の異常性　447

第14章　本訴訟に「戦争被害受忍論」は通用するのか

　第1　言語を絶する南洋戦・フィリピン戦被害の特徴・実態　448

　第2　戦争被害受忍論は机上の空論に等しい考え方である　448

　第3　時代の推移と共に一貫しなくなった受忍論　449

　　　1　受忍論は法的にも現実的にも破綻している

　　　2　「戦争被害受忍論」を援用しなくなった最近の判例の立場

終章　「平和の礎」に込められた沖縄県民の優しさと憂い　452

　　　1　後世に戦争を伝えても怨みを伝えない県民の選択

　　　2　平和のための記念碑として世界に例のない「平和の礎」の建設へ

3　大田昌秀知事の挨拶「平和の息吹が世界に波及することを……」
　　4　沖縄県民は「平和への戦い」を続ける

結び　真実の究明を　454
　　－南洋戦・フィリピン戦の死者を歴史の闇に葬ってはならない
- 証拠方法・附属書類　455
- 謝罪文　456
- 原告名簿　457
- 原告代理人名簿　459

サイパン島同様、テニアン島でも多くの邦人が絶壁の上から身を投げ命を落とした。テニアン島民もその地を「自決の崖」と呼んで、戦争の悲劇を語り継いでいる＝撮影　森口豁

■訴訟の目的
謝罪と償いと平和を求めて

〔至言─命どぅ宝〕

　沖縄には昔から「命どぅ宝」という至言がある。人の命は何よりも尊いもの、至宝であるという意味である。先のアジア太平洋戦争末期における日米軍が闘った南洋諸島における「南洋戦」やフィリピン群島における「フィリピン戦」においては、無辜の沖縄県出身の一般住民、現地の住民、日本軍人、アメリカ軍人など数えきれない人の命が奪われた。

〔人生最後の思い〕

　原告ら「南洋戦」等の生存被害者は戦後68余年後の現在、平均年齢が80歳を超えているが、戦争を開始し、遂行した被告国から何らの謝罪や補償もなく放置されたままとなっている。原告らの残された人生にはほとんど時間がない。戦死者の霊を弔い、自らの悲惨な戦争被害にけじめをつける人生最後の深い思いを込めてこの裁判を提起する。

〔国民の戦争被害〕

　アジア太平洋戦争における日本国民の戦死者は310万人と推定され、うち軍人・軍属（準軍属）230万人、空襲被害者など一般民間戦争被害者が80万人と言われている。軍人・軍属には恩給法や「戦傷病者戦没者遺族等援護法」（以下「援護法」と称する。）により手厚い恩給支給、「援護」がなされてきたが、80万人の民間戦争被害者のうち、そのほとんどが何らの補償もなされず放置されてきた。財産損害は援護法の適用除外となっている。

〔玉砕した悲惨な南洋戦等の被害〕

　南洋諸島やフィリピンにおいては、アジア太平洋戦争で初めて一般住民居住地で一般住民を巻き込んだ壮絶な日米の地上戦が闘われた。サイパンをはじめ南洋

99

諸島は、本土防衛の第一の「防波堤」とされた。この戦争が原因で当時の南洋諸島やフィリピン群島に住んでいた沖縄県出身約8万人のうち約25000人が命を失い（死亡率30％・推定）、数え切れない程の身体的後遺障害者や心的外傷後ストレス障害（PTSD）の発症者を生み出し、甚大な財産的損害を被り、言語に絶する苦しみや悲しみを体験し今日に至っている。

〔未補償のまま放置されている17000人の「南洋戦」等の一般戦争被害者〕

　ところで、沖縄県福祉・援護課の援護法適用申請手続の資料等によると「南洋戦」等による一般民間住民の戦死者2万5000人のうち、後に「戦闘参加者」として約8000人が援護法の対象（推定）とされたが、それ以外の死者1万7000人は未補償のまま放置されている。さらに疎開船撃沈による死者約1500人及び多数の後遺障害者等に対しても、この援護法で救済されていない。また、一家全滅などの不明者も相当数推定されているが、未調査のため詳細は不明のまま放置されている。

〔戦争を開始し「南洋戦」等を遂行した国の責任〕

　アジア太平洋戦争を開始し「南洋戦」等を実行した国には、自ら引き起こした戦争被害にけじめをつけ、これを補償する条理上の責任・行政や立法により解決すべき法的責任がある。

〔命は平等〕

　国は軍人・軍属には52兆円を費やし手厚い「援護」をして、一般戦争被害者に対しては「戦争被害は等しく全国民が等しく受忍すべきである」として「援護」してこなかった。戦争被害は「全国民が等しく受忍すべきである」ならば、どうして軍人軍属には手厚い援護をしていながら一般民間戦争被害者に対してだけ受忍を強いるのだろうか。それ自体矛盾である。人の命に尊い命とそうでない命があるのであろうか。差別は不条理である。命は平等である。憲法の定める法の下の平等の原則により軍人軍属と同様に「等しく補償する」ことが天下国家の道理である。

〔戦争の特別犠牲を強いられている「南洋戦」等の一般被災者〕
　先の戦争で何らかの被害を受けた日本国民が多数いることは事実であるが、一般住民居住地域を戦場として、一般住民を戦闘行為に直接巻き込んだはじめての地上戦が行われた南洋諸島の原告らの被害は、その量においても質においても他被害者に比して深刻であり到底受忍することのできない特別な犠牲を強いられている。

〔ヨーロッパでは平等補償が常識〕
　ヨーロッパでは、自国民・外国人を問わず一般民間戦争被害者が軍人・軍属と平等に補償されている。軍民・内外人平等補償が国際的常識である。

〔恒久平和を求めて（平和の礎）を建設〕
　沖縄県は 1995 年に「命どぅ宝」の至言に基づき、「平和の礎」を建設した。
　すなわち、平和の礎にはアジア太平洋戦争等で死没した沖縄県民や残虐非道の所業を行った日本軍将兵、敵対したアメリカ軍将兵、当時日本人として参戦を余儀なくされた朝鮮人（韓国・北朝鮮）など、すべての戦没者の氏名をそれぞれの国の文字で刻銘した。「６月 23 日　人類普遍の恒久平和を希求し戦没者の霊を慰める日」（沖縄県条例）。2010 年 6 月 23 日現在、240931 名が刻銘されている。

〔人道主義と基本的人権尊重の立場に立った人間性回復の訴訟〕
　原告らは人間性回復のための人生最後の行動として、主義・主張・宗派・党派・信条等を超えて団結し、「南洋戦」等の戦争被害につき沖縄の「命どぅ宝」の至言のもとに、被告国の謝罪そしてその証としての国家補償、そして恒久平和確立のために本件訴えを提起する。

■本件訴訟の法的構成（要約）

1　請求の法的根拠（訴訟物）としては、主位的に被告国の不法行為責任に基づく謝罪と損害賠償請求であり（民法709条、同715条）、第1次予備的に公法上の危険責任に基づく謝罪と国家補償請求を求め、第2次的予備的に立法不作為の違法による謝罪と国家賠償請求である。

2　主位的請求の場合は、「南洋戦」「フィリピン戦」における被告国の被用者とする日本軍の米軍との戦闘行為・戦時行為等が被告国及び軍隊の国民保護義務等に違反する不法行為に該当し、それによって被った原告らの損害に関する民法上の損害賠償請求である。

3　第1次予備的請求の公法上の危険責任とは、上記南洋戦等における戦闘行為等は、原告らやその親族の生命・身体に対し危険を創出（惹起）させた被告国の先行行為であり、その結果発生した損害につき故意・過失や行為違法性を要件とせずに発生する危険責任である。

4　第2次予備的請求の立法不作為は、立法を担当する国会議員が、①憲法14条の法の下の平等原則、②憲法13条の特別犠牲を強いられない権利、③先行行為に基づく条理上の作為義務、④アメリカに対する外交保護権放棄に基づく救済義務に基づき、その職務上遂行すべき立法義務に違反し、長期間に渡り、原告らの被害を救済せずに漫然と放置し続けたという不作為の違法を問うものであり、その国の違法行為により重大な権利侵害を被った原告らが国賠法1条1項に基づきその賠償を求めるものである。

■請求の趣旨

1　主位的請求

（1）被告は原告ら各自に対して、別紙謝罪文を交付し、かつ同謝罪文を官報に掲載せよ。

（2）被告は原告ら各自に対して、金11,000,000円及びこれに対する昭和20年8月15日から支払済みまで年5分の割合による金員を支払え。

（3）訴訟費用は被告の負担とする。

との判決及び第2項につき仮執行の宣言を求める。

2　予備的請求（1）

（1）被告は原告ら各自に対して、別紙謝罪文を交付し、かつ同謝罪文を官報に掲載せよ。

（2）被告は原告ら各自に対して、金11,000,000円及びこれに対する昭和22年5月3日から支払済みまで年5分の割合による金員を支払え。

（3）訴訟費用は被告の負担とする。

との判決及び第2項につき仮執行の宣言を求める。

3　予備的請求（2）

（1）被告は原告ら各自に対して、別紙謝罪文を交付し、かつ同謝罪文を官報に掲載せよ。

（2）被告は原告ら各自に対して、金11,000,000円及びこれに対する本訴状送達日の翌日から支払済みまで年5分の割合による金員を支払え。

（3）訴訟費用は被告の負担とする。

との判決及び第2項につき仮執行の宣言を求める。

■請求の原因

〈第1章〉
原告らの本件被害と請求額

第1　南洋諸島での戦争被害発生の特徴（概要）

本土防衛の「防波堤」とされ、初めての一般住民居住地での地上戦が闘われ、日本人の民間人犠牲者が生じた構図

南洋諸島近海においては、詳しくは後述するように 1941 年 12 月 8 日の日米開戦直後から、アメリカ軍の潜水艦や空襲等による民間輸送船・疎開船の撃沈が行われ、地上戦が始まる前から「海は戦場化」していた。

南洋諸島での戦争は、被告国が 1931 年 9 月 13 日の満州事変から 1941 年 12 月 8 日の日米戦争へとあしかけ 15 年にわたり、勢力図拡大を意図しながら段階的に戦線を継続・拡大させたアジア太平洋戦争の最終段階にあたった。この最終段階の戦争の始まり、1941（昭和 16）年 12 月 8 日には、日本軍は米領グアム島に侵攻、10 日に占領した。同島には以後約 3 年間、日本軍占領下におかれ、大宮島と改称されたことに象徴されるような軍政が在住者を苦しめた。

またサイパン、グアム両島のチャモロは親族、親交関係にある者が多いが、日米開戦により、直接的な敵対関係を強いられた。例えば日本軍は、グアム島上陸時に、同島に親戚を持つサイパン島チャモロを密偵員に使用したのである。一方、サイパン島在住日本人は、グアム島占領により同島での仕事、戦利品物資を手にするチャンスを得たが、戦争はまだ遠い現実だった。

第1章　原告らの本件被害と請求額

　日米開戦後の緒戦で圧勝した日本軍は、その実力を過信し、以後、安易な情勢判断や作戦計画を重ねた。その結果日本は、1943年9月に「絶対国防圏」設定を余儀なくされる。この時点で、南洋諸島のほぼ東半分が絶対死守すべき地域の外に置かれ、見捨てられた。

　これに伴い日本本土への引揚げも始まるが、これは日本人を対象に、しかも現地の稼働能力確保を優先させたものであった。引揚げるにしても船腹は少なく、航行中の撃沈もあった。残留者には労働、食糧、住居などの供出による動員があり、徴兵適齢者には在留地徴兵検査が、在郷軍人には防衛召集が実施された。朝鮮人軍夫には、より過酷な労働が強いられた。

　戦場での犠牲は南洋諸島植民地社会での「一等国民日本人、二等国民沖縄人／朝鮮人、三等国民島民（チャモロ、カロリニアン）」の序列を反映させたものとなり、しかも老幼婦女子に多くが強いられた。「一等国民」以外の人々、さらにヨーロッパ人宣教師には軍からスパイ容疑をかけられ、殺害された者もいた。

　また日本軍が米軍への投降を阻止したことで、「前からは米軍、後ろからは友軍」と逃げ場を失った人々が、自死へと追い詰められた。特に中国大陸から転進してきた日本軍は、大陸での自らの行動に照らして、米軍に捕まれば「女性は強姦、男性は八つ裂き、戦車での轢殺」のデマを流す。このデマは、沖縄戦ではサイパン戦で起こった「事実」として、広まっていった。

　「海の生命線」と称揚された南洋諸島は、沖縄を含む内地を防衛するための「太平洋の防波堤」に転じた。サイパン戦はアジア太平洋戦争の中で一般住民居住地を戦場として、一般住民を巻き込んだ住民犠牲を強いた初めての地上戦である。大本営は米軍の上陸開始から10日目に、サイパン島放棄を決定したが、現地の軍民には伝達しなかった。

　絶対国防圏を自ら放棄し、南洋諸島の軍民を見捨てたのである。徹底抗戦を命じての司令官の自決で、「玉砕」後民間人に更なる犠牲が強いられた。国は、この住民犠牲は反省することなく、その後の沖縄戦で規模を大きくして繰り返された。

　続くテニアン島陥落により、米軍は広島・長崎の原爆投下を可能とした。米軍はサイパン・テニアン戦を、日本降伏と戦後世界の自由、反映を決定づけた戦いとし、戦闘60周年の今年、この戦いを記憶し続けると誓った。

105

南洋諸島に続いて、本土防衛の第二、第三の「防波堤」になりえなかったのが硫黄島、沖縄であり、特に沖縄はサイパン戦に続き住民居住地を戦場として民間人を巻き込んだ地上戦で「捨て石」とされた。米軍占領後、両地域は日本攻撃の基地に転じ、しかも戦後も住民は自らの土地、くらしを日米の安全保障のために、奪われたままでいる。現在マリアナ諸島でも、新たな米軍基地建設が準備されている。

サイパン島での地上戦を「もうひとつの沖縄戦」と表現することがある。沖縄県人が大半を占めた民間人犠牲の実態、これを生み出した構造が、沖縄戦と同じだという指摘である。南洋戦、特にサイパン戦の際だった特徴は、アジア太平洋戦争の中で日本人住民居住地を戦場として初めて地上戦が闘われたこと、一般住民の犠牲が生じたこと、本土防衛の防波堤とされた末に軍さえも見捨てられたことなどである。

この指摘の意義を認めつつ、しかしサイパン戦が沖縄戦に先立つこと、しかも大東亜共栄圏構想の外郭に位置づけられた南洋の「植民地」での戦争であったことに着目すべきである。日本による帝国支配の拡大と崩壊のプロセスの中で両戦争の異同、関係をみることが、民間人の戦争参加や犠牲、これを生んだ構造、戦後との関連をみえやすくすると考えるからである。(『沖縄戦新聞』琉球新報2004年7月7日発行を参照)

「南洋戦」等により、日本兵により原告らの肉親が殺害され、戦闘行為により死亡し、負傷し、原告らも戦争孤児となったり、負傷するなどして損害を被った。

そこで、原告らにつき次に被害の時期、態様、種類、特質をあげ、原告らの損害を特定し本件請求金額について主張するものである。

第2　被告国が「終戦の詔書・内閣告諭」で「戦死者、戦災者の遺族」の「援護」を約束した事実

被告国は、アジア太平洋戦争の終結に当たり1945(昭和20)年8月14日付「終戦の詔書」と一体となる内閣告諭で「戦死者、戦災者ノ遺族及傷痍軍人ノ援護」について約束した。にもかかわらず、被告国は軍人・軍属中心の援護を行い、原告ら一般民間戦災者に対して援護を行ってこなかった。そこで、原告らは被告国

第1章　原告らの本件被害と請求額

に対して本件請求を行うものである。

第3　原告ら各人の被害の時期・態様・質・程度

原告ら各人につき被害の時期，態様，被害の質，程度等を具体的個別的に次のとおり主張する。原告番号順に述べる。

1 東江　和子（昭和18年2月17日生）
①被害の時期・場所

昭和19年2月17日、トラック諸島沖。

②被害の態様・質・程度

本人が負傷した。トラック島から赤城丸に乗り、家族で引き揚げる際、攻撃を受け、爆風により両耳難聴となる。両親が難聴であることを世間に知れたら可哀想だと、補償の申請はしたことがない。

長期通院をしており、現在は補聴器を使用している。

2 阿良　光雄（昭和13年3月17日生）
①被害の時期・場所

昭和19年5月13日頃、パラオ島。

②被害の態様・質・程度

姉と弟が死亡し、本人も負傷した。昭和19年5月13日に、強制疎開となり、台湾から与那国に向かう美山丸に乗ったが、翌14日に攻撃を受け、姉（八重子）が潜水艦の攻撃で首に破片を受けて死亡した。

救助に来たジョクジャ丸に乗り換えたが明け方に攻撃された。潜水艦攻撃の爆風により母親が抱いていた弟（武男）が死亡。その際本人も負傷し、母親も右の膝をケガした。

本人は、負傷後セブ島の陸軍病院で、2カ月程治療リハビリをした。

3 新垣　秀子（昭和11年1月5日生）
①被害の時期・場所

昭和16年7月5日、サイパン島。

②被害の態様・質・程度

　妹（スミ子、トヨ子）が死亡した。砲撃が激しくなったので、タッポウチョウ近くの壕に避難していたが、昭和19年7月5日に友軍の兵隊から壕を提供するように言われて、壕を出て次の避難場所を探しているときに砲撃にあい、砲弾の破片が当たりスミ子とトヨ子が死亡した。

4 上地　清勇（昭和14年5月2日生）

①被害の時期・場所

　昭和19年6月28日（母茂が死亡）、サイパン島。

　昭和19年8月2日（父双次郎が死亡）、テニアン島。

②被害の態様・質・程度

　両親が死亡して戦争孤児となった。

　父双二郎は昭和10年3月にテニアンに行き、鉄工所を経営していた。戦争時には軍事工場として武器を作っていた。母茂は、昭和19年6月28日に、サイパンで自然壕から出て食糧を探しに行き、そのまま帰ってこなかった。父は昭和19年8月2日に戦死した。弟が3人死亡したが戸籍には載っていない。

　テニアンでの戦闘が終わってから、姉二人と捕虜となり、収容所で父の知人に引き取られた。引き上げ後は、父方の祖母と3人で生活した。

5 上原　和彦（昭和13年6月7日生）

①被害の時期・場所

　昭和19年から20年頃、台湾。

②被害の態様・質・程度

　母（ヤス）、姉（悦子）、妹（文子）、弟（仙行）が死亡した。

　パラオ島で家族で居住していたが、巡洋艦でフィリピンへいくことになった。別の輸送船に乗り換えてルソン島と台湾の中間で撃沈された。襲撃前に乗客は、船長の判断でヤブヤングン島で降ろされたので無事だったが、船員は全員死亡した。

　夜、巡洋艦で高雄の収容所まで着いた。長姉がデング熱で死亡。母親は戦闘機の銃撃で負傷していた足の破傷風により死亡。弟はマラリア、妹は栄養失調で死

亡した。

6 上原　清志（昭和13年7月15日生）
①被害の時期・場所
昭和19年6月20日、俊範。ミンダナオ島タムガン。

昭和19年7月15日、俊彦。ミンダナオ島タムガン。

昭和20年12月19日、信子。鹿児島県。

②被害の態様・質・程度
弟（俊彦、俊範）と妹（信子）が死亡した。

家族でフィリピンのミンダナオ島に居住していたが、昭和18年6月頃になると空襲が激しくなり、知人の玉那覇家と一緒にタムガンの山岳に避難した。避難食も底をつき谷底や川の水で空腹を凌いでいたが、当時4歳の俊範は昭和19年6月20日に栄養失調のため死亡した。

また7月15日には、俊彦（当時6歳）も避難中にその場にうずくまり、歩く事が出来なくなり死亡した。

引き揚げの際には、妹の信子（当時4歳）も天井もない船にすし詰め状態で乗せられたので、鹿児島に着いた際に死亡した。

7 上間　涼子（昭和3年3月21日生）
①被害の時期・場所
昭和19年7月24日、テニアン島。

②被害の態様・質・程度
姉（房子）が死亡した。姉は当時20歳で南洋に行っており、具体的な状況は不明だが、テニアンの戦闘に巻き込まれて死亡した。戸籍には死亡年月日、死亡場所等は記載されているが、戸籍の名前は誤記により「芳子」となっている。

8 菊池　美枝子（昭和20年11月20日生）
①被害の時期・場所
昭和19年7月10日、サイパン島。

②被害の態様・質・程度

兄（武彦）が死亡した。

父の仕事の都合で家族と母方祖父家族でサイパンに住んでいた。

昭和19年6月11日頃、米軍の艦砲射撃が始まり、住宅近くの防空壕に避難していたが危険を感じ、同月15日頃ガラパン山中の自然壕に移った。

7月5日の夕方、友軍兵士が壕に入ってきて軍隊が使用するとの事で壕を追い出されたので、母親が当時7ヶ月の兄をおぶって避難中、近くで砲弾が炸裂し、母親は難を逃れたが、背中の兄に破片が当たり右肩に負傷した。その時祖母も右大腿部を負傷したが、傷の手当ては避難中の事で止血するのがやっとだった。

7月10日に兄の武彦が死亡し、祖母マウシは12日に死亡した。

祖母の援護法申請は認められたが、兄は幼かったために認められず、援護法申請が却下となった。

9 喜瀬　光子（昭和9年12月11日生）

①被害の時期・場所

昭和19年、テニアン島。

②被害の態様・質・程度

両親（宮城吉榮、カメ）と妹（春子、洋子）、弟（健吉）が死亡した。本人も負傷し、戦争孤児となった。

空襲から一週間くらいで家や家畜が焼けたので、何日かかけてカロリナスの山へ避難した。夜になり別の場所へ避難しようとした時に本人は足を負傷し、家族とはぐれてしまったが、その後、母方の叔母と避難途中に会い、行動をともにしていた。

その後家族の消息は不明であるが、戸籍と平和の礎には死亡と記載されている。昭和21年3月頃、叔母と一緒に沖縄に帰ったが、親戚の家を短期間ずつ転々とし、学校も行くことが出来ずに働いた。

10 國吉　眞一（昭和5年6月9日生）

①被害の時期・場所

昭和19年6月20日、キヨ、ミヨ子、良一、眞仁。テニアン島。

昭和20年7月20日、眞良。テニアン島。

②被害の態様・質・程度

　両親（眞良、キヨ）、弟妹（ミヨ子、良一、眞仁）が死亡した。本人も負傷し戦争孤児となった。

　父は召集されていたので、母と子どもで避難していた。山に上っている時に艦砲射撃を受けて母と弟妹は死亡した。

　本人は右膝の上と、左手にケガをした。２日後に捕虜となり、収容所で手当を受けた。昭和20年頃につくし丸で沖縄に戻り、おじ（父の弟）の家で２、３年暮らしていたが、おじも足を怪我しており、生活が苦しかったので、自分で仕事を探したが、怪我のため肉体労働は困難で、長く仕事を続けることができなかった。

　20年くらい前から怪我が原因で右膝の骨に異常が出るようになり、７年前に車いすとなった。４年前にはこのままだと足を切断しなくてはならないと診断され人工関節の手術を受けた。

　現在も足にしびれや肉離れの症状がある。

11 佐久本　正男（昭和17年1月5日生）

①被害の時期・場所

　昭和19年7月29日、本人が負傷。テニアン島。

　昭和19年8月23日、弟勲が死亡。テニアン島。

　昭和19年9月21日、姉トミ子が死亡。テニアン島。

②被害の態様・質・程度

　昭和19年6月11日に初空襲があり、カロリナス山中へ母と姉弟6人で避難した。父は軍に徴用されていた。３日ほどかけて壕を見つけ避難していたが、7月29日に友軍兵5、6人に追い出され、付近で新しい壕を探していたところ、近くで爆発があり、その破片で姉トミ子と勲は右足を負傷。本人は両腕を負傷。他の姉弟もかすり傷を負った。

　怪我をしている私達を連れての移動は難しく、翌日捕虜となった。

　怪我をした3人は病院に入院したが、患者が多かったために無理矢理退院させられ、十分な治療ができず勲は傷口が悪化して8月23日に死亡した。傷の深かった姉は9月21日に死亡。本人は両腕を切断させられるところを、母がそのまま治療して欲しいと頼んでくれた。

昭和 21 年 3 月に沖縄に引き揚げる事になり、姉と弟の遺骨を収集して戻ってきた。

本人の両腕は治っているように見えたが、赤く腫れ上がり、触れることも動かすことも出来なかった。右手の指は曲がったままで、常に長袖を着用していた。現在も右手の指は感覚がなく、右肩から手先までしびれのような痛みがあり、マッサージや湿布で痛みをごまかしていたが、同級生からはいじめられ、先生からは不真面目だと怒られ、悔しい思いをしてきた。

12 島袋 弘（昭和 10 年 2 月 3 日生）

①被害の時期・場所

昭和 19 年 7 月 16 日、母シゲ死亡。サイパン島。

昭和 19 年 7 月 18 日、父樽一死亡。サイパン島。

昭和 19 年、妹ミヨ子死亡。サイパン島。

②被害の態様・質・程度

両親と妹（ミヨ子）が死亡した。

父は召集されて防衛隊であった。飛行場の補修を手伝っていた。国から支給された帽子をかぶっていたので兵隊と間違われたのか、米軍が上陸してからすぐにいとこ・親戚のおじさんと 3 人、さとうきび畑に並べられて銃殺された。

母はその何カ月か後に壕に避難中、手榴弾を投げられ、2 歳の妹をかばって負傷した（戸籍の記載とは異なる）。

その後収容所に連れて行かれ、しばらくして妹が栄養失調で死亡した。収容所に入って 2 カ月後に母が破傷風となり、病院に連れて行かれたが帰ってこなかった。

13 島袋 文雄（昭和 15 年 5 月 5 日生） 原告番号 12・島袋弘の弟

①被害の時期・場所

昭和 19 年 7 月 16 日、母シゲ死亡。サイパン島。

昭和 19 年 7 月 18 日、父樽一死亡。サイパン島。

昭和 19 年、妹ミヨ子死亡。サイパン島。

②被害の態様・質・程度

両親と妹（ミヨ子）が死亡した。

父は召集されて防衛隊であった。飛行場の補修を手伝っていた。国から支給された帽子をかぶっていたので兵隊と間違われたのか、米軍が上陸してからすぐにいとこ・親戚のおじさんと3人、さとうきび畑に並べられて銃殺された。

母はその何カ月か後に壕に避難中、手榴弾を投げられ、2歳の妹をかばって負傷した（戸籍の記載とは異なる）。

その後収容所に連れて行かれ、しばらくして妹が栄養失調で死亡した。収容所に入って2カ月後に母が破傷風となり、病院に連れて行かれたが帰ってこなかった。

14 城間　盛正（昭和15年9月29日生）
①被害の時期・場所
昭和19年頃、サイパン島。
②被害の態様・質・程度
父（正信）と兄（盛栄）妹（チヨコ）が死亡し、本人が負傷した。

父は、現地で召集され、船で弾薬運び等をしており、昭和19年6月27日に戦死したが詳細は不明。

母光子と姉マサエ、兄と本人で自宅近くを避難中に艦砲射撃を受け、母親に背負われていた本人の右手と左足に当たった。

兄盛栄は即死。妹チヨコは、その4、5日前に防空壕の中で栄養失調で死亡した。

本人は足と手に大きな傷が残り、歩き方が変だと言われたことがある。

15 城間　光子（明治45年4月15日生）　原告番号14・城間盛正の母
①被害の時期・場所
昭和19年6月、サイパン島。
②被害の態様・質・程度
夫（正信）と子3人（マサエ、良子、チヨコ）死亡。

夫は、現地で召集され、船で弾薬運び等をしていた。死亡の詳細等は不明。

二女（良子）は、父に預け戦前に沖縄へ移住させたが昭和20年6月15日に死亡。長男（盛栄）は自宅近くで避難中に艦砲射撃を受け即死。三女（チヨコ）は、その4、5日前に栄養失調で死亡した。

16 瑞慶山　シズ（昭和14年8月8日生）

①被害の時期・場所

昭和20年6月7日、父孫丞が死亡。フィリピン。

昭和20年7月10日、母カナが死亡。フィリピン。

②被害の態様・質・程度

両親と妹（トシ子、タケ）が死亡した。戦争孤児。

父は軍の奉仕活動をしていて病気で死亡。母は、避難中に近くに落ちた砲弾の破片により即死した。

妹のトシ子は親戚に引き取られていて一緒に避難したと思われるが、一人で川を渡れずにいる所を最後に目撃されたが行方不明になり、その後は会うことができていない。

末の妹（タケ）は栄養失調で死亡した。

17 祖堅　秀子（昭和13年8月10日生）

①被害の時期・場所

昭和19年7月13日に父武太、母ウシ、姉ヨシ子、兄武信、姉ヨネ子、妹トミ子が死亡。サイパン島。

②被害の態様・質・程度

両親と7人姉弟の内4人が死亡した。戦争孤児。

父は大正の終わり頃からサイパンに開拓に行き、本人もそこで生まれ、家族で住んでいた。父は、飛行場の作業に徴用されていた。

母と子どもで山中に避難していたときには、夜に移動するようにしていたが、昼間、川で水を飲んでいる時に機銃で母が死亡、ヨシ子は足を負傷した。その後、バラバラに避難したり合流したりを繰り返した。

武信は水汲み行った時に艦砲を受け死亡。姉ヨネ子、妹トミ子はどのように死亡したのか詳細は不明。

バンザイクリフまで避難した時、終戦となった。長姉ヨシ子は手榴弾を持ち、海に飛び込んだが助け上げられた。

昭和21年頃、長兄武三、武三の妻、ヨシ子、本人は沖縄に帰ってきた。

武三の家族と生活していたが、兄の妻は身体が弱く、本人が家の仕事を手伝い、

農作業をして野菜を売りに出かけるなどをしていた。

18 楚南　兼正（昭和11年2月14日生）
①被害の時期・場所
　昭和19年、フィリピン。
②被害の態様・質・程度
　父（勇吉）が死亡した。
　父は祖父蒲戸と、宜野湾から仕事でフィリピンのミンダナオ島へ移住した。
　現地で兵隊として召集され、兵隊の服でトラックに乗ってどこかに行ったのを目撃されて、以降の消息が不明。

19 髙良　吉夫（昭和7年5月31日生）
①被害の時期・場所
　昭和19年6月4日、小笠原島沖。
②被害の態様・質・程度
　母（ツユ）と姉（静）が死亡。
　引き揚げ船・白山丸に母と兄弟で乗船し、昭和19年6月4日に沈没により小笠原近海で、母と姉が死亡した。
　その後、男兄弟3人で横浜の収容所に入った。父親は戦後、引き揚げてきた。

20 名嘉山　兼正（昭和16年7月20日生）
①被害の時期・場所
　昭和19年7月25日、父兼喜、姉エミ子、兄兼政が死亡。テニアン島。
　昭和19年10月7日、弟兼孝が死亡。テニアン島。
②被害の態様・質・程度
　父と兄弟3名が死亡し、本人が負傷した。
　家族でテニアンに住んでいて、兄弟は全員テニアンで生まれた。
　父は飛行場作業に動員されていたので、母ときょうだいで避難した。壕に避難していたが、友軍に追い出され、途方に暮れて木の下で休んでいるところに艦砲射撃があり、兄と姉は即死した。弟は同日負傷し、昭和19年10月7日に米軍

の病院で死亡した。

　父の死亡についての詳細は不明。

　本人も負傷し現在も右胸に破片が入っており、平成22年頃まで心臓内科に通院していた。

21 西原　良子（昭和14年3月10日生）
①被害の時期・場所
　昭和19年7月15日、サイパン島。
②被害の態様・質・程度
　父（善徳）と母（カマ）と兄（勇助）、弟（正徳）が死亡した。戦争孤児。

　父は現地で召集されて死亡していた。

　母とおじ（母の弟）、弟と本人で壕に避難をしているときに、母親と弟は艦砲射撃を受死亡した。

　兄は島尻の祖父の元に預けられていたが、沖縄で死亡した。

　おじと二人で沖縄に帰ってきたが、親戚の家を転々とした。おじは男手一人で本人を育てるのが難しく、人売りに出されそうになったこともあり、父親の姉に引き取られて育てられた。

22 真境名　文（大正8年6月22日生）
①被害の時期・場所
　昭和19年7月23日、サイパン島。
②被害の態様・質・程度
　子二人（盛時、勝次）が死亡した。サイパンで逃げ回っていたが、その途中で食事をすることも水を飲むこともできずに、子どもたちは痩せ細っていった。

　捕虜になりチャランカの収容所に入れられたが、その翌日に2歳の勝次が死亡し、さらに翌日に4歳の盛時が死亡した。

　水も飲めない状況で子どもに栄養を摂らせることができず、餓死させてしまった。

23 松島　良智（昭和6年3月10日生）
①被害の時期・場所

第1章　原告らの本件被害と請求額

昭和18年頃。場所の詳細は不明。

②被害の態様・質・程度

姉（トヨ）と姉の子（順子、君子）が死亡した。姉トヨはサイパンに住んでいたが、沖縄に引き揚げる途中、船が沈没して子ども2人と共に死亡した。

24 柳田　虎一郎（昭和13年2月6日生）

①被害の時期・場所

昭和19年、フィリピン。

②被害の態様・質・程度

母（末子）、妹（洋子）、弟（琢雄）が死亡し、本人も負傷した。

家族でパラオ・ガスパン島に住んでいたが、昭和19年に母、姉、妹と共に日本へ引き揚げるため船に乗った。その船が、フィリピン沖合で攻撃を受け、一時フィリピン上陸することになった。

避難民たちはバヤバスという部落に移動した。母（末子）は、そこで弟（琢雄）を出産したが、避難途中に怪我や病気を患っていたこともあり、出産後1カ月で死亡。

母の死後、弟は母乳も飲めず栄養失調で死亡。その後は、兄弟4人で避難民たちと奥地へ逃げる途中で米軍機の襲撃を受け、破片が本人の臀部へ刺さり負傷。負傷後に捕虜となり、米軍の艦船で日本へ帰国途中、妹（洋子）は船上で死亡した。

日本本土に着くと、母親から預かった貴重品（現金・通帳・指輪・書類等）を全て役人に没収され、父親が探し出すまでの間、孤児院へ預けられた。

25 安次富　信子（昭和14年4月30日生）

①被害の時期・場所

昭和19年12月31日。アンガウル島で出生し、パラオに住み被害を受けた。

②被害の態様・質・程度

父と姉・妹が死亡した。

父（津波古鎌吉）は昭和6年頃にパラオへ移住し雑貨商をしていたが、徴兵されて昭和19年12月31日に戦死した。

父を徴兵されたため生活が困窮し、姉益枝（7歳）と妹輝子（3歳）は、パラ

オ戦激化のため、栄養失調となり昭和19年暮れ頃にパラオで死亡した。

26 大城　栄昌（昭和14年10月9日生）

①被害の時期・場所

昭和19年2月17日。トラック島沖。赤城丸の撃沈。

②被害の態様・質・程度

母マサ・兄（栄進3歳）・姉（静子10歳）・弟（久雄3歳）が死亡した。

両親は沖縄から移民でポナペ島に移住し、さらにトラック島に移り住んで農業と食堂を営んでいたが戦況の悪化に伴い、日本国政府と軍から沖縄に帰るように命令があり母、父の兄弟、姉、兄、本人、弟2人で赤城丸に乗り込んだ。

出港して4時間半後に赤城丸が爆弾を受け、炎上し、沈没した。海に放り出されたが、運良く救命ボートに乗っていた父親の弟に姉と本人、弟は救助された。

母親を見つけ、おじさんがおんぶひもを投げたが届かず。結局、母、兄、三男の弟がその時死亡した。

その後、救命ボートで夏島（トラック島）に行き、姉はボートから下りる時に飛行機からの銃撃で死亡した。そこから台湾へ。そこでは四男の弟が栄養失調で死亡した。

27 金城　文郎（昭和10年8月5日）

①被害の時期・場所

昭和19年7月8日、同年10月5日。サイパン。

②被害の態様・質・程度

両親が死亡し戦争孤児となった。

昭和6年頃から両親はサイパンに移住し農業と畜産をし営んでおり、住み込みの従業員がひとりいた。

戦時中父は、飛行場建設をさせられており、本人には自宅に近くの避難壕に母親と弟、従業員と避難していた。

父は壕から自宅へ食事を作りに戻ったりしていたが、昭和19年7月8日、照明弾が上がった後に砲弾を受けて死亡した。

その後、壕を出て海沿いを避難中に母は銃撃を受け、右の尻を負傷した。しば

らくして米軍の収容所で治療を受けることが出来て怪我の具合も少し良くなったと思われたが十分な食料もなく体力もなくなり、昭和19年10月5日に死亡した。

　戦後は、親戚の家に預けられたが、ほとんど毎日畑の手伝いをしていたので、中学校は卒業したもののほとんど授業を受けることができなかった。卒業後は、他の人の畑を手伝って賃金をもらう等、いろいろな仕事をして弟の面倒を見て、高校を卒業させた。

28 高嶺　致泉（昭和8年10月1日生）
①被害の時期・場所
　昭和17年12月27日。サイパンからの引き揚げの途中。
②被害の態様・質・程度
　父（高嶺致元）が死亡し戦争孤児となった。

　母は戦前に死亡していたので、本人は父方の祖母に預けられ、父は昭和15年頃に一人でサイパンに出稼ぎに行った。

　父は、サイパンから石垣へ引き揚げ船の近江丸に乗船していたが途中（本邦南方海上）で、近江丸の戦時災害により死亡した。

29 田仲　初枝（昭和2年9月6日生）
①被害の時期・場所
　昭和20年8月9日時刻不詳。
　フィリピン・ミンダナオ島アグサン州ウマヤン付近。
②被害の態様・質・程度
　叔父（父の弟）が戦死した。

　父嘉手納知愼の弟である嘉手納知賢は、徴兵されフィリピン戦で戦死した。叔父には家族がなく、原告の父は死亡し、その後、祖父も死亡した。

30 比嘉　ミサ（昭和12年12月27日生）
①被害の時期・場所
　昭和20年6月30日、同年8月10日、同年9月30日、同年10月5日。フィリピン。

119

②被害の態様・質・程度

　夫（比嘉正憲）は両親が死亡し戦争孤児となった。また夫の弟4名が死亡した（夫は平成16年に死亡）。

　正憲はフィリピンで生まれ兄弟は6人いたが、正憲は戦争前に沖縄に戻り名護で祖母と暮らしていた。

　母（マサ）は昭和20年6月30日にフィリピン・ミンダナオ島ダバオ市タモガンで死亡、夫の父（比嘉源榮）は昭和20年8月10日にフィリピン・ミンダナオ島ダバオ市タモガンで戦死。

　弟（章道）は昭和20年9月30日、弟（徹三）昭和20年10月5日にいずれもフィリピン・ミンダナオ島ダバオ市リバサイドで死亡した。

　下の弟2名（勝章、安信）もフィリピンで死亡しているが、生年月日・死亡年月日ともに不明。タモガン山中にて避難中に死亡したと聞いている。

31 又吉　康雄（昭和8年5月27日生）

①被害の時期・場所

　昭和19年7月10日。サイパン

②被害の態様・質・程度

　甥と姪（兄の子、清栄・憲市・カツ子）が死亡した。

　兄（清康）は昭和19年7月5日にサイパンで戦死した。

　清康の妻ヨキ子は夫の死亡後に軍作業（運搬作業）をしていたが、父がいないため、子供たちはヨキ子が連れていたが、昭和19年7月10日にサイパン島カナベラで艦砲等の爆風を受け、ヨキ子とその作業場に一緒にいた子供たちも死亡した（合計5人死亡）。

32 山入端　治男（昭和11年4月3日生）

①被害の時期・場所

　昭和19年。テニアン島。

②被害の態様・質・程度

　父（山入端立神）は沖縄で出生しテニアン島に移住し農業をしていた。原告はテニアン島カヒイ地で出生した。

妹（和子・光子・君子）が昭和 19 年 8 月にテニアンで死亡した。

父の弟は昭和 19 年 8 月 2 日テニアン島カヒイ地で死亡し、その妻と子も昭和 19 年 8 月に壕に避難中、砲弾により即死だった。立神は平成 23 年に死亡。

33 安里　俊明（昭和 17 年 4 月 22 日生）
①被害の時期・場所
昭和 17 年 1 月 8 日（兄・文雄）。昭和 19 年 12 月 8 日（姉・ミツ子）。昭和 20 年 12 月 2 日（兄・茂）。フィリピン。
②被害の態様・質・程度
兄・文雄、姉・ミツ子、兄・茂が死亡した。

父（喜明）はフィリピンで麻の栽培をしていた。原告は二男であるが、長男と原告の間に戸籍には記載されていない文雄、ミツ子、茂の 3 名が存在していた。

3 名は戦争中に山中で食糧難のため栄養失調で死亡した。

34 上原　豊子（昭和 12 年 12 月 30 日生）
①被害の時期・場所
昭和 19 年 7 月 29 日。テニアン。
②被害の態様・質・程度
妹（光子）が死亡した。

父（仲間定栄）は若い頃からテニアンで農業をしており、母（セツ子）はテニアンに呼ばれて嫁に行った。父は現地で兵隊にとられ、父のいない間は、母と子供たちで山の中を彷徨い避難していたが、兄（定一）とすぐ下の妹の光子は、栄養失調で死亡した。

35 大城　スミ子（昭和 10 年 5 月 11 日）
①被害の時期・場所
昭和 19 年 6 月 13 日（父・仲村渠宗蒲）。昭和 19 年 8 月 20 日（母・ゴゼイ）。昭和 19 年 7 月 20 日（姉・トシ子）、（弟・新榮）。昭和 20 年 11 月 20 日（弟・新次）、（弟・孝）。サイパン。
②被害の態様・質・程度

両親が死亡し戦争孤児となった。兄弟姉妹も全員死亡した。

父はサイパンで農業をしており、家族7人で生活をしていた。戦争が近づき、学校は兵隊が使用するようになり、山で勉強した。

戦争が始まってからは、どこをどう逃げたかわからないが、ただ一生懸命逃げで親戚のところに逃げた最初は、父も一緒だったが、みんなバラバラになってしまった。原告は母と弟・新次らと一緒に逃げた。

母は、壕に避難しているときに壕の中に弾が飛んできて負傷した。入り口付近にいた人たちはみんな亡くなった。

原告を含め生き残った人たちはその後すぐに捕虜となり連れて行かれたため、母の負傷具合も見ることができずそのまま離ればなれになった。弟は病院に入ったがその後も会えず、あとで亡くなったと聞いた。

家族の死亡状況の詳細は不明だが全員亡くなり、沖縄に帰ってきてからは父方の親戚、母方の親戚を4、5か所を転々とした。

36 蔵前　清徳（昭和9年7月12日生）

①被害の時期・場所

昭和20年2月5日。サイパン。

②被害の態様・質・程度

弟2名（清永、清勝）が死亡した。

父（清勇）はサイパンでサトウキビと畜産をしていた。戦争が始まり家族で避難中に北部に追い詰められた。マッピー山のあたりのガマに避難しているときに艦砲が落ちて清永と清勝の肺に破片が当たった。その後は家族バラバラに避難したが、1か月くらいでケガをした弟2名と両親・祖父・長女は捕虜となった。さらに約1か月後に原告ら他の家族も捕虜となり、収容所で再会した。

しかし、収容所内では十分な食料もなく、ちゃんとした治療を受けることもできなかったため、昭和20年2月5日の朝に怪我をしていた清永が死亡。同日夜に清勝が死亡した。

37 渡慶次　松子（昭和8年7月11日生）

①被害の時期・場所

昭和 19 年 7 月 1 日。ロタ島。

②被害の態様・質・程度

弟（正光）、妹（文子、ツル子）が死亡し、原告本人が負傷した。

父（新垣松吉）はロタ島で農業をしていた。原告は、サイパン・テニアンの学校に通っていたが、戦況が悪化したのでロタ島に戻り、ロタ島のソンソン町外れの牧場近くの壕の近くに小屋を建てて過ごしていた。

壕は 30 人から 40 人くらい入る大きさで兵隊やたくさんの人が避難していた。原告らは、兵隊から命じられ食料集めなどを手伝っていた。

昭和 19 年 7 月 1 日に水汲みに出かけている時に空襲警報が発令されたので壕に避難しようと逃げ込んだが子供はうるさいからと兵隊に追い出されたので仕方なく、壕近くの小屋に原告、文子、正光、ツル子と避難した。その時に頭上で何発か爆発があり強い衝撃を受けて何が起きたかわからなくなった。

原告は、姉が病院へ連れて行ってくれ、破傷風の薬で一命をとりとめたが、文子、正光、ツル子は死亡した。

怪我から 2 ～ 3 か月後にようやく目が見えるようになったが、18 歳ぐらいまで目に異物感があり、痛みがあった。現在でもサングラスは欠かせない。17 歳頃までは耳鳴りにも悩まされた。体内からは 15 歳くらいまでに砲弾の破片が 6 個出てきた。21 歳の頃には病院で右上腕から破片 3 個摘出。現在も右手親指、腕等に破片が残っている。

38 仲本　幸代（昭和 17 年 1 月 10 日生）

①被害の時期・場所

昭和 20 年 5 月 7 日（父・安松）。昭和 20 年 9 月 7 日（姉・悦子、姉・レイ子、姉・三枝子）。昭和 20 年 9 月 18 日（兄・健）。フィリピン。

②被害の態様・質・程度

父（上江洲安松）は電気治療・針灸の仕事でフィリピン・ミンダナオ島へ移住した。長男（安秀）と二男（寛）は実家に預けて、両親だけでフィリピンに行き、兄弟姉妹が生まれた。戦争が始まると父親は、怪我人の治療をしてから帰るので先に沖縄に帰るように母に告げたが、母は子どもも一緒に帰ると言い、フィリピンに残ることにした。

その後、父は足に銃撃を受け死亡。残った家族で山奥に避難していたが、マラリアや栄養失調等で兄弟姉妹が次々に死亡した。原告は当時2歳で母親に背負われていたが無事だった。

39 大石　明子（昭和23年5月25日生）

①被害の時期・場所

昭和19年7月8日（祖父・饒辺永正）、（母の弟・饒辺永喜）。昭和19年7月12日（祖母・饒辺ウト）、（母の妹・饒辺光子）、（母の弟・饒辺永勇）。昭和19年7月13日（母の妹・饒辺ツル子）。昭和19年8月4日（兄・佐久間興一）。サイパン。

②被害の態様・質・程度

母方の祖父母・母の兄弟姉妹4人・原告の兄が死亡した。

母方の祖父永正と母の弟の永喜は戦闘により死亡。原告の母八重は当時1歳の長男興一を連れて、実家の饒辺家の母・妹・弟と共に避難をしていた。

サイパンのマッピーの壕に避難しているときに興一が泣き出したため、母は壕の外に出てあやしているときに、壕が米軍に襲撃された。壕の中にいた祖母ウトと母の妹光子・母の弟の永勇が死亡した。同じく壕の中にいた母の妹ツル子が翌日に死亡し、饒辺家は一家全滅となった。

壕の外にいた母は興一と米軍の捕虜となったが、興一はサイパン島チャランカの収容所で栄養失調で死亡した。

40 大城　ノリ子（昭和15年7月20日生）

①被害の時期・場所

昭和19年8月14日（母・ハナ）、（姉・房子）、（弟・稔正）。テニアン。

②被害の態様・質・程度

母・姉・弟が死亡し、本人が負傷した。

原告は、母たちが亡くなった当時の記憶がなく、ただ覚えているのは父が水汲みに行っているので待つように言われていたことのみである。しかし、父はそのまま帰って来ずに、原告は捕虜となった。

原告自身が負傷した際の状況も思い出すことができないが、左臀部に大きな傷

がある。足にも破片が入っていたようで、歩行の際には何か引っかかるような感じがあり、長年足を引きずるような歩き方をしていた。数年前に骨折の治療をした際にレントゲンを撮って、はじめて破片が入っていたことを知った。

母たちが亡くなった当時の記憶や自分のケガの記憶はないが、雷や稲光に恐怖を感じる。

41 金城　宏幸（昭和13年10月28日）
①被害の時期・場所
昭和19年7月7日（父・宏三郎）。サイパン。

②被害の態様・質・程度
父が死亡し、原告本人は負傷した。両親が死亡し戦争孤児となった。兄弟姉妹も全員死亡した。

父は郵便局員をしており、テニアンからサイパンへ移った。昭和19年6月末の米軍上陸後は、洞窟を転々とする避難生活をしていた。

昭和19年7月6日の夜に焼夷弾が撃ち込まれたことで混乱して、一緒に避難していた母とはぐれてしまい、父と2人で避難することになった。

7月7日の早朝にサイパン北の岬バンザイクリフ辺りで米兵に遭遇して銃撃され、父は喉に弾を受けて即死した。父に背負われていた原告は右肺に銃弾を受けた。

父が死亡した後は米軍によりキャンプへ収容され、収容所で母と再会して野戦病院に移ったがそこでは手術をすることができず、ハワイの病院に移されて手術を受けた。しかし、現在も肺から下半身に銃弾の痕や破片が残っている。

42 金城　美佐子（昭和12年4月25日生）
①被害の時期・場所
昭和19年7月2日（母・カマ）、（弟・喜幸）、（妹・幸子）。サイパン。

②被害の態様・質・程度
母（カマ）・弟（喜幸）・妹（幸子）が死亡した。

空襲がひどくなったので家族で壕を転々としながら山へ避難し、1週間ぐらい経ったある夜、避難途中の壕の近くに照明弾が上がったと思った時には砲弾が飛んできて、母と弟・妹の3人が爆風と破片で即死した。

砲弾が落ちた時に父と離ればなれになり、姉妹3人であてもなく逃げて、タッポーチョーの辺りで捕虜となった。父とは収容所で再会した。

43 中村　美代子（昭和6年8月24日生）
①被害の時期・場所（原告番号42・金城美佐子の姉のため同様）
　昭和19年7月2日（母・カマ）、（弟・喜幸）、（妹・幸子）。サイパン。
②被害の態様・質・程度
　母（カマ）・弟（喜幸）・妹（幸子）が死亡した。

　父（金助）は馬車を持っていたため軍の手伝いをさせられていた。

　空襲がひどくなったので家族で壕を転々としながら山へ避難し、1週間ぐらい経ったある夜、避難途中の壕の近くに照明弾が上がったと思った時には砲弾が飛んできて、母と弟・妹の3人が爆風と破片で即死した。

　砲弾が落ちた時に父と離ればなれになり、姉妹3人であてもなく逃げてタッポーチョーの辺りで捕虜となった。父とは収容所で再会した。

44 宮里　和子（昭和18年7月20日生）
①被害の時期・場所
　昭和19年月日不詳。パラオ。
②被害の態様・質・程度
　母（シゲ）・弟（カンジ）が死亡し、原告は負傷した。

　戦争当時、父は兵隊に召集されていたため、母と弟の3人で壕に避難していたが、弟がおっぱいを欲しがり泣いた。米軍に見つかってしまうと壕の中の人から言われて、外に追い出された。

　原告も母と弟と一緒に壕の外に出て、母が弟におっぱいをあげていたときに、爆弾の破片か銃弾が原告の肩を貫通して、母と弟にも当たり、2人は即死した。

　原告の肩には今も大きな傷が残る。

45 山川　信子（昭和7年5月9日生）
①被害の時期・場所
　昭和20年6月5日（父・池原福助）。

昭和20年8月5日（義母・池原ウタ）、（義妹・池原トミ子）、（義妹・池原敏子）。フィリピン・ミンダナオ島。

②被害の態様・質・程度

父・義母・義妹2名が死亡した。

原告は、父福助と母カマの子としてフィリピンのミンダナオ島で出生した。母カマは昭和10年に弟の出産の際に亡くなり、父はその後、義母のウタと再婚したが、婚姻については届出を行わなかった。原告は、昭和14年に沖縄に移住しており、戦争当時はフィリピンには居住していなかった。

父とウタの間には、昭和11年にトミ子・昭和15年に敏子が生まれ、いずれも原告の義妹であるが、父とウタが婚姻届出をしていないので、父の戸籍に記載はない。近日中に戸籍訂正の手続を取る予定である。なお、太平洋戦争の戦没者のために戦後にフィリピンに立てられた慰霊塔である沖縄の塔の名簿には、父福助の並びで母ウタ、トミ子、敏子の名が記載されている。

フィリピンでの戦争が始まった後、家族は一緒に避難していたが、父福助は途中で艦砲射撃によって足を負傷してウジがわき動くことが出来なくなったので、義母らは父と別れて避難することになった。父はその後に死亡している。

臨月の義母と義妹二人は避難を続けていたが、義母が思うように動くことができないために、義妹二人で食糧を探している所を親戚が見かけたのを最後に消息不明となり死亡している。

第4　損害

以上述べたとおり、原告らは、南洋戦・フィリピン戦によって、自らの負傷、家族等の死亡等、様々な被害を被っている。家族等の死亡の場合は、慰謝料などその損害を相続により取得している。

原告らのかかる深刻な被害により生じる精神的苦痛を慰謝するに足りる額は金1000万円を下らない。

また、原告らは本件訴訟の提起及び遂行を弁護士に委任しており、弁護士費用は金100万円が相当である。

〈第2章〉
南洋諸島・フィリピン群島の沿革、兵要地誌等の概要

第1　兵要地誌の概観

　1521（大永元）年、マゼランは世界一周航海の途上マリアナ諸島を発見した。かれは、この航海中暴風にも会わず、穏やかな航海を続けたので、この大洋を太平洋と命名したといわれている。

　このうち、中部太平洋として、本編に取り上げる範囲はおおむね赤道以北の熱帯地方に属し、いわゆる常夏の小島が散在している地域である。

　この区域の島々の特長は、平らな珊瑚礁の島が多いことで、陸地の広いものは飛行場となり、環礁の多くは、艦船の良好な泊地となる。

　一般に陸上防御のためには、堅固な設備が必要であるが、島内に高地があり、比較的防御に適する島は、小笠原、マリアナ、パラオ各諸島のほか、ヤップ、トラック、ポナペ、クサイ島だけである。

第2　南洋諸島の沿革

　マリアナ諸島は既述のようにマゼランによって発見され、カロリン諸島は1527（大永7）年ポルトガル人ディアゴ・ダ・ロシヤが発見し、マーシャル諸島も、同年スペイン人サアヴェドラによって発見された。しかし発見後約160年間は、どこの国の領有ともつかず、放置の状態であった。

　1686（貞享3）年スペインは3諸島をその領土とし、南米を経由して、本国

第2章　南洋諸島・フィリピン群島の沿革、兵要地誌等の概要

とフィリピンを結ぶ中継基地としてグアム島確保に力を注いだ。各国から300年も遅れて植民地獲得に乗り出したドイツは、1884（明治17）年北東ニューギニア、ビスマーク諸島、ソロモン諸島、ナウル島などを占領した余勢を駆ってマーシャル諸島を奪い、さらに西カロリン諸島の攻略を試みたが、ローマ法王の仲裁により、同諸島の領有権はスペインに帰した。

　1898（明治31）年米西戦争に敗れたスペインは、フィリピンおよびグアム島を米国に譲り、さらにマリアナ、カロリン両諸島をドイツに売却した。ドイツは諸島の統治に意を注いだ。しかし第一次世界大戦の発生とともに、わが海軍南遺枝隊は南洋諸島を占領し、1919（大正8）年、ベルサイユ条約その他の規定により、日本帝国の委任統治領となった。

　昭和8（1933）年日本は国際聯盟を脱退したが、南洋諸島は、帝国の構成部分として不可分一体であることを明らかにし、永久にこれを統治することを宣言した。厳密には、法的には日本に主権はなかったが、事実上の「主権行使」に等しい統治形態であった。

　小笠原諸島は明治8（1875）年日本の領有が各国に承認され、明治13年東京府に移管、同19年島庁が父島に設けられた。

　トラック諸島、クサイ島、ポナペ島を東カロリン、パラオ諸島およびヤップ諸島を西カロリンと呼び、これらを一括して、カロリン諸島と称していた。

第3　地誌

　領域（次ページ表参照）：南洋諸島の包容する海面は、東西2700海里（5000キロメートル）、南北1300海里（2400キロメートル）にわたり、その間に大小1400余の島が散在している。全面積は2149平方キロメートルで、東京都または琉球諸島にほぼ等しい。

　地質は、珊瑚礁から成るもの（マーシャル諸島）と、火山岩から成るもの（マリアナ、カロリン両諸島の多くの島）とに分かれる。

　珊瑚礁は縁礁（裾礁）、堡礁および環礁の3種に区分され、別に隆起珊瑚礁がある。

129

諸島別、島数、主要島嶼面積

諸島別・島名	島数	面積（平方キロ）
マリアナ諸島	14	639
カロリン諸島	549	1320
マーシャル諸島	60	190
サイパン島		185
テニアン島		98
ロタ島		125
ヤップ本島		216
パラオ本島（バベルダオブ島）		370
コロール島		8
トラック島春島		22
トラック島夏島		9
トラック島水曜島		23
ボナペ島		375
クサイ島		116
ヤルート島		8
ペリリュー島		20
アンガウル島		22
グアム島（米領）		568

　戸口：昭和15（1940）年末の戸口総数は、2万9800戸、13万5708人〔大正11（1922）年末の人口は、5万1000名〕で、内地人が総人口の約6割（その約6割は沖縄県人）を占め、島民が約3割7分であった。

　　（注）島民は、チャモロ族とカナカ族の二つに分かれているが、同一種族でも島が変わると言語、風俗が違い、全島を通じて同一の言語風俗を持た

第2章　南洋諸島・フィリピン群島の沿革、兵要地誌等の概要

ない。チャモロ族は、白人とカナカ族の混血であるとも言われ、グアム島からロタ、テニアン、サイパンに転住したらしく、その分布は、マリアナを主とし、ヤップ、パラオがこれに次ぎ、その他の諸島には集団的居住を見ない。性質は温順で、衣食住もカナカ族より進歩している。カナカ族はハワイおよび太平洋諸島に居住する民族の総称で、南洋諸島原住民の大部分はこの種族に属する。性質は温順快活であるが、わが国の施政の初めごろは、無為徒食の風が強かった。

第4　気象・衛生

　全諸島が熱帯圏内にあるので、四季の別がなく、いわゆる常夏の国である。しかし各島とも小島のため純然たる海洋性気象で、昼夜の別による気象の変化も非常に少ない。したがって気候は大体適順でしのぎやすく、熱帯焦熱の気候を連想しているものは意外に感ずる。

　また、熱帯特有の風土病や、マラリヤ、コレラ、ペスト、黄熱病などの病気が全然なく、毒蛇、猛獣等もいない。自然の恩恵がきわめて大きいので、生活も簡易、したがって家屋も簡単である。

　台風は、本諸島内がその発生地帯となっているが、大部分は、まだ勢いが弱く、本諸島内での影響は比較的少ない。

　一般に高温多湿で、降雨量は非常に多く、大体短時間の豪雨が多い。諸島内では、一部分を除いて雨水を飲料水とする所が多く（主要な島には上水道施設がある）、雑用水も雨水を使うので、乾燥期にはしばしば水が欠乏し、生活上はもとより、衛生上も憂慮されることがある。

第5　行政・司法（事実上の主権行使）

　大正3（1914）年わが海軍は、南洋諸島占領と同時に軍政をしき、臨時の治安維持に任じたが、同年12月「臨時南洋諸島防備条例」が発布され、司令部をトラックに置き、全諸島を分けて五民政区とし、各民政区に守備隊を配置し、各守備隊長を軍政庁長として民政事務を兼掌させた。

超えて大正7年6月、臨時南洋諸島防備隊司令官の下に民生部を設け、従来の軍政庁を改めて民政署とし、文官をもって民政署長にあて、諸島民政の端緒を開き、守備隊はもっぱら地方警備の任に当たらせた。

大正8（1919）年、南洋諸島は委任統治地域となり、施政制度を根本的に改める必要を認め、行政庁設置準備として、大正10年7月民政部を司令部から分離し、これをパラオ諸島中のコロール島に移転した。

次いで大正11年3月、従来の「南洋諸島防備条例」を廃して軍隊を撤収すると同時に、新しく南洋庁を設置した。南洋庁長官は、内務大臣の指揮監督を受け、職権または特別の委任により庁令を発し、その管轄区域の安寧秩序保持のため、必要な場合には鎮守府指令長官、または付近の海軍主席指揮官に兵力の使用を請求することができた。

支庁はパラオ（西部）、サイパン（北部）、トラック（東部）の三カ所に設けられ、北部支庁管内にロタ、テニアンの両出張所、西部にヤップ出張所、東部にポナペ、ヤルートの両出張所が設けられた。

統治形態は、前述したとおり「事実上の主権行使」であった（南洋諸島の法的地位については『日本帝国と委任統治―南洋諸島を巡る国際政治』等松春夫著、名古屋大学出版会に詳しい）。

第6　産業

従来の主要産業は、製糖業、燐鉱業、水産業、コプラ事業、林業等で、時局の要請に従い、さらにボーキサイト鉱業、マンガン鉱業、果樹、皮革および繊維業その他の新規企業が起こった。

農業は、気候の関係で耕地の利用率高く、耕地面積の大部分は畑地で、砂糖きびが主な作物であった。

工業は、サイパン、テニアン両島の製糖業と、これに付帯する酒精、精糖工業などいわゆる農産加工業の域を出ないもので、この地区の産業開発は、南洋興発株式会社がその主体となっていた。

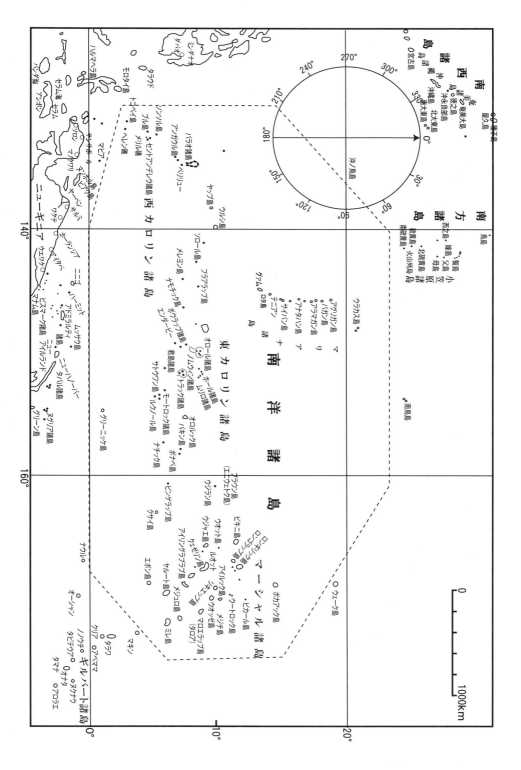

〈第3章〉
南洋諸島と沖縄の緊密な関係
＝南洋移民
―沖縄県南洋諸島と呼称されていた―

第1　沖縄から南洋移民

　「南洋」というと、ウチナーンチュたちは自らの多くが渡航した内南洋、すなわち南洋諸島をイメージする。南洋諸島とは、日本が第一次世界大戦開戦の年に占領した赤道以北のドイツ領太平洋諸島で、第二次世界大戦での敗戦まで約30年間統治した島々である。南洋移民は、渡航した世代を親とするその子どもたちが社会に出始めつつあった時機に戦争、引揚げとなった。

　「南洋は沖縄の延長」、「沖縄県南洋諸島」と表現されるように、日本統治下の南洋諸島はウチナーンチュの存在なくして描くことはできない。一方、沖縄の地域史で南洋諸島は、ウチナーンチュの移民や戦争体験の事例として、県外の他の地域と横並びに扱われてきた。

　しかし、第一次世界大戦後の沖縄の歩みは、「南洋移民」を通じて南洋諸島と密接に関係しあった過程からとらえなおす必要があろう。

第2　南洋移民の諸形態

　「南洋移民」には、南洋帰りの人たちや南洋興発（株）の説明によると、大きくわけて三種類あり、雇用主の企業と契約を結んで渡航する「契約移民」と、南洋庁の指定する入植地への移民、上記以外の「自由移民」があった。「契約移民」という場合、南洋興発（株）と契約を結んだ移民をさすことが多く、同社の事業

134

第3章　南洋諸島と沖縄の緊密な関係＝南洋移民

地で働く小作人や作業夫であった。

　1930年代後半からは、南洋拓殖（株）と契約する移民もいたが、これは南洋庁が「許可移民制」と説明する庁経営の植民地区画選定地への入植者である。そして「自由移民」は、おもに南洋興発（株）の「契約移民」と対照的に使われてきた表現である。企業との契約関係がなく、親戚縁者などを頼って渡航する農民や労働者、漁民や独立した商工業経営者などであった。

　自由移民は1930年前後から増え始め、特に労働者がその大半を占めた。30年代初頭に渡航した自由移民の労働者は、世界恐慌の影響で低迷した現地経済のもとで、失業したりあるいは仕事を転々とせざるをえなかったのであり、彼らはその流動性や家をもたない生活などから、他府県人のみならず開拓初期から暮らすウチナーンチュの契約移民たちに「新移民」と呼ばれ、批判的なまなざしを受けたりもした。このころ、南洋興発（株）の契約移民の中には独立して商店、料亭、土木建築業などを経営する人たちが現れ市街地や県人会の有力者となっていった者もいた。

　そして後述の「南洋諸島開発十カ年計画」（1935年）が発表されると、沖縄県も一時は南洋への就職斡旋に積極的に取り組み、林業、鉱業、工業など様々な分野の職業人口が増えた。警察官や教員などの官吏、会社員や経営者もいたが、もっとも多かったのは農民、日雇い労働者、そして漁民であった。

　しかし30年代後半からの南洋諸島では、軍関係の施設建設、40年代からは兵站基地化に労働力需要が高まり、高額な賃金が得られる軍の仕事を求めて自由移民は増加した。

　日中戦争が始まると、徴兵忌避を理由とする渡航者もふえ、一家の長男が家族に請われて渡航する場合もあった。

　この時期になると、沖縄県は県内の徴兵適齢者や労働力の不足を懸念し、海軍による労働力提供要請を断り、南洋渡航に「禁足令」をだすまでに至ったが、南洋渡航者は増え続けた。

　そこで、海軍は各府県から「南方勤労奉仕隊」を募集したり、囚人や朝鮮人を集団で送り込んだりした。それでも人口の大半、労働者の大半を占めたのは沖縄に本籍をもつ者であった。

135

第3 沖縄県人が渡航するまでの南洋諸島

日本は、第一次世界大戦で占領したこの島々を「未開の地」と考えたが、実際には、独自の文化や社会を育みながら、スペイン統治以来およそ300年にわたる植民地支配を経験した約5万人のカロリニアンとチャモロが生活していたのである。

日本はドイツからこれらの人びとと島への支配権を引き継ぎ、海軍による統治（1914年〜1922年）に続いて、C式委任統治機関として南洋庁を設置、第二次世界大戦における日本の敗戦まで（1922年〜1945年）の30年間統治した。日本による朝鮮半島支配を韓国併合から数えると35年間、これと並ぶ長さである。

第4 南洋諸島社会における沖縄県人の生活

日本の植民地のなかで南洋諸島には次のような特徴があった。それは、日本の領土ではなく委任統治という特殊な制度化にあったことである。また移住した日本人人口が現地住民人口を凌駕する点で、樺太と並ぶ例外的な地域で、日本人の約6割、島によっては8割が本籍を沖縄県にもつ人たちであったことは、南洋諸島だけの特徴であった。

人口面でマジョリティであったウチナーンチュは植民地社会を構成し、支える原動力であり、様々な分野の仕事で経験を積み、一つの島内を、あるいは南洋諸島の島々を、さらには外南洋まで仕事を求めて移動した。

沖縄と南洋とは、移民を通じて人、モノ、金、情報の頻繁なやり取りでつながっていた。南洋渡航後、沖縄に何らかの理由でもどり、再度南洋に渡航することも珍しくなく、「再渡航」という表現も生まれた。

南洋では県市町村字単位で郷友会が作られ、個人による盆正月の定期的な送金に加え、故郷でお金が必要になれば同郷者同士が模合で資金を作り、支援した。大人たちの世代は、いつも故郷と繋がっている意識があったが、南洋生まれの子どもたちにとって沖縄は想像するだけで、南洋こそが「ふるさと」であった。

政府や企業にとっても、南洋諸島経営にウチナーンチュは欠かせない存在であった。しかし南洋諸島社会には、「一等国民日本人、二等国民沖縄人／朝鮮人、

第3章　南洋諸島と沖縄の緊密な関係＝南洋移民

三等国民島民」という暗黙の序列があったことも看過することはできない。

貧しさゆえに充分な教育を受けられなかった親たちは、自分たちの苦労を繰り返せたくはない、と無理をしてでも子供たちに教育を受けさせた者が少なくない。

以上のような戦前の暮らしが、1930年代後半から戦時体制下に組み込まれ、40年代からの兵站基地化、そして43年から始まる内地への疎開（途中での船の撃沈や寄港先での戦災）、残された南洋での戦闘、飢餓などで多くのウチナーンチュが犠牲となった。

生き残った人びとは米軍政下の生活を沖縄より早く経験することになった。46年中までには、約3万3000人もの人びとが引揚げ、戦後沖縄の「復興」の担い手となる。

第5　被告国の南洋庁設置と南洋諸島統治にとっての沖縄県人の中核的役割

南洋諸島にウチナーンチュが働く場を求めたのは、日本海軍が南洋諸島を占領して間もなくからである。日本にとって南洋諸島は、欧米列強に分割しつくされたアジア及び太平洋島嶼地域に、日本が勢力を広げるための足がかりとなる地域だった。

海軍は、南洋諸島を対米軍事戦略上の要地として、また資源豊かな外南洋への経済的な南方進出の拠点として活用しうると考えた。よって海軍は、大戦中の一時的な占領の間に、ミクロネシアの人びとに国語や修身の教育を行ったり、日本の拓殖会社やそのもとで働く移民の送り込みに優先的に取り組んだ。

拓殖事業では製糖業が有望視され、サイパン島で事業を行った企業は小笠原諸島、八丈島、沖縄県、朝鮮半島などから労働力を集団で移住させた。企業が送り込んだ移民に先駆けて、沖縄のウミンチュたちも漁場を求めやってきた。彼らは後述のように、南洋諸島水産業の中核的な役割を担ってゆく。

講和会議で南洋諸島は日本の委任統治地域と決定し、日本による領有は実現しなかったが、南洋庁は、ここに大量の日本人を渡航させて定住化させ、日本が主権を及ぼす植民地さながらの支配を進めることで、実質的な領土化を進めようとした。

137

1 　南洋開発（株）の設立とウチナーンチュの大量渡航のはじまり

　第一次世界大戦が終わるころ、サイパン島の製糖会社は、大戦の反動不況による製糖相場の暴落などを理由に、経営が行き詰まった。労働者たちは、食い詰め、なかでも労働条件や賃金でより劣悪な状況におかれた朝鮮人は抗議行動に出たりし、多くが朝鮮半島に送還された。以後、朝鮮人が「移民」として大量に渡航するのは、1930 年代末に軍関係の仕事で労働力不足が深刻化してからである。

　右のような社会経済的な問題を早急に解決する必要に迫られた日本政府は、南洋庁施政開始を半年後に控えた 1921 年 11 月、南洋興発（株）を設立した。設立には政府関係者が関わり、また朝鮮の国策会社東洋拓殖（株）が多大な資本を出資したことから、南洋興発（株）は「半官半民」とも形容された。

　陣頭指揮をとったのは、アメリカや台湾の製糖会社で経験をつんだ松江春次で、内地、植民地で製糖業に携わった社員を招き起業した。

　松江には沖縄から大量の労働力を導入することについて、独自の南方進出構想に基づく考えがあった。それは、日本が人口過剰問題の解決と熱帯資源の獲得を急務としており、南洋諸島を外南洋進出のための「踏み石（ステッピングストーン）」として活用すべき、というものである。そして現地住民は労働に適さないとし、「ソテツ地獄」に苦しみ、糖業に馴れているとして沖縄からの移民導入に着目した。

　しかし松江が明言していない理由があった。それは海軍統治時代、厳しい労働環境下、低賃金で重労働を担ったウチナーンチュの有用性である。

　南洋興発（株）は、設立早々の 1922（大正 11）年、早速沖縄県庁から移民募集の許可を得て、約 2000 名の移民を送り込み、残留している約 1000 名と合わせてサイパン島の開墾、工場、鉄道、道路などの建設に向かわせた。以後、同社への移民は増加を続け、本籍別人口の筆頭は沖縄県であった。

　以上みたように、南洋諸島の開発は、第一世界大戦までの日本の植民地経営における資金、技術、人を総動員することで可能となった。

2 　南洋庁による委任統治の開始
　　―日本国の構成部分として日本帝国国法の下で施政

第 3 章　南洋諸島と沖縄の緊密な関係＝南洋移民

　1919 年、パリ講和会議で、日本が占領している島々が C 式委任統治と決まった。C 式委任統治では、「受任国ノ構成部分トシテ其ノ国法ノ下ニ施政ヲ行フヲ以テ最善トス」（国際連盟規約第 22 条）という規定があるので、主権行使対象ではなかった。台湾、朝鮮のような日本の領土ではなかった。しかし、実態としては日本は主権者の如く振る舞った。

　1922 年 3 月、日本は南洋庁管制を施行、委任統治機関として南洋庁を設置した。本庁はパラオ諸島コロール島において長官を置き、サイパン支庁（支庁所在地サイパン島）、パラオ支庁（同パラオ諸島コロール島）、ヤップ支庁（同ヤップ島）、トラック支庁（同トラック諸島夏島）、ポナペ支庁（同ポナペ島）、ヤルート支庁（同ヤルート島）の六行政区に支庁長が配置された。

　地方行政としては、現地住民には「島民村吏」を任命し（1922 年）、日本人にはサイパン、パラオ、ポナペ、トラックの 4 支庁所在地に「部落」をおいた（1931年）。委任統治では、陸海軍根拠地や築城の建設を禁止するなど受任国による軍事的利用は禁じられていたが、海軍は占領以来、南洋諸島を対米軍事戦略上の要地として活用しようと考えてきた。

　南洋諸島は海軍横須賀鎮守府の「南洋海軍区」の管轄下で第三艦隊（のちに第四艦隊）が守備にあたり、南洋庁本庁所在地であるパラオ諸島コロール島には海軍駐在武官が配置され、海軍関係事項の交渉、処理調査、諜報事務、関連施設の工事などについて南洋庁の「陰の実権者」として動いたが、これらの内容は国際連盟に報告されなかった。

　また、海軍の練習艦隊がたびたび寄港もした。以上のような機構や海軍の存在に示されるように、南洋諸島の施政には海軍が大きな影響力を持っており、戦時期南洋諸島のありようにも特徴を与えることとなる。

　委任統治の対象は、約 5 万人のカロリニアンとチャモロであった。南洋庁はそれぞれ「カナカ族」、「チャモロ族」と呼び、次のように説明している。カナカ族は、「性温順」で「快活」だが、「天恵の余沢に享楽し、極めて懶惰にして労働を嫌ひ」、「文化の程度低く、其の居常尚未だ原始的状態を脱せざるもの多い」。

　チャモロ族は、「性温順勤勉」で容貌風姿は「稍カナカ族に勝」り、スペイン時代より「宗教の感化」を受けたため衣食住も「比較的進歩」し、「文化的生活を営む」ものが少なくない。

139

南洋庁はチャモロ族、カナカ族をあわせて「島民」(“Inhabitants of the Island” ウチナーンチュは「トーミナー」とも呼んだ)と総称し、国際連盟にも正式な呼称として報告した。日本の領土ではない南洋諸島の「島民」は、当然「日本帝国臣民トハ其ノ身分ガ異ナ」るとし、帰化、婚姻などによる場合は日本帝国臣民の身分を与えるとしたが、その数はわずかであった。

　日本による統治開始から間もなく、日本人人口は急増し、国際連盟は現地住民社会を脅かすのではないかと懸念した。しかし日本政府は現地住民に開拓能力が乏しく、日本人に開拓させることがむしろ委任統治の趣旨にかなうと主張した。開拓の過程では、所有権が不明な土地、民有地と証明されない土地は「すべて官有地」とした結果、総面積の約八割が南洋庁の管理下に入り、日本企業や日本人に優先的に貸与された。

　南洋庁は土地調査事業は現地住民の土地の権利を保護するものだとしたが、現地住民は島ごとに土地の使用方法が異なり、土地の利用者や権利者、その範囲が必ずしも明確にされていたわけではない。サイパンの現地住民は「日本人が来てから寒くなった」といったが、実際に気温が下がったというよりも、開拓され尽くした島の変化に対する心象が表現されているといえよう。

3　「海の生命線　南洋諸島」―日本帝国の不可分の構成部分

　1935年、日本は国際連盟を正式に脱退したが、連盟では日本の南洋諸島委任統治継続を認めた。しかし政財界や軍部は、国内向けには南洋諸島は日本の「領土」という認識を露骨に示し、「海の生命線　南洋諸島」なるスローガンを掲げ、国内外の新たな情勢に対応すべきだと主張した。南洋庁は、従来使用してきた南洋諸島を示す呼称「裏南洋」の使用をやめ、「日本内地の内を更に諸島にまで延し益々外に向つて発展せんとする工作の準備」(傍点は原文のまま)として、「内南洋」に統一することとした。

　1935年に発表された「南洋群島開発十ヵ年計画」にも「南洋群島ヲシテ真ニ帝国ノ構成部分トシテ不可分ノ一体ヲ成シ帝国国運ノ進展ニ寄与セシムルヤウ統治スルヲ要ス」と明示された。

　同計画では、製糖業偏重であった南洋諸島経済を再編し、熱帯産業全般の開発、金融機関の整備などを掲げた。さらに、南洋諸島が「南方発展ノ有力ナル根拠地」

第3章　南洋諸島と沖縄の緊密な関係＝南洋移民

であることから、「内地人」の招致をより促進し、諸島開発を進めるべきだとした。加えて、従来なかなか具体化出来なかった外南洋、特に蘭領東インド諸島への日本の企業や移民の経済発展を国策として推進することとし、国策会社南洋拓殖株式会社を設立（1936年）、南洋興発（株）とともに計画実現をはかった。

しかし、本計画は予定通りには進まず、日中戦争が始まると、日本が総力戦体制の構築を焦眉とするなかで計画の修正を迫られる。とくに1937年以後日本は「無条件時代」に入り、対米軍事戦略上の要地としての南洋諸島の開発が具体的な日程に上がってきた。そこで海軍は、従来、南洋庁を通じて南洋興発（株）に請け負わせてきた軍関連施設の建設を、直接（横須賀海軍建築部が）担当することとした。

これら事業への労働力確保が焦眉となり、沖縄では南洋興発（株）と南洋拓殖（株）が土木作業夫や農民の募集をした。39年から40年は工事の全盛期であり、南洋諸島の労務者は1万人をこえたが、労働力はそれでも不足した。40年代に入ると、南洋諸島の兵站基地化のための諸事業に拍車がかかり、日本軍の進駐も始まってさらに労働力が必要となった。

右のような経過は、南洋興発（株）の事業にも影響を与えた。軍関連の事業の活発化により、同社の労働者が賃金の高い軍の仕事に流出する問題が出たのである。

政府は国家総動員法を南洋諸島にも施行し、南洋庁は工場、鉱山その他の技術者、労務者の配置や就業を法令によって管理、規制した。しかし南洋興発（株）はこれに先駆け、自らの事業地で行われる軍関連事業には自社労働力を提供し、規制によって労務管理を徹底した。

沖縄から徴兵忌避に加え、高賃金の仕事を求めて南洋に渡航する者が止まらず、沖縄県は県内労働力を確保するために南洋渡航を制限せざるをえない状況にまでなった。しかし南洋諸島では1943年から徴兵制度が適用され、徴用も始まり、駐屯する軍の指揮下に労働が続けられた。

1930年代後半から単身で南洋に渡航した男性のウチナーンチュからは、仕事を求めて島々を転々とし、さらに南洋興発（株）や南洋拓殖（株）の事業が展開する外南洋の海軍占領地にまで仕事を求めて移動した話を聞く。それぞれの仕事現場が軍に関連しているがゆえに、戦火の被害を受ける可能性も高まった。

141

第6　沖縄県人の仕事と暮らし－製糖業と漁業を中心に

　次にウチナーンチュの職業人口としてもっとも多かった製糖業、漁業の平時の活動に焦点をあてて、南洋でのウチナーンチュ社会や暮らしの様子をみてみよう。

1　南洋興発（株）下での仕事

　南洋諸島は、糖業モノカルチュア経済として発展した。製糖業はサイパン島とテニアン島にのみ（ロタ島でも試みられたが、アルコール製造に転換）展開した産業である。サイパン島では1925年12月から製糖が成功し、30年にはテニアン製糖工場が操業を開始した。31年以後、南洋庁は製糖業で収益をあげた南洋興発（株）の納税によって財政が独立、同社は漁業や林業など南洋諸島各地に事業を拡大し、さらに外南洋にまで進出、ウチナーンチュの仕事の機会も広がった。

　しかし南洋興発（株）の事業は、政府はじめ南洋庁の絶大な支援があって実現したのである。同社は「北の満鉄、南の南興」、「諸島と興発会社は共存共死、一蓮托生の関係」と評されるような南洋諸島経営を支える存在となった。同社の事業は海軍の南進政策にも関係をもち、あるいはこれを先取りするものでもあった。

　製糖業の発展に伴いサイパン島、テニアン島には日本人（日本戸籍法などに基づく内地人、朝鮮人、台湾人、樺太（土）人）人口、なかでもウチナーンチュが集中した。

　両島を管轄するサイパン支庁の日本人人口をみると、南洋庁が施政を開始した翌年の1923年には、現地住民人口を超えて3764人（本籍が沖縄県は2335人）、30年には4倍の15656人（同9337人）にもなっている。特にテニアン島は、スペイン統治以来現地住民人口が激減させられていたので、日本の施政後は、日本人人口が在住者の9割以上を占めた。

　サイパン島、テニアン島は南洋開発（株）の甘蔗畑に開拓し尽くされ、複数の農場が経営され、また行政の単位ともなった。全島は甘蔗が効率よく工場に運搬されるように、道路や軽便鉄道がはりめぐらされた。南洋諸島では日本の暦、標準時間が採用されていたが、製糖期、非製糖期が一年の重要なサイクルとなった。サイパン島、テニアン島は空間的にも、時間的にも、また制度上も南洋興発（株）の経営を中心に組織され、ここで暮らす人びとの生活や意識にも影響を与えて

いった。

　南洋興発（株）は直営農場と小作農場を経営し、後者は一家族に 5 〜 6 町歩の
土地を貸与し、甘蔗の一定量を小作料として納めねばならなかった。小作契約書
をみると土地の管理、植え付けから出荷に至るまでの一連の作業、生活態度に至
るまで会社の指示に従い、争議など会社と雇用者の協調を乱す言説行為を禁止し
ている。

　上記の諸点において、会社側が違反とみなす行為があれば契約は解消され、異
議申し立ては認められなかった。契約内容は、後述のようなストライキ以後より
厳しくなったと推測されるが、筆者の聴き取りによると契約書の存在を知らない
人が多い。

　しかし「契約移民」とは以上のような契約に基づいていたのであり、契約内容
は農場の労働管理組織、すなわち指導員のもとに、小作数戸からなる班や組が組
織され徹底されていた。

　小作契約を結ばない移民には、「臨時」と「常用」の労働があったが、開墾や栽培、
工場作業、運搬その他雑役を行い、出来高制で請け負った仕事は収入はむしろ良
かったという。

　開拓初期の移民たちは農場のインフラ整備から住居建設、耕作地開墾などの重
労働を担い、農場が出来た後に来た移民も、渡航資金、生活資金の前借りに加えて、
農具や種苗の買い入れなど借金は嵩み、生活が安定するまでには数年かかった。

　しかし日常生活では、自家用の畑で自給用の作物を作り、南洋興発（株）の「酒
保」から、値段は個人商品よりやや高めでも食料や生活必需品の掛け買いが出来
た。生活費が入る甘蔗収穫期には、米や味噌、素麺を山と積んだカレータ（牛に
引かせる車）が、酒保から列をなして家路につく光景は、南洋帰りの人びとにとっ
て、南洋の「豊かさ」を象徴する記録として刻まれている。

　沖縄では、盆正月の定期的な送金や、一時帰郷した人たちの話などを通じて、
南洋は「宝の島」などと評判になり、ウチナーンチュを南洋にますます惹きつけ
ていった。

2　現地住民との関係

　現地住民は、サイパン島ではチャモロは市街地ガラパンに集住して、家や土

地を日本人に貸したり、ランチョーと呼ばれる山の畑で農業をし収穫物を売ったりもしていたし、南洋庁や日本人商店で働く者もいた。カロリニアンの多くは、チャモロと同様に自給自足の生活をし、日本人の店での小間使いや家事の補助、港湾の荷役などで働いていた。

南洋興発（株）の製糖業には、ごくわずかの者を除いて、現地住民が関わることは殆どなかった。

第7　住民の戦後

戦争に生き残った住民は、戦後全員日本に、沖縄県人は沖縄に引き揚げた（第9章参照）。

南洋興発のさとうきび運搬用軽便鉄道の汽車（サイパン島）＝撮影　村上有慶

〈第4章〉
沖縄県人のフィリピン移民と戦争

第1　はじめに

　アジア太平洋戦争中、日米軍の戦場となった地域では移民の在留邦人、即ち非戦闘員（民間人）が地上戦闘に巻き込まれ命を失った。フィリピン戦の場合、その犠牲者数は1万9400人とされている。

　1945年8月14日、日本は連合国が通告したポツダム宣言の受諾を決定した。無条件降伏、敗戦である。国民は翌15日正午の、いわゆる「玉音放送」でそれを知った。しかし、日米の激戦場になったフィリピンでは、軍と共に敗走した在留邦人がいまだ山中をさまよい、逃避行を続けていた。

　1945年9月3日、フィリピンの日本軍（第14方面軍）は降伏文書に調印した。

　戦時下の在留邦人の生活と犠牲について、特に沖縄県人が大半を占めたミンダナオ島・ダバオと、ゲリラ戦の激しかったパナイ島を中心にみていくことにする。

　右のフィリピンの地図を参照。

フィリピンの主な移民地

145

第2　フィリピンへの移民の展開〈初期移民とダバオ〉

　長期にわたってスペイン支配が続いたフィリピンは、1898年の米西戦争を機に蜂起した革命軍がアメリカ軍の協力を得て独立を宣言したが、まもなくアメリカが新たな支配者となる。

　1903年、そのフィリピンに日本人移民が導入される。彼らはアメリカが開発したルソンの山岳地・バギオに通ずるベンゲット道路の建設現場に入ったが、工事完了後、一部がダバオに渡りマニラ麻栽培に従事するようになる。

　アメリカ支配下にあってもフィリピン民衆の独立願望は強く、1907年に開設されたフィリピン議会では常に即時独立派が多数を占め、キャンペーンを展開した。また、アメリカ依存のフィリピン経済は農民層や労働者階級の生活を圧迫し、1920年代から農民の反乱、労働争議が頻発するようになる。

　一方、日本人移民は第一次大戦後急増するが、浮上したダバオの土地問題とともに、満州事変後の日本人漁民に対する鑑札制度などもあって、活動困難な状況に置かれた。

　やがて、1935年11月、10年間の準備期間を経た後独立を認めるとされたコモンウェルス（独立準備政府）が発足する。初代大統領にM・ケソンが選出された。

　移民史で明らかなように、フィリピンへの日本人渡航者の半数は沖縄県人である。沖縄県人の多くは、ダバオのマニラ麻栽培業に従事する農業移民であった。ダバオには既に欧米人が麻園開拓に着手していた。「ダバオ開拓の父」と呼ばれた兵庫県出身の太田恭三郎の現地入りは、1905年である。

　麻の好不況でダバオ移民は増減を繰り返すが、第一次世界大戦を機に急増し、郷里から家族を呼び寄せ、定着者が増えるようになった。在留邦人の便宜と「土地問題」に対処するため、1920年には総領事館ダバオ分館が開設された。

　24年1月、ダバオ市内に日本人会の総意で建設されたダバオ日本人小学校が開校、少し遅れて同年4月にはミンタル日本人小学校が開校した。ダバオの日本人小学校は最終的に12校を数えた。

　ダバオの沖縄県人在留者数は1920年こそ全体の22.6%に過ぎなかったが、27年には全体の62%を占めるに至った。36年の比率は全体の48%とやや低下するものの、沖縄に次いで多かった福島県人の1365人、9.7%を大きく上回っ

ている。

第3　フィリピンの戦争と沖縄県人

（1）日米開戦と日本軍に占領されたフィリピン

1941年12月8日、フィリピン・ルソン島とミンダナオ島上空に日本軍戦闘機が飛来し、マニラ近郊及びダバオの米比軍航空基地を爆撃した。ハワイ真珠湾攻撃の数時間後である。

多くの在留邦人にとって寝耳に水の戦争勃発であった。各地の在留邦人はフィリピン巡警隊に連行され、収容所に送られた。

日本軍が首都マニラを占領した1942年1月2日、マニラを放棄した米比軍司令官マッカーサーは、コレヒドール島要塞からバタアン半島の主力部隊に徹底抗戦を指示していた。二次にわたる激しい攻防戦の末、5月6日には米比軍最後の砦コレヒドールが陥落する。

だが、マッカーサーとケソン大統領はその時すでにオーストラリアに脱出していた。1月3日、日本軍は軍政を布告した。

（2）ダバオの場合

収容された在留邦人は1万7620人と報告されている。在留邦人が監禁状態から解放されたのは、約2週間後の12月20日である。

日本軍部隊の上陸進攻作戦により、ダバオの邦人は順次救出されるが、このとき退却する米比軍が銃を乱射し、かなりの死傷者が出た。収容所での死者は64人、非戦闘員としては最も早いフィリピン戦の犠牲者となった。

（3）戦争協力の日々

前述したように、フィリピン占領の目的は重要国防資源の開発獲得であった。南方作戦の補給・兵站基地として位置づけられたダバオには、上陸作戦参加部隊のうち、陸軍三浦支隊と第32特別根拠地隊ほか海軍部隊が駐留した。さらに第103海軍軍需部新設に伴い、呉から同先遺隊が到着し、42年1月26日にダバオ支部が開設された。

147

在留邦人もまた、軍政遂行と軍隊の自活物資及び資源調達のため、軍の様々な協力要請に応えることになる。

44年からダバオでも徴兵検査が実施され、現地召集が始まる。防衛庁戦史に「邦人男子1万5000名のうち1734名は44年秋入隊」の記述がある。「混血2世」も検査を受け、皇軍兵士になった。

戦局は悪化の一途をたどり、44年9月頃からダバオも米軍の空襲を受けるようになった。そして10月20日、マッカーサーの米軍がレイテ島タクロバンに上陸し、レイテ決戦が始まる。

（4）悪夢の逃避行―パナイ島の場合（「集団自決」の発生）

ここでは、45年3月18日に米軍が上陸したパナイ島から先に見る。

同島に上陸した米軍の兵力は7000人、これに2万2000人のゲリラ軍兵力が加わる。迎え撃つ日本軍は1500人である。日本軍はイロイロ市を脱出、市西北のボカレ山中に撤退し、持久作戦をとる。

約250～300人の邦人婦女子も、軍と行動を共にすることを選択する。このとき、日本人の妻となったフィリピン人女性は日本側についていく者、実家に帰った者とに分かれた。

市内脱出は3月18日、深夜決行とされた。間断なく続く米比軍の砲撃の中、昼はジャングルの茂みに隠れ、闇夜の強行軍となった。

逃避行から4日目の3月21日深夜、スヤックという村の山中で老幼婦女子の「集団自決」事件が起きた。軍の足手まといにならないようにと、日本人会幹部が話し合って決めたという。犠牲者の数は確定できないが、40～50人位と思われる。

日本人会長や学校長はピストルで自殺。救出された女性からの聞き取り調査によると、負傷兵が手榴弾を投げ、なお死にきれずに苦しむ人を銃剣で刺したようである。

パナイ島のいわゆる「集団自決」事件が公になったのは、熊井敏美著『フィリピンの血と泥』であった。

生存者は沖縄県人女性4人のほか、乳幼児を含めた10人位の子どもである。ゲリラ軍が現場を発見し、生存者はまもなく米軍の病院に送られた。付近のフィ

リピン人が数人の子どもを現場から連れ去った。

　名前を記憶していた子は幸運にも収容所で親と再会し帰国できたが、逃避行中に親とはぐれた子と合わせ7人がフィリピン人に育てられた。「パナイ島の残留孤児」である。

（5）タモガンの在留邦人

　ダバオ在留邦人の戦争体験は、「タモガン逃避行」の悲劇に尽きるだろう。ダバオ州西方コタバトに米軍が上陸したのは、45年4月17日である。日本軍の方針は、タモガン奥地バシヤオでの長期自活であった。そのため「バシヤオ方面の土人アタ族、さらにバゴボ族を懐柔して見返り品と種籾を支給し陸稲を栽培させる」計画があったという。

　これは、アタ族・バゴボ族の頭文字をとってAB工作と称し、実際に彼らの協力も得られたようである。

　4月29日、ダバオの軍司令官は在留邦人に「食糧携行のうえタモガン以北に避難するよう」命令を出した。

　悪夢の逃避行の始まりである。男手のある家族はまだよかった。夫が応召した後に残された妻は、子どもの手を引き、持てるだけの荷物を背負ってタモガンを目指した。

　5月2日、ダバオ市を制圧した米軍の攻撃は絶え間なく続き、避難する民間人の列にも容赦なく襲いかかる。山に入って川を渡るのも容易ではなかった。親にはぐれて泣く子、死んだ親のそばでぼんやりしている子がいても、先を急いだ。山中の避難小屋で出産した女性がいた。

　小学生だった娘は、そこで動けなくなった母に「あんたたちだけで沖縄に帰りなさい」と諭され、泣く泣く母と生まれたばかりの弟を残して逃げたと、後に証言している（肉親の遺棄）。

　持っていた食糧は次第に底をつき、山中では野草やオタマジャクシ、カエルなど食べられそうなものは何でも食べた。現地住民の畑や住宅に忍び込んで食糧を奪うこともあった。

　ゲリラも怖かったが、日本兵による食糧強奪があり、邦人たちは日本兵の姿を見ると逃げるようになった。こうしておよそ半年間、兵も民も、タモガン山中の

飢餓地獄をさまよっていたのである。

　9月頃から下山が始まり、米軍から水や食糧の配給を受けた。だが、長期間の疲労と栄養失調等で大勢の人が亡くなった。それはフィリピンを離れ祖国の土を踏んだ後も続き、上陸後の収容所でなくなった人も少なくない。

　マニラの邦人も状況は同じであった。45年1月、軍命により北部山岳地帯に移動させられた老幼婦女子の山中逃避行は、約8カ月間続いた。

（6）住民被害の種類
　一般住民の被害は、空爆・銃撃・艦砲射撃・食糧強奪・壕追い出し・栄養失調・病死・肉親の遺棄・日本軍による「集団自決」・日本軍による残虐非道な殺害行為などによるものである。

（7）移民の戦後
　フィリピン移民40年の歴史は、敗戦後の強制送還で終わりを告げた。

　引揚者の上陸地は鹿児島の加治木、神奈川県浦賀・横須賀・久里浜、和歌山県田辺、広島の宇品・大竹などである。

　しかし、上陸後も沖縄県人だけはすぐに帰郷が許されず、一時収容または疎開、入植という形で近隣各県の施設に送られ集団生活をおくることになった。

　その後、沖縄に引き揚げることになった。引き揚げについては後述する（第9章等）。

150

〈第5章〉
南洋戦・フィリピン戦に至る
歴史的経過

第1　南洋戦に至る経過の概要

　南洋諸島・フィリピン群島における戦争は、沖縄戦へと続くアジア太平洋戦争や第二次世界大戦末期の戦いである。この南洋戦・フィリピン戦に至る経過について概略説明する。

〔アジア太平洋戦争〕

　満州事変（1931年9月18日）から日本の敗戦（45年8月15日）に至る日中15年戦争と、日米戦争（41年12月8日開始）を中心とするアジア太平洋地域で行われた戦争の総称である。沖縄戦がアジア太平洋戦争の末期における日米の戦争である。

〔中国東北戦争〕

　満州事変から満州帝国建国に至る中国東北戦争は、中国東北部（満州）を日本の勢力下に置くことを意図したもので（1931年9月24日の「満州事変に関する政府第1次声明」）、アジア地域での日本及び欧米帝国主義国家の勢力圏範囲を取り決めたベルサイユ・ワシントン体制の解体を招くものであった。

　中国東北戦争は、日中戦争の第1段階であり、第2次世界大戦の前哨戦とも言うべき戦争と言える。

〔日中全面戦争〕

　1937年7月7日、日中15年戦争の第2段階としての蘆溝橋事件に端を発する日中全面戦争が開始される。日本軍は中国の主要地域を軍事占領し、"日満支"

経済ブロックを形成して自給自足体制の確立を目指した。

　中国の首都南京陥落以後、日本政府（第1次近衛文麿内閣）は、〈爾後国民政府を対手とせず〉との第1次近衛声明（1938年1月16日）を発して、中国国民党政府との和平交渉を一方的に打ち切る。代わりに傀儡国民政府（南京の汪兆銘政権）の樹立を狙い、日本と満州、それに汪兆銘政権の中国による東亜新秩序の建設を内外に向け表明する（第2次近衛声明、同11月3日）。

　これら日本政府の一連の姿勢は中国侵略の事実を覆い隠すためのもので、英米を中心として激しい反発と不信を招き、日本は国際世論の批判を浴びた。

　国際的な孤立に追い込まれた日本は、日独防共協定（36年11月25日。のちイタリアも加盟）を日独伊三国同盟（40年9月27日）へと強化するが、かえって英米を中心とする連合国との間に一段と深い溝をつくることになる。それが、対英米戦争に「進展」していった。

〔南進政策により米英と対立〕

　日本は、日中戦争を推進しながら、北進路線を進めてソ連との間にノモンハン事件（1939年5月）などを武力衝突を引き起こしたが、壊滅的敗戦を喫した。そこで、日本は路線を変更して資源確保等の目的のために武力による南進政策を押し進め、米英と武力対立を引き起こすこととなった。

〔アジア太平洋戦争から第二次世界大戦へ〕

　以上述べた中国東北戦争から日中戦争への戦争の展開は、仏印進駐と日米戦争（41年12月8日）の開始によって、日中15年戦争の第3段階とも言うべきアジア太平洋戦争へと拡大していく。

　日独伊三国同盟はこのように日中15年戦争と第二次世界大戦とを接合する役割を果たす。すなわち、アジア太平洋戦争は日中15年戦争の第3段階という性格と同時に、第二次世界大戦の主要な一部としての位置をも占めることになったのである。

〔南洋戦・フィリピン戦〕

　アジア太平洋戦争末期における戦争であると同時に、アジア太平洋戦争で住民地域を戦場として戦われ、住民を巻き込み、住民犠牲が生じたはじめての戦闘であった。

第5章　南洋戦・フィリピン戦に至る歴史的経過

第2　太平洋戦争開戦前の軍事状況（日米の太平洋方面戦略と南洋諸島）

1　日本陸海軍の状況

（1）日露戦争後の国防方針

　日露戦争が終わった後、陸軍は露国の報復が必ずあるものと判断して第二次日露戦争に備え、海軍は新たに米国を主要な想定敵国とみなし、海軍軍備の増強を図った。その結果として、陸海軍の対抗思想を激化するおそれがあったので、国防の方針を確立し、想定敵国を一国に限定して、それに応ずる陸海の軍備を整える必要が生じ、種々検討を重ねた。しかし想定敵国を一国に限定することはできず、露国と米国をおもな想定敵国とし、あわせて露国と同盟関係にある仏国も含めることになった。

　明治40（1907）年4月4日、帝国国防方針と、これに基づく国防所要兵力および陸海軍の大局的用兵に関する用兵綱領が制定された。

　用兵綱領には対米作戦について、米艦隊の来攻に先だって防衛準備を完整し、米艦隊の来攻したならば、これを本土近海に邀撃して撃滅すると書かれていた。当時の決戦海面は南西（琉球）諸島とし、前哨戦は小笠原諸島であった。

　当時陸軍は、対米戦争などは近い将来ありえないことと考えていたし、対米外征など準備もできないので、ひたすら対露作戦計画立案だけに専念して海軍との共同関係を律し、海軍は対米作戦を主に計画を立案した。この思想が、その後長らく太平洋方面の作戦は、海軍、大陸方面の作戦は陸軍がそれぞれ担当するという観念を作り上げた。

（2）第一次世界大戦後の国防方針の変更

　大正3（1914）年、第一次世界大戦が起こり、わが海軍はマーシャル、カロリンおよびマリアナ諸島のドイツ領を占領した。豪州は、ニューギニアのドイツ領ソロモン、ビスマークの諸島を、英国は西部サモアを占領した。

　第一次大戦後のベルサイユ会議において、米大統領は日本が南洋諸島を支配することは、フィリピンの防衛を実質上不可能にするものであるとして反対したが、ベルサイユ条約によって、日本、英国、豪州は、それぞれ占領していた諸島の委

153

任統治が認められた。なおこの条約には委任統治地域内に陸海軍根拠地、または要塞を建設することはできないという条件がついていた。

第一次世界大戦以後、主として中国問題をめぐって日米の関係は複雑の度を加えた。太平洋方面においても、日本の南洋諸島支配により、米国は、フィリピンとの間を遮断された形となり、日米海軍の対立を促す原因となった。

大正7（1918）年、わが国は国防方針を一部改定し、想定敵国を露国、米国、中国と定めた。この時から対米作戦においては開戦初頭、すみやかに陸海軍協同して比島のルソン島を攻略し、米国の海軍根拠地を覆滅して事後の邀撃作戦を容易にし、陸軍は、約一個師団半で比島作戦を行うよう計画準備することとなった。

また海軍作戦計画では、全艦隊を従来と同様に奄美大島付近に集中し、小笠原諸島を哨戒線として、米艦隊主力の来攻方向により、全力をあげて出撃する方針であった。

（3）ワシントン条約の締結と国防方針の改定

第一次世界大戦後、日本が南洋諸島の戦略要地に進出したことは、米国の太平洋戦略を非常に不利にした。

このような情勢のうちに、大正10（1921）年、ワシントンで海軍軍縮に関する五カ国会議と、太平洋極東問題に関する9カ国会議が開かれた。

翌大正11年2月締結された海軍条約によって、主力艦の比率を、英米それぞれ5、日本3と定められ、また西太平洋のこれら諸国の一定の領土および属地において、要塞、海軍根拠地を現状に維持することを約定した。

この防備制限条項によって、日本領土では千島列島、小笠原諸島、奄美大島、琉球諸島、台湾および澎湖島などが、また米国ではアリューシャン、グアム、フィリピンなどがその防備を制限されることになった。

ワシントン条約の締結は、日米両国の戦略に大きな影響を及ぼしたことは当然であった。特に、わが国防に大きな影響を与えたのは、日英同盟が廃棄されたことであった。昨日までわが国と友邦関係にあった英国が、やがて想定敵国の陣営に投ずる可能性を生じたことは、特に日本海軍にとっては、重大な事件であった。

このような国政情勢の変転に伴い、大正12（1923）年2月国防方針、用兵綱領が改訂され、対米作戦において、陸軍はルソン島のほか、開戦初頭歩兵三コ大

隊を基幹とする一支隊をもってグアム島を占領し、敵の作戦根拠を奪い、海軍の邀撃作戦を容易にするよう策案された。そして、海軍の計画では主力の決戦線を琉球諸島から小笠原諸島の線に推進し、前哨戦を南洋委任統治領のマリアナ付近まで進めることとした。

（4）国際聯盟の脱退と無条約時代の到来

　昭和5（1930）年、ロンドン条約によって、補助艦艇の保有量に大幅な制限が加えられた。

　軍令部第一課（作戦課）では、主力艦、巡洋艦などの劣勢を補助艦艇、特に潜水艦で補う事を考慮していたが、これらについても制限を加えられたため、その不足を航空兵力で補うことになり、開戦に当たっては南洋諸島に基地航空部隊を配置してこの問題を解決することになった。

　昭和6（1931）年に始まった満州事変を発端として、昭和8（1933）年3月27日に日本は国際聯盟を脱退した。米、英、ソ連などの対日圧迫は次第に激化し、海軍は対米軍備を急ぎ、陸軍は対ソ軍備に務め、他を顧みる余裕はほとんどなかった。

　日本は国際聯盟を脱退したが、南洋諸島は永久にこれを統治することを宣言した。さらに、昭和9（1934）年12月には、米国にワシントン条約廃棄を通告し、この条約は昭和11（1936）年12月31日をもて効力を失った。

　無条約時代を迎えるに当たり、日本海軍は南洋諸島の急速な基地整備の必要に迫られた。

　南洋諸島の防備は当然海軍の担当するところであり、陸軍は大正9年に父島要塞の工事に着手したが、ワシントン条約の防備制限条項により工事半ばで中止し、大正12年3月からは要塞司令部だけを残置している状況であった。

　海軍は昭和9年、硫黄島および南洋諸島中、主要三島の防備を陸軍で負担されたい旨を提議したが、この問題は条約上の制約や、基地の防備は海軍だけでよいという観念があって、その後立ち消えとなった。

　満州事変以来、緊迫の度を加えつつある対ソ国防を促進するため、陸軍は海軍との間にしばしば交渉を重ね、結局昭和11年6月、南北併進、陸海対等の軍備を根底とする新たな国防方針が定められるに至った。そして用兵綱領により対米作戦については、次のように定められた。

155

東洋ニ在ル敵ヲ撃滅シ其ノ活動ノ根拠ヲ覆シ且本国方面ヨリ来航スル敵艦隊ノ主力ヲ撃滅スルヲ以テ初期ノ目的トス

之カ為海軍ハ作戦初頭速ニ東洋ニ在ル敵艦隊ヲ撃滅シテ東洋方面ヲ制圧スルト共ニ陸軍ト協力シテ呂宋島乃其ノ附近ノ要地並瓦無島ニ在ル敵ノ海軍根拠地ヲ攻略シ敵艦隊ノ主力東洋海面ニ来航スルニ及ヒ機ヲ見テ之ヲ撃滅ス

陸軍ハ海軍ト協力シテ速ニ呂宋島乃其ノ附近ノ要地ヲ攻略シ又海軍ト協力シテ瓦無島ヲ占領ス

敵艦隊ノ主力ヲ撃滅シタル以降ニ於ケル陸海軍ノ作戦ハ臨機之ヲ策定ス

（5）支那事変、第二次大戦の生起と日米対立の激化

昭和12（1937）年7月7日には支那事変が起こり、戦線は次第に拡大した。翌13（1938）年夏にはソ連との間に帳鼓峰事件が発生し、一方支那事変はこの秋には漢口、広東に拡がり、陸軍二四個師団、飛行隊四五個中隊が中国大陸に釘づけにされ、内地には近衛師団を残すだけとなり、陸軍は対中、ソ二国作戦の準備に迫られ、対米、対英作戦など顧みる余裕はなかった。

一方海軍は支那事変の遂行に当たるとともに、英、米の干渉がある場合を考慮し、海軍軍備の拡張に着手していた。支那事変間、陸軍は米国を敵とする場合は従来の計画を受けつぎ、海軍と協同して二個師団でルソン島およびその付近の要地を攻略し、約三個大隊の一支隊でグアム島を占領して、海軍作戦を容易にさせることにした。

昭和14年9月には、ドイツ軍のポーランド進撃を契機として第二次世界大戦が起こった。

日本は、欧州戦争不介入の方針を公表し、陸軍は支那事変の解決に全力を注ぐとともに、ノモンハン事件によって対ソ軍備の不備を痛感し、その欠陥補正に努めた。

このような世界情勢の変転とともに、日米の対立は次第に増大していったが、陸軍の太平洋正面における対米英作戦準備は、従来の構想（フィリピン、グアムの攻略）以上に出ることはなかった。

このことは、対米作戦の主体は海軍であって、太平洋方面の作戦は彼我海軍主力の海上決戦によって勝敗が決するものと判断していたからである。そしてすみ

やかにルソンおよびグアム島の米国の根拠を覆滅すれば、西太平洋の邀撃作戦においては、従来増強を図ってきたわが聯合艦隊により、有利な作戦ができると期待していたのであった。

（6）中部太平洋方面の日本海軍の軍備

支那事変の拡大に伴う日米関係の悪化により、南洋方面の防備強化が必要となってきた。

そこで、昭和14年11月15日、南洋方面を主作戦地区とする第四艦隊が初めて編成された。

第四艦隊の編成は、水上機母艦、敷設艦および潜水艦（機雷敷設用）からなるものであった。その後第四艦隊は次第に増強され、水上艦艇の増加、根拠地帯の新編、航空部隊の編入が次のように行われた。

```
根拠地帯の新編
    昭和15年1月15日        第三根拠地帯    パラオ
                          第五根拠地帯    サイパン
    昭和16年1月16日        第六根拠地帯    ウオツゼ　のちクエゼリン
    昭和16日8月16日        第四根拠地帯    トラック
```

（7）航空部隊の編入

第二十四航空艦隊は、昭和16年4月ごろから展開をはじめ、昭和16年10月31日第四艦隊に編入された。兵力は、千歳海軍航空隊陸攻36機、戦闘機18機、横浜海軍航空隊飛行艇24機で、司令部はルオットに位置した。

昭和16年7月には、対ソ作戦研究部隊として第五艦隊が編成されたが、同艦隊は対米作戦計画の進展に伴い、小笠原諸島以北の北東方面海面の警戒に任ずることになった。

この間海軍の対米作戦計画は、決戦場を小笠原諸島付近海域から、マリアナ諸島、西カロリン諸島海域に推進し、昭和15年2月の聯合艦隊戦策作戦篇には、邀撃決戦海域をマーシャル諸島まで含めるにいたった。さらに昭和16年になると、聯合艦隊司令長官山本五十六大将は、従来の邀撃作戦思想を一擲し、開戦劈

頭ハワイを急襲して、米艦隊を撃滅する構想を策定したのであった。

（8）日本陸軍の状況

　一方、陸軍は開戦前には南洋諸島の防備については全く関与せず、太平洋方面の防御を海軍に一任することになんらの疑念も持たなかった。それは既述の「太平洋方面は、海軍、大陸方面は陸軍」という従来からの通念によって、陸海軍が相互にその担任方面の防衛等について口出しすることをさし控えたことと、さらに実際に生起したような、島嶼基地の攻防をめぐる作戦様想については全く考えもしなかったことに起因するのである。

　また、さらには南洋諸島の防備が委任統治条項その他によって禁止され、海軍さえも昭和15年11月以降になって初めて兵力を展開するような状況を思えば、あえて疑念のないところであった。

　ただ、小笠原諸島父島には陸軍の管轄する要塞司令部があり、本土の外郭陣地として、開戦直前には要塞司令官川上護大佐の指揮下に、要塞歩兵二隊（八個中隊）、重砲兵聯隊（二個大隊の八個中隊）、防空隊（高射砲一個中隊、照空一個中隊）、工兵隊基幹の兵力が配備され、警備に任じていただけであった。

（9）グアム島攻略陸海協同作戦計画（大本営のグアム島攻略準備）

■グアム島作戦に関する陸海軍中央協定

　昭和16年秋、大本営の対米英蘭作戦準備は逐次進捗し、陸海軍統帥部は10月末ごろまでにそれぞれ作戦計画を決定した。

　開戦劈頭、海軍のハワイ空襲とともに、陸軍は海軍と協同し、主力をもって比島及びマレー半島を席捲し、蘭印を攻略して資源地帯を確保し、不敗の戦争遂行態勢確立を企図した。

　これら陸海軍の主作戦と並行して、開戦初期に実施するグアム、ウェーク攻略戦および引き続き実施するビスマーク諸島攻略など中南部太平洋方面の連合軍基地攻略作戦は、南東太平洋の戦略態勢を有利にし、連合国の反撃基地を覆滅して南方進攻作戦の左側面を掩護する支作戦であり、主として海軍がこれを担当し、陸軍は南海支隊をもって本作戦に協同することになっていた。

　グアム島はルソン島の正東マリアナ諸島の最南端に位置する同諸島中の最大の

島で、カブラス島（半島）、ココス島（長島）等約十数個の小島を含んでいる。面積は約500平方キロメートルで瀬戸内海の淡路島にほぼ等しく、南北約50キロメートル、東西6.5キロメートルから13.5キロメートルの長い島である。

西岸のアプラ（大宮）港は、マニラからハワイに至る全航程の3分の1のところにあり、マニラから1500海里（2800キロメートル）、横浜から1350海里（2500キロメートル）、サイパンとは121海里（230キロメートル）、ロタ島とは、わずかに40海里（74キロメートル）離れているだけである。

グアム及びビスマーク作戦に関する陸海軍中央協定は、昭和16年11月6日に決定された。その要点を抜粋すれば以上のとおりであった。

2　米軍の概況

（1）第一次大戦後の米国の対日戦略計画

第一次大戦後、日本のカロリン、マーシャル、マリアナ諸島の戦略要地への進出、露国の衰退、米国の軍備縮小と欧州諸国との緊密関係の減少などから、米国陸海軍は太平洋における対日戦略について非常に関心をもち1922（大正11）年以来、米国海軍は艦隊の主力を太平洋にとどめるようになった。

同年調印のワシントン条約で、米国は「合衆国、アラスカ及びパナマ運河地帯の海岸に接する島嶼（アリューシャン諸島を含まず）ならびにハワイ諸島を除く」領土および属地の要塞、海軍根拠地について現状を維持することを約定した。

1928（昭和3）年、米国は対日作戦計画（オレンジ・プラン）を策定したが、その方針は次のようなものであった。

一　比島（フィリピン）駐屯軍は、日本の攻撃に対し、マニラ湾の確保に努める。
二　米アジア艦隊は一部を残して、その主力はインド洋に後退する。
三　極東での持久戦の間に、米本国で早期に遠征軍を準備し、米艦隊はこれを伴って太平洋を横断、比島に達し、最後の勝利を獲得する。

しかし、この計画も陸軍にとっては机上計画に等しく、これを実行する準備は何一つなかった。

その後（1930年ごろ）米軍事当局は、日本を撃滅するには長期にわたる高価

な戦争によらねばならぬとの結論に達し、「初期フィリピンを放棄する。そして
マーシャル、カロリンから逐次攻勢作戦を行い、西太平洋の連絡船を奪回確保す
る」と対日作戦計画を改めた。

1938（昭和13）年2月に完成した新オレンジ計画では、米英の協同基本戦略
方式が規定され、また、米国陸軍は、ミッドウェー以西の作戦も必要に応じて行
うことに同意したが、しかしこの計画でも、比島の孤立無援の状態を有効に支援
し得ないものであった。

（2）太平洋島嶼の防備強化問題

1938年5月、米国議会は海軍長官に対し米本土とその属領内に、潜水艦、駆
逐艦、機雷敷設艦艇などの根拠地と、航空基地を追加する必要性について調査す
るため委員会を作るよう指令した。この委員会（ヘップバーン委員会）は、同年
12月その調査結果に基づいて、真珠湾やミッドウェー島、ウェーク島などの基
地の強化、整備を進言するとともに、グアム島の防備について「グアム島は、現
在西太平洋にあるいかなる一等国の攻撃に対しても、全く無防備であるから、適
当な航空、対空、沿岸防御並びに対潜水艦防御によって、主攻撃以外の攻撃に対
して確保しうるようにできるであろうし、また相当強力な守備隊をもってすれば
『適当な援軍の到着する』まで十分にもちこたえることができるであろう」と勧
告した。

米軍当事者は、太平洋に戦争が勃発した場合、グアム島の強力な航空基地並び
に潜水艦基地は、近くのサイパンを無力化して、この戦争の防勢段階に大きな役
割を果たし、またフィリピン東方海域を通過する日本軍の南進を阻止することが
できるかも知れない。

これを換言すれば、強力なグアム島がアメリカの手中にあれば、当時日本が支
配していた太平洋諸島のL字型戦略態勢に対して、重大な障害物となるであろ
うと考えていた。

グアム島の防備強化は、陸海両軍によって1919（大正8）年以来力説されたが、
前述したようにワシントン軍縮条約で禁止されていた。その後この条約は日本が
廃棄したので、もはや拘束力を失った。そこで議会はヘップバーン委員会の勧告
を容認したが、1939（昭和14）年2月、グアム島の防備拡張に必要な特別予算

160

を伴う法案は、下院で否決された。

1939（昭和14）年8月以来、米陸海軍統帥部では、想定敵国に対して適用する5つの基本戦争計画（レインボー計画）を策定していた。その第2号、第3号は、日本を主敵とする太平洋戦争計画であったが、第二次大戦が同年9月に起こったために、その研究の必要がなくなり、さし当たり第5号計画（西半球および東部太平洋を防衛するため、欧州方面に兵力を派遣して独伊を撃破する場合の計画）に基づいて細部計画をたてることになった。

その後ドイツ軍の急進撃による情勢の変化によって、米国陸軍は、米国の国力の限界は、米国本土と西半球の連合国領土を守ることまでである。したがって東経180度線から西へ行動することはさし控える。ウェーク、グアム、フィリピンの放棄もまたやむを得ない、という西太平洋放棄論を主張した。

海軍もやむなくこれを認めたが、ただ米国の主戦場は東大西洋ではあるが、太平洋は第二次的なものとして、極東放棄論に全面的に同意を与えたわけではなかった。

（3）開戦前の対日戦略計画

1941（昭和16）年1月16日、米大統領は首脳会議で次のように指示した。

一　海軍の方針

　　1太平洋艦隊はハワイを基地とし、太平洋方面では防勢作戦をとる。

　　2アジア艦隊がフィリピンをどの時機まで基地として使うかは、自由裁量の
　　　権限を与える。

　　3フィリピンに対する海軍の増援はしない。

　　4海軍部隊で、日本の都市に対する爆撃ができるかどうか研究する。

二　陸軍の方針

　　十分な兵力が準備できるまでは、攻撃的行動を行わない。

そして1月29日から3月27日まで、ワシントンで英米秘密幕僚会談を行い、その結果「ＡＢＣ－一参謀協定」が策定された。

その勧告書には、①両国は欧州および大西洋を主戦場と認め……日本が参戦し

た場合は、当分太平洋においては守備作戦をとる。②米国は極東方面に兵力の増強をしないが、日本がマレーおよび蘭印に対し攻撃した場合は、この攻撃を牽制するため、太平洋艦隊はマーシャル、カロリン方面に積極作戦を行う、と書かれていた。

「ＡＢＣ—一参謀協定」によって、米国は、「レインボー五号計画」の細目計画を作ったが、この中で太平洋艦隊は、①マーシャルに対する攻撃と、海上交通破壊および要地襲撃などをもって敵を牽制し、マレー、蘭印方面の連合国の防衛作戦を支援する。②極東水域以外の太平洋の連合国領土（グアム、ミッドウェー、ジョンストン、サモア等）および海上交通を保護する。③マーシャルおよびカロリン両諸島の攻略を準備する。

また太平洋所在陸軍部隊は、太平洋艦隊と協同して、①オアフ島を確保する。②パナマ運河、アメリカ西部、カナダ、アラスカの太平洋岸を防衛すると計画した。

1941（昭和16）年6月、独ソ開戦を一動機として、米国政府上層部は、さらに進んで極東増強の方針を決めたものと思われ、7月、日本の南部仏印進駐を契機として、フィリピンの陸軍増強（マッカーサー将軍の現役復帰、B-17重爆のフィリピン優先展開、陸軍部隊の増強等）に踏み切った。

米海軍は7月に「西洋海軍建設案」を議会に提出してそれを通過させたが、その完成目標は1945（昭和20）年であった。

ノックス米海軍長官は、7月15日グアム島要塞化の必要を次のように力説した。

米海軍はグアム島を要塞化することについては、まだ議会の承認を得ていないが、現下の情勢に鑑みてこれを要塞化することは絶対に必要で、極力これを主張する。もしグアム島の要塞化が完成すれば太平洋方面における米海軍の基地は、一朝有事の場合に十分耐えうるものであるが、現在この方面の基地を拡張する計画はない。しかしハワイ諸島の海軍基地は現在でも世界無比の金城鉄壁を誇るものである。

1941（昭和16）年11月上旬米国は、「レインボー」計画を修正し、フィリピン防衛の方針などを明確にしたが、11月12日、海軍作戦部長スターク大将は、英国軍令部長に「英連邦部隊の東方地域配備計画をさらに拡大し、ラバウル、トレス海峡および日本の南洋委任統治領を米国艦隊が攻撃するために必要な南太平

洋の英連邦地域の基地にも部隊を配備すること」を要求した。

これは、いわゆる南東方面の英連邦地域を、対日作戦のために、米国艦隊が利用するという計画であった。

以上の米軍の概況から、次の点が要約される。
（1）比島確保のための後方連絡線として、グアム経由の線は放棄していると推定される（南方線を利用）。
（2）マーシャル、カロリンの攻撃を準備している点は、注目される。

第3　被告国における南洋戦・フィリピン戦当時の戦争指導体制

本件南洋戦・フィリピン戦当時の被告国の全般的戦争指導責任体制と被告国の法的責任を明らかにするために、天皇の軍事大権と統帥権、最高戦争指導機関である大本営、天皇も出席して関わる重要な政治決定を行う御前会議等について説明する。

1　天皇の軍事大権と統帥権

明治憲法によって天皇に与えられた条約大権、非常大権（第31条）など12ある大権の1つ。軍令大権と軍政大権とに区別される。

西南戦争の翌年に起きた竹橋事件（1878年。日本で初めての兵士反乱事件）の参加将校に、自由民権運動の影響が認められたことを教訓に、政治の軍事への影響を排除するため、同年12月、参謀本部が設置された。これにより太政官（政府）が保持していた軍隊指揮権（統帥権）が天皇に移行し、天皇の統帥権保持による兵政分離の措置が採られることになった。

さらに、内閣制度を発足させた内閣職権（85年12月制定）で、軍事に関する事項は内閣＝政府が直接には触れることのできない領域と定められた。大日本帝国憲法（明治憲法、89年制定公布）は、西欧型の議会とは異なり、開設された帝国議会の権能を極力抑えるために、〈統治権の総攬者〉として天皇に絶対的な権限を与えた。それを天皇大権と呼ぶ。

そして天皇制国家を物理的に支える実力装置としての軍隊も、明治憲法11条

の軍令（＝統帥）大権と第 12 条の軍制（＝編制）大権の２つからなる軍事大権
の名において、天皇直轄による指揮管理が形式上整えられることになった。

　ヨーロッパ諸国のうち英仏では、議会による軍隊＝兵権に対する統制管理が徹
底され、議会＝文権優越の制度が確立していったが、ドイツ・プロイセンでは、
絶対君主政体から立憲君主政体への移行過程においても、武権が文権によって統
制管理されることを回避するために、統帥権の確立を急いだ。日本の統帥権独立
制も、このドイツ・プロイセンに倣ったものである。

　明治憲法公布の年に内閣官制により、内閣とは別に陸海軍大臣にも軍機命令に
関する上奏権が与えられた。

　さらに、「軍令に関する件」（1907 年 9 月制定）により、"陸海軍の統帥に関
し勅定を経たる規定"について軍令という法令規定を設け、一段と統帥権の強化
を行った。

　このように軍事大権こそ、軍部が政治的に大きな地位を占めるに至る法的裏付
けとなった。

2　大本営（天皇に直属する司令部・戦争指導機関）→最高戦争指導会議

　戦時において作戦立案や作戦を指導する旧日本帝国の戦争指導機関であって、
戦時大本営条例（1893 年 5 月 22 日交付）によって設置され、当初は陸軍の参
謀総長を幕僚長とし、海軍も含めた全軍の作戦指揮を統括した。

　1944 年 8 月 4 日に小磯国昭内閣下で最高戦争指導会議に取って代わられるま
で、日本の最高の戦争指導機関としての役割を果たした。アジア太平洋戦争期に
あって大本営は、本来ならば統一的な戦争指導機関として機能することが期待さ
れたが、陸海軍間の作戦や軍需物資の配分をめぐる深刻な対立は、大本営によっ
ても最後まで解決することができず、また日本の陸海軍に特有の独善性もあって、
アメリカやイギリスなどに見られるような戦争指導と政治指導の連携を作り出す
ことができないままであった。

　つまり、大本営は政治指導部を排除する形で戦争指導を強引に押し進め、常に
政略と戦略の連携を欠落させる限界を露呈した制度だった。

第5章　南洋戦・フィリピン戦に至る歴史的経過

3　御前会議

重大な政治決定を行う場合に、天皇が出席して開かれた超憲法的機関。日清・日露戦争時にも開催されたが、政治や戦争を指導するうえで、内閣行政権の主導性を発揮するため天皇の権威が利用される場として企画された。

日清・日露戦争の折には大本営が設置され、その場で御前会議が開催されて挙国一致体制が図られた。

太平洋戦争直前の御前会議が12月1日に開催され、ここで対米交渉の打ち切りと日米開戦の最終決定の断を下すことになる。

戦争突入後も重要な政戦略の変更を決する御前会議が7回開かれ、最後がポツダム宣言を受諾するものであった。このように日米戦争の開始と遂行が明治憲法に規定のない超憲法機関によって決定されたことは、明治国家の非立憲制と絶対主義的構造を示すものであった。

また、戦争決定過程に日本国民が全く関与できなかった事実が、戦後における民衆の戦争責任観を希薄なものにし、戦争責任・戦後責任問題の深まりを妨げる原因となっている。

4　宣戦・終戦の詔勅

宣戦及び講和に関する天皇大権の施行に関する勅旨として、国民に向けて宣布されたもの。

1941（昭和16）年12月8日に公布された「米国及び英国に対する宣戦の詔書」、45年8月14日、最後の御前会議で決定・公布された「終戦の詔書」がある。

5　南洋戦・フィリピン戦に関する戦争指導体制

南洋戦・フィリピン戦における戦争指導体制は、大本営等から新たに設置された31軍に直接的に行われた。

その具体的な軍事指導の実行については、順次後述する。

第4　日米開戦後の戦局推移状況と南洋諸島の戦略的位置

　日本の海軍航空部隊は 1941（昭和 16）年 12 月 8 日の真珠湾奇襲攻撃やマレー沖海戦において驚異的な戦果をあげてみずから現代戦における航空戦力の重要性を実証した。しかしながら 42 年 6 月のミッドウェー海戦では一転して戦艦中心の日本の連合艦隊が米軍の航空母艦中心の攻撃のまえに惨敗を喫した。

　この海戦で多くの航空母艦を失った日本海軍は、続く中部太平洋における諸作戦では制空権を握った米英軍などの連合軍の反攻のまえに敗退を重ね、最高戦争指導部（大本営）でも航空戦力の早急なる再建と強化を痛感し、国家総動員態勢で飛行機の増産を急いだ。

　しかし、物資不足と労力不足の中で航空母艦諸の損耗の穴を埋めることは絶望的であった。ここに浮上してきたのが、沖縄などの島嶼諸に飛行場を設定して地上基地から航空作戦を展開するという "不沈空母" 構想であった。

　1943（昭和 18）年 9 月、大本営は戦局の劣勢を挽回すべく「絶対国防圏」を設定した。確保すべき圏域を千島〜小笠原〜マリアナ諸島〜西部ニューギニア〜スンダ〜ビルマの範囲に絞り、体制のたてなおしをはかった。新作戦方針を実行あらしめるためには前線に展開した航空部隊を支援する後方基地が必要不可欠であった。

　具体的にはマリアナ諸島（サイパン、テニアン、グアム）の航空基地に展開した航空部隊を支援するために南西諸島に中継基地を設定する必要があった。陸軍航空本部は 43 年夏から南西諸島に多数の飛行場を設定する計画を立て実施に移しつつあった。

　1944（昭和 19）年 2 月 17 日から 18 日にかけて、米機動部隊は日本海軍の南洋諸島における中枢基地のあるトラック島に奇襲攻撃をかけて艦船及び飛行機に壊滅的な打撃をあたえた。

　中部太平洋における日本軍の航空戦力は危機的状態に陥り、制空権の確保も著しく困難となり、絶対国防圏の第一線をなすマリアナ諸島の防衛も危惧される状態になった。陸海軍共に絶対国防圏を堅持するためには沖縄の "不沈空母" 化が緊急の課題となってきたのである。

　1944（昭和 19）年 3 月、大本営は戦局の急迫に対応した新たな作戦方針を策

定した。内容は2本の柱からなり、まず沖縄本島を中心とする南西諸島に第32軍を新設し、同時に発令された「十号作戦準備要綱」に基づいて航空作戦を最重点とする作戦準備を命ずるものであった。

　大本営は3月22日に新作戦方針を命令した。こうして大本営は絶対国防圏死守のための軍事的布石を打ち、南洋諸島におけるアメリカ軍との決戦をのぞむこととなった。

大破した日本軍陣地跡（サイパン島）＝撮影　村上有慶

〈第6章〉
南洋戦・フィリピン戦の
戦闘経過と戦闘行為

第1　マリアナ諸島玉砕に至る経過の概要

　中部太平洋諸島（主として内南洋諸島および小笠原諸島を総称する）に派遣された陸軍部隊の作戦のうち、開戦から昭和19年8月マリアナ諸島の玉砕までの作戦について記述する。

　日露戦争後の国防方針策定以来、太平洋方面の作戦は海軍、大陸方面の作戦は陸軍の担任というのが関係者一般の通念になっていた。したがって、太平洋方面の作戦に対する陸軍の関心は、きわめて薄かった。

　第一次世界大戦後の国防方針、用兵綱領の改定によって、陸軍は対米作戦の初頭、比島を攻略し、さらには、グアム島の攻略に協同することになったが、中部太平洋の諸島に十数万に及ぶ陸軍兵力を派遣することになろうとは、考えてもいなかった。

　開戦当初グアム島攻略のため派遣された太平洋方面唯一の陸軍部隊である南海支隊は、海軍の強い希望によりラバウル攻略に参加、さらにこれを西方の原所属に復帰させる当初の計画は変更され、同方面に陸軍兵力を永続使用する端緒となった。

　開戦当初、圧倒的な勝利によって、わが海軍中部太平洋方面の海上優勢を獲得した。

168

第6章　南洋戦・フィリピン戦の戦闘経過と戦闘行為

　しかし、昭和17年6月初頭のミッドウェー海戦の失敗により、わが海軍は海上優位を喪失し攻勢作戦は頓挫した。そして同年8月米軍の反攻は、ソロモン諸島のガダルカナルからはじまったのであった。

　その後連合軍は、中、南部太平洋から島伝いに航空基地を推進して反撃を開始し、ここに島嶼の基地をめぐって彼我の攻防が展開されるにいたり、日本軍はその防衛のために、陸軍兵力の増強を始めたのであった。

　日本軍は、ソロモン、東部ニューギニア方面の約1年にわたる死闘の結果、戦争指導、作戦指導の見地から、現戦線から一歩後退したマリアナ、カロリン諸島、ニューギニア西北部、バンダ海に及ぶ線に絶対攻防圏を設定し、陸海空の全戦力を集中して一大反撃作戦を展開するに決し、大量の陸軍兵力を、満州、中国、内地から、中南部太平洋の諸島に投入した。

　しかし防勢作戦の特質上、連合軍の来攻予想地点のいたる処に兵力を配置した結果、膨大な投入兵力の割にその配備は薄弱となり、また制空、制海権を次第に喪失したため島嶼間相互の支援もできなかった。なお連合軍の直接進攻を受けず、敵中に取り残された部隊は遊兵と化し、飢餓にたおれる者が多くなった。

　マリアナ諸島は、中部太平洋正面における絶対国防圏の要衛であった。しかし、現実に戦われている南東戦線への危急に応ずるため、マリアナ方面への兵力投入は非常に遅れ、制海空権の喪失と相まって、その作戦準備はきわめて不十分であった。

　陸軍兵力の大量派遣に伴い、昭和19年2月16日同方面に第31軍司令部が新設され、聯合艦隊（中部太平洋艦隊）司令長官の指揮下に同方面の作戦を実施することになった。

　昭和19年6月15日、米軍はサイパン島に上陸、陸海軍守備部隊は7月7日ついに玉砕した。続いてグアム、テニアンも8月中旬には米軍の手に帰したのであった。

　マリアナの喪失は、東条内閣崩壊の直接原因となり、じ後の戦争指導に及ぼす影響は深刻なものがあり、日本の運命を決する第二の転機となったのであった。

第2　マリアナ沖海戦で日本空母艦隊は惨敗して消滅

　マリアナ諸島は小笠原諸島南端の硫黄島から約 1200 キロの南方にあり、サイパンやグアム、テニアンなどからなっている。その西方沖合に日本の機動艦隊が進出して、サイパン付近にいたアメリカ機動艦隊を攻撃したのがマリアナ沖海戦だ。アメリカ機動部隊はサイパン上陸軍を支援・護衛する任務を帯びていた。

　日本の機動艦隊は満を持して攻撃したが、結果は完敗というより惨敗であった。それは指揮官の拙劣さや日本人パイロットの技倆以前に、日米の科学技術・潜在生産能力・戦闘集団の運用等々、あらゆる面で日米の格差を見せつけた海戦だった。この海戦で日本海軍は事実上、空母機動艦隊を完全に失ってしまった。

1　アメリカのサイパン攻略部隊

　1944 年 6 月 6 日、アメリカ機動艦隊とサイパン上陸部隊を満載した輸送船団は、メジュロ環礁（マーシャル諸島）から出撃した。それは 12 万 7000 人の上陸部隊と空母 15 隻を含む計 500 隻を上回る大艦隊だった。マーシャル諸島とマリアナ諸島は約 3000 キロ離れているが、この大艦隊の動きを日本海軍の情報網は、サイパン上陸が開始されるまで（6 月 15 日）キャッチすることができなかった。いや、連合艦隊情報参謀・中島親孝中佐だけは、アメリカ軍は「6 月 10 日、サイパン上陸」（実際は 5 日遅れたが）と進言したが、受け入れられなかった。

　なぜか。

　連合艦隊首脳部は、アメリカ軍は全力をニューギニア西端部のサレワ湾口に浮かぶビアク島占領に振り向けるだろうと判断していたからだ。じっさい、アメリカ軍のビアク島上陸作戦は 5 月 27 日に始まっている。ビアク島には約 1 万人の日本軍（第三六師団の歩兵第 222 連隊が中心で葛目直幸大佐指揮。のち玉砕）がいた。連合艦隊も第本営海軍部もこのアメリカ軍がビアク島攻略のあと、パラオ、マリアナを攻略するものと思ったようだ。

　だからビアク島奪回作戦（渾作戦）が発令された。付近にいた日本艦隊は第一機動艦隊（空母機動艦隊）だったが、アメリカ軍は空母を伴ってはいなかったので、戦艦「大和」「武蔵」を含む第二艦隊（第一機動艦隊所属）が派遣された。第二艦隊がビアク島の西約 500 キロの地点に進出した 6 月 11 日、アメリカ機動艦

隊によるマリアナ空襲が始まった。空襲の中心となったのは、日本軍が最も防備を固めていたサイパンであった。

それでもまだ連合艦隊はアメリカ軍のサイパン上陸を予測できなかった。なかなか理解しかねる話ではあるが、大本営陸軍部がサイパン防衛については絶対の自信を持っていたからであろう。サイパンにアメリカ軍が上陸したとわかったとき大本営陸軍部は「これは敵の過失である」とほくそ笑んだほどだから、"上陸されても絶対に大丈夫"と思っていた（戦史叢書『中部太平洋陸軍作戦〈1〉マリアナ玉砕まで』）。敵の実力を知らないことほど恐ろしいことはない。

2 「皇国の興廃この一戦にあり　各員一層奮励努力せよ」

連合艦隊司令部（広島湾・柱島泊地の軽巡洋艦「大淀」）がアメリカ軍のサイパン上陸を確信したのは、アメリカ軍が海岸付近を掃海し始めてからだった。機動艦隊の後方には大輸送船団が控えていることも偵察機によって確認され、いよいよサイパン上陸がはっきりした。

連合艦隊は第一機動艦隊小沢治三郎中将にたいして、サイパン付近のアメリカ機動艦隊を迎撃せよと命じた（6月15日早朝）。小沢空母艦隊はタウイタウイ島（ボルネオ島北西端沖合）付近の海面での訓練を一時中止し、補給のためフィリピン中部のギマラス島泊地（バナイ島南岸とネグロス島北西岸の間）へ立ち寄っていたとき、この命令を受けた。ただちに出撃したことはいうまでもない。

シブヤン海を突っ切り、サンベルナルジノ海峡を出たのが6月15日午後5時半。すでにサイパン島ではアメリカ上陸軍が、海岸にへばりついて抵抗する日本軍と死闘を演じていた。

渾作戦でビアク島へ向かっていた「大和」「武蔵」などの第二艦隊も急ぎ北上してマリアナ沖に急いだ。

連合艦隊司令長官富田副武大将は、小沢中将にたいしてZ信号を送った。いわゆる「皇国の興廃この一戦にあり　各員一層奮励努力せよ」の信号である。この信号は日露戦争の日本海海戦で出されたことで有名である。太平洋戦争でも真珠湾奇襲の折に発信され、今回が2回目だった。アメリカの機動艦隊を全滅させるのが小沢空母艦隊の任務であり、勝てば皇国（日本）はこれからも興隆するし、敗れれば皇国は廃滅する。そういうきわめて大事な一戦であることがよくわかっ

171

ていたＺ信号ではあった。

しかし、小沢機動艦隊には大きな自信があった。ミッドウェー海戦の敗北以来、営々と再建に尽くしてきた空母機動部隊が蘇ったという自信である。

その陣容は新鋭の「大鳳」という空母にあらわれていた。２万9300トンで航空機75機搭載のこの空母は、急降下爆撃で500トンの爆弾を命中されても耐えられるようにできていた。

大型空母はこの「大鳳」に加えて「翔鶴」「瑞鶴」の３隻、あとは小型空母だが「隼鷹」「飛鷹」「龍鳳」「千歳」「千代田」「瑞鳳」の６隻、計９隻の堂々たる空母陣だった。搭載機は計439機である。

小沢艦隊のもう一つの自信は、アウトレンジ戦法の採用だった。アメリカ空母機が届かない位置から攻撃機を発進させる戦法である。アメリカ空母機は防御装置がていねいだったから、日本空母機より重い。日本空母機は防御装置があまりていねいには施されていなかったので軽い。アメリカ機の航続距離が片道250海里（約463キロ）が限度だったのに対して、日本機は片道400海里（740キロ）も飛ぶことができた。

小沢長官は十分に距離の間合いをとって攻撃隊を発進させようとした。このアウトレンジ戦法は偶然にも助けられた。なぜならアメリカ機動艦隊（第五艦隊）指令長官のスプルーアンス大将は、あえてサイパン近海を動かず、日本空母機の攻撃を受けてたつ戦法を採用したからである。サイパン上陸部隊を守るという第一の任務に徹しようとしたのである。

空母15隻を率いていたスプルーアンス大将は902機の飛行機を持っていた。そのうち戦闘機は475機もあり、その半数は新鋭戦闘機グラマンF6Fヘルキャット（地獄猫）だった。F6Fは日本海軍の戦闘機ゼロ戦を撃ち破るために開発された戦闘機だった。

たしかにこのころにはゼロ戦はF6Fにはかなわなくなっていた。旋回能力（宙返りしたり、鋭く円を描いて相手の後方に回りこむ能力）はゼロ戦には劣るが、最大速度が600キロを超え、最大560キロ台のゼロ戦は太刀打ちできない。アメリカ空母艦隊はそれを200機以上も搭載して待ちかまえた。

3　1944 年 6 月 19 日の航空決戦

　6 月 19 日（1944 年）早朝、小沢空母艦隊はアメリカ機動艦隊から約 380 海里（約 684 キロ）の地点から、攻撃機を発進させた。7 時 25 分から 10 時 30 分にかけて時間順に、合計 306 機がつぎつぎに出撃した。A 群〜E 群は説明の必要上、仮につけた名称である。

　A 群「千歳」「千代田」「瑞鳳」から 64 機（ゼロ戦 14・戦爆 43・天山 7）
　B 群「大鳳」「翔鶴」「瑞鶴」から 128 機（ゼロ戦 48・彗星 53・天山 27）
　C 群「隼鷹」「飛鷹」「龍鳳」から 49 機（ゼロ戦 17・戦爆 25・天山 7）
　D 群「大鳳」「翔鶴」「瑞鶴」から 18 機（ゼロ戦 4・戦爆 10・天山 4）
　E 群「隼鷹」「飛鷹」「龍鳳」から 47 機（ゼロ戦 26・九九艦爆 9・天山 3・彗星 9）
　（注・ゼロ戦は零式艦上戦闘機、戦爆はゼロ戦など戦闘機に爆弾を積んだもの、天山は艦上攻撃機で魚雷攻撃を行う、彗星は艦上爆撃機で急降下爆撃を行う、九九艦爆は九九式艦上爆撃機で急降下爆撃を行う。零式は皇紀 2600 年＝ 1940 年＝昭和 15 年採用の意味、九九式は皇紀 2599 年＝ 1939 年＝昭和 14 年採用の意味）

　予定どおりアウトレンジ戦法で攻撃隊を発進させることができたので、小沢空母艦隊司令部では「大成功、勝利間違いなし」と確信した。刻々と出撃の模様の報告を受けた瀬戸内海柱島の連合艦隊司令部でも、東京の大本営軍令部でも同じように「作戦成功」の喜色に満ちた雰囲気に包まれた。出撃したからにはよほどのことがないかぎり、アメリカ空母攻撃が失敗することはないと思ったのである。
　では、これら攻撃隊はどんな結末を迎えたのか。
　A 群は、アメリカ艦隊前方 150 海里（約 278 キロ）で、F6F 戦闘機など 400 機以上に待ち伏せされ、41 機が撃墜された。それをかいくぐった数機が戦艦「サウスダコタ」上空に達し爆弾を投下して一発を命中させ、重巡洋艦「ミネアポリス」にも至近弾を投下した。しかし、他はことごとく撃墜された。
　B 群は、やはり途中で F6F に待ち伏せされ、あらかた撃墜されたが、幸運にも空母「バンカーヒル」上空までたどりついた彗星 2 機がおり、至近弾を一発投下した。彗星 1 機は戦艦「インディアナ」に体当たりした。B 群の未帰還機は

87 機に達した。

C 群は、アメリカ機動艦隊を発見できず、帰還した。

D 群は、アメリカ機動艦隊を発見できず、途中九機が行方不明、他は帰還した。

E 群は、31 機はアメリカ機動艦隊を発見できずグアム島へ着陸しようとしたが、F6F の待ち伏せにあい、26 機が撃墜された。他の 15 機は幸いにもアメリカ機動艦隊の空母「ワスプ」「バンカーヒル」上空に達したが、被害を与えることはできなかった。10 機行方不明、 3 機帰還、 1 機はグアム島へ不時着、 1 機はロタ島へ不時着した。

一連の空中戦で、天山 12 機を撃墜したというパイロットのウィリアム・B・ラム大尉は、後方から忍び寄ってたてつづけに 3 機を撃ち落としたこともあった。その様子は、まるで飛べない七面鳥を後ろから狙い撃ちしたようなものだったので、彼は「マリアナの七面鳥狩り」と自慢したが、これがマリアナ沖海戦の空中戦を特徴づける表現として残っている。

要するに、300 機以上も出撃しながら 3 分の 1 にあたる約 100 機は肝心のアメリカ機動艦隊を発見すらできなかった。飛ぶ方向が正しかった攻撃隊も途中でことごとく撃墜され、アメリカ空母上空に達した攻撃機は 20 機前後にすぎなかった。

しかも、アメリカ空母にかすり傷さえ負わせることができなかった。

4 アメリカ艦隊の新機軸に敗北

小沢空母艦隊の攻撃機を空振りに終わらせたアメリカ軍は、どんな兵器や戦術を使ったのだろうか。

第一は精巧なレーダー網の完備とその活用だった。レーダーは攻撃隊の方位、高度、到達予定時間などを推定できる性能を持っていた。空母の戦闘情報センターではこれらの情報をすべて把握し、戦闘機部隊を発進させ、待ち伏せさせることができた。戦闘情報センターと戦闘機は電話で直接話ができた。

第二は VT 信管の採用だった。VT 信管は電波近接信管と呼ばれるように、敵機に命中しなくても約 30 メートルの範囲に近づくと熱に反応して爆弾を炸裂させる信管である。

空母の前面に進出した戦艦や重巡洋艦などの上空に達した攻撃機は、軍艦から発射された VT 信管付の砲弾でことごとく撃墜された。

174

第6章　南洋戦・フィリピン戦の戦闘経過と戦闘行為

　高性能のレーダーや、司令部と連絡が直接とれる機内電話は、日本軍にはなかった。レーダーがまったくなかったわけではないが、それはただ機影を感知する程度であったし、電話も戦争初期のころからあるにはあったが、雑音がひどくパイロットにはまったく信用されていなかった。要するに電話は無きに等しかった。VT信管はアメリカの新兵器で、日本軍がこの新兵器の存在に気づいたのは戦争に負けたあとである。

　もう一つ、日本軍が気づいていないことがあった。それは日本海軍の作戦の全容を、アメリカ海軍はほぼ把握していたことである。それはどういうことだろうか。

　連合艦隊司令部はトラック環礁からパラオ諸島のパラオに移動したことがあったが（1944年2月初め）、そのパラオが大空襲を受けた（1944年3月30日）。そこで、司令長官以下首脳部は飛行艇で嵐のなかをフィリピンのミンダナオ島ダバオへ移動しようとした。

　ところが、古賀峯一長官機は行方不明となり殉職。福留繁参謀長機はセブ島海岸に不時着し、一行はフィリピン・ゲリラ部隊に捕まった。このとき作戦資料が入ったカバンがゲリラの手に渡り、潜水艦でオーストラリアに届けられ、そこですべて翻訳されて、関係部隊に配布された。

　アメリカ機動艦隊のスプルーアンス大将はその極秘作戦書類によって、日本の連合艦隊がサイパンなど中部太平洋でどんな兵力展開をするのか、どんな作戦を行おうとするのか、全容を知っていたのである。

　福留参謀長以下はゲリラ部隊と日本陸軍との取り引き（ゲリラ部隊の包囲網を一時的に解く）により釈放されたが、福留等は作戦書類がゲリラ側に渡った形跡はないと主張したので、この問題は不問に付された。この一連の事件を海軍乙事件と呼ぶ（ちなみに海軍甲事件は山本五十六連合艦隊司令長官の乗機が撃墜されて戦死した事件。1943年4月18日）。

　作戦書類が奪われたことの影響は、第一に日本空母部隊の兵力が細かく知られていたこと、第二に日本海軍は中部太平洋の島々に第一航空艦隊と称する基地航空部隊を展開していたが、そのことも早くから知られることになり、サイパン上陸前に徹底的にこれらの基地航空部隊が叩かれたことにみられた。

　第一航空艦隊（司令長官角田覚治中将）は、マリアナ沖海戦が起こる約1カ月前の5月15日には航空機を653機も持っていた。司令部はテニアン島に置かれ、

175

航空部隊はサイパン、グアム、テニアン、トラック、パラオなどに展開していた。

　そのことを承知していたアメリカ機動艦隊は、サイパン上陸前の6月11日ごろから激しく攻撃し、そのほとんどを壊滅させていた。マリアナ沖海戦が始まったとき、100機以下に激減していたのである。

5　アメリカ潜水艦にやられた空母「大鳳」

　マリアナ沖海戦は空母機が全滅しただけではなかった。アメリカ空母機からアウトレンジしたはずの空母も潜水艦に攻撃された。小沢長官が座乗していた新鋭空母「大鳳」は、最初の攻撃隊を発進させた直後、アメリカ潜水艦「アルバコア」が発した魚雷一本を命中させられた。

　そのときは何の異変も起こらなかったが、6時間以上もたった午後2時半、「大鳳」は突然大爆発を起こした。魚雷の衝撃でガソリンタンクに小さな穴があき、そこからガソリンが漏れて何かの原因で引火し大爆発を起こしたものと推定されている。「大鳳」は2時間後に沈没した。

　空母「翔鶴」も米潜水艦「カヴァラ」の魚雷を受け、炎上沈没した。

　さらに、アメリカ空母への攻撃に完全に失敗したことが判明した翌6月20日、小沢艦隊は飛んでくるはずのないアメリカ空母機約80機の空襲を受けた。アメリカ軍は、攻撃機が母艦に帰還できない距離であることを承知で攻撃を敢行したのである。

　小沢艦隊は約100機ほどが残っていたが、この攻撃で73機に減り、空母「飛鷹」が沈没、他の空母四隻（「瑞鳳」「隼鷹」「龍鳳」「千代田」）がかなりの損害を受け、戦艦「榛名」、重巡洋艦「摩耶」が小破した。

　アメリカ空母機はことごとく海上に不時着したが、急速進出した駆逐艦などが海上に漂うパイロットを救助していった。自慢のアウトレンジ戦法もヤンキー魂の闘魂の前に、無に帰したようなものだった。

　こうしてマリアナ沖海戦は日本軍の惨敗に終わった。このあと、日本海軍は空母機動艦隊を再建することはできなかった。

第6章　南洋戦・フィリピン戦の戦闘経過と戦闘行為

第3　もろくも崩れ去った「絶対国防圏」―玉砕あいつぐ屍の島々

1　開戦1年目の"坂道"

　対米英蘭戦争開始以来、日本軍が攻勢を保てたのは、1年にも満たなかった。開戦半年後に日米の機動部隊が初めて衝突した珊瑚海海戦は、日本の損害は米軍よりやや少なく優勢のうちに終わった。しかし、続くミッドウェー海戦では、日本の連合艦隊は4隻の空母を失って大敗し、以後の制海権争奪戦に決定的ダメージを受けてしまった。

　その後、海上の激突は南太平洋海域に移り、8月の第一次、第二次ソロモン海戦、10月のサボ島沖海戦、南太平洋海戦（サンタクルーズ沖海戦）、そして11月12、13日の第三次ソロモン海戦と続いて、日本は海戦一周年を迎えた。

　日本国内では、ミッドウェーの大敗は戦後までひた隠しにされたが、その他の珊瑚海海戦から第三次ソロモン海戦にいたる一連の海戦はすべて、"大勝利"に終わり、敵米英艦隊は壊滅に瀕していると喧伝されて国内は沸きにわいていた。

　これらガダルカナル島の争奪をめぐって起きたいくつかの海戦で、連合軍は合計24隻、総計12万6240トンの艦艇を失い、日本軍も同じく合計24隻、総計13万4839トンの艦隊を失った。喪失艦艇数から見れば、米軍を中心とした連合軍と日本軍の初期の勝敗は文字どおり互角といえる。

　しかし、これら喪失トン数には、日本軍がガダルカナルやニューギニア作戦遂行で失った、多数の輸送船や人員は含まれていない。ソロモンや南太平洋海域で行われた一連の海戦が、日本の戦術的勝利、戦略的敗北といわれるのは、ここで厖大な輸送力と人員を失ったからである。

　開戦1年間で日本が失った船舶は総計約98万3000トンに及ぶ。次表「船舶の増減及び保有の状況」は、絶対国防圏が崩壊する昭和19年半ばまでの数字であるが、第一次ソロモン海戦が起きた昭和17年8月から11月の第三次ソロモン海戦までの4カ月間の船舶喪失は43万3582総トンに及ぶ。同じ期間の海軍艦艇喪失量の3倍強にも達している。

　これにガダルカナル戦末期の17年12月と、ガ島撤退が始まる18年1月の喪失数を加えると、その喪失総トンは67万トンを超し、開戦以来の過半数を超

177

える。

　そして同表を見ても一目瞭然だが、喪失を補うべき建造量は喪失量に追いつかず、その保有量は月を重ねるごとに先細りになっていく。これは航空機にも、戦車や火砲、銃砲弾といった各種兵器にもいえることだが、前記の各海戦で日本が「戦略的敗北」を喫したといわれるゆえんは、この需要に供給が追いつかない軍需品のアンバランスを生むきっかけとなったからである。広大な太平洋海域に兵をバラまいてきた日本軍にとって、輸送手段と補給物資の先細りは致命的である。

　一方のアメリカは、開戦１カ年を経てようやく軍需工場はフル稼働を始め、その生産高は急速に増強されつつあった。物的人的資源に心配がないから、飛行機や艦艇の建造日数も飛躍的に短縮され、日本とは逆に開戦時を完全に上回る供給量を誇るようになっていた。

　開戦１年、日本がアメリカをはじめとする連合国と互角に戦うには、すでに時を失していたのだ。

| 年 | 月 | 船舶の増減及び保有の状況 | | |
		喪失 （総屯）	建造 （総屯）	保有 （万総屯）
1941	12	53,130	6,802	633.70
1942	1	81,886	23,890	637.52
	2	33,156	17,196	641.43
	3	641.43	23,180	642.97
	（年度計）	（254,285）	（71,068）	
	4	25,061	7,048	639.32
	5	91,688	17,424	638.95
	6	33,695	23,992	622.05
	7	50,603	21,331	625.97
	8	95,897	27,140	626.68
	9	39,016	33,560	616.08
	10	160,235	28,816	615.86
	11	138,434	21,626	607.56
	12	94,146	60,347	608.45

第6章　南洋戦・フィリピン戦の戦闘経過と戦闘行為

年	月	船舶の増減及び保有の状況		
		喪失 （総屯）	建造 （総屯）	保有 （万総屯）
1943	1	142,921	17,724	606.67
	2	76,207	46,473	587.30
	3	112,210	120,745	588.99
	（年度計）	(1,060,113)	(426,226)	
	4	147,202	16,870	584.05
	5	126,764	36,490	569.37
	6	114,506	46,790	562.70
	7	93,878	70,440	560.00
	8	109,852	58,570	559.13
	9	172,082	89,170	555.98
	10	129,168	79,620	554.73
	11	265,068	92,780	549.17
	12	178,425	119,660	529.65
1944	1	295,319	108,240	526.05
	2	484,620	127,470	504.51
	3	235,990	279,130	465.62
	（年度計）	(2,352,874)	(1,125,230)	
	4	166,797	79,550	463.18
	5	257,718	145,290	462.05
	6	296,807	145,770	453.77

2　早められた米軍の反攻作戦

　米統合参謀本部は、マッカーサーがフィリピンを脱出した直後の昭和17
（1942）年3月30日に、太平洋地域の責任分担を明確に区分した。区分は大き
く二つに分けられ、陸軍の司令官であるダグラス・マッカーサーは南西太平洋地
域（South － West Pacific Area ＝ SWAP）軍司令官に、太平洋艦隊司令長官のチェ
スター・W・ニミッツが太平洋地域（Pacific Ocean Area=POA）軍司令官に任命
された。

そしてニミッツは5月に入って、赤道以南の南太平洋地域（South Pacific Area=SPA）軍司令官にロベルト・L・ゴームレー中将を任命して広大な太平洋の指揮の分担をはかった（のちにウィリアム・F・ハルゼー中将と交替）。ニミッツが南太平洋軍としてゴームレーを司令官に任命したのは、同軍はマッカーサーの指揮下でSWAP軍と協力しながら、南太平洋の各諸島の防衛と攻撃部隊の輸送を任務としていたからだった。

　太平洋戦域の責任分担は成ったが、しかしこの時期、アメリカの第一目標はあくまでもヨーロッパ戦線で、太平洋で攻勢に出るには艦船も兵力も十分とは見ていなかった。当時、ヨーロッパ戦線ではドイツ軍の対ソ攻勢が再開され、ドイツ軍は雪崩を打ってスターリングラード（ボルゴグラード）に押し寄せていた。

　ところが、ミッドウェー海戦で日本の主要空母四隻を葬り去るという大勝利をあげたため、この好期を逃さず、一挙に攻勢に転ずることにしたのである。

　7月2日、米統合参謀本部は南太平洋における日本軍攻撃の作戦開始を決定した。作戦は「ウォッチタワー」という暗号名で呼ばれ、麾下各部隊に作戦実施が発令された。作戦の当面の目標は地上航空基地の確保だった。

　米軍はミッドウェー海戦の折り、ミッドウェー島の地上基地を発進した爆撃機が有効な働きをしたのを知った。そこで南西太平洋でも徐々に地上航空基地を北上させて、日本軍の息の根を止めようというのが狙いだった。こうして起こったのがガダルカナル戦であり、東部ニューギニアの反攻作戦であった。

　そのニューギニア東部とソロモン諸島中部の予想外の進展で、米軍は「ウォッチタワー作戦」の見直しをはじめた。すなわち、同作戦の最終目標である日本の航空基地・ラバウル攻略を中止して、無力化するにとどめ、前年の10月18日に作戦遂行に消極的なゴームレー提督に代わって司令官に就任した猛将ハルゼー中将の南太平洋軍をニミッツの指揮下に戻して、中部太平洋から日本本土を直接狙おうというのである。

　だが、この中部太平洋進攻コースにはマッカーサーが猛烈に反対し、逆にニミッツの海軍部隊も自分の指揮下に入れ、前戦力でソロモンからフィリピンに進撃するコースをとるべきであると具申してきた。もちろん海軍が納得するはずはなく、マッカーサー軍もニミッツ軍と合同して、日本に一番近いコース、すなわち中部太平洋から一挙に日本を攻めたてるべきだと主張してきた。

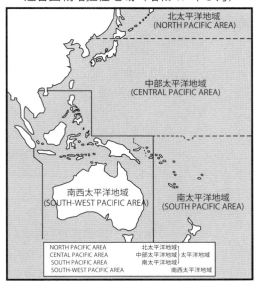

連合国戦略担任地域（昭和17年3月）

　マッカーサーの目標はあくまでもフィリピン脱出に掲げた「アイ・シャル・リターン（私は必ず戻ってくる）」を実行することにある。日本本土攻撃は、そのフィリピンを足場に行う。それにはソロモン諸島からニューギニアを経て、島づたいに北上してフィリピンに至る南西太平洋のコースでなければならないからだ。

　結局、統合参謀本部は陸海軍双方の主張を取り入れる形で、1943年7月20日に次のような二つのコースによる対日進攻作戦を決定した。

①日本海軍の航空基地ラバウルは占領しないで無力化する。

②ニミッツ軍はギルバート諸島、マーシャル諸島攻略を行う（中部太平洋コース）。

③マッカーサー軍はラバウル周辺のビスマルク諸島を占領してラバウルを無力化させ、西部ニューギニアの進攻と呼応してフィリピン奪回の作戦を促進させる（ニューギニア→フィリピンコース）。

④ニミッツ軍の中部太平洋進攻作戦とマッカーサー軍のニューギニア西進のどちらを主攻撃とするかは、今後の問題となる。

　こうして陸海軍の協定がなり、アメリカの陸海軍は一斉に攻勢を開始したのである。

3 幻の「絶対国防圏」策定

マッカーサーの陸軍とニミッツの海軍が、日本攻略の戦略策定でしのぎをけずっていた昭和18年春ごろ、日本の大本営でも以後の作戦方針をめぐって陸海が激しく対立していた。いわゆる「絶対国防圏」の設定である。

ガダルカナルで敗退し、東部ニューギニアも絶望、そして4月18日には山本五十六連合艦隊司令長官がブインのバラレ飛行場上空で乗機が撃墜されて戦死し、5月29日には北海のアリューシャン列島でアッツ島守備隊が玉砕した。

そしてニューギニア、中部ソロモン地区の占領地は櫛の歯が欠けるように奪回され、日本軍は敗走を重ねている。

陸軍の参謀本部では戦線の縮小に意見が傾いていた。だが、相変わらず前進基地での決戦主義をとっている海軍の反対で、作戦方針の転換ができないでいた。大本営陸軍部と海軍部は戦況検討会を持ったり、合同の研究図演（図上演習）を行ったりして妥協点を探った。しかし、どの地域までを断念するかの線引きはなかなか合意できない。激論は9月に入っても続けられていたが、やっと陸軍が妥協する形でまとまりをみせた。

9月25日、陸海軍の妥協案は「今後採ルヘキ戦争指導ノ大綱」として政府連絡会議に出され、成案をみる。一般に「絶対国防圏」と称される新作戦方針であるが、公式名称ではない。

今後採ルヘキ戦争指導ノ大綱

方針（原文は仮名交じり）

一、帝国は今明年内に戦局の大勢を決するを目途とし、敵米英に対しその攻勢企図を破摧しつつ速やかに必勝の戦略態勢を確率すると共に、決戦戦力、特に航空戦力を急速増強し、主導的に対米英戦を遂行す。（二、三略）

要領

一、万難を排し概ね昭和十九年中期を目途とし米英の進攻に対応すべき戦略体制を確立しつつ随時敵の反攻戦力を捕捉破摧す。

帝国戦争遂行上太平洋及印度方面に於て絶対確保すべき要域を千島、小笠原、内南洋（中西部）及西部ニューギニア、スンダ、ビルマを含む圏域とす。

戦争の終始を通し圏内海上交通を確保す。（以下略）

新作戦方針は9月30日の第11回御前会議で正式に決定された。

大本営陸海軍部では、御前会議に先立って現地部隊に新方針の主旨を説明するために第一部長（作戦部長）をそれぞれ派遣した。その出張報告を見ると、連合艦隊は不満をあらわに出していた。たとえば「連合艦隊参謀長意見」にはこういった箇所もみえる。

「マーシャル、ギルバートのことが記載されて居ないが、艦隊決戦をやるのに書いてないのは遺憾なり。あれは捨てるのか」と。

だが、現場で直接指揮を執っている司令官たちの場合は違っていた。「第二十六航空戦隊司令官意見」はこう記している。

「積極的に作戦してもすぐ兵力が無くなる。結局補給を続けて呉れなければ自滅の外なし。損耗補充戦、補充の早いほうが勝つ」

実際、南東方面の航空隊は悲惨な状況に追い込まれていた。大本営海軍部第一部長に同行してトラックからラバウルを回っていた源田実参謀は報告している。

「南東方面航空戦力。実働3分の1、病人多く最近は45～50％の罹病率、過労に起因す。中尉級優秀の士官は前線に出て殆ど全部戦死す。搭乗員の交代を必要とす……」

新作戦方針の策定も、現地司令官の悲痛な叫びのように、すでに時機を失していたのである。

4　タラワ、マキン、クェゼリンと全滅する日本軍守備隊

絶対国防圏構想は決定されたが、では、いかに守るのか。国内には新たな防衛戦に注ぎ込む兵力はない。そこで大本営が考え出したのが、その大半を20歳で入隊した若い現役兵で構成している関東軍の精鋭を、満州から南方各地に転用しようというものだった。

マリアナ諸島（グアム、サイパン、テニアン、ロタ）へ遼陽に本拠を置く第二十九師団、西カロリン諸島（ヤップ、パラオ諸島）への第十四師団の派遣は、関東軍からの本格的転用第一陣であった。だが、これら両師団に正式な動員令が下ったのは昭和19年2月で、出発は3月に入ってからだった。絶対国防圏が決

定されてから半年も過ぎている。

　それは「概ね昭和十九年中期ヲ目途トシ米英ノ進攻ニ対応スベキ戦略態勢ヲ確立」するという統帥部の方針には沿っていたが、あまりにも戦局を無視したスローモーな対応であった。

　すでに連合軍は日本が絶対国防圏を決定する直前にニューギニアのラエ、サラモアを奪還し、9月22日にはフィンシュハーフェンに上陸、10月にはラバウルの空襲を強化して11月1日にはブーゲンビル島のタロキナに上陸を敢行するなど、早くも日本の「絶対国防圏」内に攻め入っていたのだ。

　さらに昭和18年の11月、アメリカの統合参謀本部は、それまでのマッカーサー軍とニミッツ軍による二正面作戦は続行するものの、主攻撃面をニミッツ軍の中部太平洋に置くことに作戦を変更、実施に移していた。

　そして、きわめて正確なタイム・スケジュールにのっとって11月21日には中部太平洋のギルバート諸島のマキン、タラワ島に上陸、両島の日本軍守備隊は同25日に玉砕する。

　こうしてギルバート諸島を攻略した米軍は、昭和19年2月には日本の統治領である「南洋諸島」のマーシャル諸島に襲いかかり、同時に日本の一大海軍基地であるトラック空襲を開始、同基地は実質上壊滅に追い込まれていた。

　全長124キロ、ブーメランのような形をした世界最大の環礁、マーシャル諸島のクェゼリンに対する米軍の攻撃は昭和19年1月30日の早朝から始められた。スプルーアンス大将率いる米攻略部隊は戦艦15隻、重巡12隻、軽巡6隻、空母19隻、駆逐艦92隻、掃海艇、護衛駆逐艦21隻。このほか上陸用艦艇などを合わせると、その総数は300隻を超える一大艦隊だった。更に飛行機は占領したばかりのマキン、タラワなどギルバート諸島などから出撃するもの約1200機、ミッチャー少将指揮の第58機動部隊から飛び立つもの約700機という、圧倒的数を誇った。

　一方、守備する日本軍は、秋山門造海軍少将指揮のクェゼリン本島隊（第六根拠地隊）が約5180名、山田道行少将指揮のルオット・ナムル島隊（第二十四航空戦隊と第六十一警備隊分遣隊など）が約3100名だった。これら守備隊の中には非戦闘員の荷役人夫や設営隊員が1000人以上も含まれているから、すでに戦闘力は米軍の比ではなかった。

第6章　南洋戦・フィリピン戦の戦闘経過と戦闘行為

戦いは事前の熾烈な砲撃戦で始まり、2月1日に米海兵隊が上陸を開始したときには、クェゼリンの各島々は瓦礫の島と化していた。それでも日本軍はあらゆる手段を尽くして抵抗を試み、米軍がクェゼリン環礁を完全に制圧したのは2月6日のことだった。

クェゼリン本島での日本軍戦死者は約4130名、全守備隊の8割以上が戦死した。対する米軍は参加人員2万1342名中、戦死はわずかに177名だった。本島以外の日本軍は3560名中、戦死は3210名で、米軍は参加人員2万104名中、戦死は195名にすぎなかった。

5　サイパンに殺到する米軍

当初、大本営では関東軍の第十四師団を豪北方面（西部ニューギニアなどオーストラリア北方地域）に、第二十九師団をマリアナに転用するつもりでいた。それが豪北方面が次々に陥ちてしまったため、十四師団に北部マリアナ（サイパン、テニアン）を、二十九師団に南部マリアナ（グアム、ロタ）を防衛させることに変更した。

ところが米軍は、トラックに続いて2月23日には絶対国防圏の内懐ともいうべきマリアナ諸島に初の大空襲を敢行し、3月30日には連合艦隊がトラック島から本拠を移したばかりのパラオ諸島にも大空襲を仕掛けてきた。

あわてた大本営は第十四師団のマリアナ派遣を中止してパラオに向かわせ、マリアナは第二十九師団と海軍部隊で防衛することにした。その第二十九師団は2月26日の夜半、3隻の輸送船に分乗して広島の宇品を出港、マリアナに向かった。だが出港3日目の29日、台湾沖で米潜水艦の魚雷攻撃に遭って1隻が沈没、1隻が大破して将兵の過半を失った。助かった二十九師団の一部と既存の陸海軍部隊で敵に立ちむかうほかない。

昭和19年6月15日、マリアナ諸島の一角サイパン島は米軍の上陸を受け、一般住民をも巻き込んだ悲惨な戦闘が開始された。このときサイパンには第三十一軍（司令官・小畑英良陸軍中将）指揮下の北部マリアナ地区集団（集団長・斎藤義次陸軍中将＝第四十三師団長）がおり、陸軍2万8518名、海軍1万5164名、総計4万3682名の将兵がいた（いずれも推定）。このほか、本土引き揚げに間に合わなかった2万名前後の一般邦人と約4000名の現地住民もいた。

185

日本軍の4万3000名という数字は決して少なくはなかったが、戦闘主力の陸軍は歩兵三個連隊からなる第四十三師団（名古屋）の1万6000名である。これに対して、スプルーアンス海軍大将を総指揮官に、ホーランド・スミス海兵中将を地上戦の指揮官にする上陸米軍は6万2000名を数えた。圧倒的兵力、といえた。そして火力もまた、圧倒的であった。

6　大本営のサイパン放棄決定、バンザイクリフの最期

　しかし日本軍は果敢だった。米軍は地上戦闘初日の6月15日に約2万名が海岸線に殺到するが、そのうちの約1割が上陸地点で死傷するという思わぬ損害を被る。さらに日本軍は夜襲を交え、あるいは島にそびえるタッポーチョ山の洞窟に潜んで抵抗戦を展開した。

　のちに「死の谷」といわれるタッポーチョ山の戦闘は激烈で、攻撃する米歩兵第二十七師団は3日間、一歩も進むことができず、攻撃は一時頓挫するほかなかった。"かみなりスミス"の異名を持つホーランド・スミス海兵中将は怒り、師団長のラルフ・スミス陸軍少将を「攻撃精神の欠如」を理由に、敵前で解任するという事件も起きた。戦闘10日目の6月24日のことだった。

　その6月24日、日本の大本営はサイパン島放棄を決定する。6万余のサイパンの日本人は見捨てられたのである。しかし、大本営は、放棄決定を現地軍民に知らせることはなかった。現地では知る由もない。日本軍と邦人はジリジリと島の北に追い詰められ、あの「バンザイクリフ」に近づいていた。勿論のこと、大本営は現地軍に対して停戦等を命ずることもなかった。大本営も三十一軍も現地一般住民保護策を全く講じなかったどころか、死へと追いやっていたのである。

　6月末から7月初めにかけて、もはや武器爆薬のなくなった日本軍はサイパンの各所で壊滅していく。そして世にいうバンザイ突撃、最後の総攻撃が7月7日午前3時30分を期して行われることになった。この総攻撃に先だって集団長の斎藤義次中将、中部太平洋方面艦隊司令長官南雲忠一中将、不在の小畑大三十一軍司令官に代わって指揮をとっていた第三十一軍参謀長井桁敬司少将の3人は自決した。

　総攻撃は米軍にとって少なからぬ恐怖と衝撃を与えた。しかし戦局を左右するほどの力はなく、この日、サイパンの日本軍は文字どおり壊滅した。そして島の

186

はずれのマッピ岬に取り残された邦人たちにも、最期のときがきていた。

米軍の従軍記者は書いている。

「……こうして最期に身震いしないではいられないような恐怖が起こったのである。何百という非戦闘員は彼らの最期のときが来たと思い込み、戦慄すべき自己殺戮の地獄絵を展開した。ある親達は子供達を断崖絶壁から突き落としておいて、自分達もその後を追った。幼児を抱えて絶壁から身をおどらせる母親もあった。ある者は海の中へ投身した。その他目を覆わないではいられないような恐ろしい自殺手段がとられた」

自殺した邦人は、8000とも1万2000ともいわれ、その数ははっきりとしていないが、マッピ岬付近の海岸が日本人の死体で埋めつくされたのは事実だった。

邦人たちが自殺した場所は北端のマッピ岬とマッピ山の断崖であった。今、これらの場所は、「バンザイクリフ」や「スーサイドクリフ（自殺の崖）」という名が定着している。

絶対国防圏は崩壊した。そして7月18日、東条内閣は責任をとって総辞職した。この中部太平洋の絶対国防圏が崩壊させられたことにより、日本の敗戦は確実となった。

7　テニアン、グアムの玉砕

サイパンを占領した米軍は、10日後の7月21日にはグアム島に、さらに3日後の24日にはテニアン島への上陸を敢行した。

テニアン島には日本の陸海軍将兵約8100名と一般邦人約1万3000名、それに約2700名の朝鮮人がいた。

伊豆大島をわずかに大きくしたほどのこのテニアンに、米軍はサイパンに匹敵する5万4000名の兵力を投入した。そして米軍は9日間で島を横断し、8月1日午後6時55分、指揮官のシュミット少将はテニアン島占領を宣言した。

島も大きく、多くの山々が連なるグアム戦闘は、テニアンよりも長期化すると思われていた。もともとアメリカ領であるグアムにはサイパン以上の現地住民が住んでおり、攻める米軍にとっては戦いづらい戦場だったからだ。

ところが、グアムの日米決戦は初日の7月21日に勝敗は決していた。関東軍から転用された第二十九師団（師団長・高品彪中将）を中心とした日本軍守備隊

187

2万810名のうち、約8割近くが、初日の戦闘で戦死していたからである。

徹底的な事前の砲爆撃に加え、5万4891名という上陸軍を擁した米軍の前に、日本軍に残された戦法は、早くも玉砕戦法以外になくなっていた。

だが、米軍側もこの敵前上陸第一日の損害は少なくない。たとえば第三海兵連隊は上陸2日間で六百数十名の戦死者を数え、連隊長は「手元には百六十名（無傷の戦闘員）しかいない」と師団長に悲痛な報告をしなければならなかった。しかし、敗走の日本軍の混乱は米軍の比ではなかった。後任の第三十一軍参謀長田村義冨少将は、大本営への2日間の戦闘報告の中に、こう記しているくらいだ。

「陸上兵力の掌握はきわめて困難である。雑部隊は装備は優秀でも猛烈な砲爆撃下、直ちに無断で陣地から撤退する者がある。」と。

パラオ出張中の留守に米軍の上陸を受け、サイパンの軍司令部に帰れず、グアム島にとどまっていた第三十一軍司令官小畑英良中将と第二十九師団長高品彪中将は、もはや死守は不可能と判断していた。そこで、グアム島守備隊最後の総攻撃となった"マンガン山攻防戦"の決行を、7月25日の真夜中、午前12時とすべく、24日に残存の各部隊に命令したのだった。その日の夕方、師団司令部は重要焼却を焼却し、小畑軍司令官は大本営に訣別の電報を送った。

総攻撃は死者約3000名という数字を残して失敗に終わった。以後、生き残った兵は北へ北へと敗走を続け、米軍と遭遇してはその数を減らし、傷ついた兵は次々と自決していった。グアムの組織的戦闘は終わったのである。

第4　サイパン、グアム、テニアンの戦い
日本民間人1万6000人も自決し、かつ日本軍に殺されたマリアナ諸島の修羅場

1　マリアナ諸島を攻略したアメリカの大空母艦隊

アメリカ軍が日本に迫る進撃方法は2つのコースで行われた。

1つは、太平洋艦隊がたどるコースで、ギルバート諸島（タラワ、マキンなど）とマーシャル諸島（クェゼリン、ルオット・ナムル、エンチャビ、メリレン、エニウェトクなど）を占領して、まっすぐに西に進み、マリアナ諸島に達するコー

第6章　南洋戦・フィリピン戦の戦闘経過と戦闘行為

スである。これを指揮したのが太平洋艦隊司令長官チェスター・ニミッツ提督（日本が降伏したときアメリカを代表してサインした）であり、実戦部隊の中部太平洋艦隊（第五艦隊）司令長官レイモンド・スプルーアンス提督である。この部隊の最終目的は、マリアナ諸島にB 29爆撃機の基地をつくり、日本本土を空襲することだった。

　もう1つのコースは、フィリピン奪還をめざした南西太平洋方面軍がたどったコースである。総司令官はダグラス・マッカーサー陸軍大将で、彼は開戦当時フィリピンの米極東陸軍司令官として日本軍を迎え撃ったが、敗れて占領された。

　マッカーサーは戦闘中に大統領命令によりフィリピンを離れ、新しく編成された米豪連合の南西太平洋方面軍総司令官に就任した。フィリピンを離れるとき、「アイ・シャル・リターン（私は必ず帰ってくる）」と語り、その公約を果たすべく、大統領を説得し、ニューギニア島の北岸沿いに兵站基地を築きつつフィリピンをめざした。マッカーサーとはいうまでもなく、日本が降伏したあと日本占領の連合軍最高司令官として、約5年半日本に君臨した人物である。

　マリアナ諸島を攻略した部隊の特徴は、空母15隻を率いた大艦隊である。それによって中部太平洋の制海権と制空権を握った。

　このスプルーアンスが率いる大部隊は、ギルバート諸島とマーシャル諸島の主要な島々を攻略し、占領して、そこに艦隊泊地と航空基地を設けたが、以後はマリアナ諸島を攻略するまでどの島にも上陸しなかった。

　日本軍はトラック諸島を中心として中部太平洋の多くの島々に部隊を配置していたが、アメリカ軍は空から爆弾を落とし軍艦が近寄って艦砲射撃しただけで、上陸しなかったのだ。爆撃と砲撃だけで、日本軍が守っている小さな島々を孤立させ、無力化することができた。島にはたいてい飛行場が建設してあったが、アメリカ軍が制空権を握っているかぎり、日本軍は利用できない。実際そうなった。

　制空権を掌握したのはアメリカ空母が搭載している約1000機にのぼる飛行機だった。日本軍はサイパンやグアム、テニアンなどマリアナ諸島にも多くの飛行場を建設し、第一航空艦隊という、名前はいかめしいが空母は1隻も持たない海軍航空部隊を進出させた。規定では飛行機約1750機というが、実際に配備できたのは500機に満たなかった。アメリカ軍はサイパンに上陸する前に、それら基地の航空部隊をほとんど壊滅させた。

189

マーシャル諸島のブラウン環礁を占領してから約4カ月、アメリカの空母機動部隊は入念に中部太平洋の島々を空爆した。こうした準備を経て、「750隻の大小艦船と10万の歩兵部隊、約25万の水平を包含した」（ロバート・シャーロッド著『死闘サイパン』中野五郎訳）マリアナ諸島作戦が開始されることになった。

750隻の艦船のうち戦闘部隊の中核となっていたのは、スプルーアンスが率いる第五艦隊だった。その陣容は空母15隻（大型の正規空母7隻、軽空母8隻）・戦艦7隻・重巡洋鑑8隻・軽巡洋艦12隻・駆逐艦65隻で、艦載機（空母搭載の飛行機）は902機（うち戦闘機は475機）だ。

日本海軍はミッドウェー海戦（1942年6月5日）で主要空母6隻のうち4隻が沈没していたが、その後、営々とした努力が実ってようやく完成した空母機動部隊（司令長官・小沢治三郎中将）が、アメリカ空母機動部隊に戦いを挑んだ。空母9隻・戦艦5隻・重巡洋鑑11隻、軽巡洋鑑3隻・駆逐艦28隻で搭載飛行機は439機である。「戦いを挑んだ」といっても、サイパンにアメリカ軍が上陸して（1944年6月15日）から4日もたった6月19日だった。

日本の機動艦隊が大いに自信をもってのぞんだこの海戦はマリアナ沖海戦と呼ばれるが、結果的には完敗だった。飛行機の数が半分以下だったということもあるが、それよりも空母や航空機以外の兵器で日本軍が想像もできないほど大差がついていたからだ。

アメリカ軍は日本軍にはなかった優秀なレーダーを備え、航空部隊が米空母上空に到達するはるか前から捕捉し、戦闘機を待ち伏せさせ撃墜した。それを辛うじてかいくぐった日本軍機も、こんどは空母のはるか手前で待ち伏せしていた戦艦や重巡の高射砲で撃ち落とされた。

高射砲弾にはVT信管がついていた。この砲弾は飛行機の近く50メートル付近に達すれば熱を感じて爆発した。命中しなくても破片が飛行機に当たり致命傷を与えられたのだ。

こうして300機以上も発進した日本軍機のうちで、目標とするアメリカ空母の上空に達したのは数機といわれる。とても戦いにはならなかった。日本海軍はVT信管の存在を戦争が終わるまで知らなかった。

アメリカ軍があんなに優秀なレーダーを備えていることもわからなかった。すでに日本海軍の戦闘機零戦の能力を上回るF6Fヘルキャットが登場し、脅威を

第6章　南洋戦・フィリピン戦の戦闘経過と戦闘行為

感じていたことは確かだったが、アメリカ海軍の強さは戦闘機だけではなかったのだ。

　要するに、海軍戦力において、日本は開戦後約2年半のアメリカ海軍の進歩を知らなかったのである。アメリカという国の科学力・技術力を知らずに、やみくもに敢闘精神だけで戦い、戦後のチャンスといわれた空母航空戦に大敗したのである。

2　サイパンにおける日本軍の死闘

　では、アメリカ軍が上陸したサイパンではどんな戦いがおこなわれたのか。

　当時、サイパンの日本軍は知られている限りの数字では、陸軍部隊（第三一軍北部マリアナ地区集団）が2万8518人、海軍部隊（中部太平洋方面艦隊の第五根拠地隊・第一四航空艦隊）が1万5164人、合計4万3682人だった。

　このうち海軍部隊は本格的な地上戦闘部隊とはいえなかった。陸軍部隊は、サイパン防衛のため急遽、満州の関東軍などから引き抜かれ送られてきた部隊であり、輸送船が撃沈され駆逐艦などに救助されて身体一つで上陸した将兵も少なくなかった。4万人以上の日本軍だが、実際には戦闘能力があったのは、半分の約2万だったのではなかろうか。前出の『死闘サイパン』には日本軍兵力約3万と出ている。これはおそらく陸軍部隊だけを書いたのであろう。

　日本軍の迎撃の基本戦略は水際作戦だった。上陸部隊を海岸で食い止めて殲滅しようとする作戦だ。

　アメリカ軍はチャラン・カノアの市街をはさんで、第二海兵師団と第四海兵師団が北と南の海岸に殺到した。6月11日から4日間にアメリカ軍が投じた爆弾と砲弾は3500トンにものぼった。それ以前にさんざん空爆をくりかえしたあとの、上陸直前の攻撃がそれだけあった。

　日本軍の大砲はすでに全滅したものと思われていたが、上陸部隊がリーフを越えて海岸に迫ると、日本軍の砲弾が彼らに集中した。第二海兵師団では四人の大隊長が負傷した。アメリカ軍は一時騒然となった。

　どうにか戦線を立て直し、夕方には幅6.5キロ、奥行き1.6キロの橋頭堡を築いたが、これは予定の半分の広さだった。この日上陸した約2万のうち一割が死傷したが、日本軍の水際作戦は成功とはいえないまでも、ある程度の効果をおさ

191

めたのだった。

　前出の『死闘サイパン』の著書は有名な従軍記者だが、上陸第1日目の午後おそくに目撃した日本兵の〝ハラキリ攻撃〟を次のように書いている。

　「チャラン・カノアの未完成の滑走路の端で、その夜のためにタコツボをせっせと掘っていると、突然けたたましい叫び声が聞こえた。『あの穴のなかに日本兵がいるぞ！』そう叫んだアメリカ兵たちは、私がタコツボを掘っているところから約3メートルばかりはなれた、丸太でおおわれた砂丘の砲を指さした。

　これらの言葉が叫ばれるやいなや、その穴のなかにひそんでいた一人の日本兵がわれわれの頭上に乱射をあびせたうえ、飛びだしてきた。かれはそのとき銃剣で武装しているだけだった。

　ひとりの海兵隊員が、この小男の日本兵を目がけて触発手投げ弾を投げつけた。その日本兵はやせていて、身長1.5メートルにもたりなかった。彼は爆裂によって吹きたおされた。

　すると、この日本兵はふたたび立ちあがって、手にしていた銃剣を、敵に向けないで自分の腹へさしむけた。そして彼は、自分で腹をかき切ろうとしたが、まだハラキリをはじめないうちに、アメリカ兵のだれかが撃ちたおしてしまったのである。そのため、だれも切腹をおわりまでは見られなかった。

　しかし、日本兵はじつに頑強であったと言えよう。彼はまたもや起きあがったのだ。するとカービン銃をたずさえたアメリカ兵が、またこの日本兵に一発、撃ちこんだ。それからさらに三発も撃った。その最後の一弾は、この日本兵の真っ黒な頭の皮を3センチばかりはぎとった。彼は苦しみでのたうちながら死んだのである」

　このエピソードは、水際で上陸アメリカ軍を阻止しようとして配置についていた日本軍人のある種の覚悟を伝えている。

　このように日本軍はもちろん全員が自決をふくむ玉砕覚悟で戦っていた。数週間にわたる猛烈な砲爆撃の洗礼をうけては、アメリカ軍に勝てると思った者はいなかったにちがいない。

　とはいえ、その日の大がかりな夜襲では、アメリカ軍は休みなく照明弾を打ち上げ海岸一帯を真昼のように明るく照らし出し、夜襲の効果を半減させた。日本軍は陸でも海でも夜襲を最も得意としていたが、アメリカ軍は海上ではレーダー

によって忍び寄る日本の軍艦をとらえ、陸上では照明弾で部隊の動きを封じることができたのだ。

　敢闘精神は戦いには欠かせない。だが、大和魂の本領たる敢闘精神を最大限に発揮しても、勝てなくなっていた。アメリカ軍兵士のガッツも日本軍兵士の大和魂に優るとも劣らないものがあったが、彼らにはそのヤンキー魂を支える科学力と技術力と組織力と陸海空軍の巧妙な連携プレーがあり、その総合戦力は日本軍のそれを大きく上回っていた。

3　サイパン守備隊の玉砕

　アメリカ軍に押しまくられた日本軍だったが、6月27日（上陸12日）、アスリート飛行場に突撃したのが、組織的抵抗の最後といわれる。日本軍は後退をつづけ、サイパン最高峰のタッポーチョ山にたてこもり、押し寄せるアメリカ軍に抵抗した。

　アメリカ軍は日本軍の抵抗に手こずり、3日間にわたって一歩も前進できなかった。このため攻撃部隊長の第二七師団長ラルフ・スミス少将は更迭された。サイパンの戦闘は逐一アメリカ本土で報道されていたが、死傷者続出で世論が沸きたち、現地部隊はわかりやすい信賞必罰を公表する必要があったのだ。ラルフは別の師団長と後退させられたが、別に士気が低かったわけでもなく拙い指揮をやったわけでもなかった。日本軍の抵抗が想像以上に厳しかったということだ。

　タッポーチョ山が6月27日にアメリカ軍に占領されると、日本軍はなだれを打って北へ敗走した。ガラパンでは日本海軍部隊とアメリカ軍との市街戦が6月28日から5日間展開され、敗れた日本海軍部隊は北へ敗走した。

　日本軍はマッピ岬のある島の北端に押しこめられた。サイパンには約2万人の日本民間人が残っていたが、彼らも日本軍とともにマップ岬周辺まで逃れてきた。当時は日本軍と民間人は常に行動をともにしていたのだ。民間人は日本軍を絶対的に信頼し、頼りにしていた。もちろん、サイパンだけのことではなかった。

　サイパン守備隊の日本軍最高指揮官は海軍の南雲忠一中将（真珠湾を奇襲した空母機動部隊の司令長官。サイパンでは中部太平洋方面艦隊司令長官だった）。陸軍の最高司令官だった小畑英良中将はアメリカ軍が上陸したときサイパンを離れており、帰ろうとしたがグアムまでしか帰れなかった。

193

日本軍最期のときを迎えて、南雲中将以下陸海軍の最高首脳は地獄谷と呼ばれる司令部壕内で自決した（この壕跡は現在も保存されている）。南雲はこのとき、陸軍の最高司令官・斎藤義次中将と連名で、残存将兵に最後の玉砕突撃を命じて、自決したのである。

　その命令書は謄写版で印刷され、壕の外を通る将兵に手渡されていった。

　サイパン守備隊で最も戦力がまとまっていたのは、名古屋で編成された第四三師団（1943年5月編成。静岡・名古屋・岐阜でそれぞれ編成された歩兵連隊で構成）だが、師団長でかつ北部マリアナ地区集団司令官・斎藤義次中将は早くも7月3日、大本営にたいして、「軍は最後の一兵迄陣地を死守、玉砕せむとす」と電報を打った。

　斎藤師団長の電報は前文では自分たちの微力と「陛下の股肱（君主の家臣、天皇の頼みとする将兵）」を多く失ったことを詫びているが、最後にはちょっと怨みがましい繰り言が添えられていた。それはもっと航空支援が欲しかったこと、素質の良い指揮官がもっと欲しかったことである。斎藤中将は、負けるにしてももっと戦えるはずだと思っていたにちがいない。

　以下、原文をあげてみると、

　「航空機の増産活躍を望みて止まず。軍の精否は一に指揮官の如何に依る。大隊長以上の選定に留意を望み、皇軍の隆昌（天皇の軍隊がますます強くなること。当時の慣用句）を祈りて、聖寿の万歳（天皇陛下がいつまでもお元気でいらっしゃること。当時の慣用句）を唱う」

　守備隊への玉砕命令は「サイパン島守備兵に与える訓示」と、「サイパン島守備隊将兵に与える命令」の二本建てになっていて、「訓示」の最後の部分は、次のように戦陣訓の「生きて虜囚の辱めを受けず」を引用している。アッツ島玉砕のおり、山崎守備隊長も引用していたが、ストレートなこの表現は玉砕命令を出すうえで、非常に効果的だったのだろう。

　「今や止まるも死。進むも死。人の死生は須らく其の時を得て帝国男児として本懐なり。今ここに米軍に一撃を加え、太平洋の防波堤としてサイパン島に骨を埋めんとす。戦陣訓に曰く『生きて虜囚の辱めを受けず。』。勇躍全力を尽くして従容として悠久の大義に生きるを悦びとすべし。茲に将兵と共に聖寿の無窮（天皇陛下がいつまでもお元気でいらっしゃること。"聖寿の万歳"と同じで当時の慣

194

用句)、皇国の弥栄（天皇が統治する日本がいよいよ栄えること）を祈念しつつ
敵を索め進発す。続け」

　そうして「命令」の第二項は、「サイパン守備隊は先に訓示せる所に随い、明
後7日（1944年7月7日）、米鬼（日本は開戦前から鬼畜米英と呼び、敵愾心
を高揚させていた）を索めて攻勢に前進し、一人克く十人を斃し、以て全員玉砕
せんとす」と命じている。

4　バンザイ突撃とサイパン守備隊の玉砕

　玉砕命令は口伝えに生き残りの将兵に伝えられ、当日は約3000人ほどがマッ
ピ岬から約5キロ南方のマタンシャに集結した。サイパン戦に終始従事した加賀
学氏によると、当時、島の北部に追いつめられていた日本軍将兵は一万人をくだ
らなかったというが（『太平洋戦争写真史　サイパンの戦い』）、3000人という
のは歩ける者のすべてであったろう。

　加賀氏はこのときの様子を、「大半は何のための集合かも知らず『ガラパンに
友軍が上陸するから、北方からも進撃する』とか『玉砕突撃だ』『ガラパン奪回だ』
とかささやかれていた。そうして集まった"最後の兵"たちも、小銃を持つ者は
少なく、特科兵（大砲や戦車などの兵）や軍属は竹竿や木の枝に鉄棒や帯剣を付
けた槍を持ち、素手の者は腰に手榴弾を吊っているのみというありさま」と描写
している。

　3000人は3つのグループに分かれ、それぞれ生き残りの左官クラス（少佐、
中佐、大佐）が指揮し、ガラパンのアメリカ軍陣地へ向けて突撃した。

　指揮官の一人だった平櫛孝氏（第四三師団参謀、中佐）は次のように書いている。
　「（1944年7月7日）午前3時30分を期し、ワーッと喚声をあげて米軍に向
かって突進した。……私とともに山際を進む者は約千名、小銃を持たぬ兵もいる。
この突撃は、はじめからその効果を期待しない突撃だ。世によく"万歳突撃"と
いうが、そんな浅薄なものではない。アメリカ側は"狂気"というが、むしろそ
れに近い。

　しかし、病的な狂気ではない。十分に己をコントロールして、誰からも強いら
れたものではない『狂気のごとくみえる本心』からの行動である。したがって突
撃前進の姿勢も大きい。敵との距離が150メートルにせまっても誰も伏せをし

ない。

　アメリカ側でも、この戦闘の基本動作以前の突撃に面食らったのか、たちまち今までの静寂を破って、赤、白、緑、黄の曳光弾とともに機関銃をアメあられと撃ちこんできた」（「第四十三師団サイパン玉砕戦」『別冊　丸―玉砕の島々　中部太平洋戦記』所収）

　万歳突撃の部隊はガラパンまでは行き着けず、手前のタナバク港あたりまでが精一杯だった。万歳突撃で撃ち殺された日本軍将兵の死屍累々の様相を観察したロバート・シャーロッドは、自決者が多かったことを見届けている。彼はタラワの凄惨な玉砕戦も取材しているので、それとの比較も試みている。

　「この日本軍の大逆襲がおわったとき、山と重なった日本兵の死体は、タラワ島の玉砕戦の場合よりもさらに密度が高かった。

　すなわち、幅300メートル、長さ約2000メートル足らずの場所に、およそ2000名の日本兵の死体が横たわっていたのだ（敵軍の死体に関する数字はつねに推量によるものであった。）そしてある場所では、これらの死体は四段に高くかさなりあっていた。私の推測では、4人のうち1人の割合で自殺をとげていた。そしてここでも、自殺の証拠は右手と胸部が吹飛ばされた、死体からなくなっていることであった」

　「……鉄道の土手の反対側には、少なくとも40名の日本兵の死体が、これまた地上に横たわっていた。しかし、その付近に小さな家があり、その床下にはさらに何人かの日本兵の死体があった。私は死体の数を六個までかぞえたが、たぶんそこには1ダースぐらいあったであろう。

　私の見たこれらの死体は全部、自決をしたものであって、いずれも自分の手投げ弾によって、その右手はもぎ取られ、胸部または首は吹き飛んでしまっていた。この家は、床下が地上からわずか60センチたらずしかあいていなかったが、しかしこれらの日本兵は自らの生命を断つまえに、この低い床下にもくりこんで、のたうちまわる覚悟をきめたのであった」（前出『死闘サイパン』）

　万歳突撃に参加した者で生き残った者はほんのわずかだった。アメリカ軍が日本軍突撃路を中心に死体を収容したところ4311人分あったという。万歳突撃の前に戦死した者も多数含まれていたのだろう。

　前出の平櫛氏は意識不明のところ救出され、アメリカ海軍の軍艦内で一命をと

りとめた。輸血が必要だったが、アメリカ軍が用意した血液はアメリカ兵優先の原則があり、使えなかったようだ。平櫛氏はどうやって生きのびられたのか。

「軍医がこの軍艦内の水兵のなかから、生血を提供するものをつのった。そして私（平櫛氏）に輸血してくれたのが、いま私のかたわらで拳銃を持って立っているプエルトリコ人の水兵だったのだ。

私が意識を蘇らせたとき、白い歯をみせて大声で軍医を呼んでくれた。このときの彼の顔は永久に忘れられない。

その後、私がハワイに収容されてから、望みがかなってこのプエルトリコ人と再会することができた。彼はその名をフェルナンドといった。私の感謝にたいして、無口の彼は『神のみこころのままに』とくりかえすだけだった」

サイパンの戦いで玉砕した日本軍は4万1244人という。陸軍が2万6244人、海軍が約1万5000人である。日本軍守備隊は陸海軍合わせて4万3682人いたとなっているから、捕虜となり生還できた者は2438人という計算になる。その後のさまざまな事情もあっただろうから、2000人前後がサイパン玉砕戦を生き延びたのではなかろうか。すさまじい玉砕戦だった。もっとも日本軍の戦死者のなかには、サイパンに輸送されてくる途中で撃沈され溺れて死んだ将兵2274人はふくまれていない。

一方アメリカ軍は戦死3441人、負傷1万1465人という（数字は戦史叢書『中部太平洋陸軍作戦〈1〉マリアナ玉砕まで』）。

5　繰り広げられた日本軍による一般民間人殺害
－マッピ岬から身を投じた日本民間人は最低でも8000人か

最後になったが、サイパンに残留していた日本民間人約2万人の最期に触れる。

民間人はアメリカ軍上陸に備えて、「あめりか丸」「さんとす丸」（第一次1944年3月3日）、「千代丸」（第二次5月31日）で引き揚げたが、「あめりか丸」「千代丸」はアメリカ軍潜水艦の魚雷攻撃を受けて沈没した。乗客は大半が行方不明といわれる。

残留した2万人は、先にもふれたように日本軍とともに北部へ逃れた。日本軍の指導もあったし、民間人もまた軍を絶対的に信頼していたのである。多くの人が軍人さんと運命をともにしようと考えていた。玉砕を覚悟していたのは、軍人

だけでなく一般国民もそうだったのであり、サイパン戦はそのことが最初にはっきりあらわれた戦場だった。

すなわち、マッピ岬に追い込まれた民間人は、岬から次々に身を投げて自決した。あるいは断崖を降りて円陣を組み、手榴弾で「集団自決」した。ある者は幼子を抱えて入水して命を絶った。日本民間人の玉砕の模様は、アメリカ軍の見ている前で繰り広げられた。

「その断崖の上には、拡声器がいくつもすえつけられていた。そして（一日中）すでに投降した残留日本民間人たちが、同胞にむかってよい待遇を受けられることを保証し、投降するように大いにすすめたのである。しかし、それでも日本人の自決をとめることはできなかった」とロバート・シャーロッドは書いている（『死闘サイパン』）。

多くの日本民間人が身を投げたマッピ岬は、当時からバンザイ・クリフと称されるようになり、今日に至っている。

当時小学校五年生だった久永義仁氏は『サイパン島で体験した「戦争という地獄」』のなかで、次のように回想している。軍人を信じて北上した一家が、なぜ日本軍に見切りをつけ、脱出を決意したか、悲しみと憤りをこめて書いている。少し長いが引用する。

「私たち家族は命からがら落ち延び、島の北端の崖にある洞窟を見付け身を潜めた。そこには、敗残の兵隊が20名ほど隠れていた。

水もなく餓えとの闘いが何日も続いた。洞窟の外では、米軍の砲弾が炸裂し、走り回る戦車のキャタピラ音、機銃の掃射音、火炎放射機の焦げた油の臭い等で、この世のものとは思えぬ惨状がくりひろげられていた。蒸し暑い洞窟の中で二歳になる甥は水を欲しがっている。"オブー"と小さなしのび泣く声で水を求めた。

その声を聞き、兵隊達は異様な目付きで私たち家族を取り囲み、口々に『その子を殺せ、敵に見つかる』と迫ってきた。姉は『わが子は殺せません。どうか堪忍してください。』と必死に頭を下げ哀願した。すると、その中の兵隊が『よし、俺が殺してやる』と姉から子をもぎとりゲートルを首に巻きつけた。地獄の中で地獄を見たが、父も母もどうすることもできなかった。みな死を覚悟していたからだ。家族はただおろおろし、なす術もない。私はぐったりなった幼い甥の名を叫び、体をさすり、生き返ってくれと神に祈った。姉はだんだん冷たくなってい

く我が子を、いつまでも抱き締めていた」

　ロバート・シャーロッドの『死闘サイパン』のなかには、日本兵が子供に狙いをつけて撃とうとした光景を書き残してある。

　それは4人家族が断崖からまさに投身自殺をはかろうとしていたときに起こったものだという。

　その一家は断崖の淵まで進みながら、最後の決断をためらっていた。すると、洞窟に潜んでいた日本兵が、まず父親を撃って倒した。次いで第二弾が母親に命中した。父親は崖から転落した。しかし母親は、「岩の上を十メートルもからだを引きずるようにはっていった。それから、鮮血にまみれながらのたうちまわった」という。さらにシャーロッドは記す。

　「狙撃兵はいよいよ、残る子供たちを狙って撃とうとしていた。一人の日本人の女が岩の上をかけだして、その子供を射程外に連れさった。狙撃兵は憤然として洞くつから歩いて出てきたが、たちまち待ちうけたアメリカ兵の数百発の弾丸の下にどっとたおれてしまった」

　先に引用した久永氏は、父親の勧めで母親と子供たちは洞窟から出た。子供を絞め殺された母親もいったんは出たが、断崖を登る体力がなく、再び子供の遺骸と父親が残る洞窟に舞い戻ったらしい。それっきり消息はわからない。

　久永氏ら母子は数日後に、米軍に発見され手厚く保護され生還できた。

　そして次のように訴えている。

　「日本軍は『投降する者は後ろから撃つ。民間人は米兵に捕まると女は陵辱され、男、子供は銃剣で殺される』と脅していた。日本軍は、勝ち戦の中国で犯してきたことを、今度は、米軍が同じくすると思い、言いふらした。信じた人々は、ジュネーブ条約があり、米軍が守っていることを知らず、知らされず、逃げ場を失った。婦女子は、米軍のスピーカーによる説得にも信ぜず、操を守って断崖から海中に身を投げ、自ら命を絶っていった。

　平和になった島は、いま同じ日本人が何も知らぬげに観光地となり、バンザイ・クリフは賑わっている。うち寄せる波は、身を投じた人々の断末魔の絶叫を飲み込んだまま、今も変わらず岩に砕けている。

　いつまでも、戦争体験を風化させないために、体験者は残酷な歴史の歯車に踏みにじられた証言者として、語り、書き、訴えたい」（『孫たちへの証言　戦争・

それからの私たち』所収）

　ここでいうジュネーブ条約とは俘虜（捕虜の正式な言い方）の虐待などを禁じた条約で、1929（昭和4）年に結ばれた。日本は署名はしたが批准はしないまま日中戦争、さらには太平洋戦争に突入した。太平洋戦争が始まったとき、このジュネーブ条約を守るのかという連合軍の問い合わせに、日本政府は「準用する」と回答した。しかし、実際にはほとんど適用せず、使役や虐待、殺害、国際赤十字の視察受け入れ拒否などジュネーブ条約違反が多かった。A級戦犯を裁いた東京裁判や、BC級戦犯を裁いた海外の軍事法廷で最も問題にされたのは、捕虜虐待と占領地住民虐待だったのだ。

　サイパンの戦いは、日本人が生活している地域ではじめて戦われた地上戦だった。日本軍人を信じてついてきた民間人が、隠れ家となる洞窟内で受けたむごたらしい仕打ちは、グアム、テニアンなどでも見られたが、最後の戦いとなった沖縄戦では大規模に発生した。

6　グアム島守備隊の戦い

　アメリカ軍はサイパンを完全占領すると、グアム島の攻略にとりかかった。アメリカ軍としてはかつての領土であるグアムを奪回しようとしたわけである。

　グアムは、ミクロネシア（マリアナ諸島、カロリン諸島、マーシャル諸島、ギルバート諸島の総称。南洋諸島、または赤道以北だったので内南洋とも呼んだ）のギルバート諸島をのぞく島々が日本領に編入された（1919年、第一次世界大戦のベルサイユ平和条約で国際連盟委任統治領）あとも、唯一アメリカ領として残っていた。かつてスペイン領だったので、スペインからフィリピンとともにアメリカが買い取ったのだ（1898年、アメリカ・スペイン戦争の結果）。

　では、グアムの玉砕戦はどんな戦いだったのだろうか。

　アメリカ軍が上陸したとき、日本軍は陸軍が1万2816人、海軍が7995人といわれる。このうち本当に戦力になったのは陸軍の約1万人程度とみられる。海軍の8000人は大部分が警備隊、設営隊、航空部隊の飛行場勤務の部隊などで、本格的な戦闘部隊ではなかった。

　アメリカ軍は上陸部隊だけで5万5000人もいた。これだけで日本軍の約3倍から5倍、日本軍がアメリカ軍と同じ装備をしていても勝てない兵力である。ア

200

第6章　南洋戦・フィリピン戦の戦闘経過と戦闘行為

メリカ軍の強みは、陸・海・空（陸軍と海軍の航空部隊）が連携した組織的攻撃だった。グアムの日本軍陣地は1944年6月末からの航空爆撃でごく少数を残してほとんど軍事施設は壊滅していた。上陸地点の椰子の木や樹木もまったくなぎ倒されていた。

日本軍の作戦は"敵を水際で撃滅する"だった。海岸で食い止めるのだ。

1944年7月21日早朝、アメリカ軍は100隻近くの上陸用舟艇で海岸をめざした。日本軍は十分に海岸近くまで引きつけてから、残り少なくなっていた大砲で、一斉に砲撃した。上陸用舟艇はいっせいに回れ右をして沖へ帰っていった。水際作戦成功と思われたが、じつはこれがワナだった。どこに大砲があるかを知ったアメリカ軍は航空機を飛ばして爆撃し、それが一段落すると戦艦から砲弾のアメを浴びせた。サイパンで味わった苦戦の二の舞を避けるアメリカ軍のほうが一枚上手だったのだ。

こうして本格的な上陸をはじめたが、日本軍は死に物狂いでアメリカ兵にぶつかっていった。ある中隊（奈良で編成された歩兵第三八連隊所属第三大隊第九中隊）は380人全員が海岸で死闘を演じたが、一日だけで約半数が戦死した。ほかの中隊も似たような状況だった。戦闘初日で日本軍は少なくとも約半数、約5日間で8割近い戦死者をだしたと推定されている。

アメリカ軍も、獅子奮迅の日本軍の猛攻で上陸2日間で600人以上の戦死者だした（第三海兵連隊）のだから、それなりにアメリカ軍をあわてさせ、緊張させ、手強い相手だと思い知らせたのである。

海岸における死闘で大部分の戦力を失った日本軍は、とりあえず撤退して態勢を立て直すことになったが、「負傷で撤退できんものもいる。そういう人は自殺しました。自決もできない重傷者には、自分たち（軽傷者）が鉄砲で撃つわけにもいきませんから、軍医が空注射でも射とうかといってました。もう周りは米兵でいっぱいで、私らの部隊には豊橋の（歩兵第）一八連隊の人もいつの間にか入っていたりして、もうメチャクチャでしたわ。私は銃を杖がわりに、ふらふらと元気な人たちの後ろについて撤退したんです」（前記第三八連隊第九中隊の鶴見信二氏。平塚柾雄「マリアナ最後の戦い　グアム島の死闘」『別冊　歴史読本―孤島の戦闘　玉砕戦』所収）。

態勢をととのえて日本軍は夜襲を試みたが、アメリカ軍は照明弾を休みなく撃

201

ちあげて、「もう真昼のような明るさだった。突撃する前からバンバン砲撃されて、白兵戦なんてんじゃなく、こっちだけがやられたような感じ」だった（歩兵第三八連隊工兵准尉・山本浅次郎氏。前出「グアム島の死闘」）。サイパン戦でも日本軍の夜襲は照明弾によって動きを封じられたが、グアムでも同じだったのだ。

　グアム島守備隊の最期は意外に早く訪れた。アメリカ軍上陸第５日目の７月２５日、マンガン山攻防戦が最後だった。

　本来ならサイパンで指揮をとるはずだった第三一軍司令官・小畑英良中将は、視察途中でアメリカ軍のサイパン上陸を知り、サイパンに帰れずグアム島で指揮をとっていた。小畑軍司令官は７月２５日の攻撃が「成らざれば麾下（指揮下の）陸海将兵と共に茲に玉砕するに決す」と大本営に打電したが、大本営は玉砕はしばらくまって持久戦をやってくれと要請した。

　このマンガン山総攻撃における日本軍の兵力は正確にはわからない。たとえば、歩兵第一八連隊はアメリカ軍上陸時に2000人はいたのに300人ぐらいしか戦える兵隊は残っていなかったが、グアム島には戦闘の中核となる部隊として歩兵連隊が二個、独立歩兵大隊が四個、独立混成連隊が一個はあったのだから、まだ5000人を超える規模の"歩ける兵隊"が残っていたと推定される。

　日本軍はこの総攻撃で白兵隊を挑むつもりだったが、アメリカ軍はその手には乗らなかった。アメリカ軍は日本軍には近寄らず迫撃砲と機関銃で攻撃した。日本軍にも機関銃ぐらいは少しは残っていたが、ほとんど効果はない。日本軍には死傷者が続出した。

　日本軍にもいちおう野戦病院（洞窟内）もあった。あったけれども名ばかりとなっていた。砲弾の破片を身に受けて野戦病院へ行った宮川貞臣氏（独立混成第一〇連隊機関銃手）は野戦病院の様子を次のように話している。

　「百人くらい収容されていましたかね。と衛生兵が一升びんを二本抱えてきて『動ける者は突っ込め、動けん者は自決せよ！』というんです。自決できない者は俺が自決させてやる、ともいってました。足がふっ飛んだ者、手がふっ飛んだ者などさまざまだった」

　「外で整列していると、洞窟の中からボン、ボンという音がしきりに聞こえてくる。さあ、50人くらいはこのとき自決したんじゃないですかね」（前出「グアム島の死闘」）

7　グアム島守備隊の玉砕と日本軍による民間人殺害

　マンガン山総攻撃で日本軍は約3000人が戦死したといわれる。グアム島の戦いも、負傷者を自決させ、処置（殺害）しながら進められた。3000人のなかには自決者も多かったものと思われる。

　自決させられた者は軍人だけではなかった。日本人民間人も同じ運命にあった。

　グアム島には民間会社の駐在員、農園経営者、その従業員の家族、慰安婦などがいたが、一部はアメリカ軍上陸前に日本へ送還された。その輸送船の大半はアメリカ軍潜水艦に撃沈されたが、戦闘が始まったとき、まだかなりの民間人が残っていた。

　戦車第九連隊（第三一軍直轄部隊、戦車十数台に約330人ほどの兵力だった）の水田一一氏（中隊長付伝令兵）は伝令の途中、民間人を引率している憲兵隊に出会った。

　「そこのリーダーと知り合いだったんで、憲兵隊が引きつれていた300人くらいの女や子供を誘導することになった。ところが高原山（サンタローサ山。グアム島北部のジーゴ付近）の方だったと思うけど、すごい断崖のとこでやね、まだ戦うことのできる男は残して、憲兵隊は女や子供たちに飛び降り自殺をさせた。飛び降りることもできん人間が30人ほど残ったんだけど、憲兵はその人たちの手を数珠つなぎにして、その真ん中に手榴弾を投げたんです。みじめだったなあ。手榴弾がたくさんあれば、まだ楽だったかもしれないけど、すこししかなくてねえ、すぐに死にきれん人はみておられなかったです」

　「また、某憲兵少尉から『赤ん坊が泣くと敵にわかる、子供は海に投げ捨てろ』といわれたものの、さすがに自らの手ではできず、軍医に『薬で赤ん坊を殺してください』と集団で申し出た母親たちもあった。歩兵第三十八連隊第三大隊付の吉田重紀さんも、母親に頼まれた一人だったが、もちろん吉田さんは薬もやらなければ、要望も受け入れなかった」（前出「グアム島の死闘」）

　さて、日本軍守備隊は大本営の意向を受けて玉砕を避け、持久戦を行うことになった。持久戦といってもいわゆるゲリラ戦に徹したわけではない。戦場ごとの戦い方は死を選ぶ全滅戦だった。

　たとえばマンガン山の西方にあるオテロ半島（日本軍は表半島と表記）では、

7月26日夜襲を行ったが、「日本軍は装備兵器のほか、熊手、杖、野球用バットおよびビンの破片等をもって、喚声をあげながら突進してきたが、その大部は戦死した」と米軍は記録している（米海兵隊公刊戦史『グアム島の奪回』）。これはほとんど玉砕のための突撃であった。

守備隊は島の北方に後退して又木山（日本軍が命名、以下日本風の地名は同様）に陣地を築いて最後の抗戦を行うことになった。その南7、8キロのところに平塚とか春田という防御陣地に適したところがあり、残存部隊の大半はそこでアメリカ軍の進撃を阻止しようとした。

春田陣地にアメリカ軍（戦車十数両、約2000人）がやってきたのは8月2日である。守備隊はまだ残っていた野砲や歩兵砲で応戦し、戦車二両を破壊し、歩兵100人ばかりを倒したが、最後になると「わが将兵は手榴弾をもって（戦車に）肉薄攻撃し、混戦のうちに夜を迎えた」

平塚にも8月3日、アメリカ軍が押し寄せた。

「わが砲兵は戦車を猛射してその数十両を擱座させ（動かなくさせる）、また数台を破壊したが、わが砲兵も米軍戦車のためついに全滅してしまった。守備部隊は、機関銃と肉弾をもって応戦したが、多大の損害をうけて夕刻となった」（春田、平塚各戦場の模様は戦史叢書『中部太平洋陸軍作戦〈1〉マリアナ玉砕まで』から引用）

"手榴弾で肉薄" "攻撃肉弾をもって" は、玉砕戦の常套手段であった。戦車に体当たりをするのだ。

又木山の軍事令部も最後のときを迎えようとしていた。小畑軍司令官は8月10日、天皇陛下と大本営へ訣別の電報を打った。日本陸軍では師団長以上は親補職といって、天皇から直接任命されている身分だった。統帥上からも師団長や軍司令官は天皇に直属している。小畑軍司令官が天皇に直接別れの言葉を述べてもおかしくない。

天皇への訣別電報の最後は "最後の決戦" を行う決意を述べて次のように締めくくられていた。

「数多陛下の赤子（国民を天皇の子供と見た表現で当時の慣用）を失い、且今や武器なく弾丸尽き糧食なく、所期の完遂絶望に帰せんとす。寔に申し訳なし。茲に意を決して生存将兵全員と共に、明十一日最後の決戦を行わんとす。

204

終わりに臨み、両陛下の万歳と皇国の隆昌を祈り奉る」

大本営に対しての電報には次のような文言がみられる。

「指揮官少なく兵又斃れ、武器壊れ弾丸尽き、唯空拳あるのみ。大宮島（グアム島の日本名）確保の希望は絶れんとす。茲に生存者全員と共に又木山陣地に於て、明十一日最後の決戦を決意す。ただ大宮島玉砕の報により、本国国民の士気沮喪せんことを憂うのみ。我等一同の魂は永久にこの島を守り皇国の安泰を祈る。

幾多戦没将兵の遺族に対しては、誠に気の毒に堪えず。国家より援助の道を講ぜられんことを特にお願いす。生存将兵は一同士気旺なり」

又木山陣地は8月11日早朝から激しい攻撃にさらされ、日本守備隊は小銃と機関銃で応戦した。午前中はなんとかもちこたえたが、司令部壕では昼過ぎになって小畑軍司令官以下が自決した。捜査したアメリカ軍は指揮所洞窟内に60人以上の死体を発見したという。

ふつうはこの日をもってグアム島守備隊の玉砕とされている。小畑軍司令官の訣別電報がとどいた10日を玉砕日としているところもある。

グアム島の玉砕はサイパンのような派手なバンザイ突撃で終わったのではない。まだ数千人の、どうにかこうにか戦える将兵が残っており（1944年10月末でも2500人という）、彼らは十数人グループを組んでゲリラ戦を長くつづけた。日本降伏となっても終わらなかったが、"敗戦兵の主力"59人がジャングルから出てきたのは1945年9月12日という。

グアム守備隊の戦死者は陸軍が1万1710人、海軍が7425人で合計1万9135人だった。グアム島へ輸送される途中で輸送船が撃沈されて海中に没した将兵が1657人もいるから、それも加えると2万792人になる。捕虜となったのは陸軍734人、海軍570人、合計1304人にすぎなかった。

アメリカ軍の戦死者は1290人、行方不明者は145人、戦傷者は5648人という。

しかしながら、日本降伏後15年たった1960年5月、2人の兵士（皆川文蔵氏、伊藤正氏）が住民に発見・保護され、さらに27年後の1972年1月、横井庄一氏が住民に発見されて保護された。3人とも日本降伏の事実をはっきりとは知らなかったし、アメリカ軍の捕虜となることを最後まで恥と思いつづけて、ジャングル生活をつづけていたのだった。横井庄一氏が日本に帰国したときの第一声「恥ずかしながら帰って参りました」は、「生きて捕虜の辱めを受けず」と徹底的

に叩きこまれていた当時の日本軍将兵を象徴する言葉であった。

8　テニアン島守備隊の戦闘

サイパン島とグアム島はかなり離れているが、テニアン島はサイパンのすぐ南にある。わずか4キロしかないサイパン水道をへだてているだけだから、サイパン南端からテニアンへ砲撃すれば届く距離である。実際にアメリカ軍はサイパン戦を戦いながら、牽制の意味もこめてさかんに砲撃した。

しかし、実際にテニアン島に上陸したのはサイパン、グアムに続いていちばん後になった。

上陸は遅かったけれども、テニアンの日本軍陣地に対する爆撃は6月11日（1944年）から始まっていた。実際の上陸は7月24日だった。

テニアンの面積はサイパンの約半分、北端（サイパン側）から南端まで20キロもない。いちばん高いところが172メートルのラソー山であることからみても、だいたいは平坦である。戦前は「一万町歩（約一万ヘクタール）の島は東西南北に整然と区画され、実に九千町歩の蔗園（サトウキビ畑）が栽培されていた（中島文彦「不沈空母の最後　テニアン基地の玉砕」『別冊　知性―太平洋戦争の全貌』昭和31年7月刊）。

そのテニアン製糖工場は東洋第二の規模を誇っていた。

平坦だから飛行場建設に適していた。太平洋戦争が始まる前から日本海軍の飛行場がさかんにつくられ、戦争中には四つの滑走路が完成した。第一航空艦隊という基地航空部隊だけで編成された部隊が1944年春になってマリアナやトラック方面に広く進出したが、その司令部がテニアンに置かれたのは理由のあることだった。

しかしながら、先にも触れたように、その日本海軍航空部隊は、アメリカ軍がサイパンに上陸する前に壊滅してしまった。テニアンには第一航空艦隊司令長官・角田覚治海軍中将と司令部要員（約200人）、飛行機はなくなったが、飛行場勤務の部隊が取り残されたいた。その兵力が4110人いた。もちろん、こういう海軍兵力は本格的な地上戦は戦えない。

戦闘能力のあった陸軍部隊は第二九師団（名古屋で編成）所属の歩兵第五〇連隊（長野県松本で編成）の4001人だった。合計約8000人ではいかにも少ない

というので、在島の民間人のうち 16 歳から 45 歳までの男性を集めた 3500 人の義勇隊を編成した。

アメリカ軍上陸時、テニアンには 1 万 3700 人の日本民間人、朝鮮人 2800 人が残っていた。日本民間人の 7 割は沖縄県出身者だった。砂糖産業が盛んだったので、住民も多かったのだ。

7 月 24 日、アメリカ軍は南のテニアン湾に上陸する動きをみせた。守備隊は大あわてでそちらへ部隊を移動させたが、これは陽動作戦だった。日本軍の反撃で上陸用舟艇の一団は反転し、守備隊が歓声をあげているうちに、本隊は手薄になった北西海岸に上陸した。兵力は 2 個海兵師団の 5 万 4000 人。やはり圧倒的な兵力だった。

アメリカ軍は日没までに幅 0.8 キロ、奥行き 1.6 キロの橋頭堡を築いた。日本軍はその日夜襲をかけたが、照明弾に照らされた "真昼の戦場" に浮かび上がった日本軍将兵は狙い撃ちされ、1200 人の死体を残して撤退した。

この直後、角田海軍中将は軍令部次長宛に電報を打っている。軍令部というのは全海軍部隊を指揮する中枢機関（正しくは統帥者・天皇の海軍幕僚の機関）で、次長はそこのナンバー 2 である。

アメリカ軍がいかに日本軍の夜襲に対して用意周到な準備を行っているかを報告している。角田司令長官もはじめてアメリカ軍と地上でまみえて、びっくり仰天のようだ。

「（アメリカ軍は）厳重なる警戒陣地に鉄条網、聴音機を有す。我が方の近接を聴知するや、戦車、迫撃砲、自動火器を以て猛烈に射撃、更に近接するや、火焔放射器を極度に使用、而して（それから）此の間、周囲の艦砲、陸砲を以て、終夜間断なく照明弾を打揚ぐ。更に各種弾丸をおしみ無く使用し、威嚇射撃を実施（上陸開始前日よりテニアン全島に対する此の種発射弾概数毎夜三〇〇〇発を下らざるなし。ラソー当司令部所在のみに対しても六〇〇発及至一〇〇〇発発射）、我が方の夜間行動を拘束すること極めて大なり。

二十五日我が陸軍夜襲失敗後、連隊長血涙を流して曰く、『我が兵は勇敢なり、然れども敵の装備はそれ以上なりき』と」

9　テニアン島守備隊の玉砕、民間人に対する玉砕命令と住民殺害

　上陸するアメリカ軍を海岸で食い止めるという戦法は、サイパンでもグアムでもとられたが、ここテニアンでも基本的な戦術だった。しかし、やはりアメリカ軍の堅い防御、圧倒的な火力の前に敗れた。

　テニアン守備隊は南端のカロリナス高地をめざして後退しはじめた。それを追うアメリカ軍機は、新兵器ナパーム弾を投下した。全部で34発というが、空から数千の火焔放射器で攻撃するようなもので、戦場一帯の人も木も草も、広い範囲で焼き尽くされた。地上の守備隊はなす術がない。

　7月28日（アメリカ軍上陸5日目）、角田海軍中将（海軍部隊最高指揮官）、緒方敬志陸軍大佐（歩兵第50連隊長・陸軍部隊最高指揮官）の名で、陸海軍両大臣、大東亜大臣宛にサイパン在島の民間人に関する電報が入った。

　大東亜大臣というのは大東亜省のトップだが、満州国・中国南京政府（ともに日本の傀儡国家）や太平洋戦争で占領した東南アジア各地域（名目的ながら独立国となっていたフィリピン国、ビルマ国、タイ国のほか、軍政が行われていたマレー、シンガポール、インドネシアなど）を管轄する準外務省である。それらの国や地域は占領地とはいえ外国だが、原則的には外務省には手をふれさせなかったわけである。それが太平洋戦争の目的として掲げた大東亜共栄圏建設の一面だった。

　それはともかく、その電報では先にふれたように3500人の義勇隊を編成して戦わせているということと同時に、次のような注目すべき部分があった。

　「支所長代理（南洋庁北部支庁テニアン出張所長代理）、在住邦人幹部を合わせ（以下25字不明）老人婦女子は集合の上、爆薬により処決す。尚支所長は敵サイパン上陸前にサイパン島に出張、未帰還」

　このとき「爆薬で処決（殺した）」した老人婦女子が何人だったかはっきりしない。実際には多くの老人婦女子がアメリカ軍に保護されたから、全員ではなかったことは幸いだった。この命令は、日本軍による玉砕命令である。

　爆薬で殺された日本民間人のほか、軍の玉砕命令に従って一家で自決した家族も少なくなかった。現在、沖縄県浦添市在住の宜野座朝憲氏は沖縄県の南洋諸島帰還者会会長をつとめているが、氏の一家もテニアンで全員自決のやむなきに

第6章　南洋戦・フィリピン戦の戦闘経過と戦闘行為

至ったという。氏はパラオ島の中学校に通っていて留守だったので、ただ一人生き残ったのだ。

サイパン、グアム、テニアンの玉砕戦はこのように日本軍による民間人殺害と民間人の玉砕をともなっており、日本軍は老人・女性・子供にも容赦なく死を選ばせたのである。それが日本人としてのつとめであり、愛国心の発露であるという理由で……。

ではテニアン守備隊の最期はどうだったのか。

陸軍守備隊長・緒方敬志大佐が最後の電報を、大本営とグアム島でやはり玉砕戦を戦いつつあった第三一軍司令官・小畑英良陸軍中将に発したのは7月31日だった。そこでも、重傷者を処置したこと（自決させた、殺した）、部隊もこれから玉砕することなどが明記してある。

すなわち、「守備隊は陸海軍協同一致、奮戦敢闘せしも、将兵相次いで殪れ、最後の処置を終了し、最高指揮官を先頭に近く最後の突撃を敢行せんとす。部下将兵の勇戦にも拘わらず小官の指揮拙劣なりし為、テニアン守備の任務を果たし得ず。光輝ある軍旗と歴史ある陛下の連隊と共に玉砕せんとす」

緒方大佐の率いる歩兵連隊は1905（明治38）年5月、日露戦争中に編成、軍旗を授けられた部隊だったのだ。それから39年後にテニアンで連隊の幕を閉じたわけである。

最後の玉砕突撃は8月2日24時（3日午前零時）、残存部隊と義勇軍合わせて約1000人だった。

場所は南端のカロリナス台一帯のアメリカ軍陣地にたいしてだったが、戦車に向かって手榴弾を投げつけるもの、爆雷を抱いて体当たりするもの、白刃を振るって突進する者などさまざまだった。アメリカ軍は、迫撃砲、火焔戦車（火焔放射器を装備した戦車）、機関銃で日本軍を寄せつけなかった。海軍の第一航空艦隊司令長官・角田中将も手榴弾を握って司令部壕を出たが、それっきり消息を絶った。

この日をもって守備隊の組織的抗戦は終わったが、実際にはなお4000人程度が生き残っており、終戦までほとんど投降することなく抗戦した。切り立ったカロリナス岬の断崖からは、生き残った日本民間人が相次いで投身自殺を図った。

アメリカ軍はサイパンのマッピ岬におけると同様、投降を勧告し、保護されることを拡声器を通じて呼びかけた。

日本が降伏した後も相当数が敗戦を信じないで投降を拒んだが、サイパンやグアムから生還日本軍人を呼んできて説得に当たらせ、投降させた。日本降伏前の捕虜は252人、終戦後に投降した61人を加えて合計313人である。

　かくしてテニアンでは、8111人の日本軍将兵の7798人が戦死。義勇軍として戦い、戦死したり自決したり日本軍に殺されたりして死んだ日本民間人は約3500人だった。わずか9日間の戦闘で合計1万1298人が戦没したのだ。

　アメリカ軍の戦死者は戦死389人、重傷者1816人という。

第5　パラオのペリリュー島、アンガウル島の戦い

1　パラオにおける戦闘と一般住民被害

　1944年3月頃から、アメリカ軍は空母機動部隊によりトラック諸島やパラオ諸島など、日本軍の重要軍事拠点を激しい空襲を行い、空襲だけで壊滅・孤立させた。いちいち上陸して占領などしなくても、日本軍の航空基地は用をなさなくなっていた。

　そこで、アメリカ軍はパラオのコロール島や本島を占領しなかった。しかし、数千人の民間人が死亡した。

2　ペリリュー島の日本軍

　ペリリュー島の一角に、今も日本人が建立したペリリュー神社が残っており、そこには小さな石碑が建っている。文面は英語と日本語で刻まれているが、日本語は、「諸国から訪れる旅人たちよ、この島を守るために日本軍人がいかに勇敢な愛国心をもって戦いそして玉砕したかを伝えられよ」となっており、「米太平洋艦隊司令長官C・Wニミッツ」の名が刻んである。

　ニミッツ提督は、日本海軍でいえばいわば連合艦隊司令長官のような立場だった指揮官で、太平洋上で起こった日米の海戦や島々の戦いにおけるアメリカ側の最高指揮官だった。

　石碑に刻んであるペリリュー島の玉砕戦のスタートとなったのは、1944年9月15日のアメリカ軍の上陸だった。アメリカ軍ここにある飛行場を占領しにやっ

210

第6章　南洋戦・フィリピン戦の戦闘経過と戦闘行為

てきたのだ。

　アメリカ軍がサイパンや、グアム、テニアンを占領したのは、「超空の要塞・ボーイングB29長距離爆撃機」を飛ばして日本本土を空襲するのが目的だった。広島や長崎に原爆を落としたB29はテニアンから離陸したのだ。

　それに対してペリリュー攻略の目的は、日本が占領していたフィリピンを奪回するために、ここから爆撃機を発進させることだった。ペリリューは南北9キロ、東西3キロしかない小さな島だが、すでに東洋最大ともいわれた飛行場が日本海軍の手で建設されていたのである。

　上陸アメリカ軍は、ガダルカナル島上陸作戦（1942年8月7日）以来、数々の上陸作戦を行ってきた第一海兵師団2万8400人と、歩兵部隊合わせて約4万の兵力だった。

　対するペリリュー島の日本軍守備隊は、第一四師団（栃木県宇都宮で編成）所属の歩兵第二連隊（茨城県水戸で編成）の約3500人を中核としていた。第二連隊以外の陸軍部隊は、歩兵第一五連隊（諸馬県高崎で編成）の1590人などをふくめて約6600人、それに飛行機を失った飛行場勤務の海軍部隊（西カロリン航空隊）の約3600人、合計で約9800人だった（戦史叢書『中部太平洋陸軍作戦〈2〉ペリリュー・アンガウル・硫黄島』）。この一万足らずの陸海軍部隊を中川州男陸軍大佐（歩兵第二連隊長）が率いていた。

　サイパン、グアム、テニアンを占領したアメリカ軍は、余勢を駆って4日間の日程でペリリューを占領する予定で上陸した。

　しかしながら、第一波の上陸部隊は見事に撃退された。まず海岸付近の機雷が奏功をした。アメリカ軍は機雷掃討を完全にやらなかったらしい。第二には、海岸に張り付いていた少数部隊の驚異的な奮闘だった。極端にいえば「何万という敵兵の前で、わずか150名くらいで闘っていた」（飯島英一氏。平塚柾雄「米軍を驚嘆させた洞窟戦　ペリリュー島の玉砕」『別冊　歴史読本—孤島の戦闘　玉砕戦』所収　以下談話の引用同）が、1回突撃するたびに3分の1ずつ減っていき、それを3回くりかえした。「海岸までは2、30メートルぐらいなのだが、ずらっと生い茂っていた椰子の木はすでに砲爆撃で全部倒されていたから、10メート

211

ルも突撃すればもう殺したり殺されたりの白兵戦です」（飯島氏）

「アメリカの第一線は黒人が多いのか、かなり黒人が死んでいて、中には息の
ある者もいる。『こんなやつら銃で撃つのはもったいない』ということで銃床で
ぶん殴ったりもした。すると起き上がって拳銃を向けてくる者もいた。あるいは
傷ついた連中が椰子の木の陰に隠れているのを発見すると、彼らは拳銃を向けて
くる。こっちもやられてはたまらんからつぎつぎ倒していくうちに海岸へ出てし
まった。

海岸では敵味方入り乱れての白兵戦です。軽機関銃でね、ただ夢中で撃つ。や
らなければいかん、やっちぇえという気持ちだけです。やらなければ殺られるん
ですから、武器を持たないときの考えとはまるっきり違いますよ」（程田弘氏）

守備隊のこんな奮闘があって、アメリカ軍はいったん海岸から退いた。上陸
用舟艇 60 隻以上、シャーマン戦車 3 両、水陸両用戦車 26 両を失った。死傷者
は 1000 人を超えた。連勝を誇っていた第一海兵師団としてはめずらしい "敗戦"
だったのだ。

3　洞窟に拠る徹底抗戦

ではペリリュー守備隊は、最初から日本軍伝統の水際作戦（上陸部隊を海岸で
食い止める）をとっていたのだろうか。まったく違った。サイパン、グアム、テ
ニアンの各守備隊がとったような水際作戦では部隊が全滅するのが早いと判断し
て、堅固な洞窟陣地を網の目のように掘り、待ち受けていたのだ。

したがって、アメリカ軍が態勢を立て直し上陸してきたときはさすがに阻止で
きなかったが、守備隊は洞窟に拠って神出鬼没の切り込みを無数にくりかえした。

ときには占領された飛行場へ、豆タンク（3.2 トンの九四式軽装甲車）に歩兵
が鈴なりに乗って、突進したこともあった。アメリカ軍は無反動砲（対戦車砲）
やバズーカ砲で狙い撃ちした。木っ端微塵に吹き飛ぶ豆タンクもあれば、止まっ
てしまう豆タンクもあった。滑走路に転げ落ちた日本兵にアメリカ兵の自動小銃
が乱射される。日本兵はひるまずアメリカ軍陣地まで突進し、たどり着いた者は
銃剣で渡り合い、凄惨な殺し合いが展開された。

守備隊はこのようにして戦い、決して投降する気配はなかった。

中川守備隊長は毎日、ペリリュー本島のパラオ地区集団司令部へ戦況を無線で

第6章　南洋戦・フィリピン戦の戦闘経過と戦闘行為

報告した。それが大本営へ転電された。大本営はつとめてそれらを公表し、その
つど新聞紙上を飾った。太平洋戦争としては珍しく同時進行の大本営発表が行わ
れたわけである。

　ついには天皇も、「今日のペリリューはどうか」と側近に尋ねるほど、高い関
心をもって見守られた。戦闘中に守備隊に対する"御嘉尚"は11回におよんだと
いう。1回や2回というケースは少なくないが、11回とは異例だった。

　御嘉尚とは、「よくやった、満足だ」という天皇のおほめの言葉である。こう
いう場合は万難を排して部隊に伝達されたのである。ペリリューへは電報でだけ
だったが……。

　ペリリュー守備隊の上級機関であるパラオ地区集団司令部（集団長は歩兵第二
連隊直属の上司第一四師団長・井上貞衛中将）は、この戦いを一億の国民が見て
いる、この戦いが銃後の敢闘精神をどんなに奮い立たせているかなどと説き、早
まって玉砕するな、困難に耐えて持久戦に徹してもらいたいと電報をうち続けた
（井上中将はパラオ本島にいた）。

　そのころ守備隊長は、「水筒は三～五日迄制限（水筒への補給が3～5日に1
回の意味か）、喰い延し（炒米）塩と粉味噌とを以てする忍苦の生活を送ること
既に幾十日、此の間進んで忍苦に堪え、之を克服せんとする意気と闘魂の沸る所、
蓋しく集団の意気にして生命なるべし」と窮状を訴えていたのだ。

　頑張れと激励はされても、空からも海からも補給はなく、ましてや増援部隊も
送られなかった。そんな状況で徹底抗戦はついに3カ月におよんだが、守備隊の
戦力はついに尽きた。

　11月18日には中川守備隊長は事実上の訣別の辞を電報した。そのなかに次の
ような一節がある。玉砕覚悟の守備隊長の電報は当時の"愛国心に満ちあふれた
慣用句"で綴られており、格別に特徴のある言い回しではないが、それだけに死
を覚悟して戦っていた最前線の将兵がどんな使命感に立っていたかがよくわかる。

　中川守備隊長はいう。

「今其の大任を完遂し得ず、光輝ある軍旗と幾多の股肱（天皇の家臣、天皇の
部下）とを失い奉り、誠に申し訳なし。全員護国の鬼（国を護る霊魂）と化する
も、七度生まれて米奴を鏖殺せん（七度生まれかわってもアメリカの奴らを皆殺

213

しにいたします。七生報国という当時の愛国心的な慣用句をこのように言いかえてある）」

　歩兵第二連隊は 1874（明治7）年、日本陸軍に初めて歩兵連隊が創設され、軍旗を親授されたときの連隊の一つだった。日清戦争、日露戦争にも出征したのだから、たしかに光輝ある軍旗ではあった。

　続いて 11 月 22 日、中川守備隊長は軍旗と機密書類を焼却したことを、パラオ地区集団長に報告した。さらに 24 日、次の電報を打って中川守備隊長は自決した。

　《一、敵は（一一月）二二日来、我主陣地中枢に侵入。昨二三日各陣地に於いて戦闘しつつあり。本二四日以降、特に状況切迫、陣地保持は困難に至る。

　二、地区隊現有兵力、健在者五〇名、重傷者七〇名、総計一二〇名。兵器小銃のみ、同弾薬約二〇発、手榴弾残数、糧秣（食糧）、概ね二〇日を以て欠乏しあり（一一月二〇日でなくなった。）

　三、地区隊は、本二四日以降、統一ある戦闘を打切り、残る健在者約五〇名を以て遊撃戦等に移行、飽く迄持久に徹し、米奴撃滅に邁進せしむ。重軽傷病中、戦闘行動不能なものは自決せしむ。

　四、将兵一同聖寿の万歳を三唱、皇運（皇国、すなわち日本の未来）の弥栄を祈念し奉る。集団の益々発展を祈る》

　戦闘ができなくなった傷病者は自決させたとあるが、玉砕するとは報告していない。「50 人で！」持久戦等に移ると報告している。

　じっさいに持久戦法は、あらかじめ連絡していたように、通信を絶つという符丁「サクラ、サクラ」を打電し、中川守備隊長が自決したあとも延々とつづけられたのだった。

　もっとも日本降伏後、1947 年 4 月までゲリラ戦を行ったのは、中川守備隊長が "残存兵力約五〇名" と記したグループとは別のグループだった。彼らは司令部から遠く離れていたので、守備隊も玉砕も知らず、日本降伏も知らずに、かといって投降する意志は微塵もなく戦いつづけた。

　投降のきっかけとなったのは、海軍の第四艦隊参謀長だった澄川道男少将がアメリカ軍とともに終戦を告げ、出てくるようにと呼びかけたことだった。歩兵第二連隊第二大隊を中心とした 34 人である。

第6章　南洋戦・フィリピン戦の戦闘経過と戦闘行為

　ペリリュー島守備隊の戦死者は陸軍6632人、海軍3390人、合計1万22人という。捕虜となり生還した者は446人だった。この数字の合計は冒頭に示した守備隊総員より少し多いが、海軍軍属者を加えているからである。

　アメリカ軍は戦死1684人、戦傷7160人だったという。この数字に関して、ニミッツ太平洋艦隊司令長官は『太平洋開戦史』で要旨次のように記している。

　「ペリリューの複雑きわまる防備に打ち勝つには、米国の歴史における他のどんな上陸作戦にも見られなかった最高の戦闘損害比率（約40％）を出した。米軍はペリリューの掃討作戦中（フィリピン攻略のため）すでにパラオ諸島北端のコスソル泊地を使用し、あるいはペリリュー、アンガウルの両飛行場の使用を開始したが、これらの利便が死傷者合わせて1万名に及ぶ米軍人の犠牲と相殺したかどうかについては疑問の余地がある」

　軍事作戦の目的とそれに払った犠牲を比較し、その作戦に払われた犠牲に見合った価値があったかどうかは疑わしいと、冷静な分析をしている。勝者と敗者の違いもあるが、ニミッツの伝でいくと、日本側の作戦価値はいったいどう評価すればよいのだろうか。

　ともあれ、勝者の度量はニミッツ自身の言葉によって綴られた日本軍賞賛の石碑に凝縮されている。

4　アンガウル島、1200人の奮戦

　アンガウル島へアメリカ軍が上陸してきたのは9月17日（1944年）だった。ペリリュー島上陸から2日後である。

　アンガウル島はペリリュー島から11キロ南にあり、ペリリュー島の半分以下しかない小さな島だ。南北4キロ、東西3キロの燐鉱石がとれるこの小島は、たしかに飛行場建設には適していたが、日本軍はようやく建設にとりかかったばかりだった。

　ペリリューをとるのならアンガウルには上陸しないだろうとの判断もあって、日本軍は約1200人の兵力しか置かなかった。歩兵第五九連隊（栃木県宇都宮で編成。ペリリュー守備隊の歩兵第二連隊と同じ第一四師団所属）を中心とした陸軍部隊だ。

　最初に上陸したアメリカ軍は約2000人と判断され、守備隊は夜襲をかけて翌

215

朝までに海岸付近まで押し戻したという。しかしながら上陸予定のアメリカ軍（陸軍第八一師団）は2万1000人以上おり、ぞくぞくと後続部隊を上陸させて守備隊を圧迫した。アメリカ軍は大砲50門、戦車50両を持っており、戦力では量質ともに問題にならなかった。日本軍がもっているのは迫撃砲とか機関銃の類だったからだ。

守備隊はかねて築いていた鍾乳洞を利用してつくった洞窟陣地（複郭陣地）にもぐりこみ、少部隊による肉薄斬り込みを間断なく実施した。洞窟陣地へ下がるに際しても歩けない重傷者はその場で自決させ、あるいは介錯しながらの撤退だった。

自分で戦友の一人をピストルで楽にさせるよう命令されたという君島蒸彦氏（上等兵）は次のように書いている。

「（壕内に引きずりこんだ負傷兵に）『オーイ、しっかりしろ』と叫びつつマッチを灯したとたん、仰天した。臀部の肉がもぎとられて骨が露出し、血が吹き出している。手をほどこす術がない。みるみるうちに顔色が蒼ざめ、『殺してくれ、殺してくれ』と私の手を強くにぎりしめた。そばに居合わせた江口少尉が、私にピストルを手渡した。『君島、楽にしてやれ……』

私は躊躇した。上官の命令とはいえ、私の手で…。かたく握りしめていた手がいつしかほぐれ、蚊が鳴くような声で『ヨシコ…ヨシコ…』と知る由もない人の名を呼びつづけながら息を引きとった。私はうしろ髪を引かれる思いで英霊に合掌し、ふたたび複廓陣地をめざした」（「後藤大隊アンガウルに斃る」）

腿、腹、腕の3カ所に重傷を負った船坂弘氏（軍曹）は「衛生兵から自決するように言われ、手榴弾をもらい」戦場に放置された。しかし、船坂氏は自決することなく自力で鍾乳洞までたどりついたという（前出戦史叢書『中部太平洋陸軍作戦〈2〉』）。

こんな戦いで、守備隊はアメリカ軍上陸2日目の夕方には早くも半数を失ったのだった。

その後、10〜30人単位の少部隊による玉砕戦が相次いだ。9月末の守備隊陣地は島の北端に近い南北約300メートル、東西約150メートル、標高約30メートルの珊瑚山の鍾乳洞数個となった。

アメリカ軍は歩兵部隊を出してもむやみに戦死者が増えるだけだと判断して、

大砲や火焔戦車などによる攻撃を中心とするようになった。日本軍守備隊は無線機が壊れていたので、戦闘報告を兼ねて沖縄県出身の金城二等兵をパラオ本島に派遣した。命令を受けて金城二等兵は約90キロを泳いで無事にパラオ本島にたどり着いたという（10月12日ごろ）。報告を受けて井上貞衛集団長は海軍水上偵察機で無線機を投下させたが、守備隊に届くことはなかった。

5　アンガウル島守備隊の玉砕

アメリカ軍は、鍾乳洞から時折斬込隊を繰りだす守備隊に向かって、投降を呼びかける拡声器による放送を始めた。

日本軍将兵は呼びかけには応じなかったが、日本軍と行動をともにしながら戦ってきた島民186人が投降した。

もともとアンガウル島民は750人ほどいた。このほかの住民として日本人2600人、朝鮮人500人ほどが住んでいた。日本人はパラオ本島へ移され、島民の老人と婦女子も同様だった。健康な男子は軍夫として残されたのであり、それが約180人ほどだったらしい。

君島氏によると島民は投降を承知しなかったというが、投降の経緯を君島氏の前出「後藤大隊アンガウルに甦る」に見てみよう。氏もまた、コロール（地名）のバー「エバグリーン」のマダム、シシリヤ松子さんの回想をそのまま紹介している。松子さんも居残った一人だったようだから、健康な女性で軍夫として残された者もいたのだろう。

「最後の日が近づいたとき、松沢豊少尉（長野県出身、松子の憧憬の人＝君島氏の注）が島民を集め『お前達を道連れにすることはできない。これから米軍のところに行きなさい。これは大隊長の厳命なのだ』と言って投降を勧めた。もちろん私たちは一緒に死ぬつもりでいたから『残ります』といったら、『死ぬのは日本人だけでたくさんだ。俺のいうことがなぜきけぬのか』と最後には怒りだし、諄々と論した。島民は別離の涙で、10月1日2名、8日に87名、9日に90名、合計180名（原文のまま）が米軍に投降した。アンガウル島民はいまなお10月8、9日を投降記念日として、大隊長以下守備隊の英霊の冥福を祈りつづけている」

守備隊最後の総攻撃は10月18日真夜中だった。総勢130名という。しかしながらたいしたダメージを与えることはできないまま19日をむかえたが、19

日の夜襲で後藤丑雄大隊長が戦死、ここに組織的な抗戦が終わった。

　残存兵はその後も鍾乳洞に拠りながら抵抗をつづけた。前出、船坂弘氏が捕虜になった経緯は次のようだった。

　「自らも重傷のため、ついに死を覚悟し、最後に敵将に一矢を報いんものと、拳銃１挺、手榴弾６個を携行して、10月初め鍾乳洞を脱出、匍匐（はって前進すること）により数夜かかって青池北方を経て丹野灯台北方に進出、灯台付近の米軍前哨陣地（黒人部隊）を突破、南拓工場付近の米軍指揮所天幕諸に向かい単身突入したが、頸部を撃たれて昏倒、３日間意識不明のまま米軍に収容看護され奇跡的に蘇生し、昭和21（1946）年正月帰国した」

　君島氏のほうは、最後は飢えに耐えかね、海岸でコメカミに小銃の銃口をあて、「小銃の引金に葛で輪をつくり、足をかけた。そして目を閉じ、思い切り足をふんばった。カチッと音がしたが弾がでない。薬莢が湿錆（湿って錆びつくこと）していたのだ」

　そんなふうな幾日かのち昏睡状態に陥った。そんな状態のまま捕虜となったという。米軍の野戦病院のベッドにくくりつけられ、点滴を打たれながら「殺せ、殺せ」とわめきとおした。米兵はさかんに愛想をふりまいていた。

　「しかし、（相手は）戦友を殺した憎い敵である。黙秘権の行使をつづけた。幾日かすぎたある日、日系（二世）の軍曹が尋問のため枕もとにやって来た。氏名、住所を尋ねられたが、いずれも嘘八百で押しとおし、その日から氏名上原敏、住所茨城県下館市○○町となった。

　これで虜囚の汚名（「生きて虜囚の辱めを受くるなかれ」の戦陣訓を指している）は返上できた。敵陣のなかでただひとり、ベッドにしばりつけられ、呻吟する私の心を癒してくれる一人の従軍牧師がいた。彼は戦争肯定論者だが、戦争を嫌い、志願して従軍牧師となった人で、日本語もよく話せた。

　『あなたは神のお恵みによって生を与えられた。云々……』

　と諄々として諭す会話のなかで、とくに生命の尊さと戦争の残酷さを強調していた。私は馬耳東風のごとく聞き流していたが、彼の目はいつしか涙でうるんでいた。国境を越えた彼の真心に心ひかれ、捕虜罪として軍事裁判の裁きをうける日まで生きのびようと、いつしか心が変わった」

　「日本の敗戦はハワイで米軍から聞かされたが、私は米軍の謀略と信じていた。

第6章　南洋戦・フィリピン戦の戦闘経過と戦闘行為

それだけに、（5年ぶりに）荒廃した祖国を実見したとき、呆然としつつ慟哭した。そして私の軍人精神は上陸と同時に180度の転換をした。

何のために戦ったのか……天皇陛下万歳、皇国（天皇が統治する日本）のためといった言葉は、突如として消えてしまった。

あの日あの時から、四十有余年の歳月が流れ、個人の自由、平和、民主主義と、思いもよらぬ日本に生まれ変わり、そしていま、戦争を知らない世代に変わりつつある。平和な日本に安住できる喜びの底に、数多い戦争犠牲者がいることを、とくに若い世代に訴えたい」

アンガウル島守備隊の戦死者は1150人、捕虜となり生還できた人は約50人という。アメリカ軍の記録では、日本軍戦死者1338人、捕虜59人となっている。アメリカ軍の戦死者は260人、戦傷者は1354人、戦闘疲労者は244人、入院患者は696人、合計2554人だった。

戦闘疲労者とは、戦闘による恐怖心がつのり、精神的に何らかの異常を来した者で、連合軍独特の分類である。

第6　フィリピン防衛戦

1　はじめに

日本軍は開戦初期、フィリピン全域を占領した。ときのアメリカ極東軍総司令官ダグラス・マッカーサー大将は、大統領命令で数人の幕僚とともにオーストラリアへ脱出した。脱出に際してマッカーサーは「アイ・シャル・リターン（私は必ず戻ってくる）」と言明したという。

マッカーサー大将が指揮するアメリカ軍がフィリピン奪還のため1944年10月20日レイテ島に、次いでルソン島に上陸したとき、日本軍は占領地フィリピンを奪回されまいとして戦った。それをふつう、日本ではフィリピン防衛戦と呼んでいる。日本陸軍の正式の作戦名は捷一号作戦（捷は勝）である。

戦いはレイテ決戦とルソン島防衛戦に分かれる。2つの戦場で日本陸軍だけで約32万人が戦死した。フィリピンの戦場で戦死した日本陸海軍戦死者は約50万人であり、そのうち日本陸軍は約38万人を占めるが、その大部分がレイテ決

219

戦とルソン島防衛戦で戦死したのである。

2　レイテ決戦

マッカーサーは南西太平洋地域総司令官として、ニューギニア北岸沿いに兵を進め、東部ニューギニア、西部ニューギニアに展開していた日本軍を攻撃しながらついに「アイ・シャル・リターン」を果たした。上陸部隊の輸送船は西部ニューギニアのホーランジア（現インドネシア・イリアンジャヤ州の州都ジャヤプラ）から出撃した。レイテ湾タクロバン上陸開始は 1944 年 10 月 20 日である。

レイテ島には日本軍は、タクロバン付近を中心に第一六師団しかいなかった。レイテ湾に現れた大艦隊に度肝を抜かれたのはもちろんであり、航空攻撃と艦砲射撃による攻撃になす術なく、わずか 4 日間でほとんど壊滅状態となった。

そんな戦場で、南方軍総司令官寺内寿一大将は "決戦" を命じたのである。南方軍総司令官は、満州国と中国以外の外国で作戦している日本陸軍部隊の総指揮官である。

ところで、寺内総司令官が命じた決戦とは、積極的に攻撃に出て全滅させることである。第一六師団しかいないのにどうやって決戦せよと命じたのか。ルソン島の日本軍を輸送船でレイテ島へ送って決戦せよと命じたのである。

そのころ、アメリカ軍のフィリピン奪回作戦は時間の問題と見られており、日本軍は当初、ルソン島で決戦をやろうと決めていた。指揮官は第一四方面軍司令官山下奉文大将。ルソン島決戦の方針は南方軍とも大本営陸軍とも打合せのうえでのことだった。指揮命令系統は大本営陸軍部→南方軍→第一四方面軍だ。

なぜ、寺内南方軍総司令官はレイテ決戦に心変わりしたのか。それはもちろん大本営陸軍部の意向を受けてのことだったが、彼のある錯覚にも、基づいていた。

それはアメリカ軍がレイテに上陸する直前、海軍航空隊による台湾沖航空戦（1944 年 10 月 12 ～ 16 日）がおこなわれ、大本営海軍部はアメリカ機動艦隊（空母 17 隻を含む）を全滅させたと発表していたからである。天皇は大喜びでお誉めの勅語を出したし、全国で提灯行列がおこなわれ、東京の祝賀会場では小磯国昭首相が「勝利はわが頭上にあり」と絶叫したのである。

ところが日本海軍は数日後には、アメリカ機動艦隊はまったく無傷であり、戦果発表は間違いであることを確認した。誇大戦果発表ならまだしも、まったくのウ

第6章　南洋戦・フィリピン戦の戦闘経過と戦闘行為

ソっぱちだったのである。残敵掃討に出かけた日本艦隊がそのことを確認したという。もちろんその艦隊は戦わずして全力で退却した。ところがそのことを海軍は陸軍には知らせなかったのだ。知らせなくても規則違反でも仁義に悖ることでもなかったようである。このあたり、日本軍というのはじつに不思議な軍隊だった。

ところが山下大将だけはアメリカ機動艦隊が全滅したなどとは全然信じなかった。フィリピンの戦場にはいつもと変わらずアメリカの空母機が我が物顔で飛び回っていたからである。大本営陸軍部の情報参謀掘栄三少佐は独自の調査で大戦果は真っ赤なウソであることを見抜き、わざわざマニラの山下大将を訪ねてきて忠告した（その後、第一四方面軍参謀になった。）山下大将はまったく同感で、意義を唱える参謀には指で天を指して、「飛んでるじゃないか」とたしなめたという。

3　頑固だった寺内総司令官

ところが寺内大将は頑固だった。アメリカ機動艦隊が全滅したのだから、レイテへ上陸したアメリカ軍は敗残部隊に違いない、簡単に打ち破れる、と考えたらしい。山下大将はルソンからレイテへ部隊を輸送するには兵力が足らないとして命令の実行を渋ったが、寺内大将はレイテ決戦を撤回することはなかった。

こうしてレイテ決戦が始まった。第一師団の歩兵第五七連隊の大隊長としてレイテ島に派遣され、幸運にも生還し、戦後は防衛大学教授になった長嶺秀雄氏は次のように書いている。

「とにかく、決戦準備をしていない所に8万4000名という大兵力を投入し、装備も補給も伴わず、95％の8万名近い戦死者（その大部分は米軍の砲弾による）を出してしまった。海軍も（1944年）10月20日頃までには（台湾沖航空戦の）戦果の誤報を知っていたのであるから、一言、陸軍に告げるべきであった。一言の情報不足から8万名近い損害を出したのは、実に残念なことであった（95％の損害はインパール作戦の90％を上回る）」（「レイテ島の攻防」『歴史と旅　臨時増刊号50』太平洋戦史総覧特集号　秋田書店）

4　レイテ決戦3つの戦い

レイテ島に上陸したアメリカ軍は、最終的には7個師団20万人以上に達した。

これにたいして、レイテ決戦に参加した日本軍は8万4000人から9万人以上と推定されている。ルソン島からレイテ島へ輸送される途中に撃沈されて死亡した人数を含めるかどうかなど、計算上の基準の違いもあるようだ。

レイテ決戦は第三五軍（司令官鈴木宗作中将）が担当し、セブ島からレイテ島タクロバンの反対側（西側）にあたるオルモックに司令部を置いて、つぎつぎに輸送されてくる部隊を迎え入れ、戦場に向かわせた。多くの戦闘があったが、3つほど例をあげてみよう。

5　リモン峠の戦い

ひとつはリモン峠の戦いである。オルモックに上陸した第一師団はラッパを吹きながら意気揚々と北上した。カリガラというところまではアメリカ軍はいないはずだったから安心していたが、北海岸に近いリモン峠でアメリカ軍と遭遇、そのまま戦闘に入った。11月3日である。

アメリカ軍はレイテ島とサマール島の間の狭い水道を艦艇で通過して、マナガスナスに上陸したのである。その水道は艦艇で通過するのは無理とみていただけに、意表をつかれた。雨のなか、砲弾の嵐を受けて第一師団はたちまち苦戦に陥った。12月19日まで戦って西海岸のカンギポットに退却、以後は、命令によりごく一部がセブ島に退却したほかは、ゲリラ戦を終戦まで続行し、全滅した。

6　ダムランの戦闘

ダムランの戦闘（11月22日〜12月11日ごろまで）は、局地戦である。レイテ島は山脈によって東部と西部に分かれている。アメリカ軍はレイテ島東部から狭い地峡（約25キロ）を通り、西海岸に進出した。その部隊（兵力約1万弱か）を阻止しようとした地点がダムランである。日本軍は約3000人（推定）前後だったが、得意の夜襲でアメリカ軍を散々あわてさせ、進出を阻止した。日本軍は最後は13人まで減ったことが確認されているそうだが、その後のことは不明という。

7　和合作戦

日本軍が大きな期待を持って推進したのが和合作戦だった。それは一言で言えばアメリカ軍上陸地点タクロバンに近いプラウエン飛行場など、5つの飛行場を

第6章　南洋戦・フィリピン戦の戦闘経過と戦闘行為

奪い返そうという作戦である。フィリピン駐屯の陸軍第四航空軍の落下傘部隊が
強行着陸し、それに合わせて歩兵部隊が飛行場に殺到するという作戦である。

この作戦に先立って薫空挺隊約60人がブラウエン飛行場に強行着陸したこと
があった。隊員の半数は台湾の高砂族で編成されていたので高砂空挺部隊などと
呼ばれることもあるが、実際は強行着陸には成功したものの、その後の消息はわ
からなかった。

しかし、強行着陸はやればできるということが証明されたので、地上軍と連携
して飛行場奪回を確実なものにしようとして立てられた作戦だった。

第一回目は12月6日、落下傘部隊輸送機が30機、強行着陸用2機を含めて
重爆撃機は17機、戦闘機約30機など計100機の編隊を組んで、ルソン島から
出撃した。当時の日本軍にしては相当に大がかりな作戦ではあった。

落下傘部隊（高千穂隊。200人から400人まで諸説ある）の降下は成功し、
地上部隊も勇んで進撃を開始した。東側からは第一六師団の残存部隊、西側から
は鈴木第三五軍司令官が先頭に立って部隊を率いたのである。

ところが翌12月7日、安全なはずのオルモックにアメリカ軍が上陸してきた。
レイテ島で戦っている第三五軍の軍司令部根拠地が攻撃されるようでは飛行場奪
回どころではない。ただちに和合作戦は中止されオルモック奪回作戦へ切り替え
たが、もう奪還はできなかった。

その後の日本軍の作戦は無きに等しい。各部隊はそれぞれよかれと思うやり方
で各個戦うしかない。1週間後、アメリカ軍はルソン島の南に隣接するミンドロ
島に上陸した。もうここまでくれば、レイテ決戦の無意味なことがはっきりして
きた。アメリカ軍は次には必ずルソン島へ上陸するだろう。

山下大将はレイテ島の第三五軍司令部などごく一部の将兵（約900人）にセ
ブ島へ移動することを命じ、残存部隊には永久抗戦命令を出した。死ぬまでレイ
テで戦えということである。こうして、レイテ島の日本軍は見捨てられ、終戦ま
で、いや終戦を過ぎても生きているかぎり戦う運命となった。戦死者は、レイテ
へ向かう輸送船ごと海没した将兵も含めるなど最大に見積もって約九万人と推定
される。終戦までに捕虜となった者は約800人、終戦後の捕虜はサマール島な
ども含めて約700人という。

アメリカ軍の戦死者は3504人、戦傷1万1991人、行方不明89人といわれる。

223

8　持久戦を強いられたルソン島の日本軍

　アメリカ軍は 1945 年 1 月 9 日、ルソン島中西部のリンガエン湾に上陸した。レイテ決戦に多くの部隊を送りこんだルソン島の日本軍は（第一四方面軍）、もう最初から決戦などしようとはしなかった。持久戦に徹してできるだけ長く抵抗することにした。「自活自戦・永久抗戦」である。だから、アメリカ軍は最初の上陸日に約 19 万人が一挙に上陸できた。

　フィリピンにかぎらず島に配備された日本軍は、アメリカ軍に上陸されたら最後まで戦うことは当然のことであった。ビルマのよう大陸と地続きの戦場では、局地的にはともかく、いくらでも退却できた。逃げ場が限られていたルソン島のような戦場では、途中で投降することが禁じられていたから、徹底抗戦はある意味では言わずもがなのことだっただろうが、“永久”という言い回しがなんとなくわかりにくい。

　しかし、当時の日本軍は玉砕するにしろ特効（爆弾装備の飛行機で敵艦へ体当たり）するにしろ、その行為は “悠久の大義に生きる（肉体は死んでも魂は末永く生きつづけて国家＝天皇を護る）” ことを意味していたから “永久抗戦” 命令も特別に考えることなく出されたであろうし、命令を受け取る側でも、「悠久の大義に生きろ、ということだな」とすなおに納得できたのであろう。命令する側もされる側も同じような道徳観に支えられていないと、こんな命令が一方的に出されたら反乱が起こったに違いない。

　島とはいってもルソン島は広い。北海道と四国を合わせたよりも少し広い。だから、3 つの地区に分けて、兵力を分散し、それぞれに集団の名称をつけた。尚武集団、振武集団、建武集団である。指揮官と兵力と防衛地区は次のようになっていた。

●尚武集団・山下奉文大将直率。約 15 万 2000 人。リンガエン湾からルソン島北部を防衛。
●振武集団・第四一軍司令官兼第八師団長横山静雄中将指揮。約 10 万 5000 人。ルソン島中南部を防衛。
●建武集団・第一挺進集団長塚田理喜智中将指揮。約 3 万人。クラーク飛行場諸の

西方を防衛（挺進部隊は落下傘部隊のこと。クラーク飛行場諸はマニラの西部約80キロ付近にある。1991年のピナトゥボ火山の噴火で大部分が灰に埋まった）。

9　無力だった日本軍の戦車

ルソン島の日本軍はどんな戦いをおこなったのか。ちょっと長いが、象徴的な戦闘シーンを引用させてもらおう。カッコ内は引用者の注である。

「（1945年）1月17日、ウルダネタ（後述の激戦地サクラサク峠の南西30キロ付近）を守備していた戦車第七連隊の陣地にたいし、米軍は戦車を先頭として攻撃を開始してきた。わが戦車隊は、砲塔のみを地上に出す半遮蔽式の壕により隠蔽して敵戦車の近接を待った。

陣前約100メートルぐらいまで引きつけておいて、戦車砲の一斉射撃によって敵戦車をいっきょに潰滅しようとしたのである。ところが、どうであろう。みごと初弾、二弾、三弾とも全弾が命中したにもかかわらず、ピューンという音とともに、全弾が跳ね返ってしまった。貫徹しないのである。砲手は車長（戦車の長）に向かって思わず叫んだ。『隊長、命中しても貫徹しません！』その言やじつに悲壮であった。いままで苦労に苦労を重ねてきたのが、この役立たずの有様である。反対にわが方は、たちまちにして敵戦車砲の餌食となってしまった。実光中隊長もこのとき、戦車内で戦死したが、じつに悲惨、残酷のきわみであった。

敵のM4戦車は、75ミリ加農砲を搭載し、初速は7～800メートル、眼鏡倍率八倍、装甲75～50ミリである。これにたいしてわが九七式戦車は47ミリ砲、初速700メートル、眼鏡倍率4倍、装甲25ミリである。とくに敵の焼夷徹甲弾は簡単にわが戦車の装甲板を貫徹し、一瞬にしてこの鋼板を溶かして、戦車を炎上させた。

一方、ビナロナン（ウルダネタの北方約5キロ）を守備していた伊藤第五中隊の戦車はさらに悲惨なものであった。戦車砲は57ミリといっても、初速430メートルで、そもそもこの火砲は、歩兵との協同戦闘のときに敵の機関銃を制圧するのが目的であり、決して敵戦車と渡り合うようなものではなかった。

これはわが国の財政事情や、空軍力の緊急整備等のためであって、私どもが戦車学校での研究にもとづいて、75ミリ戦車砲の装備を申言（（ママ））したさい、一言のもとに跳ねつけられた苦い記憶は、終生忘れることができない」（元戦車

第二師団参謀・河合重雄「戦車第二師団　ルソンに潰ゆ」『別冊　丸―日米戦の天王山　フィリピン決戦記』特集号　潮書房）。この戦車第二師団は、尚武集団に属し、ルソン島日本軍の唯一の戦車師団だった。その戦力は、約200両の戦車、75ミリ大砲32門、自動車約1000両、人員約8000人だった。尚武集団では唯一といってもよいぐらい装備の充実した部隊であった。

　だから、アメリカ軍がリンガエン湾に上陸してきたとき、サンホセやアグノ河河畔など最前線でアメリカ軍の戦車部隊を迎え撃った。ところがその緒戦で戦車180両、人員約2000人、大砲24門、自動車300両以上を失ったのである。尚武集団が北方へさがる時間を稼ぐため、全滅覚悟で抵抗せよと命令されていた。

　右に引用した戦いは、そのあとの戦闘シーンである。「1月17日」とあるから、アメリカ軍が上陸してから9日しかたっていない時期である。

　こういう事情だったので、あとは推して知るべしである。尚武集団は一五万以上と人数だけはけっこういたが、専門の戦闘部隊だけではない。たとえばルソン島に展開していた陸軍第四航空軍の将兵七万人も加わっていたが、彼らは飛行機の整備や飛行場の警備、あるいは補給・輸送などを担当していた、いうなれば"非戦闘員"に近い集団だったのである。日本軍が決戦ではなく、あてのない持久戦を最初から覚悟したわけもそこにあった。

10　市街戦で破壊されたマニラ市―フィリピン一般市民10万人が犠牲

　山下大将は日本軍のマニラ撤収を命じたが、陸軍部隊（第三一特別根拠地隊）は命令に従わなかった。この部隊と招集されたマニラ在住の日本人が中心となった陸軍部隊とを合わせて約2万人がマニラに立てこもった。日本軍はパシグ河に架かる四つの橋を破壊してアメリカ軍の侵入を阻止しようとしたが、マラカニアン地区から渡河してきた。

　その間、凄まじい砲撃が行われ、マニラ市街はがれきの街と化した。日本軍はマニラ湾を背にした狭い地域に押し込めれ、アメリカ軍の砲撃化下に全滅した。マニラ市街戦の市民の犠牲者は約10万人といわれ、そのなかには日本軍による無差別な殺害も数多く含まれている。

11　2つの峠の戦い

第6章　南洋戦・フィリピン戦の戦闘経過と戦闘行為

　アメリカ軍は日本軍の主力である尚武集団を追撃するため北上した。その過程で戦われたのがサクラサク峠とバレテ峠の戦いである。2つの峠は日本軍が立てこもろうとしたカガヤン河谷の入口にあたっており、アメリカ軍はこれらの峠を突破してカガヤン河谷になだれこみ、一挙に潰滅しようとした。どちらの峠を越えてもサンタフェという街に到達する。とくにバレテ峠は自動車でカガヤン河谷に入る唯一のルートだったので、アメリカ軍もここに兵力を集中した。

　サクラサク峠の戦いは3月初め（1945年）から5月26日まで約3カ月つづいた。防備についてのは戦車を失って歩兵となった戦車第二師団である。サクラサク峠の北方にはバギオがあり、山下大将以下の司令部が置かれていた。簡単に退くわけにはいかなかったのである。結局約5000人の戦死者を出して日本軍の敗退に終わった。

　サクラサク峠の戦いと平行して行われたのがバレテ峠の戦いである。こちらは第一〇師団が中心となって、約60キロの峠道で2月中旬（1945年）から5月末まで戦った。峠の両側は山岳地帯だから隠れるところが多く、長い抵抗ができたという。日本軍は約7000人の戦死者を出して撤退した。峠の頂上からサンタフェまで約10キロあったが、「一度峠を奪われた時は、たった10キロの、九十九折りの下り斜面は防戦の場ではなく、米軍にカガヤンバレーまで、一気に雪崩れ込まれる。バレテ峠とはそのような峠なのである」（ルソン島で戦い生還した西本正巳構成・執筆『太平洋戦争写真史　フィリピンの戦い』月刊沖縄社）。

　こうした重要拠点を突破されたあとの日本軍の戦いは、一種のゲリラ戦とでもいうべき戦いだった。アメリカ軍がルソン島作戦の終了宣言を出したのは6月28日だった。バレテ峠を突破されて一カ月後である。それはまた、沖縄の組織的抵抗が終了したころでもあった。

　日本降伏まで2カ月近くあるが、それまで山中の日本軍はあるいは飢えに倒れ、あるいはゲリラ部隊に捕まって命を落としていった。ルソン島の戦死者は約21万8200人といわれる。集団ごとにみると、尚武集団が約9万7000人（戦死率64％）振武集団が9万2500人（戦死率88％）建武集団が2万8700人（戦死率96％）だった。

　これに対しアメリカ軍の損害は戦死7933人、戦傷3万2732人だった。

〈第7章〉
アメリカ軍の軍事行動における
国際法違反

　前述したとおり、アメリカ軍のサイパンやテニアンなど南洋諸島の小島に対する空襲や艦砲射撃により平和的市民を多数殺傷し、一般住宅の圧倒的多数を全焼させ、住居地区としての機能に壊滅的打撃を与えたものであった。アメリカ軍は沖縄10・10大空襲や東京大空襲などでも明らかなとおり無差別爆撃を実行し、平和的市民を多数殺戮した。第二次世界大戦当時、国際法上、戦争（武力行使）はどのように規制されていたのであろうか。

第1　戦争の変容に伴う国際法上の戦争（武力行使）の規制

1　戦闘方法の規制

　19世紀後半から、武器の発達による戦争被害の残虐化に伴い、戦争方法に対する国際法上の規制が行われるようになった。その中心概念は、武力行使は可能な限り戦闘の相手方の戦闘能力を失わせるだけに止めるべきである点にある。具体的には、戦争を認めるとしても人間、とりわけ非戦闘員に対する被害を出来るだけ少なく、また、戦争終結後の戦争による影響も出来るだけ少なくしようというものであった。

　そこから生まれたのが武力行使の軍事目標主義（戦闘員と非戦闘員とを区別）であり、もう一つが、不必要な苦痛を与える兵器の禁止（ダムダム弾や毒ガス等

228

の化学兵器や細菌兵器など生物兵器）である。

そして、当初よりいわれていたのがいわゆるマルテンス条項、つまりハーグ陸戦法規の前文にある「一層完備シタル戦争法規ニ関スル法典ノ制定セラルルニ至ル迄ハ、締約国ハ、其ノ採用シタル条規ニ含マレサル場合ニ於テモ、人民及交戦者カ依然文明国ノ間ニ存立スル慣習、人道ノ法則及公共良心ノ要求ヨリ生スル国際法ノ原則ノ保護及支配ノ下ニ立ツコトヲ確認スルヲ以テ適当ト認ム」の基本精神の尊重である。マルテンス条項の基礎にあるのは、戦争においても、軍事的効果を超えた被害を人に与えてはならず、そこから、攻撃は軍事目標にとどまる必要があるし、捕虜に対する攻撃は避けられるべきであり、更に攻撃終了後までも苦しみを与えてはならないというものであった。

いわば、人権の基礎にある自然法思想から人間性や人道の視点から人間を保護するために戦争方法に対する規制をかけていこうというものである。

この戦闘方法による規制は、空爆や艦砲射撃などにより、民間人をそれも非人道的な方法で攻撃してはならないというのが基本である。第二次世界大戦中、誤爆、報復という連鎖の中で、その自制が失われ、その攻撃について様々な理由をつけて合理化されていった。しかし、第二次世界大戦の当初に、非戦闘員に対する攻撃は行われてはならないという規範が存在していたことは明白である。

第2　戦争そのものの規制の方向へ

1　はじめに

総力戦、そして科学技術の発達に伴う戦争の変容により、戦争被害が増大したことに伴い、戦闘方法だけではなく、戦争そのものを規制して行こうとする方向が生まれた。

近代国民国家の成立、とりわけ、ウェスト・ファリア条約以後、国家間に上下がなくなり、戦争の正・不正の判定者は不在との認識から、全ての戦争は国際法上合法であるという無差別戦争観へと変わった。これを前提に、その後のアメリカ南北戦争、クリミア戦争、イタリア統一戦争等を経て、19世紀には、捕虜、傷病兵の保護、苦痛を無益に拡大する兵器の禁止といった新しい戦時国際法が生

まれた。こうした中で第1次世界大戦が起こった。その結果、新に戦争そのものを規制していこうという方向性が生まれた。

2　国際連盟と不戦条約

第一次大戦が示した戦争の残虐性をきっかけに、1920年に設立された国際連盟では、戦争モラトリアムの規定が挿入されたのを初め、1924年の国際紛争平和処理に関するジュネーブ議定書を受けて、1928年には不戦条約（ケロッグ・ブリアン条約）が締結されるに至った。戦争そのものを規制する方向性が生まれたのである。

3　国連憲章

より大きな被害が生じた、第二次世界大戦を受けて、1945年には国際連合が創設された。国連憲章には、戦争という用語はなく、国連憲章第2条4項は「全ての加盟国は、その国際関係において、武力の行使を……慎まなければならない」として、戦争の違法化と武力行使の原則的禁止を明確にしている。もっとも、国連が集団的安全保障措置を取るまでの間、個別的あるいは集団的自衛権を行使としての武力行使は許されている（国連憲章51条）。

第3　第二次世界大戦における空爆の国際法規則の存在

1　ハーグ陸戦条約の各交戦規定について国際慣習法化を認めた　東京大空襲訴訟東京地裁判決（平成21年12月14日）

判決は「ハーグ陸戦条約で定められた各種交戦規定等については、それまで行われた戦争について、その全部又は一部が現に適用され、あるいはその適用の是非が問題とされ、それらの事例を通じて各国間において、交戦行為等を行うに当たって一定の規律に従うべきであるとの認識が形成され、その内容が規範化されていたと考える余地もあり得るものと理解が可能かもしれない」（4頁）とし、「ハーグ陸戦条約の規定のうち、交戦規定等に相当する部分については国際慣習法化していたと理解する余地がある」（5頁）とした。このように同判決はハー

第7章　アメリカ軍の軍事行動における国際法違反

グ陸戦条約の各種交戦規定について国際慣習法化を認めた。

2　同判決が国際慣習法化したと認定したハーグ陸戦条約の交戦規定

1899 年にハーグで第 1 回ハーグ平和会議が開催された。ヨーロッパ諸国を中心に 26 カ国（日本を含む）が代表を派遣し、「陸戦ノ法規慣例ニ関スル条約」ならびに条約付属書である「陸戦ノ法規慣例ニ関スル規則」を採択した。

「陸戦ノ法規慣例ニ関スル規則」中の第 2 款「戦闘」中の第 1 章「害敵手段、攻囲及砲撃」に爆撃規制に関わる条項がある。

第 22 条は害敵手段に関しての次のとおり規定をする。

「交戦者ハ、害敵手段ノ選択ニ付、無制限ノ権利ヲ有スルモノニ非ス」

この規定は、害敵手段全般にわたる規制であるが、当然、艦砲射撃や爆撃の場合も、使用兵器と攻撃対象の双方で、重要な規制基準として機能する。

第 23 条は害敵手段に関して次のような禁止事項を定める。

「特別ノ条約ヲ以テ定メタル禁止ノ外、特ニ禁止スルモノ左ノ如シ。

イ　毒又ハ毒ヲ施シタル兵器ヲ使用スルコト

（略）

ホ　不必要ノ苦痛ヲ与フヘキ兵器、投射物其ノ他ノ物質ヲ使用スルコト

（以下、チ号まであるが略）」

この規定も、使用兵器と攻撃対象の双方で、重要な規制基準として機能する。25 条から 27 条までは主に爆撃そのものに関する規制を規定する。

「第 25 条　防守セサル都市、村落、住宅又ハ建物ハ、之ヲ攻撃又ハ砲撃スルコトヲ得ス」

また、26 条は爆撃予告の原則を掲げ、さらに 27 条は「宗教、技芸、学術及慈善ノ用ニ供セラルル建物、歴史上ノ記念建造物、病院並病者及傷者ノ収容所」について、原則的に（「軍事上ノ目的ニ使用セラレサル限」）損害発生回避の措置義務があることを規定する。

3　広島・長崎原爆投下事件　下田事件
（東京地方裁判所昭和 38 年 12 月 7 日判決）（下民集 14 巻 12 号 2435 号）

同判決は、空襲についての国際法について「空戦法規案はまだ条約として発効

231

していないから、これを直ちに実定法ということはできないとはいえ、国際法学者の間では空戦に関して権威のあるものと評価されており、この法規の趣旨を軍隊の行動の規範としている国もあり、基本的な規定はすべて当時の国際法規及び慣例に一貫して従っている。それ故、そこに規定されている無防守都市に対する無差別爆撃の禁止、軍事目標の原則は、それが陸戦及び海戦における原則と共通している点からみても、これを慣習国際法であるといって妨げないであろう」と明確に判断した。

4　無差別爆撃の先例としての重慶爆撃

国際法違反の残忍な無差別爆撃の先例をつくったのは、日本軍の重慶爆撃である。日本軍が撒いた種が、アメリカの対日政策に大きな影響を与え、より大規模な無差別絨毯爆撃となり、沖縄 10・10 大空襲、東京大空襲、日本各都市空襲、広島、長崎への原爆投下へと繋がったものである。

重慶爆撃は、都市爆撃と焼夷弾とを組み合わせ、民間人を殺傷し、戦争遂行の戦意を挫くことを目的とした爆撃（戦略爆撃）であった。

5　第二次世界大戦において、全交戦国に平等適用すべき
　　空爆の国際法規則の存在

藤田久一名誉教授は 1992（平成 4）年から 2006（平成 18）年まで財団法人国際法学会理事を務められ、2002（平成 14）年には世界法学会理事長に、2007（平成 19）年には世界の著名な国際法学者によって構成される万国国際法学会（アンスティチュ）の正会員に選出されるなど国の内外で日本を代表する国際法学者として活躍しておられる。藤田名誉教授は国際人道法の大家であることは周知の通りである。

藤田教授は東京大空襲訴訟で証拠として提出された 2010 年 12 月 26 日付意見書で「第二次世界大戦において、すべての交戦国が適用すべき空爆の国際法規則は存在した」と東京大空襲の例に則して次のとおり詳述している。その指摘・論述等は日本で初の焼夷弾攻撃である沖縄 10・10 大空襲（那覇空襲）にも基本的にはあてはまることであるので、その重要な点を次のとおり記述する。

第 7 章　アメリカ軍の軍事行動における国際法違反

（１）二次世界大戦当時に適用されえた空爆をめぐる国際法に照らして見れば、米爆撃機の焼夷弾による無差別爆撃であった「東京大空襲」は、明らかに違法であり、かつ、東京裁判で認められた戦争犯罪に該当する行為であったとさえいえる。（中略）

（２）……空爆に関する規則は適用されねばならないものであった。この戦争の開始について、満州事件以後の日本の行動や真珠湾の奇襲攻撃が開戦条約違反であり、また、当時の国際法（jus ad bellum）上違法行為（1928 年不戦条約（日本も締約国）違反）ないし侵略行為と認められたとしても（東京裁判での「平和に対する罪」の認定）、当時の戦争法は交戦国間で平等に適用されるべきものとみなされていた。米国も開戦当初日本に対して、日本が批准していない 1929 年ジュネーブ捕虜条約の相互主義による適用を（赤十字国際法委員会を通じて）要請し、日本も必要な変更を加えて（mutatis mutandis）準用する旨回答したのである。

なお、太平洋戦争、少なくとも日中戦争（満州事変以後）はお互いにいわゆる「戦意の表明」のないままの「事実上の戦争」として推移したが、そこにおいても日本側は必ずしも戦争法の不適用を意図していたのではなく、日中のみならず国際連盟においても空爆規則の適用を肯定していたのである。したがって、空爆に関する国際法規則の違反は双方から非難された。つまり、事実上の戦争であれ、宣言された（戦意の表明のある）戦争であれ、第二次世界大戦の交戦国間に戦争法は平等に適用されねばならないという共通した認識が存在した。

（３）戦争法の基本原則、戦闘員と非戦闘員（軍事物）の区別原則および不必要の苦痛を与える害敵手段の禁止原則は、慣習法として第二次世界大戦において適用されるべき最も基本的な原則であった。これらの原則から引き出される特定の規則として、とくに陸戦規則中に規定されたもの、すなわち、いかなる手段（つまり、空爆という手段を含む）によるも無防守都市に対する攻撃・砲撃の禁止（25条）、攻囲・砲撃の際の特定非軍事物の保護（27条）がある。さらに、これを空戦に応用したものとして、軍事目標主義　文民たる住民を威嚇し、私有財産を破壊し、非戦闘員を損傷する空襲の禁止（空戦規則案 22 条、25 条）、軍事目標主義（同 24 条１、２項）、陸上部隊の作戦行動の直近地域でない都市の爆撃禁止（同24 条３、４項）が規定されている。

233

第4　本件南洋戦における空爆への適用

このようなアメリカ軍のサイパン・テニアンなどに対する集中的無差別爆撃は、戦闘員と非戦闘員の区別原則および不必要の苦痛を与える害敵手段の禁止という戦争法の基本原則そのものに違反し、それに基づく具体的規則ともいえる軍事目標主義に違反したのである。この空襲による文民の死傷者数と非軍事物の破壊がそれを証明している。

第1節　国際法違反（その1）
アメリカ潜水艦・航空機による民間船舶に対する無警告・無制限攻撃ーパリ講和会議の戦争法規慣例及びワシントン条約による砲撃等の禁止違反

第1　南洋諸島近海の海は早くから戦場化

1941（昭和16）年12月8日、日本海軍による真珠湾攻撃を受けた米軍は、以後、航空作戦と併せて潜水艦作戦を採って、日本への「無制限船舶攻撃」を強行することにしたのである。

この作戦によって、南洋諸島及び沖縄諸島における日米両軍の最後の地上戦闘以前に、南西諸島近海（九州西岸および南西諸島を含む海域を指す）の海は戦場化していくことになった。

第2　撃沈された船舶数とその犠牲者等

南洋諸島や南西諸島近海では、陸海軍に徴用された民間船舶（500トン以上）のうち、日米開戦後の1942年から44年7月までの2年7カ月で58隻が沈没した。

そのうち沖縄・南洋関係戦時遭難船舶は下記の一覧表（1）（2）のとおりである（戦時遭難船舶犠牲者問題検討会報告書・沖縄県発行）。

第7章　アメリカ軍の軍事行動における国際法違反

南洋・沖縄関係戦時遭難船舶一覧表（1）

	船　名	船　舶会　社	航　行目　的	船の管理区別	護衛の有無	沈没原因	出港地	遭難海域
1	波　上　丸	大阪商船	引揚船	陸　軍	有	雷撃	サイパン	ラバウル近海
2	近　江　丸	日本郵船	引揚船	不　明	無	雷撃	クサイエ	ボナペ近海
3	嘉　義　丸	大阪商船	本土航路	運営会	有	雷撃	鹿児島	南西諸島近海
4	八　重　丸	国際汽船	不　明	不　明	不明	不明	大　阪	南西諸島近海
5	湖　南　丸	大阪商船	本土航路	運営会	有	雷撃	那　覇	南西諸島近海
6	赤　城　丸	日本郵船	引揚船	海　軍	有	空爆	トラック	トラック島近海
7	夕　映　丸	栗林汽船	引揚船	不　明	不明	空爆	トラック	トラック島近海
8	亜米利加丸	大阪商船	引揚船	運営会	無	雷撃	サイパン	小笠原近海
9	台　中　丸	大阪商船	本土航路	運営会	無	雷撃	神　戸	南西諸島近海
10	美　山　丸	日本郵船	引揚船	海　軍	有	雷撃	パラオ	マリアナ近海
11	ジョグジャ丸	南洋海運	引揚船	海　軍	有	雷撃	パラオ	マリアナ近海
12	千　代　丸	栃木汽船	引揚船	不　明	不明	雷撃	サイパン	小笠原近海
13	白　山　丸	日本郵船	引揚船	海　軍	有	雷撃	サイパン	小笠原近海
14	神　島　丸	東洋サルベ	引揚船	不　明	不明	不明	ロ　タ	マリアナ近海
15	朝　日　丸	日本郵船	引揚船	海　軍	不明	不明	パラオ	パラオ近海
16	宮　古　丸	大阪商船	本土航路	運営会	有	雷撃	鹿児島	南西諸島近海
17	広　順　丸	広海商事	引揚船	不　明	不明	雷撃	パラオ	パラオ近海
18	対　馬　丸	日本郵船	疎開船	海　軍	有	雷撃	那覇港	大島悪石島沖
19	横　山　丸		引揚船	不　明	不明	不明	マニラ	フィリピン近海
20	千　鳥　丸	個人所有	不　明	不　明	無	座礁	台　湾	与那国島
21	広　善　丸		引揚船	不　明	不明	不明	テニアン	小笠原近海
22	開　城　丸	大阪商船	本土航路	運営会	無	空爆	鹿児島	南西諸島近海
23	第一千早丸		疎開船	陸　軍	無	故障	石　垣	尖閣諸島近海
24	第五千早丸		疎開船	陸　軍	無	空爆	石　垣	尖閣諸島近海
25	照　国　丸	大阪商船	引揚船	不　明	不明	不明	フィリピン	フィリピン近海
26	栄　　丸	関西汽船	引揚船	個　人	無	座礁	基　隆	台湾近海

　1 大阪商船三井船舶株式会社関係………………8隻

　2 日本郵船株式会社関係……………………………6隻

　3 大阪、日本郵船以外の船舶会社関係…………7隻

　4 船舶会社不明・個人所有船舶…………………5隻

南洋・沖縄関係戦時遭難船舶一覧表（２）

	船　名	遭難月日（昭和）	乗船人員	船客　死没者			生存者	事故報告	死没者名簿	米国資料
				県外	県内	計				
1	波　上　丸	17.10.7	－	－	1	1	－	有	有	有
2	近　江　丸	17.12.27	124	100	24	124	0	有	有	有
3	嘉　義　丸	18.5.26	551	38	283	321	230	有	有	有
4	八　重　丸	18.8.26	－	－	3	3	－			
5	湖　南　丸	18.12.21	587	16	561	577	10	有	有	有
6	赤　城　丸	19.2.17	565	143	369	512	53	有	有	
7	夕　映　丸	19.2.17	－	1	1	2	－			
8	亜米利加丸	19.3.6	－	477	17	494	－	有	有	有
9	台　中　丸	19.4.12	259	23	156	179	80	有	有	
10	美　山　丸	19.5.14	－	24	3	27	－	有	有	
11	ジョグジャ丸	19.5.15	－	6	1	7	－	有		
12	千　代　丸	19.6.3		34	63	97			有	有
13	白　山　丸	19.6.4		144	133	277		有	有	有
14	神　島　丸	19.6.11		42	12	54				
15	朝　日　丸	19.7.18	不　明	－	3	3	－	有		
16	宮　古　丸	19.8.5	86	50	21	71	15	有	有	有
17	広　順　丸	19.8.12	－	8	7	15	－			
18	対　馬　丸	19.8.22	1,661	6	1,478	1,484	177	有	有	有
19	横　山　丸	19.10	－	－	6	6	－			
20	千　鳥　丸	19.12.6	－	－	5	5	－			
21	広　善　丸	19.12	－	－	3	3	－			
22	開　城　丸	20.3.24	109	40	69	109	－	有	有	
23	第一千早丸	20.7.3	180	－	88	88	66		有	
24	第五千早丸	20.7.3				0	－		有	
25	照　国　丸	20.10.8	不　明	－	8	8	－		有	
26	栄　　　丸	20.11.1	－	－	112	112	－		有	
	計			1,152	3,427	4,579		14	18	10

1　疎開船…………… 3 隻―見舞金支給・特別支出金（対馬丸学童）

2　引揚船……………16 隻―引揚者給付金

3　本土航路船……… 5 隻

4　不明船…………… 2 隻

全体の半数近い 27 隻は 44 年 1 月から 7 月にかけて発生。原因別に見ると、国際法上禁じられている潜水艦による攻撃が 8 割を占めている。米国は、日本軍によるハワイの真珠湾攻撃から数時間後、日本船舶に対する無制限潜水艦戦を実施。特に 43 年からは日本商船の撃沈作戦に踏み出しており、多くの日本船舶が米軍の攻撃にさらされている。

南西諸島近海での米潜水艦による船舶攻撃は、42 年 2 月から始まり、同 6 月から一時沈静化するが、43 年 3 月から活動を再開、同 10 月から 44 年 8 月まで毎月発生。この間、嘉義丸が 43 年 5 月 26 日に撃沈されたほか、湖南丸（同 12 月 21 日）、台中丸（44 年 4 月 12 日）、富山丸（同 6 月 29 日）、宮古丸（同 8 月 5 日）がそれぞれ撃沈された。死者・不詳不明者は 800 に達している。

米軍による船舶攻撃が相次ぐ背景には、南方から日本向け資源輸送路の遮断に加え、44 年 3 月の沖縄守備軍（第 32 軍）創設に伴う中国大陸からの大掛かりな兵員、軍需物資の沖縄輸送作戦（ロ号作戦）への対処とみられる。

第 3　当時の国際法による無警告砲撃等の禁止

1　パリ講和会議の戦争法規慣例

第一次世界大戦はヨーロッパを中心に激烈な戦闘が繰り広げられ、その結果人命、財産等に多大な損害をもたらした。その第一次世界大戦中における交戦方法等に幾多の問題点が明らかとなった。戦争に対する反省の立場から大戦処理のためのパリ講和会議において、32 種類の戦闘方法や行為等が戦争法規慣例違反の犯行として認定している。潜水艦攻撃に関する禁止事項のみを次のとおり掲げる（番号は記載順による）。

〔戦争法規慣例違反の 32 種の犯行〕

1919 年 3 月 29 日
パリ講和会議開戦責任及制裁調査委員会報告

1 〜 20（略）

21　警告ヲ与ヘス且乗組員及船客ノ安全ヲ計ラスシテ商船及旅客船ヲ撃沈シタルコト

22　漁船及救助船ノ撃沈

23　故意ニ病院ヲ砲撃シタルコト

24　病院船ヲ砲撃並擊沈シタルコト

25　赤十字ニ関スル其ノ他ノ規則ノ違反

26 ～ 32（略）

（外交史料館所属、外務省『同盟及連合合国ト独逸国トノ平和条約説明書』1920年）

2　潜水艦・毒ガス条約（潜水艦及毒瓦斯ニ関スル五国条約）

　　署　名　　1922年2月6日（ワシントン）

　　未発効

　　日本国　　1922年2月6日署名

亜米利加合衆国、英帝国、仏蘭西国、伊太利亜国及日本国（以下署名国ト称ス。）ハ、戦時海上ニ於ケル中立人及非戦闘員ノ生命ノ保護ニ関シ文明諸国ノ採用シタル規則ヲ一層有効ナラシメ且有害ナル瓦斯及化学製品ノ戦争ニ於ケル使用ヲ防止セムコトヲ希望シ、之カ為条約ヲ締結スルコトニ決シ、左ノ如ク其ノ全権委員ヲ任命セリ。

　　（全権委員名省略）

右各委員ハ、互ニ其ノ全権委任状ヲ示シ、之カ良好妥当ナルヲ認メタル後、左ノ如ク協定セリ。

第1条［商船に対する無警告攻撃の禁止］署名国ハ、戦時海上ニ於ケル中立人及非戦闘員ノ生命保護ノ為文明諸国ノ採用シタル規則中、左ニ揚クルモノハ、国際法ノ確立シタル一部ト認ムヘキコトヲ声明ス。

（1）商船ハ、其ノ拿捕セラルルニ先チ、其ノ性質決定ノ為臨検及捜索ニ服スヘキコトヲ命セラルルコトヲ要ス。

商船ハ、警告ノ後臨検及捜索ニ服スルコトヲ拒ミ、又ハ拿捕ノ後指示セラレタル如ク進航スルコトヲ拒ミタル場合ニ非サレハ、之ヲ攻撃スルコトヲ得ス。

商船ハ、先ツ其ノ乗組員及乗客ヲ安全ナル地位ニ移シタル後ニ非サレハ、之ヲ破壊スルコトヲ得ス。

（2）交戦国ノ潜水艦ハ、如何ナル事情ノ下ニ於テモ、前記一般的規則ヨリ免

除セラルルコトナシ。潜水艦カ右規則ニ従ヒ商船ヲ捕獲スルコト能ハサルトキハ、現存国際法ハ、該艦カ攻撃及拿捕ヲ止メ、右商船ヲシテ障疑ナク進航セシムヘキコトヲ要求ス。

第2条〔文明諸国の同意〕署名国ハ、世界ノ興論カ依テ以テ将来ノ交戦者ヲ批判スヘキ行為ノ準則ニ関シ、全世界ニ明瞭且一般ノ了解アラシメムカ為、他ノ一切ノ文明諸国ニ対シ、前記ノ確立法規ニ同意ヲ表セムコトヲ勧誘ス。

第3条〔違反に対する制裁〕署名国ハ、商船ニ対スル攻撃並其ノ拿捕及破壊ニ関シ其ノ声明シタル現存法規ノ人道的規則ノ励行ヲ確保セムコトヲ欲シ、一国ノ勤務ニ服スル者ニシテ右規則ノ何レカヲ侵犯スルモノハ、其ノ上官ノ命令ノ下ニ在ルト否トヲ問ハス、戦争法規ヲ侵犯シタルモノト認メラレ、海賊行為ニ準シ審理処罰セラルヘク、且右違反者カ何レカノ国ノ法域内ニ於テ発見セラレタルトキハ、当該国文武官憲ノ審理ニ付セラルヘキコトヲ更ニ声明ス。

第4条〔潜水艦の使用制限〕署名国ハ、中立人及非戦闘員ノ生命保護ノ為文明諸国ノ普ク採用シタル規則カ、1914年乃至1918年ノ最近戦争ニ於テ侵犯セラレタルカ如ク、之ヲ侵犯スルニ非サレハ、潜水艦ヲ通商破壊者トシテ使用スルノ実際上不可能ナルコトヲ承認ス。又通商破壊者トシテ潜水艦ヲ使用スルコトノ禁止ヲ国際法ノ一部トシテ普ク採用セシムルノ目的ヲ以テ、署名国ハ、右禁止カ其ノ相互間ニ於テ今後拘束力ヲ有スルコトヲ茲ニ受諾シ、且他ノ一切ノ諸国ニ対シ本取極ニ加入セムコトヲ勧誘ス。
（後略）

しかし米国は、日本軍のハワイ真珠湾攻撃が戦時国際法に反する宣戦布告なしの「闇討ち」に当たるとして、それを口実に潜水艦による無制限作戦に方針転換した。船舶は戦争中、重要任務を負っているとして、石油、石炭、鉄、ゴムなどを運ぶ日本の貨物船を戦艦や空母と同様に「戦争機械の一部分」とみなし攻撃対象にした。

これに対して日本は、一般船舶の護衛を軽視し、42年4月までは船団を組ま

ず独航させていた。同年7月に護衛艦隊を新設し船舶護送を開始したが、護送船団は1隻の旧式駆逐艦か小艦艇に護衛された小規模なもので、米潜水艦部隊の攻撃に十分対処できなかった。

南西諸島近海での米潜水艦による船舶攻撃は、1942年（昭和17年）2月18日、海軍徴用船の信洋丸（1500トン）を撃沈して以後、学童疎開船対馬丸の撃沈、第32軍牛島満司令官が自決した後の1945年7月3日、石垣島を出航した最後の台湾疎開船第5千早丸(50トン)が空襲されるまで、米潜水艦の雷撃によって撃沈された59隻をはじめ空爆その他で撃沈された船舶は合計で152隻にものぼった。ほとんどの撃沈が国際法違反である。

とくに1944年8月22日に中国から沖縄へ移駐する兵員を輸送し終えたばかりの対馬丸が、九州への「学童疎開船」として使用され、悪石島沖合で米潜水艦ボーフィン号に撃沈された。そしてその被害者の半数近くが幼気な児童生徒（名前判明者数1418名中、学童775名）であったため、事実が知れ渡らないように強く「かん口令」を敷いていたにもかかわらず「口コミ」によって広く伝わっていき、住民にとっては衝撃的事件として受け止められた。

学童や引率の先生などが乗船していた対馬丸は上記「旅客船」の撃沈にあたり、明らかに国際法違反である。

1945（昭和20）年3月26日、米軍が慶良間諸島へ上陸後、沖縄諸島で日米両軍の最後の地上戦闘が展開したが、それ以前に沖縄周辺の海は、すでに戦場化していたのである。事実上制海権はアメリカが握っていた。

第2節　国際法違反（その2）
アメリカ軍の住民居住地等に対する無差別じゅうたん艦砲射撃は 国際法違反であることは明白──戦時海軍砲撃条約等違反

第1　米艦隊は住民地域を無差別じゅうたん艦砲射撃

沖縄戦の惨禍を潜り抜け、「鉄の暴風」の砲弾等により傷つきながらも生き残った沖縄の人々は、自らのことを「カンポウヌ　クェーヌクサー」（艦砲の食い残し、

第7章　アメリカ軍の軍事行動における国際法違反

艦砲射撃に当たらずに生き残った人のこと）と呼び生きていることを自嘲気味に表現し生の尊さをかみしめた。そのことは南洋戦にもあてはまる。

　南洋戦による沖縄県人の死者・負傷者は、艦砲射撃等による砲弾被害が圧倒的に多いと推定されている。アメリカ軍は、日本軍の陣地等のみならず、住民居住地等にも無差別に艦砲射撃を繰り返し繰り返し実行した。

　アメリカ軍の攻撃は、戦車、航空及び艦船からの砲撃、及び火砲による陸・海・空の攻撃を組み合わせた集中的総合的な容赦ない攻撃であった。

　当時の空襲や艦砲射撃はそもそも地上における至近距離からの銃撃戦による戦闘行為とは違い、攻撃目標を特定することは困難であった。特に艦砲射撃は目標特定がかなり困難であったので、攻撃効果を少しでも上げるためには一定の広範囲地域に多数発の砲弾を集中的に撃ち込まなければならなかった。

　海上の艦船から攻撃する艦砲射撃の場合は、目標が地上の場合でも、着弾地点などの確認を即時に判断することも容易でなかった。そのためにある程度の目標を定め攻撃範囲を拡大し、射撃砲弾を多くして効果をあげようとした。そのために目標そのものが住民居住地域を除外して行うことはそもそもしなかった。そのために沖縄戦におけるアメリカ軍の艦砲射撃は住民居住地域などの攻撃により南洋戦の民間戦争被害者大半はこの艦砲射撃によるものと推定されており、その事実は日米両軍とも認めているところである。

　艦砲射撃による一般住民被害の甚大さを表す言葉が「艦砲（カンポウ）ヌ喰（ク）ェー残（ヌク）サー」である。

　艦砲射撃を初めて実行したのは、太平洋戦争における南方戦線における日本軍によるアメリカ軍に対する攻撃であったが、前述したとおり、その後の南洋戦では、逆にアメリカ軍がそれをまねて大規模に実行した。

第2　住民居住地等への砲撃は国際法上禁止されている
―戦時海軍砲撃条約と戦争法規慣例違反

1　陸戦ノ法規慣例ニ関スル条約及び条約附属書（陸戦ノ法規慣例ニ関スル規則）による砲撃の禁止
（1）陸戦ノ法規慣例ニ関スル条約

　　（1907年の第4ハーグ条約、条約本文を「ハーグ陸戦条約」、条約附属書

241

を「ハーグ陸戦規則」）

1907 年 10 月 18 日ハーグで署名
1910 年 1 月 26 日効力発生

明治 44 年 11 月 6 日批准
明治 44 年 12 月 13 日批准書寄託
明治 45 年 1 月 13 日公布（条約第 4 号）
明治 45 年 2 月 12 日効力発生

朕枢密顧問ノ諮詢ヲ経テ明治 40 年 10 月 18 日和蘭国海牙ニ於テ第 2 回万国平和会議ニ賛同シタル帝国及各国全権委員ノ間ニ議定シ帝国全権委員ガ第 44 条ヲ留保シテ署名シタル陸戦ノ法規慣例ニ関スル条約ヲ批准シ茲ニ之ヲ公布セシム

陸戦ノ法規慣例ニ関スル条約
（中略）
締約国ノ所見ニ依レハ右条規ハ軍事上ノ必要ノ許ス限努メテ戦争ノ惨害ヲ軽減スルノ希望ヲ以テ定メラレタルモノニシテ交戦者相互間ノ関係及人民トノ関係ニ於テ交戦者ノ行動ノ一般ノ準縄タルヘキモノトス

但シ実際ニ起ル一切ノ場合ニ普ク適用スヘキ規定ハ此ノ際之ヲ協定シ置クコト能ハサリシト雖明文ナキノ故ヲ以テ規定セラレサル総テノ場合ヲ軍隊指揮者ノ擅断ニ委スルハ亦締約国ノ意思ニ非サリシナリ

一層完備シタル戦争法規ニ関スル法典ノ制定セラルルニ至ル迄ハ締約国ハ其ノ採用シタル条規ニ含マレサル場合ニ於テモ人民及交戦者カ依然文明国ノ間ニ存立スル慣習、人道ノ法規及公共良心ノ要求ヨリ生スル国際法ノ原則ノ保護及支配ノ下ニ立ノコトヲ確認スルヲ以テ適当ト認ム

締約国ハ採用セラレタル規則ノ第 1 条及第 2 条ハ特ニ右ノ趣旨ヲ以テ之ヲ解スヘキモノナルコトヲ宣言ス（後略）
［条約の周知義務］
第 1 条　締約国ハ其ノ陸軍軍隊ニ対シ本条約ニ附属スル陸戦ノ法規慣例ニ関スル規則ニ適合スル訓令ヲ発スヘシ

第 7 章　アメリカ軍の軍事行動における国際法違反

［条約の適用－総加入条項］
第 2 条　第 1 条ニ掲ケタル規則及本条約ノ規定ハ交戦国ガ悉ク本条約ノ当事者
ナルトキニ限締約国間ニノミ之ヲ適用ス
［条約違反の責任］
第 3 条　前記規則ノ条項ニ違反シタル交戦当事者ハ損害アルトキハ之カ賠償ノ
責ヲ負フヘキモノトス　交戦当事者ハ其ノ軍隊ヲ組成スル人員ノ一切ノ行為ニ
付責任ヲ負フ
［1899 年条約との関係］
第 4 条　本条約ハ正式ニ批准セラレタル上締約国間ノ関係ニ於テハ陸戦ノ法規
慣例ニ関スル 1899 年 7 月 29 日ノ条約ニ代ルヘキモノトス
1899 年ノ条約ハ該条約ニ記名シタルモ本条約ヲ批准セサル諸国間ノ関係ニ於
テハ依然効力ヲ有スルモノトス

（2）条約附属書
陸戦ノ法規慣例ニ関スル条約
第 1 款　交戦者
第 1 章 交戦者ノ資格
交戦資格－軍・民兵・義勇兵］
第 1 条　戦争ノ法規及権利義務ハ単ニ之ヲ軍ニ適用スルノミナラス左記ノ条件
ヲ具備スル民兵及義勇兵団ニモ亦之ヲ適用ス
　　　1　部下ノ為ニ責任ヲ負フ者其ノ頭ニ在ルコト
　　　2　遠方ヨリ認識シ得ヘキ固著ノ特殊徽章ヲ有スルコト
　　　3　公然武器ヲ携帯スルコト
　　　4　其ノ動作ニ付戦争ノ法規慣例ヲ遵守スルコト
　　　　民兵又ハ義勇兵団ヲ以テ軍ノ全部又ハ一部ヲ組織スル国ニ在リテハ之ヲ
　　　　軍ノ名称中ニ包含ス
［諸民兵］
第 2 条　占領セラレサル地方ノ人民ニシテ敵ノ接近スルニ当リ第 1 条ニ依リテ
編成
　　　（中略）

第2款　戦　闘

第1章　害敵手段、攻囲及砲撃

［害敵手段の制限］

第22条　交戦者ハ害敵手段ノ選択ニ付無限ノ権利ヲ有スルモノニ非ス

［禁止事項］

第23条　特別ノ条約ヲ以テ定メタル禁止ノ外、特ニ禁止スルモノ左ノ如シ

　（イ）　毒又ハ毒ヲ施シタル兵器ヲ使用スルコト

　（ロ）　敵国又ハ敵軍ニ属スル者ヲ背信ノ行為ヲ以テ殺傷スルコト

　（ハ）　兵器ヲ捨テ又ハ自衛ノ手段尽キテ降ヲ乞ヘル敵ヲ殺傷スルコト

　（ニ）　助命セサルコトヲ宣言スルコト

　（ホ）　不必要ノ苦痛ヲ与フヘキ兵器、投射物其ノ他ノ物質ヲ使用スルコト

　（ヘ）　軍使旗、国旗其ノ他ノ軍用標章、敵ノ制服又ハ「ジェネヴァ」条約ノ特殊徽　章ヲ擅ニ使用スルコト

　（ト）　戦争ノ必要上万已ムヲ得サル場合ヲ除クノ外敵ノ財産ヲ破壊シ又ハ押収スルコト

　（チ）　対手当事国国民ノ権利及訴権ノ消滅

交戦者ハ、又対手当事国ノ国民ヲ強制シテ其ノ本国ニ対スル作戦動作ニ加ラシムルコトヲ得ス。戦争開始前其ノ役務ニ服シタル場合ト雖亦同シ。

［奇計］

第24条　（中略）

［防守されない都市の攻撃］

第25条　防守セサル都市、村落、住宅又ハ建物ハ、如何ナル争段ニ依ルモ、之ヲ攻撃又ハ砲撃スルヲ得ス

［砲撃の通告］

第26条　攻撃軍隊ノ指揮官ハ、強襲ノ場合ヲ除クノ外、砲撃ヲ始ムルニ先チ其ノ旨官憲ニ通告スル為、施シ得ヘキ一切ノ手段ヲ尽スヘキモノトス。

［砲撃の制限］

第27条　攻囲及砲撃ヲ為スニ当リテハ、宗教、技芸、学術及慈善ノ用ニ供セラルル建物、歴史上ノ記念建造物、病院並病者及傷者ノ収容所ハ、同時ニ軍事上ノ目的ニ使用セラレサル限、之ヲシテナルヘク損害ヲ免カレシムル為、必要

ナル一切ノ手段ヲ執ルヘキモノトス。

被囲者ハ、看易キ特別ノ徽章ヲ以テ、右建物又ハ収容所ヲ表示スルノ義務ヲ負フ。右徽章ハ予メ之ヲ被囲者ニ通告スヘシ。

［略奪］

第28条　都市其ノ他ノ地域ハ、突撃ヲ以テ攻取シタル場合ト雖、之ヲ掠奪ニ委スルコトヲ得ス。

　　　（中略）

第3款　敵国ノ領土ニ於ケル軍ノ権力

［占領地域］

第42条　一地方ニシテ事実上敵軍ノ権力内ニ帰シタルトキハ、占領セラレタルモノトス。

占領ハ右権力ヲ樹立シタル且之ヲ行使シ得ル地域ヲ以テ限トス。

［占領地の法律の尊重］

第43条　国ノ権力ノ事実上占領者ノ手ニ移リタル上ハ、占領者ハ、絶対的ノ支障ナキ限、占領地ノ現行法律ヲ尊重シテ、成ルヘク公共ノ秩序及生活ヲ回復確保スル為施シ得ヘキ一切ノ手段ヲ尽スヘシ。

［情報の供与］

第44条　交戦者ハ、占領地ノ人民ヲ強制シテ他方ノ交戦者ノ軍又ハ其ノ防禦手段ニ付情報ヲ供与セシムルコトヲ得ス。

［宣誓］

第45条　占領地ノ人民ハ、之ヲ強制シテ其ノ敵国ニ対シ恩赦ノ誓ヲ為サシムルコトヲ得ス

［私権の尊重］

第46条　家ノ名誉及権利、個人ノ生命、私有財産並宗教ノ信仰及其ノ遂行ハ、之ヲ尊重スヘシ。

私有財産ハ、之ヲ没収スルコナヲ得ス。

［略奪の禁止］

第47条　掠奪ハ、之ヲ厳禁ス。

2　戦時海軍砲撃条約による砲撃禁止対象

次のとおり戦時海軍砲撃条約によって住民地域等への砲撃が禁止されている。

「戦時海軍砲撃条約（戦時海軍力ヲ以テスル砲撃ニ関スル条約)」

署　　名　　1907 年 10 月 18 日（ハーグ）
効力発生　　1910 年 1 月 26 日
日本国　　　1912 年 2 月 11 日発効

独逸皇帝普魯西国皇帝陛下（以下締約国元首名略）ハ防守セラレサル港、都市及村落ヲ海軍力ヲ以テ砲撃スルコトニ関シ、第一回平和会議ノ表明シタル希望ヲ実行セムト欲シ、為シ得ル限、陸戦ノ法規慣例ニ関スル 1899 年ノ規則ノ主義ヲ海軍力ヲ以テスル砲撃ニ及ホシ、以テ住民ノ権利ヲ保障シ、且重要ナル建物ノ保存ヲ確実ニスヘキ一般規定ヲ右砲撃ニ適用スルノ必要ヲ考慮シ、之ニ依リテ人類ノ利益ニ貢献シ、戦争ノ惨害ヲ軽減セムトノ希望ヲ体シ、之カ為条約ヲ締結スルニ決シ、各左ノ全権委員ヲ任命セリ。

（全権委員氏名略）

因テ各全権委員ハ、其ノ良好妥当ナリト認メラレタル委任状ヲ寄託シタル後、左ノ条項ヲ協定セリ。

第 1 章　防守セラレサル港、都市、村落、住宅又ハ建物ノ砲撃

第 1 条【砲撃の禁止】防守セラレサル港、都市、村落、住宅又ハ建物ハ、海軍力ヲ以テ之ヲ砲撃スルコトヲ禁ス。

孰レノ地域ト雖、其ノ港前ニ自動触発海底水雷ヲ敷設シタル事実ノミヲ以テ、之ヲ砲撃スルコトヲ得サルモノトス。

第 2 条【軍事上の工作物等の除外】右禁止中ニハ、軍事上ノ工作物、陸海軍建設物、兵器又ハ軍用材料ノ貯蔵所、敵ノ艦隊又ハ軍隊ノ用ニ供セラルヘキ工場及設備並港内ニ在ル軍艦ヲ包含セサルモノトス。海軍指揮官ハ、相当ノ期間ヲ以テ警告ヲ与ヘタル後、地方官憲ニ於テ右期間内ニ之ヲ破壊スルノ措置ヲ執ラサリシ場合ニ於テ、全ク他ニ手段ナキトキハ、砲撃ニ依リ之ヲ破壊スルコトヲ得。

　此ノ場合ニ於テ、右指揮官ハ、砲撃ノ為ニ生スルコトアルヘキ故意ニ出テサル

損害ニ付、何等責任ヲ負フコトナシ。

　軍事ノ必要上、即時ノ行動ヲ要スル為期間ヲ与フルコトヲ得サル場合ト雖、防守セラレサル都市ノ砲撃ニ関スル禁止ニ付テハ、第一項ノ場合ト同一ナルヘク、且指揮官ハ、砲撃ノ為右都市ニ来スヘキ不便ヲ成ルヘク少ナカラシムル為一切ノ相当手段ヲ執ルヘシ。

第3条　（略）

第4条　（略）

第2章　一般ノ規定

第5条【公共建物等の保護】海軍力ヲ以テ砲撃ヲ為スニ当リテハ、指揮官ハ、宗教、技芸、学術及慈善ノ用ニ供セラルル建物、歴史上ノ紀念建造物、病院並病者及傷者ノ収容所ハ、同時ニ軍事上ノ目的ニ使用セラレサル限、之ヲシテ成ルヘク損害ヲ免レシムル為、必要ナル一切ノ手段ヲ執ルヘキモノトス。

住民ハ、看易キ徽章ヲ以テ右ノ建物、紀念建造物又ハ収容所ヲ表示スルノ義務ヲ負フ。右徽章ハ、堅固ナル方形ノ大板ニシテ対角線ノ一ヲ以テ上部ハ黒色、下部ハ白色ノ両三角形ニ区劃シタルモノナルヘシ。

第6条【砲撃の通告】軍事ノ必要上、已ムヲ得サル場合ヲ除クノ外、攻撃海軍指揮官ハ、砲撃ヲ始ムル前、其ノ旨官憲ニ通告スル為施シ得ヘキ一切ノ手段ヲ尽スヘキモノトス。

第7条【掠奪の禁止】都市其ノ他ノ地域ハ、突撃ヲ以テ攻取シタル場合ト雖、之ヲ掠奪ニ委スルコトヲ得ス。

3　戦争法規慣例による砲撃等の禁止

　第一次世界大戦はヨーロッパを中心に激烈な戦闘が繰り広げられ、その結果人命、財産等に多大な損害をもたらした。その第一次世界大戦中における交戦方法等に幾多の問題点が明らかとなった。

　戦争に対する反省の立場から大戦処理のためのパリ講和会議において、以下のとおり 32 種類の戦闘方法や行為等が戦争法規慣例違反の犯行として認定している。

戦争法規慣例違反の32種の犯行

1919年3月29日

パリ講和会議開戦責任及制裁調査委員会報告

1　殺人及虐殺、組織的ノ恐怖政策

2　人質ノ殺害

3　普通人ニ加ヘタル苦艱

4　普通人ヲ餓死セシメタルコト

5　強姦

6　売淫強制ノ目的ヲ以テ婦女ヲ誘拐セルコト

7　普通人ノ追放

8　普通人ヲ非人道的状態ノ下ニ抑留シタルコト

9　軍事行動ニ関連スル労働ヲ普通人ニ強制シタルコト

10　軍事占領中主権ヲ僭奪シタルコト

11　占領地域住民中ヨリ兵卒ノ強制徴募ヲ行ヒタルコト

12　占領地住民ノ国民性ヲ失ハシメムコトヲ企テタルコト

13　掠奪

14　財産ノ没収

15　違法若ハ過度ノ取立金及徴発ノ賦課

16　貨幣制度ノ変悪及偽造通貨ノ発行

17　連座罰ヲ課シタルコト

18　理由ナクシテ財産ヲ破壊荒廃シタルコト

19　故意ニ無防禦ノ地ヲ砲撃シタルコト

20　理由ナクシテ建設物、歴史上ノ記念建造物、宗教慈善及教育ノ用ニ供セ
　　ラルル建設物ヲ破壊シタルコト

21　警告ヲ与ヘス且乗組員及船客ノ安全ヲ計ラスシテ商船及旅客船ヲ撃沈シ
　　タルコト

22　漁船及救助船ノ撃沈

23　故意ニ病院ヲ砲撃シタルコト

24　病院船ヲ砲撃並撃沈シタルコト

25　赤十字ニ関スル其ノ他ノ規則ノ違反

第7章　アメリカ軍の軍事行動における国際法違反

26　有毒性並窒息性瓦斯ノ使用

27　爆裂性又ハ膨張性弾丸及他ノ非人道的兵器ノ使用

28　助命ヲ為ササルノ命令

29　負傷者及俘虜ノ虐待

30　俘虜ヲ許サレサル労作ニ使役シタルコト

31　白旗ノ濫用

32　井水ニ毒ヲ投シタルコト

（外交史料館所属、外務省『同盟及連合合国ト独逸国トノ平和条約説明書』1920年）

（『説明書』には日付けはないが、ハンス・ハインリヒ・エシェック『国際刑法上の国家機関の責任─ニュルンベルク裁判の一研究』藤田久一『戦争犯罪とは何か』（岩波新書）などによると、この32項目は、責任委員会が1919年3月29日、講和予備会議に提出した最終報告書に収録されている。）

第3　当時においても国際法として確立されていた軍事目標主義
―住民地域等への無差別砲爆撃は、国際法違反の犯罪行為

1　軍事目標主義とは

　既に南洋戦等が始まる以前には、国際法上において軍事目標主義〔Doctrine of Military Objective〕が確立されていた。この軍事目標主義とは、敵に対する砲撃または爆撃は軍事目標に限定されなければならないという考え方・規範である。

　ここに掲げた前記の陸戦規則は単に「防守セサル都市、村落、住宅又ハ建物ハ、如何ナル手段ニ依ルモ、之ヲ攻撃又ハ砲撃スルコトヲ得ス」（25条）と規定し、無防守地域に対する一切の攻撃又は砲撃を禁止したようにみえるが、慣習法上で認められてきた無防守地域の中の軍事目標に対する攻撃や砲撃までも禁止する趣旨ではなく、これらの地域に対する無差別の攻撃又は砲撃を禁止したものである。

　1907年、艦砲射撃に関して規整した「戦時海軍力ヲ以テスル砲撃ニ関スル条約」は、「防守セラレサル港、都市、村落、住宅又ハ建物ハ、海軍力ヲ以テ之ヲ砲撃スルコトヲ禁ス」（1条）と規定したのち、「右禁止中ニハ、軍事上ノ工作物、陸海軍建設物、兵器又ハ軍用材料ノ貯蔵所、敵ノ艦隊又ハ軍隊ノ用ニ供セラルヘキ工場及設備並港内ニ在ル軍艦ヲ包含セサルモノトス」（2条）と明示し

ている。

　前述のとおり、戦争法規慣例による砲撃等の禁止条項違反の 32 種の犯行
⑲⑳で住民地域等に対する砲撃を禁止している。

　1922 年ワシントン会議によって設けられた専門家委員会の作成した「空
戦法規案」も、「空中爆撃は、軍事目標、すなわち、その破壊又はき損が明らか
に軍事的利益を交戦者に与えるような目標に対して行われる場合に限り、適法と
する。」（24 条 1 ）とした。

　なお、最近では、77 年署名のジュネーブ諸条約追加第一議定書が、軍事目標
主義について、周到な規定を設けている（48・51・51・52・57・59 条）

2　アメリカの無差別じゅうたん艦砲射撃は戦争犯罪
（1）戦争犯罪とは何か（「戦争犯罪と法」多谷千香子著 P 59 以下を参照）
「戦争犯罪とは、最広義には、① 1949 年のジュネーブ四条約の重大な違反罪、
②戦争の法規及び慣習に違反する罪、③ジェノサイドの罪、④人道に反する罪、
のすべてを指し、広義には①及び②を指し、狭義には②だけを指す。

　このような説明は、紛らわしい。しかし、戦争犯罪という呼称の由来に遡れば、
理解が容易である。

　つまり、戦争には手段及び方法についてのルールがあり、その法的枠組みは、
主に、1907 年の「陸戦に関する法と慣習についてのハーグ条約及び付属規則」（以
下、ハーグ陸戦法規という）に定められている。そこで、戦争についてのルールは、
その後の発展を含めてハーグ・ルール（Hague Rule of Warfare）と総称される。
ハーグ陸戦法規に違反する罪として挙げられているのは、例えば、毒ガスの使用
や文化施設の破壊などで、狭義の戦争犯罪であり、上記の②がこれに当たる。

　これに対して、戦争時における、傷病者、民間人、捕虜など保護対象者に対す
る人道的取扱いについての法的枠組み（＝国際人道法）は、主に、1929 年のジュ
ネーブ条約及びそれを発展的に引き継いだ 1949 年のジュネーブ四条約に定めら
れている。そこで、戦争時の国際人道法のルールは、その後の発展を含めてジュ
ネーヴ・ルール（Geneva Rule of Warfare）と総称される。国際人道法のルール
の中核を占めるのは、1949 年のジュネーブ四条約に定められる重大な違反を犯
罪として禁圧すべき旨の規定で、これに違反する罪が上記の①である。

第 7 章　アメリカ軍の軍事行動における国際法違反

以上のように、上記の①及び②は、歴史的に古くから存在し、戦争時の犯罪の双璧をなしてきたため、二つを併せて戦争犯罪と呼ぶことがあり、それが広義の戦争犯罪である」（中略）

「ハーグ・ルールの起源として、通常、挙げられるのは、1907 年のハーグ陸戦法規であるが、さらにそのもとになったのは、1868 年のサンクト・ペテルブルグ宣言（爆裂弾の禁止）、1899 年のハーグ陸戦条約及び陸戦規則である。1907 年のハーグ陸戦法規は、これらを改定して新条約を採択したものである」（中略）

（2）伝統的な戦争犯罪

ア　「1949 年のジュネーブ四条約の重大な違反の罪」と「戦争の法規及び慣習に違反する罪」の内容と起源

「ICTY Statute は 2 条で、1949 年のジュネーブ四条約の重大な違反の罪を規定している。つまり、ICTY Statute 2 条が列挙している犯罪は、殺害、生体実験を含む拷問その他の非人道的取扱い、精神的・肉体的な重傷害、軍事的に正当化されない財産の広範な破壊及び領得、捕虜又は民間人を強制的に敵軍で戦わせること、捕虜又は民間人から公正で正式な裁判を受ける権利を奪うこと、民間人の追放・移送又は拘禁、民間人を人質にとること、である。

ICTY Statute 2 条は、1949 年のジュネーブ四条約のそれぞれの中核的規定である重大な違反の罪を引き写した内容であり、それぞれの罪は、これらの条約が保護の対象としている人又は物に対して行われなければならない。」（中略）

「ICTY Statute 3 条は、ハーグ陸戦法規に起源があり、ICTY Statute 3 条が列挙しているのは、ハーグ陸戦法規に規定されている主要な犯罪である。

つまり、有毒兵器又は不必要な苦痛を与える兵器の使用、都市・町・村の無差別的破壊、又は軍事的必要から正当化されない破壊、無防備な町・住居・建物の攻撃又は爆撃、宗教・慈善・教育・芸術・科学のための施設、歴史的記念物又は芸術的・科学的作品の接収・破壊・損傷、公的又は私的財産の略奪、である。」

イ　いつから国際慣習法となったのか

「伝統的な戦争犯罪は、いずれも条約に起源があり、当初は締約国を縛るもので

あった。しかし ICTY の時間的適用の限界である 1991 年当時には、すでに国際慣習法として確立していた。つまり、「1949 年のジュネーブ四条約の重大な違反の罪」や「戦争の法規及び慣習に違反する罪」が、国際的な刑事裁判所で裁かれたのは、周知のとおり、第二次世界大戦後のニュルンベルク裁判と東京裁判が初めてである。

　ニュルンベルク裁判で適用されたニュルンベルク条例は、主にハーグ陸戦法規、補充的に「1929 年の捕虜の取扱いに関するジュネーブ条約」(the Geneva Convention relative to the Treatment of Prisoners of War of 1929) に基づいて作成され、戦争犯罪を次のように規定している。

　戦争犯罪とは、とくに、戦争の法規及び慣習についての違反である。これらの違反は、例えば、占領地域の民間人に対する、殺人、非人道的取扱い、及び奴隷労働又はその他の目的で行われる追放、捕虜又は海上にある人に対する、殺人、及び非人道的取扱い、人質の殺害、公的及び私的財産の略奪、都市・町・村の無差別的破壊、軍事的必要から正当化されない破壊である。」

（中略）

「この内容は、ICTY Statute ２条及び３条の内容に極めて近い。

　ニュルンベルク条約６条（b）に規定される戦争犯罪は、ハーグ陸戦法規（条約部分と付属規則からなる）と、1929 年の捕虜の取扱いに関する Section Ⅰ chapter Ⅱを補充するもの）でカバーされている。

　つまり、ハーグ陸戦法規の付属規則 23 条（有毒又は不必要な苦痛を与える兵器の使用、降伏した敵を殺傷すること、敵の財産を戦争遂行に必要がないのに破壊することなどの禁止）、25 条（無防備都市の攻撃の禁止）、27 条（宗教、科学、芸術、慈善等の施設に、できるだけ被害を避けるため、あらゆる措置をとらなければならない）、28 条（略奪の禁止）、46 条（占領軍は、敵国の個人の生命・権利・財産などを尊重しなければならない）、50 条（占領軍は、ある個人の行為を理由として、無関係な敵国民を一般的に処罰してはならない）、52 条（占領軍は、必要な場合を除いて、住民又は市町村から物資やサービスを徴用してはならない）、56 条（宗教・教育・芸術などの施設は敵国の所有に属するときでも、私有財産として取扱い、接収及び破壊をしてはならない）、及び 1929 年のジュネーブ条約２条（暴力や報復の禁止など捕虜の人道的取扱い）、３条（捕虜の人格及び名

誉の尊重）、4条（捕虜は平等に取扱う。異なった取扱いは、軍人としての地位、捕虜の健康状態などに基づくときのみ許される）、46条（捕虜は、敵国の軍隊のメンバーが同様の行為に対して受ける刑罰と同じ刑罰を受ける。捕虜に対する残虐な刑罰の禁止）、51条（捕虜の逃走未遂は、逃走途中で犯した他の罪の悪い情状としても考慮されない。逃走幇助罪は、懲戒処分のみに処せられる）などでカバーされている。

　しかし、ハーグ陸戦法規も1929年のジュネーブ条約も、禁止される行為を掲げてはいるものの、違反については、前者は締約国の損害賠償義務を定めるだけであり、後者は話し合い解決を予定しているだけで、個人の犯罪として処罰すべき旨の規定はない。
　損害賠償義務については、ハーグ陸戦法規3条が、「ハーグ陸戦法規の規定に違反した交戦国は、事件に応じて、損害賠償の義務を負う。交戦国は、軍隊の構成員によって犯されたすべての行為に責任を負う」と規定している。
それなら、どのようにして、これらの違反が個人の犯罪として処罰されるようになったのだろうか。それは、以下のとおりである。
　ハーグ陸戦法規で禁止される行為は、1907年に同条約ができて初めて国際的に禁止行為として認知されたものではなく、それ以前から国際慣行として守られてきた戦争のルール及び国際人道法に違反する行為であった。つまり、条約は、ルールの新設ではなく、慣行の確認にすぎなかったが、条約が締約されて以降は、締約国は条約を遵守するために、国内的に同条約の違反を犯罪として処罰するようになった。この時点では他国の裁判所や国際的な刑事裁判所が世界管轄のもとに戦犯を処罰することはなかったが、ニュルンベルク裁判では、「文明国では、ハーグ陸戦法規は、（筆者注：個人の犯罪として処罰することが）1939年から（筆者注：第二次世界大戦開戦当時から）国際慣習法として確立している。ニュルンベルク条例は、この国際慣習法を確認したものにすぎない」とされ、国際的な刑事裁判所であるニュルンベルク裁判所で戦犯を処罰するために適用された。
　ニュルンベルク裁判での「ハーグ陸戦法規は、1939年から国際慣習法として確立している」という解釈には、異論もないわけではない。しかし、伝統的な戦争犯罪を国際的に処罰しようという動きは、第一次世界大戦後のベエルサイユ条

約の当時から存在し、ニュルンベルク条約が初めてではない。したがって、それからはるかに時代の下った第二次世界大戦当時には、そのような考え方は多くに国に広く受け入れられ、国際慣習法として確立しており、異論はとるに足らないという議論には説得力がある。」

（後略）

第4　戦争抛棄に関する条約（不戦条約）の締結へ

1　パリ不戦条約

　1928年8月27日　パリにおいて戦争放棄を宣言した戦争抛棄に関する条約が締結され、戦争違法化への流れが強まった。この条約は下記のとおりの内容である。

「（前略）

人類ノ福祉ヲ増進スベキ其ノ厳粛ナル責務ヲ深ク感銘シ

其ノ人民間に現存スル平和及友好ノ関係ヲ永久ナラシメンガ為国家ノ政策ノ手段トシテノ戦争ヲ率直ニ抛棄スベキ時機到来セルコトヲ確信シ

其ノ相互関係ニ於ケル一切ノ変更ハ平和的手段ニ依リテノミ之ヲ求ムベク又平和的ニシテ秩序アル手続ノ結果タルベキコト及今後戦争ニ訴ヘテ国家ノ利益ヲ増進セントスル署名国ハ本条約ノ供与スル利益を拒否セラルベキモノナルコトヲ確信シ

其ノ範例ニ促サレ世界ノ他ノ一切ノ国ガ此ノ人道的努力ニ参加シ且本条約ノ実施後速ニ之ニ加入スルコトニ依リテ其ノ人民ヲシテ本条約ノ規定スル恩沢ニ浴セシメ、以テ国家ノ政策ノ手段トシテノ戦争ノ共同抛棄ニ世界ノ文明諸国ヲ結合セントヲ希望シ茲ニ条約ヲ締結スルコトニ決シ之ガ為左ノ如ク其ノ全権委員ヲ任命セリ

（全権委員名略）

因テ全権委員ハ互ニ其ノ全権委任状ヲ示シ之ガ良好妥当ナルヲ認メタル後左諸条ヲ協定セリ

第1条（戦争放棄の宣言）　締約国ハ国際紛争解決ノ為戦争ニ訴フルコトヲ非トシ且其ノ相互関係ニ於テ国家ノ政策ノ手段トシテノ戦争ヲ抛棄スルコトヲ其ノ各自ノ人民ノ名ニ於テ厳粛ニ宣言ス

第7章　アメリカ軍の軍事行動における国際法違反

第2条（紛争の平和的解決義務）　締約国ハ相互間ニ起ルコトアルベキ一切ノ紛争又ハ紛議ハ其ノ性質又ハ起因ノ如何ヲ問ハズ平和的手段ニ依ルノ外之ガ処理又ハ解決ヲ求メザルコトヲ約ス」

（以下略）

2　不戦条約・侵略とは

　「不戦条約」は署名地の名をとってパリ規約、または提唱者の名にちなんでブリアン・ケロッグ規約ともいう。アメリカの第一次大戦参加10周年を記念して、フランス外相ブリアンがアメリカに対して戦争放棄の協定を締結し世界平和に貢献しようと呼びかけたのが発端で、アメリカ国務長官ケロッグはこの提案を歓迎するとともに、これを拡大して多数国間条約の締結を提議した。条約案は、日、英、独、伊四大国の支持を得たのち、ロカルノ条約当事国を含めて15カ国がパリに集まり条約に署名した。

　この条約は、連盟規約が一定の条件に反する戦争だけを禁止したのと異なり、戦争を一般的に禁止した。もっとも、自衛権に基づく戦争や条約に基づく制裁戦争はその例外とされた。

　侵略の概念を定義する試みは、1933年の「侵略の定義に関する条約」のように戦前にも行われた。

　このように戦争被害に関する不戦条約も締結されていることからすれば、なおさら、アメリカは南洋戦・フィリピン戦における艦砲射撃については自粛すべきであった。

　以上詳述したとおり、諸国際法規に照らしてみるとアメリカの南洋諸島の住民居住地等に対する無差別じゅうたん艦砲射撃は国際法違反であり、アメリカ政府は原告ら南洋戦・フィリピン戦被害者に対して損害賠償義務を負う。

〈第8章〉
南洋戦・フィリピン戦の
一般民間人被害の特徴と実態
日本軍は一般住民を守らなかったのみならず、
住民に対して虐殺等の加害行為を行った

第1　被告国は戦後 67 年たっても南洋戦・フィリピン戦の戦争被害調査を実施してない

1　被告国は南洋戦等の一般住民被害についての悉皆調査を行うべきであるにもかかわらず、実施していない。

　南洋戦等の一般住民被害の詳細な実態と全容は戦後 67 年経っても明らかとなっていない。被告国においては、戦後間もない 1947（昭和 22）年に沖縄県以外の 46 都道府県について調査をしている（史料・太平洋戦争被害調査報告書・平成 7 年 8 月 5 日発行・東京大学出版会）。

　被告国が沖縄戦の戦争被害につき現在においても未調査であることは、2011年 10 月 20 日、沖縄県議会における県側答弁においても明らかである。

　被告国は「南洋戦」等の一般民間戦争被害者について、未だに調査を実施していない。被告国が、前述してきたとおり自らアジア太平洋戦争を開始し、南洋戦等を計画し遂行した結果、南洋諸島やフィリピン群島において人的物的精神的被害が発生したことは明白である。にもかかわらず、戦争被害については全く調査を行っていない。そのことは被告国の南洋戦等遂行の責任とともに被害を調査もせず放置してきた責任は重大であり、政治的にも道義的にも法的にも責任を果た

256

第8章　南洋戦・フィリピン戦の一般民間人被害の特徴と実態

されなければならない。被告国は南洋戦等の被害の全容について悉皆調査を行うべきである。

第2　南洋戦等における沖縄県出身一般住民の犠牲―死亡数と死亡率

1　死亡者数 25000 人以上と推定

　前述のとおり、被告国が南洋戦等における一般住民被害について何らの調査も実施していないため、その死亡者数や負傷者の数、被害の種類や類型等について正確な数字等は依然として不明である。南洋群島帰還者会や沖縄県遺族連合会などの関係団体や民間の研究者等の不充分な調査・資料などによると、南洋諸島における一般民間人の死者は最低でも 12500 人、最大 19000 人といわれている。フィリピン諸島における一般民間人の死者は、最低 12500 人、最大 16000 人といわれている。全体では、合計 25000 人から 35000 人と推定されている。

2　死亡率 30％を超える

　当時、南洋諸島に住んでいた沖縄県人は約 60000 人、フィリピン群島に住んでいた沖縄県人は約 30000 人、合計 90000 人弱であった。　死亡率を計算すると、最低 28％から最大 38％となる。負傷者数については推定すら不可能となっている。その死亡率は「沖縄戦」被害に匹敵する。

第3　日本軍が強いた住民玉砕―サイパン島など南洋諸島の悲劇 ―残虐非道な日本軍の行為の数々

1　大本営のサイパン放棄決定と住民犠牲

　大本営は、米軍の上陸開始が 10 日目である昭和 19 年 6 月 24 日にサイパン島放棄を決定し、軍事支援策を全面的に停止した。その大本営の重大決定は、31 軍にも現地の日本国民にも一切知らせることなく、戦後まで極秘にしていた。被告国が、この大本営の決定とともにサイパン戦を停戦すべきであった。放棄決

定を知らない現地31軍は、前述したとおり7月7日に玉砕突撃を行い壊滅し、兵43000名中約40000人が戦死した。

2　軍の玉砕方針の下で死を強制された数—8000人から19000人と推定

軍隊のみならず、日本人一般住民（非戦闘員）はサイパン島北部のマッピ岬やマッピ山で投身自殺をしたり、自らの子どもを突き落としたりするなど戦慄すべき自己殺戮の地獄絵図が展開された。一般住民の被害の9割が、大本営がサイパン放棄を決定した6月24日以降に発生したと推定されている。

投身自殺などした日本人は8000人とも12000人とも19000人とも推定されているが、被告国が一切の調査をしていないので、その詳細は不明となっている。サイパン放棄決定とともに停戦したとすれば、その犠牲は避けられた。被告国の責任は極めて重大といわなければならない。

3　日本軍による住民殺害

日本軍が日本人一般住民に対して狙撃して殺害したり、手榴弾を投げて殺したり、軍刀で殺傷したり、泣き声をあげる乳幼児の首をひねて殺害するなどありとあらゆる残虐非道な行為を行った。このようにして殺害された一般住民数は数千人にのぼるといわれているが、被告国が調査を実施していないため、その詳細は不明である。

4　日本軍による一般住民に対する玉砕命令

日本軍は一般住民に対して玉砕命令を出し、それに従い一般住民が家族などで玉砕し、死亡した例も多発している。その数など詳細は不明である。

5　艦砲射撃・戦闘行為による犠牲

米軍による砲弾射撃や狙撃、そして日本軍の銃撃戦により死者・負傷者が多発した。

6　「集団自決」の強制

日本軍により「集団自決」を強制された例も多数あり、数多くの一般住民が犠

第8章　南洋戦・フィリピン戦の一般民間人被害の特徴と実態

牲となった。その詳細は不明である。

7　壕追い出しによる被害

日本軍に避難していた壕から出て行くように命令され、壕を出て避難場所を探している時に砲撃にあい死亡した例も多発した。

8　栄養失調・病気による死亡

前述したとおり、激しい地上戦や艦砲射撃や空襲などが行われたので、栄養失調や病気により死者が多発した。

9　疎開船舶撃沈による一般住民死亡の多発

第7章　第1節　第1・第2で前述したとおり（後述第10章　第5他）、南洋諸島からの疎開船舶がアメリカの国際法違反の攻撃により多数撃沈され、南洋諸島からの引揚者が1500人以上死亡した。

死亡者を3000人と推定する説もあり、被告国が未調査のため、詳細は不明である。

本件原告らも引揚船撃沈の被害者が多数いる。これらの被害者に対して、被告国は何ら謝罪・補償をしていない。

10　戦争孤児（戦災孤児）

前述したとおり南洋戦・フィリピン戦においては、戦争孤児（戦災孤児・残留孤児を含む）を多数生み出したが、その詳細は被告国が未調査のため、実態が未だに把握してない。

原告らにも戦争孤児が多数いる。これらの原告は戦後筆舌に尽くし難い労苦や精神的苦痛を強いられてきた。

被告国は戦災孤児に対して謝罪・補償等をまったく行っていない。
戦争孤児は被告国が本件南洋戦等を遂行した結果生じたのであるから、被告国に謝罪と賠償を行う義務がある。

11　他の南洋諸島における悲劇

259

上記と同様、日本軍はサイパン島以外テニアン・グアム・フィリピンなどの島々で残虐非道な行為を行い、同様な被害を発生させた。

第4　民間人犠牲は何を意味するのか
―日本軍は国民保護義務に違反し住民を守らなかった

1　住民被害の実態

　サイパン戦など南洋戦における日本軍の残虐非道行為の実態については、前述したとおりである。

2　一般住民の命は本土防衛の"防波堤""捨て石"に

　前述したとおり、大本営は南洋諸島を絶対国防圏と設定しながら、サイパンにおいて日本軍が劣勢になると早々とサイパン放棄を決定し、その決定を現地軍民に知らせることなくサイパン玉砕を生じさせた。サイパン放棄の決定は、絶対国防圏の放棄を意味している。原告らとその肉親など一般住民の命は本土防衛の"防波堤""捨て石"とされたのである。サイパン戦など南洋戦における日本軍の残虐非道行為の実態については、前述したとおりである。

3　狭小な島に日米軍・住民合計約15万人が入り乱れる

　特にサイパン島においては狭小な島に日本軍43000人、米軍65000人など軍民合計150000人が入り乱れ、そのことが戦争犠牲者を多く出した要因ともなっている。

4　主な戦場は住民居住地であった

　このように狭小な島での戦場は、住民居住地であった。日本軍は非武装地帯などを設けることもなく、休戦・停戦の申し入れを米軍に行うこともなくサイパン放棄を決定し、一般住民を犠牲にした。

5　日本軍が自国民（一般住民）を殺害

　前述したとおり、南洋諸島における戦場では、日本軍が一般住民を殺害などし

た。殺害行為は殺人罪にあたる犯罪行為である。

6　日本軍の国民保護義務違反の行為

以上の住民被害発生の原因・経過・実態からすれば、後述するとおり被告国は国民保護義務に反しているので、謝罪と損害賠償義務を負っている。

第5　朝鮮人軍夫と朝鮮人「従軍慰安婦」の被害

1　強制連行された朝鮮人軍夫

日本軍は、南洋諸島の陣地構築等のため数千人の朝鮮人を強制連行して牛馬の如く使役した。朝鮮人は約20000人いたと推定されている（戦後の生存者は11308人、第9章参照）

2　「従軍慰安婦」とされた朝鮮人女性

日本軍のために朝鮮人女性が1000人以上も「従軍慰安婦」とされていたと推定されているが、その戦死者数なども未調査のため不明である。

第6　アジア太平洋戦争におけるアジア各国の犠牲者数

被告国が引き起こしたアジア太平洋戦争において、日本を含むアジア全体2000万人を越える人々を死亡させ、数え切れない数の負傷者を生じさせた。

1　各国の犠牲者数

各国の犠牲者数は、次のとおりである。

　　日本・・・・・・約310万人
　　中国・・・・・・約1000万人
　　朝鮮・・・・・・約20万人
　　ベトナム・・・・約200万人
　　インドネシア・・約200万人
　　インド・・・・・約350万人

シンガポール・・・約 5 万人
ビルマ・・・・・・約 5 万人
ラオス・・・・・・・・不明
カンボジア・・・・・・不明
タイ・・・・・・・・・不明
スリランカ・・・・・・不明

※ベトナムとインドの大部分は餓死といわれる。

2　日本人の犠牲者数

　上記日本の犠牲者 310 万人中、軍人軍属は 230 万人、一般民間人は本件南洋戦、フィリピン戦、「沖縄戦」における犠牲者も含めて 80 万人と推定されている。

テニアン島最南端の「自決の崖」スーサイドクリフ
＝撮影　村上有慶

第9章　沖縄県人の沖縄への引揚げと活動

<第9章>
沖縄県人の沖縄への引揚げと活動

第1　引揚げ者の実態

1　旧南洋委任統治領からの引揚げ

　1945年9月2日、日本が正式に降伏すると、中国、朝鮮、フィリピン、ミクロネシアの島々で日本軍の武装解除は始まった。これが終わると「引き揚げ」というとてつもない仕事が待っていた。その引揚げ対象は軍人・軍属・一般住民である。1946年12月31日までに琉球列島に24万1591人が引揚げてきた。日本から15万9303人、朝鮮から274人、台湾から1万6689人、台湾から1万6689人、ハワイから2322人、ミクロネシア諸島から2万6003人である。

　これからサイパン、トラックなどの"南洋"と呼ばれていた旧日本委任統治領からの引揚げを中心に、沖縄人がどのようにして引揚げ（させられ）たかについて述べる。

　太平洋地区のアメリカ海軍にとって、日本人、沖縄人、朝鮮人、台湾人を本国送還させる仕事は、やっかいな作戦となった。第二次世界大戦の結果、太平洋の島々と極東地区には約250万人の東洋人が残された。マーシャル諸島、ポナペ、クサイエ地区に2万4832人、トラック、西キャロライナ諸島、（グアムを除く）マリアナ諸島には12万2482人、そのうち約5万2000人が一般住民で、残りが軍人だった。日本人10万4218人、沖縄人3万1619人、朝鮮人1万1308人、中国人142人、台湾人4人、他35人というのが国籍の内訳だった。

263

一般住民の引揚げは1946年の初め頃から始まり、その年一杯、絶え間なく引き揚げ業務が続けられた。だが、沖縄の場合には、経済がひっ迫し、軍政面からも受け入れ態勢が用意できず、沖縄人の引揚げは大幅に遅れることになった。沖縄では、そのころアメリカが沖縄を軍事基地にするため、沖縄人を再三再四移動させ、限られた区域に押し込められた32万人の沖縄人の食糧、医療、住居の面倒をみるだけで手が一杯で、とてもこれ以上余計な引揚げ者を受け入れるわけにはいかない、というのが本音だった。

　1946年1月9日現在「南洋」と呼ばれた旧委任統治領には2万3237人の沖縄人がいた。引き揚げを希望せず、残留希望者も多数いた。残留希望者たちは、南洋を今一度「楽園」にしたいという強い思いからであった。

　結局、旧日本委任統治領、いわゆる「南洋」の沖縄人2万3237人は全員送還されることになった。これに太平洋占領地区の沖縄人を加えて、計2万6003人の沖縄人が1946年12月27日までに沖縄、正確には琉球諸島に送還された。これだけの人員の輸送と受け入れが4カ月半で達成されたが、これはほんの序の口に過ぎなかった。沖縄県にはこの短期間に全部で20万4591人という想像を絶する数の沖縄人が引揚げてきたのだ。

　「引揚げと援護30年の歩み」（厚生省援護局、昭和53年4月5日　ぎょうせい発行）では、次のとおり記述されている。約8万8000人の一般邦人が居住し、精糖、農漁業等に従事していた。戦局の進展に伴い、昭和18年12月から19年12月までに老幼婦女子等約1万7800人を内地に強制疎開させたが、乗船がアメリカ軍の攻撃を受け沈没し、このうち約1500人が死亡した。

　旧南洋委任統治領の島々のうち、アメリカ軍が上陸し、日本軍が玉砕したクエゼリン、ルオット、ブラウン、サイパン、テニアン、グアム、ペリリュー、アンガウル等の島々では、約1万9000人に及ぶ一般邦人の戦没者を出している。

　これらの島々においても相当数の陸海軍人軍属と多数の一般邦人が生き残り、一般邦人は軍人軍属とは別個に抑留された。アメリカ軍が上陸しなかったその他の島々においては、終戦後日本軍所在部隊は平穏のうちに武装解除され、邦人はおおむねその地域内の食糧物資をもって自活し、内政に関しては従来の組織が認められ、特に、テニアン島においては、民主的な行政機関として抑留邦人協議会

が設立され、選挙された評議員により自治的運営が認められた例がある。

　アメリカ軍が上陸しなかった島のうちには、補給が途絶し早急な救援措置を必要とする島が多く、軍人及び居留民の救援については、終戦直後連合国軍総司令部（GHQ）が横浜に進駐したとき、食糧、医薬品の補給、傷病兵の本土送還等を申し入れ、その承認を得て高砂丸が、9月2日舞鶴港を出発し、メレヨン島の陸軍将兵等1628人を収容し、9月25日海外引き揚げ第一船として別府港に入港した。

　この引揚げに続いてその他の島々も他の地域に優先して引き揚げが行われた。一般邦人の引き揚げは、ヤツブ島から始まり、昭和21年5月テニアン島の引き揚げをもって終了した。なお、原住民と婚姻している者は残留が認められたが、それ以外の日本人の残留は許されなかった。

2　フィリピン群島からの引揚げ

　前述したとおり、日本人が早くからフィリピンにおいて麻栽培をしていたことは広く知られており、昭和18年の公刊書に居留民数は2万5837人と記録されている。戦争の進展に伴いやがて戦場となるフィリピンから一般邦人を撤退させることが大本営の戦争指導大綱により決定され、昭和19年8月から12月までに約9100人が本邦に引き揚げたが、同年12月15日引揚者3000人を乗せた鴨緑丸がマニラ湾においてアメリカ軍の攻撃を受けて海没したので、以後、引揚げは中止された。残留していた一般邦人は戦局の推移に伴い軍とともに、主として北部ルソンの山中に退避し、多くの犠牲者を出した。

　停戦協定文中において、一般邦人は軍人軍属と同様に取り扱われることが明記され、武装解除後も、内地上陸までの間一切の自由と職権ははく奪されていたため、総領事や居留民日本人会長においてもなんら統制することができなかった。一般邦人は軍人と前後して、いずれも米軍設定のカンルパン、サンタロサ、タクロバン、ダリヤオン等の収容所に強制収容され、昭和21年1月以降、逐次内地へ送還された。なお、一般邦人は、戦前より居住していた者、現地人と結婚して妻子のある者はもちろん、日本語を解しない日本国籍を持つ混血児に至るまで全て日本に送還された。

第2　南洋群島帰還者会の設立と沖縄ダバオ会の設立

1　南洋群島帰還者会の設立とその活動

引揚げ者たちは、早速昭和23年に南洋諸島帰還者会を設立し、沖縄県遺族連絡会などと協力し、南洋諸島墓参活動や援護法の拡大適用による補償要求運動を行い、一定の成果をあげた。その補償要求運動については後述する。

2　沖縄ダバオ会の設立とその活動

フィリピン引揚げ者たちも、戦後ダバオ出身者を中心にダバオ会沖縄県支部を設立した。その活動内容は、慰霊墓参と援護法の拡大適用による補償要求運動である。その活動については後述する。

第3　戦没者慰霊墓参活動

1　南洋諸島沖縄県出身戦没者慰霊墓参

北マリアナ連邦は1914（大正9）年第一次世界大戦の最中、日本海軍が無血占領し、1920年国際連盟の決議によりカロリン、マーシャル両諸島と共に日本の委任統治となった。

戦前旧南洋諸島には、在留邦人の80％を占める約6万人余の沖縄県出身者が在留していたといわれるが、大正9年以来築き上げてきた南洋諸島の平和の楽園は、第二次世界大戦の勃発によりたちまち地獄の島と化し、軍属及び民間人あわせ1万2千余人が戦没したところである。

これらの戦没者のみ霊を弔うため、沖縄外地引揚者協会からの強い要望もあり、琉球政府は再三にわたり、米国民政府に陳情を繰りかえし、戦後23年目の昭和43年6月にサイパン島に墓碑地帯に合石を合わせて3メートル余りもある石碑「おきなわの塔」を建立し、6日に除幕式典と慰霊祭を挙行した。その後、パラオ、テニアンに「おきなわの塔」を建立された。

南洋諸島慰霊墓参は、昭和43年と45年に実施され、その後、昭和47年度

からは毎年慰霊祭を執行している。

　また墓参団は、サイパン、テニアン島、パラオ島、ロタ島とそれぞれの島々で
関係遺族により戦没者の慰霊祭が執り行われてきた。

2　フィリピン群島沖縄県出身戦没者慰霊墓参

　フィリピン群島は、明治 36 年ベンゲット道路建設要員として日本から多数の
技術者等が参加して完成しており、沖縄からも多数参加していた。道路工事完成
後、沖縄出身者の中にはミンダナオ島に渡り、山林を開墾し麻栽培を始め、それ
以後沖縄から多くの移民が農業、漁業、商業等に従事し生活の基盤を築いていた。

　ミンダナオ島ダバオには在留邦人の約 7 割を占める沖縄県人約 3 万人が居住し
ていたといわれる。

　フィリピン群島は、今次大戦で多くの日本軍が派遣され、各島々で激戦が展開
され、移民で活躍していた沖縄県人も、応召のほか戦闘協力によって 1 万 2 千余
人の老若男女が戦没したところである。

　そこで、沖縄外地引揚者協会と琉球政府は、フィリピン群島において戦没者の
み霊を祀るために昭和 45 年 1 月に「沖縄の塔」（ダバオ市）を建立した。

　フィリピン群島の慰霊墓参は昭和 48 年から沖縄県、沖縄県議会、沖縄県遺族
連合会の共催により、墓参団を派遣し、慰霊祭を執行してきたが、昭和 53 年か
らは沖縄県と沖縄県遺族連合会の共催で執行するようになり、昭和 54 年からダ
バオ会沖縄県支部が協力共催し、執り行うこととなった。

第 4　南洋戦・フィリピン戦の一般民間戦争被害者の被告国に対する
　　　　謝罪と補償要求運動

　南洋群島帰還者会と沖縄ダバオ会は、戦没者慰霊墓参活動以外にも、援護法の
拡大適用による補償要求運動を沖縄県遺族連絡会などと共に進めてきて、一定の
成果を上げた。しかしながら、被告国の不誠実な対応により、依然として未補償
の被害者が多数放置されたままとなっている。

　その後、2010 年 10 月に原告らが加入する沖縄・民間戦争被害者が組織され、
未補償の被害者の救済運動に立ち上がり、活動を続け、本件提訴に至ったのである。

〈第 10 章〉
沖縄での軍人・軍属・戦争被害者への
援護行政・救済運動

　沖縄戦・南洋戦被害者のうち、軍人・軍属・準軍属と一般民間戦争被害者間の
差別及び一般民間戦争被害者間の差別（選別）は如何にして生じたのか。

第1　南洋戦・フィリピン戦で一般民間戦争被害者補償は行われたか

　前述してきたとおりの南洋戦や沖縄戦における一般民間戦争被害者の甚大な被
害はどのように救済されてきたのか、その救済の程度・内容はいかなるものか。
一般民間戦争被害者の中で未補償の被害者がいるのか、何故、未補償の一般民間
被害者が取り残されているのか、未補償のままで放置していいのか、という点を
明らかにしていきたい。

　救済運動の中心となってきたのは、沖縄遺族連合会であり、南洋群島帰還者会
などである。

第2　日本・沖縄における戦争犠牲者遺族組織による軍人・軍属・
##　　　戦争被害者に対する援護行政推進運動と救済運動

1　沖縄の日本との行政権の分離（アメリカの直接支配）

　前述したとおり「沖縄戦」や「南洋戦」は日米両軍の死闘の文字通り「最も悲
惨な、最も残虐な戦争」であり、沖縄では県民の4分の1の15万人が、南洋諸

島では約 25000 人の沖縄県人が死亡し、沖縄と南洋諸島の島々は文字通り焦土化し、人間の生存基盤が壊滅的打撃を受けた。

米軍は沖縄に上陸と同時に 1945（昭和 20）年 4 月 1 日に読谷に海軍軍政府を置き、ニミッツ布告（海軍軍政府布告第 1 号）によって、奄美諸島、琉球列島は日本本土から行政分離され、米軍統治下での戦後が始まった。

沖縄に対する米軍の直接占領は、1972（昭和 47）年 5 月 15 日に日本が復帰するまで続いた。

米軍占領下の沖縄における戦争犠牲者に対する補償・援護・救済運動はどのように行われてきたか戦争犠牲者遺族会などの活動をみることにする。

2 日本における遺族会結成と遺族会による戦争犠牲者に対する援護・救済運動の開始

（1）ポツダム宣言受諾で公務扶助料停止

1945（昭和 20）年 8 月 15 日、日本は「ポツダム宣言」を受諾して無条件降伏し、太平洋戦争が終結した。

日本軍は連合軍の占領管理下におかれ、「極東委員会」の決定が次々に日本政府に指令され実施された。

昭和 20 年 10 月 24 日の恩給及び手当に関する覚書により、日本政府は昭和 21 年 2 月 1 日に勅令第 68 号を公布実施旧軍人の遺族に対する公務扶助料が停止された。また、昭和 20 年 12 月 15 日、国家と神道との分離（いわゆる神道指令）指令によって靖国神社は国とのつながりを断たれた。

昭和 22 年 1 月 4 日、「公葬等の執行禁止」により市町村の行う公葬は一切禁止され遺骨の伝達式に一般の者の列席まで止められた。戦没者遺族は精神面のみでなく、公務扶助料の停止により、食糧不足やインフレ昂進の中、老幼を抱え生活の資を絶たれ、母子心中や死を選ぶ老齢遺族の悲劇も起こった。

（2）全国遺族、団結への胎動

昭和 21 年 10 月、東京都内の戦争未亡人達が各地に発送した「7 人の遺族に呼びかける団結の葉書運動」や聴取者の生の声を放送する N H K ラジオ番組「私の言葉」で放送された武蔵野母子寮長牧野修二氏の「全国の戦争犠牲者遺家族同盟の組織と戦争犠牲者救援会の結成のよびかけ」は大きな社会的反響をよんだ。

急速に戦没者遺族の全国組織結成の気運が高まった。

（3）日本遺族厚生連盟の誕生－援護は無差別・平等に行われるべきと決議－

昭和22年11月17日、18日の両日、全国28都道府県の代表者130人が参集し、東京都千代田区の神田寺で結成総会が持たれた。戦没者遺族の全国組織結成を満場一致で決定し、会名を「日本遺族厚生連盟」とした。

結成に当り次の事項を満場一致で採択し直ちに実行に移ることを決議した。

決議事項

本日茲に全国都道府県遺族代表者130余名の総意により、日本遺族厚生連盟の結成を了するに当り、本連盟は、以下事項の貫徹を期し、これが速やかなる実現を政府に要望する。

1、遺族・戦災者・引揚者の援護は無差別・平等の建前に則り、現下遺族のみの冷遇を速やかに是正するよう具体的措置を講ずること。被戦災者特別税の免税を遺族に対し、戦災者・引揚者 と同一に適用すること。

1、共同募金の配分対象として、遺族会をふくむべきこと。

1、恩賜財団同胞援護会の援護策として遺族は戦災者・引揚者と同一に扱わるべきこと。

右決議する。

昭和22年11月17日

日本遺族厚生連盟

（4）援護法制定と公務扶助料復活

昭和27年4月30日、ついに「戦傷病者、戦没者遺族等援護法」（法律第127号）が公布され、同年4月1日にさかのぼって施行されることになった。その内容は極めて不十分であったが、戦没者遺族に対する国家補償の精神に基づいて、遺族年金及び弔慰金を支給する法律の制定がやっと陽の目を見た。その他恩給も復活した。

（5）財団法人日本遺族会

昭和22年結成された日本遺族厚生連盟は6ヶ年にわたる遺族運動に大きな功績を残して昭和28年3月11日、発展的に解消し、法人化され財団法人日本遺族会に改称した。

第 10 章　沖縄での軍人・軍属・戦争被害者への援護行政・救済運動

3　沖縄遺族連合会を中心に県民の軍人・軍属に対する援護行政の推進活動と一般住民をはじめとする全戦争犠牲者への補償要求運動

（1）遺族連合会の結成へ

1　「恩給促進委員会」の発足で刺激

　戦後 6 年目頃から沖縄もようやく落ち着きを取り戻した。アメリカ軍の直接支配下にあったため本土の状況が分かりにくい時代だったが、本土での文官恩給受給が戦後も継続されていることが明らかにされ、沖縄でも文官恩給の早急な受給を推進すべく、昭和 26 年 8 月 13 日「恩給促進委員会」が発足した。

　熱心な文官恩給受給者運動は、大蔵、外務両省の協力のもと順調に進歩したが、最も犠牲を受け生活困窮者の多い軍人遺族はまだその埒外にあり遺児を抱えた戦争未亡人の窮状はその極にあった。

　全国唯一、地上戦を経験した沖縄の遺族数は他県の比ではない。恩給問題であれ遺族問題であれ、生活困窮者の救済という趣旨は同一であった。

　遺族は遺族援護のため立ち上がらなければならなかった。

2　「琉球遺家族会」発足

　昭和 27 年 2 月 10 日、那覇市内で「琉球遺家族会」が創立結成大会が開催された。

　会は戦没者遺族のみでなく遺族援護の立場から傷病軍人を含めた組織とし、会長に島袋全発氏、副会長に大城鎌吉氏、理事 20 人を選任した。そして、日本政府に対し「琉球の遺家族にも援護法を適用されたし」また琉球政府に対しては「遺族家族援護措置を講ぜられたし」と二つの陳情文案を満場一致で可決し、日本政府吉田首相と琉球政府比嘉主席宛に送付した。

　4 月 8 日、厚生省復員局美山要蔵部長ら本土政府係官らの来島を機に第 2 回遺族大会を開き雨の中、約 1 千人の遺族が集まった。

　琉球立法院は 5 月 2 日、全会一致で「戦傷病者、戦没者遺族等援護法の琉球に対する適用要請」を決議した。

3　援護法施行に向けて総理府、那覇に南連事務所を設置

　昭和 27 年 6 月、日本政府は総理府内に南方連絡事務局を創設、8 月、現地機関として那覇日本政府南方連絡事務所（「南連」と略称）を那覇市上之蔵に設け援護法担当として斉藤元之氏を任命した。「南連」はその後、与儀（現那覇署敷地）

271

に移り、昭和47年の沖縄祖国復帰の日まで行政分離された沖縄問題を担当した。

斉藤事務官は「南連」に着任と同時に援護法施行に向け戦没者死没処理並びに遺族援護事務開始に伴う諸々の調査事務に当たった。

4　琉球遺族連合会と改名、事務所設置

「南連」の設置で援護法適用の見通しがようやくついた昭和27年11月16日、那覇劇場で多数の遺族参加のもと「第3回遺族大会」を開いた。大会では琉球遺家族会の「琉球遺族連合会」への改名と、「事務局設置、各市町村遺族会結成」の2事項を決議した。

5　「援護法の沖縄適用」を実現

日本政府は、昭和28年3月26日援護第187号で、「北緯29度以南の南西諸島（琉球諸島及び大島諸島を含む）に現住する者に対し『戦傷病者、戦没者遺族等援護法』を適用する」と正式公表した。

琉球政府は昭和28年4月、援護法の事務を主管する「援護課」が新設され、援護法に基づく援護事務等も開始された。

6　各市町村遺族会、次々結成旗揚げ

第3回大会決議に基づき事務職は各市町村遺族会の結成に着手した。まず各地区毎の集会を持った。昭和28年1月9日に中部地区遺族大会、同月16日北部地区、19日南部地区とそれぞれ遺族大会を開き、各地で遺族会結成の気運が急速に盛り上がり同年4月、5月の2カ月で各市町村遺族会はほとんどが結成された。

7　琉球遺族会、日本遺族会に加入

昭和28年9月4日付の文書で、日本遺族会への支部加入を申し入れ、1カ月後に正式に加入承認通知が届いた。以来、一支部として沖縄の戦没者及び遺族処遇問題、全国的遺族処遇改善運動に一体となって運動を続けている。

8　財団法人沖縄遺族連合会と組織変更

昭和29年7月31日の各市町村遺族会会長会で、琉球遺族連合会を発展的に解消、財団組織にして名称を「財団法人沖縄遺族連合会」に変更することが決議された。登記申請書を作成提出し、昭和29年11月1日付で正式に認可された。

（2）遺族会の活動と援護事務

第10章　沖縄での軍人・軍属・戦争被害者への援護行政・救済運動

1　アメリカ軍占領下での遺族援護事務始まる

　沖縄の「遺族援護事務」は戸籍簿はじめあらゆる行政資料が焼失した上、米軍占領で日本から行政分離され、勝手もわからないまま細々と開始された。

　昭和27年4月28日、日米講和条約が発効し、日本は新生の第1歩を踏み出した。

　これを機に本土では「戦傷病者戦没者遺族等援護法」がいち早く制定公布され旧軍人軍属の遺族に対する恩典の道が開かれた。しかし、行政分離下の沖縄には日本の法律を直ちに適用することはできない。日本政府では同年8月総理府の現地機関「那覇日本政府南方連合事務所」を設置した。初代所長今城登氏、事務官斉藤元之氏は援護法による請求事務並びに支払い事務の沖縄での実施について琉球列島米国民政府（略称・USCAR ＝ Unaited Stabes Administration of the Ryukyu Islands　以後 USCAR と標記）と長期にわたり折衝した。

　その努力の結果、ようやく USCAR の承認をとりつけ、昭和28年3月26日、日本政府は「北緯29度以南の南西諸島に現存する者に対し、戦傷病者戦没者遺族等援護法を適用する」旨、正式公表を行った。

　一方、琉球政府では4月1日に当時の社会局に援護課を新設、課長以下15名の定員で、この文官恩給含む援護事務に当たることになった。

| 回想　不安の中で発足した援護事務 |　（注）米軍と対立も

元那覇日本政府南方連絡事務所

初代援護担当事務官・斎藤　元之

《＊第一の難関、行政権分離

　私と沖縄の人びととの出会いは、厚生省で「戦傷病者戦没者遺族等援護法」という長い題名の法案づくりに参画したことがきっかけで、私を沖縄の人びとと結びつけてくれた遺家援法は、いうなれば私の仲人であった。厚生省に入って、最初の任地沖縄での三年間は、私にとって難行苦行の毎日でもあった。本土法の適用についてのユースカー（琉球列島米国民政府）との折衝、住民へのＰＲ、年少学徒の身分問題等々、どれ一つとっても難題ばかりであった。

273

が幸い、かけだしの私を親身になってご指導くださった地元沖縄の先輩諸賢や、親元（厚生省）の励ましもあって、どうにか、ご遺族の方々に援護の切符を渡して汽車に乗っていただく〝道づくり〟ができたものと思っている。

在任中に得た貴重な人生経験は、終生わたくしの脳裏から消え去ることはないであろう。沖縄を第2の故郷だと思いこんでいるひとりである。

沖縄の行政権を持たない日本政府が、沖縄に本土法を適用できるかどうかの問題は、立案当初から議論された。しかし本土の防波堤となった沖縄を放置するわけにはいかないとの厚生省首脳の方針により、法的には、附則に戸籍法の適用を受けない者（韓国・朝鮮人・台湾人）を規定することで、政府が行政権を持たない沖縄については、講和条約発効後に、その実施について米国政府との折衝にまつこととした。

＊「援護・恩給」支払方法めぐり米軍と対立

遺家援法案の成立と前後して、米国側から「日本政府と琉球諸島における米国管理当局との間に相互的利害関係のある種々の事項（例えば年金恩給の支払、戦没者遺骨の処理）について適切な連絡を図るための連絡事務所の設置」を要請してきた。これを受けて政府は、昭和27年6月「南方連絡事務局設置法」を公布し、同年8月那覇に南方連絡事務所を設置し、所長以下若干のスタッフが置かれることとなった。

遺家援法の実施について厚生省内には、復員処理を終わってから法律の適用をという意見と、若干の件数にしろ復員処理の終わっている遺族に対する年金の支払から始め、復員処理を併せて行うべしとする意見とに分かれていたが、結局、遺族の感情を無視できないとして法律の適用を先に行うこととなり、米国側との折衝のことを考慮して、法案づくりをした私に白羽の矢が立ち、人事課長から1年の約束だから行ってほしいということで、同年9月1日付で南方連絡事務所勤務が発令された。

私としては予期しなかったことだけに戸惑いもあったが、発令された以上は一日も早い赴任をと、急ぎ米国側との折衝や実施の手順などの準備を済ませていたが、入国の許可がおりるのに1カ月以上もかかり、10月4日ノースウェスト機で赴任の途についた。

第10章　沖縄での軍人・軍属・戦争被害者への援護行政・救済運動

　着任して最初の仕事が、ユースカーとの折衝文書の作成であった。厚生省では、本土復帰後のことを考慮して、援護恩給の事務は本土と同様に、請求事務については琉球政府と市町村に、支払事務は郵便局に、それぞれお願いする方針でいた。このことは、着任挨拶のため、当時の比嘉秀平行政主席（故人）にお会いしたときお話しを申上げ、快諾を得ていたので、問題はユースカーであった。

　ユースカーとの折衝で最後まで意見の対立した問題が二つあった。

　その一つは、日本政府の仕事に琉球政府及び市町村を協力させることはできないということであった。よって、南連事務所が遺族会などの協力を得て直接やればよいではないか、というのが彼等の言い分で、それ以上進展しない。或る日、毎年1億5千万B円（当時の琉球予算の約1割）の援護恩給を直接わが方で支払うことはやぶさかではないが、そうなると、住民への琉政への不信や反米思想が起こり得ることを危惧するものであるが、承知の上のことかと問うたところ、そこまでは考えも及ばなかったということで、急転直下、貴方の申出の趣旨は了承するということになった。

　その二つは、日琉間の貿易収支が入超であることを理由に、援護恩給の資金を貿易決済にしてほしいというもので、これは本国政府の強い要請でもあるということであった。しかし、恩給の資金が沖縄経済の資金ぐりに流用され、遺族への支払が遅延するような事態を起こしかねないと判断したので、民生資金と物資を同じカテゴリーで処理するのは筋違いであるとして最後まで反対した。このためユースカーもこの提案を取下げ、郵政省から直接琉球政府に送金することで6ヶ月にわたった折衝も決着を見るに至った。》（後略）

2　援護法の沖縄適用の困難性（物的資料の焼失とアメリカの占領下）

　しかし、沖縄への援護法適用は種々困難な問題を山積していた。

　本土各県では終戦直後から「復員処理」に着手し、すでに一部を除いて「戦没者処理」業務は終わろうとしていた。ところが、沖縄では援護事務の基盤となる「復員処理」も着手できない状態であった。行政が分離され、アメリカの占領下にあったので琉球政府は本土各県と同様な事務処理を進めることが出来なかった。日本の法律に関連する行政事務は他府県と違い、すべて琉球政府、南方連絡事務所、引揚援護庁留守業務部（後に調査課沖縄班）の三者で分担し、どうしても煩雑に

ならざるを得なかった。

　しかも沖縄の行政機関も本土政府の連絡機関も創立後日が浅く、不慣れな上に制度上の相違から齟齬を生じたり、予想以上に事務が停滞した。

沖縄戦は戸籍簿などの物的資料の全てを焼尽し、援護事務を進めるうえで致命的障害となった。

　特に身分の確認事項に欠かせない戸籍の焼失は、事務処理の上で非常な困難をきたした。

　当時沖縄では、沖縄諸島政府総務部長通牒によって臨時戸籍が作成されていたが、それは戦後の配給食糧の受給を目的としたもので、援護年金の請求書審査に欠かせない「戦没者登載」の漏れが多く、そのうえ「記事欄」の記載もほとんどなく、臨時戸籍で認める、との特例はあっても事実上、審査は不可能に近かった。

　昭和21年に勅令21号で停止されていたいわゆる「軍人恩給」も本土では昭和28年、法律により復活し請求事務が開始されたが、沖縄では2年遅れの昭和30年1月からであった。

　軍人恩給も援護法と同様、諸種の事情により事務が遅延した。本土各県では復員事務が一段落した後に「援護法」が施行され、つまり「援護法」による請求事務が概ね終わった時点で一つ一つ区切りをつけるように「恩給法」が施行されたため、全般的に事務が円滑に進められたのである。ところが、沖縄の場合は戸籍も不整備、死没処理も行われていないところに、援護事務が進められたため、当時の事務は非常に渋滞し、軌道に乗ったのは昭和37、8年頃からである。

3　困難を極めた現役兵・防衛招集の実態確認作業

　戦時下における沖縄県人の召集は、現役入隊と防衛招集の2通りに分けられた。昭和19年10月15日と20年3月1日の二次にわたり正規の徴兵検査を受けて現役入隊した者と、兵役法による満17歳以上、満45歳までの男子の防衛召集者の2通りである。

　防衛召集は連隊区司令官名の召集令状によるのが原則であるが、米軍上陸を間近に控えた昭和20年3月頃の召集は特殊な処理が行われた。

　例えば、3月6日、県兵事課は第32軍野戦貨物廠から200人の防衛招集の調達命令を受け、その日、恩納村仲泊小学校で、村医による簡単な身体検査を行

い "召集" を実施したが約30人の不適格者が出た。同廠から直ちにその数を補充せよ、と命ぜられ、17歳未満の者を補充、防召兵として入隊させた。これは違法な防衛召集であった。

また、ある町では昭和20年2月某日、某部隊下士官が直接町役場に来て防召を行う旨を伝え「人員が1人でも不足しては許さぬ、病人も指定の場所に出頭させよ」との厳命され、兵事主任は総て指定のとおり集合させた。ところが集まった人の中に病人や体の不自由な者もあったが「一応連行する」とその場から出発させられた。

このように当時の召集状況はまことに問答無用に実行され異様・異常なものであった。さらに米軍上陸後は一部の防衛召集が南部の駐屯部隊長の直接命令により満16歳以上満50歳までと年齢を拡げて行った違法な事実がある。これも違法な防衛召集であった。

このような召集方法で防衛召集を受けた者が約満2万2千人に達し、その内約7割の15,400人が戦死したといわれている。現役入隊者は厚生省で把握されていたが、防衛召集者は厚生省でも把握されないまま、戦争で一切の資料が連隊区司令部、部隊と共に焼失してしまった。

全くの無の中から、戦没軍人、軍属の処理を行わなければならなかったので、その把握、確認作業は困難を極めたが、遺族の殆どが入隊した部隊名さえ知らなかったのである。

4　軍人軍属の死亡処理の著しい遅延（行政権の分離が影響）

昭和30年6月末日現在、戦後10カ年を経たにもかかわらず、軍人軍属の死亡処理は遅々として進まず、当時の戦没者の死亡処理は半年以上未処理であった。沖縄あげてその善処方を強く要望していた。

遺族は部隊行動が全く知らされてなかったため、伝え聞いた情報で「調査票」に適当に記入していたため、厚生省が戦後、生還した生存者から聴取して作成した部隊資料と相違が生ずる、という具合でなかなか処理が難しかった。

坂本事務官（沖縄班長）は実情調査を終えて帰任に当り「旧軍人軍属の処理は調査票のみで死亡処理を行う。1カ月2千人位の戦死公報を発行する」と言明し、漸く処理方針が確定して本格的にその事務がスピードアップされたのである。

しかし実際に、遺族が戦没者の「調査票」を居住市町村に提出、援護課で調査の上厚生省に送付すると「部隊行動が資料と合致しない、再調査の要あり」とのことで送り返される、それらをさらに調査して再提出、という具合で書類が沖縄と東京を往復し、なかなか処理が進まなかった。
戦死公報が発行されなければ次の援護法による弔慰金、遺族年金の請求も出来ず、遺族の不満は増すばかりだった。

　昭和31年6月16日、第6回全琉戦没者遺族大会が挙行され、「旧軍人、軍属の死亡処理を昭和32年4月までに全員処理すること」「復員処理の担当事務官を旧陸軍関係二人、旧海軍関係一人、沖縄に長期派遣させて現地において処理してもらいたい」の2項目の重要事項が決議されたのである。

　この要望が実現して昭和32年3月28日、旧陸軍関係坂本力沖縄班長、比嘉新英事務官、旧海軍関係佐藤事務官の三氏が来県し軍人軍属の死亡処理と戦闘協力者の処理に昼夜奮闘した。三事務官には本当にご苦労様であった。滞在期間中で大分処理され、やはり現地での処理の必要性と重要性が再認識された。

5　死亡未処理者遺族会

　こうして死亡処理もおそまきながら順調に進みつつあったが、厚生省としてはさらに進めるために、昭和33年4月、旧陸軍関係沖縄班長岩見小四郎事務官らを沖縄に派遣した。沖縄遺族連合会としては「一日でも早く死没処理を終了してもらいたい」というのが全遺族の願望であったので、事務官を迎えたのを機に4月3日、旭町で「死亡未処理者遺族大会」を挙行した。全島各地から1千人を超す遺族の方々が馳せ参じた。

　遺族の赤裸々な意見要望が発表され、或る老人は、私は止むに止まれぬので沖縄方言にて訴える、と方言で「一人息子を沖縄戦で失い、老父母でさびしく余生を送っている。こういう望みなき人生を送らなければならぬのは息子を失ったからである。一体どうしてくれるのだ」と涙ながらに訴えていた。

　事務官らもこの強い訴えに接して感動し処理事務に拍車をかけることを約された。

　特にこの大会で問題になったのは本島から八重山飛行場設営に徴用され任務を終え引き揚げる途中、久米島沖で空襲にあい沈没され死亡した軍属の未処理で

第10章　沖縄での軍人・軍属・戦争被害者への援護行政・救済運動

あった。

6　海軍関係未処遇者遺族大会

　死亡処理で陸軍関係は概ね進んでいたが、海軍関係が一時進歩しなくなった。そこで海軍関係事務取り扱いの佐世保地方復員局小池兼五郎部長が実情調査のため来県したのを機に昭和33年12月13日、那覇市内で「海軍関係未処遇者遺族大会」を多数の関係遺族参加のもとに挙行し、要請決議が行った。

7　進展しない戦没男女学徒隊の処遇（国の不誠実な態度）

　沖縄戦では、老幼男女を問わず全県民が国土防衛の任に当たらなければならなかった。このような、沖縄の特殊な戦時体制から「健児隊」「ひめゆり部隊」等の悲劇が生まれたのである。

　昭和20年3月、軍命により男子中学生、師範学校生は厳格な適性検査の上、特殊教育を受け、「鉄血勤皇隊」「通信隊」としてそれぞれ学校毎に命ぜられて入隊、陸軍二等兵として軍務に服した。

　女学校生徒、女子師範学校生も看護教育を受けて、学校毎に部隊に編入され、篤志看護婦として戦闘に加わった。戦局、情勢からいって、軍が学徒を作戦遂行のため活用したことは、やむを得ない事情もあったと思われる。

　当時、沖縄県庁の学務課で中学校教育行政事務を担当していた真栄田義見事務官は、当時の状況を次のように述べている。

　「昭和19年12月から20年1月にかけて、第32軍司令部の三宅参謀と数次にわたって折衝を重ね、次のような事項を決定した。

①敵が沖縄に上陸した場合に備えるために、中学下級生に対して通信教育を、女学校上級生に対しては看護教育を実施する。

②この学徒通信隊、看護婦隊を動員するのは沖縄が戦場になって全県民が動員される時であるが、このときには学徒の身分を軍人並びに軍属として取扱う。

　かくして、男子2，3年生は適性検査をしたうえで合格した者に通信教育を、女子生徒には看護教育が行われ、3月末、敵の上陸必至となるや、学徒は動員され、部隊に配属されたのである。」

　昭和29年5月30日開催の第4回全琉遺族大会で、「学徒隊及び戦争協力者は

279

軍人、軍属同様の処置を取ってもらいたい」との決議によって、戦没学徒の死没
処理事務の取扱いについて沖縄遺族連合会と援護課と協議がもたれた。その結果、
連合会が総力を挙げて各学校毎に男女戦没学徒の死亡現認書、各人毎に部隊行動、
その他一切の死亡処理に要する書類を作成する作業が7月初旬より開始された。
学籍簿も焼失し、氏名を割り出すだけでも困難を極めた。各学校、各クラス毎に
生存者を集めて、クラス名簿作成から始まった。

名簿によって誰と誰はどこで戦死した、という具合に書類の整理を進め、書類が
作成され次第、証言者の連名簿を添えて厚生省に送付した。約1年半の日時を要
して、戦死者数や氏名が判明した。各学校別の入隊人員、戦死者は一覧表のとお
りである。

8　進展しない処理に対して沖縄戦戦没学徒援護会結成し、強力に陳情・
　　署名活動等を行う

　戦没学徒の処理事務開始に伴い、問題となったのが「身分の扱い」であった。
当初厚生省は、男子学徒の場合「17歳以上は軍人、17歳未満は軍属、女子学徒
は軍属」と、考えていた。

　「事実に則した処理を」ということで、「男子学徒は全員軍人、女子学徒は軍属
の身分処遇」を強く要請するために生存の教職員と学友をもって「沖縄戦戦没学
徒援護会」（会長は当時二中校長山城篤男）が昭和29年10月30日に結成され、
沖縄遺族連合会と一体となって陳情を展開することになった。結成と同時に次の
陳情書を提出した。

（陳情の内容）

　「沖縄戦当時、全島中学校の生徒は厳格な適性検査の上、それぞれ特殊教育を
うけ、鉄血勤皇隊、通信隊として入隊、隊員は何れも二等兵の階級を与えられて
諸給与一切、軍人としての処遇を受け、ひたすらに命のまま、軍人としての行動
し、最後まで郷土防衛に奮戦した。これら学徒がすべて軍人であったことは毫も
疑いを容れない厳然たる事実である。

　然るにこの度厚生省と南連の協議の結果、男子生徒は17歳以上は軍人として、
17歳未満は軍属として取扱うことに内定したと聞く。17歳未満を軍属扱いとは

中等学校生の入隊者数及び戦死者数（一覧表）

学校名	職員	本科3年	本科2年	本科1年	予科2年		計
男子師範学校　戦死者数	19	59	50	75	40		243

学校名	職員	専攻科	本科2年	本科1年	予科3年	予科2年	計
女子師範学校　入隊者数							175
女子師範学校　戦死者数	8	3	31	34	22	15	
						予科1年	
						11	124

学校名	職員	5年	4年	3年	2年	1年	計
県立第一中学校　入隊者数		85	150	165	180	20	600
県立第一中学校　戦死者数	20	45	66	60	78	11	280
うち　通信隊　戦死者数				3	76	11	90
県立第二中学校　入隊者数		17	45	75	97	14	248
県立第二中学校　戦死者数	7	11	23	39	75	6	161
うち　通信隊　戦死者数			18	37	75	6	136
県立第三中学校　入隊者数		23	68	103	88	35	317
県立第三中学校　戦死者数	2	2	8	16	13	3	44
うち　通信隊　戦死者数				12			12
県立水産学校　入隊者数			5	19	21		45
県立水産学校　戦死者数	7			1	7	19	34
うち　通信隊　戦死者数					6	16	22
県立工業学校　戦死者数				32	54	20	106
うち　通信隊　戦死者数				23	43	17	83
那覇市立商業学校　入隊者数		10	35	50	15	5	115
那覇市立商業学校　戦死者数		6	32	43	10	1	92
うち　通信隊　戦死者数		1	21	40	9		71
県立農林学校　入隊者数				76	82	45	203
県立農林学校　戦死者数				22	26	18	66
私立開南中学校　戦死者数		33	46	52	37	16	184
県立第一高等女学校入隊者数			50	49	11	2	112
県立第一高等女学校戦死者数	8		35	39	11	2	95
県立第二高等女学校入隊者数			29	7	5	3	44
県立第二高等女学校戦死者数	11		24	3	2	2	42
県立首里高等女学校入隊者数			66	7	8		81
県立首里高等女学校戦死者数			38	6	5		49
私立積徳高等女学校入隊者数			47	21			68
私立積徳高等女学校戦死者数	5		17	12			34
私立昭和高等女学校入隊者数			31	30	6		67
私立昭和高等女学校戦死者数	5		24	26	4		59
県立第三高等女学校入隊者数							10
県立第三高等女学校戦死者数							1

		職員	鉄血勤皇隊	通信隊	看護隊	総計（人）	
総計	男子戦死者数	55	741	414		1,210	
	女子戦死者数	37			367	404	

明らかに厳然たる事実を否定するものである。鉄血勤皇隊及び通信隊員中、戦死した者は 1200 名、その 7 割以上が 17 歳未満の少年である。

このことからも明らかなように純然たる軍人として同一行動をとって国家に殉じた彼らを単に 17 歳という年齢を基準に 17 歳以上は軍人、それ以下は軍属とする時、同一学年で同一部隊に属し同一行動をとり、同一場所で戦死した者が一人は軍人、一人は軍属として取扱われる不合理が生ずる。これは事実を否定し、純真たる青少年を欺く結果となるから国家は当然、事実に則する措置を講ずべきである。」

ところが、厚生省での身分決定の処置は中々行われない。

その渦中で日本遺族会事務局長徳永正利氏（後の参議院議長）が来県されるのを機に沖縄遺族連合会では全県をあげて「学徒の軍人処遇について」の署名活動を展開した。

本会金城和信事務局長は「事務的にやっては解決されない。国会の場において政治的に解決する以外に方途はない」と判断して国会の「海外同胞引揚等援護委員会」で論議され漸く解決された。

その経緯について馬淵新治氏（厚生事務官で当時那覇日本政府南方連絡事務所事務官）は次のとおり述べている。

〈国が兵役法違反の招集を認める〉

「国内戦において、最も優秀な素質を有する男女学徒を戦力として活用されることは国家の総力を挙げて戦力化し、戦争を遂行すべき現代戦争の当然の帰結であり、沖縄戦においても歴然たる事実である。

なお、これが戦力化にあたっては所謂兵役法にある満 17 歳以上 45 歳未満の男子総てが防衛招集の対象となり軍人として活用された沖縄戦において最も素養ある優秀な学徒を軍人としての身分を与えてその全能力を発揮させたことも亦当然と謂わなければならない。

然るに当時の国内態勢は未だ細部に亘る迄整わざるに先立って、最後の決戦に突入したため、不幸にしてこれ等学徒の死亡後の身分保障について、万全の法的措置がなされていなかった。

即ち、学徒のうちには 17 歳未満の若年者が多数通信兵として活用せられたか

らである。その身分関係を如何に取り扱うかということが問題となった。種々検討された結果、厚生省としてはこれ等の戦没学徒は、男子、女子ともに有給の軍属として所謂援護法の適用を受けさせるという結論に達し、先ず女子学徒の最初の死亡公報を昭和30年3月、発行した。

　ところが、厚生省の処理方針が現地に伝わるや、沖縄遺族会、戦没学徒援護会等が中心となって、男子生徒は事実招集されたと同様であり軍服を着用し、階級章を附し帯剣し、一部は武器を支給されて軍人として戦争に参加し名誉の戦死を遂げた暁には靖国の神としてあがめられると信じ、喜んで国難に身を挺して奮戦したものであるから、当然軍人の身分として処遇せよ、有給の軍属として処遇することは純心な戦没学徒の死を冒涜するものであると、強硬な反対意見が出たのである。

　厚生省としては男子生徒のうち、相当数が少年通信兵として参加し、満17歳未満のものが多く、旧兵役法から考えてもこれを軍人扱いにすることは相当の難点がある。少年兵、特別志願兵制度があるが、これも適用するためには事務処理上の難点がある。又今更、敗戦の結果廃棄せられた兵役法を改正することも至難である等の観点から、容易に事務的には結論が出されなかった。

　然るに、現地側の厚生省に対する反論は益々盛んとなり、遂に政治問題化し、国会でも強く現地側の要望を満たすよう政治的配慮を以て解決すべしと論議されるに至った。紆余曲折を経て厚生省としても事実に基づいて、軍人として処理することに決定した。こうして死亡公報の第1回が昭和31年3月に初めて発行せられるに至った。」

〈男女学徒全員　軍人・軍属として死亡処理〉

　男子戦没学徒は全員陸軍上等兵、女子戦没学徒は全員軍属として死亡処理がなされた。実に2年余の陳情運動であった。かくしてその後、漸次戦死公報が発行されたので、昭和32年9月、戦没学徒援護会は解散した。」

4　一般住民戦災者の処遇（援護）活動

　沖縄遺族連合会や「南洋群島帰還者会」は、前記各重要課題以外に一般住民戦災者の処遇運動にも深くかかわり推進してきた。

（1）沖縄県民の広範囲にわたる「戦闘協力」の実態

沖縄戦では全県民が「国土を守り抜こう」と戦列に加わった。南洋戦でも同様である。昭和20年に入り上陸必至となると、各市町村では村長、区長を中心に協力隊を組織し、最寄の部隊から要請を受けて、年齢、性別なく可動者の殆どが部隊のあらゆる作業に従事した。部隊からの要請で野菜、芋等の食糧供出にあたり、学童は授業を返上し教師引率のもと一日中、軍の指示する作業に従った。また女子は看護婦補助員として傷病兵の看護、炊事、洗濯その他の雑役にあたり老人も老躯に鞭打って壕掘りの突貫作業に従事、全県民あげて駐屯軍に協力した。

米軍上陸後、一般住民は防空壕住まいを余儀なくされていたが、下士官が各壕を廻り可動者を狩り出し強制的に作業に当たらせた。

戦局が不利となり、南部に後退した後も避難中の住民を壕から追い出し、そこへ兵隊が入るという「本末転倒」にして「骨肉相食む」状況が至るところでみられそのために住民の犠牲がふえた。南洋諸島における住民被害についても同様であった。

住民は軍と行動を共にし、軍の駐屯の最初から戦争終了まで前線、銃後の別ない国内戦を強いられた。したがって県民の犠牲者に対しては当然特別な措置が講じられなければならない。また犠牲者といっても戦闘参加者と戦闘協力者の区分の仕様がなかったのである。

（2）厚生省、戦闘参加者の処理要綱決定
―沖縄戦のみならず、南洋戦・フィリピン戦についても拡大適用

昭和31年、軍属と戦闘参加者をどう区分し、身分扱いの区別をどうつけるかが難問として持ち上がった。

その基準となる要綱決定が急がれ、戦闘状況の実態調査のため、3月25日、厚生省引揚援護局援護課課長補佐安福事務官が来県した。

沖縄遺族連合会は戦闘の実態を十二分に把握してもらうため種々の懇談会、協議会を持ち、最も悲惨だった座間味、渡嘉敷両村に金城和信事務局長自ら案内に立ち集団自決の模様を直接、生存者から聴取させた。

また4月7日、佐敷村遺族大会を開き赤裸々な報告と広範囲の処遇を要望した。席上、安福事務官は「広範囲の処理要綱を早急に決定する」と述べた。同氏が15日間の滞在後帰任した2週間後、金城事務局長も本会の要望を要領に盛り込んでもらうため上京した。

284

昭和32年7月、厚生省で沖縄戦の戦闘参加者の処理要綱が決まり、これに基づき「戦闘参加者についての申立書」の提出事務が始まった。

　その要綱によれば、対象者は次の20ケースに区分されそのいずれかに該当する者とされた。この援護法の基準は、南洋諸島・フィリピン群島戦争被害者に対して適用されることとなった。

①義勇隊　②直接戦闘　③弾薬、食糧、患者等の輸送　④陣地構築
⑤炊事、救護等の雑役　⑥食糧供出　⑦四散部隊への協力　⑧壕の提供
⑨職域（県庁職員、報道関係者）⑩区（村）長としての協力
⑪海上脱出者の刳舟輸送　⑫特殊技術者（鍛冶工、大工等）
⑬馬糧蒐集　⑭飛行場破壊　⑮集団自決　⑯道案内　⑰遊撃戦協力
⑱スパイ嫌疑による斬殺　⑲漁撈勤務　⑳勤労奉仕作業

　つまり、実情にそって、広範囲に協力従事した者を「戦闘参加者として処遇する」ことになったのである。

（3）「自己の意思で参加したか否か」

　しかしここでまた、「自己の意思」で参加したかどうかということが新たな問題として生じた。換言すれば、6歳未満の犠牲者の取扱いが課題として残される事になる。が、結局「小学校適齢年齢の7歳以上」という年齢制限で線を引くということで落着した。その結果、該当者は約5万5千人と推定された。

　「戦闘参加者」と認定されなかった一般住民戦没者の処遇（援護）が課題として残された。

　戦闘参加死没者と認定された遺族は「援護法」による「弔慰金」と「遺族給与金」を受給することになり、5万5200余人が戦闘参加者として処遇されることになった。そのうちの約800人は一家全滅者であった。

　南洋諸島戦争被害者約25000人のうち、援護法の拡大適用を受けた死没者は数千人程度と推計され、そのほとんどは未補償のままである。

5　全戦争犠牲者に対する沖縄遺族連合会の援護補償要求運動

（1）全戦争犠牲者の補償要求運動活発化

　沖縄戦における軍人、軍属以外の一般県民の戦没者は約9万4千人と推定されている。その中、約5万5200余人は戦闘参加者として処遇され残り約3万8700余人は未処理のままである（昭和57年2月現在）。

　昭和28年から開始された軍人、軍属及び戦闘参加者（いわゆる准軍属）の処理事務がようやく一段落した昭和35年半ば頃より「未処遇の戦争犠牲者の取扱い」が問題視された。

「未処遇解決促進遺族大会」決議

　ちょうど、戦闘参加者の処理事務を直接扱っていた厚生省引揚援護局援護課長横溝事務官の来県を機に昭和35年6月18日、沖縄配電ビルホールで約500人の遺族参集のもと「未処遇解決促進遺族大会」を開催し次のような決議を行った。「南洋群島帰還者会」も精力的に活動した。

（決議事項）

「全戦争犠牲者に対する援護補償要求

　今次大東亜戦争は国家未曾有の大戦であり、特に彼我攻防戦の展開された**沖縄・南洋・比島等**は本土防衛の前線として老幼男女を問わず守備軍に協力、祖国の安泰を守り抜いたのであるが、不運にもその犠牲となった戦没者が相当数に達した。

　日本政府は「援護法」を制定して戦傷病者戦没者遺族に対する国家補償の途を講じているが、左記の犠牲者については今日まで何等講じられてないという事実は甚だ遺憾とするところである。

　われわれはもはや黙視出来得ない人道問題として、茲に未処理解決促進遺族大会を開催し、かれら戦争のための死没者の補償措置を早急に講ずるよう要求する。

　一、防衛軍の要請並びに閣議決定に基づく疎開遂行途上の海上死没者

　　1、本州疎開途上の海上死没者

　　2、台湾疎開途上の海上死没者

第10章　沖縄での軍人・軍属・戦争被害者への援護行政・救済運動

　　3、南方より疎開途上の海上死没者
　二、満14歳未満及び75歳以上の地上における死没者
　三、昭和19年10月10日以後昭和20年4月1日以前における戦争犠牲者」

〈全県民の声－第4回全琉社会福祉大会においても満場一致で決議〉
　なお、この補償要求は全県民の声として、昭和35年6月28日開催の第4回
全琉社会福祉大会においても満場一致で優先取扱いをきめ、次の決議が採択され
た。

（決議）
「全戦争犠牲者に対する援護補償要求
　今次大戦の犠牲となった戦没者及び戦傷病者に対し日本政府は「援護法」を制
定して国家補償の途を講じているが、左記の犠牲者の補償については今日まで何
等講じていないということは甚だ遺憾である。これら戦争犠牲者の補償措置を早
急に講じられるよう要求する。
　一、満14歳未満及び75歳以上の地上戦闘における戦闘犠牲者
　二、防衛軍の要請及び閣議決定に基づく疎開途上の戦争犠牲者
　三、米軍上陸前における空襲砲撃による戦争犠牲者」

（2）国の不誠実な対応

　この南洋諸島・フィリピン群島帰還者を含む沖縄全県民の党派を超えた要求に
対し、厚生省は当初予定の14歳を7歳まで年齢を引き下げて、満7歳以上（学
校適齢期）の者に対しては戦闘参加者として認めることになったが、疎開途上及
び米軍上陸前の者については「現状ではどうしようもない」と、その処置が見送
られることになった。

6　祖国復帰前後の沖縄遺族連合会の活動

（1）祖国復帰へ向けての山中総務長官への陳情

　昭和45年5月、山中貞則総理府総務長官の来県を機に本会は沖縄の遺族処遇
問題について概略、次の要望書を提出、陳情した。

287

ア　疎開船対馬丸遭難学童及び附添者として乗船死亡した者を准軍属として処遇していただきたいこと。

イ　沖縄戦戦没者の遺骨を早急に完全収骨していただきたいこと。

ウ　一家全滅戦没家庭の祭祀永続の為その祭祀者に祭祀料を支給していただきたいこと。

エ　沖縄の霊域を国で管理していただきたいこと。

（2）本土復帰に伴う琉球政府への要請事項

昭和46年8月5日、本会は沖縄の遺族問題を昭和47年5月の本土復帰までに是非実現してもらいたいと琉球政府行政主席宛、概ね次の通り要請した。

多年の要望たる祖国復帰が来年中に実現することに鑑み、本会において毎年要請し続けた次の事項について復帰時までに是非、その実現方を日本政府に強力要請してもらいたい。

ア　対馬丸遭難死没者の処遇について

イ　沖縄戦における戦没者の遺骨の完全収集について

ウ　沖縄の霊域の国家管理について

これらの要請に対して8月17日、行政主席屋良朝苗から積極的に対応する旨回答があった。

（3）祖国復帰と沖縄遺族連合会創立20周年記念式典

昭和47年5月15日、県民待望の祖国日本への復帰が実現し、終戦以来27年間の米国統治に終わりを告げ、日本国憲法下での暮らしが始まった。

この日、初の沖縄県議会が召集され必要な県条例を可決、これを屋良新知事が署名公布、新生沖縄県が正式発足した。

「南連」の通称で永い間、日本政府の窓口の役割を果していた日本政府南方連絡事務所は閉じられ、国の各省の出先機関として沖縄総合事務局が設置された。

復帰にさきがけて、5月13日には沖縄遺族連合会創立20周年記念式典ならびに第22回沖縄遺族大会が日本遺族会から村上会長、佐藤専務理事、板垣事務局長などが参列、全島から2千余人が参加して那覇市民会館大ホールで開かれた。

「増額」要求、自民党本部で座り込み

昭和52年1月14日に九段会館で全国戦没者遺族大会が開催され、沖縄から

7名が参加した。1月19日夜、全国の遺族代表は、全員、自民党本部に駆けつけ、昭和52年度政府予算案承認のための総務会が開催される部屋の前に座り込んだ。遺族代表団と自民党三役との深夜の攻防が続いたが、結局、最重要事項の「公務扶助料、遺族年金の月額6万円（当時月額約5万円）支給、6月実施」の要求に対し、「月額6万円支給は認めるが支給時期は10月1日」と押し切られ、1月20日政府予算案が決定した。

　その日のことを、当時の日本遺族会事務局長板垣正氏（後に参議院議員）は著書『声なき声』でこう回想している。

　「予算編成の最終段階における遺族代表の〝坐り込み〟というかつてない激しい怒りと行動によってもたらされた異常な事態も、遺家族議員協議会の斡旋によって一応解決された。考えれば、総務会も閣議も開店休業のまま、延々、未明に至るまで、三役そろって遺族代表の訴えに耳を傾け、また善後措置のため鳩首協議を重ねた。前代未聞のことであり、誠意なしとはいえまい。あとから聞けば、大平幹事長は、福田総理にも、詳しく状況を報告、それが総理から藤田総務長官に対する指示となり、総務長官の4月実施の閣議発言になったという。それにしても、遺族代表の爆発はすさまじく、波紋は大きかった」

　その後、昭和52年度政府予算案の国会審議の過程で、「一兆円減税」をめぐる与野党の折衝もあり、遺族代表・徳永正利参議院議員の強い主張もあって、月額6万円支給は予定の10月から2カ月繰り上げられ8月から実施された。

（4）橋本厚生大臣へ援護法の適用を受けていない一般住民戦没者の援護を陳情

　昭和54年9月20日、那覇市内で来県中の橋本龍太郎厚相と県内遺族会幹部が懇談した。大臣は遺族代表の対馬丸遭難学童の処遇、沖縄の霊域管理への要望、更に「援護法の適用を受けていない戦没者への処遇」について次のような訴えを熱心に聞かれ「前向きに善処する」ことを約した。

　『「援護法」の適用を受けていない沖縄戦における戦没者に対して「援護法に準ずる処遇」又は「何らかの援護特別措置」を講じていただきたい。

　（説明）沖縄県は昭和19年10月10日、米軍の大空襲以来戦闘地域となり、昭和20年8月15日終戦までの間に県民の戦没者は軍人・軍属が約2万8千人、一般県民が約9万4千人と推定される。一般県民戦没者のうち援護法の適用からはずされている約3万8千人に対しても法の適用が出来るようお願い致したい。

１、沖縄県は本邦において戦地に指定された唯一の県である

　２、沖縄県は全島が 80 余日にわたる激戦場となり住民はその戦場のまっただなかにあったこと

　３、島嶼であるが故に、いかなる努力をしても戦場から離脱できなかったこと』

　この問題は二つの方途で検討され、それぞれ事務的に処理されることになった。その一つは、７歳以上の戦闘参加者の「申し立て漏れ」の者の扱いの事務処理である。これについて、厚生省が昭和 54 年 10 月 11 日付通達で取扱うことにより、戦闘参加申立書と遺族給与金請求とを同時に進達することが出来るようになった。

　他の一つ、６歳未満戦闘参加者の取り扱いは死没者と戦傷者をあわせて昭和56 年度から処理する方向で検討されるようになった。

　沖縄戦での６歳未満の戦没者は「６歳未満では個人の意思は働かず戦闘能力もない。政府との雇用関係もなかった」との理由で援護法適用から除かれていた。

　沖縄県及び本会では、昭和 47 年以降「援護法に準ずる処置を」と要請を続けてきた。

（５）６歳未満戦没者も援護法適用―南洋戦・フィリピン戦被害にも適用へ

　昭和 56 年３月に野呂厚生大臣が来県、沖縄遺族連絡会は「６歳未満の処遇」を訴えた。野呂大臣は「６歳未満の被災者補償について積極的に援護すべきだ」と述べられ、関係部局で検討が進められた。

　「６歳未満では保護者と行動を共にせざるを得なかった」として、保護者の戦闘参加の実態に基づき６歳未満の者も戦闘参加者として認め、昭和 56 年８月 17 日、厚生省は「沖縄県で軍命によって戦闘に参加した６歳未満の戦没者、戦傷病者に対しても、援護法が適用されることになった。対象者は戦没者で推定約３千人である」と発表した。

　この法律が適用されることによって、６歳未満戦没者遺族には「遺族給与金（但し父・母・祖父・祖母のみ）」が５年さかのぼって支給されることになった。

　その後、沖縄遺族連合会は南洋群島帰還者会等とともに要請活動を続け、昭和 63 年、南洋諸島・フィリピン群島など外地における６歳未満についても戦闘参加者とみなして援護法の適用が決定された。

第10章　沖縄での軍人・軍属・戦争被害者への援護行政・救済運動

（6）対馬丸遭難学童の処遇

遭難学童へ見舞金

　昭和28年8月22日の慰霊祭の後、対馬丸遭難学童遺族会は「対馬丸遭難死没者を祖国防衛の犠牲者として適当の処遇をして貰うよう本土政府に請願する」「遺族会は沖縄遺族連合会に加入する」ことを決議し、昭和29年9月4日、琉球政府を通して本土政府に請願第1号を提出した。

　昭和31年小桜会が組織されたが、昭和33年、「対馬丸遭難学童遺族会」と統合し組織が強化された。

　「対馬丸遭難学童に対して戦闘参加犠牲者に準ずる処遇をしていただきたい」

　「対馬丸の船体を引き上げ遺骨を故郷の山に葬らせていただきたい」

　「靖国神社に合祀していただきたい」

　この三つの願いで、沖縄遺族連合会金城和信事務局長と対馬丸遭難学童遺族会新里清篤会長が日本政府に直接折衝を始めたのは昭和35年であったが、「援護法」の壁は厚かった。

　毎年の金城局長、新里会長のアベック陳情の努力が実り、昭和37年、遭難学童の遺族に金2万円の見舞金が支給され、昭和41年には靖国神社へ合祀された。

（7）山中総理府長官に陳情

　昭和45年5月来沖された、山中貞則総理府総務長官に、要望書を提出、陳情した。

　1、疎開船対馬丸遭難学童及び付添者として乗船死亡した者を準軍属として処遇していただきたいこと。

　（説明）戦争遂行のため閣議決定により老幼婦女子約1700余名が対馬丸で疎開中、昭和19年8月22日、太平洋上で米軍の魚雷攻撃により沈没、約1500余名の犠牲者が出た。

　その内、学童及び引率教師766名は国より2万円宛の見舞金を受けたが、残り700余名は何ら補償を受けていない。彼等はいわば戦闘協力者として行動し、死没した。地上戦闘におけると同様、隼軍属として学童及び付添者を処遇していただきたい。

（8）復帰を控え琉球政府行政主席に対馬丸遭難死没者の処遇を陳情

　沖縄遺族連合会は昭和46年8月5日、琉球政府行政主席に本土復帰までに対

馬丸遭難死没者の処遇を是非実現してもらいたいと要請した。

琉球政府から、「国の法律の制定（改正）を要するので、琉球政府としても国に対する要請以外の方法がない、貴会においても要請活動を続けるように」との回答があった。

その後、昭和47年、対馬丸遭難者全員への勲8等勲記並びに勲章の授与、付添遭難者への金3万円の見舞金支給、昭和50年の遭難現場での海上慰霊祭と続いた。

しかし一番重要な「遭難死没者の隼軍属処遇」の要望については、日本遺族会、沖縄遺族連合会、対馬丸遭難者遺族会、沖縄県は日本政府に対し要望し努力したが、日本政府の対応は次のとおりはかばかしくなかった。

厚生省は「1、対馬丸遭難による死没者は、学童疎開の途中で被災したものであって、国との間に一定の使用関係、乃至これに準ずるものとは認められない。従って戦傷病者戦没者遺族等援護法の処遇対象とする考えはない。また、政府は疎開児童及び引率教師の遺族に対しては昭和37年に2万円を、疎開学童の付添者の遺族に対しては昭和47年に3万円を、見舞金として支給し、措置済みであると考えている」との回答であった。

（9）対馬丸遺族に対して遺族年金5割の遺族支出金が実現

昭和50年7月、沖縄遺族連合会津嘉山副会長、座間味次長、対馬丸遺族会新里会長の3名が上京し、日本遺族会未処遇担当常務理事中井澄子氏等と協議の結果、橋本龍太郎衆議院議員に国会として取り上げてもらうよう要請、橋本議員は全面的に検討することを引き受けた。

昭和51年5月6日、衆議院社会労働委員会での橋本議員の努力が実り、厚生大臣に強く要請すると同時に委員会で、「対馬丸遭難学童の遺族の援護について、なお検討を行うこと」との附帯決議が満場一致でなされたが、ロッキード事件の突発で国会空転のため、流産の憂き目に遭った。

昭和52年は本問題解決の正念場の年であった。橋本龍太郎議員が「何が何でも実現させる」、斉藤邦吉衆議院議員は「泥をかぶっても推進する」、徳永正利参議院議員は「解決できねば、私は田舎に帰って百姓をするよ」など、関係議員が不退転の決意を述べた。

日本遺族会でも「公務扶助料、遺族年金の月額6万円の支給、6月実施」とと

もに「対馬丸遭難学童の処遇実現」を正面から打ち出した。

昭和51年8月、厚生省は52年度政府予算に対する概算要求に「対馬丸遭難学童については、別に要綱を定めて処遇する」と決め、大蔵省に予算要求した。

52年1月19日、ついに「対馬丸遭難学童の遺族に対して遺族年金の5割の遺族支出金を支給する」との決定報告に接することができた。

対象学童数は436人、一人当たり25万円が支給されることになったが全国遺族代表の運動、関係国会議員、県選出自民党所属国会議員、沖縄県知事ら県当局、その他の支援の賜物だった。

〈兄弟姉妹に対する特別弔慰金の支給を〉

昭和53年12月3日、来県した小沢辰男厚生大臣へ次の事項を陳情した。

「対馬丸遭難学童の父母、祖父母以外の遺族に『特別弔慰金』に相応する弔意を講じてもらいたいこと。

（説明）対馬丸遭難の父母、祖父母に対し遺族給与金の半額が毎年支給されることになり感謝している。ところが、父母、祖父母が既に死亡し、現に兄弟姉妹等が祭祀を行っている遺族は該当しない。これら兄弟姉妹に対して何らの措置を講じてもらいたい」

また、昭和54年9月20日に来県された橋本龍太郎厚相にも、父母、祖父母に対する特別支出金の増額と兄弟姉妹へ何等かの処遇を要請した。

昭和52年には受給対象学童は436人を数えたが、その後、支給を受ける父母が次第に減少し、平成7年現在で198名、支給額は昭和57年に遺族年金の6割、昭和59年には6.2割、平成元年6.7割と次第に増額され平成4年には7割となった。

沖縄遺族連合会では祭祀を行っている兄弟姉妹に対する特別弔慰金支給の陳情を続けたが実現に至っていない。

（10）対馬丸の船体引き揚げ、遺骨収集の早期実現を

平成9年12月、船体が53年ぶりに確認され、平成10年3月には洋上慰霊祭が執行された。

遺族は年々歳老いて減少していく中で、船体内の調査、船体の引き揚げ、遺骨

収集の早急な実施を切望している。

用語の説明

恩給法、遺族援護法による身分と年金

軍　人　　　　元の陸海軍の現役、予備役、補充兵役、国民兵役にあった者。

軍　属　　　　元の陸海軍から正規に給料を受けていた雇員、傭人、救護看護婦等
　　　　　　　の者。

準軍属　　　　元の陸海軍の要請に基づく戦闘参加者、旧国家総動員法に基づく徴
　　　　　　　用者等の者。

年金の種別

公務扶助料　　軍人の遺族に支給する年金。

遺族年金　　　軍属の遺族に支給する年金。

遺族給与金　　準軍属の遺族に支給する年金。

第3　沖縄での軍人・軍属・戦争被害者への援護行政と救済運動

1　沖縄県における援護行政事務

（1）沖縄の援護業務の沿革

ア　【戦傷病者戦没者遺族等援護法による援護】

　沖縄は、敗戦により引き続きアメリカの軍事占領下にあったため、昭和27年
4月28日の講和条約発効に至るまで殆ど本土との交通が途絶した。その間、援
護業務としては日本本土を経由して復員引揚等が行われたり、個別の慰霊祭等が
執り行われたりしたが、特にみるべきものはなかった。

　昭和27年4月30日に戦傷病者戦没者遺族等援護法（以下「援護法」という。）
が日本本土で公布され、4月1日に適用が開始されたが、あいにく沖縄は直ちに
法の適用を受けることは出来なかった。しかし、翌昭和28年3月26日に「北
緯29度以南の南西諸島（琉球諸島及び大島諸島を含む）に現存する者に対し、
戦傷病者戦没者遺族等援護法を適用する場合の取扱いについて」（援護第187号
通知）により、沖縄にも援護法が適用されることになった。

294

同年 4 月には、琉球政府においても社会局に援護課が新設され、沖縄の援護事務が開始された。

また、援護事務の資料として必要な戸籍は、戦災焼失の戸籍等については昭和22 年の臨時戸籍取扱要綱により調整されていたが、その公証性に問題があるため昭和 28 年 11 月 16 日には戸籍整備法が公布され、戸籍の整備促進が図られた。

当初の援護法適用時点では女子学徒で看護婦として従軍した人は軍属として取扱われたが、男子学徒は直ちに身分は認められなかったが、その後調査検討がなされた結果、軍人とすることが確定された。

一般住民被災者についても、昭和 34 年 4 月から戦闘参加の実態により、準軍属として障害年金、遺族給与金が支給されるようになった。南洋諸島・フィリピン群島被害者についても同様であった。

また、6 歳未満等の遺族に対しても昭和 37 年には「沖縄戦戦斗協力者死没者等見舞金支給要綱」により死没者 1 人当たり 2 万円の見舞金が支給された。その後、6 歳未満の処遇については、沖縄戦障害者の会等の活動により、国は昭和56 年 10 月から、沖縄戦に参加した沖縄戦当時 6 歳未満の戦傷病者及び戦没者についても、戦闘参加の実態があるものについて援護法を適用し処遇することとなった。

また、南洋諸島・フィリピン群島など外地における 6 歳未満についても、昭和63 年に戦闘参加の実態があるものについては、援護法を適用することが決定された。

イ 【恩給法による援護】（旧軍人軍属）

旧軍人軍属の恩給については、昭和 21 年に傷病恩給を除いて廃止されたが、昭和 28 年法律第 155 号により、旧軍人・軍属等の恩給、扶助料が復元されて、昭和 28 年 4 月から支給されることになった。

ウ 【特別給付金支給法による援護】（戦没者等の妻）

戦没者等の妻に対する特別給付金支給法は昭和 38 年法律第 61 号で制定され、戦没者の妻が一心同体である夫を失ったこと、生計の中心を失い、経済的な困難と戦ってこなければならなかったこと等の精神的苦痛に対して国としての特別の

慰謝をするために、一人あたり 20 万円の国債が交付された。

戦没者の父母等に対する特別給付金支給法が、昭和 42 年法律第 57 条で制定された。これにより、先の大戦で公務により子孫が絶えたところの父母及び祖父母に、国として慰謝を行うため特別給付金として一人あたり 10 万円の国債が交付された。

戦傷病者等の妻に対する特別給付金支給法は昭和 41 年法律第 109 号で制定された。この法律は特別な精神的苦痛を蒙ってきた戦傷病者の妻に対し、国として特別な慰謝を行う目的で傷の程度により一人当たり 5 ～ 10 万円の国債を交付するものである。

エ　【特別弔慰金支給法による援護】（戦没者の遺族）

特別弔慰金は、戦没者の遺族に対する特別弔慰金支給法（昭和 40 年法律第 100 号）により、先の大戦において公務等のために国に殉じた戦没者に弔慰を表すため、3 万円の 10 年償還の記名国債を支給するものであった。
以来、各特別給付金は数次の改正を経て現在に至っている。

オ　【戦傷病者特別援護法による援護】

昭和 38 年法律第 168 号として制定され、戦傷病手帳を交付し、療養給付や、補装具支給等各種の援護を行っている。

（2）戦没者遺族の援護

ア　戦傷病者戦没者遺族等援護法による援護

沖縄は、前述のとおり敗戦により日本本土と分離されたため、昭和 27 年 4 月 28 日の講和条約発効に至るまで殆ど本土との交通が途絶した。

その間、執行機関は米軍施政権下のなかで沖縄諮詢会、各諸島政府、さらに琉球政府とめまぐるしく変化したが、援護業務としては日本本土を経由して復員引揚等が行われたり、個別の慰霊祭等が執り行われたりしたが、特にみるべきものはなかった。

昭和 27 年 4 月 30 日に援護法が日本本土で公布され、4 月 1 日に適用が開始されたが、沖縄はアメリカの占領下にあったため等の理由により直ちに法の適用

援 護 関 係 法 一 覧

分類	裁定権者	給付の種別	略称	法律の名称	目的	略称	
年金	厚生大臣	障害年金	援護年金	戦傷病者戦没者遺族等援護法（昭27年法第127号）	軍事軍属及び準軍属の、公務上の傷病又は死亡等に関し、援護を行うことを目的とする。	援護法	
		遺族年金					
		遺族給与金					
国債	厚生大臣 知事	弔慰金					特給関係法
		特別弔慰金		戦没者等の遺族に対する特別弔慰金支給法（昭40年法第100号）	軍人・軍属及び準軍属の方々に国として弔慰の意を表すため特別弔慰金を支給するものである（対象：戦没者遺族の年金等受給権者が失権し他に受給権者がいない場合に支給する）。	特弔法	
		特別給付金		戦没等の妻に対する特別給付金支給法（昭38年法第61号）	戦没者等の妻が特別の精神的苦痛を有する点に鑑み、特別の慰藉をするため特別給付金を支給するものである。	没妻法	
				戦傷病者等の妻に対する特別給付金支給法（昭41年法第109号）	戦傷病者等の妻には、生涯の伴侶である夫が障害の状態であることにより、特別な精神的痛苦がある点に鑑み、特別の慰藉をするためかかる妻に対し特別給付金を支給するものである。	傷妻法	
				戦没者の父母に対する特別給付金支給法（昭42年法第57号）	先の大戦により、すべての子又は最後に残された子を戦闘に関連して亡くした父母及び同様の立場にある孫を亡くした祖父母について、特別の事情がある点に鑑み、これらの父母及び祖父母に対し特別の慰藉をするため特別給付金を支給するものである。	父母法	
国債	厚生大臣 知事	引揚者給付金		引揚者給付金等支給法（昭32年法第109号）引揚者等に対する特別交付金の支給に関する法律（昭42年法第114号）	戦後海外からの引揚者に対し、長年海外で築き上げた財産及び生活の基盤を失ったことから、その生活再建のための援護を行うことを目的とするものである。また、死亡した引揚者の遺族に対しても遺族給付金を支給するものである。		
		遺族給付金					

をうけることはできなかった。沖縄住民に対する援護法の適用については、日本が主権を保有することから、沖縄県人は日本国籍を有するものとして適用されるべきだという議論がなされたが、直ちに適用されるには至らなかった。

しかし、同年7月1日、総理府に南方連絡事務局が設置され、その現地附属機関として那覇日本政府南方連絡事務所（初代所長：今城登）が設置され、援護業務の地ならしが始められた。

翌昭和28年3月26日に「北緯29度以南の南西諸島（琉球諸島及び大島諸島を含む）に現存する者に対し、戦傷病者戦没者遺族等援護法を適用する場合の取扱いについて」（援護第187号通知）により、沖縄にも援護法が適用されることになり、いよいよ援護事務が開始されることになった。

同年4月には、琉球政府においても社会局に援護課が新設された。

本土都道府県では終戦後復員処理を進めており既に戦没者の死亡処理が終わろうとしていた。ところが、沖縄においては戦後約7年間の空白があって、本土の場合と異なり援護業務の基盤となる復員処理が全くと言って良い程行われていなかったので、終戦後本土において把握し得た者及び終戦前の死没者の把握済みの者を含めて約2万960件の該当者名簿登載者を掌握していたが、沖縄関係戦没者約2万柱、外地関係戦没者約5千柱については、全く調整が行われていなかった。

そこで沖縄の援護業務が正式に取り上げられた際、かかる多数の戦没者の復員を未処理のままとして請求事務に専念することは、援護業務の基盤が復員処理にあることから、将来の援護業務実施上支障があるとの反対があったが、沖縄で国内戦を戦い、しかも戦後行政が分離され、幾多の辛酸をなめている現況で少なくとも2万柱に対して、早急に援護の手を延ばすことが先決である旨の現実論により多数の復員未処理の解決を棚上げして、援護の請求事務を最優先として取り上げ、沖縄の援護事務が開始されたのである（昭和28年7月3日）。

〈戦災戸籍の整備〉

援護事務が具体化するにつれて、戦災戸籍の整備が急がれ昭和28年11月16日付で「戸籍整備法」が公布された。それまで宮古、八重山においては戸籍事務は戦前から引継がれているが、沖縄本島については戦災で旧戸籍簿が消失したた

め、昭和 22 年の臨時戸籍取扱要綱により調整されていた。ところが、これでは戸籍の公証性に問題があるため旧戸籍簿の再製が計画されたものである。

とりあえず援護法、恩給法の請求事務が軌道に乗った昭和 30 年における課題は、沖縄戦関係軍人軍属死没者の処理であった。昭和 30 年後半より死亡公報が続々発せられることとなった。

〈女子学徒・男子学徒の戦没者の処遇〉

また、当初の援護法適用時点では女子学徒で看護婦として従軍した人は軍属として 取扱われたが、男子学徒の身分については現役兵として入営した者等を区分し復員業務の中で軍人、軍属の身分を決めることとしていた。
そして、昭和 30 年 11 月の合同調査会が開かれ個人資料調査を開始し、翌 31 年 3 月 24 日に調査整理を完了し、調査票が南連を通じて厚生省へ送付された。その結果、戦没学徒については軍人とすることが確定された。

〈戦闘参加者認定手続〉

また、昭和 32 年 3 月 28 日から 5 月 12 日の間、厚生省引揚援護局から、坂本班長、比嘉事務官、佐藤課長らが戦闘参加者調査のため来沖し、各地を回り関係者から事情を聴取し検討した結果、戦闘参加の内容を設定すると同時に援護課、各市町村に対し事務指導を行った（昭和 32 年 7 月 5 日決定）。この手続は、「南洋戦」被害者についても適用された。

その後、各市町村では戦闘参加申立書を該当者からとり、これを厚生省に進達して戦闘参加者該当者が決定されるようになった。そして、昭和 34 年 4 月から準軍属である戦闘参加者にも障害年金、遺族給与金が支給されることになった。

つまり、戦時中、国家総動員法に基づいて徴用され敵弾により死亡し負傷を受けた者、及び軍の要請により戦闘に協力し任務遂行中、死亡又は負傷した者は戦闘参加者として準軍属の身分を有することになり、援護法適用時は 3 万円（日円）の弔慰金が国債で支給されたのみであったが、昭和 34 年からは遺族給与金、障害年金も支給されるようになったのである。

その認定手続は以下の要領で処理された。

（ア）遺族から「戦闘参加申立書」を市町村役場に提出する。

（イ）市町村はこの申立書を審査して、戸籍照合のうえ義勇隊、直接戦闘、弾薬、食糧、患者等の輸送、陣地構築、炊事、救護等雑役、食糧供出、壕の提供等を書き入れ、これに戦闘参加概況書を添付し、連名簿を4部作成して援護課に送付する。

（ウ）援護課では、これを審査して事実認証の上、厚生省未帰還調査部、海軍は佐世保地方復員部に進達する。

（エ）厚生省未帰還部、または佐世保地方復員部ではこれを審査の上、連名簿に該当、非該当の印を押して、援護課に返信する。

（オ）援護課では諸帳簿を整理して、連名簿を市町村に送付する。

（カ）市町村からこれによって、該当遺族に通知して弔慰金の請求手続をさせる。

〈6歳未満の戦傷病者・戦没者遺族の処遇〉

また、昭和37年には「沖縄戦戦闘協力者死没者等見舞金支給要綱」（昭和37．2.16閣議決定）により、援護法による弔慰金の支給を受けるための申立書が提出されている者で、同法の給付の対象とならなかった者、例えば6歳未満等の遺族に対し死没者1人当り2万円の見舞金が支給された。

6歳未満の処遇については、その後昭和54年12月沖縄戦障害者の会が結成されたことから、援護法適用の要望が持ち上がってきた。

第1回の総会において、「沖縄戦」や「南洋戦」で多くの人命を失い、そのうえに多くの戦災障害者を出したが、当時6歳未満の負傷者については「国との雇用関係がなかった」という理由で、日本政府はなんらの補償も援護もしていないとして、

（ア）6歳未満沖縄戦障害者にも援護措置をすること、

（イ）6歳未満沖縄戦障害者の実態調査を早急に実施すること、

（ウ）戦時災害援護法を即時実施すること

の3項目について決議がなされ、県に要請が行われた。沖縄県は国に対してその適用について強力に要請活動を行った。

そして、昭和55年1月に来沖した野呂厚生大臣は、沖縄戦の被災は十分理解できるとし、6歳未満の被災者補償について積極的に援護したいと述べた。

その後、厚生省と沖縄県で調整を重ねた末、国は、昭和56年10月から沖縄戦に参加した「沖縄戦」や「南洋戦」当時6歳未満の戦傷病者及び戦没者遺族に

第 10 章　沖縄での軍人・軍属・戦争被害者への援護行政・救済運動

ついて保護者と一体となって行動せざるを得なかったため、保護者の戦闘参加の実態により戦闘参加者として援護法を適用し処遇することを決定した。

〈元県援護課長（担当責任者）語る―沖縄戦当時 6 歳未満の戦傷病者戦没者遺族に対する援護法適用経緯等について〉（「沖縄の援護のあゆみ」）

　《沖縄戦当時 6 歳未満の戦傷病者戦没者遺族に対する援護法適用経緯等について与那嶺敏光氏（元県援護課長）は設問に次のように語られた。

◇与那嶺さんは、6 歳未満に援護法が適用された当時援護課長をなさっておりますね。

　はいそうです。私は昭和 55 年から昭和 57 年まで援護課長を勤めておりまして、沖縄戦当時 6 歳未満の戦傷病者戦没者遺族に対する援護法適用は、私の在任中の昭和 56 年 8 月から実現しております。

◇沖縄戦当時 6 歳未満の戦傷病者戦没者遺族が援護法の適用になった経緯についてお聞かせください。

　私が援護課長になった頃、沖縄戦当時 6 歳未満で戦傷病者又は戦没者となった者は、「乳幼児のため、個人の意志力も戦闘能力もないので援護法でいう戦闘参加者とは認められない」として、まだ援護法適用を受けることができませんでした。

　これに対し、「沖縄戦当時 6 歳未満だった私たち戦災傷害者にも国は、救済措置を講ぜよ」と訴える人たちが立ち上がり、昭和 54 年 12 月 4 日に「沖縄戦災傷害者の会」が結成され、国や県に対する要請活動が展開されました。同会の要請は、「私たちは、戦後 34 年経た現在も戦争の後遺症にさいなまれる。しかるに政府はなんの補償もしていない。国家の戦争により肉体が破壊されたものは、当然国が補償すべきものである。政府は、6 歳以下の戦災傷害者の実態調査を早急に実施し、援護措置を講ぜよ。」という訴えでした。それがきっかけとなって厚生省は、沖縄戦当時 6 歳未満の戦傷病者だけでなく戦没者についても同時に取り上げ、援護法の適用が可能かどうかを真剣に検討するようになりました。

◇援護法適用への行政側の対応はどのようになされましたか。

301

県は、厚生省に何回も足を運び、沖縄戦の実態を説明し、援護法適用を訴え、また、県議会も早期実現方の意見書を採択し、代表団を派遣して折衝にあたった。このようなことが功を奏し厚生省においても援護法適用に向けての気運ができたと思う。そして昭和55年1月には、野呂厚生大臣が来県され、沖縄戦における6歳未満の被災者に理解をしめし、また、衆議院予算委員会においても「年齢のいかんに関わらず援護措置を講ずるべきだ」と述べ、6歳未満の被災者についても援護法適用の方向での検討を明らかにした。

◇6歳未満の戦傷病者戦没者が援護措置されるようになった根拠は何だったんですか。

　援護法の適用を受けるには、軍の要請に基づき戦闘に参加して傷病者または死没者になったことが認められなければなりません。それで、沖縄戦当時6歳未満の乳幼児には、戦闘能力も意志力もないので戦闘参加者とは認め難いとして援護法適用を除外されていたわけです。ところが沖縄戦においては、軍の要請によって保護者が食糧供出や壕提供等で軍務に駆り出されると、乳幼児を抱えている保護者の場合は別々に行動をとるわけにはいかないので、一緒に連れていくことになります。従って、乳幼児は保護者の背中に、あるいは手を取られ常に保護者と一体となって行動せざるを得ない沖縄戦の実態がありました。この民間人をも巻き込んだ沖縄戦特有の戦争実態に厚生省も理解を示し、軍の要請に基づき戦闘に参加し、保護者と一体となって行動した当時6歳未満の戦傷病者戦没者は、戦闘参加者として認められることになり、援護法を適用することが可能となったわけです。

◇要請活動が展開されたわけですが、いつから援護法の適用措置がとられましたか。

　沖縄戦や南洋戦当時6歳未満の戦傷病者戦没者遺族等に対する援護法の適用は、昭和56年8月17日に厚生省から援護法の適用を認める旨の通知を受けた時からです。

　県は早速市町村に対し援護金請求事務説明会を開催し、更に、これを契機に援護法適用対象者に周知徹底を図るため、初めて援護事務巡回相談を昭和56年

第10章　沖縄での軍人・軍属・戦争被害者への援護行政・救済運動

10月19日から3ヶ月間かけて県内25ヶ所の会場で実施し、適当対象者の掘りおこしに努めました。大変反響が大きかったことを覚えております。なお、沖縄戦や南洋戦当時6歳未満の戦没者については、昭和38年2月に「沖縄戦戦闘協力死没者見舞金支給要綱」に基づき、特別見舞金として2万円が5千8百件余の遺族に支給されております。また、沖縄戦当時6歳未満の援護法適用件数は、平成7年3月31日現在、遺族給与金が4千6百件余、障害年金が64件の実績を得ております。』

〈援護事務補助団体〉

　以上の援護事務を促進するため、昭和29年には沖縄遺族連合会や沖縄傷痍軍人会などの援護事務補助団体に補助金が交付され、同年11月5日には沖縄遺族連合会が設立認可され、翌30年3月28日には沖縄傷痍軍人会が設立認可され、援護事務の側面からの援助が確立されることになった。

〈サイパン・テニアンなど外地の6歳未満の処遇〉

　またサイパン、テニアンなど外地における6歳未満についても、県遺族連合会や南洋諸島帰還者会の要請活動により、昭和63年に戦闘参加者とみなして援護法の適用が決定された。

　イ　恩給法（扶助料等）による援護

　昭和28年法律第155号により、旧軍人・軍属等の恩給、扶助料が復元されて、昭和28年4月から支給されることになった。

　扶助料は、公務員が死亡した場合において、一定の条件を備えているとき、その遺族に給される年金恩給であり、死亡原因等により普通扶助料、公務扶助料、増加非公死扶助料、特別扶助料の4つに分けられ、扶助料ではないが遺族に給されるものに障害者遺族特別年金がある。

　ウ　特別給付金支給法による援護（戦没者等の妻、戦没者の父母等）
　（ア）戦没者等の妻に対する特別給付金
　戦没者等の妻に対する特別給付金支給法は昭和38年法律第61号で制定され、

戦没者の妻が一心同体である夫を失ったこと、生計の中心を失い、経済的な困難と戦ってこなければならなかったこと等の精神的苦痛に対して国としての特別の慰藉をするために、特別給付金が支給されることになった。

当初の戦没者等の妻に対する特別給付金支給法による支給対象者は、軍人・軍属または隼軍属が昭和12年7月7日（日華事変勃発）以後、公務上負傷し又は疾病にかかり、これにより死亡したことにより、昭和38年4月1日において戦傷病者戦没者遺族等援護法による遺族年金、または遺族給与金、恩給法による公務扶助料等を受ける権利を有する戦没者等の妻であり、1人当たり20万円の国債が10年償還で交付された。

沖縄地域における対象者は約1万人と見込まれていたが、昭和41年から受付業務が開始されると15408件の申請があり、うち14933件が可決裁定された。また、昭和49年法律第51号により満州事変間（昭和6年9月18日から昭和12年7月6日までの間）に公務上の傷病にかかりこれにより死亡した軍人の妻であったことにより昭和49年10月1日において公務扶助料または遺族年金を受けることが出来る権利を有する者も特別給付金が支給されることになった。戦没妻特別給付金は法制定以来、十数次の改正がなされてきた。

（イ）戦没者の父母等に対する特別給付金

戦没者の父母等に対する特別給付金支給法は昭和42年法律第57号で制定された。

この法律は、先の大戦によりすべての子、または最後に残された子を軍人・軍属または隼軍属として戦闘又はその他の公務により亡くした父母及びこれらの父母と同様の立場にある孫を亡くした祖父母については、その最愛の子や孫を国に捧げ、そのために子孫が絶えたといういいしれぬ寂寥感や孤独感と戦って生きていかなければならなかったという特別の事情に鑑み、国として慰藉を行うため特別給付金を支給するものであった（10万円支給）。

沖縄県においても昭和43年から受付業務が開始され499件が可決裁定され支給された。現在まで数次の改正がなされ対象者は拡大されてきた。

エ　特別弔慰金支給法による援護

特別弔慰金は、戦没者等の遺族に対する特別弔慰金支給法（昭和40年法律第

100 号）により、先の大戦において公務等のために国に殉じた戦没者に弔慰を表すため、終戦20周年・30周年・40周年・50周年といった機会にこれらの遺族に支給され、支給対象者は、戦没者の遺族で遺族年金、遺族給付金および公務扶助料等の年金受給権者が失権（死亡・再婚等）し、他に年金受給者がない場合や、また弔慰金を受給したものの当初より年金受給権者がいなかった遺族であった（昭和40年6月1日施行）。法制定以来、数次の改正が行われ対象者等が拡大されてきた。

（3）戦傷病者の援護
ア　戦傷病者戦没者遺族等援護法による援護（障害年金）
戦傷病者の援護については、援護法において障害年金、障害一時金の支給措置がある。

障害年金は軍人軍属及び隼軍属が公務上の負傷もしくは疾病にかかった者が一定以上の障害を残している場合、国家補償の精神に基づき援護するものである。障害の程度は特別項症、第1～6項症、第1款症～5款症まで区分されている。支給額は恩給法の傷病恩給の額に準じている。

また、6歳未満についても、先の戦没者遺族の援護の項で述べたように沖縄県の場合は、本邦唯一の地上戦があったことなどから、保護者が戦闘参加者として認められる場合に保護者と共に行動しなければならないやむを得ない事情がある場合には戦傷病者として処遇されている。「南洋戦」についても同様である。

イ　恩給法（傷病恩給等）による援護
傷病恩給は、在職中公務により、受傷、り病した旧軍人に対し、恩給法に規定された症状の程度により支給される。

傷病恩給には、公務員が公務のため負傷し、又は疾病にかかった場合に給される増加恩給、傷病年金又は傷病賜金（一時金）と、旧軍人又は旧隼軍人が昭和16年12月8日以降、特定の地域において職務に関連して負傷し、又は疾病にかかった場合に給される特別傷病恩給がある。

ウ　戦傷病者特別援護法による援護
軍人軍属等であった者の公務上の傷病に関し、国家補償の精神に基づいて援護を行うことを基本理念としており、その処遇を受けるには厚生大臣から、その権

限を委任された都道府県知事が発行する「戦傷病者手帳」の所持が前提となる。

エ　特別給付金支給法による援護（戦傷病者の妻）

戦傷病者等の妻に対する特別給付金支給法は昭和41年法律第109号で制定された。この法律は戦傷病者等の妻には、生涯の伴侶である夫が障害を有していることにより当該戦傷病者等の日常生活上の介助及び看護、家庭の維持等のため払ってきた特別な精神的苦痛に対し、国として特別な慰藉を行う目的で制定されたものである。

法制定以来、十数次の改正がなされ対象者等が拡大されてきた。

（4）旧軍人軍属の援護

ア　恩給法（普通恩給等）による援護

旧軍人軍属の恩給については、昭和21年勅令第68号により傷病恩給を除いて廃止、軍人軍属の在職年除算、戦犯者・公職追放者の恩給が廃止された。

恩給法特例審議会の建議に基づき、昭和28年法律第155号として、旧軍人軍属の恩給は復活した。

しかし、その内容は昭和21年の旧軍人恩給の廃止、制限前のそれとは相当異なっており、加算年は旧軍人恩給廃止制限前に裁定を受けたものについてのみ認めるが、恩給年額計算の際は一定の率で減額することにし、また、一時恩給についても引き続き実在職年が7年以上ということが要件とされ、仮定俸給額も文官に比較して4号俸低く格付けされていた。

昭和37年法律第114号、昭和38年法律第113号と改正が行われ、昭和39年法律第151号で旧軍人等の南西諸島戦務加算等が行われた。

普通恩給とは、公務員が一定の年数以上在職した場合に支給される年金恩給である。

旧軍人とは

（ア）陸、海軍の現役、予備役又は、補充兵役にある者

（イ）国民兵役にある者で、召集された者及び志願により国民軍に編入された者

旧準軍人とは

（ア）陸軍の見習士官、海軍の候補生及び見習慰官

（イ）勅令で指定する陸軍又は、海軍の学生生徒

一時恩給、一時扶助料とは、実在職年3年以上で、普通恩給を受けることがで

きる年限に達しないで退職した公務員やその遺族に支給される一時金である。

イ　軍歴証明事務

軍歴証明事務は、恩給法に基づく軍人恩給請求のための軍歴証明をはじめ、文官恩給への旧軍人在職期間の通算に伴う軍歴証明、各種共済組合への旧軍人在職年通算のための軍歴証明等、旧軍人軍属であった者の恩給請求に関する軍歴の整備、証明の事務である。

軍歴証明事務は復帰前は旧陸海軍とも厚生省で行っていたが、復帰後地方自治法施行と同時に同法附則第10条の事務として、陸軍は県に責任と権限が移されたが、海軍は従来どおり厚生省で行っている。

この事務は、沖縄が今次大戦において住民を巻き込んだ唯一の地上戦がくり広げられた事から、戸籍謄本をはじめあらゆる物的資料が焼失したため、軍歴証明はかなり厳しい状況の中で推し進められてきた。このような中で未だ軍歴証明の申立があるが、公的資料の不足に加え、請求者の記憶のうすれ等、軍歴整備の調査究明は、困難な状況となっている。

（5）未帰還者及び引揚者の援護―南洋諸島・フィリピン群島が8割

ア　未帰還者留守家族等援護法による援護

昭和27年4月、日本本土においては戦傷病者戦没者遺族等援護法が制定施行され、昭和28年4月には恩給法の一部改正により軍人恩給の復活となり、軍人、軍属の援護業務が実施されたが、今次大戦により沖縄は行政分離され、米国の統治下にある沖縄はどうなるかと憂慮されていたが、昭和28年4月、当時の社会局に援護課が設置され、各市町村に援護係がおかれるようになった。

その後日本政府より沖縄にも援護法及び恩給法を適用することになり、昭和30年1月から請求事務が開始された。当時はすでに厚生省で発行した死亡公報発令ずみの2万1000件を最初の援護法対策として実施し、逐次復員業務を進めることになった。

未帰還者留守家族等援護法（昭和28年法律第161号）は、昭和28年8月1日より施行された。この法律は、ソ連、中共等の諸国に残留する未帰還者の留守家族に対して手当を支給し、又、未帰還者が帰還した場合に帰郷旅費等を支給する目的で制定された。同法は沖縄地域にも同時に施行されたが、沖縄地域におか

れているアメリカ支配下の特殊事情により実務作業は困難を極めた。

　イ　引揚者給付金支給法による援護

　昭和20年8月15日、先の大戦の終結時、海外には旧陸海軍軍人軍属が330余万人それとほぼ同数の海外在留一般邦人を合わせた660余万人が残されたといわれ、日本政府はそれらの日本への引揚げと併せ、120余万人の在日外国人をそれぞれの祖国へ送還する事業に取り組んだ。

　沖縄においては、本業務は本土より約8カ月遅れて開始された。これは、この引揚者給付金申請の基本的な資料となる戸籍類が戦災により焼失し、その整備が始まったばかりであったためである。

　沖縄における外地引揚者の8割が南洋諸島・フィリピン群島方面からの引揚者であった。業務が開始された当初は、該当者の予想も立たず、在外財産獲得期成会のまとめた推定5万世帯、12万5千人を差し当たりの目標として開始されたが、立証資料等の不足から事務処理は困難を来していた。

　このような中で、昭和32年12月16日付で第1回の認定が行われた。

　本県における受付処理件数は5万1749件（世帯）となっている。

　ウ　引揚者等に対する特別給付金の支給に関する法律
　　　（在外財産問題解決のための支給）

　昭和37年頃から外地引揚者からの在外財産補償の要求が一段と高まり、昭和42年8月には「引揚者等に対する特別給付金の支給に関する法律」が制定された。

　この法律は、在外財産の問題の最終的解決を図るため、有形無形の財産の喪失に対して、国が特別の措置として引揚者に交付金を支給するというものであった。対象者は、外地での居住年数が1年以上の引揚者で終戦時の年齢が50歳以上は160000円、35歳以上50歳未満は100000円、25歳以上35歳未満は50000円、20歳以上25歳未満は30000円、20歳未満は20000円が記名国債で支給されることになった（但し、引揚者の遺族、引揚前死亡者の遺族に対しては、上記金額の7割が支給されることになった）。さらに、8年以上の外地居住者に対して、10000円（遺族に対しては7000円）の加算がなされた。

　本交付金の施行については、米国民政府の許可を得るため事務の開始が遅れ、昭和43年2月から受付が始まった。請求期間は、当初昭和46年3月31日となっていたが、延長され、昭和47年3月31日までとなった。

第 10 章　沖縄での軍人・軍属・戦争被害者への援護行政・救済運動

　昭和 46 年 12 月までには、8 万 3782 人が認定され、平成 7 年 9 月末までに 8 万 5946 人が認定された。

2　沖縄戦・南洋戦・フィリピン戦における戦没者と援護法の適用

（1）沖縄戦における戦没者数（琉球政府による昭和 32 年当時の推計）

　沖縄県は太平洋戦争において、国内で唯一一般住民をも巻き込んだ悲惨な戦場となり、多くの尊い生命を失った。

　沖縄戦の特徴は、日米両軍の兵士の戦没者数に加え、非戦闘員一般住民の戦死者が戦闘員の死者の数を上回ったことである。

　沖縄戦における戦没者数を掌握することはいろいろと困難で実数をだすことは不可能に近い。そのため昭和 32 年頃に当時の琉球政府では次のとおり推計されている。推計の根拠は、軍人・軍属については沖縄護国神社への合祀者数、一般県民については沖縄戦突入前の昭和 19 年と沖縄戦終結後の昭和 20 年の人口比で疎開者推計数などを勘案して算出されている。

沖縄戦戦没者の推計状況

事　　項	戦没者数	備　　　　考
全戦没者数	200,656	
1　　沖縄県出身軍人軍属	28,228	厚生省から送付された戦没者名簿に掲載された数及び未帰還者調査票により死亡公報発令数
2　　他都道府県出身兵	65,908	沖縄県護国神社合祀者数
3　　一般県民（推計）	94,000	昭和 19 年の人口と昭和 21 年の人口を勘案して、一般県民約 94,000 人と推計
小計（1～3）	188,136	日本人全戦没者数
米　　軍	12,520	米軍政府資料

（2）沖縄戦における県民の戦没者数（15 万人　県民の 4 分の 1）

　現在、沖縄戦研究者の間には、沖縄戦における沖縄県民（軍人軍属・一般住民）

の戦没者数は 150000 人と推定されている。

（3）未補償のまま放置されている死者6万6000人、後遺障害者5万人

沖縄民間戦争被害者の会の調査によると、沖縄県民の死者及び援護法が適用されず、未補償の死者・後遺障害者は次のとおり推計している。

一般住民の死没者のうち「戦闘参加者」概念から外されている援護法未適用者は 38900 人余である。

これに、船舶撃沈による死者や戦争マラリア死者などを含めると、後述のとおり約6万6000人の死没者が放置されている。負傷者で後遺障害者も推定5万人が放置されている。

沖縄県民の死者を 15 万人と推定した場合は、未補償の死没者数は、この 15 万人から、沖縄県出身軍人軍属 28228 人と戦闘参加者として取扱われた約 55000 人を除いた 66772 人と計算される。

（4）南洋戦・フィリピン戦における一般住民（沖縄県人）戦没者約 25000 人 と推計されており、未補償の被害者（その遺族）は約 20000 人と推計

3　困難を極めた遺骨収集の状況

沖縄県は第二次世界大戦における地上戦終焉の地で全島が戦場となり、軍人、軍属だけでなく、老幼婦女子を問わず、一般県民をも巻き込んだ熾烈な戦闘が展開され、多くの尊い生命が失われた。

その数は、日米合わせて 20 万余と推定されている。

戦争が終わると沖縄の山野にはいたるところに、これらの戦没者の遺骨が残された。

激戦の中を生き残った県民は避難地や島内各地の疎開地からそれぞれの居住地に帰り、まず手始めになされたのは戦没者の遺骨収集作業であった。衣食住にもこと欠き、日々の生活さえどうすればいいのか思案に暮れる中を、県民はひたすらに戦没者に対する敬虔の一念であった。

このように、戦没者の遺骨収集は、終戦後すぐに住民によって、各地域で始められ、各字、市町村などで組織的になされた。

そして収骨された遺骨は薪をたいて火葬に付し、また白骨のままで各地域で納骨所を急造し、納骨所へ納骨してみ霊を弔っている。

昭和 30 年には、これらの納骨所が 188 基建立されている。この内の 71 基が旧三和村である。

　平成 7 年 3 月末現在の遺骨収集状況は次のとおりである。

　遺骨収集対象柱数　　　 188136 柱
　収集済柱数　　　　　　 182574 柱
　未収骨柱数　　　　　　　 5562 柱

　なお、この未収骨柱数には、すでに遺族が持ち帰ったもの、被弾により飛散したもの、埋没しているもの等も含まれているので完全収骨は困難な面がある。

　しかしながら、悲惨な戦争で犠牲となられた戦没者の遺骨がある限り最後の一柱まで弔う気持ちでこの遺骨収集事業を続けていく方針である。

　なお、沖縄近海に沈没している日本籍船中の遺骨は大部分が未収集である。

4　慰霊の塔・碑などの建立

（1）慰霊塔・碑の概況

　戦没者の遺骨収集は、戦後いち早く地域住民によって始められ、各字、市町村で組織的に取り組まれた。慰霊塔の草分け的存在は「魂魄の塔」である。真和志村民が、昭和 21 年 1 月に沖縄戦の激戦地である糸満市摩文仁へ終結を命ぜられ、同年 5 月に移動するまでの間、米軍の許可を受け、収骨班を編成し、風雨にさらされた遺骨の収集作業を始めた。

　集めた遺骨は、集結しているテント部落の前の空き地に、まるく石を積み上げその中に遺骨を納めた。これが最初に建立された魂魄の塔である。

　この塔は、戦闘員、非戦闘員の区別なく 3 万 5 千柱が合祀された無名戦士の塔である。

　真和志村民は、収骨を続けているうちに女子師範学校と第一高等女学校生徒及び職員の壕をつきとめ収骨し「ひめゆりの塔」を建立、さらに沖縄師範学校生徒を祀った「健児の塔」を建てた。健児の塔は金城和信氏が命名し、田原惟信氏が碑名を書いたが今はその石碑は残っていない。

　その後「沖縄師範健児の塔」は、遺族や同窓会により三和村の協力を得て仲宗根政善氏の碑文により建立され、昭和 25 年 6 月 21 日除幕式典が執り行われている。各地域においても字、各市町村、遺族会、戦友会等により遺骨が収集され

納骨所や慰霊塔が建立された。

　また本土各県においても沖縄戦で戦没した同胞将兵に思いをよせ、現地沖縄での慰霊塔建立への熱い思いが高まった。

　各都道府県が沖縄に戦没者慰霊の塔（碑）を建立するようになったのは昭和29年頃からである。

　昭和29年に北海道の「北霊碑」の建立が始まり北海道は本土出身将兵が最も多い1万人余が沖縄戦で亡くなっている。

　昭和38年までには和歌山県・石川県・愛媛県・熊本県・諸馬県など6道県、昭和39年から昭和41年まで30県、以降復帰前年の昭和46年までには新潟県（昭和51年）を除き全都道府県が摩文仁地域、米須地域を中心に慰霊塔が建立された。

　復帰前の現地沖縄での慰霊塔の建立については施政権が及ばない地域であるため、その建立は容易ではなかった。各都道府県は総理府特別地域連絡局長に対し沖縄への慰霊塔建立についての協力を依頼し、同局長から日本政府那覇連絡事務所長へ、そして同所長により琉球政府や関係団体などとの調整ですすめられた。

　とくに、その課題の一つに当時の米民政府布令によって非琉球人の土地の取得は、米民政官の許可がなければできなかった。そのために各都道府県は、沖縄の遺族連合会に土地を買収させ、所要経費（登記資料等を含む）を寄附する方法を取り、同会は、沖縄が本土復帰の際に返す旨の契約を行った。

　しかしながら、慰霊塔建立への思いは熱く後をたたない状況で各県・団体等は競うが如くに慰霊塔を建立していった。

　地域別では沖縄戦終焉の地である糸満市に103箇所で最も多く、都道府県碑・各種団体碑が集中している。

　各都道府県、主要団体塔においては毎年慰霊祭が行われ、また慰霊巡拝者が絶えない状況にある。

（2）納骨堂の建設

　昭和32年に政府は当時の琉球政府に委託して、身元確認の出来ない無名の戦没者を収容するために那覇市識名に戦没者中央納骨所を建設させ遺骨を一カ所に集めた。しかし、同納骨所が狭隘となったことから、昭和54年に厚生省により糸満市摩文仁に「国立沖縄戦没者墓苑」が創建され、中央納骨所から同墓苑に転骨された。

第10章　沖縄での軍人・軍属・戦争被害者への援護行政・救済運動

墓苑の敷地は 8520 平方メートルで、墓碑、参拝所、納骨堂からなり、各地の慰霊塔や納骨所から遺骨を転骨し、現在、戦没者 18 万余柱が納骨され、合祀されている。

（3）国立沖縄戦没者墓苑

国立沖縄戦没者墓苑は、沖縄戦において戦没された方々のご遺骨を納めてある国立の墓苑である。

本墓苑は、これらの方々を永く追悼するため、ここ摩文仁が丘に昭和 54 年 2 月 25 日に創建された。

沖縄戦において軍民あわせて 18 万人余の尊い生命が失われた。この戦没者の遺骨収集は、戦後いち早く地域住民からはじまり、納骨所・慰霊塔を急造し、遺骨を納めていたが、昭和 32 年に政府が当時の琉球政府に委託して、那覇市識名に戦没者中央納骨所が建設され、同所に納骨されていた。

しかし、年々収骨が多くなるにつれ、同納骨所が狭隘となったことなどから昭和 54 年に本墓苑が創建され、中央納骨所から本墓苑に転骨し、現在本墓苑には、戦没者 18 万余柱が懇ろに納骨合祀されている。

5　戦没者の慰霊

（1）慰霊の日の制定（恒久平和を願い、戦没者の霊を慰めるため）

「慰霊の日」を制定し、休日とすることについては、1961 年（昭和 36 年）6 月 6 日、当時の琉球政府立法院において、「住民の祝祭日に関する立法」（案）が議員発議され、「慰霊の日　6 月 22 日　沖縄戦の戦没者の霊を慰め、平和を祈る。」として可決された。

「慰霊の日」は、全住民が亡き人々への尊い犠牲を無駄にせず、二度と残酷な戦争が発生しないように祈念しつつ、戦没者の霊を慰める日とする趣旨で 6 月 22 日を休日とする「住民の祝祭日に関する立法」が議決され、1961 年（昭和 36 年）7 月 24 日に公布された。その後、1965 年（昭和 40 年）に同法の一部改正で、慰霊の日「6 月 22 日」が「6 月 23 日」に改められた。

「慰霊の日　6 月 22 日」と定めたのは戦時の沖縄防衛第 32 軍司令官牛島満中将及び同参謀長長勇中将の自決により完全に日本軍の指揮統帥が失われ、沖縄戦は事実上終了したことによる。

313

この自決した日が「6月22日」であるとされていたが、これが「6月22日」ではなく「6月23日」であると、沖縄観光協会事務局長山城善三氏らの証言で「6月23日」に改められたものである。

この「住民の祝祭日に関する立法」の制定に伴い「琉球政府職員の休日に関する立法」が制定され、「慰霊の日」についても県職員の休日とされた。

以後、「慰霊の日」は住民の休日として本土復帰まで行政機関をはじめ、学校や民間企業においても休日とされ広く定着してきたが、本土復帰により「国民の祝日に関する法律」が適用されることとなった。

そのため、「慰霊の日」の制度的根拠が希薄となったため、昭和49年に「沖縄県慰霊の日を定める条例」が制定され、6月23日が「慰霊の日」として定められた。

この条例の提案理由は、去る大戦において多くの生命、財産及び文化的遺産を失ったわが県は、戦争の悲惨さに深く思いをいたし、再び戦争が起こることのないようにし、恒久平和を願い、戦没者の霊を慰めるため慰霊の日を定め、その理念を永久に保持しようとするものであるとされている。

（2）沖縄全戦没者追悼式

今次大戦において海外で戦没した沖縄県出身者を含め、沖縄戦において戦没した戦没者の霊を慰める「全琉戦没者追悼式」が昭和27年8月15日の終戦記念日に琉球政府主催で取り行うことが計画されたが、台風のため延期となり、8月19日に首里古城の琉球大学広場に於いて挙行された。

この追悼式には全琉各市町村遺族代表、日本遺族代表はじめ、日本政府代表として厚生省引揚援護庁木村長官、故牛島大将夫人、故大田中将夫人、故荒井警察部長令息が来県し参列された。約2千人の参列者は式壇中央に設けられた戦没者の標柱の前に静かに黙祷を捧げ、同時刻全琉各地でも一斉に黙祷を捧げ平和への強い祈りを捧げた。

比嘉主席は式辞の中で、「今次大戦で琉球は前古未曾有の激戦地となり多数の尊い生命を失った。星移り年はかわり満7年を迎えた本日、戦没者の冥福を祈り、遺家族に思いをいたし再び地上に於いてかかる人類相互の斗争が繰り返されぬよう祈念し、この地をして平和発祥の地たらしめたい」と挨拶された。

以後、毎年「沖縄全戦没者追悼式」が執り行われている。

314

第10章　沖縄での軍人・軍属・戦争被害者への援護行政・救済運動

（3）「平和の礎」の建立―内外の全戦没者の氏名を刻銘

　平成7年度は沖縄戦終結50周年祈念の節目にあたり、先の大戦において戦没された全戦没者の氏名を刻銘した「平和の礎」が平和祈念公園の一角に建立され、6月23日「慰霊の日」に「沖縄戦終結50周年祈念・平和の礎除幕式典」が執り行われた。

　引き続き平和記念公園の中央広場に設けられた追悼式会場において、午前11時50分「沖縄戦終結50周年祈念沖縄全戦没者追悼式」が挙行され、式典においてこれまでの「平和宣言」に代わり、去る2月に沖縄県議会において採択された「非核・平和沖縄県宣言」が大田知事により宣言された。

　参列者も村山内閣総理大臣をはじめ、土井衆議院議長、原参議院議長、草場最高裁判所長官の三権の長、並びにモンデール駐日米国大使他多数の政府関係者、各都道府県関係者、各種団体等関係者の参列があり、県内外の遺族の方々や関係者の参列を含め約8千名の参列者により、戦没者のみ霊を慰め、世界の恒久平和を祈念した。

（4）海外の慰霊

ア　南洋諸島沖縄県出身戦没者慰霊墓参

　北マリアナ連邦は1914年（大正9年）第一次世界大戦の最中、日本海軍が無血占領し、1920年国際連盟の決議によりカロリン、マーシャル両諸島と共に日本の委任統治となった。

　戦前旧南洋諸島には、在留邦人の80％を占める約6万人余の沖縄県出身者が在留していたといわれるが、大正9年以来築き上げてきた南洋諸島の平和の楽園は、第二次世界大戦の勃発によりたちまち地獄の島と化し、軍属及び民間人あわせ1万2千余人が戦没したところである。

　これらの戦没者のみ霊を弔うため、南洋諸島帰還者会や沖縄外地引揚者協会からの強い要望もあり、琉球政府は再三にわたり、米国民政府に陳情を繰りかえし、戦後23年目の昭和43年6月にサイパン島に墓碑地帯に合石を合わせて3メートル余りもある石碑「おきなわの塔」を建立し、6日に除幕式典と慰霊祭を挙行した。その後、テニアン・パラオにも「おきなわの塔」を建立した。

　南洋諸島慰霊墓参は、昭和43年と45年に実施され、その後、昭和47年度からは最近まで毎年慰霊祭を執行してきた。

315

また、墓参団は、サイパン在の「おきなわの塔」で慰霊祭を終了後、テニアン島、パラオ島、ロタ島とそれぞれの島々で関係遺族により戦没者の慰霊祭が執り行われている。

　イ　フィリピン群島沖縄県出身戦没者慰霊墓参

　フィリピン群島は、明治 36 年ベンゲット道路建設要員として日本から多数の技術者等が参加して完成しており、沖縄からも多数参加していた。道路工事完成後、沖縄出身者の中にはミンダナオ島に渡り、山林を開墾し麻栽培を始め、それ以後沖縄から多くの移民が農業、漁業、商業等に従事し生活の基盤を築いていた。

　ミンダナオ島ダバオには、在留邦人の約 7 割を占める沖縄県人 3 万人弱が居住していたといわれる（南洋諸島とフィリピン群島の沖縄県人の合計は、8 万人から 9 万人程度であったとされている）。

　フィリピン群島は、今次大戦で多くの日本軍が派遣され、各島々で激戦が展開され、移民で活躍していた沖縄県人も、応召のほか戦闘協力によって 1 万 2 千余人の老若男女が戦没したところである。南洋諸島とフィリピン群島での一般住民戦没者の合計は、約 2 万 5 千人となる。

　そこで、沖縄外地引揚者協会と琉球政府は、フィリピン群島において戦没者のみ霊を祀るために昭和 45 年 1 月に「沖縄の塔」を建立した。

　フィリピン群島の慰霊墓参は昭和 48 年から沖縄県、沖縄県議会、沖縄県遺族連合会の共催により、墓参団を派遣し、慰霊祭を執行してきたが、昭和 53 年からは沖縄県と沖縄県遺族連合会の共催で執行するようになり、昭和 54 年からダバオ会沖縄県支部が協力し共催し執り行うこととなった。

　ウ　中国沖縄県出身戦没者慰霊巡遙

　今次大戦で中国においては、沖縄県出身の軍人、軍属、民間人あわせて 1729 人の尊い人命が失われた。

　中国で戦没した沖縄県出身軍人、軍属及び開拓団員の慰霊のための中国墓参の動きが出、昭和 53 年日中平和友好条約発効に伴いその機運が高まってきた。

　県においては、中国で戦没した沖縄出身戦没者の慰霊のため沖縄県遺族連合会と共催により、昭和 56 年 9 月に第 1 回目の中国墓参を実施し、遺族含め 17 人が参加し東北（旧満州）のチチハルと瀋陽（旧奉天）で慰霊祭を執り行い、さらに天津の宿舎で「中国地区全戦没者慰霊祭」を執行した。

316

以降、毎年のように慰霊祭を執り行っている。

（5）全国戦没者追悼式について

今次大戦において、全国で310万人余の尊い生命が失われた。昭和27年4月28日対日平和条約が発効され、その祝賀式典の前日5月2日に「全国戦没者追悼式」が新宿御苑において執り行われた。

この追悼式は宗教的儀式を伴わないものとして、中央に戦没者の霊を象徴する白木の追悼の標柱をたて、黙祷、奏楽、追悼の辞、献花を行う形式がとられ、その後、この種の政府行事の式典の典型となった。この追悼式に全国遺族代表が招かれ、沖縄からも泉副主席、山城篤男、島袋遺家族援護会長の三氏が琉球代表として参列した。

昭和38年5月に全国戦没者追悼式の実施に関する閣議決定がなされ、支那事変以降の戦争による全戦没者に対し国をあげて追悼の誠を捧げるため、第1回全国戦没者追悼式が日比谷公会堂で執行され、以後同様の閣議決定に基づき毎年8月15日に実施されてきた。

昭和57年4月13日の閣議決定により、先の大戦において亡くなられた方々を追悼し平和を祈念するため「戦没者を追悼し平和を祈念する日」が設けられ、昭和38年以降毎年実施している全国戦没者追悼式を、天皇、皇后両陛下の御臨席を仰いで、毎年8月15日、日本武道館において実施し、全国から遺族代表を国費により参列させる等決定された。

沖縄県においても毎年8月15日の全戦没者追悼式に県代表、並びに遺族代表が参列している。

第4　沖縄戦被害補償（援護）運動の経過と到達点

1　対馬丸遭難学童補償問題―不充分な解決

（1）国の指令に基づいて沖縄県と32軍が実行

沖縄の集団疎開は当時の被告国の指令に基づいて沖縄県当局並びに沖縄現地軍（第32軍）に実行に移された。

疎開学童の第一陣は、昭和19年8月14日那覇市学童131人を潜水母艦「迅

鯨」に乗船させ、8月16日に鹿児島へ上陸させた。対馬丸は、昭和19年8月21日僚船「和浦丸」、「暁空丸」と駆逐艦「蓮」、砲艦「宇治」の護衛艦で船団を組み、那覇港を長崎へ向け出港した。

対馬丸には西沢武雄船長の外、学童、一般疎開者1661人、船砲隊41人、船員86人の計1788人が乗船していた。8月22日22時12分頃、鹿児島県十島村悪石島付近で米潜水艦ボーフィン号の魚雷攻撃を受け沈没、学童、一般疎開者1484人（内学童737人）、船砲隊21人、船員24人の犠牲者を出した。

なお、アメリカ潜水艦の対馬丸に対する攻撃は国際法違反であり、その点については既に指摘したとおりである。

（2）補償要請とその結果

昭和28年8月、対馬丸遭難者の遺族は対馬丸遺族会を設立、沖縄の集団疎開は政府の指令に基づいて県当局並びに沖縄現地の軍によって計画され実施された事故であることを理由に、被告国に対して以下の各要請を行った。

　　　　　　　記

ア　避難学童に対して戦闘参加犠牲者に準ずる処遇をしていただきたい

イ　対馬丸の船体を引き揚げ遺骨を故郷の山に葬らせていただきたい

ウ　靖国神社に合祀していただきたい

これに対し被告国は下記のとおりの施策を実施した。

　　　　　　　記

ア　昭和37年2月16日「沖縄戦戦闘協力死没者等見舞金支給要綱」が閣議決定され、疎開学童の遺族に対し死没者1人につき見舞金2万円が支給された。

イ　昭和41年には靖国陣社に合祀。

ウ　昭和47年「対馬丸等遭難者の遺族に対する見舞金の支給に関する要項」に基づき、一般遭難者の遺族に対し死没者1人につき3万円の見舞金が支給された。

エ　昭和48年、遭難学童に対し勲八等の勲記と瑞宝章が贈られた。

オ　昭和52年度には、戦傷病者戦没者等遺族援護法の遺族給与金の10分の5相当額を、「対馬丸遭難学童の遺族に対する特別支出金の支給に関する要

第 10 章　沖縄での軍人・軍属・戦争被害者への援護行政・救済運動

項」に基づき満 60 歳以上の遭難学童の父母、祖父母に対し支給することになった。

（3）不十分な補償

以後、遺族給与金のスライドと併せ支給率の 4 回にわたる改正で、支給額は制度発足当時の 150000 円（半年分）から平成 7 年度は 1296161 円（年額）とかなり増額されてきているが、それも 7 割程度であり十分な額とはいえない。

2　八重山地域におけるマラリア犠牲者補償問題

（1）沖縄県による調査

沖縄戦中、八重山地域においては、軍の命令によりマラリア有病地へ退去させられたため、3 千余名の尊い人命が失われた。

これらの犠牲を含めて、沖縄県としては昭和 48 年から沖縄戦被災者補償について被告国に要請を続けてきたが、平和記念事業特別基金が創設されたことから、実現の見通しが立たないとして昭和 63 年以降は要請活動を行うことはなかった。

平成元年に篠原武夫琉球大学教授を中心にして、沖縄戦強制疎開マラリア犠牲者援護会が結成され、さまざまな要請活動が開始された。平成元年 5 月には、沖縄県や県議会に対して陳情を行い、県議会でも採択された。さらに援護会は厚生省や沖縄開発庁に対しても要請活動を繰り広げた。

沖縄県としても、資料の収集や八重山現地での聞き取り調査等を続けたが、平成 3 年 5 月には「県立平和記念資料館改築・沖縄戦犠牲者『平和の壁』建設等基本構想検討懇話会（座長：安次富長昭氏）の中でマラリア犠牲者部会（部会長：船越義彰氏）を設け、米国立公文書館等にある関係資料を調査するなど本格的な検討に入った。

そして、平成 4 年 2 月に第 6 回八重山地域マラリア犠牲者部会で、「戦時中の八重山地域におけるマラリア犠牲の実態」という報告書が沖縄県生活福祉部長に手渡された。

（2）報告書は「軍命による強制退去」と規定、その事実関係等の概要

八重山地域マラリア犠牲者部会による調査検討の概要

〈調査の結果、明らかになった事実関係と特徴点〉

1．八重山地域で多発したマラリアは、一般の風土病とは区別して「戦争マラリア」

319

と認識すべきである。

2. 八重山地域の戦争マラリアは熱帯熱マラリアが主流をなしており、他地域の戦争マラリアと比較しても異常に高い致死率を示している。

3. 一般住民が集団的にマラリアに罹患した第一の原因がマラリア有病地帯への強制退去と長期滞在にあったことは明白である。

4. 異常に高い致死率に至った要因として

ア　マラリアの種類が悪性であったこと

イ　食糧不足によって栄養状態が悪化していたこと

ウ　医療行政の機能喪失により予防対策や治療活動が皆無であったこと

エ　米軍占領が遅延したことにより医療救助活動が遅れたこと等が挙げられる

5. 沖縄本島と連絡が途絶えた八重山郡においては、現地行政機関の機能が低下したために、住民避難対策などの行政活動も事実上現地部隊の直轄下におかれていた。

6. 石垣島住民の第3避難所への移動や波照間島住民の西表島への移動は諸公文書が規定するところの「退去」に該当し、一般の「疎開」「避難」とは区別されるべきである。

   退去は、「守備隊長ノ命ヲ承ケ」て警察署長等の指示によって実施され、命令は口頭で伝達されることが規定されている。また、実際に「其ノ筋ノ命」であるところの認識のもとに集団移動が実施されたことは諸記録が認めるところである。一般住民の有病地帯への移動が軍命による強制退去であったことは否定できない事実である。

7. 都内小離島の場合は、各島に住民対策要員として離島残置工作員が配置されており、彼らは単独で「現地軍」の立場に立って住民運動を指導していた。彼ら工作員の指示によってなされた島外退去も「軍命による退去」とみなされるべきである。

8. 現地部隊が甲号戦備（敵上陸を想定した戦闘態勢）及びこれに準ずる状況下で官公衛及び一般住民に退去命令を発したことは、軍の作戦行動の一環とみなされる。

9. 八重山住民が周知の有病地帯への退去命令にやむなく応じたのは、軍民一体の精神に基づく作戦協力の一環であったとみるべきである。

第10章　沖縄での軍人・軍属・戦争被害者への援護行政・救済運動

〈結論〉

　上記の事実関係から、八重山地域における戦争マラリアの犠牲者を「戦地における戦闘協力者の戦病死者」と認定することは妥当な結論で、国においても速やかなる問題解決に特段の配慮を講ぜられるよう切に期待する。

（3）沖縄県は援護法適用による補償等を要請

　沖縄県は、これを受けて、八重山地域におけるマラリア犠牲者は米軍の上陸を必至とした軍の作戦想定による有病地への退去命令により避難した結果発生したものであり、このように戦闘協力の途上でマラリアに罹患し死亡した者については、「戦地における戦闘協力者の戦病死」とみなし、戦傷病者戦没者遺族等援護法による補償又はそれに準ずる補償措置を求めることが適当であると考え、平成4年3月に正式に厚生省や沖縄開発庁並びに関係国会議員に要請した。

　また同時期、国においては平成4年2月に、内閣総理大臣官房総務課参事官、厚生省援護局援護課長、沖縄開発庁総務局参事官の三者による「沖縄県八重山地域におけるマラリア問題連絡会議」が設置され、同問題の連絡及び意見の交換を行うことになった。そして、同会議では沖縄県から説明を受けたり、援護会や石垣市、武富町など関係団体から要請を受けながら問題の検討を行った。

　そして、平成6年8月には社会党、自由民主党、新党さきがけの与党三党による戦後50年問題プロジェクトチームが戦後処理問題の一環として八重山地域の戦争マラリア問題を取り上げ、鋭意検討が進められた。

（4）被告国の回答―慰藉事業と沖縄県の見舞金負担を要求

　そして、検討の過程で与党プロジェクトでは、マラリア問題連絡会議や沖縄県から発生当時の状況について報告を受け、「地元住民は（疎開を）軍命ととらざるを得なかった」という見解に達し、平成7年4月25日には与党プロジェクトは、与党政策調整会議でチームの合意内容について了承を受け、政府に対し慰藉事業を行うことを骨子とする合意事項を伝えた。その内容は次のとおりである。

ア　その特異性に鑑み基金を設け、慰藉事業を行う。

イ　対象地域は八重山とする。

ウ　慰藉事業等の内容については、本プロジェクトチームでの長い間の論議に十分配慮するものである。

　政府は、以上の事項に的確に留意の上、基金の規模、運用、事業内容等を策定

321

すること。

　この提言を受け、政府はこの事業を沖縄開発庁の所管とすることとした。そして、平成8年8月の概算要求に向けて、沖縄開発庁と沖縄県で事業内容をいろいろ協議していった。

　その間、双方いろんな提案をするなかで沖縄開発庁は、次のような提案をした。

ア　沖縄開発庁は沖縄県の協力を得て慰藉事業を行う。

イ　諸般の事情に鑑み、沖縄開発庁と沖縄県は、慰藉事業を分担実施する。分担については別途決定する。

ウ　沖縄開発庁は慰霊碑等のいわゆるハードに要する経費については、全額補助となるよう努めるとともに、沖縄県が分担実施する慰藉事業に要する経費についても、他の補助事業費の確保等による方法により実質的補填に努める。

エ　慰藉事業については平成8年度概算要求に計上する。

オ　慰藉事業は、例えば慰霊碑、祈念館、除幕式、見舞金等とする。

　見舞金については、県の分担事業とする。

（5）沖縄県の拒否回答－戦災処理としての見舞金は国が負担すべきである

　これに対し、沖縄県としては沖縄開発庁に対し下記の理由により受けられないと回答した。

ア　県の単独事業として見舞金給付を実施することは、戦災処理について県が責任を負うこととなり、県民の理解を得ることは極めて困難である。

イ　沖縄戦強制疎開マラリア犠牲者援護会は、慰藉事業を国において実施することを求めている。

ウ　従って、ご提案のあった県の単独事業としての見舞金給付は困難である。

　このように、個人給付をめぐっては合意に至ることができず、8月末の概算要求では、沖縄開発庁は総額2億円の慰霊碑建立、マラリア祈念館建設の事業を要求し、個人給付については年末の予算折衝まで調整していくこととなった。

　その後、いろいろ調整を重ねながらも、個人給付については沖縄開発庁と沖縄県は意見の一致をみることができないまま、年末の予算折衝にもつれこんだ。

（6）被告国の解決策－個人補償等の個人給付は行わない

　そして、12月19日に沖縄開発調整会議に報告された与党政策調整会議にお

けるマラリア問題の解決については下記のとおり了承された。

ア　国は、遺族に対する個人補償等の個人給付は行わない。

イ　遺族の慰藉をする場合は、沖縄県において措置する。

ウ　1および2を沖縄県が了承することを前提に、沖縄開発調整会議としては、沖縄開発庁分「マラリア犠牲者慰藉事業」2億円の他に、与党要求として1億円を追加するよう求める。

沖縄県としては、この提示に対し翌日次のように回答した。

「12月19日の与党政策調整会議で決定され提示されているマラリア犠牲者慰藉事業について沖縄県は了承いたします。

与党政策調整会議の提示では、遺族への慰藉が十分なさるよう配慮されているものと認識しております。

沖縄県としては、遺族への慰藉として次のような事業を実施したいと考えておりますので、特段の御配慮をお願い申し上げます。

1．慰霊碑建立事業

2．祈念館建設事業

3．慰霊祭実施費用

（7）慰藉事業のみ実施

この後、沖縄開発庁と沖縄県は具体的な事業の詰めを行った結果、下記の事業を実施するため平成8年度政府予算案として総額3億円のマラリア慰藉事業費が計上された。

ア　慰霊碑建立等事業

イ　マラリア祈念館（仮称）建設等事業

ウ　マラリア慰藉のための死没者資料収集・編纂事業

エ　マラリア犠牲者のためのマラリア死没者追悼事業

（8）個人補償（損害賠償）請求権消滅せず

上記の慰藉事業の実施によっては、個々の被害者の被告国に対する個人補償（損害賠償）請求権は、被告国と沖縄県の合意による実施としても消滅しない。

慰藉事業としては評価できるもの、戦争被害補償問題の解決としては評価できない。依然として被害者は被告国に対して法的に国家賠償請求が可能である。

3 南洋戦・フィリピン戦・沖縄戦 戦時遭難船舶犠牲者補償問題 （補償なし）

（1）犠牲に至る事実経過と犠牲の実態

昭和 16 年 12 月、真珠湾攻撃から太平洋戦争が勃発し、翌年 6 月には、ミッドウェイ海戦でアメリカ艦隊に敗北したことを口火に、当時日本委任統治領であった南洋諸島をはじめ、各領外地では戦況が悪化し始めた。そのような緊迫した事態に日本政府の措置は「本邦への引き揚げ」であったが、すでに制空権、制海権は敵の手中にあった。これら南方諸地域には戦争前農業、漁業等に従事するため 7 万人余の沖縄県人が居住していた。

昭和 17 年ミッドウェイ海戦によって日本海軍の優位性は失われ、それとともに制空権、制海権も米軍の把握するところとなった。政府は同年「戦時海運管理令」を制定し、昭和 17 年 4 月には船舶運営会を設立し、総合計画の下に一元的に船舶の運営にあたらせた。昭和 18 年から昭和 19 年にかけての本土、沖縄間の輸送船の大部分は船舶運営会の運行する船舶であった。

中部太平洋諸島嶼における戦闘は次第に不利になり、昭和 19 年 7 月 7 日にサイパンが玉砕し遂に絶望的な事態になった。

また一方、昭和 19 年 7 月 7 日に緊急閣議が行われ、その決定により、奄美大島、沖縄島、宮古島、石垣島の 5 つの島から、老幼婦女子を直ちに疎開させるよう、命令が鹿児島県、沖縄県の両県知事に届けられた。

そして、昭和 19 年 7 月 19 日には「沖縄県学童疎開準備要項」が制定され、国民学校初等科第 3 学年から第 6 学年が原則として対象になった。

このような戦時体制の下で、昭和 17 年から沖縄の一般県民が乗船し遭難した船舶は、外地からの引き揚げのため遭難した船舶、本土・台湾への疎開のため遭難した船舶、本土へ就労等で赴く途上で遭難した船舶、本土から帰省等の目的で遭難した船舶があり、これらの船舶は米軍の空爆や魚雷等による攻撃で撃沈されている。

戦時遭難船舶で沖縄県人の関わる船舶は 26 隻（一覧表　328 ページ）あり、沖縄県人の死没者は 3427 人となっている。そのうち南洋諸島・フィリピン群島などの沖縄県人の被害者は 700 名。

第10章　沖縄での軍人・軍属・戦争被害者への援護行政・救済運動

（2）遺族会の結成と国家補償等要求運動

遺族会は昭和57年に個々の遭難船舶毎に湘南丸遺族会、嘉義丸遺族会、赤城丸遺族会、開城丸遺族会、台中丸遺族会が結成され、それぞれの遺族会は国や県に対して、遺骨収集や援護法の適用等について要請をしてきた。

昭和58年6月19日には、5隻の遺族会で戦時遭難船舶遺族連合会を結成し、県に対して国家補償や遺骨収集等を求める要請を継続して行っている。

（3）戦時遭難船舶の実態調査の実施

県は戦時遭難船舶の実態を把握するため、昭和35年7月には各市町村長の協力を得て「疎開又は引き揚げ途上海没した学童及び一般邦人の調査」を行い、大まかな遭難船舶数、船舶名、市町村毎の死没者数について調査した。

その後、大阪商船株式会社、日本郵船株式会社等や南洋諸島協会等から事故報告書や死没者名簿を入手し、さらには、米国公文書館、国内の資料保存機関から資料収集を行い、戦時遭難船舶の実相について調査検討を行ってきた。また、全国の遭難船舶の実態や県内におる遭難船舶の実態について、遺族関係者からの聞き取り調査を実施してきたところである。

（4）県は補償問題調査検討の結果を報告書としてまとめ、戦時遭難船舶犠牲者の補償問題等について検討するため、平成5年11月12日に戦時遭難船舶犠牲者問題検討会（学識経験者、遺族代表、行政関係者8人の委員で構成）を県生活福祉部長の下に設置し、同問題について検討を行った。同検討会では県内及び本土関係者からの事情聴取や関係機関からの資料収集を行いながら、乗船目的や、航行目的毎に分類し集中的に調査検討をした。

報告書は、第1章　戦時遭難船舶と沖縄県民、第2章　疎開船の遭難、第3章　引揚船の遭難、第4章　沖縄定期航路の遭難、第5章　戦時遭難船舶と米潜水艦作戦、第6章　沖縄の戦争犠牲者と援護法制、まとめ　から構成されており、平成7年3月29日にこの結果をとりまとめ、生活福祉部長へ報告された。

（5）報告書の内容（補償問題等の早期解決を明記）

報告書は次のように結論づけている。

記

1　これまで一切の援護法の対象とされなかった本土定期航路船の一般乗客犠牲者は約900名に及んでいるが、同航路が"戦場化"した危険海域であった事情に

鑑み、大局的にみれば戦場における戦闘協力者と変わることはない。従って、これらの戦時遭難船舶犠牲者に対しては援護法でいう「戦闘参加者」に準じた判断に立って、何らかの処遇がなされるべきである。

2　戦時遭難船舶犠牲者の中には、現行制度で適用条件を満たしていながら、何らかの事情で適用を受けていない事例もあると考えられるので、その救済に努力することが望まれる。

3　引揚者遺族給付金や一般船客の見舞金などの海上犠牲者に対する援護措置については（対馬丸の疎開学童に対する特別支出金を唯一の例外として）陸上の場合と比べて著しく不利な条件におかれており、遺族にとっては不公平感を拭うことができない、国においては、当時の沖縄県民の置かれた特殊事情に鑑み、陸上における「戦闘参加者」に準じた観点に立って、戦時遭難船舶犠牲者全般に対し、補償問題の根本的な解決の方法を図るべく特段の配慮を期待したい。

　なお、第一、第五千早丸の遭難学童については、学童疎開に準じた形で疎開準備がなされながら、結果的に船便の都合で両船に乗り合わせて遭難したのであるから、対馬丸遭難学童に準じた処遇が望まれる。

4　更に上記の要請事項に加え国や県においては、遺族会活動への補助、記念碑の建立、霊域の維持管理、記念行事の開催、平和行政の拡充、平和教育の推進など、新たな次元に立って遺族及び関係団体に対する集団的で精神的な援護、補償事業を実施して、高齢化しつつある遺族に対して早急に目に見える形での援護事業の前進を図ることが必要であろう。

（6）補償問題は依然として未解決である

　県はこれまで戦時遭難船舶犠牲者補償問題を、戦後処理の一環として取り組み、解決に向け総合的に調査検討を重ねてきたところであるが、同問題の解決には至っていない。

　その理由は、同問題が全国的な問題であり、沖縄特有の問題としてとらえることは難しく、また、犠牲者の中にはすでに引揚者遺族給付金や見舞金等何らかの援護措置の対象となったものもあり、船舶毎に様相を異にしていること。

　国においては、昭和63年5月に「平和祈念事業特別基金等に関する法律」が施行されたが、一般戦争犠牲者については個別的な処遇の対象となっていないこと。

　また、同犠牲者については、国との一定の身分関係の問題や、戦争公務遂行中

の被害といえるかの問題もあり、解決の見通しがついていない状況にある。

しかし、その法律自体が問題であり、被告国の責任において解決しなければならない重大な課題である。

（7）被告国の法責任の所在

遭難船舶は、次の一覧表でも明らかなとおり、被告国が疎開令を出したことに基づく条船であり、使用された船舶は、国の運営や海軍・陸軍の管理するものであるから、被告国はその管理責任を負う立場にある。

4　沖縄戦一般被災者補償問題

（1）沖縄戦・南洋戦・フィリピン戦における一般民間人の被害の実態

沖縄は今次大戦で国内唯一住民を巻き込んだ地上戦で、空、海、陸からの鉄の暴風下に曝され、山容地形は全て変貌し、その戦禍は筆舌につくし難い悲惨なものであった。一般県民9万4千人（全戦没者数20万人余）の尊い人命を奪い、営々と築き上げた幾多の財産や文化遺産の悉くを灰じんに帰し、多くの負傷者を出した。

昭和19年10月10日の米軍の大空襲以来、間断なく空襲を受け、昭和20年3月26日慶良間諸島への米軍上陸に続いて、同年4月1日沖縄本島への上陸となり、90日余にわたる攻防戦は、老幼男女の別なく軍に協力して、食料の供出、弾薬、物資等の輸送、飛行場の設営、戦傷病者の手当並びに輸送又は陣地構築、壕の提供等数々の協力を身の危険を顧みず奉仕し、生命、身体、財産の損害を蒙り、奇跡的に生き残った。そして、沖縄での組織的な戦闘は昭和20年6月23日に終了し、9月7日嘉手納で降伏文書が調印された。南洋戦・フィリピン戦における戦闘経過・被害の実態については、前述したとおりである。

（2）南洋戦等において一般民間人被害者の中で「戦闘参加者」として補償
　　された被害者と全く補償されていない被害者

沖縄戦・南洋戦・フィリピン戦における被災者のうち軍人軍属はもとより、一般県民で戦闘参加の実態がある者については準軍属の戦闘参加者として援護法の適用を受けているが、その他の沖縄戦被災者については何らの措置も講じられていないとして、昭和46年に沖縄戦被災者補償期成連盟が結成された。沖縄県は同連盟に対し補助金を交付し、沖縄戦・南洋戦で被災した負傷者、死没者の名簿

沖縄関係戦時遭難船舶一覧表（1）

	船　名	船　舶会　社	航　行目　的	船の管理区別	護衛の有無	沈没原因	出港地	遭難海域
1	波上丸	大阪商船	引揚船	陸軍	有	雷撃	サイパン	ラバウル近海
2	近江丸	日本郵船	引揚船	不明	無	雷撃	クサイエ	ポナペ近海
3	嘉義丸	大阪商船	本土航路	運営会	有	雷撃	鹿児島	南西諸島近海
4	八重丸	国際汽船	不明	不明	不明	不明	大阪	南西諸島近海
5	湖南丸	大阪商船	本土航路	運営会	有	雷撃	那覇	南西諸島近海
6	赤城丸	日本郵船	引揚船	海軍	有	空爆	トラック	トラック島近海
7	夕映丸	栗林汽船	引揚船	不明	不明	空爆	トラック	トラック島近海
8	亜米利加丸	大阪商船	引揚船	運営会	無	雷撃	サイパン	小笠原近海
9	台中丸	大阪商船	本土航路	運営会	無	雷撃	神戸	南西諸島近海
10	美山丸	日本郵船	引揚船	海軍	有	雷撃	パラオ	マリアナ近海
11	ジョグジャ丸	南洋海運	引揚船	海軍	有	雷撃	パラオ	マリアナ近海
12	千代丸	栃木汽船	引揚船	不明	不明	雷撃	サイパン	小笠原近海
13	白山丸	日本郵船	引揚船	海軍	有	雷撃	サイパン	小笠原近海
14	神島丸	東洋サルベ	引揚船	不明	不明	不明	ロタ	マリアナ近海
15	朝日丸	日本郵船	引揚船	海軍	不明	不明	パラオ	パラオ近海
16	宮古丸	大阪商船	本土航路	運営会	有	雷撃	鹿児島	南西諸島近海
17	広順丸	広海商事	引揚船	不明	不明	雷撃	パラオ	パラオ近海
18	対馬丸	日本郵船	疎開船	海軍	有	雷撃	那覇港	大島悪石島沖
19	横山丸		引揚船	不明	不明	不明	マニラ	フィリピン近海
20	千鳥丸	個人所有	不明	不明	無	座礁	台湾	与那国島
21	広善丸		引揚船	不明	不明	不明	テニアン	小笠原近海
22	開城丸	大阪商船	本土航路	運営会	無	空爆	鹿児島	南西諸島近海
23	第一千早丸		疎開船	陸軍	無	故障	石垣	尖閣諸島近海
24	第五千早丸		疎開船	陸軍	無	空爆	石垣	尖閣諸島近海
25	照国丸	大阪商船	引揚船	不明	不明	不明	フィリピン	フィリピン近海
26	栄丸	関西汽船	引揚船	個人	無	座礁	基隆	台湾近海

1 大阪商船三井船舶株式会社関係………………8隻

2 日本郵船株式会社関係……………………6隻

3 大阪、日本郵船以外の船舶会社関係………7隻

4 船舶会社不明・個人所有船舶………………5隻

第10章　沖縄での軍人・軍属・戦争被害者への援護行政・救済運動

沖縄関係戦時遭難船舶一覧表（2）

	船　名	遭難月日（昭和）	乗船人員	船客　死没者			生存者	事故報告	死没者名簿	米国資料
				県外	県内	計				
1	波 上 丸	17.10.7	－	－	1	1	－	有	有	有
2	近 江 丸	17.12.27	124	100	24	124	0	有	有	有
3	嘉 義 丸	18.5.26	551	38	283	321	230	有	有	有
4	八 重 丸	18.8.26	－		3	3				
5	湖 南 丸	18.12.21	587	16	561	577	10	有	有	有
6	赤 城 丸	19.2.17	565	143	369	512	53	有	有	
7	夕 映 丸	19.2.17			1	1	2			
8	亜米利加丸	19.3.6		477	17	494	－	有	有	有
9	台 中 丸	19.4.12	259	23	156	179	80	有	有	有
10	美 山 丸	19.5.14	－	24	3	27	－	有	有	有
11	ジョグジャ丸	19.5.15	－	6	1	7	－	有	有	
12	千 代 丸	19.6.3		34	63	97			有	有
13	白 山 丸	19.6.4		144	133	277		有	有	有
14	神 島 丸	19.6.11	－	42	12	54				
15	朝 日 丸	19.7.18	不　明	－	3	3	－	有		
16	宮 古 丸	19.8.5	86	50	21	71	15	有	有	有
17	広 順 丸	19.8.12	－	8	7	15	－			
18	対 馬 丸	19.8.22	1,661	6	1,478	1,484	177	有	有	有
19	横 山 丸	19.10	－	－	6	6	－			
20	千 鳥 丸	19.12.6	－	－	5	5	－			
21	広 善 丸	19.12	－	－	3	3	－			
22	開 城 丸	20.3.24	109	40	69	109	－	有	有	
23	第一千早丸	20.7.3	180	－	88	88	66		有	
24	第五千早丸	20.7.3				0	－		有	
25	照 国 丸	20.10.8	不　明	－	8	8	－		有	
26	栄　　丸	20.11.1	－	－	112	112	－		有	
	計			1,152	3,427	4,579		14	18	10

1 疎開船……………… ３隻―見舞金支給・特別支出金（対馬丸学童）

2 引揚船…………… 16 隻―引揚者給付金

3 本土航路船……… ５隻

4 不明船…………… ２隻

を作成させた。同連盟は同名簿に基づき、一般戦傷病者及び戦没者の遺族に対し援護法に準ずる措置を講じてもらいたい旨の陳情を、昭和48年9月、昭和49年6月に行った。

（3）沖縄県の被告国に対する一般民間人被害者に対する補償要請運動

　県はこれらの要請を受け、同問題を戦後処理の主要な課題と位置づけ、昭和48年から昭和63年までの間に国に継続的に強く要請を続けて来た。「南洋戦」被害についても、同様である。

　県の要望とその理由は次のとおりである。

〈要望〉

　沖縄戦における被災者のうち、何らの援護措置も講じられていない戦傷病者戦没者遺族等に対し、戦傷病者戦没者等援護法（以下「援護法」という）に準ずる措置等を講じていただきますよう特段の配慮をお願いします。

〈理由〉

　沖縄戦における被災者のうち、軍人、軍属はもとより一般県民の戦闘協力者も準軍属として現行援護法の適用を受けていますが、その他の沖縄戦一般被災者については何らの措置も講じられていない現状にある。

本県は、本邦において戦場となった唯一の地域であり、住民が90余日にわたる激戦場の真っただ中にあったこと、島嶼であったが故にいかなる努力をしても戦場から離脱できなかったこと、戦闘協力者とそれ以外の者との区別が困難な状況にあったこと等他都道府県とは全く事情を異にしております。

　したがって、いまだ援護措置が講じられていない沖縄戦一般被災者に対しても援護法に準ずる措置等を講ずる必要があります。

（4）沖縄戦一般民間被害者の援護に関する県の補償要請の根拠
　　―要望書に記載された沖縄戦と他都道府県戦災との相違点

　沖縄戦は、第2次大戦中の唯一の国内戦で、本土防衛の砦として軍部において計画制定されたものであり、90日余に及ぶ激戦が狭い島で続けられ、老幼男女の別なくその渦中に巻き込まれたもので、他の都道府県の空襲による戦災とは、その内容が全く違うものである。

330

第10章　沖縄での軍人・軍属・戦争被害者への援護行政・救済運動

　沖縄戦当時は、制空権、制海権も敵の手中に堕ち、陸上も敵の中にあって全く身動き出来ない状況下であったため、島外への離脱はいかなる方法を講じても不可能で戦闘員、非戦闘員の別なく銃弾に倒れた。

　島嶼であるが故に敵艦船1300有余隻に二重三重に包囲され、鉄の暴風ともいわれた艦砲射撃を浴びせられてあらゆるものを焼失した。

　幼老女子以外の17歳以上45歳までの壮年の県外疎開が軍命により禁止された。

　敵上陸後、年齢、性別を問わず、また、時間、場所を選ばずに軍人の個々の要請に基づき戦闘に参加させられた。

　敗戦の様相が濃厚となり、正確な情報も得られなくなった敗戦直前の混乱期に、県民がスパイ容疑で処置（死亡）された。

　壕内で乳幼児の泣き声のため味方の陣地が米軍に察知されることを危ぐして多くの者が殺された。

　食糧の補給が絶たれ軍民ともに極度に食糧が不足し、軍隊の食糧確保のため強制的に食糧の供出をさせられ、また、隊を外れた軍人によって食糧強奪も相次いだ。

　激戦地の沖縄本島の中、南部地区では戦いを避けるため、軍人と民間人がひしめきあい力の弱い民間人が壕を奪われ、多数の者が銃弾の犠牲になった。

　未曾有の激戦で県民の28パーセントに上る多数の者が死亡した。

　以上のように多数の死亡者、負傷者が続出したが、医療機関も皆無の状況で手当の施しようもなく、言語に絶する悲惨なものであった。

　本土防衛に備えて沖縄の部隊配備は南方の各地域から投入されたため、マラリアその他の伝染病の悪疫が流行し多数の犠牲者がでた。

（5）被告国の拒絶と慰藉事業へのすり替え（戦争問題処理の終了へ）

　しかしながら、国においては、戦後残された問題を検討するため昭和57年6月に政府は、総理府総務庁長官の私的諮問機関として「戦後処理問題懇談会」を設け、恩給欠格者問題、戦後強制抑留者問題、在外財産問題等のいわゆる戦後処理問題について検討することとした。政府としては、同懇談会の趣旨に沿って所要の措置を講じることを基本方針とし、残された戦後処理問題として恩給欠格者、戦後強制抑留者、在外財産等の関係者の労苦に対し慰藉の念を示す事業を行うため昭和63年に「平和祈念事業特別基金等に関する法律」が施行されたが、一般

331

沖縄戦一般被害者補償問題の要請経過

	要請年月日	要　請　先
1	昭和 48 年 9 月 14 日	総理大臣・厚生大臣・大蔵大臣・総務長官
2	51 年 7 月 6 日	厚生大臣・総務長官
3	53 年 11 月 8 日	厚生大臣・総務長官・沖縄開発庁長官
4	53 年 11 月 8 日	同　上
5	55 年 1 月 9 日	野呂厚生大臣
6	55 年 1 月 22 日	厚生省援護局長
7	55 年 4 月 15 日	総理大臣・厚生大臣・大蔵大臣・沖縄開発庁長官
8	55 年 12 月 9 日	参議院沖縄問題特別委員会
9	56 年 1 月 20 日	参議院社会労働委員会
10	56 年 6 月 12 日	参議院沖縄問題特別委員会
11	56 年 7 月 16 日	参議院社会労働委員会
12	56 年 10 月 4 日	参議院沖縄問題特別委員会
13	57 年 12 月 10 日	丹羽沖縄開発庁長官
14	58 年 5 月 6 日	同　上
15	58 年 8 月 8 日	参議院沖縄問題特別委員会
16	58 年 8 月 29 日	同　上
17	59 年 1 月 13 日	中西沖縄開発庁長官
18	60 年 8 月 20 日	藤本沖縄開発庁長官
19	60 年 9 月 9 日	参議院沖縄及び北方問題に関する特別委員会
20	60 年 10 月 7 日	参議院沖縄及び北方問題に関する特別委員会
21	61 年 9 月 1 日	衆議院社会労働委員会
22	62 年 8 月 9 日	自由民主党幹事長　竹下　登
23	62 年 9 月 30 日	参議院沖縄及び北方問題に関する特別委員会
24	62 年 11 月 17 日	沖縄開発庁長官
25	63 年 11 月 18 日	参議院地方行政委員会

第10章　沖縄での軍人・軍属・戦争被害者への援護行政・救済運動

戦争犠牲者については個別的な処遇の対象にならなかった。

（６）このようなことから、新たな措置が極めて厳しい状況にあり、補償実現の具体的な展望が見出せない状況にある。沖縄戦被害者及び沖縄県の被告国に対する沖縄戦の一般被害者補償問題の要請等の活動経過は下記のとおりである。

（７）沖縄戦被災者補償期成連盟

ア　設立年月日　昭和46年5月21日
イ　所在地　那覇市泉崎２－３－５
ウ　目的及び事業内容
　　国に対し太平洋戦争・沖縄戦で受けた県民の人命、身体、財産等の被害を戦災処理として補償を要求する。
エ　沿革
　　沖縄戦被災者補償期成連盟は、太平洋戦争・沖縄戦で被害を受けた一般県民で戦傷病者戦没者遺族等援護法、恩給法、援護関係諸法から漏れた方々の人命身体財産等の被害補償を国に要求するため、昭和46年5月に任意団体として設立された。
　　同団体では戦災未処理の問題は、当時の国策遂行上、犠牲を強いた国が当然その責任に基づいて行うべきものであり、また沖縄戦における被災は他の都道府県の空襲による被災とはその内容が異なるとの認識のもとで、具体的には昭和19年10月10日那覇空襲から昭和20年9月1日まで沖縄県に居住し、沖縄戦に協力した生存者35万人（推定）に対する慰謝料、負傷者5千人に対する補償、一家全滅家族1万人に対する補償、金額にして1,500億余円を国に要求するため昭和48年6月の第1陣の要請以来、国に対して20余回の要請、陳情を行ってきた。
　　一方、国においては戦後処理問題について、昭和63年に「平和祈念事業特別基金等に関する法律」を制定施行し、対応してきたが、同団体が要望している一般犠牲者については同法の対象とならず、補償されないまま今日に至っている。なお、同団体は現在、休眠状態である。
オ　歴代会長

333

初代　当間重剛

２代　川野長八郎

注：なおこの補償期成連盟は、南洋戦・フィリピン戦の被害者など太平洋全域の
戦争での被害者も対象にした。

5　平和祈念事業（戦争問題処理の終結事業）
――一般戦争被害者への補償は対象外

（1）平和祈念事業特別基金

ア　未補償のまま放置された南洋戦等被害者を含む沖縄の民間戦争被害者

前述したとおり、被告国は沖縄県及び沖縄・南洋民間戦争被害者から要請された沖縄・南洋・フィリピン民間戦争被害者に対する個別補償を拒絶し、慰藉事業を中心とする平和祈念事業を行うことによって対応し、一般戦争被害者は未補償のまま放置され現在に至っているのである。

イ　「戦後処理問題懇談会」の戦争問題処理についての不当な結論

国においては、戦後残された問題を検討するため昭和 57 年 6 月に政府は、総理府総務庁長官の私的諮問機関として「戦後処理問題懇談会」を設け、恩給欠格者問題、戦後強制抑留者問題、在外資産問題等のいわゆる戦後処理問題について検討することとした。政府としては、同懇談会の趣旨に沿って所要の措置を講じることを基本方針とし、残された戦後処理問題として恩給欠格者、戦後強制抑留者、在外財産等の関係者の労苦に対し慰藉の念を示す事業を行うため昭和 63 年に「平和祈念事業特別基金等に関する法律」が施行されたが、一般戦争犠牲者については個別的な処遇（補償）の対象にならなかった（一般戦争被害者に対する補償・援護はなく放置されている）。

（2）平和祈念事業特別基金の事業の概要

平和祈念事業特別基金は、昭和 63 年法律第 66 号に基づき、今次の大戦における尊い戦争犠牲者を銘記し、かつ、永遠の平和を祈念するため、恩給欠格者、戦後強制抑留者、引揚者等の関係者の労苦について国民の理解を深めること等により関係者に対し慰藉の念を示す事業を行うことを目的として、昭和 63 年 7 月1 日設立された。

第10章　沖縄での軍人・軍属・戦争被害者への援護行政・救済運動

平和祈念事業特別基金において行う事業は、次のとおりである。

１．慰藉事業

①資料の収集、保管及び展示、②調査研究、③記録の作成・催しの実施等、④催しの助成、⑤目的達成事業がある。

県においては、平和祈念事業特別基金より恩給欠格者に係る在職年等確認調査に関する業務及び戦後強制抑留者（中途送還者）に係る確認調査に関する業務を受託し、昭和63年度より業務を行っている。

平和祈念事業特別基金の目的達成事業として

（ア）恩給欠格者に対する書状等贈呈事業

　旧軍人軍属であって年金たる恩給又は、旧軍人軍属としての在職に関連する年金たる給付を受ける権利を有してない者（戦後強制抑留者を除く）のうち、今次の大戦において旧軍人軍属として現在の本邦以外の地域、南西諸島、小笠原諸島又は、歯舞諸島のいわゆる北方四島に勤務した経験を有し、かつ、恩給法でいう在職年が加算年を含めて３年以上であって、請求時に日本国籍を有する者に対し、内閣総理大臣の書状及び銀杯を贈呈している。

（イ）恩給欠格者に対する新規慰藉事業

　恩給欠格者で、書状・銀杯を受けた者に対し高齢者の順に、銀杯ケース、書状用額縁セット、懐中時計、テレホンカード（平成４年１月以降中止）、旅行券等引換券のうちいずれか１点を請求者の希望に応じて贈呈している。

（ウ）戦後強制抑留中死亡者に対する慰労品の贈呈事業

　戦後、旧ソ連邦又は、モンゴル国の地域において強制抑留された者で本邦に帰還したもの又はその遺族に対しては、昭和63年度から書状及び銀杯の贈呈が行われているが戦後強制抑留中死亡者の遺族で、平成元年９月１日において日本国籍を有する者に対しても平成元年９月から、内閣総理大臣名の書状及び銀杯の贈呈事業を開始し、その請求期限は、平成５年３月31日に到来したが、現在厚生省が旧ソ連邦から引き渡された「抑留死亡者名簿」に基づき、その遺族に通知を行っているので、これより住所の判明した者には、基金からも事業の案内を送付しており、この通知が実施されている間は請求を受け付けることとしている。

（エ）引揚者に対する書状の贈呈事業

　終戦に伴い外地から引き揚げてきた者に対する慰藉事業として平成3年9月から、内閣総理大臣名の書状を贈呈している。書状贈呈の対象は、①引揚者等に関する特別交付金の支給に関する法律（昭和42年法律第114号）に基づき特別交付金を受給した者、②特別交付金を家族の分も含めて一括して受給した者（代表受給者）が死亡している場合にあっては、その代表受給者に特別交付金の受給権を譲渡した者（譲渡した者が2人以上のときは、その総代者）③代表受給者に特別交付金の受給権を譲渡した者で、離婚または離縁、その他特別の事情にあると認められる者で、この事業の請求期限は平成8年3月31日となっている。

２．戦後強制抑留者に対する特別事業

　基金は、慰藉事業のほか、基金法第43号第2項及び第55条第1項の規定に基づき国からの委任又は委託による事業を行っている。

（ア）慰労品の贈呈事業

　戦後強制抑留者又はその遺族であって昭和63年8月1日に日本国籍を有する者に対し、内閣総理大臣名の書状及び銀杯（単杯）を贈呈している。なお平成元年度から、恩給等を受給している者に贈呈する銀杯は、三つ重ねとした。この慰労品の請求期限は、平成5年3月31日に到来している。

　従来、戦後強制抑留者は兼ねて恩給欠格者であっても、併せて慰藉事業の恩給欠格者の書状等贈呈事業の請求をすることは、認められてなかったが、請求期限内に、戦後強制抑留者に対する慰労品等の請求を行わなかった者については、平成5年4月1日以降、恩給欠格者としての書状・銀杯の請求を行うことができることとなった。

（イ）慰労金支給事業の受託

　戦後強制抑留者又はその遺族のうち、抑留期間が算入された恩給や共済年金又は抑留中の負傷疾病に起因する恩給や、戦傷病者戦没者遺族等援護法による年金等の給付を受ける権利を有していない者に対し、平成5年3月31日までを慰労金の請求期限として、政府は10万円の慰労金（2年償還の記名国債）を支給している。

〈第11章〉
被告国の法的責任（その1）
国民保護義務違反による不法行為責任

第1　問題の所在

1　南洋戦・フィリピン戦・沖縄戦の人的被害に対する法的責任の解明の必要性

　これまで詳述したとおり、南洋戦・フィリピン戦・沖縄戦における人的被害特徴は非戦闘員である多数の一般住民の死が生じており、日本軍による自国民に対する住民虐殺、集団自決、壕の追い出し、食糧強奪などの違法行為が多発した。

　この南洋戦・フィリピン戦・沖縄戦における非戦闘員たる一般住民の死と被害の実態を見るにつけ、一体戦争行為・戦闘行為を遂行する軍隊と住民との関係はどうあるべきか、日本軍には一般住民の犠牲を出さない行動をとる義務・責任がなかったのか、まず最大の基本的問題点である。その点に関する法的責任の問題は必ず解明されなければならない。

2　アジア太平洋戦争当時、有事（戦時）における「国民保護法」が制定されておらず、住民保護対策が完全に欠落していた事実

　平成16年に有事（戦時）における国の安全と国民の保護のため国民保護法が制定され、避難方法、避難地区の規定などその保護対策なるものは詳細を極めている。現行の国民保護法の内容の当否は別としても、一般的に有事（戦時）の際に国土保全と国民の保護対策は万全を期すべきである。沖縄戦のように「国土戦」

を行う場合や、南洋戦の場合のように自国民が多数居住している地域で行う戦闘行為の場合には、なおさらそうである。

　しかしながら、戦前・戦中の日本には国内戦における国民保護策を講ずる法令は全く制定されていなかった。日本は明治以来、日清戦争、日露戦争など幾多の対外的戦争を遂行してきたが、一度も「国土戦」の経験がなかった。そのために国土戦の場合の国土保全と国民保護対策が欠落していた。

　日本軍は対外戦を行ういわゆる「外征軍」であった。すべてこの「外征軍」としての軍事戦略と軍事思想を中心に行動していたのであるから、自国内において国土戦が実行された場合に国民保護策を講ずるべきであるという思想が亡く、具体的法整備などが実施されていなかった。

　南洋諸島・フィリピン群島における戦争の場合も、国内戦と同様の住民保護策を講ずるべきであった。

　この点に関して、日本軍の元中隊長（自衛隊幹部）の発言は注目に値する（1978年12月2日　朝日新聞）。

　沖縄戦における〈友軍〉による住民の殺害問題と関連して、戦時中は集団自決のあった渡嘉敷島で中隊長をつとめ、戦後は自衛隊で、沖縄戦史を教えていたというある元陸将補は、現地部隊長の責任を問うだけでは、単なる個人非難に終わるだけで、将来のための戦訓はえられないとして、次のように主張している。

　「沖縄戦は明治以来、外地ばかりで戦争してきた日本軍が、はじめて経験した国土戦でした。戦争が始まる前に国土戦のやり方を決めておくべきだったが、それがなかったので、外地の戦場でやってきた慣習をそのまま国土戦に持ち込み、沖縄戦の悲劇がおこったのです。」

　これは、実におそろしい言葉である。ここでいう沖縄戦の悲劇とは、「集団自決」「住民虐殺」など前述してきた日本軍の各所業のことであり、沖縄戦の悲劇の特徴の根拠を端的に物語る証言として、永久に銘記しておく必要がある。沖縄守備軍は、日本軍が外国の戦場で非戦闘員を虐殺したような数々の非人間的所業を自国領土内でやった、つまり、守備軍将兵にとって、沖縄は＜外地＞に他ならなかったと証言しているに等しいからである。むろん、外地での住民虐殺等の悪業自体、許されるべきことではない。

第 11 章 被告国の法的責任（その 1）

この発言は、沖縄戦において、「国土戦のやり方」すなわち、国土保全と国民（沖縄県民）の安全保護策を全く決めないで、沖縄戦を遂行したことを自認している。日本軍は沖縄において「軍官民共生共死の一体化」の軍事方針を貫徹し、住民を死の道連れとし、保護策をとらなかった。

被告国（当時の大本営・友軍）においては、南洋戦・フィリピン戦において戦闘行為の遂行に際して住民保護策を全く講じなかった。

3 軍事的危機状態の中での国の住民保護義務を認めた判例の立場

本件問題点を考察するにつき参考となる判例を掲げる。中国大陸で日中間の戦闘行為が行われていた戦争末期と引き続く戦後の軍事的危機状態の中、中国で発生した中国残留孤児事件では、判例は国と軍の住民保護義務を認めている。

（1）中国残留孤児訴訟の大阪地裁判決　平成 17.7.6（判タ 1202 号 125 頁、法律のひろば 2005 年 9 月号 61 頁）

この判決は、次のように判示している。

「日本は、（注：1945 年）8 月 14 日、在外機関に対し、『三ケ国宣言受諾ニ関スル在外現地機関ニ対スル訓令』の中で、居留民をできる限り現地に定着させる方針を執り、現地での居留民の生命、財産の保護については、万全の措置を講ずるよう指示したが、その後の同年 10 月 25 日の連合国最高司令官総司令部（ＧＨＱ）の指令により日本政府の外交機能が全面的に停止されたことや、終戦に伴って発生した現地の混乱によって、在外邦人は、生活手段を喪失し、残留することが極めて危険、不安な状態となっていった」

「原告ら残留孤児は、日本政府の国策に基づいて旧満州地区に送出された移民の子であり、ソ連の侵攻及び敗戦後の混乱の中で孤児となり、中国からの自力による帰国が困難となったことが認められ、このように原告らが孤児となったのは、国策による旧満州地区への入植・国防政策の遂行という日本政府の先行行為に起因するものである……」

この説示前段部分は、明らかに被告国において中国における戦争状態にあった地域の日本人居住者に対する被告国の生命・財産の保護義務を認定しているものである。

339

（2）中国残留婦人訴訟の東京地裁判決　平成 18.2.15（判時 1920 号 45 頁）

　この判決は、次のように判示している。

　「日本政府は、開拓団を外地の危険地帯に送出しながら、現地の軍事的危険性を開拓民に知らせず、軍事的危険が到来した場合の国民保護策（現実的な避難計画等）を立てることもなく、ソ連軍進攻により開拓団の居住地が戦場と化す危険が切迫してもなお、開拓団の被害を軽減するための策を講じないまま、1945 年 8 月 9 日にその潜在的危険を現実化させてしまったものである。」と被告国に「軍事的危険が到来した場合、すなわち戦場化の被告国の具体的な国民保護策を講ずるべき義務があることを前提にしている」

第 2　明治憲法下の法令に基づく法的主張

　原告らは、被告国の法的責任の根拠として、当時の国権の発動としてなされたアジア太平洋戦争とその末期に行われた「南洋戦」等自体の違法性を問擬しているのではないことを明確にしておくことにする。原告らは、大日本帝国憲法（明治憲法）体制下で行われた本件南洋戦によって被った被害の本件損害賠償請求権の根拠として被告国（当時）の沖縄戦遂行過程における国民保護義務に基づく注意義務違反による不法行為責任（民法 709 条、同 715 条）を主張するものである。この主張は、大日本帝国憲法（明治憲法）下で遂行された本件南洋戦の被害について法的賠償義務の根拠として、その当時の明治憲法下での国家観・価値観・成文法令・法解釈等に基づいてまとめたものである。戦前の国家政策を現行憲法下の国家観・価値観・成文法令・法解釈等に基づいて主張しているのではない。本件戦争当時の国と現在の国は憲法体制に根本的変化はあったものの、国としての実体は同一であるから、当時の損害賠償義務は、現在の被告国が承継している。

　原告らは、本件南洋戦等を遂行した被告国、日本軍にとっては、アメリカ軍との戦争行為、戦闘行為という非常事態が、南洋諸島・フィリピン群島に居住する日本国籍を有するの非戦闘員一般住民に対しては、その生命、身体、安全等に具体的危険を発生させることはいとも容易に予見できることであるから一般住民の生命、身体、安全等への危険発生を未然に防止する保護義務（法令上、条理上）

第 11 章　被告国の法的責任（その 1）

があるのにそれを怠り、戦争行為・戦闘行為等を開始し遂行した過失があり、それによって被った原告らの被害につき被告国に謝罪と賠償義務があると主張するものである。

第 3　国民（人民）保護義務（責任）の法的根拠

1　基本的な考え方―国家と軍隊の存在理由

　国家とは、一定の領土に定住する多数人から成る団体で、統治組織を持つもの。国家については統治権（又は主権）、領土及び国民（人民）がその 3 要素と説かれる。国民（人民）は国家構成の必要不可欠な基本 3 大要素の 1 つとなっているのである。

　国民とは国家の所属員のことである。国権に服従する地位では、臣民又は人民、国政に参加する地位では公民又は市民と呼ばれている。国民（人民）抜きの国家はそもそも考えられない。国家と国民（人民）は一体不可分の関係にある。

　臣民とは、①国権に服従する地位における国民。②君主国の国民。条約に「臣民及び人民」とある場合の臣民はこの意味。③天皇及び皇族以外の日本人。旧憲法の用語。皇族を臣民に含ませた例もあった（『新法律学辞典第 3 版』　P 797　有斐閣）。

　臣とは、もと、君主に直接使える人の意である。人民とは、①国民の総体。②共和国の国民。条約に「臣民及び人民」とある場合の人民はこの意味。③国権に服従する地位における国民。④旧憲法の下で天皇及び皇族以外の日本人を指して用いられたこともある（明治 22 旧典 50 等）。③及び④の場合は臣民と同義である（上同辞典　P 797）。

　国家とその根幹をなす基本的構成機構である軍隊の存在理由は次のとおり　国防とともに国民（人民）保護のためにある。国民保護義務（責任）の具体的内容は、国民の生命、身体、安全、財産を保護する義務である。特に戦争の行われた時代（行われるであろう時代）のその保護義務は、①外敵から国民の生命、身体、安全、財産を守ることであると同時に、②法的根拠なくして自国民の生命、身体、

341

安全、財産を自らの手で侵害してはならない義務を当然の内容とするものである。

そこで、次に国民保護義務（責任）の法的根拠について述べる。この国民（人民）保護義務の考え方は、次に述べる権利保護請求権が参考となる。この権利保護請求権とは、人民が国家に対し、その私権の保護のために、裁判権の行使を請求する公権のことを意味している。この観念は19世紀後半ラーバント及びワッハによって唱えられ、民事訴訟の国法的基礎を説明するものとして、多くの学者によって採用された。国家が私人の自力による権利の実現、すなわち自力救済を禁止する代償として、私権の保護を一手に引き受け、自ら権利保護義務を負ったことに対応する人民の請求権が権利保護請求権であるとされる。この考え方は、国家が人民の私権保護のための法的義務を負うことを意味する。この権利は、訴訟上だけでなく訴訟外においても存在し、その請求する保護の態様、裁判権の作用の異なるに従って、訴権・強制執行請求権・保全請求権・破産請求権等の形をとって現れる。この説による訴権は、判決による保護、すなわち訴えによって自己に有利な判決を請求する権利となり、具体的な内容の勝訴判決を請求できる権利を認める点で、具体的訴権と呼ばれる。この権利の要件を権利保護要件といい、訴訟上勝訴の判決を受ける要件として、その者の主張どおりの私法上の権利関係が存在すること（これを実体的権利保護要件という）のほかに、当事者適格（訴訟追行権）のあること、訴訟物が一般的に裁判上主張できる権利関係であること（権利保護の資格）及び具体的に保護を要求する法律的必要があること（権利保護の利益又は権利保護の必要（→「権利保護の利益」などが含まれる（これを訴訟的権利保護要件という）。（後略）（前掲『法律学辞典』　P 380）

この考え方は、国民から国家に対する保護請求権の行使として機能しているのである。国家は国民に対して訴訟手続のみならず訴訟外においても国民の私権が保証されるように保護する義務を負う。ここでいう私権とは、国民の生命、身体、自由、安全、財産のことであり、国は訴訟手続外でも、その私権保護の義務がある。前記の中国残留孤児事件の2つの判例も、この考え方が基礎にあると思われる。

2　条理・判例

条理は物事の道理・筋道のことである（条理の定義・判例について詳しくは、

第 11 章　被告国の法的責任（その 1）

後述の公法上の危険責任および立法不作為で述べる）。実定法、慣習法などない
場合には、法源の 1 つとして認められている。

　国家とその基本構成要素の軍隊の役割・任務は国家存立・継続の発展であり、
そのためには国土防衛と国民の生命、身体、安全、財産を保護する義務を有して
いるとの考え方は、古今東西を問わず物事の普遍的原理であることは、異論をみ
ない。それが物事の道理・条理であり、国家と軍隊の存在理由をそこに見ること
ができる。前掲の中国残留孤児事件（2 件）で、戦時における戦争状況などにお
ける国と軍隊の国民保護義務を認めた根拠の 1 つが条理である。他の 1 つが、人
民（国民）が国家に対して有する権利保護請求権である。

3　五箇条の御誓文─国民（人民）保護を国是と定める

　明治政府は明治元年建国に当たり、次のとおり五箇条の御誓文を発布し、国是
として「万民保全」［(注) すべての人民（国民）を保護して安全を守ること］掲
げている。慶応 4（1868）年 3 月 14 日、明治天皇が紫宸殿で公卿諸侯を率い
て天地神明に誓ったもの。臣民（国民）に対する天皇（明治政府）の誓約文であ
り、天皇及び政府が国民に対する保護義務を負うことを認めた。

　　　　　　記
一、広ク会議ヲ興シ、万機公論ニ決スヘシ。
一、上下心一ニシテ、盛ニ経綸ヲ行フヘシ。
一、官武一途庶民ニ至ルマテ、各其志ヲ遂ケ、人心ヲシテ倦マサラシメンコトヲ
　　要ス。
一、旧来ノ陋習ヲ破リ、天地ノ公道ニ基クヘシ。
一、智識ヲ世界ニ求メ、大ニ皇基ヲ振起スヘシ。
我国、未曾有ノ変革ヲ為サントシ、朕躬ヲ以テ衆ニ先ンシ、天地神明ニ誓ヒ、大
ニ国是ヲ定メ、万民保全ノ道を立テントス。衆亦此旨趣ニ基キ、協心努力セヨ。

　この内容は明治憲法の制定内容の基本となり、その後の明治の立憲制及び議会
制の発達はこの御誓文の原則の拡充発展であると説かれてきた。この意味では、
最初の重要な法源といわれている。

4 讀法（軍人の基本的規範）―国家禦侮・萬民保護

明治4年12月、国家禦侮・萬民保護ノ本、として軍人に対し「讀法」が発布された。

第一章

陸海軍ヲ設ケ置ルルハ国家禦侮ノ為メ萬民保護ノ本タレハ此兵員ニ加ハル者ハ忠節ヲ盡シ兵備ノ主意ヲ不過失事

（第二章～第七章略）

讀法とは、軍人の基本的規範を定めたもので軍隊に入る新兵の誓約書のことである。明治の頃の兵隊は、字の読めない者もいたため隊長が読んで聞かせ新兵が誓約書に署名することになっていた。

（2）明治5年3月9日改正　讀法

第一条　兵隊ハ第一　皇威ヲ発揮シ国憲ヲ堅固ニシ国家万民保護ノ為ニ被設置儀ニ付此兵員ニ加ハル者ハ忠誠ヲ本トシ兵備ノ大趣意ニ背カス兵隊ノ名誉ヲ落トササル様精々可相心得事

明治4年、わが国は陸海軍を設置した。その軍隊設置の目的は讀法第一条に謳う「国家禦侮・萬民保護」にあった。また、明治5年改正一条では、「兵隊」（軍人）は、「国家万民保護」がその任務であると明記された。なお、明治15（1882）年3月15日には軍属読法も制定された。軍人に示した基本的規範を「讀法」といった。この規範は後述の「軍人勅諭」に引き継がれた。

5　軍人勅諭

この讀法が明治15年1月4日明治天皇から「陸海軍軍人ニ下シ給ヘル勅諭」（以下「軍人勅諭」）に承継された。すなわち、軍紀は更に一新、世論に惑わず、政治に拘らず、軍人の実践すべき徳目を主体に掲げ、国防と蒼生（注　人民・国民の意）の保護を軍隊の本義とした。

注目すべきは、讀法にいう「万民保護」の理念である。我が国の人民のみならず日本国内在留外国人も保護の対象とした。明治の先覚者たちの宏遠な博愛の理念が軍隊設置の目的に銘記され国際的感覚の萌芽を見る。

明治 15 年の「軍人勅諭」では、歴世の祖宗の専蒼生を憐み給ひし御遺澤なりというへとも（中略）汝等皆其職を守り朕と一心になりて力を国家の保護に盡さは我が国の蒼生は永く太平の福を受け我が国の威烈は大に世界の光華ともなりぬべし（以下略）と告諭した。

讀法の精神を継承した「軍人勅諭」は、「国家の保護に盡さは我が国の蒼生（国民）」は永く太平の福を受け、と結び軍人の至上の責務は、国民の保護に専念、尽くすべきところにぞある、と高らかに命じている。この軍人勅諭は国および軍隊・軍人の国民保護義務を明確に定めている。この国民保護義務は次の大日本帝国憲法等に引き継がれていく。

6　大日本帝国憲法（帝国憲法）・告文・憲法発布勅語

大日本帝国憲法とその告文と憲法発布勅語は、国・天皇・軍の国民保護義務をより明確に規定しているので第 4 で改めて詳述する。

7　戦陣訓

東條内閣は、対米戦争が必至と判断された昭和 16 年 1 月 8 日に「戦陣訓」を定めた。戦陣訓は、軍人が戦闘等に関し準拠すべき軍人精神の根本義として定めた規範であるが、「本訓其三第一、七には「皇軍の本義に鑑み仁恕の心強く無辜の住民を愛護すべし」と定め、前述の国民（人民）保護を義務づけている。

8　官報號外・内閣告諭（内閣総理大臣鈴木貫太郎・昭和 20 年 8 月 14 日）

「特に戦死者戦災者の遺族及び傷病軍人の援護に付いては国民悉く力を効すべし」として、戦争被害・損害について国に援護責任があることを認めたことであり、そのことは国民保護義務があることを前提としている。

第 4　大日本帝国憲法（帝国憲法）・告文・憲法発布勅語

1　成立経過と概要

明治 4 年、「漸次立憲政体を立つるの詔」が下され、14 年には 10 年後に国会

を開設する詔勅が発せられるや、各方面で「私擬憲法」が論ぜられるようになった。

　政府は伊藤博文らをヨーロッパに派遣して各国憲法を視察・調査させた。そして、憲法制定に先立ち、華族令（明治17年）、内閣制（18年）、枢密院制（21年）などが公布された。そして、伊藤博文・井上毅・伊東巳代治・金子堅太郎を中心に憲法草案が練られ、明治21年、成案が枢密院の諮詢を経て確定した。

　『大日本帝国憲法』は、明治22年2月11日、欽定憲法として発布された。同時に、この憲法と一体のものとしていずれも天皇の「告文」と「憲法発布勅語」を発した。そもそも立憲主義とは、憲法に基づいて国政が行われることであるが、近代憲法であるためには三権分立が確定されており、人権の保障が整備されていることが当然とされている。

　しかし、『大日本帝国憲法』は、その制定に国民の代表が参加していないだけでなく、天皇が「統治権を総攬」することにより、立法・行政・司法の三権の相互抑制による均衡の原理が機能しないため、「三権分立」は形式上にとどまっている。また、枢密院という天皇直属の機関が存在して、天皇大権（第8〜16条及び31条）の諮問にあたり、陸海軍は天皇の統帥大権下にあるなどのため、近代的な立憲主義の条件を充たしていない。

　また、「基本的人権」については、すべて「臣民権利義務」とし、法律の留保（法律を定めれば制約できる）となっており、表現上は天皇から下された「恩恵と臣民としての義務」という関係になっていると言われている。しかし、単なる恩恵的なものではなく、天皇の臣民に対する責務等については、前述の五箇条の御誓文などや憲法の定めにより具体的責務等が定められているのである。一定の人権保障がなされている。さらに、皇族・華族・勅選議員からなる貴族院が存在すること、中央集権制が貫徹され地方自治の規定を欠くことなど、近代憲法の性格とは著しく異なる憲法であった。

　しかし、前述の法律に依らなければ臣民の権利は制限できない点をみれば、衆議院における国民の代表者を通じての政治の民主的コントロールの道は開かれており、裁判もまた法律に基づいて行われることから、デモクラシーの原則が機能する余地は存在した。

　第二次世界大戦の敗戦の結果、『日本国憲法』が制定され、それに伴い日本の国家体制は根本的に変革された。

第11章　被告国の法的責任（その1）

2　告文

　明治天皇は、告文において臣民たる国民に対してその臣民の幸福や憲法制定の目的等について次のとおり意思表示をし明示・明言している。

　（1）「（中略）皇宗ノ遺訓ヲ明徴ニシ典憲ヲ成立シ条章ヲ昭示シ内ハ以テ子孫ノ率由スル所ト為シ外ハ以テ臣民翼賛ノ道ヲ広メ永遠ニ遵行セシメ益々国家ノ丕基ヲ鞏固ニシ八洲民生ノ慶福ヲ増進スヘシニ皇室典範及憲法ヲ制定ス」

　ここでは「八洲民生」とは民生は国民のことであり、「八洲」の中には、当然のこと「沖縄諸島」が含まれている（伊藤博文著『帝国憲法義解』Ｐ2〜4）。

　憲法制定の目的は、国家の基礎を鞏固にするとともに沖縄諸島を含む「八洲民生の慶福の増進」にあることを明記している。この法の趣旨からすれば、日本の委任統治領の南洋諸島・フィリピン群島に住んでいた日本人にも、憲法は適用されるべきである。

　（2）「（中略）皇考ノ神祐ヲリ併セテ朕カ現在及将来ニ臣民ニ率先シ此ノ憲章ヲ履行シテ愆ラサラムコトヲ誓フ」

　天皇は憲法の履行義務があることが明記（誓約）されている。

3　憲法発布勅語

　「（中略）朕国家ノ隆昌ト臣民ノ慶福トヲ以テ中心ノ欣榮トシ朕カ祖宗ニ承クルノ大権ニ依リ現在及将来ノ臣民ニ対シ此ノ不磨ノ大典ヲ宣布ス」

　「（中略）朕祖宗ノ遺烈ヲ承ケ万世一系ノ帝位ヲ踐ミ朕カ親愛スル所ノ臣民ハ即チ朕カ祖宗ノ惠撫慈養シタマヒシ所ノ臣民ナルヲ念ヒ其ノ康福ヲ増進シ其ノ懿徳良能ヲ発達セシメムコトヲ願ヒ又其ノ翼賛ニ依リ与ニ倶ニ国家ノ進運ヲ扶持セムコトヲ望ミ」

　「（中略）朕ハ我カ臣民ノ権利及財産ノ安全ヲ貴重シ及之ヲ保護シ此ノ憲法及法律ノ範囲内ニ於テ其ノ享有ヲ完全ナラシムヘキコトヲ宣言ス」

　ここでいう「臣民の権利」とは、臣民の生命・身体・安全・自由のことであり、天皇はそれらを貴重・保護し憲法及び法律の範囲において完全に「保障」する旨宣言し、臣民に「約束」しているのである。

347

「（中略）朕カ在廷ノ大臣ハ朕カ為ニ此ノ憲法ヲ施行スルノ責ニ任スヘク朕カ現在及将来ノ臣民ハ此ノ憲法ニ対シ永遠ニ従順ノ義務ヲ負フヘシ」

　天皇の憲法遵守義務を明記している。そのことは、臣民の生命・身体・安全・自由・財産を保護する義務のあることを意味しているのである。

4　大日本帝国憲法の規定

（1）帝国憲法9条（天皇の公共の安寧秩序保護義務と臣民の幸福増進義務）

　帝国憲法第9条は天皇の臣民の幸福増進義務について次のとおり定めている。

　「天皇ハ法律ヲ執行スル為ニ又ハ公共ノ安寧秩序ヲ保持シ及臣民ノ幸福ヲ増進スル為ニ必要ナル命令ヲ発シ又ハ発セシム但シ命令ヲ以テ法律ヲ変更スルコトヲ得ス」

　天皇の発する命令は、法律を変更することができず、天皇も法律に従うことが定められており、天皇も法律の範囲内において施策を実行する義務を負っていた。したがって、皇は憲法及び法律で定められた、生命、身体、安全、自由、財産を保護する義務・責務を負うものである。

（2）臣民の権利義務（第2章　第18条〜32条）

　臣民の納税義務、兵役義務の規定と共に、法律の定める範囲とはいえ、臣民の生命、身体、安全、自由、財産を保障している。

この規定からすれば、国と軍隊は、納税義務と兵役義務を負う国家存立の人的基盤をなす国民の生命、身体、安全等を保護する義務を有していることは、相互依存の関係からして当然である。「国なくして国民なく、国民あって国あり」の相互関係にある。

（3）帝国憲法第32条（軍人の権利義務）と軍人の憲法・法律遵守義務

　第32条は、「本章ニ掲ケタル条規ハ陸海軍ノ法令又ハ紀律ニ牴触セサルモノニ限リ軍人ニ準行ス」と軍人の権利義務を定めている。軍人には日本臣民として当然に憲法と法令等の遵守義務がある。その義務からすれば、軍人は日本臣民の憲法で定めた権利、すなわち生命、身体、安全、財産を守る憲法上の義務があり、それらを犯してはならないのである。その天皇の義務は通常の国政上も、戦争状

態等など非常時においても同様である。

5 刑法など諸法律の定めと臣民の生命・身体・自由・安全・財産の保護

　軍人といえども上記憲法上の義務からして、諸法規・諸法令を遵守する義務があるので、戦争中であっても一般住民に対する殺人罪、強盗罪など処罰法規や刑事手続法規が適用される。

　南洋戦等や沖縄戦における日本軍の個々の行為である住民虐殺や「集団自決」、壕追い出し、食糧強奪なども刑法など処罰法規に触れることになる。

第5 戦時・国家事変の場合と臣民の生命・身体・自由・安全・財産の保護─戒厳令施行せず

1 南洋諸島と沖縄には戒厳令施行せず

　南洋諸島や沖縄には、戦時中であるにもかかわらず戒厳令が施行されなかった。戒厳令が施行されていれば、司法・立法・行政の基本的権限は戒厳司令官が掌握することになるが、戒厳令が施行されない場合は、通常の平時と同様の手続で民事・刑事についての裁判が行われることになる。軍隊といえどもみだりに住民の生命、身体、安全等を侵害してはならないのである。

2 日本軍の住民虐殺、「集団自決」その他の違法不法行為と刑事罰

　前述のとおり、戒厳令が施行されなかったので、日本軍といえども一般住民に対しては、裁判を行う権限や刑事罰を科することは出来なかった。もちろん、何らの法的手続を経ることなく、いきなり住民を殺傷等を行うと、刑法が適用され、殺人罪、傷害罪等に該当することになるのである。

　仮に戒厳令が施行されていても、戒厳法に定める手続による民事裁判、刑事裁判等が実施されるのであり、いきなり一般住民を殺害するなどということは、その手続抜きには諸法規に違反する違法行為となるのである。

　以上の点から日本軍の一般住民に対する住民虐殺、「集団自決」などの所業は違法となり、刑事・民事上の責任を負わなければならない。

第6　民法の不法行為の成立要件－国民保護義務違反との関係

　被告国が行った対米南洋戦・フィリピン戦・沖縄戦の戦争行為が国権の行使・発動として、それ自体は全体として合法（違法でない）だとしても、被告国の国民保護義務違反により、原告ら一般非戦闘員らが個々の戦闘・戦時行為により受けた被害については、不法行為を構成する。不法行為の成立要件は次のとおりである。

1　不法行為の損害賠償の成立要件（民法709条、同715条）

　本件南洋戦・フィリピン戦当時においても、現行民法が適用されていた（現行民法は明治29年4月27日制定）。

　民法上の不法行為の成立要件は次のとおりである。（　）内は、本件南洋戦にあてはめた場合の要件該当事実の要約である。

（1）通常の不法行為（民法709条）

　民法第709条は、不法行為による損害賠償を規定し「故意又は過失によって他人の権利又は法律上保護すべき利益を侵害した者は、これによって生じた損害を賠償する責任を負う」と定めている。その成立要件を具体的に分けると整理すると次のとおりとなる。

　ア　違法行為（本件南洋戦遂行に当たった戦闘行為、作戦行動などでの個々の事実が違法行為であること）

　イ　損害（本件南洋戦における違法な戦闘行為等により発生した被害）

　ウ　違法行為と損害との因果関係（本件南洋戦・フィリピン戦の違法な戦闘行為などにより生じた損害であり因果関係があること）

　エ　加害者（使用者、上司・同僚）の故意・過失（具体的な違法行為を行った32軍または各部隊・その司令官・部隊長・隊員の故意又は過失によって損害が生じたこと）

（2）使用者責任（民法715条）

　民法715条は、不法行為による損害賠償に関する使用者等の責任として「ある事業のために他人を使用する者は、被用者がその事業の執行について第三者に加えた損害を賠償する責任を負う。ただし、使用者が被用者の選任及びその

第 11 章　被告国の法的責任（その 1）

事業の監督について相当の注意をしたとき、又は相当の注意をしても損害が生ずるべきであったときは、その限りではない」と定めている。その成立要件を具体的に分けて整理すると次のとおりとなる。

ア　ある事業のために他人を使用していること（被告国・大本営が南洋戦遂行という戦争事業のために、31 軍及びその隷下部隊隊員を使用し戦闘行為等に従事させていること）

イ　その被用者が事業の執行につき第三者に損害を加えたこと（その被用者としての 31 軍及び各部隊・隊員が戦闘行為等を実行するに当たり、原告ら一般民間人に損害を加えたこと）

ウ　被用者の加害行為が、民法 709 条の不法行為が成立すること（被用者としての 31 軍等の加害行為が、上記（1）アないしエの要件を満たしていること）

エ　被用者の選任及び事業の監督につき相当の注意をしなかったこと、または相当の注意をしていれば損害が生じなかったこと（被告国や大本営が 31 軍の人選及び本件戦争遂行における一般住民保護のため相当な注意をしなかったこと、または、被告国・大本営が南洋戦・フィリピン戦遂行において一般住民被害が生じないように相当の注意と保護策を講じていたならば損害を生じなかったこと）

第 7　国民保護義務に違反する具体的な不法行為事実の例示

被告国・大本営・31 軍は、南洋戦・フィリピン戦開始前、開始時、遂行の全過程において、住民の保護責任を履行しなかった下記の過失を示す。

1　住民地域への陣地構築における国民保護義務違反

31 軍は、住民地域内または近接して陣地構築をすべきでなかったのにそれを怠り、積極的に住民地域などに陣地を構築して米軍の集中攻撃を受けた。

大本営と 31 軍のサイパン・テニアンなどの全島要塞化が米軍の無差別な集中攻撃を受ける直接の原因となったのでことが明らかであり、そのことは事前に十分予見可能であったのであるから、そのことがそもそも国民保護義務に違反する。

351

31軍司令部を都市部に構築したことは、住民の住む地区に対する米軍の攻撃を当然に予見できたのであるから、その司令部構築そのものが国民保護義務に反する行為である。

全島要塞化、すなわち全島各地の住民地区内に、あるいは接近して多数の陣地を構築し、それを軍事拠点として米軍との戦闘行為をおこなったのであり、それによって住民地区が激戦地となり一般住民に多大な死者・負傷者が出たことは事実である。このような陣地構築は国民の生命、身体、安全を侵害することに直接繋がるので、構築とそれに基づく戦争行為を行うことは、国民保護義務に違反する行為である。

2 戦闘作戦方法における国民保護義務違反

非武装中立地帯や住民避難地区を設置し一般住民を保護すべきであったのにそれを怠った。

日本軍として南洋戦等開始前に沖縄一般住民保護の視点から米軍に対して非武装地帯の設定を通告し、協議して設定すべきであった。

それをすれば南洋戦等における一般住民死亡は確実にまぬがれたと推定しうる。南洋戦等開始後でも非武装地帯の設置は可能であったにもかかわらず、それを怠った。このような非武装中立地帯の設定は当時の国際慣習法によっても認められたのである。

一時休戦（全地域・部分地域）を行い、一般住民を保護すべきであったのにそれを怠った。

日本軍は、南洋戦等の戦闘中といえども住民保護のため、一時休戦を行い、住民を安全地帯に確実に移してから、戦闘を行うべきであった。にもかかわらず、一時休戦も行うことなく戦闘行為を実行した。そのために多数の死者が出た。

陸戦ノ法規慣例ニ関スル条約は次のとおり「休戦」について規定されており、31軍は、その国際法上、休戦条項を活用できたにもかかわらず、それをすることなく、南洋戦等を遂行した。

　　　　　　　記

『第5章　休戦

第36条【作戦動作の停止】　休戦ハ、交戦当事者ノ合意ヲ以テ作戦動作ヲ停止ス。

第 11 章　被告国の法的責任（その 1）

若其ノ期限ノ定メナキトキハ、交戦当事者ハ何時ニテモ再ヒ動作ヲ開始スルコト
ヲ得。但シ、休戦ノ条件ニ遵依シ、所定ノ時期ニ於テ其ノ旨敵ニ通告スヘキモノ
トス。

第 37 条【全般的と部分的の休戦】　休戦ハ、全般的又ハ部分的タルコトヲ得。
全般的休戦ハ、普ク交戦国ノ作戦動作ヲ停止シ、部分的休戦ハ、単ニ特定ノ地域
ニ於テ交戦軍ノ或部分間ニ之ヲ停止スルモノトス。

第 38 条【通告】　休戦ハ、正式ニ且適当ノ時期ニ於テ之ヲ当該官衙及軍隊ニ通
告スヘシ。通告ノ後直ニ又ハ所定ノ時間ニ至リ、戦闘ヲ停止ス。

第 39 条【人民との関係】　戦地ニ於ケル交戦者ト人民トノ間及人民相互間ノ関
係ヲ休戦規約ノ条項中ニ規定スルコトハ、当事者ニ一任スルモノトス。

第 40 条【違反】　当事者ノ一方ニ於テ休戦規約ノ重大ナル違反アリタルトキハ、
他ノ一方ハ、規約廃棄ノ権利ヲ有スルノミナラス、緊急ノ場合ニ於テハ、直ニ戦
闘ヲ開始スルコトヲ得。

第 41 条【処罰】　個人カ自己ノ発意ヲ以テ休戦規約ノ条項ニ違反シタルトキハ、
唯其ノ違反者ノ処罰ヲ要求シ、且損害アリタル場合ニ賠償ヲ要求スルノ権利ヲ生
スルニ止ルヘシ。』（後略）

疎開の徹底の必要と問題点。

日本軍は、南洋諸島が戦場必至となることが分かっていたので、戦闘態勢を確
立したのである。とすれば、一般住民の島内外の疎開を開戦前に徹底させるべき
であったが、其れを怠った。そのために原告ら一般住民に被害が生じた。

3　サイパン放棄決定で停戦すべきを停戦しなかった国民保護義務違反

第 6 章及び第 8 章で詳述したとおり、大本営はサイパン戦開始 10 日目の
1944 年 6 月 24 日にサイパン放棄を決定したのだから、31 軍に停戦命令を出し
て軍民を保護すべきであったにもかかわらず、それをせずに放棄決定を極秘にし
て 31 軍に戦闘行為を続行させたのである。

大本営は原告ら一般民間人保護の立場からも停戦を命ずるべきであったにもか
かわらず、それを怠った。原告らに多大な犠牲を発生させた。停戦命令を出さな
かった行為は、国民保護義務に違反する行為である。

353

南洋戦等の中で、日本軍による直接的な住民殺害、日本軍による間接的な住民殺害（実質的に日本軍によって死においやられたケース）が大規模に起きた。その事実は、前述したとおり刑法などの処罰規定に違反する加害行為・犯罪行為であり、保護義務違反の最たるものである。その点において、被告国の保護義務違反は著しいものがある。

　被告国の国民保護義務違反行為と原告らの被害は、相当因果関係がある。
　以上詳述したとおり、被告国においては、原告らの本件「南洋戦」被害に関して国民保護義務違反により不法行為責任を負うべきである。

マニャガハ島の浅瀬に今も残る機関砲（サイパン島）＝撮影　村上有慶

第12章　被告国の法的責任（その2）

〈第12章〉
被告国の法的責任（その2）
公法上の危険責任（第一次予備的請求）

第1　南洋戦・フィリピン戦被害と危険責任の関係

　原告らが既に詳細に主張し証拠も挙げて立証したとおり日米の壮絶な地上戦が闘われた南洋戦・フィリピン戦は、アジア太平洋戦争の中で日本人の居住地域で初めて外国軍との地上戦闘が闘われた。

　そのことは、日本の歴史上初めてであるうえ、原告らの戦争被害はその損害が、日本の歴史上、質においても量においても未曾有のものであり、日本国民としての沖縄県人（その被害者と遺族）が「等しく受忍すべき限度・程度」を大きく超えている。

　南洋戦等における日米の戦争行為（戦闘行為）は、原告らをはじめ南洋諸島の戦争被害者に対してその生命・身体・財産に対し危険を創出（惹起）させた被告国の先行行為であった。

　被告国が遂行した本件南洋戦の結果その発生した（させた）危険（被害）の責任は、被害が自然災害ではない人為災害であるから、誰かが負うべきである。それとも「受忍」すべきことなのか。

　この南洋戦等における被告国の危険な先行行為については、第5章「南洋戦・フィリピン戦に至る歴史的経過」等で詳述し立証しているとおりである。

　そこで、本件南洋戦等における責任の主体を検討するにあたり、まず、それが危険責任の類型に属するものであるという「位置づけ」を確認し明確にする必要がある。

355

第2　本件における危険責任の成立

1　危険責任の意義

原告らの主張する本件公法上の危険責任論の基本は、西埜章明治大学法科大学院教授の〔法律論叢第 79 巻第 4・5 合併号（2007・3）抜刷［論説］「中国残留孤児訴訟における国の不作為責任」〕等に依拠している。

（1）国家補償の三類型と戦争災害補償

今村成和博士による国家補償の三類型（損害賠償、損失補償、結果責任）においては、戦争災害補償（戦争損害補償）は、第三類型である結果責任の事例に属し、結果責任の細分類である「危険責任」に位置づけられる。危険責任とは、今村説によれば、「相手方を危険状態においたこと、又は、自己の作り出した危険状態に基づいて相手方に損害を生ぜしめたことを帰責事由とするもので、故意過失はもとより、行為の違法性をも、責任要件とするものではない」という類型である（今村『国家補償法』130 〜 131 頁（1957 年））。

（2）公法上の危険責任

西埜章教授は、今村説においては、危険責任は第三類型の中の一つとして位置づけられているが、結果責任は無過失責任の寄せ集めであるから、第三類型を「公法上の危険責任」として純化すべきであると主張している（西埜「国家補償の概念と機能」法政理論（新潟大学）32 巻 2 号 14 頁（1999 年））。

この西埜教授の考え方によると、危険責任という場合には、結果責任の中の危険責任を指す場合と第三類型としての危険責任（公法上の危険責任）を指す場合とがあることになる。

しかし、いずれにしても、本件がこの危険責任のいずれかに該当することになれば、危険責任の側面から国の責任が肯定されることになる。

2　公法上の危険責任該当性

上記の意味での危険責任に該当するか否かは、危険責任の要件を充足しているか否かにかかっている。今村説における危険責任の要件は、「相手方を危険状態

においたこと、又は、自己の作り出した危険状態に基づいて相手方に損害を生ぜしめたこと」であり、故意過失や行為の違法性は責任要件とされていない（今村「国家補償法」130頁）。これに対して、公法上の危険責任の要件は、侵害行為の欠如と特別の危険状態の形成である。責任要件に関する限り、両者間でそれほど大きな相違は認められない。

　以下においては、侵害行為の欠如と特別の危険状態の形成に分けて検討することにする。

（1）侵害行為の欠如（責任成立要件―その1）
侵害行為とは、意識的・意欲的に他人の法益へ向けられた行為をいう。危険責任の場合には、この意味での侵害行為が欠如している場合にも成立する。
南洋戦遂行について、仮に南洋戦被害に対する被告国の意識的・意欲的な侵害行為が欠如していたとして、このことは、国の責任を免責するものではなく、かえって第三責任類型としての危険責任を負うべきことを帰結するものである。

（2）特別の危険状態の形成（責任成立要件―その2）
　責任成立要件のその2は、国による特別の危険状態の形成である。本件においては、被告国の（責任成立要件―その2）南洋戦遂行という政策によって原告ら民間人につき発生する特別の危険状態が形成されたものである。戦前・戦中の本件戦争遂行という国策の当否は別に置くとしても、再三にわたり述べてきたとおり原告ら民間人の生命・身体等に未曾有の損害を発生させたのであるから結果として危険な状態を形成したことは明らかである。原告らの主張する「先行行為」というのは、この意味での特別の危険状態の形成を指しているものと主張するものである。

　特別の危険状態の形成を認めた判例

（ア）本件とは事案を異にする残留孤児訴訟の大阪地裁判決平成17・7・6（判タ1202号125頁、法律のひろば2005年9月号61頁。以下「大阪地裁判決平成17年」という）は、次のように述べている。

　「日本は、8月14日、在外機関に対し、「三ケ国宣言受諾ニ関スル在外現地機関ニ対スル訓令』の中で、居留民をできる限り現地に定着させる方針を執り、現

地での居留民の生命、財産の保護については、万全の措置を講ずるよう指示したが、その後の同年10月25日の連合国最高司令官総司令部（ＧＨＱ）の指令により日本政府の外交機能が全面的に停止されたことや、終戦に伴って発生した現地の混乱によって、在外邦人は、生活手段を喪失し、残留することが極めて危険、不安な状態となっていった」

「原告ら残留孤児は、日本政府の国策に基づいて旧満州地区に送出された移民の子であり、ソ連の侵攻及び敗戦後の混乱の中で孤児となり、中国からの自力による帰国が困難となったことが認められ、このように原告らが孤児となったのは、国策による旧満州地区への入植・国防政策の遂行という日本政府の先行行為に起因するものである……」

この説示部分は、当時、国の行為により特別の危険状態が形成されていたことの一端を示しているものといってよい。

（イ）この点について、中国残留婦人訴訟の東京地裁判決平成18・2・15（判時1920号45頁。以下「東京地裁判決平成18年」という）も、次のように述べている。

「日本政府は、**開拓団を外地の危険地帯に送出しながら、現地の軍事的危険性を開拓民に知らせず、軍事的危険が到来した場合の国民保護策（現実的な避難計画等）を立てることもなく、ソ連軍進攻により開拓団の居住地が戦場と化す危険**が切迫してもなお、開拓団の被害を軽減するための策を講じないまま、1945年8月9日にその**潜在的危険を現実化**させてしまったものである」

被告国は、「原告らが家族と離別して孤児となったことを被害ととらえるとしても、その直接の原因は、ソ連軍が満州に侵攻したこと等によって発生した極度の混乱状態とそれに引き続く半年にわたる越冬生活にあり、被告がかかる被害発生の危険を生じさせたものではない」

「原告らは、違法な先行行為として、原告らのいう満州移民政策、根こそぎ動員、その後の在満邦人の遺棄を主張するが、原告らの主張によれば、これらはいずれも国賠法施行前の権力的作用であり、当時違法でなかったのであって、それにもかかわらず、その後、これに基づき発生した危険を除去しない不作為が違法な『公権力の行使』となるというのは、極めて奇異である。すなわち、原告らの

主張によれば、先行行為は、遅くとも、国賠法が施行された昭和22年10月27日より前に行われたものであり、国家無答責の法理が支配した時期の行為であるから、かかる行為については、国家無答責の法理により民法も適用されず、『違法』と評価する根拠となる法令が存在しない」と主張している。

しかし、このような危険状態の発生は、「国策による旧満州地区への入植・国防政策の遂行という日本政府の先行行為に起因するものである」（大阪地裁判決平成17年。東京地裁判決平成18年もほぼ同旨）から、国がこの特別の危険状態を形成したものというべきである。また、ここでは、この危険状態の形成が適法であったか違法であったかは直接問題とはならないのである。

第3　公法上の危険責任の法的根拠

危険責任の根拠は、「危険状態を形成し、それを支配する者は、そこから生じる損害に対して責任を負うべきである」という危険責任法理である。ただ、これはいわば合理的根拠にすぎないから、さらに法的根拠が問題となる。明文の法的根拠は存在しないが、この危険責任法理を支えるものとしては、まず条理法があり、次いで憲法上の根拠（法源）を見出すことができる。

1　条理法としての正義公平の原則

本件南洋戦・フィリピン戦においては、被告国が特別の危険状態を形成し、そこから原告らに損害が発生している。「危険状態形成の国家起因性」と「被害の重大性」からすれば、国の責任は正義公平の要請するところである。正義公平の原則は、不文の法ではあるが、一般的法原則として広く承認されているものであり、本件のような場合においても適用されるべきものである。

正義公平の原則という条理法を持ち出すことに対しては、それは立法の際の法理念としては考慮されるべきであるが、法の解釈の次元においては直ちに適用可能な法的根拠とはいえない、との批判が予想される。しかし、正義公平の原則は、単に法の理念としてだけではなく、法の解釈の次元においても基本原理として重要な意義を有しているものと解すべきである。

359

（1）文献の場合

ア【美濃部達吉博士「法の本質」】

美濃部達吉博士は、「正義は唯法の理想であり、立法の基準であるに止まるや、又は正義それ自身の力に依り詳しく言えば立法者の権威を通じてではなく正義であることのみに依つて法たる力を有することがあり得るや」との問いを発して、これに「正義はそれ自身の力に依つて法たるもので、……それは実定法に対するものではなくして、それ自身実定法の一部を為すものである。……所謂実定法は単に制定法及び慣習法のみから成るものではなく、其の一部分は自然の条理又は正義の力に依つて当然に法たるもので、此の意味において吾々は制定法及び慣習法の外に自然法又は条理法の存在を認めねばならぬのである。……正義法又は条理法に付いては制定法上に之を認めた規定は無いけれども、条理法は人性の自然に其の根拠を有するものであるから、それが法たり得る為には敢えて制定法の規定を待つまでもないのである。……条理法は時として制定法又は慣習法を修正する力を有つ。それは前に裁判の法修正作用として述べた所で、正確に謂えば裁判に依つて法を修正するといふよりは条理の力に依つて法が修正せられ而して裁判所は其の修正せられた法を宣告するのである」と回答されていた（美濃部達吉『法の本質』162頁以下（1935年））。

イ【田中二郎博士「行政法総論」】

田中二郎博士も、「ある時代のある社会において、一般人の正義感情に基づいて、『条理』又は『筋合』として認められるところは、すべての法の根底に横たわり、これを支えている基本的な法としての意味をもつものであり、行政も、行政に関する裁判も、究極においては、この条理に従ったものであることを必要とする（明治8年太政官布告103号、裁判事務心得3条参照）のであって、成文法そのものに矛盾や欠陥の多い行政法の分野においては、この意味での条理が支配する余地が大であり、解釈原理としての条理の働く場合が甚だ多いことを注意する必要がある」と説かれていた（田中二郎『行政法総論』162頁（1957年））。

（2）行政法の教科書

行政法の教科書では、現在においても一般に、不文法源の一つとして「法の一

第 12 章　被告国の法的責任（その 2）

般原則」ないし「条理」が挙げられている。これは、前記文献の美濃部・田中説を承継したものであり、内容的にはほぼ同趣旨のものである。

　ア【原田尚彦著『行政法要論有斐閣発行〔全訂第 7 版・補訂 2 版〕』
　　　35 頁以下（2012 年）】

法の一般原則

　「必ずしも法令上に明示されているわけではないが、一般に正義にかなう普遍的原理と認められる諸原則は法の一般原則ないし条理と呼ばれ、法として扱われる。平等則、比例原則、禁反言の原則、信義誠実の原則、手続的正義の原則などをあげておこう。これらの諸原則は不文法源の一つとされ、私人間の法律関係のみならず、行政上の法律関係をも拘束する。行政庁の行為が形式上は適法であっても、特定人の信頼を裏切る特段の事由のある場合には信頼保護の見地から違法と扱われるがごとしである。とくに社会保障等の給付行政の分野では、信義則の尊重が強く要請される（国籍要件に欠ける者が勧誘されて国民年金に加入し、保険料を払い続けていた場合には、信義衡平の原則上、年金裁定を拒むことはできない。東京高判昭和 58 年 10 月 20 日行集 34 巻 10 号 1777 頁。最高裁にも、地方公共団体の工場誘致政策の変更が誘致企業の信頼を裏切るもので、企業との関係では信義則に反し違法となるとした事例（最判昭和 56 年 1 月 27 日民集 35 巻 1 号 35 頁）や、被爆手当の申請を違法な通達に基づいて妨げておきながら当該手当の申請に対し時効を援用するのは、信義則に反し許されないとした事例（最判平成 19 年 2 月 6 日民集 61 巻 1 号 122 頁）があった。行政側に重大な落度があり、社会給付の支給が滞ったような場合には、一定の条件下に時効の成立を認めないとする扱いも一般化してきている（厚生年金及び国民年金の給付に係る時効特例法など参照）」

条理による法解釈の重要性

　「行政法は、さまざまな法源によって成り立つため、しばしば法規の内容に矛盾撞着が生じる。これらの矛盾は、原理的には、「上位法は下位法に優先する」「後法は先法を廃す」「特別法は一般法に優る」といった一般原則によって調整され、法秩序全体の統一と調和がはかられる。

　行政法規は大量の事案を対象とし反復的に適用されるので、各法規の字句を機

361

械的に適用し、画一平等な扱いをすべき場合が多い。とりわけ租税法などの分野では、法規の杓子定規的・機械的適用が要請される。だが、反面、行政法規の内容は専門技術的であるうえ、その数も多く、しかも成立の時期も異なるため、内容に齟齬があることが多い。これを適用する場合には全体との調和をはかりながら、各法規が狙いとする目的を的確に果しうるよう、法の目的を考慮してケースごとに条文を柔軟に解釈してこれに適切な意味内容を付与していく目的論的・機能的解釈が必要とされることも少なくない。また、同一の言葉でも、法律によってその意味を異にすべき場合もある（同じ道路という言葉でも、道路法と建築基準法とでは、その意味に違いがある。こうした現象を「法概念の相対性」という）。

　行政法の解釈にあたっては、法の目的、法の成立時期、他の法との調和、現実の社会的要請などを考慮して、柔軟かつ臨機応変な態度で臨み、できるだけ時代の要請にかなった結論を求めることが肝要である。条理ないし正義感覚が、とりわけ重要な意味をもつのである」

イ【成田頼明著『行政法序説』有斐閣、昭和59年（P66以下）】
ウ【塩野宏著『行政法1〔第4版〕』有斐閣、2005年56頁】
エ【芝池義一著『行政法総論講義〔第4版補訂版〕』有斐閣、2006年12頁】

（3）判例
行政判例においても、しばしば正義公平の原則が適用されている。
その代表的な最高裁判所判決を挙げる。

1　最高裁判所判決（第2小法廷）「行政上の不当利得返還請求事件」（昭和49年3月8日言渡）（最高裁判所裁判集民事111号291頁）
　最高裁判所は「納税者が先の課税処分に基づく租税の収納を甘受しなければならないとすることは、著しく不当であって、正義公平の原則にもとる」と判示している。

2　最高裁判所判決（第3小法廷）「行政指導建築確認留保事件　損害賠償請求事件」（昭和60年7月16日言渡）（最高裁判所民事判例集39巻5号989頁）

第 12 章　被告国の法的責任（その 2）

判決要旨

　建築主が、建築確認申請に係る建築物の建築計画をめぐって生じた付近住民との紛争につき、関係機関から話合いによって解決するようにとの行政指導を受け、これに応じて住民と協議を始めた場合でも、その後、建築主事に対し右申請に対する処分が留保されたままでは行政指導に協力できない旨の意思を真摯かつ明確に表明して当該申請に対し直ちに応答すべきことを求めたときは、行政指導に対する建築主の不協力が社会通念上正義の観念に反するといえるような特段の事情が存在しない限り、行政指導が行われているとの理由だけで右申請に対する処分を留保することは、国家賠償法 1 条 1 項所定の違法な行為となる。

3　最高裁判所平成 10 年 6 月 12 日判決「予防接種ワクチン禍事件判決（最高裁判所民事判例集 52 巻 4 号 1087 頁）

　判決は予防接種事故が発生してから 20 年が経過した後に損害賠償請求訴訟を提起したため、除斥期間の経過が争われた事件において、被害者が相手の不法行為によって心神喪失した場合にも加害者への一切の請求権が失われると解するのは「著しく正義・公平の理念に反するものといわざる」を得ず、被害者を保護する必要から民法 724 条後段の効果を制限することは「条理」にかなうとして、民法 158 条の時効停止の規定を類推すべきであると判示している。

（4）条理を「法源」「判断基準」「判断根拠」として認め、損害賠償義務等を
**　　　肯定（又は否定）した判例**

　ダイヤルＱ 2 に関するＮＴＴの約款の拘束力を一般市民の予測可能性を超えた著しく不条理な結果を招来することになるので、信義則上も相当でないことを理由に否定し、債務の不存在を確認し、不当利得返還請求を認めた事件（神戸地裁判決平成 7 年 3 月 28 日、判例時報 1550 号 78 頁、判例タイムズ 887 号 232 頁）。

　水俣病認定業務に関する熊本県知事の不作為違法につき条理上の作為義務があると判断した国家賠償法に基づく損害賠償請求事件（最高裁判所第 2 小法廷・平成 3 年 4 月 26 日判決、最高裁判所民事判例集 45 巻 4 号 653 頁、判例タイムズ 757 号Ｐ 84、判例時報 1385 号 3 頁）。

　小学校 2 年の児童甲が「鬼ごっこ」中に 1 年の児童乙に背負われようとして、

363

誤って乙を転倒せしめ、乙に対し右上腕骨骨折の傷害を与えた行為につき、条理等を理由に違法性の阻却を認め損害賠償請求を棄却した事例（最高裁判所第3小法廷・昭和37年2月7日判決、最高裁判所民事判例集16巻2号407頁、最高裁判所裁判集民事58号1009頁、判例タイムズ129号47頁、判例時報293号14頁）。

精神病院従業員の争議行為が条理を理由に正当性につき限界があると判示された労働委員会命令取消請求事件（最高裁判所第3小法廷・昭和39年8月4日判決、最高裁判所民事判例集18巻7号1263頁、最高裁判所裁判集民事75号1頁、判例タイムズ166号118頁、判例時報380号6頁）。

有限会社の代表取締役が、経営の一切を他の取締役に一任しみずから会社の経営に関与しなかった場合において、会社の取引先が取引に関して損害を被ったとしても、その損害が経営を一任された取締役の悪意または重大な過失による任務懈怠によって生じたものでないときは、右代表取締役の任務懈怠と右取引先の損害との間にはなんら業務に関与しなかった取締役に責任を負わせることは条理上到底これを是認しうべきでないとして相当因果関係を欠くものとし、代表取締役は、右取引先に対し、有限会社法33条ノ3第1項に基づく損害賠償の義務を負うものではないと判示された事例（最高裁判所第1小法廷・昭和45年7月16日判決、最高裁判所民事判例集24巻7号1061頁、最高裁判所裁判集民事100号187頁、判例タイムズ252号161頁、判例時報602号86頁）。

このように、危険責任の法的根拠の第一は条理（法）である。条理を安易に多用すべきでないことはいうまでもないが、本件のような戦争災害補償や戦後補償については明文の規定が置かれていないのが通常であるから、このような場合に条理が前面に登場するのは至極当然のことである。条理を適用することに対する批判は、悪しき法実証主義に囚われたものであり、事物の本性を見据えていないことの結果であるというべきである。

2　憲法上の根拠（行政法の法源としての憲法）

「危険責任の憲法上の根拠としては、ドイツの文献においては、平等原則、財産的価値及び個人の自由の保障、社会的法治国家原理等が挙げられている（西埜

「西ドイツ国家責任法体系における公法上の危険責任について」公法研究 42 号 176 頁（1980 年）参照）。我が国においても、これらの憲法上の根拠について検討することが必要である。本件において考えられるのは、憲法 13 条と 14 条 1 項である。

　法解釈論としては、一般に、条理（法）と同様に、憲法の規定もまた安易に法的根拠として挙げられるべきではないと解されている。しかし、明文の規定がないことを理由に本件のような被害に対して国の責任が生じないと解することは、かえって現行憲法の基本的人権尊重主義や平和主義に反する結果となるであろう。被害発生の根本的な原因が現行憲法施行前にあったにしても、現行憲法下において責任を負わなくてもよいという理屈は成り立たない。ましてやその被害が現在にまで及んでいる場合には、その救済は憲法 13 条（個人の幸福追求権）と 14 条 1 項（法の下の平等）の要請するところであると解すべきである」[西埜「法律論叢第 79 巻　第 4・5 合併号（2007．3）抜刷 P 352]

　芝池義一教授は、行政法の法源として憲法を挙げており、憲法は行政法の法源であると述べている（前掲書 P 13）。行政法の法源の一つとして憲法が挙げられているのである。

　憲法 13 条（個人の幸福追求権）は、立法不作為責任（その 2）で主張している特別犠牲を強いられない権利であり、憲法 14 条 1 項（法の下の平等）は立法不作為責任（その 1）で詳述している。そこで、ここにおいては、重複を避けるためにこれらの主張を援用・引用する。

第 4　被告国の公法上の危険責任

　前述のように、南洋戦等による原告らの本件被害は被告国による南洋戦等遂行という特別の危険状態の形成により生じたものである。特別な危険状態の形成により生じた被害についての被告国の責任は、違法性も過失も責任成立要件とされないものである。したがって、本件における被告国の責任については、完結しこれ以上の論述を必要としないところである。

　よって、被告国は本件危険責任を負うことになり、この危険責任を根拠として原告らに対し本件謝罪と損害賠償義務を負うと解するべきである。

第5 立法不作為責任等との関係

なお、原告らの損害の発生については、根本的原因が国の本件南洋戦遂行の結果による特別の危険状態の形成にあるにしても、その後の国の不十分な救済措置にも一因がある。そこで、次に項を改めて、予備的に別個の請求原因として、その後の不作為責任について国の責任を主張し論証することにする。（後述第9章立法不作為責任）

前述したとおり、本件危険責任としてこの点に関する原告の主張は完結し、不作為は公法上の危険責任を根拠として、原告らは被告国に対して本件謝罪と損害賠償請求をするものである。

沖縄県民居住地に残る住居の基礎コンクリート（サイパン島）＝撮影　村上有慶

〈第13章〉
被告国の法的責任（その3）
立法の不作為責任（第二次予備的請求）

　本件南洋戦・フィリピン戦訴訟は、予備的に被告国の立法不作為の違法による国家賠償請求である。その主張の概要を述べると、被告国が、具体的には立法を担当する国会議員が、その職務上遂行すべき立法義務に違反し、長期にわたり、原告らの本件被害を漫然と放置し続けたという不作為の違法を問うものであり、その被告国の違法行為により生命身体という重大な権利侵害を蒙った原告らが国家賠償法1条1項に基づきその賠償を求めるものである。

　そこで原告らは被告国の国会議員の立法義務発生の法的根拠として、①憲法14条1項の法の下の平等原則、②憲法13条の幸福追求権の一形態である特別犠牲を強いられない権利、③先行行為に基づく条理上の作為義務、④個人の損害賠償請求権放棄に伴う外交保護義務を主張する。

　そこで原告らは、第一に立法不作為の国家賠償の要件について述べ、その次に各不作為義務の内容と各根拠について論述する。

第1節　立法不作為の国家賠償の要件

立法不作為の国家賠償の要件については、各最高裁判例を中心にしてまとめる。

第1　昭和62年名古屋空襲訴訟最高裁第二小法廷判決

米軍による名古屋空襲の被害者が国に対して補償を求めた訴訟につき、国会が

補償立法をしなくても国賠法の違法はないと判断した最高裁判所昭和62年6月26日第2小法廷判決（最高裁判所裁判集民事151号147頁）（以下、「昭和62年最高裁判決」と称する）がある。

1　昭和62年最高裁第二小法廷判決の判示内容「例外的な場合」

　昭和62年最高裁判決は、「国会議員は、立法に関し、原則として、国民全体に対する関係で政治的責任を負うにとどまり、個別の国民の権利に対応した関係での法的義務を負うものではなく、国会ないし国会議員の立法行為（立法不作為を含む）は、立法の内容が憲法の一義的な文言に違反しているにもかかわらず国会があえて当該立法を行うというがごとき、容易に想定し難いような例外的な場合でない限り、国家賠償法一条一項の適用上、違法の評価を受けるものではないと解すべきものであることは、当裁判所の判例とするところである（昭和53年（オ）第1240号同60年11月21日第一小法廷判決・民集39巻7号1512頁参照—原告代理人注：以下「昭和60年最高裁判決」という）。」とした上で、「この見地に立って本件を考えてみるに、憲法は前記主張のような立法を積極的に命ずる明文の規定が存しないばかりではなく、かえって、上告人らの主張するような戦争犠牲ないしは、戦争損害は、国の存亡にかかわる非常事態のもとでは、国民のひとしく受忍しなければならないところであって、これに対する補償は憲法の全く予想しないところというべきであり、したがって、右のような戦争犠牲ないしは戦争損害に関しては単に政策的見地から配慮が考えられるにすぎないもの、すなわちその補償のために適宜の立法措置を講ずるか否かの判断は、国会の裁量に委ねられるものと解すべきことは、当裁判所の判例の趣旨に徴し明らかというべきである（昭和40年（オ）第417号同43年11月27日大法廷判決・民集22巻12号2808頁参照）。」と判示した。

　この昭和62年最高裁判決により、空襲被害等の戦争犠牲や戦争被害についての国家賠償問題は、決着済みであるという主張がある。しかしながら、この考え方は次のとおり誤りである。

2　平成17年最高裁判決による昭和62年最高裁判決「例外的な場合」
　　の基礎の変更

368

第 13 章　被告国の法的責任（その 3）

この昭和 62 年最高裁判決は、①立法不作為の国家賠償に関する最高裁昭和 60 年判決（在宅投票廃止訴訟）と、②戦争被害補償に関する最高裁昭和 43 年大法廷判決を基礎とするものであるが、明らかにその基礎（判断基準）は、そのいずれもが変更となったというべきである。

（1）立法不作為の国家賠償の判断基準

まず、第 1 に上記①の昭和 60 年最高裁判決は、在宅投票制度の廃止ないし不存在が違憲であるか否かを判断したものであるが、その中で最高裁判所第一小法廷は、上記のとおり、①「立法の内容が憲法の一義的な文言に違反しているにもかかわらず国会があえて当該立法を行うというがごとき、容易に想定し難いような例外的な場合でない限り、国家賠償法一条一項の適用上、違法の評価を受けるものではないと解すべき」と判示していた。

ところが、最高裁平成 17 年 9 月 14 日大法廷判決（民集 59 巻 7 号 2087 頁）は、在外邦人の投票権が制限に関し、立法不作為の国家賠償の適用について以下後述第 2 で述べるとおり、その判断基準を大きく変更した。

（2）付言・戦争被害受忍論

昭和 62 年最高裁判決は、付言的とは言いながら昭和 43 年最高裁判決の受忍論を基礎とした形となっている。しかし、その後、受忍論に関する最高裁判例は大きく変化してきているばかりではなく、国家補償の基礎となる「特別犠牲を強いられない権利」や国際的な戦争被害補償の流れを踏まえるならば、このような判断は維持できないと言うべきである。

本件南洋戦・フィリピン戦被害と戦争被害受忍論との関係については、第 14 章において述べる。

第 2　平成 17 年最高裁大法廷判決による立法不作為の国家賠償要件の変化（緩和）

最高裁判所は、平成 17 年 9 月 14 日、大法廷において在外日本人選挙権剥奪違法確認等請求事件につき、最高裁判所としてはじめての立法不作為の違法を肯定し、違法な立法不作為を理由とする国家賠償請求を認容した。

1　平成 17 年最高裁判決の意義、評価―立法不作為の違法要件の緩和

そこで、以下においては、立法不作為が国家賠償法上の違法性を有するための要件を、平成17年最高裁判決の意義、評価から論じていくこととする。

（1）昭和60年最高裁判決（在宅投票制度廃止訴訟）の違法性要件を拡大

立法不作為が国家賠償法上の違法性を有するための要件については、従前、在宅投票制度復活事件の昭和60年最高裁判決が、判例として存在していた。

昭和60年最高裁判決は、次のとおり判示していた。

「国家賠償法1条1項は、国又は公共団体の公権力の行使に当たる公務員が個別の国民に対して負担する職務上の法的義務に違背して当該国民に損害を加えたときに、国又は公共団体がこれを賠償する責に任ずることを規定するものである。したがって、国会議員の立法行為（立法不作為を含む。以下同じ。）が同項の適用上違法となるかどうかは、国会議員の立法過程における行動が個別の国民に対して負う職務上の法的義務に違背したかどうかの問題であって、当該立法の内容の違憲性の問題とは区別されるべきであり、仮に当該立法の内容が憲法の規定に違反する廉があるとしても、その故に国会議員の立法行為が直ちに違法の評価を受けるものではない。」（この判示部分を、以下「説示Ａ」と呼ぶ）

「そこで、国会議員が立法に関し個別の国民に対する関係においていかなる法的義務を負うかをみるに、憲法の採用する議会制民主主義の下においては、国会は、国民の間に存する多元的な意見及び諸々の利益を立法過程に公正に反映させ、議員の自由な討論を通してこれらを調整し、究極的には多数決原理により統一的な国家意思を形成すべき役割を担うものである。そして、国会議員は、多様な国民の意向をくみつつ、国民全体の福祉の実現を目指して行動することが要請されているのであって、議会制民主主義が適正かつ効果的に機能することを期するためにも、国会議員の立法過程における行動で、立法行為の内容にわたる実体的側面に係るものは、これを議員各自の政治的判断に任せ、その当否は終局的に国民の自由な言論及び選挙による政治的評価にゆだねるのを相当とする。さらにいえば、立法行為の規範たるべき憲法についてさえ、その解釈につき国民の間には多様な見解があり得るのであって、国会議員は、これを立法過程に反映させるべき立場にあるのである。憲法51条が、『両議院の議員は、議院で行った演説、

370

第 13 章　被告国の法的責任（その 3）

討論又は表決について、院外で責任を問はれない。』と規定し、国会議員の発言・表決につきその法的責任を免除しているのも、国会議員の立法過程における行動は政治的責任の対象とするにとどめるのが国民の代表者による政治の実現を期するという目的にかなうものである、との考慮によるのである。このように、国会議員の立法行為は、本質的に政治的なものであって、その性質上法的規制の対象になじまず、特定個人に対する損害賠償責任の有無という観点から、あるべき立法行為を措定して具体的立法行為の適否を法的に評価するということは、原則的には許されないものといわざるを得ない。ある法律が個人の具体的権利利益を侵害するものであるという場合に、裁判所はその者の訴えに基づき当該法律の合憲性を判断するが、この判断は既に成立している法律の効力に関するものであり、法律の効力についての違憲審査がなされるからといって、当該法律の立法過程における国会議員の行動、すなわち立法行為が当然に法的評価に親しむものとすることはできないのである。」（この判示部分を、以下「説示 B」と呼ぶ）

「以上のとおりであるから、国会議員は、立法に関しては、原則として、国民全体に対する関係で政治的責任を負うにとどまり、個別の国民の権利に対応した関係での法的義務を負うものではないというべきであって、国会議員の立法行為は、立法の内容が憲法の一義的な文言に違反しているにもかかわらず国会があえて当該立法を行うというごとき、容易に想定し難いような例外的な場合でない限り、国家賠償法 1 条 1 項の規定の適用上、違法の評価を受けないものといわなければならない。」（この判示部分を、以下「説示 C」と呼ぶ）

昭和 60 年最高裁判決は、立法不作為が国家賠償法上の違法性を有するための要件について、説示 C のように極めて狭い例外的要件を課し、立法不作為を国家賠償で争う道を厳しく制限していた。

（2）平成 17 年最高裁判決の判示内容（最高裁として初めて立法不作為の違法性を肯定）

ア　これに対し、平成 17 年最高裁判決は、次のとおり判示する。

「国家賠償法 1 条 1 項は、国又は公共団体の公権力の行使に当たる公務員が個別の国民に対して負担する職務上の法的義務に違背して当該国民に損害を加えた

ときに、国又は公共団体がこれを賠償する責任を負うことを規定するものである。したがって、国会議員の立法行為又は立法不作為が同項の適用上違法となるかどうかは、国会議員の立法過程における行動が個別の国民に対して負う職務上の法的義務に違背したかどうかの問題であって、当該立法の内容又は立法不作為の違憲性の問題とは区別されるべきであり、仮に当該立法の内容又は立法不作為が憲法の規定に違反するものであるとしても、そのゆえに国会議員の立法行為又は立法不作為が直ちに違法の評価を受けるものではない。」

と判示し、昭和60年最高裁判決の説示Aをそのまま繰り返し、「立法内容・立法不作為の違憲性」と「国家賠償法上の違法性」との区別を維持している。

しかし、平成17年最高裁判決は、昭和60年最高裁判決の説示Bに示された、国会議員の立法責任の政治性に言及することなく、立法行為・立法不作為についても、例外的とはいえ、法的責任に服すべきものとしている点が特徴的である（平成17年最高裁判決では、昭和60年最高裁判決のような「原則として、国民に出動義務を負わない」という判示が消えた」）。

イ　昭和60年最高裁判決の「例外的な場合」の内容変更部分
そして、平成17年最高裁判決は、「例外的に」立法行為・立法不作為が国家賠償法上違法との評価を受ける要件として（この場合は、立法内容・立法不作為は違憲の評価も受けるものである）、昭和60年最高裁判決の説示Cに替えて、

「しかしながら立法の内容又は立法不作為が国民に憲法上保障されている権利を違法に侵害するものであることが明白な場合や」（以下、「(ⅰ)型」と呼ぶ）、「国民に憲法上保障されている権利行使の機会を確保するために所要の立法措置を執ることが必要不可欠であり、それが明白であるにもかかわらず、国会が正当な理由なく長期にわたってこれを怠る場合」（以下、「(ⅱ)型」と呼ぶ）「などには、例外的に、国会議員の立法行為又は立法不作為は、国家賠償法1条1項の規定の適用上、違法の評価を受けるものというべきである。」と判示している。

このような平成17年最高裁判決は、昭和60年最高裁判決との関係では、「昭和60年判決を維持しつつも、「例外的な場合」の解釈を通じてその射程を実質的に限定し、国会の立法又は立法不作為について国家賠償責任を肯定する余地を

第13章　被告国の法的責任（その3）

拡大したものであり、この点についても、その意義は極めて大きいものである。」
（最高裁判所判例解説民事編平成17年度（下）657〜658頁）と評価されているものである。

（3）昭和60年最高裁判決の厳しい要件（「憲法の一義的文言違反」「例外的場合」の解釈）を実質的に拡大し、不法不作為の違法性を肯定してきた下級審判例を総合し、新たな要件を定立

昭和60年最高裁判決の後、この最高裁判決を前提にして「引用した上で」「例外的な場合」について解釈し、立法不作為の違法性を肯定した裁判例、あるいは昭和60年氏高裁判決を直接引用しないで立法不作為の違法性を肯定した下級審裁判例には、ア　1998（平成10）年4月27日の釜山従軍慰安婦等の謝罪と慰謝料請求事件に関する山口地裁下関支部判決（判例時報1642号24頁）（「関釜元従軍慰安婦訴訟第1審判決」）、イ　2001（平成13）年5月11日のハンセン病国家賠請求事件に関する熊本地裁判決（判例時報1748号30頁、確定）（「熊本ハンセン病訴訟第1審判決」。）、ウ　「学生無年金障害者訴訟東京地裁判決」（2004（平成16）年3月24日、判例時報1852号3頁、控訴審も支持＝東京高裁2006年（平成18年）11月29日判決）、エ　「学生無年金障害者訴訟新潟地裁判決」（2004年（平成16年）10月28日、賃金と社会保障1382号46頁）、オ　「学生無年金障害者訴訟広島地裁判決」（2005年（平成17年）3月3日、判例集未登載）がある。

これらの下級審判決は、人権侵害の重大性とこれに対する司法救済の高度の必要性がある場合に、一定の合理的期間を経過しても、立法措置（法規の改廃を含む）を講ずることなく放置したような場合には、国会議員の立法不作為につき、国賠法上の違法性が認められるなどとして、請求の一部を認容した。これらの判決は、昭和60年最高裁判決の厳しい要件（説示C）を実質的に拡大してきたものであり、平成17年最高裁判決は、こうした下級審判例を総合して新たな要件を定立したものと見ることができる。各判決の内容・説示は次のとおりである。

ア　関釜元従軍慰安婦訴訟第1審判決

　同判決は、原告の主張を認容して立法不作為の違法性を理由に元従軍慰安婦三名の損害賠償請求を認容した。同判決は、立法不作為の違法性について、昭和60年最高裁判決を引用した上で次のように判示している。

　「しかし、右結論部分における『例外的な場合』についてはやや見解を異にし、立法不作為に関する限り、これが日本国憲法秩序の根幹的価値に関わる基本的人権の侵害をもたらしている場合にも、例外的に国家賠償法上の違法をいうことができるものと解する。」「これが国家賠償法上違法となるのは、単に、『立法（不作為）の内容が憲法の一義的な文言に違反しているにもかかわらず国会があえて当該立法を行う（行わない）というごとき』場合に限られず、次のような場合、すなわち、前記の意味での当該人権侵害の重大性とその救済の高度の必要性が認められる場合であって（その場合に、憲法上の立法義務が生じる。）、しかも、国会が立法の必要性を十分認識し、立法可能であったにもかかわらず、一定の合理的期間を経過してもなおこれを放置したなどの状況的要件、換言すれば、立法課題としての明確性と合理的是正期間の経過とがある場合にも、立法不作為による国家賠償を認めることができると解するのが相当である。」

　同判決は、以上のように判示した上で、遅くとも内閣官房長官談話が出された平成5年8月4日以降の早い段階で、特別の賠償立法をなすべき憲法上の義務が発生し、内閣官房長官談話から遅くとも3年を経過した平成8年8月末には、立法をなすべき合理的期間が経過したとして、立法不作為の違法性を認めたのである。同判決は、立法不作為の国家賠償法上の違法について、「当該人権侵害の重大性とその救済の高度の必要性が認められる場合であって（その場合に、憲法上の立法義務が生じる。）、しかも、国会が立法の必要性を十分認識し、立法可能であったにもかかわらず、一定の合理的期間を経過してもなおこれを放置したなどの状況的要件、換言すれば、立法課題としての明確性と合理的是正期間の経過とがある場合にも、立法不作為による国家賠償を認めることができる」としたものである。

　平成17年最高裁判決の（ⅱ）型（＝「国民に憲法上保障されている権利行使の機会を確保するために所要の立法措置を執ることが必要不可欠であり、それが明白であるにもかかわらず、国会が正当な理由なく長期にわたってこれを怠る場

374

合」）は、関釜元従軍慰安婦訴訟第 1 審判決が示した「立法課題としての明確性と合理的是正期間の経過」と実質的に軌を一にするものと解される。

イ　熊本ハンセン病訴訟第 1 審判決

このハンセン病訴訟においても立法不作為責任の成否が争われたが、熊本地裁は昭和 60 年最高裁判決を引用しながらも立法不作為の違法性を肯定した。同判決は、昭和 60 年最高裁判決の用いた「憲法の一義的な文言に違反している」という表現の意味について、「立法行為が国家賠償法上違法と評価されるのが、極めて特殊で例外的な場合に限られるべきであることを強調しようとしたにすぎない」と述べて、昭和 60 年最高裁判決の説示Ｃを、決して絶対的要件ではないとした。そして、「最高裁昭和 60 年 11 月 21 日判決は、もともと立法裁量にゆだねられているところの国会議員の選挙の投票方法に関するものであり、患者の隔離という他に比類のないような極めて重大な自由の制限を課する新法の隔離規定に関する本件とは、全く事案を異にする。」としたうえで、「新法の隔離規定が存続することによる人権被害の重大性とこれに対する司法的救済の必要性にかんがみれば、他にはおよそ想定し難いような極めて特殊で例外的な場合として、遅くとも昭和 40 年以降に新法の隔離規定を改廃しなかった国会議員の立法上の不作為につき、国家賠償法上の違法性を認めるのが相当である。」と判示した。

平成 17 年最高裁判決の（ⅰ）型（＝「立法の内容又は立法不作為が国民に憲法上保障されている権利を違法に侵害するものであることが明白な場合」）は、熊本ハンセン病訴訟第 1 審判決が示した「人権被害の重大性とこれに対する司法的救済の必要性」と実質的に同一と解される。

ウ　学生無年金障害者訴訟東京地裁判決

学生無年金障害者訴訟の最初の判決である東京地裁判決は次のように判示し憲法違反と立法不作為の違法を認めた。

昭和 60 年国民年金法改正時点において憲法 14 条に違反する状態が生じていたと評価すべきであるとした上で、「昭和 60 年法には、学生について在学中の障害を理由とする年金の受給がより容易となるような制度を設けなかった点において、学生以外の法律上当然には被保険者資格を有しないものとの間に不合理な

差別が存在し、憲法14条に違反する状態が生じており、この点について、そのような評価を受けない程度に是正する立法上の措置が必要な状態が生じていたと認められるところ、その是正措置は、もとより一義的に定まるものではなく、上記の不合理な状態を解消するに足りる措置としての複数の選択肢の中から、立法者がその裁量に基づいて選択したものを採用すれば足りるものであったというべきである。」「しかるに、昭和60年法制定時には、これらの是正措置はいずれも採用されず、上記の差別がそのまま放置されたのであるから、この点において、同法自体は憲法に違反するものであり、立法不作為の違法が存在したものというべきである。」と判示している。

　　エ　学生無年金障害者訴訟新潟地裁判決
　同じく学生無年金障害者訴訟の新潟裁判決は、本件における差別は著しく不合理で、憲法14条1項に違反するとして上で、最判昭和60年を引用して次のように判示する。
　「立法内容の違憲性が極めて明白であるにもかかわらず当該立法をなし，あるいは立法後違憲性が明白となってから相当期間を経過しても必要な立法措置がなされない場合に，その立法行為によって国民が重大な人権侵害等著しい不利益を受けており，司法による救済の必要性が極めて高いときには，国会議員の立法行為についても，個別の国民の権利に対応した関係での法的義務が認められるものと解するべきである」と判示して、昭和60年改正時までに「相当期間が経過」し、昭和60年法の立法作為または不作為については違法の評価を免れない、としている。

　　オ　学生無年金障害者訴訟広島地裁判決
　学生無年金障害者訴訟の広島地裁判決は、最判昭和60年を引用した上で、立法不作為の違法性について、「違憲性の程度、立法時から経過した期間の長さ、救済の必要性及び法改正を講ずることの容易性等を総合的に考慮すれば、立法行為が違法の評価を受ける場合が行政庁の裁量的権限の場合と比べてもなお限定されるとしても、昭和60年法改正の際、国会及び国会議員が20歳以上の学生を障害基礎年金の受給対象とするために必要な改正を強制適用除外規定及び受給除

第 13 章　被告国の法的責任（その 3）

外規定について行わなかったことの違憲性の程度は「憲法の一義的な文言に違反している」といえる程度にまで達しており、国家賠償法上もまた違法というべきである」と判示している。

（4）平成 17 年最高裁大法廷判決により拡大された立法不作為の判断枠組み

以上のとおり、平成 17 年最高裁判決は、上記下級審判例の集積を是と判断し立法不作為の国家賠償法上の違法要件について、①昭和 60 年最高裁判決の極めて狭い例外的要件に代えて、②昭和 60 年最高裁判決以後に立法不作為の国家賠償法上の違法を認めてきた下級審判決の要件を総合して、立法不作為につき国家賠償法上の違法が認められる要件を実質的に拡大したものと評価できるのである。

すなわち、平成 17 年大法廷判決は、立法行為が国家賠償法 1 条 1 項にいう国または公共団体の違法な公権力行使にあたる場合について下記のとおり判示している。

記

「立法の内容又は立法不作為が国民に憲法上保障されている権利を違法に侵害するものであることが明白な場合や、国民に憲法上保障されている権利行使の機会を確保するために所要の立法措置を執ることが必要不可欠であり、それが明白であるにもかかわらず、国会が正当な理由なく長期にわたってこれを怠る場合などには、例外的に国会議員の立法行為又は立法不作為は国家賠償法 1 条 1 項の規定の適用上違法の評価を受けるものというべきである。」

ここで判示された内容をまとめると、
①「立法の内容又は立法不作為が国民に憲法上保障されている権利を違法に侵害するものであることが明白な場合」
②「国民に憲法上保障されている権利行使の機会を確保するための所要の立法措置を執ることが必要不可欠であり、それが明白である場合」
に加えてこれらの事態があるにもかかわらず、
③「国会が正当な理由なく長期にわたってこれを怠る場合」
という時間的な経過を経てもなお是正されない場合に、国会議員の立法行為又は

377

立法不作為が国家賠償法 1 条 1 項の違法の評価を受けるという枠組みである。

（5）滝井繁男元最高裁判事による平成 17 年最高裁判決の評価

平成 17 年最高裁判決の評価に関しては、同判決当時、最高裁判事を務めた滝井繁男氏が、その著作（滝井繁男「最高裁判所は変わったか――一裁判官の自己検証」 岩波書店　2009 年 7 月 29 日発行）の中で、次のように述べている。

「立法機関のした具体的な立法行為や、なすべき立法をしない不作為を理由とする国家賠償請求訴訟は今日まで数多く提起されてきたが、ほとんどその請求が認められることはなかった。

昭和 60 年 11 月 21 日第一小法廷判決（民集 39 巻 7 号 1512 頁）が、立法機関の不法行為責任を肯定する余地のあることを認めたものの、その可能性はほとんど考える余地がないかのような理由をつけて、控訴人の請求を棄却してきたのである。」（同書 198 ～ 199 頁）

〈昭和 60 年最高裁判決の果たしてきた「消極的役割」〉

昭和 60 年最高裁判決の「判決理由を読む限り、国会議員の立法行為や立法不作為が国家賠償法上違法の評価を受けるのは立法の内容が憲法の文言に一義的に反する場合でなければならないと言うのであるから、そのようなことはほとんどあり得ないことと受け取られた。その後、国会の立法作業をめぐって多くの国家賠償責任を問う訴訟が提起されたが、この判決を引用してその請求はことごとく斥けられてきた。」（同書 199 頁）

〈平成 17 年最高裁判決の「積極的」評価と役割〉

平成 17 年最高裁判決は、「前記昭和 60 年判決を同旨のものとして引用しているものの、実質的にはその判決の射程を狭くみることにより、責任を負う機会を拡げたものという評価が多い。」（同書 199 ～ 200 頁）

「昭和 60 年判決に示された『憲法の一義的な文言に違反』している場合に限るとの表現は、単に権利侵害の明白性を例示したレトリックにとどまるとみることも可能である。」平成 17 年最高裁判決は、「立法機関に対して違法評価し得るのは例外的であるにしろ、立法措置をとることの必要性、明白性や国会の放置期

第 13 章　被告国の法的責任（その 3）

間などによっては違法になることを示すことにより、国会議員が立法機関としての責任が認められる要件を明確にし、開かずの門の感のあった扉を開いたもので、その意義は極めて大きい。」（同書 200 頁）

「在外邦人の選挙権事件の一審、二審ともこの 60 年判決を引用して、簡単に請求を棄却しています。私は、昭和 60 年判決の理由づけには、かねてから疑問を抱いていました。そこで、この事件は、当初私の属した第二小法廷に来たのですが、大法廷に受け入れて貰うことになったのです。」（同書 245 頁）

〈小法廷から大法廷へ回付（実質的な判例変更）〉

　このように、滝井元最高裁判事は、平成 17 年最高裁判決が、事案を小法廷から大法廷に回付したうえで、昭和 60 年最高裁判決の違法性要件を拡大したものである旨を述べている。これは、平成 17 年最高裁判決が、昭和 60 年最高裁判決についての実質的な判例変更を行ったことを示すものとみることができる。

　さらに、滝井元最高裁判事は次のように指摘している。

　「この種の訴訟の多くは損害賠償請求訴訟の形をとってはいるものの、実質的には、憲法上の権利が侵害されていると主張することを通じて、その問題についての立法機関の積極的な対応を期待する趣旨を含むものが少なくなかった。慰謝料の請求をしてはいるが、金銭の支払いを受けることが目的というより、その違憲性を明らかにすることに主たる目的を置いたものと言うべきものがむしろ多かった。」

〈昭和 60 年最高裁判決を引用して斥けられてきた事例の再評価の可能性〉

　「今後、行政に対し、当事者訴訟としての確認訴訟が活用されるようになると、損害賠償請求訴訟は、真に損害賠償を求めるものに純化されていくであろうが、同時にその要件が明確にされたことで、従来、昭和 60 年判決を引用して斥けられてきた事例の再評価の可能性もあり得るのではないかと考える。」（同書 200 ～ 201 頁）

　このように、滝井元最高裁判事は、立法作用に関する国家賠償訴訟の違憲状態是正機能、実質的制度改革機能にも言及しており、また、平成 17 年最高裁判決により「従来、昭和 60 年判決を引用して斥けられてきた事例の再評価の可能性」

379

（ちなみに、名古屋空襲訴訟の最高裁判所第2小法廷　昭和62年6月26日判決
も、昭和60年判決を引用して、空襲被害者の上告を斥けた）を指摘している。

〈判断の先行性と重要な判例変更―人権侵害の重大性と司法的救済の必要性〉
　加えて、滝井元最高裁判事は、「請求を認めるかどうかという判断が先行しま
す。」と述べ（同書246頁）、立法不作為の国家賠償法上の違法要件の該当性判
断にあたり、「憲法価値からみた人権侵害の重大性とこれに対する司法的救済の
必要性」が重要な判断要素であることを示唆している。
　滝井元最高裁判事の以上のような指摘は、平成17年最高裁判決を下した当事
者の発言として、極めて重要である。

第3　平成17年最高裁判決等の具体化としての違憲違法要件

1　原告らの主張する立法不作為の国家賠償要件とその充足

　原告らは、立法不作為が違憲と評価され国家賠償法上の違法と評価されるため
の要件として、最高裁判決を中心とする以上の判例が挙げてきた諸点をまとめ次
の3要件を主張する。

（1）（要件1）人権侵害の重大性と継続性
　憲法価値からみた重大な人権侵害があり（憲法の定める根源的価値の侵害）、
その立法救済がなされていないためにそれが放置され人権侵害が継続しているこ
と。

（2）（要件2）立法課題の明確性と立法義務の存在
　上記（1）の重大な人権侵害救済のための立法義務が憲法から導かれ、その立
法課題が明確であること。すなわち、立法解決を図るべき明確な作為義務がある
こと。

（3）（要件3）合理的期間を超える立法不作為
　①立法の必要性を国会議員が認識していながら、②合理的理由なく立法行為を
せず、③それが一定の合理的期間を経過していること。
　本件においては、（1）（2）（3）の全要件が充足されており、被告国が立法

不作為の違法を理由とする謝罪と賠償責任を負うことは明白である。

2　本件における立法不作為の国家賠償3要件の充足

本件においては、上記（1）〜（3）の要件は全て充足されており、被告国が立法不作為の違法を理由（根拠）とする賠償責任を負うことは明らかである。以下、各要件にそって検討する。

（1）（要件1）人権侵害の重大性・継続性

既に詳述してきたとおり、原告ら及び肉親の被った生命・身体・自由に対する戦争被害は壮絶極まりないものであり、このような被害が重大な人権侵害であることは火を見るより明らかである。本件南洋戦・フィリピン戦被害者である原告らは、被告国においてその被害に対する援護をせず戦後長年月放置してきたことにより人権侵害が継続・拡大され、人間としての尊厳、すなわち人格権を侵害されてきたのである。

ア　法の下の平等権の侵害・継続（日本国憲法14条）

日本国憲法14条第1項は、「すべて国民は、法の下に平等であつて、人種、信条、性別、社会的身分又は門地により、政治的、経済的又は社会的関係において、差別されない。」と規定し、法の下の平等原則を規定する。立法の不作為責任（その1）で詳述しているとおり、未補償の原告ら南洋戦等被害者は、「補償」された軍人・軍属をはじめ原告らと同じ一般戦争被害者でありながらも「戦闘参加者」として事後的に準軍属として取り扱われた被害者との間で、現在においても明らかに不平等扱いがあり、その格差も甚大である。それは日本国憲法の規定する法の下の平等原則に反する重大な人権侵害があり、それが継続していることは明白である。その点においても、立法不作為の〔要件1〕を充足している。

イ　特別犠牲を強いられない権利の侵害・継続
　　（日本国憲法13条・幸福追求権）

「特別犠牲を強いられない権利」は、立法の不作為責任（その2）に詳述しているとおり、国家行為により、国家構成員が何らかの被害や犠牲を強いられた場合に、共同体における公平負担ないし負担平等の原理という考え方を基礎に日本国憲法13条が規定する権利である。日本国憲法13条によると、「すべて国民は、個人として尊重される。生命、自由及び幸福追求に対する国民の権利については、

公共の福祉に反しない限り、立法その他の国政の上で、最大の尊重を必要とする。」と規定している（幸福追求権）。憲法13条の規定は、個人の価値を源泉として全ての国民は、個人として尊重され、一人一人が人格において平等な価値を持つ以上、誰も共同体全体のために犠牲にされてはならないのである。

本件南洋戦・フィリピン戦における被害者は、生命、身体、自由を奪われたのであり、原告らは、自らが傷害を受け、その肉親の生命が奪われ、その権利を承継している者であるところ、現在において、日本国憲法13条の規定する「特別犠牲を強いられない権利」を侵害され、それが継続していることは明らかである。

したがって、被告国において立法不作為の〔要件1〕を充足している。

（2）（要件2）立法課題の明確性と立法義務の存在

ア　立法課題の明確性

原告らは、南洋戦等における戦争被害者であり、その被害に対する賠償立法・補償立法を求めているのであるから立法課題としては明確である。

イ　憲法上の立法義務（13条、14条）

被告国は、憲法上、原告らに対する賠償ないし補償立法を行うべき立法義務を負う。立法義務の具体的根拠は、原告らが前述したとおり、憲法13条で規定する特別犠牲を強いられない権利及び同14条1項が規定する法の下の平等権を有しているのであるから、それらの侵害状況を解消し、それらの権利回復を具体的に実現するための立法義務を有しているのである。

以上のとおり立法不作為〔要件2〕も充足している。

ウ　先行行為に基づく条理上の作為義務としての立法義務

先行行為に基づく条理上の作為義務については、本書面の立法不作為（その3）において詳述する。ここでは結論的にまとめて述べることとする。

本件南洋戦・フィリピン戦における原告らの被害は、すでに本書面第2章以下に詳述したとおり、日米（英）の戦闘行為により発生した損害であり、その戦闘行為は損害を発生せしめた直接行為であるとともに生命・身体・自由に対する危険を発生させた先行行為として評価しうる行為でもある。

被告国は、本件南洋戦・フィリピン戦を遂行し原告らをはじめ一般住民に対する生命・身体・自由を侵害し、甚大なる損害を生ぜしめたうえ、それを戦後67年間も救済せず放置し、これらの重大な人権侵害である損害を現憲法下においても放

置しているのである。このような被告国の自らの南洋戦等遂行行為の結果発生した重大な侵害状態の放置政策は、個人の尊厳に最高の価値を置く日本国憲法の下においては、個人の生命・身体・自由を軽視するものであり、憲法の基本原則である人権尊重主義等に真っ向から反する極めて非人道的なものと言わざるを得ない。

従って、日本国憲法に立脚する被告国としては、憲法上の基本的人権尊重主義等の基本原則に基づき、自らの行為から生じた本件被害を回復すべき義務を負うものである。

エ　外交保護権放棄による補償立法の義務

本件南洋戦・フィリピン戦においては、アメリカ軍は、本書面第7章で詳述してきたとおり、国際法違反の無差別空襲や無差別艦砲射撃や潜水艦による無警告船舶撃沈を繰り返し実行し、原告らを含む無辜の一般市民を殺傷してきたものである。

立法不作為（その4）で述べるとおり、原告らはアメリカ政府に対して被害者個人としての戦争損害賠償請求権を有するところ、被告国は、1951年9月8日に締結された対日平和条約第19条（A）において戦争や戦争状態から生じた国民の損害賠償請求権を放棄すると規定されている。

被告国は、対米請求権を放棄したとすれば、日本国憲法下でそれによって生じた原告ら一般戦争被害者がアメリカ政府に対して有する損害賠償請求権を保護する義務を負うものである（外交保護義務違反）。

この外交保護義務違反状態を解消し原告らの権利を保護するための立法義務を負うものである。

（3）（要件3）合理的期間を超える立法不作為

本件南洋戦・フィリピン戦の被害者である原告らの損害の回復のためには立法が必要であり、その必要性を国会議員が認識しているにもかかわらず、合理的な理由もなく立法行為をせず、それがアジア太平洋戦争終了後68年間も経過しており、そのまま損害を放置し続けており、その期間は余りにも長く原告らが高齢であることを考慮すると合理的期間を経過していることは明らかである。上記〔要件3〕も充足している。

第2節　立法の不作為責任①
　　　　―法の下の平等原則違反（憲法 14 条 1 項）

　原告らは、沖縄における軍人・軍属・戦争被害者に対する援護行政・救済運動の経過及び現況（沖縄戦・南洋戦・フィリピン戦被害者のうち、軍人軍属・準軍属と一般民間戦争被害者間の差別及び一般民間戦争被害者間の差別（選別）が如何にして生じたか）については、第 10 章において詳述したとおりである。

　ここでは、原告ら南洋戦民間被害者間の法の下の平等原則違反の事実について追加して述べた上で、日本における戦争被害補償立法の経緯とその重大な問題点として一般民間戦争被害者差別（不平等）の実態について述べ、合わせて軍人軍属中心の援護の破綻と一般民間戦争被害者の救済の拡大と取り残された南洋戦・フィリピン戦一般民間戦争被害者をはじめ空襲被害者の救済の必要性と被告国の責任について詳述する。

第1　南洋戦・フィリピン戦民間戦争被害者間の補償差別問題の存在

1　沖縄における全民間戦争被害者に対する戦争被害救済「援護」拡大運動の経過と、一般民間戦争被害者間の著しい差別（格差）の実態

　南洋戦・フィリピン戦の被害者である原告ら一般民間戦争被害者は、全国及び沖縄戦・南洋戦・フィリピン戦の軍人・軍属・準軍属と同様の戦争被害を被ってきた。にもかかわらず、原告らは軍人軍属・准軍属との間において差別され、全く補償されていないか、または一部に見舞金程度の金銭の支給がなされているにすぎない。

　先のアジア太平洋戦争で死亡した日本人は約 310 万人と推定されており、そのうち 230 万人が軍人軍属（准軍属）、80 万人が一般民間人被害者であると言われている。そのうち 230 万人の軍人軍属は、1952（昭和 27）年に制定された「戦傷病者戦没者遺族等援護法」（以下「援護法」という）に援護されたが、80 万人の民間戦争被害者は後述する沖縄戦・南洋戦・フィリピン戦の「戦闘参加者」以外は「補償」されていない。

　特に、原告らが引揚げた米軍占領下の沖縄には、当初援護法は適用されなかっ

384

第 13 章　被告国の法的責任（その 3）

た。援護法は、沖縄には 1953（昭和 28）年 3 月 26 日に適用された。軍人軍属
中心の援護法により、「援護」されなかった一般民間戦争被害者が援護法の拡大
適用運動もした結果、被告国が 1957（昭和 32）年 7 月に閣議決定により「戦
闘参加者」に該当項目 20 項目を援護法制定 7 年後に事後的に設けて、南洋戦被
害者を含む一般民間戦争被害者を「戦闘参加者」として行政的に認定して救済し
た。救済された一般民間戦争被害者との差別（選別）され続けている事態がある。
その格差の実体は 6500 万円対ゼロである。

　このような軍人軍属のみならず、事後的に行政的に戦闘参加者として准軍属扱
いされた同じ南洋戦・フィリピン戦や沖縄戦の一般民間戦争被害者間にも、著し
い不平等と差別がある。そのことが原告らが本件訴訟において重大な問題として
指摘・主張している点である。

（1）「沖縄戦」の人的被害
ア　「本土防衛のための捨て石」
　「沖縄戦」はアジア太平洋戦争における最後の日米決戦であった。54 万 5000
人の米英の大軍が人口 59 万人の沖縄に攻め入り、11 万人強の日本軍と戦い、
凄惨な地上戦が行われ狭い沖縄の島は焦土と化した。
　「沖縄戦」は日本の敗戦が必至となった状況のもとで、本土決戦を 1 日でも遅
らせるための「本土防衛の捨て石」作戦であった。帝国陸海軍は「玉砕精神」で
戦争指導と作戦遂行をし、この方針を軍のみならず一般住民にまで貫徹した。

イ　県民の 4 分の 1 の 15 万人が死亡
　「沖縄戦」の戦死者数は政府において未調査のため正確な数は未だに不明であ
るが、沖縄県福祉・援護課の推定数では次のとおりとなっている。

　　　本土出身兵……………………… 6 万 5908 人
　　　沖縄県出身軍人軍属……… 2 万 8228 人
　　　一般住民………………………約 9 万 4000 人
　　　米軍………………………… 1 万 2520 人
　　　　　　　　合計　　20 万 0656 人

　上記戦没者には、強制連行などによる朝鮮人の軍夫（戦場の雑役夫）、朝鮮人「従

軍慰安婦」の戦没者数（推定1万人を超える）は含まれていない。

また、「沖縄出身軍人軍属」の中には、正規軍人と区別される現地召集された防衛隊、学徒隊、男女の義勇隊も含まれている。この人数に、戦争マラリア死、餓死、住民虐殺、戦時遭難船舶、集団自決などを含めると一般住民の犠牲者は15万人前後で、県民の4人に1人が戦没したと推定されている。

ウ　軍人の戦死者を上回る一般住民戦没者

沖縄出身の防衛隊などを含めた日本軍戦死者11万0071人と米軍の死者1万2520人を合計すると12万2591人となり、沖縄県民の戦没者はその合計を上回る数字である。なお、県内の『平和の礎』には国籍を問わず24万人以上の死没者が刻名されている。

（2）南洋戦・フィリピン戦の人的被害

第8章で詳述したとおり、南洋戦・フィリピン戦における沖縄県出身者の一般住民は死亡者合計26000人、死亡率30％を超えており、死亡率は「沖縄戦」被害に匹敵する。

（3）援護法の米軍占領下の沖縄への適用－一般住民被害者は適用除外－

米軍に占領された沖縄には、軍人軍属中心の戦傷病者戦没者遺族等援護法（1952年制定）が当初適用されず、一般住民はもとより軍人軍属も含め「援護金」は支給されなかった。

県民の4分の1の死者と多数の負傷者を出し、焦土と化した沖縄では、県民の生存が危機に瀕していた。被害者は、遺族の組織である沖縄県遺族連合会などを中心に一致結束し国に対して必死に援護法の適用運動を展開した結果、1953年に援護法が適用された。

しかし、それは軍人軍属のみに補償され（沖縄戦関係では28228人に対してのみ）、圧倒的多数の一般住民被害者は適用外とされた。

（4）全民間戦争被害者への援護法適用運動高まる

これには、一般民間戦争被害者が我慢（受忍）できなかった。沖縄県遺族連合会・

第 13 章　被告国の法的責任（その 3）

「南洋群島帰還者の会」などを中心に更に県民世論が高まり、全民間戦争被害者救済と援護法の沖縄への適用運動が広がり、対日本政府交渉をねばり強く行った。

その結果、日本政府は 1957（昭和 32）年に閣議決定により沖縄に済んでいる一般住民被害者の中で「戦闘参加者」と取り扱うべき後記の事例 20 項目（食糧提供、壕の提供など）のパターンを決め、それらにに該当するときは「戦闘参加者」、すなわち「準軍属」として援護法を適用すると決定し、一部の住民を救済する措置をとった。

日本政府が、もしこのような部分的救済措置でもとらなかったならば、沖縄の世論は、日本政府への批判が高まり、アメリカの支配を揺るがす大運動に発展したことは確実だったと見られたからである。

しかし、この措置は同じ被害を受けた一般住民の中に選別（差別）を持ち込み、それによって県民世論は分断され、その後全民間戦争被害者救済運動は沈滞し、事実上消えてゆくことになる。

（5）「戦闘参加者」20 項目

政府が閣議決定した一般住民被害者の中で戦闘参加者として援護法適用対象の項目は次の 20 項目のいずれかに該当すると認定された者である。

①義勇隊　②直接戦闘　③弾薬、食糧、患者等の輸送　④陣地構築
⑤炊事、救護等の雑役　⑥食糧供出　⑦四散部隊への協力　⑧壕の提供
⑨職域（県庁職員、報道関係者等）　⑩区（村）長としての協力
⑪海上脱出者の刳舟輸送　⑫特殊技術者（鍛冶工、大工等）
⑬馬糧蒐集　⑭飛行場破壊　⑮集団自決　⑯道案内　⑰遊撃戦協力
⑱スパイ嫌疑による惨殺　⑲漁撈勤務　⑳勤労奉仕作業

（6）戦闘参加者認定と一般住民間差別

援護法制定後 5 年後に援護法の拡大適用運動の結果、戦後になって事後的に日本政府が作り出した行政上の基準による一般住民の「戦闘参加者」は、同じ戦争被害者である一般住民の選別（差別）でもあった。

被告国が事後的行政的に作り出した戦闘参加者とは、次の 20 項目に該当すると行政当局が認定した被害者のことである。

両者は沖縄戦の被害者という点では全く同じである。沖縄戦の被害者は日本軍の軍事政策・作戦行動に従ったために被害を受け、選別自体根拠はなく不当なものである。同様のことは南洋戦・フィリピン戦被害者の場合にもあてはまる。

（7）認定された一般住民には6500万円の支給例も
　戦闘参加者として取り扱われた一般住民の数は約55000名で、「準軍属」として軍人軍属と同額の補償がされている。「戦闘参加者」の受給者数は、沖縄県福祉・援護課の統計資料では、平成23年3月末現在52332人にのぼっている。
　「戦闘参加者」と取り扱われた死没者の遺族に対しては、準軍属の遺族として遺族給与金が公務（戦争）死亡として年間1966800円（最近の年支給額。取扱時より5年間遡及）が支給されている。また、弔慰金として、死没者の遺族に対し10年国債償還方式により年間4万円〜5万円が支給される。
　戦闘参加者とされた障害者には、障害年金が支給されている。公務傷病の場合、その程度に応じて、年間、特別項症認定9729100円〜第5款症961000円が支払われている。年金にかえて一時金を選択した場合、公務傷病第1款症6088000円〜第5款症2855000円が支払われている。

（8）沖縄戦被害者の場合は、未補償の儘放置されている死者が6万6000人・負傷者5万人、南洋戦・フィリピン戦被害者の場合は未補償の儘放置されている死者は17000人・負傷者数不明
　一般住民の死没者のうち「戦闘参加者」概念から外されている援護法未適用者は38900人余である。これに、船舶撃沈による死者や戦争マラリア死者などを含めると後述のとおり約6万6000人の死没者が放置されている。負傷者で後遺障害者も推定5万人が放置されている。
　沖縄県民の死者を15万人と推定した場合は、未補償の死没者数は、この15万人から、沖縄県出身軍人軍属28228人と戦闘参加者として取扱われれた約55000人を除いた66772人と計算される。
　南洋戦等の場合は、前述したとおり援護法の適用を受けた被害者が8000人、未補償のまま放置さている被害者が17000人と推定されている。

第 13 章　被告国の法的責任（その 3）

（9）民間戦争被害者が救済運動を展開

　未補償の南洋戦・フィリピン戦・沖縄戦の民間戦争被害者は、民間戦争被害者の初めての自主的な救済運動組織として、2010 年 10 月に個人加盟の「沖縄10・10 大空襲・砲弾等被害者の会」を結成し、2011 年 10 月には、「沖縄戦・南洋戦」など、全民間戦争被害者の救済組織として名称を「沖縄・民間戦争被害者の会」とした。同会は沖縄戦・南洋戦・フィリピン戦被害の回復等のための新救済立法運動と被害救済を放置し続ける国を被告とする「謝罪と国家補償」を求める集団訴訟の提訴のための活動を強め、その会の会員及び非会員も含めて沖縄県民の世論の支持を得て本提訴に至った。

　同会には、本件原告ら南洋戦・フィリピン戦の被害者も多数加入しており、本件訴訟提訴に踏みきったのである。

第 2　日本における戦争被害補償立法の経緯と民間戦争被害者差別の実態

1　戦争被害補償立法の問題点

　日本国憲法下で戦争被害補償を行う場合には、欧米と同様に民間人、とりわけ空襲被害者を含む非戦闘員民間戦争被災者に対する戦争被害補償を軍人軍属と同様に行うべきであった。そのことは、被告国が戦争終結に当たり昭和 20 年 8 月14 日に国民に発した官報号外の内閣告諭で「特ニ戦死者戦災者ノ遺族及傷痍軍人ノ援護ニ付テハ国民悉（ことごと）ク力ヲ效（つく）スベシ」と被告国が一般民間戦争被害者救済が最優先的課題（戦死者戦災者の遺族という文字が傷痍軍人よりも前に来ている点を注目）である旨国民に宣言し「命令」したことによっても明らかである。

　ところが、戦後、被告国は、軍人軍属や国家に協力した者を中心に補償を行ってきた。そして原告らをはじめとする沖縄戦・南洋戦・フィリピン戦における一般戦争被害者も相当数未補償のまま放置されてきた。更に、全国の空襲被害者も理由もないままに放置されるに至っている。このような立法経過は、憲法の基本価値を損なうものであり、立法不作為の国家賠償要件である「権利侵害の重大性」の要件をより強める事実となっている。

389

同時に、憲法の基礎になる被害の公平負担の理念を強く侵害し、憲法の平和主義の理念を強く掘り崩すものであり、明白な平等違反であり、その経過をみれば、司法府の関与の必要性を著しく強めるものと言うべきである。

以下、戦争被害補償立法の問題点を述べることとする。

2　戦時中・終戦直後までは戦時災害保護法により旧軍人軍属とともに、民間戦争被害者も援護の対象とされていた

戦時中及び終戦直後までは、民間人の一般戦争被害者や空襲被害者も、被告国による援護対象とされていた（以降は、一般民間戦争被害者や一般戦災者という言葉の中には、特段の断りがない限り空襲被害者の意味も含めて使用する）。

ところが、1946（昭和21）年に戦時災害保護法が廃止され、一般戦争被害者に対する援護制度は消滅した。戦後は、1952年3月12日「戦傷病者戦没者遺族等援護法」が国会に提出され、サンフランシスコ条約発効直後の同年4月30日公布となった。すなわち、戦争中は、軍人のみならず、民間人・空襲被害者も援護されていたにもかかわらず、戦後は、軍人軍属と民間人・空襲被害者と不平等な法律が制定された。戦後の戦争被害者対策は、日本の独立という出発点の段階で、すでに、一般戦争被害者と軍人軍属との間で重大な不平等が生じた。

戦時災害保険法

ア　戦時災害保護法は、太平洋戦争開戦の翌年である1942（昭和17）年に制定された。これは、当時存在した救貧立法である救護法（昭和4年法律第39号）や、後に成立する旧生活保護法（昭和21年法律第17号）よりも民間人戦争被害者に多様かつ手厚い援護策を定めていた。

太平洋戦争の開戦に伴い、軍人以外の者も戦争のために動員する総力戦体制を法的に担保するために作られたため、軍人とそれ以外の一般国民とを区別しないことを前提とした。

イ　同法は、援護の対象とされる「戦時災害」について、以下のとおり規定する。

「第1条　戦時災害ニ因リ危害ヲ受ケタル者並ニ其ノ家族及遺族ニシテ帝国臣民タルモノハ本法ニ依リ之ヲ保護ス。

第13章 被告国の法的責任（その3）

第2条 本法ニ於テ戦時災害トハ戦争ノ際ニ於ケル戦闘行為ニ因ル災害及之ニ起因シテ生ズル災害ヲ謂フ」

地上戦や空襲などの戦闘行為により直接生じた災害だけでなく、「之ニ起因シテ生ズル災害」による被害も対象とした。例えば、戦闘行為や空襲により避難場所に殺到した者が負傷した場合や、戦闘行為や空襲により橋梁が破壊されたのを知らずに通行して負傷した場合等も、戦争災害にあたるというのが政府の公式見解であった。

同3条は、被害者への保護の内容を3種類（救助、扶助、給与金ノ支給）定めた。

第5条 救助ハ戦時災害ニ罹リ現ニ応急救助ヲ必要トスル者ニ対シ之ヲ為ス

第6条 救助ノ種類左ノ如シ

　　　一　収容施設ノ供与

　　　二　焚出（たきだし）其ノ他ニ依ノレ食品ノ給与

　　　三　被服、寝具其ノ他生活必需品ノ供給及貸与

　　　四　医療及助産

　　　五　学用品ノ給与

　　　六　埋葬

　　　七　前各号ニ揚グルモノノ外地方長官ニ於テ必要ト認ムルモノ

と救助の対象者を「現ニ応急措置ヲ必要トスル者」と定め貧富・資力を要件としていない。

救助の内容は上記のとおり多岐にわたっており、衣食住のすべてについて無償での原物給付がなされ、空襲後に仮設住宅が建設されたり、旅館や公的施設を収容施設（居住場所）に指定する措置がとられるなどした。

同法は、戦災による傷病者および遺族への生活支援制度として「扶助」を定め、扶助の対象者は、戦時災害による傷病のための生活困窮者で（16条）、当時の救貧立法であった救護法が救護要件とした「生活スルコト能ハザルトキ」との生活不能者よりも緩やかな要件であった。戦災による傷病者だけでなく、その配偶者・直系卑属も扶助を受けられることになっている。

扶助については、生活扶助、療養扶助、出産扶助、生業扶助（17条）と、埋葬または埋葬費の支給（19条）の合計5種類がある。

当時の救貧施策を定める救護法10条は、「救護」の4種類（生活扶助、医療、

391

助産、生業扶助）を規定していたが、同法は更に、埋葬、または埋葬費の支給という類型を加えて援護の内容を拡大している。

生活扶助の額は、1日60銭とされており、これは救護法による生活扶助費1日50銭よりも高い。

同法は、戦時災害による死亡者遺族や戦災障害者（同法22条）、戦時災害により住宅や家財を滅失・毀損させた所有者（同法23条）、戦時災害を受ける危険性の高い業務従事者および遺族（同法24条）に対する「給与金」を一時支給することを定めていた。

当時の救護法における「生活不能」や、戦時災害保護法16条の扶助における「生活困難」の要件と比較すると、極めて緩やかな基準であった。

給与金の額は、同法施行令の「別表第二」において、以下のように定められていた。当時の警察巡査の初任給（月45円）の約8～16か月分にあたる金額が支給されていたことになる。

遺族給与金	500 円
障害年金　終身雇用が不可能	700 円
同　　　終身義務に服することが可能	500 円
同　　　著しい障害、女子の外貌に醜状痕	350 円

このように、戦時災害保護法は、民間戦災者や遺族に対して、きわめて緩やかな所得制限に該当しない限り、少なくとも数か月分は生活に困らない程度の給与金を支給していた。

現在の国家補償の水準と比較すれば不十分な内容ではあるが、戦時中の救護法にも戦後の旧生活保護法にもみられない多種多様な民間被災者援護の措置がとられていたのである。

確かに、当時の立法担当者の解説による、「戦時に際して、国民一人残らず、之が防衛に当たるべきは、家族国家たる我が国の国情からみて当然であり、国民的責務であらねばならない。従って戦時災害に因り、国民が、人的、物的に被害を受くることありとするも、国家からの損害補償を要求すべき性質のものではな

392

いのみならず、そうした補償を期待すべきものですらない。」として、欧米の国家補償思想に基づくものではないとされている（高橋敏雄「戦時災害保護法について」厚生問題26巻4号10頁）が、その内容自体から見て、国家補償的性格を持っていたことは明らかである。

ウ　1942（昭和17）年に同法が施行されてから1945（昭和20）年の終戦までに、同法による援護の実施件数・金額は下記のように増大していった。
　　空襲の激化と被害の拡大に応じて、援護の実施件数も急増した。

年　　度	件　　数	費用（支給額と実施費用）
1942 年	1,469 件	263,255 円
1943 年	2,248 件	199,274 円
1944 年	1,163,601 件	15,532,125 円
1945 年	2,979,562 件	227,709,611 円

　　軍事扶助法による傷痍軍人や軍人遺族への補償額も、1943（昭和18）年には約1億円、1945（昭和20）年には約2億2千万円と徐々に増加している。1945年には、戦時災害保護法による支出額が、軍事扶助法の支出額を逆転して大きく上回ることになった。
　　このことは、終戦前後に極めて多くの一般民間戦災者が援護を必要としていたことの表れである。当時において、決して軍人軍属よりも民間戦災者の方が援護の必要性が低いということはなかった。

エ　1944（昭和19）年10月10日の沖縄10.10大空襲を皮切りに1945（昭和20）年3月の東京大空襲など、全国の都市が空襲の火の海に包まれ、極めて多数の犠牲者を生みだし、沖縄では「一般住民をまきこんで国内唯一の地上戦が壮絶に闘われて終戦を迎えることとなった。
　　被告国は前述のとおり終戦に際し国民に対し号外を発し、一般民間戦争被害者

救済が最優先課題であると明言し、国民に周知した。

　民間被害者は悲惨な窮状におかれ、飢餓に苦しむ市民、家と仕事を失って浮浪者となる者、親を失った戦災孤児などが街にあふれた。

　そのような社会状況からみて、一般民間被害者などを援護する必要性は極めて高かった。もちろん被告国もそのことを明確に認識していた。被告国は幾度にもわたって被害者援護を重視すると言明し、そのことを国民にも周知したことからもわかる。

　被告国は1945（昭和20）年12月15日「生活困窮者緊急生活援護要綱」を閣議決定した。

　この「生活困窮者緊急生活援護要綱」によれば以下のとおり定められている。

「生活援護ノ対象ト為スベキ者ハ一般国内生活困窮者及左ニ掲グル者ニシテ著シク生活ニ困窮セルモノトス

　　一　失業者

　　二　戦災者

　　三　海外引揚者

　　四　在外者留守家族

　　五　傷病軍人及其家族並ニ軍人ノ遺族」

　この規定では、まず一項で失業者を規定し、二項で「戦災者」、五項で「軍人」およびその家族・遺族と記載されていることからも明らかなとおり、軍人・軍属よりも戦災者の方が先順位に規定されているのである。もちろん、国との雇用関係があった者か否かによる区別もされていない。「著シク生活ニ困窮セルモノ」に対しては、平等かつ公平に生活援護を行う趣旨と解される。

　注意すべきことは、上記要綱が特に「戦災者」という言葉を用いていた点である。この用語は前述号外内閣告諭と同じである。同要綱の制定は終戦4ヶ月後であり、都市も農村も混乱・疲弊した状況にあった。そのため、「戦災者」でなくとも困窮に陥っている者は多数いたのであり、その類型は多種多様であった。しかし、上記の要綱は、「戦災者」という類型を規定することによって、特に一般民間戦争被害者に対する援護を重視すべき姿勢を明確にしていたのである。

　1945（昭和20）年8月の終戦後、南洋戦等被害者が引揚げた沖縄をはじめ国

394

第 13 章　被告国の法的責任（その 3）

内各都市は、一般戦争被害者や戦争孤児の餓死など深刻な状況となって、援護の
必要性は、終戦後一層高まっていった。

オ　こうした中で、全国の戦争犠牲者らが 1946（昭和 21）年 6 月 8 日に「戦
災者団体全国協議會」を開催した。翌 9 日には、大阪の「日本戦災者同盟」と東
京の「全國戦災者同盟」を統一した「日本戦災者同盟聯合會」が結成され、5 項
目の対策（戦災復興対策、戦災者の住宅対策、戦災者救護対策、戦災者復興対策、
戦災者食糧対策）を要求する決議をあげた。
　このような、終戦直後から一般戦争被害者や空襲により生じた戦災孤児らが困
窮を極める状況下で、1946（昭和 21）年 6 月までに戦災者同盟などが援護と補
償を求める運動が開始されるようになった。本来であれば、被告国は、こうした
国民の困窮の実情に目を向けて、早急に援護措置を充実・拡大すべきであった。
　ところが被告国は、こうした国民の願いに反する政策をとったのである。

カ　すなわち、1946（昭和 21）年 9 月に上記の「戦時災害保護法」を廃止して
一般戦争被害者などへの援護措置を廃止した。前述の閣議決定による「生活困窮
者緊急生活援護要綱」も失効させた。その上で、その 6 年後の 1952（昭和 27）
年に、「戦傷病者戦没者遺族等援護法」を制定して、軍人軍属およびその遺族に
対して手厚い援護・補償を開始したのである。
　戦時災害保護法の廃止は、一般戦争被害者への援護を日本の法制度上から完全
に消滅させるものであった。決して、民間被災者への援護が、他の何らかの施策
へと移行した訳ではない。
　前述のとおり、1942（昭和 17）年に戦時災害保護法が制定された当時は、今
の生活保護法に連なる救貧立法として「救護法」（昭和 4 年法律第 39 号）が存
在した。その特別法として、特に民間被災者を援護する「戦時災害保護法」が制
定されたのである。
　救護法と戦時災害保護法は、立法趣旨も援護対象も全く異なるものであった。
厚生省生活局は、1942 年 3 月発行の週報 283 号 9 頁において、「本法（戦時災
害保護法）による保護は、戦時災害といふ特殊な原因に基づく保護であって、一
般の生活困窮者に対する救助や扶助とは性質を全く異にするものである」と明記

395

している。

　そして、1946（昭和46）年9月に救護法と戦時災害保護法が廃止され、それと同時に旧生活保護法（昭和21年法律第17号）が制定された。しかし、このことは「戦時災害保護法の施策が旧生活保護法に引き継がれた」ということを意味しない。なぜなら、旧生活保護法は救護法を継承したものであり、戦時災害保護法が独自に定めた各種の一般戦争被害者らへの援護施策は全く引き継がれなかったからである。

　これは、わずか9ケ月前に閣議決定された「生活困窮者緊急生活援護要綱」が戦災者の援護を明記していたことと全く矛盾する方針変更である。下記の表をみると、戦時災害保護法が定めた各種施策のうち、もともと救護法に同様の規定が

各種施策の内容	救護法（昭和4年制定）	戦時災害保護法（昭和17年制定）	旧生活保護法（昭和21年制定）
救助			
収容施設の供与	×	○6条1項	×
焚出し、食品の給与	×	○6条1項	×
被服、寝具、生活必需品の給与	×	○6条1項	×
医療・助産	×	○6条1項	×
学用品の給与	×	○6条1項	×
扶助			
生活扶助	○10条1項	○17条	○11条1項
療養扶助	○10条1項	○17条	○11条1項
出産扶助	○10条1項	○17条	○11条1項
生業扶助	○10条1項	○17条	○11条1項
埋葬・埋葬料の支給	○17条1・2項	○19条	○11条1項
給与金			
遺族給与金	×	○22条前段	×
傷害給与金	×	○22条後段	×
住宅・家財給与金	×	○23条	×

第 13 章　被告国の法的責任（その 3）

あったものだけが旧生活保護法に引き継がれたことがわかる。

　戦時災害保護法と救護法とに重複する施策だけが旧生活保護法に残されており、「戦時災害保護法の施策が旧生活保護法に継承された」とはいえないことがわかる。

　このように、被告国は、国民の切実な願いに反して、わずか 9 ヶ月の前の閣議決定にも反して、1946（昭和 21）年 9 月に戦時災害保護法を廃止し、一般戦争被害者の救済を排除し、軍人軍属と一般戦争被害者との不平等を拡大させ始めたのである。

　このような点からも、国内の戦後補償の不合理性は明らかとなっている。その点は被告国の国家補償立法を制定しなければならない立法作為義務を基礎づける事実である。

3　軍人軍属を中核とした援護制度
―旧軍人軍属・準軍属と民間戦争被害者との不平等

（1）旧軍人軍属・準軍属は、現在まで総合計 52 兆円を超える莫大な補償

　それにもかかわらず、民間空襲被害者は、全く補償されていないし、前述したとおり沖縄戦一般戦争被害者のうち 67000 人の死没者と 50000 人の後遺障害者が、南洋戦・フィリピン戦の一般戦争被害者の 17000 人の死没者と数字不明の数の後遺障害者が全く補償されていない。戦時中でさえ民間人に対する補償がなされ、更に基本的人権を守るべき価値の中核におき平和主義を基調とする憲法の下で、戦争被害補償について、軍民平等であるべきことは明らかであり、民間人の補償をしないことは、法の下の平等原則（憲法 14 条 1 項）と平和主義に明白に違反している。

ア　軍人恩給の復活と戦傷病者、戦没者遺族等の援護法の制定

　戦前の日本の援護立法体系は、前述したように、1917 年には軍事救護法（後の軍事扶助法）が公布され、その後 1942（昭和 17）年には戦時災害保護法及び同法施行令が制定され、これらのもとで、軍人軍属だけでなく、民間人も援護の対象とされていた。

　しかし、戦時災害保護法は軍事扶助法同様、1946（昭和 21）年 9 月に廃止さ

397

れた。これは、GHQ の強調した「無差別平等」原則に基づき、軍人軍属、民間人とを問わず生活困窮者を「無差別平等」に保護する趣旨に基づくものであり、軍人軍属を含む戦災者は生活保護法等一般社会保障法の枠内での補償という体制となった。

そして、生活保護法だけでは社会保障法として十分ではないとされ、1947（昭和22）年に児童福祉法、1949（昭和24）年に身体障害者福祉法が制定された。

すなわち、この時点までは、軍人軍属を含む戦災者は、一般社会保障の枠内において保護が図られることとなっていたのである。

しかし、日本が対日平和条約を締結し、占領体制から脱した軍事体勢への逆コースと言われている中で、1952（昭和27）年、戦傷病者戦没者遺族等援護法が制定され、翌1953（昭和28）年、恩給法が改正された。これにより、旧軍人軍属に限定して援護が行われることとなり、「無差別平等」原則は後退し、その後その差別は拡大することになる。

そして、戦傷病者戦没者等援護法により、軍人、軍属、準軍属に対する遺族年金制度が設けられることとなり、恩給法により、軍人に対して恩給法による公務扶助料が支給されることとなった。

その結果として、恩給法に該当する軍人の遺族については恩給法の規定により公務扶助料が、恩給法に該当しない軍人・軍属・準軍属の遺族については、戦傷病者戦没者等援護法の規定により、それぞれ遺族年金ないし恩給が給付されることとなった。

これ以降、①未帰還者留守家族等援護法（1953（昭和28）年）、②旧軍人等の遺族に対する恩給の特例に関する法律（1956（昭和31）年）、③引揚者給付金等支給法（1957（昭和32）年）、④未帰還者に関する特別措置法（1959（昭和34）年）、⑤戦没者等の妻に対する特別給付金支給法、⑥戦傷病者特別援護法（1963（昭和38）年）、⑦戦没者等の遺族に対する特別弔慰金支給法（1965（昭和40）年）、⑧戦傷病者等の妻に対する特別弔慰金支給法（1966（昭和41）年）、⑨戦没者の父母等に対する特別弔慰金支給法（1967（昭和42）年）、⑩旧植民地出身軍人軍属（1987（昭和62）年）等、制定され、軍人・軍属に対する救済の範囲は徐々に広がっていった。

第 13 章　被告国の法的責任（その 3）

イ　未帰還者留守家族等援護法（1953 年）・未帰還者に対する特別措置法
　　（1959 年）・引揚者給付金等支援法（1957 年）による各援護措置と南洋戦・
　　フィリピン戦の民間戦争被害者の未補償についての若干のコメント

　前述したとおり沖縄戦と南洋戦等の民間人犠牲者の数多くの戦没者や後遺障害者が未だに補償されていない。因みに　未帰還者留守家族等援護法（昭和 28 年法律 161 号）ではソビエト社会主義共和国連邦、樺太、千島、北緯 38 度以北の朝鮮、関東州、満州または中国本土地域等に居た一部邦人にさえ特別未帰還者として、死亡した者には葬祭料（同法第 16 条、第 25 条）、遺骨引取経費（同法 17 条）、傷病者には療養給付（同法第 18 条）、障害一時金（同法第 26 条）等の措置があり、また引揚者給付金等支給法（昭和 32 年法律 109 号）においては引揚前若しくは引揚後死亡した者にさえ遺族給付金（同法 8 条）支給の措置がなされている。よってこれらの趣旨が、その法律の適用地域が海外や旧植民地等という特殊地域における特殊事情による措置と言うならば、沖縄における島ぐるみ戦争において、被告国の遂行した軍事行動や戦闘行為等により傷病を受けまたは死亡した一般犠牲者はむしろそれ以上であってそれ以下ではないはずである。これらの法律を制定し、海外や旧植民地における日本人戦争被害者を援護することは、むしろ当然であるから、原告ら沖縄や委任統治領であった南洋諸島等の民間戦争被害者も援護されることには合理的理由がある。

　その具体的な救済方法としては、現行の戦傷病者戦没者遺家族等援護法（昭和 27 年法律 127 号）の中でその措置を講ずるか、或いは若し戦斗参加者として準軍属に含めることが無理と解釈するならば、沖縄地域・南洋諸島・フィリピン群島における一般戦争犠牲者に対する特別措置として、別個に特別立法をするか、司法における救済か、である。本件訴訟においては、当然のことであるが、司法的救済を求めているのである。いずれにしても、過酷な沖縄戦・南洋戦・フィリピン戦の一般民間戦争被害者を「未補償のまま歴史の闇に葬ってはならない」のである。

ウ　旧軍人軍属・準軍属に対する現在までの補償の累計援護費関係の支出
　　累計－ 52 兆円
　1952（昭和 27）年以降から 1997（平成 9）年までで、総計 43 兆 9925 億

円であり、うち軍人軍属関係が41兆2103億円（全体の94％）、留守家族、引揚者援護が134億円、原爆医療が約2兆4095億円、その他の援護関係費［1960（昭和35）年から1997（平成9）］年が2307億円である。

　そして、軍人軍属関係の恩給と遺族年金の支給額は、現在でも年間平均1兆円近くの予算が組まれている。したがって、軍人軍属関係の支出は、2011年現在時点で52兆円を優に超える莫大な数字となっていると考えられる。それに対して、原告らのような沖縄戦被害者グループなどには、1円足りとも全く補償されていない。

エ　軍人・軍属、準軍属に対する他の民間戦争被害者と違った手厚い補償内容について

　旧軍人軍属・準軍属に対する金銭給付としては、軍人については、恩給法に基づく普通恩給、傷病恩給として、増加恩給、傷病年金、特例傷病恩給があり、恩給の対象とならない軍人及び軍属、準軍属については、戦傷病者戦没者等援護法に基づく障害年金の給付があり、その障害の程度や障害を負った原因により、受給金額が決定される。

　恩給の対象外となる元軍人や軍属、準軍属に対しては、戦傷病者戦没者遺族等援護法7条1項による障害年金制度がある。これには、在職期間の長短による区分はない。

　傷害の程度による区分は、恩給法と同一の基準が用いられている。すなわち、重度障害（特別項症および第1項症〜第7項症）および軽度障害（第1款症〜第4款症）の症状区分と、各区分に応じた障害年金額が定められている（同法7条1項、8条）。

　恩給法ないし戦傷病者戦没者等援護法に基づき旧軍人軍属・準軍属に対して恩給ないし障害年金が支給されることは先に述べたとおりであるが、同法律らは、その一定の遺族に対しても、遺族給付を規定しているのである。

　戦傷病者戦没者等援護法の遺族年金の受給権者は、同法第23条各号に規定されている者の遺族であり、基本的には疾病または死亡当時に軍人軍属であった者またはその遺族（同法第23条第1）であるが、準軍属または準軍属であった者の遺族も対象であり（同法第23条第2項）、公務上負傷しまたは疾病にかかり、

第13章　被告国の法的責任（その3）

これによって死亡した場合（同法第23条第2項第1号）だけでなく、準軍属としての勤務に関連して負傷し、または疾病にかかり、これにより死亡した場合や（同法第23条第2項第4号）、障害年金の受給権者であったものが、その権利を失うことなく当該障害年金の支給事由以外の事由により死亡した場合の遺族（同法第23条第2項第5号）、昭和12年7月7日以降準軍属としての勤務に関連して負傷し、または疾病にかかり、当該負傷または疾病の発した準軍属たる期間内またはその経過後6年後（事由によっては12年）以内に死亡した準軍属または準軍属であった者の遺族（同法23条第2項第9号）等、幅広く受給権者が規定されているのである。

　このように準軍属の概念が広がっていっても、一般戦争被害者はこれに含まれないという扱いをされたため、原告ら被害者は遺族年金を受給できないでいる。後述するようにその範囲設定は、極めて恣意的である。

　このように、軍人軍属・準軍属本人に対する障害年金給付だけでなく、その遺族に対する遺族給付ないし遺族給与金についても、相当な範囲、相当な内容の支給がなされる一方で、他の民間戦争被害者との関係でも、また、全く補償の対象とならない空襲被害者との間の著しい格差が広がっているのである。

　軍人軍属・準軍属に対しては、先に述べた戦傷病者戦没者遺族援護法による、援護の対象となるが、その中でも、恩給法に規定される「軍人」に対しては、先に述べた恩給を受給することができる。そして、その遺族に対しては、下記に述べる恩給法に基づく扶助料を受給することができるのである。

　恩給法における遺族とは、祖父母、父母、配偶者、子、兄弟姉妹であって、旧軍人軍属死亡当時、旧軍人軍属と生計維持、または生計を同一（死亡が昭和22年5月3日の日本国憲法施行の日より前であるときは、同一戸籍内にあった）の関係にあった者である。

　扶助料は、旧軍人軍属が死亡した場合において、一定の条件を備えているときに、その遺族に支給される恩給法上の年金で、死亡原因等により4つに分かれている。

a　普通扶助料（恩給法第73条第1項、恩給法第75条第1項1号）

　普通扶助料は、普通恩給受給者（資格者含む）が公務傷病によらないで死亡（平

401

病死）した場合に、その遺族が受給できるものである。年額は、原則として普通恩給年額の１／２相当額又は最低保障額で、さらに受給者が妻で、一定の条件を満たしている場合には寡婦加算額が加えられる。

b　公務扶助料（恩給法第 75 条第 1 項 2 号）

公務扶助料は、旧軍人軍属が、公務（みなし公務含む）傷病又は戦傷病者がその傷病により死亡した場合に、その遺族が受給できるものである。

c　増加非公死扶助料「3 号扶助料」（恩給法第 75 条第 1 項 3 号）

増加非公死扶助料は増加恩給受給者（資格者含む）が、平病死した場合、その遺族が受給できるものである。年額は、普通扶助料年額に階級により定められた倍率を乗じて得た額又は最低保障額で、さらに公務扶助料と同額の遺族加算額と扶養遺族加給額が加えられる。

d　特例扶助料（昭和 31 年法律第 177 号）

特別扶助料は、特例傷病恩給と同系列のもので、軍人準軍属が昭和 16 年 12 月 8 日以後、内地等で職務に関連した傷病にかかり、そのために死亡した場合に、その遺族が受給できるものである。年額は、普通扶助料年額に階級により定められた倍率を乗じて得た額又は最低保障額で、さらに公務扶助料と同額の遺族加算額と扶養遺族加給額が加えられる。

なお、最低保証額とは、戦傷病者戦没者遺族援護法における職務関連死亡の場合における額であり、金 157 万 3500 円である、

さらに、恩給は、軍人が在職中特殊な勤務に服した場合に、その間の勤務期間を割増しして評価するという加算制度がある。そして、この加算制度により算出された仮想の在職期間により額を算出しているのである。対象となる地域や、期間、勤務の状況、加算の程度は、恩給法及び附則別表等に別途規定されている。この加算制度によって、実際の勤務期間より長い勤務期間が前提とされる場合があり、恩給額が増額されることになるのである。

そして、軍の関係者は、階級が高ければ高いほど、高額の補償がされ、階級的な差別がなされている。

（2）軍人軍属と民間戦災者、空襲被害者との間の不平等への批判

ア　学者による批判

第 13 章　被告国の法的責任（その 3）

　一般戦争被害者への援護を廃止しながら軍人軍属への援護を復活することは、当時の社会において、決して当たり前のように受け止められた訳ではない。

　とりわけ、軍人軍属への援護を定める戦傷病者戦没者遺族等援護法に対しては、当時の著名な法学者から強い批判が提示された。

　たとえば、民法の大家である鈴木禄彌博士は、「民商法雑誌」27 巻 4 号（1952年 7 月号）の掲載論文「戦傷病者戦没者遺族等援護法雑考」（谷口知平博士・阿南成一氏と共著）において、以下のように述べている。

　「本法の対象とする（遺族年金の）受給者の範囲は妥当なものとは思えない。（中略）今日わが国において生活を保障されるべき者はいわゆる遺族のみではなく、生活困窮者である。（中略）特に遺族のみが、優先待遇を受ける理由はないのである。」、「戦争被害者は遺族に限られないのであり、戦災者・引揚者等の直接被害者はもとより、全国民が戦争被害者であり、しかもみな少なくとも充分には補償を得ていないのである。（中略）かくのごとく被害者の層が広汎に分布している場合には、結局富者＝被害の少なかったものの犠牲において貧者＝被害の多かったものを救済する一般的な社会政策が行われるべきであり、」「軍人市民として死んだかは本質的差異をもつものではない。かく考えると本法の定める弔慰金受給権者の範囲は、妥当とは思われない。」

　このように、鈴木禄彌博士は、一般戦争被害者と軍人軍属には本質的差異はないと述べ、軍人軍属などの「特殊な被害者諸」のみを援護対象とすることに強く反対したのである。

　その後、立命館大学の赤澤教授は軍人恩給復活の点について、「日本の戦争犠牲者への補償が国民平等主義に立たなかった最大の理由は、その補償が逆コースの中で行われたという点にあるといえよう。占領軍の指令に基づく戦後改革の指定と戦前への復活、復帰の思考が軍人恩給の復活を当然視させ、また少なくても当初は軍人恩給復活要求の一部は、再軍備への動きとも結びついていたのであった。従って戦争犠牲者に対する補償問題の論議は、事実上軍人恩給復活の是非を争うという形で前記のように進められたのであった」と述べ、名古屋空襲裁判を紹介した論文で赤澤教授は、「戦争は果たして正当な行為なのか。現憲法下の国民に奉仕する公務とは矛盾し、旧憲法下の公務を戦後の日本国憲法下でそのまま正当な行為と認めるということは憲法に違背である」ことを指摘し「現実に公務

403

性を問題とせず、戦争による受傷を全部救済するならば、当然民間戦傷者であっても同じように救済されても良いのではないか」と名古屋裁判の批判として指摘している。

この意味で、憲法の平和主義の基本理念に大きく反しているのである。

イ　国会審議で出された批判

戦傷病者戦没者遺族等援護法の法案を審議する第13回国会衆議院厚生委員会の公聴会（1952（昭和27）年3月25日）において、早稲田大学教授の末高信氏は、次のように同法案を批判した。すなわち、国の費用により与える保護は「無差別平等の原則」が適用されるべきであるとの立場から、戦争による犠牲負担は「あらゆる階層、あらゆる人々に対して、ほぼ同一に発生するものであり、（中略）これらの人々に、何らの特別の措置を講ずることなく、単に軍人の遺族である、あるいは傷病者であるがために特別の措置を講ぜられるということは、国民のうちに、党中党を立てるような感じがありまして、私ども納得できない」と述べた。

なお、同教授は、翌1953（昭和28）年7月27日の参議院内閣委員会において、恩給法改正審議の参考人として出席し、戦時災害補償の全面的実行をさしおいて軍人恩給のみを復活するのは不公平であると陳述した。

こうした批判は、同教授のみならず当時の社会において軍人・軍属のみに手厚い補償をすることへの根強い批判があったことを示すものである。

ウ　70年代80年代の国会での批判

1970年代から80年代にかけての、戦時災害援護法案の国会での審議の中で、野党はこの軍民格差、不平等を追及し、昭和56年4月14日に閉かれた参議院労働委員会において、園田直厚生大臣は、以下のように述べている　。

「そういう理論から言うと、国家から召されていったから、あるいはそうじゃなかったからということで本当は区別するのは理論的には間違いであって、やはりひどい目に遭われた程度によって区分するのが本当の私は理屈だと思います。しかし、現状としてはなかなか現在ではそれは困難であることは私も承知しております。（中略）日本の戦争災害者の方々に対する基本的な姿勢は、戦後の処理問題であって、その受けられた災害の度に応じて考えるべき問題であると考えて

第 13 章　被告国の法的責任（その 3）

おりますが、現実はいろいろ違っておりまして、縦割りというか何か軍人軍属あるいは軍の命令というようなものが先に立っておりますが、これは私は理論としてはなかなか筋の通らぬところもある。やはり全般的に災害に、ひどい思いをされた、つらい思いをされた方々の度に応じてやるべきだと思いますものの、現実としては、ここまでやってきました問題を切りかえることは非常に困難である、せめてそういう網から漏れた方々を戦後の処理は終わったなどと言わずに、一つ一つ努力をして網の目から漏れた気の毒な人々に対する対応の策を講ずることが必要であると考えております。（中略）戦争の被害というものは、年がたつにつれて戦闘員と非戦闘員の区別なしに被害を受けるものでありまして、場合によっては、戦地でひどい目に遭ったつらさよりも、内地で日常生活をしながらひどい目に遭った方々もたくさんあるわけでありますから、（中略）戦時災害援護法、この趣旨は戦争災害を受けた者は、身分、立場、その他にかかわらずひとしく戦争災害者としてこれに対する国の責任を果たす、こういう理論から言って私は理論はそうあるべきであると思います。しかしながら、実際に行政を担当する私といたしましては、これが現実の政治環境からなかなか実行することは困難である、こう思っております。」と述べるまでに至っている。

　昭和 48 年 7 月に開かれた第 71 回国会において、齊藤厚生大臣は、国会で「大東亜戦争は私が申し上げるまでもなく、総力戦というようなことで、色々な義務を国民が負わされて戦争に望んだということは仰せの通りでございます。」「防空壕その他について、やはりこれは何か特別な関係があるのではないかと、こう思われるものにつきましては、その都度具体的な例を拾いながら援護法の中で面倒をみるようにしようじゃないか。こういう範囲を拡大して今日まで努力をしておるわけでございます。」と述べた。
　最近の 2008 年 4 月の第 169 回国会参議院厚生労働委員会において、福島みずほ委員の「軍人・軍属だけが優遇され、空襲被害者等に全く補償されていないのはおかしいのではないか」との質問に対して、舛添厚生労働大臣は、「我が国には、民間の、例えば外国の軍隊による空爆の被害者についての特段の措置はございません。こういうものについてどうするか、これはきちんと議論をすべき課題であると思います。福島委員の御提案も受け止めさせていただいて、これは厚

405

生労働省というよりは、国会議員として、政治家として、きちん議論を重ね、最終的に戦後処理をきちんとやりたい。」と国会で政府責任者は答弁しているのである。

エ　判決による不平等批判

　名古屋空襲訴訟第一審判決（判例時報1006号）は、次のように判示している。「国の立法府たる国会の範囲に属するのであって、援護法制定が立法裁量の範囲を逸脱し、また不合理な理由による差別立法であると認められない」としているが、一方で、「社会保障の見地に限れば、民間被災者たると、旧軍人たるとに拘わらず、同等の障害を負った者に対して同等の保障をなすのが当然である上、戦争犠牲者に対する国家補償という面に於いても、国の遂行した戦争において、障害等を折った者は民間戦災者であっても旧軍人軍属であっても、その保障の必要性に原則的にはそれ程顕著な差異は認められず、ただ旧軍人軍属が民間被災者とは異なり、国から戦う義務を課されて戦地とう勤務を命ぜられ、生命の危険に晒されながら苛烈な環境下に於いて戦いを為さざるを得ない立場にあったという事実を考慮すれば、旧軍人軍属については民間被災者より保障の必要性が強くなることが考えられるに過ぎない。従って、社会保障及び国家補償の見地だけからすれば、軍人軍属と民間被災者の間に顕著な援護上の差異を設けることは合理性を欠くものと言わざるを得ない……」と述べ、「勿論、戦後30年以上を経た今日に於いても十分な保障を受け得ず、今尚戦争による傷跡に苦しみつつ、日々の生活を送っている民間被災者が存在することは控訴人らの弁論の全趣旨に徴して容易にこれを伺い知ることができるのであって、これらの人々に対し、国が国家補償の精神に基づき、できるだけ広範囲に亘って援護の措置を講じていくことが望まれる。」と述べるまでに至っている。

　東京大空襲訴訟一審判決（2009年12月14日言渡、訟務月報56巻9号2211頁）は次のように判示している。

　「原告らは、第二次世界大戦中は、国家総動員体制の下で、旧軍人軍属のみならず、国民すべてが戦争に協力し、あるいは巻き込まれたのであるから、原告らのような東京大空襲の一般戦災者も、国会の主導の下で被害を受けたという点においては旧軍人軍属と同様であるにもかかわらず、旧軍人軍属に対してのみ救済、

第 13 章　被告国の法的責任（その 3）

援護措置が執られ、東京大空襲の一般戦災者に対しては救済、援護措置が執られていないのは平等原則に違反する差別的取扱いというべきところ、沖縄戦被害者や原爆被害者のような一般戦争被害者の一部に対してまで救済、援護措置の対象が拡大されているにもかかわらず、なお東京大空襲の一般戦災者に対して救済、援護措置がとられないことは、差別を更に拡大するものであって、最早平等原則に違反することは明らかであるという趣旨の主張をする。たしかに、第二次世界大戦中の日本国民が、国家総動員法等の下で、戦争協力義務を課せられ、必然的に戦争に巻き込まれていったことなどの事情を考慮すると、一般戦争被害者（本件においては、東京大空襲の一般戦災者）が受けた戦争被害といえども、国家主導の下に行われた戦争による被害であるという点においては、軍人、軍属との間に本質的な違いはないという議論は、成り立ち得るものと考えることができる。また、東京大空襲による被害の実情については、（中略）（原告らが）その本人尋問において供述し、あるいは、その余の原告らが、各陳述書に記載しているとおりであって、原告らの受けた苦痛や労苦には計り知れないものがあったことは明らかである。そうだとすれば、原告らのような一般戦争被害者に対しても、旧軍人軍属等と同様に、救済や援護を与えることが被告国の義務であったとする原告らの主張も、心情的には理解できないわけではない。」とまで述べるに至っている。

オ　日本弁護士連合会決議

日本弁護士連合会は、1975 年 11 月 15 日開催地・名古屋にて、

「太平洋戦争終結後 30 年が経過したが、理不尽な戦火にさらされ、生命と健康を失ったきわめて多くの民間戦災死者、障害者に対して、現在なんらかの援護の措置も講じられていない。右戦争においては、前線と後方の区別なく、すべての国民生活が戦争にくみこまれ、その惨禍が日本国民すべてに及んだ事実を直視すると、軍人軍属等にのみ限定された戦災者援護の法制は法の下の平等に反するばかりでなく、右大戦の体験の上に制定された平和憲法の基本精神にも背くものである。政府は既に国会で決議されている「戦時災害による負傷疾病障害および死亡に関する実態調査」を直ちに実施するとともに、民間戦災死者、傷害者に対する援護法をすみやかに制定すべきである。」と決議し、この不平等について批判している。

4　援護法適用の拡大による軍人・軍属中心主義の変容

戦後の援護の歪んだ歴史の中で、軍人・軍属に限定した援護法の不合理とこれを乗り越えようとする国民の闘いがあり、その結果、準軍属、民間被害者について、一定の援護補償立法がなされるに至った。その結果、空襲被害者（原爆戦死者、沖縄空襲被害者も含む）、艦砲射撃被害者と沖縄戦・南洋戦・フィリピン戦の被害者の一部が全く補償されずに取り残されるに至っている。このことは軍人・軍属のみを補償するという論理は変容している。そのことは憲法14条違反を基礎付ける事実である。また、等しく受忍せよという受忍論がもはや崩壊・破綻していることも意味している。

これら援護法の拡大について次の通り述べる。

（1）援護対象の拡大が意味するもの

1952（昭和27）年4月の戦傷病者戦没者遺族等援護法の制定後戦争による被害に対する援護は順次拡大していった。その法形式としては、①各種の援護立法の制定によるものと、②戦傷病者戦没者遺族等援護法の明文改正や通達による解釈変更によるものの2つがあった。

これらの法制定や法改正により、軍人・公務員以外の者が幅広く援護対象となる一方で、依然として一般戦争被害者は援護を受けられないまま放置される結果となった。

このことは、次の3つの結果を生じさせた。

（ア）適用範囲が狭義の「軍人・軍属」に限定されなくなった結果、「国と雇用関係にある者のみ補償する」という被告国の大義名分が成り立たなくなった。

（イ）戦闘に参加しない者に対する援護が拡大された結果、生命身体に対する危険性という点で民間の一般戦争被害者と実質的に何ら異ならない者が援護を受けるようになり、一般戦争被害者が援護を受けられないことの不合理性・不平等性は著しく拡大した。

（ウ）同法および他の援護立法の適用対象が拡大した結果、「援護を受けられない者」の範囲が狭められ、空襲被害者（原爆戦死者、沖縄空襲被害者、艦砲射撃被害者も含む）と沖縄戦・南洋戦・フィリピン戦の一部だけが取り残され差

第13章　被告国の法的責任（その3）

別される結果となった。

　空襲被害者や沖縄・南洋・フィリピンの戦争被害者の一部のグループが取り残されている状況下では、被告国が「等しく受忍せよ」と主張するとすれば、あまりにも不条理・不平等であり、憲法13、14条などに違背していること明らかとなっている。一般戦争被害者が取り残されている故に「等しく補償せよ」が条理にかなうし、憲法13、14条にかなったものである。したがって憲法13、14条に基づき、不合理なこの明白な差別を解消しなければならなくなっており、被告国の受忍論も立法裁量論もはや崩壊しなくなっている。

　以下（2）および（3）ではまず、援護法の明文改正、及び通達等による援護法の解釈の変更について述べるが、このような援護法の明文改正や通達等による解釈変更により、適用範囲の拡大が急速に進められた結果、同法の規定は以下のように変容していった。

　（ア）戦闘行為とは無縁の地位にある者も、軍属・準軍属とされた。

　（イ）それらの者に対して、戦闘行為や空襲以外の原因により業務遂行中に生じた傷病についても、同法による障害年金が支給されることになった。

　この点を詳しくみるために、次項（2）で同法の明文改正について、次いで（3）で通達等による適用対象の拡大についてみることとする。

（2）明文改正による援護法の対象拡大

　戦傷病者戦没者遺族等援護法は、制定当初は陸海軍の兵役にあった者（「軍人」）と、陸軍見習士官や海軍候補生など（準軍属）のみを援護対象としていた（同法2条1項1号）。ところが、法改正により適用対象が急速に拡大していった　（「援護法Q＆A」224〜245頁）。

　以下に、改正の順に沿って主要なものを示す。

ア　民間船舶の乗組員

　1953（昭和28）年に、船舶運営会の運航する民間船舶の乗組船員が「軍属」に加えられた（2条1項3号。昭和28年法律第181号）。

　これは、軍人や公務員ではない民間の海運会社の従業員である。政府や軍部の指揮命令下で就労していた者ではなく、海運会社の指揮命令下で就労していた者である。このような者でも、たまたま船舶運営会を通じて軍需物資などを輸送す

409

る船に乗船していた場合には、傷病を受けた場合に軍属と同様に扱われることとなったのである。

イ　いわゆる「戦争指導責任自殺」をした者

1955（昭和30）年には、いわゆる「責任自殺」をした者（終戦時に戦争の指導責任を感じて自殺をした者）の遺族も遺族年金の支給対象に加えられた（附則11項。昭和30年法律第144号）。

これは、戦闘行為や空襲による死亡ではなく、本来の「戦傷病者」には該当しない。それどころか、むしろ多くは戦争を遂行した責任を問われるべき立場の人物であり、多数の国民に重大な被害を与えたことを謝罪すべき立場の人物である。このような人物を「戦傷病者援護」の名の下に手厚い援護を与えながら、悲惨な空襲に苦しんだ民間人の被害者には何ら補償をしないことには全く合理的理由がない。

ウ　民間の被徴用者・動員者、民間の国民義勇隊、民間の戦争参加者

1958（昭和33）年には、民間の被徴用者・被動員者、民間の国民義勇隊員、民間の戦闘参加者が「準軍属」に加えられた（2条3項1号・2号。昭和33年法律第125号）。

被徴用者とは、直接の戦闘行為に徴用された者を差すのではなく、国民総動員法により軍需工場や輸送現場での就労を命じられた者である。

たとえば、徴兵によって男手が不足している職場（国鉄の駅員、路面電車の車掌、被災道路の復旧工事など）での短期就労を命じられた女性なども、これにあたる。これらの場合、被徴用者と国の間に雇用関係が生じることはなく、被徴用者が公務員になる訳ではない。あくまで国が指定した徴用先の事業主（鉄道会社や工事業者）に労務を提供して、その対価を事業主から受け取るものである。

徴用・動員された業務は、必ずしも戦闘行為による死傷の危険性が高いものではない。たとえば、東京地裁昭和57年2月9日判決（判例時報1035号41頁）によって戦傷病者等援護法の被動員者と認められた事例は、兵庫県北部の運送業者の運送業者のもとで荷役作業に従事中に転倒して負傷した事例であり、何ら軍事組織の指揮命令下にあった訳でもなく、戦闘行為の犠牲になる危険性が高い業務でもない。運送していた荷物も、兵器や軍需物資ではなく養蚕に必要な「蚕座紙」であった（養蚕により製造された絹糸が軍需品の原料となるという程度であ

り軍事行為そのものとは直接関連がない）。

　これらの者が補償を受けられるのであれば、それ以上に危険な戦場の火の海の下に縛り付けられた原告ら沖縄戦民間戦争被害者は、その全部が当然補償を受けられるべきである。

エ　戦時災害以外の理由で傷病を受けた者

　1961（昭和36）年には、「戦時災害要件」が撤廃され、戦闘や空襲以外の理由による傷病死の場合も援護対象とされた（7条・23条。昭和36年法第134号。）

　法律の名称は「戦傷病者」への援護法であるが、その援護対象は「戦傷病者」に限られないこととなった。つまり、少しでも戦争遂行に役立つことをした者に対しては、戦争以外の原因で傷病を受けた者も援護するという法律へと一大転換を遂げたのである。この法改正により、同法による援護対象は一段と増加した。援護対象が広がる一方で、民間の戦争被害者の放置の問題性が一層明確さを増したのである。

オ　非戦地の有給の徴用者

　1961（昭和36）年には、国内の非戦地勤務の有給軍属のうち被徴用者が「準軍属」に加えられた（2条3項6号。昭和36年法第134号）。

　これは、軍人ではない有給の事務職員や補助員などであり、その多くは公務員の身分を持たない者である。いわゆる前線での戦闘行為に参加する者ではなく、非戦地で勤務する者であるが、空爆・空襲の標的となりやすい軍事拠点や要塞地域で勤務しているために、空襲で死亡した者が多数存在した。そのような者は、前線で戦闘行為をする軍人と同様に生命・身体への危険を受ける地位にあるために、手厚く補償することとしたのである。

　そうであるならば、本件南洋戦・フィリピン戦・沖縄戦被害者である原告らや空襲の標的となった大都市に居住しているために被害を受けた民間被害者も、同様に生命・身体への危害の可能性は重大であったのであるから、同等に補償されるべきである。

カ　民間会社である満鉄社員

　1963（昭和38）年には、民間会社である南満州鉄道株式会社の従業員のうち、軍部の要請を受けた業務に従事していた者が「軍属」に加えられた（2条1項4号。昭和38年法律第74号）。

411

南満州鉄道は国策会社ではあるが、その従業員は国と雇用関係にない。その業務内容の一部には、軍事物資や兵士の輸送もあったが、従業員自身が戦闘行為に参加することはなかった。したがって、軍人と同様の危険性を受ける業務とはいえない。それでも、鉄道施設や車両が空爆・空襲の標的となり犠牲になることも多かったために、一定の軍事関連業6務に従事していた鉄道職員も援護対象とされることになったのである。地上戦や空襲により生命・身体に危険が及ぶ可能性という点では、満鉄職員と沖縄・南洋・フィリピンの民間戦争被害者や民間の空襲被害者との間で区別を設けるべき理由は全くない。むしろ本件南洋戦における原告ら民間戦争被害者の方が満鉄職員よりも犠牲が多かった事実からすれば、危険度がはるかに高かったことが明白であるので、全部援護の対象とすべきである。

キ　兵士や武官ではない公務員

1964（昭和39）年には、従軍文官（兵士・武官ではないが従軍勤務していた公務員）までも「軍人」に加えられた（2条1項1号後段。昭和39年法律第159号）。

これには、戦闘行為の最前線ではない軍事拠点（物資中継地点や連絡拠点など）に勤務していた者も多く含まれる。非戦地である中国の都市の陸軍司令部に勤務していた書記官や警察官も、陸軍部内文官として、援護の対象となった（「援護法Q＆A」40〜41頁）。

直接の戦闘行為に従事している訳ではないという点では、身体・生命への危険性の度合いは民間人被害者と同じであり、これらの者と援護の有無において重大な格差を設ける合理的理由はない。

ク　満州で軍事工場などに動員された民間人

1966（昭和41）年には、満州で国民総動員法により動員された民間人（おもに動員学徒）も「準軍属」に加えられた（2条3項1号後段。昭和41年法律第108号）。

これも、前述した国内での民間徴用者と同様に、国との雇用関係にある者ではないうえ、戦闘行為による死傷の危険性が高いものではない。これらの者を、民間被害者とは区別して特に手厚く補償することに合理的理由はない。本件南洋戦においては一般住民が戦場動員され、狭小な島に閉じ込められ激しい空襲・艦砲射撃戦に身をさらしたのであるから、軍事工場に動員された民間人よりも戦闘行

第 13 章　被告国の法的責任（その 3）

為による危険が高かったことは結果が示していることである。したがって、原告ら南洋戦被害者が「援護」されない理由は全くない。

ケ　隣組で指名された防空担当者

　1969（昭和 44）年には、隣組や町会を通じて指名された防空担当者（防空監視隊員）が「準軍属」に加えられた（2 条 3 項 7 号。昭和 44 年法律第 61 号）。

　これは防空法 6 条により地方長官から従事命令を受けて防空を担当することになっているが、その実態は各隣組において形式的に数名ずつ指名された者が氏名を役所に届け出て、空襲警報発令時に見回りや警戒を義務付けられたというものである。一般市民と比較して特段の資格や能力を要求された者ではなかった。

　もちろん、これらの者は国と雇用関係にある者ではない。そのうえ、強度の防空義務・消火義務を課せられて空襲から逃げることを禁止された点では、他の民間被害者も同じ立場にあった。

　したがって、民間の空襲被害者のうち防空担当者（防空監視隊員）のみを取り出して援護の対象とすることには何ら合理的理由はない。

コ　隣組で指名された警防団員

　1974（昭和 49）年には、隣組や町会を通じて指名された警防団員や、防空業務に従事する民間の医療従事者、児童生徒や教員により編成された学校報国隊の防空補助員が「準軍属」に加えられた（2 条 3 項 7 号。昭和 49 年法律第 51 号）。

　これも、前述の防空担当者（防空監視隊員）と同様に、隣組ごとに数名ずつを指名して防空義務の遂行を確認する役割を担ったというだけの者である。この者だけが特に他の民間人よりも重大な危険性を帯びた職務を遂行していた訳ではない。むしろ、警防団員は市民を監視する役割を担い、空襲警報時は「逃げるな」、「消火活動をしろ」という命令を発する立場にいたのであるから、一般市民を危険な状態に追い込む役割を担っていたともいえる。このような者だけを特に他の民間人と区別して援護する必要はない。

（3）通達等によりさらに広げられた援護対象

　上記にみた明文改正のほか、通達等によっても同法による援護対象は広げられた。その例を以下に示す。

413

ア　赤十字社の救護員

　1953（昭和28）年の通達により、日本赤十字社の救護員のうち軍部から給与支給を受けていた者に対しても「軍属」として援護対象とされることになった（昭和28年1月26日援護25号）。さらに1958（昭和32）年には、軍部から給与支給を受けていなかった者も援護対象に含まれることとなった（昭和32年6月29日発護159号）。

　これらの者は、国と雇用関係になく、軍部の指揮命令下にあった訳でもないが、援護対象に含まれたのである。

イ　従軍報道班員

　1963（昭和38）年には、従軍報道班員も準軍属として援護対象に含まれることとなった（昭和38年7月1日援発571号）。

　従軍報道班員は陸海軍組織の一員ではなく、あくまで出身母体の身分（新聞社の社員など）の身分を維持したまま報道の任にあたり、自己の所属する報道機関に記事を配信する役割を担っていた。当然ながら、軍部の指揮命令の下で就労していた訳ではなく、国と雇用関係にある者ではない。

ウ　軍需会社の従業員

　1974（昭和49）年には、武器や軍需物資を生産する会社の従業員として以前から就労していた者（いわゆる正社員であり、徴用や動員による者ではない）に対しても、通達により「徴用された者とみなす」という扱いになり、したがって民間の被徴用者と同じく「準軍属」（2条3項1号）として援護の対象となった（昭和49年4月2日援護100号）。

　軍需会社の定義は、軍需会社法（昭和19年12月27日施行）により定められている。すなわち、兵器、航空機、艦船、車両その他の軍需物資の生産・加工・修理など軍需事業を営む会社のうち政府の指定を受けた会社（同法2条）であり、これには兵器・航空機やその部品を直接に生産する会社だけでなく、それらの素材・原材料の製造やその関連事業者なども包括的に含まれている（同法施行令1条）。

　軍需会社として政府の特例を受けた場合であっても、あくまで純然たる民間会社であることに変わりなく、その従業員と国には雇用関係は存在しない。にもかかわらず、軍人軍属と同様の補償を受けているのである。

第 13 章　被告国の法的責任（その 3）

　確かに、1943（昭和 18）年〜 1944（昭和 19）年の初期空襲は軍需工場や軍事基地を標的としていた。しかし、戦争末期の 1945（昭和 20）年 3 月以降、全国の都市が大規模空襲により壊滅的被害を受けたのであり、もはや軍需工場だけが危険という状況ではなかった。

　その事実を知りながら、戦後 29 年もたってから突如として「軍需工場は空襲を受けたから援護対象とする」などという理由をあげて、あたかも軍需工場の従業員だけが空襲等の危険を受けていたかのように援護対象に加えるのは不合理である。

エ　沖縄戦被害者

（ア）沖縄戦民間被害者と「空襲被害者」との同一性の有無

　沖縄戦における民間戦争被害者は、民間人でありながら、「準軍属」と同様の補償を受けている場合がある。沖縄戦は、「我が国唯一の地上戦の犠牲者」であることの特殊性と説明される。その点、本土の空襲被害者とは明らかに違いがある。空襲被害者と沖縄戦の被害者は、同一ではない。

　そこで、以下に沖縄戦災者の援護の実態について説明し、空襲被害者との類似性を述べる。南洋戦等の被害者も同様である。

（イ）沖縄戦被害者のうち、一部は「戦争参加者」として「準軍属」とされた

　1945（昭和 20）年 3 月 26 日、米軍は沖縄の慶良間諸島に上陸し、4 月 1 日、沖縄本島に上陸した。この後、沖縄戦終結の日とされる 6 月 23 日（この日は日本軍司令官牛島満中将が自決した日であり、実際にはこの後も民間人が多数犠牲になっていた）まで、沖縄では凄惨な地上戦が繰り広げ、地上戦は多くの住民を巻き込んで戦闘行為が行われたため一般住民多数が犠牲になった。

　この沖縄での地上戦での戦没者は正確に把握されていないが、民間人 3 万 8754 名、戦闘参加者 5 万 5246 名、沖縄県出身軍人軍属 2 万 8228 名、県外出身日本兵 6 万 5908 名、合計 20 万 656 名の犠牲者を出した、との記録がある。

　これほど多くの民間人が犠牲になったのは、日本軍が本土決戦を少しでも先延ばしにして終戦交渉を有利にするために、最初から民間人を巻き込む戦争作戦計画の下、沖縄に米軍を引きつけ、民間人の血をもって時間稼ぎをする、という作戦をとったためであった。すなわち、日本軍の沖縄守備軍の任務は、沖縄を守り抜くことではなく、本土決戦を遅らせ、終戦交渉の時間を稼ぐことだった。沖縄

415

戦が、「国体護持のための捨て石作戦」と言われるゆえんである。

このように、この沖縄戦においては、多くの民間人の犠牲者を出したが、戦争病者戦没者遺族等援護法は、補償の対象を、「軍人軍属・準軍属であり、かつ、戦闘に際して公務もしくは国家の命令による死傷者のみ」としていたため、それ以外の民間人の被害者は、戦傷病者戦没者遺族等援護法の対象外とされていた。

そこで、第10章で詳しく述べたとおり、南洋戦や沖縄戦の民間人被害者の遺族らが、被告国に対し、一般民間人被害者にも同法の適用を求める運動を展開した。

1957（昭和32）年5月の厚生省方針により、一般民間人被害者であっても戦闘に協力した「戦闘参加者」に該当すれば、援護法にいう「準軍属」に認定するよう改められ、1959（昭和34）年4月からは遺族年金や遺族給与金などが支給されるようになった。このとき厚生省引揚援護局の職員が沖縄を訪問調査した結果、沖縄が日本で唯一一般民間人多数を巻き込む地上戦が行われた沖縄戦特有の実態を理由に、実質的に一般民間人も同法の対象となるように、以下の20項目のいずれかに該当し犠牲を被れば「戦闘参加者」として準軍属に該当するものとされた。

すなわち、①義勇隊、②直接戦闘、③弾薬・食糧・患者等の輸送、④陣地構築、⑤炊事・救護等雑役、⑥食料供出、⑦四散部隊への協力、⑧職域による協力、⑨区村長としての協力、⑩壕の提供、⑪海上脱出者のくり船輸送、⑫特殊技術者、⑬馬糧蒐集、⑭飛行場破壊、⑮集団自決、⑯道案内、⑰遊撃戦協力、⑱スパイ嫌疑による斬殺、⑲漁労勤務、⑳勤労奉仕作業、である。

要するに、これら20項目のいずれかに該当し被害を受けた沖縄の一般民間戦争被害者は、援護法の適用対象となったのである。同様に南洋戦・フィリピン戦被害者についても拡大適用された。

ところが、これら20項目の中で、被告国との雇用関係があったと言いうるのは、⑲漁労勤務のみであり、その他は国との雇用問題があったということはない。ここでいう20項目の「戦闘参加者」は、戦争中に確立された類型や項目ではなく、既に述べたとおり戦後になって「援護法」に基づいて沖縄の一般戦争被害者救済を拡大する被告国の方針によって事後的に確立されたものである。その限りにおいては合理的な根拠のある取り扱いである。

そのことが南洋戦・フィリピン戦の一般民間被害者にも拡大適用されたことは、

第 13 章　被告国の法的責任（その 3）

合理的な根拠のあることである。

（ウ）東京大空襲訴訟　東京高等裁判所判決（平成 24 年 4 月 25 日判決）

　東京大空襲訴訟の控訴審判決は、この沖縄の「戦闘参加者」問題について下記のとおり判示する。

記

　「また、沖縄戦の被害者については、控訴人らの主張にあるように、被害者の戦闘参加の内容が四散部隊への協力、壕の提供、集団自決、勤労奉仕作業などであって、軍部等からの要請・指示が必ずしも明確ではない場合や、被害者が幼少者である場合についても準軍属たる「戦闘参加者」に該当すると判断される場合のあることが認められる。（略）

　しかし、これは、沖縄においては国内で唯一多数の民間人を巻き込む地上戦が行われ、民間人の中に現実の戦闘の場で軍の命令により戦闘に参加する例が多数みられたという実態に沿うよう法を適用するとの趣旨に基づくものであることからすれば、このような法の解釈運用には合理的な理由があるということができる。」

　この東京高裁のこの判示部分は、基本的な考え方として沖縄の地上戦をはじめ沖縄戦の空襲等の実態を踏まえたものであり、積極的に評価しうるものである。この考え方の範疇には、被害を受けたときの実態を踏まえれば、沖縄戦の一般民間戦争被害者は全て補償救済されることが公平平等であり合理的結果となる。とすれば、南洋戦・フィリピン戦被害者も全て補償救済されるべきである。

　一般民間人被害者が「戦闘参加者」に該当するとして援護法の適用を受けようとする場合、遺族が「戦闘参加申立書」を援護課に提出する。その際、関係者の現認証明を「死の状況」として添付するのが通例であった。そこには、以下のような状況が記載された。

　例えば、民間人が日本兵から壕を強制的に追い出されたりすれば、それだけで⑩「壕の提供」とされた。したがって、そのために米軍の銃撃等により死亡した場合には、援護法の適用対象となった。

　また、日本兵に食糧を強奪され餓えて死んだ場合であっても、⑥「食料供出」とされた。

417

（エ）「集団自決」も「準軍属」になった

⑮集団自決の場合は、軍の強制により住民が生きて敵のスパイや敵から殺されることのおそれを自決によって自ら防ぎ、その結果、軍の戦闘能力の低減の未然防止に寄与したと評価されたため、「戦闘参加者」に該当するとされた。ゆえに、例えば米兵に追われ、自決をせざるをえなかった者も⑮に該当し、「戦闘参加者」とされたのである。

このいわゆる「集団自決」者が戦闘行為に参加した「戦闘参加者」でないことは、大江健三郎氏の「沖縄ノート」訴訟を例に挙げるまでもなく、既に周知の事実である。

これらのことから明らかなように、上記20項目のいずれかに該当し「戦闘参加者」として扱われた民間人の多くは、地上戦の戦闘行為自体には直接加担していないが、被告国の軍事行動等によって悲惨な沖縄戦に自己の意思に反して巻き込まれ、死傷した者ばかりである。申請書類上では、「戦闘に参加」したことになっているが、その実態はまさに原告ら一般戦争被害者と同じように、被告国が悲惨な戦争行為に巻き込んだ民間人被害者なのである。

（オ）6歳未満の児童も「準軍属」になった―援護法のさらなる適用拡大

さらに、これまで戦闘時において6歳未満の児童は「戦闘参加者」として扱われていなかったところ、1981（昭和56）年10月から、援護法の運用上の改善として、6歳未満の児童も援護法の対象となった。

これは、1980（昭和55）同年1月に沖縄を訪問した野呂厚生大臣が、これらの者に対しても積極的に援護したいという意向を示したことから、「沖縄戦に参加した沖縄戦当時6歳未満の戦争病者及び戦没者遺族について保護者と一体となって行動せざるを得なかったため、保護者の戦闘参加の実態により戦闘参加者として援護法を適用し処遇」することが決められたのである。

すなわち、6歳未満であっても（たとえ0歳児であっても）、親の「戦闘参加」の状況によっては、「戦闘参加者」とされるようになったのである。

常識的に考えてみても、0歳児など6歳未満の者が、直接的な意味での戦闘参加をすることなど不可能であることはいうまでもない。にもかかわらず、6歳未満の児童が上記20項目のいずれかに該当し、「戦闘参加者」として認定されるに至ったということは、すなわち、6歳未満の児童がなすすべもなく戦闘に巻き

418

第 13 章　被告国の法的責任（その 3）

込まれて犠牲になったことに対して、実質的にほぼ無条件で援護法の対象とするべく、運用が変更されたのである。

　このことからも、形式は準軍属という認定を受けているとしても、その実態は、沖縄戦に巻き込まれた民間人という点において、原告ら一般戦争被害者と同一であって、国家との身分関係や、国・軍等からの命令も受けない場合でも沖縄戦の犠牲者となった一般民間戦争被害者に対して援護法が適用されることとなったのである。原告ら民間戦争被害者をもはや補償できない合理的理由は全くなくなってしまっているのである。

（カ）疎開学童も実質「準軍属」になった

　1962（昭和 37）年 2 月、「沖縄戦闘協力者死没者等見舞金支給要項」が閣議決定され、死没者一人当たり 2 万円の見舞金が支給されることになったが、同支給要項では、対馬丸事件で死亡した学童等の遺族に対しても、同様に 2 万円の見舞金が支給されることとされた。

　対馬丸事件とは、1944（昭和 19）年 8 月 22 日、疎開学童 1661 名を乗せて沖縄から九州方面へ航行中の疎開船、対馬丸が、鹿児島県の悪石島沖で米軍潜水艦の攻撃を受けて沈没し、学童 737 名を含む計 1484 名が死亡した事件である。

　この対馬丸事件の死亡学童の遺族に対して、上記の通り見舞金の支給がなされたほか、さらに、昭和 52（1977）年には、法の適用ではないものの予算措置により、死亡学童が実質援護法上の「準軍属」として取り扱われることとなり、遺族給与金の 10 分の 5 （現在は支給率が 10 分の 7 に改正されている）が支給されることになった。

　疎開船に乗っていた学童が現実に戦闘行為に参加したり、その補助行為をしたわけではないことは明らかである。ここでも、学童は被告国が沖縄戦に巻き込んだ民間人被害者であって、国家との身分関係がないにもかかわらず戦争の犠牲者となった者に対して実質援護法が適用されたと同様の予算措置がとられているのである。

（キ）沖縄戦・南洋戦・フィリピン戦民間被害者についてのまとめ

　凄惨な日米軍の地上戦の舞台となった沖縄においては、沖縄戦は元々民間人の犠牲を想定した捨て石作戦だった。南洋諸島・フィリピン群島においては、本土防衛の防波堤作戦であった。犠牲となった多くの民間人は、日本軍の強制のもと、

419

その意志に基づいた自由な避難も許されず、また当然、避難に必要な情報も与えられることなく、為す術もなく被害を受けたのである。

（4）一般戦争被害者の援護－沖縄県民の声 [「沖縄の援護のあゆみ」（沖縄戦後50周年記念」〈沖縄県生活福祉援護課　平成8年3月25日発行〉うち、資料編「援護のあゆみ」琉球政府社会局1958年6月発行]

「沖縄地域における一般戦争犠牲者を援護せよ
　（援護措置の一考案）

糸満町一家族　玉城次郎

　世界第二次戦争における日本が沖縄を断末魔の喚き場として永久に歴史の一頁を汚した事は当時の一億玉砕いわゆる肉を切らし骨を斬る戦略的見地からまた止むを得なかったとはいえ、山容改まったこの古里を眺めるとき新たなる涙が今日も亦湧き出づる。最愛なるわが両親を失い、何時迄降りしきるかわからない弾の雨から泣き喚く子を背なに危餓の中から、辛うじて生きのびた私達はある者は生涯の不具の身となり、ある者は前身醜にくい火傷を受けながらも無から有を生むために、ここ迄苦難の道を歩み続けてきたのだ、たとえ肉親の骨は拾われ祭られても、野や山に染みた赤い血潮は、未来永劫拭い去る事はできまい。
　我々に残された道は只一つ、再びこのような惨禍が起こらないよう人類恒久の平和を確立することだ。そして傷ついた同胞を援け祖国再建の礎となった万霊の冥福を祈りたい。ここにひるがえってこれらの援護措置をみるに、昭和27年日本がサンフランシスコ講和条約により国際的にその地位を再確保した事に始まり昭和27年戦傷病者並びに遺家族の援護措置（法律127号）が講ぜられ、続いて翌28年旧軍人等に対する恩給の復活（法律155号）、未帰還者留守家族等の援護（法律161号）等の援護措置が講ぜられてきている。たとえ行政は分離してもこれらの諸立法を沖縄にも適用させたことについては日本政府並びに祖国9千万同胞に万腔の感謝を捧げる者の一人であり、更に、これらの援護諸法令が、社会経済水準の上昇と国家財政の伸長とに相俟って幾度か拡大改正され処遇の改善を図ってきたことは、まだその処遇に不均衡はあるにしても、誠に御同慶に堪

第13章　被告国の法的責任（その3）

えないものである。

　ところで、ここで私が申し述べたい事はこれらの多くの措置の中でも沖縄戦における一般戦争犠牲者に対し未だに援護の手がさしのべられていないことだ。ただ、軍の要請に基づいて戦斗に協力した人々は遺家族援護法において準軍入軍属として扱われている。これは当然の措置といえよう。だが直接戦斗にこそ協力することはできなかったが、郷土防衛のために、最後の勝利のために、作戦遂行を妨げないように協力したのではなかったか、そのために傷つき、そのために死んだのではなかったのか、この措置が講ぜられていないということが大きな不均衡でなくして何であろうか。因みに未帰還者留守家族等援護法（昭和28年法律161号）ではソビエト社会主義共和国連邦、樺太、千島、北緯38度以北の朝鮮、関東州、満州又は中国本土地域等に居た一部邦人にさえ特別未帰還者として、死亡した者には葬祭料（同法第16条、第25条）、遺骨引取経費（同法17条）、傷病者には療養給付（同法第18条）、障害一時金（同法第26条）等の措置があり、又引揚者給付金等支給法（昭和32年法律109号）においては引揚前若しくは引揚後死亡した者にさえ遺族給付金（同法8条）支給の措置がなされている。よってこれらの趣旨が、特殊地域における特殊事情による措置と言うならば、沖縄における島ぐるみ戦争において、傷病を受け又は死亡した一般犠牲者はむしろそれ以上であってそれ以下ではないはずだ。

　それでは古山に眠る数万の柱、閣議決定に基づいて本土又は台湾への疎開途中、海没した千余（学童も含めて）の霊は、岩の中から、海の底から、何といっているだろうか、全く浮かぶ瀬もあるまい。

　あれから十有余年、何としても今がこれらの措置をする時節ではなかろうか、その事については、現行の戦傷病者戦没者遺家族等援護法（昭和27年法律127号）の中でその措置を講ずるか、或いは若しこれらが戦斗協力者として準軍属に含めることが無理と解釈するならば、沖縄地域における一般戦争犠牲者に対する特別措置として、別個に立法してもよいだろう。

　それは立法技術に俟つものとしておいて、必然的にその措置を講ずべきではなかろうか。勿論その対象とする数が大きく幾多の財産的困難はあろうが、それをなすことによってこそ、其の国家補償の精神は確立されるものと信ずるのである。

　なおそのためには我が沖縄の全遺族（全遺族即ち全住民）から盛り上がるとこ

421

ろの声が聞こえなければならないはずだ。そしてその声を我が立法院、援護諸団体、社会福祉団体等が、強く本土政府に訴えるべきではなかろうか。」

このように、原告らが引揚げてきた沖縄においては戦後一貫として現在に至るまで原告らをはじめ未補償の一般民間戦争被害者援護については、主義、主張、思想、信条などあらゆる立場を超えた人々の心を一つにした声である。

（5）沖縄・南洋諸島民間戦争被害者間において拡大の一途をたどる補償格差の実態－ 6500 万円対ゼロの絶対的な格差も

補償の格差は全国的にみても拡大の一途を辿っており、軍人・軍属には 52 兆円もの補償をしている。沖縄戦・南洋戦等民間被害者については前述したとおり、軍人軍属との格差はもとより、同じ民間戦争被害者である「戦闘参加者」として準軍属として取り扱われた被害者との間に 6500 万対ゼロという絶対的格差が生じているのである。

民間戦争被害者は、一般社会保障法の枠内の中での救済にとどめられたため、地上戦や空襲により障害を受けたとしても、年金を受け取るためには、国民年金法に基づく障害基礎年金を受給する他なかった。

しかし、障害基礎年金を受給するためには、同法独自の基準による障害等級のうち 1 級もしくは 2 級（恩給法と比較して重度障害に限られ、その範囲は極めて限定される）に該当しなければならない（国民年金法施行令 4 条の 6 および別表）。

また、受け取れる年金の額も、軍人軍属の場合と比較していずれも極めて低額となっている。

このように、戦争遂行を目的とした戦前の国の政策による被害に対する補償の対象者が広がっていく一方で、このような補償を全く受けない原告ら民間戦争被害者との差別の程度も著しく広がっている。名古屋最高裁判決以降も、補償の対象や補償枠の格差も、拡大の一途を辿っている。

第3 まとめ

本件原告ら南洋戦等被害者や沖縄民間戦争被害者は、戦傷病者戦没者遺族等援護法その他の立法あるいは行政措置により救済を図られてきた軍人軍属・準軍属、「戦闘参加者」及びその遺・家族である民間被災者に比較して、全く救済がなさ

第13章　被告国の法的責任（その3）

れない、あるいはなされたとしても障害年金などの一般的な社会保障の枠内による極めて不十分な救済が講ぜられるのみであった。

その放置による格差ないし不平等の拡大は、全国的にも南洋戦・フィリピン戦・沖縄戦被害に限定してももはや誰の目から見ても合理的に説明できるような状況にはなく、憲法14条が定める平等原則に明らかに反するものであり、まさに憲法違反の人権侵害の重大性・継続性を示すものである。

そのことは、被告国における立法不作為の違法性を基礎づける事実であり、被告国は原告らに対し損害賠償責任を負うべきである。

第3節　立法の不作為責任②
－「特別犠牲を強いられない権利」（憲法13条）

第1　はじめに

1　本件は、原告ら南洋戦・フィリピン戦の一般戦争被害者が被告国に対して、国家補償立法をしない不作為が違憲であり国家賠償法上違法であるという判断を求めるものである。前述の平成17年最高裁判決における（ⅱ）型、つまり、国民に憲法上保障されている権利行使の機会を確保するために所要の立法措置を執ることが必要不可欠であり、それが明白であるにもかかわらず、国会が正当な理由なく長期にわたってこれを怠る場合」に該当すると主張するものである。

2　原告らは、本件訴訟において被告国の責任として立法の不作為責任を主張するものであるが、その根拠として、①特別犠牲を強いられない権利（憲法13条）、②法の下の平等原則違反による生存権の侵害（憲法14条、同25条）、③危険な先行行為に基づく条理上の作為義務違反、④個人の損害賠償請求権放棄に伴う外交保護義務違反を主張するものである。

3　ここで、原告らが主張する憲法上重要な権利が「特別犠牲を強いられない権利」である。特別犠牲を強いられない権利とは、人間として尊重される存在であることを前提に作り上げられた共同体たる国家において、共同体たる国家の行為によって一部に生じた犠牲を個人の尊厳からみて放置することが憲法の価値からみて許されない犠牲を強いたまま放置されない権利のことである。この特別犠

423

牲論そのものは、ドイツ法を基礎にして、国家補償法の全体の基礎として戦前から行政法で議論されてきたものであるが、これを憲法上の視点、特に憲法13条（幸福追求権）や同25条（生存権）から一般戦争被害者の権利として位置づけたのが、「特別犠牲を強いられない権利」である。

そして、本章では、国家補償を立法不作為の基礎づける権利として、「特別犠牲を強いられない権利」を主張するものである。そして、この「特別犠牲を強いられない権利」は、合わせて前記昭和62年最高裁判決が前提としている戦争被害受忍論批判の意味を持つものでもある。

第2　国家補償法と特別犠牲を強いられない権利

1　国家行為による公平負担と特別犠牲

憲法には、国家の行為により、国家構成員が何らかの被害や犠牲を強いられた場合に、国家賠償（憲法17条）、損失補償（憲法29条3項）、そして刑事補償（憲法40条）を規定している。これらについて、学説上、違法行為に基づく損害賠償、損失補償は適法行為に基づく損失補償、そして刑事補償は結果責任或いは、谷間補償等と呼ばれる（今村成和「国家補償法」有斐閣刊、下山瑛二「国家補償法」筑摩書房刊等）。

これら国家補償における損失補償と損害賠償は、よって立つ原理を異にしているものの、ドイツ等では、「これらの制度を包括して早くから制度の基礎に横たわる公平負担の原則が析出されていた」とされる。

また、フランスでも、フランス人権宣言17条による「公の負担の前の平等」が言われ、今村成和は、その著「国家補償法」（有斐閣法律学全集9昭和32年刊）の37頁において、「国家補償法は、国によって・・差はあるけれども、次第に対象を広げている・・・このような国家補償法の発展に重要な役割を果たしてきたものに、『負担の平等』の観念がある」と述べている。また、塩野宏は、「共同体のために個人が被らなければならない不利益は、万人によって、国家負担という組織的な平均化の中で負担されるように、損失補償を通じて、万人に転嫁される」と指摘している。

そして、公平負担ないし負担平等の概念は、日本でも決して新しいものではな

第 13 章　被告国の法的責任（その 3）

く、後述する戦争被害受忍論を基礎づけたと考えられる田中二郎元最高裁判事が既に戦前において、次のように考えて、公平負担を想定していた。

「此の問題が、結局において経済的価値の分配に関する正義の実現を目指して居るものであると考へることが許されるならば、・・・理論的には、我が国では、従来原理的に区別して取り扱はれていた国家の適法行為に基づく損失補償と不法行為に基づく損害賠償の両者を包括する統一的理論の構成—公平負担の原則を中核にして—が可能になると共に必要であり、之によって国家の一般的賠償責任を基礎づけ得るのではないかと考へられる」（田中二郎「不法行為に基づく国家の賠償責任」法時 5 巻 7 号 1933 年 p 36）。

このような国家行為による公平負担を前提に、国家行為による補償の対象となる被害が「特別犠牲」であり、この概念自体は、ドイツ法を基礎に、行政法学者に広く認められた概念である。

2　憲法と特別犠牲を強いられない権利

高橋和之は、共同体、更に各国の国家補償制度に共通する「公平負担の原理」という考え方を基礎に、憲法上「特別犠牲を強制されない権利」を措定する。それは、「日本国憲法は、個人の価値を源泉とし、憲法 13 条が高らかに謳うように全ての国民は、個人として尊重される。一人一人が人格において平等な価値をもつ以上、誰も全体のために犠牲にされることがあってはならないからである。」

君主制国家の下で、個人には価値をおかないというのであればともかく、個人の尊厳を基礎に基本的人権を有する個人が国家という共同体を構成し、その個人にこそ基本価値をおいて日本国憲法が成立している以上、国家の行為によって一部の人にのみ必要以上の犠牲を強いたままにしておくことは、日本国憲法の基本価値に反する。確かに共同体を構成し、社会を形成する場合に、建物建築被害の日照権等でみられるように社会生活上、一定の受忍を強いられることもあるが（受忍限度論）、被害が著しい場合には、日常生活上受忍限度を超えるものとして、損害賠償請求権が発生し、それがなお著しい場合は、建物建築工事差し止めも認容される（判例）。憲法の基本価値からみて、放置することが不正義と認められる場合には、放置は許されないというべきであり、そのために「特別犠牲を強いられない権利」による補償が考えられるべきである。

3 国家補償における社会的正義の基本的重要性

戦争被害救済に関する国家補償のあり方を考える上で基本的に重要なことは「社会的正義」である。

この「特別犠牲を強制されない権利」を考慮する上で重要な視点を提供するのが、刑事補償、予防接種をめぐる判例、大阪空港公害訴訟最高裁判決（更には、戦争被害「受忍論」を先導したとされる田中二郎の意見である－この点は、後述する）である。そしてそこに共通する理念として社会的正義観念から放置できない特別犠牲の観念が存在していることを理解することが重要である。そして、国家補償上その「特別犠牲」の場合における社会的正義をどう捉えるかが、本件の核心的問題なのである。

（1）刑事補償

憲法 17 条（国家賠償請求権）、40 条（刑事補償請求権）は、いずれもＳＣＡＰ草案にも、政府原案にもなかったところ、国会のイニシアティブの下で、第90 回帝国議会衆議院で追加修正されたものである。

この刑事補償について、国家賠償とは異なるという性質を持つとされるが、注目すべきこととして、刑事補償法の歴史がある。既に戦前の昭和 6 年以来刑事補償法が存在していた。旧法制定に当たりなされた議会での司法大臣の答弁によれば、「国家ガ賠償スル義務モナシ、補償スル義務モナイノデアリマスケレドモ、国家ハ一ツ仁政ヲ布キ国民ニ対シテ同情慰謝ノ意ヲ表スルノガ、此法律ノ精神」とされていた。そのため、「冤罪者中のいわば優等生についてのみ補償を認め」るに過ぎなかった。日本国憲法 40 条は、このような恩恵ではなく、個人の権利として補償請求権を保障したのである。

何が恩恵から請求権への変化させたのか、ここで注目されるのが、冤罪被害が救済されないことを「不正義」ととらえる感覚の存在である。冤罪被害への救済の法律が存在しないことの状況を糾弾した末弘厳太郎の著名な文章があるが、それはまさにその正義の感覚を物語っている。

「誤りたる刑事裁判のために長く牢獄の惨苦を嘗めさせられた人々、又甚だしきに至っては死刑に依って生命までも奪はれた人々、夫れ等の罪なくして罰を受

第 13 章　被告国の法的責任（その 3）

けた人々は異日其の無辜の明白となりたる暁に於て、当然国家に向かって何らか求むる所があって然るべきである。国家も亦必然之に対して責任を感じて然るべきである。吾々の胸に潜んで居る『社会的正義』はかくの如く叫ぶ。而も大声を以て叫ぶ。それにも拘わらず、今日吾国の法律はかく如き責任を否定して居る。国家は其の責任を負はないのである。しかし、それは果たして正しいことであろうか。否否、私にはどうしてもかく考へることが出来ない」（注：旧仮名遣いを変更　末弘巌太郎「法窓閑話」p 67 改造社、1925 年）

　日本国憲法 40 条で権利として規定されたのは、このような「社会的正義」を前提にして、国家の犯す不法の典型である冤罪被害を、税金により皆の負担で填補することであった。そして、このような「社会的正義」を前提にするからこそ、「費用補償制度」「少年の保護事件に係る補償に関する法律」等、補償の範囲が拡大してきたのである。

　そして判例は、「抑留または拘禁された被疑事実が不起訴となった場合には、同条の補償の問題を生じないことは明らか」として、被疑者には本条が適用されないとしながら、「不起訴となった事実に基づく抑留または拘禁であっても、そのうち実質上は無実となった事実についての抑留または拘禁であると認められるものがあるときは、其の部分の抑留及び拘禁」にも刑事補償が適用されると述べている（最大決昭和 31 年 12 月 24 日　刑集 10 巻 12 号 1692 頁）。

　これもまた社会的正義の要請の表れというべきである。

　国家の犯した冤罪被害に関するこれらの基本的考え方は、国家が引き起こした戦争被害救済における社会的正義はいかにあるべきか、共通の問題点である。

（2）予防接種

　同様に一部の人に犠牲を強いたことで問題となったのが、予防接種禍問題である。

　すなわち、感染症予防に予防接種が意義を有することは、一般に認められており、それゆえに接種が義務化或いは勧奨の対象となったが、接種に伴い一定の割合で副作用により被害を受ける者が出てしまう。予防接種被害については、当初、遺族への弔慰金や後遺症一時金等の行政措置がとられ、その後予防接種法による給付（同法「第三章　予防接種による健康被害の救済措置」参照）により、死亡や障害等に対する救済措置が執られるようになった。しかし、これでは十分では

427

ないとして、裁判的な救済を求める訴えが提訴された。国家賠償法の要件（接種に当たる故意等の故意又は過失と行為の違法性）を満たせば、救済が図られる。しかし、厳密にこれらの要件を求めるならば、損害を蒙った者全てを救済することは困難であった。

　そこで直接憲法29条3項による損失補償請求が請求原因とされて、地裁レベルでは、類推解釈をするもの（東京地裁判決昭和59年5月18日判時1118号28頁）、勿論解釈をするもの（名古屋地裁判決昭和62年9月30日判時1255号45頁）、更に、憲法25条によるもの（名古屋地裁判決昭和60年10月31日判時1175号3頁）などにより、裁判所は、故意、過失とは異なる要件の下に救済を図ってきた。

　例えば、上記東京地裁判決は、以下のように判示していた。

（ア）「被控訴人国の係る公益実現のための行為によって、各被害児の両親は、各被害児に本件各接種を受けさせることを法律によって強制され或いは心理的に強制された状況下におかれ、その結果、・・・各被害児は、本件接種を受け、そのため死亡しあるいは重篤な後遺障害を有するに至ったものであり」、通常発生する精神的苦痛を「著しく逸脱した犠牲を強いられる結果」となった。

（イ）特別の犠牲による損失を個人の負担に帰せしめることは、「生命・身体・幸福追求権を規定する憲法13条、法の下の平等と差別を禁止する同14条1項、更には、国民の生存権を保障する旨を規定する同25条のそれらの法の精神に反する」のであり、「かかる損失は、本件各被害児らの特別犠牲によって、一方では利益を受けている国民全体、すなわち、それを代表する被控訴人国が負担すべきものと解するのが相当である。そのことは、価値の根元を個人に見出し、個人の尊厳を価値を原点とし、国民すべての自由・生命・幸福追求を大切にしようとする憲法の基本原理に合致するというべきである。」

（ウ）「憲法13条後段、25条1項の規定の趣旨に照らせば、財産上特別の犠牲が課せられた場合と、生命・身体に対し特別な犠牲が課せられた場合で後者の方を不利に扱うことが許されるとする合理的理由は全くない。」

　上記の東京地裁等の判決は、いずれも、「法の精神」や「憲法の基本原理」といった高次の法的見地から補償請求権が要請されるとの理解を示したのである。

ところが、上記のような憲法29条3項等による損失補償請求権による救済の構成は、判例法理として確立するところとはならず、平成3年の小樽予防接種禍訴訟最高裁判決では、予防接種により重篤な後遺障害が発生した場合には、「特段の事情」が認められない限り、予防接種実施規則4条に定める「禁忌者」に該当していたと「推定」するのが相当であるという判断を示し（最高裁平成3年4月19日第2小法廷判決民集45巻4号267頁）、それ以後は、この推定法理により、救済が図られることになった。

　ただ、ここで注意すべきこととして、原審の札幌高裁判決は、予防接種実施規則4条が予防接種の禁忌者に該当すると認められる場合には、予防接種を実施してはならないと定めていることについて、「本件接種当日の同上告人は、一時的にかかった咽頭炎が既に治癒した状態にあったものであり、同条の掲げる禁忌者には該当しない。」と判示して請求棄却したにもかかわらず、最高裁は、「禁忌者として掲げられた事由は一般通常人がなり得る病的状態、比較的多く見られる疾患又はアレルギー体質等であり、ある個人が禁忌者に該当する可能性は右の個人的素因を有する可能性よりもはるかに大きいものというべきであるから、予防接種によって右後遺障害が発生した場合には、当該被接種者が禁忌者に該当していたことによって右後遺障害が発生した高度の蓋然性があると考えられる。したがって、予防接種によって右後遺障害が発生した場合には、禁忌者を識別するために必要とされる予診が尽くされたが禁忌者に該当すると認められる事由を発見することができなかったこと、被接種者が右個人的素因を有していたこと等の特段の事情が認められない限り、被接種者は禁忌者に該当していたと推定するのが相当である。」としたのである。

　このような高裁の事実認定を「推定」により、破棄差し戻す判断については、「医学的判断を要する事項について、法律審たる最高裁が、およそその医学的判断を裏付ける根拠を示すことなく、『推定』することが果たして可能なのか」という批判（宇都木＝平林勝政「インフルエンザ予防接種禍訴訟最高裁判決について」ジュリ631号97頁）との強い批判もなされた。

　ここで注目すべきことは、かなり異例な「推定」というある意味での論理的飛躍を図りながら、それを被害者を救済のために利用したということである（ちなみに、原審の昭和61年7月31日札幌高裁判決では、憲法29条3項による損

失補償請求を請求原因として追加する追加的予備的請求の変更が認められなかったという経緯がある）。

　上記最高裁判決から伺われるのは、予防接種の場合には、一部の人間に重大な特別の犠牲、つまり重篤な後遺障害を強いたままでは放置してはならないという価値判断による結論があり、その結論に向けた理由を付加したという点である。

　その後、損失補償請求権による請求と認めた上記東京地裁判決の控訴審である東京高裁平成4年12月18日判決では、最高裁判決後であることもあって、損失補償は認めずに国家賠償による請求認容判決を言い渡したが、その国家賠償制度に関して以下のような判断を示していた。

　「国家賠償制度も、国民の納める税によって運用されるのであるから、国民全体による損害の分担の意味を持つのであり、公権力の行使の過程で特定の個人に生じた損失を国民全体で填補する実質を有するのであって、正義実現のための公平原則ないし平等原則にむすびつくものである」

（3）大阪空港公害訴訟最高裁判決と特別犠牲

　さらに大阪空港国際空港公害訴訟における最高裁昭和56年12月15日大法廷判決（民集35巻10号1369頁）は、損害賠償の判断をしながら、実体的には、損失補償的な判断が随所に見える。

　上記最高裁判決は、「結局、前記の公共的利益の実現は、被上告人らを含む周辺住民という限られた一部少数者の特別の犠牲の上でのみ可能であって、そこに看過することのできない不公平が存することが否定できないのである」として国家賠償法2条による損害賠償を認めた。

　尾川一郎東大教授は、このような被害については、「受忍限度」ということが良く問題とされるが、当事者の権利の相互の限界というよりも、国家作用によって被った損害が「特別の犠牲」と認めうるかどうかという意味を持つのではないかと指摘している（尾川一郎・現代行政法大系第6巻「国家補償総説―国家補償法の一般的問題」12〜13頁参照）。

第3　まとめ

　以上述べたように本件南洋戦・フィリピン戦被害についての「特別犠牲を強い

られない権利」が憲法上・行政法上からも導き出される。本件でも問われるべき
は、戦争行為（公権力の行使）という国家行為の過程で、一部の人間に生じた特
別の犠牲（特別な戦争被害）、とりわけ、生命、身体の重大な犠牲を強いたこと、
そして長期間放置するのが、憲法の価値から見て社会的正義に反しないか、とい
う問題なのである。今、司法に求められているのは、このような意味での結論な
のである。

　確かに戦争の評価をめぐって、政治的に議論が分かれていることは事実であり、
そこに司法府として関与したくないという意識が存在することは理解できる。

　しかし、本件訴訟では先の戦争の是非を問うているのではないが、憲法問題は、
多かれ少なかれ一定の価値判断が伴っていることも事実である。その場合には、
イデオロギー的価値判断ではなく、日本国憲法が確立した人権、平和、民主主義
という基本価値を基礎に置いて判断することが可能であり、その価値を基礎に置
く限り、生命・身体の戦争被害を救済することなく放置することが不正義と考え
られるか否かが問題である。

　国家補償請求権そのもの憲法条項により訴訟上直接請求出来るか否かは別とし
て、国家補償法が問題となる事案において、憲法の保障する「全体の利益のため
に特別の犠牲を強いられない権利」から見て、立法府が放置し続けていることは
不正義であり、そのため司法府として政策是正機能を果たすことが可能というべ
きであり、そして、長期間放置という事情を考えれば、今こそ違憲判断に踏み込
むべきである。

第4節　立法の不作為責任③
　　　－先行行為に基づく条理上の作為義務

　次に原告らは、本件戦争被害の救済義務の法的根拠（立法不作為責任の根拠）
として条理上の義務を主張する。これまでに詳論・詳述してきたとおり、本件南
洋戦・フィリピン戦被害者である原告らの深刻かつ継続的な各被害に対しては、
特別に立法及び行政措置が全くとられず、63年間も長期間にわたり放置されて
きていることは、厳然たる事実である。いわゆる「被害救済と被害補償の空白」
である。実定法源と現実の社会生活の乖離であり、「法の欠缺」の場合である。

431

この長期間にわたる深刻な被害に対する救済の法的「空白状態」は、次に詳述するとおり物事の道理である「条理」からすれば、許されることはできない。そこで条理を根拠に原告らの被害の救済と補償・賠償を認めるべきである。

　要約すれば、本件南洋戦等被害を作出した行為、すなわち戦争を開始し遂行しその過程の中で本件南洋戦等を招いた被告国の行為は、違法・合法を問わず危険を発生せしめる行為・被害を発生・継続せしめた行為であり、その結果原告の身体・財産・精神に対し法益の侵害を生じせしめた行為と言うすべきである。被告国においては、開戦により国民に被害をもたらすことを十分に予見できた。その意味において被告の開戦行為・戦争遂行行為・戦争終結遅延行為等の結果、本件南洋戦により発生せしめた被害とそれを今日に至るまで放置・継続せしめた被害につき、被告は条理に基づいて救済・賠償する義務を負うべきである。

　以下本項では、被告国の本件南洋戦等を引き起こすこととなった原因行為等に基づく条理上の作為義務について述べて、原告らの本件訴訟における請求の正当性と被告の責任について述べる。

第1　条理（法源又は実定法解釈の根本的指導原理としての準則）

　条理とは、国語としては「物事の道理」「すじみち」の意味である（広辞苑・岩波書店発行）。

　法的には、事物の本質的法則、理法又は事物の自然ともいう。いわゆる道理で、社会通念・公序良俗・信義誠実の原則等の名称で表現されることもある。法の欠缺を補充する解釈上並びに裁判上の基準を意味する。

　ところで、民法第1条は「権利の行使及び義務の履行は、信義に従い誠実に行わなければならない」と規定している。明治8年太政官布告103号裁判事務心得3条は、「民事ノ裁判ニ成文ノ法律ナキモノハ習慣ニ依リ習慣ナキモノハ条理ヲ推考シテ裁判スヘシ」と規定する。スイス民法1条が「文字上または解釈上この法律に規定の存する法律問題に関しては、すべてこの法律を適用する。この法律に規定がないときは、裁判官は慣習法に従い、慣習法もまた存しない場合には、自分が立法者ならば法規として設定したであろうところに従って裁判すべきである。前2項の場合において、裁判官は確定の学説および先例に準拠すべきである」

第 13 章　被告国の法的責任（その 3）

と定めるのと大体同様な意味だと解せられる（石田穣「スイス民法 1 条の法源イデオロギー」法協 89 巻 2 － 6 号〔昭 47〕参照）。条理とは、理性による「筋合」「筋道」（末川・民法〔昭 23〕9、舟橋 19）、「自分が立法者ならば規定したであろうと考えられるもの」（我妻 21、松坂 23）などと定義され、裁判官が規範の解釈にも事実の確定にもよるべき理性による筋道だから、それ自体法的規範でないとして、本来の法源ではないとする考え方もあるが、本来的にも法源であることを認める考え方もある。筋道といっても具体的には、わが国の制定法、慣習法、判例を通じて窺われ、またそれらの基底に横たわるところの規範であり、さらに近代資本制文明諸国の私法を通じて看取せられる法的規範であるといってよいであろう。裁判官の精神活動により裁判規範として発見されるものであるとか、最後の補充的法源とする考え方であり、私法法規ないし慣習法欠缺の場合に補充的に条理裁判を許すべしという考え方である。

　以上のように考え方の多少の差異はあっても、法源として認めるとすれば、成文法、慣習法、判例法の次に条理が位置する。法典が十分制定されていなかった明治初期には、前記太政官布告の定める条理に依拠した裁判がなされた。確かに、その後、民法典・商法典などの法律の整備が進むにつれて、条理を根拠としないと裁判ができないという事態は明治の頃と比較すると減少したことは事実である。しかしながら、経済的・社会的活動が複雑化するにつれ法の制定・立法作業が追いつかない事態は常に存在し、法の欠缺の場合が常に存在する。実定法源と現実の社会生活の乖離である。このような場合には物事の道理・正義・公平等の観点から、乖離をうめるために条理によって裁判を行うことが必要不可欠な場合が存する。

　こうして条理は他の法源のない場合に適用されるべきであり、また、実定法解釈の根本的な指導原理としても依拠すべき具体的な準則となる。

　野田良之氏（1912 〜 1985、元東京帝国大学法学部教授、元学習院大学法学部教授）は、「明治八年太政官布告第百三号第三条の「条理」についての雑感（法学協会編『法学協会百周年記念論文集　第 1 巻』（有斐閣、1983 年）所収）の「むすび（P 279）」において、「法問題の望ましき解決」のためには、「常に条理な

433

いし事物の本性が指導原理」として働いていなければならない旨下記のとおり述べている。

記

「明治八年太政官布告第百三号第三条に定める条理の語をめぐって、まことに雑駁な思想の漫歩をつづけてきたが、その途次出会った複数の問題を顧みても、条理が単なる補充的法源といういわば expedient（※1）たるに止まらず、遙かに深い意味を秘めていることが憶測される。本稿ではそこまでふみこんだ考察をなす意図はもっていないこと冒頭に述べた通りである。筆者はこの自らもあきたりない問題追及を通じて、条理ないし事物の本性は制定法を含むあらゆる法の根源をなす基本原理であり、その意味でこれこそが真の法源であるのではないかという感想をもつ。いわゆる実定法源はいずれもこの基本法源のある歴史的時点の、ある社会における言語的定式化・固定化であり、そのかぎりで、社会生活に内在して定向的でありながら、社会とともに無限に豊かに発展する条理ないし事物の本性と異なり、現実に生きつづける社会生活から多かれ少なかれ乖離することを免れない。だから実定法源を現実具体の社会生活に適用するためには、常に社会生活に内在する条理ないし事物の本性に照らしてその社会生活との生きた関連を回復しなければならない。これが「解釈」と呼ばれる操作だと考える。かくていかなる法問題の解決においても、それが望ましき解決であるためには、常に条理ないし事物の本性が指導原理として働いていなければならないのではなかろうか。」

※1 expedient：（とりあえずある目的のためにとる）手段、便法、臨機の処置

本件のような場合は、前述したとおり深刻な南洋戦等被害者である原告らの請求の当否を判断するにあたっては、人道的にみても、正義公平の観念からみても、少なくとも条理を根拠として救済すべきである。

第2　先行行為と作為義務と作為義務違反

先行行為とは、一般的に「自己の行為によって当該結果発生の危険を生じさせること」（危険を創始する行為）である。作為義務とは結果発生を阻止しなければならない法律上の義務であり、その根拠を条理におく「先行行為に基づく条理

上の作為義務」である。

すなわち、先行行為に基づく条理上の作為義務にいう条理とは、危険を創始する行為「先行行為を行った者は、それが現実化して損害を生じさせる結果を回避すべく措置を取る義務」「作為義務を負うべきであるということ」で、こうした条理は民事不法行為法や刑事事件に係る不真正不作為犯にも見出されるものであり、その理を分かりやすく表現すれば、「自ら蒔いた種を刈り取る責任」（宇賀克也『国家補償法』（有斐閣、1997 年）170 頁）、「自らの不始末の後始末をちゃんとつけていないことによる責任」（遠藤博也『国家補償法・上巻』（青林書院、1981 年）427 頁）ということになる。

被告国は、自らの先行行為に基づき条理上の作為義務を負うところ、前述したとおり開戦し終戦を遅らせた本件空襲をもたらした作為が「先行行為」にあたる。被告国はその先行行為に基づき本件空襲被災者である原告らに対し援護策を講ずるべき条理上の作為義務を負っているが、その作為義務を履行せずに前述したとおりの原告らを放置した違法があり、その結果原告らの被害及び人格権侵害を深刻化させたものである。これらの点において被告国の作為義務不履行の違法性は重大といわなければならない。

第3　被告国の南洋戦・フィリピン戦における危険な先行行為

被告国は、本件南洋戦・フィリピン戦を遂行した。危険な先行行為として南洋戦等に至る経過及び南洋戦等の戦闘行為については、既に第5章、6章で詳述してきたとおりであるので、ここでは援用する。

南洋戦等における危険な先行行為の結果の被害発生については、既に詳しく述べたとおりであるので、重複を避けるためここでは援用する。

第4　作為義務とその違反

被告国が南洋戦・フィリピン戦民間戦争被害者のうち原告らをはじめ 17000 人について補償せず放置してきたことは、第6章において詳述してきたとおりである。

南洋戦等遂行という危険な先行行為により生じた原告らの損害を救済せず放置

することは、先行行為に基づく条理上の作為義務違反として不作為責任が認められるべきである。

第5　条理を「法源」「判断基準」「判断根拠」として認め、損害賠償義務等を肯定（又は否定）した判例

1　ダイヤルQ2に関するNTTの約款の拘束力を一般市民の予測可能性を超えた著しく不条理な結果を招来することになるので、信義則上も相当でないことを理由に否定し、債務の不存在を確認し、不当利得返還請求を認めた事件（神戸地裁判決平成7年3月28日、判例時報1550号P78、判例タイムズ887号P232）。

2　水俣病認定業務に関する熊本県知事の不作為違法につき条理上の作為義務があると判断した国家賠償法に基づく損害賠償請求事件（最高裁判所第2小法廷・平成3年4月26日判決、最高裁判所民事判例集45巻4号P653、判例タイムズ757号P84、判例時報1385号P3）。

3　小学校2年の児童甲が「鬼ごっこ」中に1年の児童乙に背負われようとして、誤って乙を転倒せしめ、乙に対し右上腕骨骨折の傷害を与えた行為につき、条理等を理由に違法性の阻却を認め損害賠償請求を棄却した事例（最高裁判所第3小法廷・昭和37年2月7日判決、最高裁判所民事判例集16巻2号P407、最高裁判所裁判集民事58号P1009、判例タイムズ129号P47、判例時報293号P14）。

4　精神病院従業員の争議行為が条理を理由に正当性につき限界があると判示された労働委員会命令取消請求事件（最高裁判所第3小法廷・昭和39年8月4日判決、最高裁判所民事判例集18巻7号P1263、最高裁判所裁判集民事75号P1、判例タイムズ166号P118、判例時報380号P6）。

5　有限会社の代表取締役が、経営の一切を他の取締役に一任しみずから会社の経営に関与しなかつた場合において、会社の取引先が取引に関して損害を被つたとしても、その損害が経営を一任された取締役の悪意または重大な過失による任務懈怠によつて生じたものでないときは、右代表取締役の任務懈怠と右取引先の損害との間にはなんら業務に関与しなかった取締役に責任を負わせることは条理上到底これを是認しべきでないとして相当因果関係を欠くものとし、代表取

436

締役は、右取引先に対し、有限会社法33条ノ3第1項に基づく損害賠償の義務を負うものではないと判示された事例（最高裁判所第1小法廷・昭和45年7月16日判決、最高裁判所民事判例集24巻7号P1061、最高裁判所裁判集民事100号P187、判例タイムズ252号P161、判例時報602号P86）。

第6 「先行行為による条理上の作為義務」を認めた判例

1 レール置石事件の最高裁判所第1小法廷判決（昭和62年1月27日）

上記事件は「レール上の置石により生じた電車の脱線転覆事故について置石をした者との共同の認識ないし共謀のない者が事故回避措置をとらなかったことにつき過失責任を負う場合（京阪電鉄置石事件上告審判決）」である。

上記最高裁判例は、一般民事の損害賠償請求事件において列車の脱線転覆等をさせる危険な先行行為としてのレール置石について先行行為者に対して危険回避等のための作為義務を明確に認め、過失責任を認めたのである（最高裁判所民事判例集41巻1号P17、最高裁判所裁判集民事150号P27、判例タイムズ640号P101、判例時報1236号P66）。当然の道理である。

2 日本軍遺棄毒ガス・砲弾事件一審判決

日本軍遺棄毒ガス・砲弾事件は旧日本軍が中国国内に遺棄した毒ガス兵器や砲弾のガス漏れや爆発によって中国人の作業員（浚渫・下水道施設・道路工事）に死傷の被害が生じた事案で、国家賠償法に基づく損害賠償請求事件である。その一審判決は次のとおり、①条理により法的義務としての作為義務を認め、②条理により不作為による違法な公権力の行使を認定し、③条理により除斥期間の適用を制限し、国に賠償責任を認めて合計1億9798万円の支払を命じた（判例タイムズ1140号P300、判例時報1843号P90）。

（1）作為義務の認められる要件

『ア 国家賠償法1条は違法な公権力の行使による損害の賠償責任を認めている。公権力の行使は、公務員がその職務を行うについて遵守すべき法規版に違反したときに違法とされるから、不作為が違法な公権力の行使に当たるというためには、公務員に職務上の法的義務として一定の作為義務が認められることが必要である。

公務員の職務上の義務や権限は、法律やその委任を受けた省令などの法令によって定められているから、この法的義務としての作為義務も、法令によって定められているのが原則である。

　イ　しかし、法令上に具体的な根拠規定がない場合であっても、条理により法的義務としての作為義務を認めなければならないことがある。

本件の毒ガス兵器や砲弾の遺棄は、国の公権力の行使として実行されたものであり、これによって人の生命や身体に対する危険な状態を作り出したものである。このような先行行為があるにも関わらず、公務員の職務上の義務を定めた根拠規定がないという理由で、国にはその危険な状態を解消するための作為義務はないと考えることは、正義、公平にかなうものではない。

　したがって、このような場合には、国に対し、一定の要件の下に、危険な状態を解消するための作為義務を認めなければならない。

　ウ　条理により法的義務としての作為義務を認めるということは、その作為義務が履行されない場合に、その不法行為を違法と評価するのが物事の道理であると考えることである。

　したがって、国の公権力の行使によって危険な状態が作り出されたという先行行為がある場合に、国に法的義務としての作為義務を認めるためには、具体的な事案において、①人の生命や身体などに対する差し迫った重大な危険があり（危険の存在）、②国としてその結果の発生を具体的に予見することができ（予見可能性）、かつ、③作為に出ることにより結果の発生を防止することが可能であること（結果回避可能性）が要件になるものと考えられる。このような場合には、その不作為は違法なものと評価されなければならないからである。

　エ　この場合、被告としては、この作為義務につき具体的な担当機関が定められていないことを理由に、義務を免れることはできない。

　この作為義務は条理を根拠とする義務であるから、そもそも法令上の担当機関の定めは想定できないものである。国としての作為義務が認められる以上は、国のいずれかの機関がその義務を履行すべきことは当然であって、ここ的な担当機関の特定は要件にはならない。』

（2）不作為による違法な公権力の行使

『以上によれば，被告には，旧日本軍が中国国内に遺棄した毒ガス兵器や砲弾

438

により被害が発生するのを防止するために，条理により，①終戦時における日本
軍の部隊の配置や毒ガス兵器の配備状況，弾薬倉庫の場所，毒ガス兵器や砲弾の
遺棄状況，各兵器の特徴や処理方法などについて可能な限りの情報を収集したう
えで，中国政府に対して遺棄兵器に関する調査や回収の申出をするという作為義
務，あるいは，②少なくとも，遺棄された毒ガス兵器や砲弾が存在する可能性
が高い場所，実際に配備されていた兵器の形状や性質，その処理方法などの情報
を提供し，中国政府に被害発生の防止のための措置をゆだねるという作為義務が
あったと認めることができる。

　ところが，被告は，1972 年 9 月に日中共同声明により日本と中国の国交が回
復されて，この作為義務を履行することが可能になった後においても，その義務
を履行せず，本件の各事故が発生した。

　したがって，1972 年 9 月の日中共同声明以降，それぞれの事故発生の時まで
の継続的な不作為は，違法な公権力の行使に当たる。』

（3）除斥期間の適用制限

『民法 724 条後段の 20 年の期間を除斥期間と解釈するとしても，除斥期間の
適用が著しく正義・公平に反するときは，条理上，その適用は制限されるべきで
ある（最高裁平成 10 年 6 月 12 日判決参照）。

　本件においては，①加害行為の残虐性・悪質性，被害の重大性から，被告の責
任を明確に実現する必要性が高いこと，②被告は戦後も事実の隠蔽に努め，関係
資料を焼却して証拠を隠滅することにより，原告らの権利行使を妨げていること，
③被告は加害行為について認識しながら回避措置を怠ったものであり，保護の適
格性を欠くこと，④不法行為の存在が明白であり，時の経過による攻撃防御・採
証上の困難がないこと，⑤原告らの権利行使の客観的可能性は 1995 年 3 月まで
存在せず，原告らに権利の上に眠っていたとの評価は妥当しないことなどの事情
がある。

　これらの事情を考慮すれば，20 年の期間が経過したことをもって原告らの権
利行使が許されないとすることは，著しく正義・公平に反する。』

　なお、上記事件の東京高等裁判所判決（平成 19 年 7 月 18 日判決）は、不当
にも公権力の行使に当り結果回避可能性がなかったとして、賠償請求は棄却した
が、違法な先行行為（遺棄行為）による条理上の作為義務の発生を次のとおり認

めている（訟務月報53巻8号P2251、判例時報1994号P36）。

　　　　　　　　記
　『旧日本軍関係者が、人の生命、身体に重大かつ重篤な被害をもたらすイペリットやイペリットとルイサイトの混合剤が施され、又は入れられた本件毒ガス兵器等を上記のような態様で遺棄し、適切な管理ができない状態に置いた結果、中国国民が、その生命、身体に重大かつ重篤な被害を被る危険が生じたのであるから、我が国の公務員がある具体的な措置（公権力の行使）を執ることによって上記危険が現実化しなかったであろう高度の蓋然性を肯定できる場合において、当該措置を執ること（公権力の行使）が、被害者との関係で法的に義務付けられていると解されるときは、当該措置を執らなかったこと（不作為）は、条理上、違法と評価されるものというべきである。そして、かかる作為義務の発生には、必ずしも法令上の根拠を要するものとは解し得ない。』

3　中国残留孤児訴訟神戸地裁判決（平成18年12月1日判決）

　中国残留孤児訴訟の神戸地裁判決は、原告ら61名の請求を一部認容し、賠償額4億6860万円を認容し、同判決は、原告が主張していた「先行行為に基づく条理上の作為義務」を認め、以下のように判示した。

　（1）同判決は、孤児を発生させた「国策として行なわれた移民、関東軍の大幅な転用、静謐確保の優先、満州防衛の放棄といった一連の政策」について、「戦後の憲法が立脚する価値観に立って見たとき」、戦闘員でない一般の在満邦人を無防備な状態においた政策は、「自国民の生命・身体を著しく軽視する無慈悲な政策であった」と述べ、「戦後の政府としては、可能な限り、無慈悲な政策によってもたらされた自国民の被害を救済すべき高度の政治的責任を負う」と判示している。

　（2）帰国に向けた政府の責任を論じて、「政府自身、残留孤児が中国内で生存していることを認識していたのであるから、集団引揚げが終了した昭和33年7月以降も、残留孤児の消息を確かめ、自国民の救済という観点からその早期帰国を実現すべき政治的責任を負っていた」とした。

そして、日中国交正常化までは、残留孤児救済責任を果たすための具体的な政策の実行は困難であったとしたが、日中国交正常化によって具体的な政策を実

第13章　被告国の法的責任（その3）

行に移すことができるようになったから、特段の合理的な根拠なしに、帰国を制限する行政行為をしたとすれば違法な職務行為となり国家賠償法上の責任を負うとした。

（3）自立支援に向けた政府の責任を論じて、「残留孤児の大半が日本社会での適応に困難を来たす状態での永住帰国を余儀なくされたのは」、前述の無慈悲な政策に加え、「日中国交正常化後も孤児救済に向けた政治的責任を果たそうとしなかった政府の姿勢」、「帰国制限という政府関係者による違法な措置が積み重なった結果」だと指摘し、政府は、条理上の義務として、日本社会で自立して生活するために必要な支援策を実施すべき法的義務（自立支援義務）を負っていたと明確に判断している。

（4）このように、残留孤児訴訟神戸地裁判決は、戦前の移民政策や満州防衛の放棄などの国策および戦後の帰国制限などを自ら行ってきた国は「条理上の義務」として残留孤児への自立支援義務を負っていると明確に認めたのである。

　戦前および戦後を通じた国の行為を先行行為ととらえている点などは、本件訴訟と類似点があり、重要な参考判例である。

4　劉連仁訴訟一審判決（平成13年7月12日判決）

　劉連仁訴訟一審判決（判例タイムズ1067号119頁）は、太平洋戦争中に日本へ強制連行されたうえ、強制労働に従事していた中国人が耐えかねて逃走し、その後13年間にわたり北海道内の山中での逃走生活を余儀なくされた深刻な事案である。

（1）同判決は、国は「降伏文書の調印とそれに伴う強制連行の目的の消滅によって、事柄の性質上当然の原状回復義務として、強制連行された者に対し、これらの者を保護する一般的な作為義務を確定的に負ったもの」と認定している。

（2）また、この保護義務は、本国への送還の希望の確認ないし帰国の援護の当然の前提であり、このような救済業務は被告が国策として行った強制連行、強制労働の目的消滅と降伏文書の受諾によって条理上当然に生じた義務であるとも判示している。

（3）そして、被害者が「逃走を余儀なくされた結果、その生命、身体の安全が脅かされる事態に陥っているであろうことは相当の蓋然性をもって予測でき

441

た」とした。

（４）そのうえで、保護義務の懈怠と被害との相当因果関係を検討し、被害者と共に逃走した４名が1946（昭和21）年４月までに次々と発見され、中国に送還されたことから、これらの者からの事情聴取や警察力等の援助を得ることによって、「早期に被害者を保護することができた可能性を否定できない」として相当因果関係を肯定している。

（５）このように、劉連仁訴訟一審判決は、国が自ら国策として行った行為に基づいて、条理上当然に作為義務が生じる場合を認めているのである。本件においても、国が開戦した行為や終戦を遅らせた行為に基づいて生じた本件南洋戦・フィリピン戦被害を受けた原告らに対し、被告国は条理上の援護義務を負うと解されるべきである。

5　松江地裁判決 1957 年 12 月 27 日訴月 4 巻 5 号 655 頁

農地委員会が策定した農地買収計画が判決によって取り消され確定し失効したにもかかわらず，上記委員会が上記買収計画を前提としてなされた買収処分・売り渡し処分による移転登記の抹消のための措置をとることを著しく遅延した事案。

6　東京地裁判決 1959 年 9 月 19 日下民 10 巻 9 号 1965 頁

検察事務官が，前科登録の誤りが判明した後も，他庁の前科登録抹消の手続を怠ったことについての国の責任を肯定した事案。

7　最高裁判決 1971 年 11 月 30 日民集 25 巻 8 号 1389 頁

土地区画整理事業の施行者である市長が，仮換地を指定して従前地の使用を禁止しながら，仮換地上にある第三者所有の建物について移転除却の権限を行使しなかったことについて損害賠償責任を認めた事案。

8　東京地裁判決 1974 年 12 月 18 日判例時報 766 号 76 頁

日本軍が海中に投棄した砲弾が海岸に漂着して，それが子ども達により火中に入れられて爆発して被害が発生した新島砲弾事件において国の責任が認められた事案。

第13章　被告国の法的責任（その3）

第7　まとめ

　被告国においては、危険な先行行為としての南洋戦・フィリピン戦の遂行により原告らに発生させた被害とそれを今日まで長期間放置・継続せしめた被害につき被告国は先行行為に基づく条理上の作為義務に基づき救済・賠償する義務を負うべきである。そのための救済立法をなす義務がある。

第5節　立法の不作為責任④
　　　－外交保護権放棄による補償立法の義務

第1　外交的保護とは何か

　第7章で詳述したとおり、原告ら南洋戦・フィリピン戦被害者は、アメリカ軍の軍事行動における国際法違反行為によって被害を受けた。原告らは国際法上次のとおり個人の被害についてアメリカ政府に対して戦争被害損害賠償請求権を有しているのである。

　国家は、外国の領域内に在留する自国民が、その身体や財産を侵害され、しかも当該外国によって十分に保護・救済されないときは、外交手続きをとおして保護・救済を請求することができる。これを外交的保護又は在外国民の外交的保護という。

　しかし、この外交的保護が行われるためには、まず所在国の国内的救済手続きを尽くした、尽くしても救済されないことが明白であるか、あるいは国内手続きによる救済を拒否されたことが必要である。これを「国内的救済の原則」という。

　また、国家がその外交保護権を行使するためには、被害者がその身体又は財産を侵害された時から外交的保護がなされるまで、継続的に自国の国籍を保有していることが必要である。これを「国籍継続の原則」という。

　この外交的保護は、私人に対する対人主権に基づいて行使する国家の権利であるとされ、被害者の要請の有無に関係なく、国家の便宜と論理によって行われるため、歴史的には、被害者個人の保護よりも国家的理由によって行使されることが多く、大国による弱小国への内政干渉の「隠れミノ」として濫用されることが

443

多かった。アルゼンチンの国際法学者カルヴォが主張した、いわゆる「カルヴォ条項」も、自国民保護を理由にした外交保護権の濫用による大国の干渉を排除しようとする南米諸国の意図をあらわしたものである。

第2　個人の賠償請求権と平和条約

1　被害者個人のアメリカ政府に対する損害賠償請求権

（1）ハーグ条約による損害賠償請求権

　1907年に採択されたハーグ陸戦条約は、3条において、軍隊構成員が戦争法規に違反する行為を行った場合には、その被害者個人が、加害国に直接に損害賠償を請求する権利を定めている。南洋戦・フィリピン戦の被害者である原告らは、国際慣習法（慣習国際法）となったハーグ陸戦条約3条に基づき、米国政府に対して損害賠償請求権を有する。

（2）同条約第3条の解釈

ア　条約法に関するウィーン条約

　同31条1項は条約解釈に関する一般規則について「条約は、文脈によりかつその趣旨及び目的に照らして与えられた用語の通常の意味に従い、誠実に解釈するものとする。」としている。

国際条約の解釈として目的解釈と文理解釈が重要である。

イ　目的解釈

　同条約の目的は戦争被害者に対する事後処理措置であり、被害者を救済することである。同3条の被害者とは被害者を受けた個人単位の被害者である。事後処理措置を執る義務がある側は加害者である、戦闘行為を行った交戦当事者で、事実上、通常は国にある。同3条は事後処理の義務を有する国家を対象としているが、目的の対象は被害者であり、個人単位の被害者である。

ウ　文理解釈

　同条は、「前記規則の条項に違反したる交戦当事者は、損害あるときは、之が賠償の責任を負うものとす」と規定する。「賠償の責任を負う」対象は国家間及び国家と個人間である。「責任を負う」対象は個人も含まれる。

（3）外国の裁判所の判決

444

第13章　被告国の法的責任（その3）

ア　国際慣習法に成立の判断には「国際司法裁判所の判例だけではなく、各種の国際司法裁判所並びに国内裁判所の判例も含まれると解する。（宮崎繁樹『国際法綱要』）

イ　戦争被害者は個人の戦争被害者の賠償請求権を認めた外国の裁判所の判決が重要である。

　（ア）ベルサイユ条約と混合仲裁裁判所

　　　　第一次世界大戦中の戦争被害者個人の賠償請求権を認めた。

　（イ）ドイツ・ミュンスター行政控訴裁判所（1952年）

　　　戦争被害者個人の賠償請求権を認めた。

　（ウ）ドイツ・ボン地方裁判所（1997年）

　　　戦争被害者個人の賠償請求権を認めた。

　（エ）アメリカ・コロンビア地区地方裁判所（1996年）

　　　戦争被害者個人の賠償請求権を認めた。

　（オ）ギリシャ・レバデア地方裁判所（1997年）

　　　戦争被害者個人の賠償請求権を認めた。

　（カ）オランダ・オランダ高等裁判所（2000年）

　　　戦争被害者個人の賠償請求権を認めた。

　（キ）イタリア高等裁判所（2004年）

　　　戦争被害者個人の賠償請求権を認めた。

（4）西松建設事件最高裁2007年4月27日判決

ア　同判決は、「日中戦争の遂行中に生じた中華人民共和国の国民の日本国又はその国民若しくは法人に対する請求権は、日中共同声明5項によって、裁判上訴求する権能を失ったというべきであ」るとする。

イ　同判決よれば、訴権のみを放棄されたと解釈することにより、逆に中国国民個人の国際法上の請求権が存在したことを認めたことになる。日本の司法部が日中戦争中に戦争法ないし人道法違反行為による被害者個人の損害賠償請求権の存在そのものを否定しなかったことは重要である（藤田久一『国際人道法と個人請求権』、五十嵐正博『西松建設事件・コメント』）。

2　被告国の外交保護義務違反

（1）対日平和条約

1951 年 9 月 8 日に締結された対日平和条約第 19 条（A）は、「日本国は、戦争から生じ、又は、戦争状態が存在したためにとられた行動から生じた連合国及びその国民に対する日本国及びその国民のすべての請求権を放棄し、かつこの条約の効力発生の前に日本国領域におけるいずれかの連合国の軍隊又は当局の存在職務遂行又は行動から生じたすべての請求権は放棄する」と規定する。

日本政府は対日平和条約を締結することによって、原告ら南洋戦・フィリピン戦の被害者が米国政府に有する損害賠償請求権に外交保護を与えず、現実的には重大な支障を与え、極めて困難ないし不可能にした。したがって、日本政府の原告らについての外交上の不保護は、任務違反であり、憲法 17 条の「公務員の不法行為」に該当すると主張するものである。

（2）外交保護義務違反

日本国憲法の下で、日本政府が国民の人権を保護すべき義務を負っていることは当然である。このことは、国連憲章 55 条が、国連の目標として「人権の普遍的な尊重及び遵守」を掲げ、同 56 条が国連の目標を実現するための加盟国の協力義務を課していること、世界人権宣言、国際人権規約前文などからも明らかである。日本国憲法第 13 条は「すべての国民は、個人として尊重される。生命、自由及び幸福追求に対する国民の権利については、公共の福祉に反しない限り、立法その他国政の上で、最大の尊重を必要とする」と定めている。これらの諸規定を総合すると、国家には自国民に対して外国からの侵害があった場合には、それを防止し保護を与える権利を有するとともに、国内法上の義務があるのである。この国家の権利行使と義務履行を受け止め可能にする国際法上の制度が外交保護権である。

ちなみに、1961 年外交関係に関するウィーン条約は、外交使節団の任務として、「接受国において、派遣国及びその国民の利益を国際法が認める範囲内で保護すること」をあげているが、これは、本国政府が負っている国民保護の一発現であると解すべきである。

したがって、被告国は、外交保護権を行使すべき国内法上の義務を負担しており、国民の外交的な不保護は任務違反の不作為であり、憲法第 17 条の「公務員の不法行為」に該当する。

第13章　被告国の法的責任（その3）

第3　国内補償条項が存在しない放棄条項の異常性

　第2次世界大戦に関する条約などで「請求権放棄」条項がある場合、国内補償
条項を定めることが通常である。例えば、1947年2月10日にパリで署名され
たイタリア、ハンガリー、ルーマニア、ブルガリアの平和条約は、それぞれ敗戦
国による国家・政府及び国民のための請求権放棄の規定があるが、同時に政府が
国民に対して公平な補償をすることを定めている（イタリア平和条約76条Ⅱ項、
ブルガリア平和条約第28条Ⅱ項、ハンガリア平和条約第32条Ⅱ項、ルーマニ
ア平和条約30条Ⅱ項）。また、ドイツでは1952年5月26日「戦争及び占領に
よって生じる事項の解決に関する条約」第5条で「連邦共和国は……従来の所有
者が補償されることを配慮する」と規定し、1955年12月1日制定の「占領損
害賠償法」によって国内法的処置が取られた。

　ところが、対日平和条約第19条（A）に関しては、前記のとおり、同条約に
おいて所属国である日本政府の補償義務が規定されず、かつ、国内法的処置も取
られていない。

　被告国は、対日平和条約第19条（A）で外交保護権を放棄することにより、
原告らが米国政府に対して損害賠償請求権を行使してもこれに応ぜず、米国の裁
判所が裁判拒絶をしても救済も道が閉ざされることによって、原告らが損害賠償
請求権の行使が困難ないし不可能にし、しかも、原告らに対して国内法的補償を
行わない。

　被告国が国内法的補償を行なわないことは立法不作為の違憲性を基礎づける。

447

〈第14章〉
本訴訟に「戦争被害受忍論」は通用するのか

第1　言語を絶する南洋戦・フィリピン戦被害の特徴・実態

　長く壮絶な地上戦の闘われた南洋戦・フィリピン戦の戦闘行為の実態とその残虐非道な日本軍の行為による被害については、既に第5章、第6章、第8章等で詳しく述べてきたので、重複を避けることとする。

　まさに、南洋戦等の被害は、戦争損害（戦争犠牲）であり、南洋戦等は当時の日本国民の中で南洋諸島・フィリピン群島に住んでいた沖縄県人に沖縄戦被害者と同様に「特別な犠牲を強いた被害」であった。

　当時の沖縄県民の4分の1の15万人が死没し、数え切れないほどの重軽傷者を出し、アメリカの国際法違反の軍事行動により一般住民が死没し、被告国の被用者である日本軍の行為により住民虐殺、「集団自決」、幼児虐殺等の残虐非道なる行為によってもたらされたものである。

　「人間性が否定され完全に破壊され尽くされた狂気」―それが沖縄戦における原告らの被害の特質である。

　その沖縄における戦争損害（戦争犠牲）は、その点において住民地区で地上戦が闘われなかった他の日本各地の戦争被害とは、明らかに相違する。同様のことは、本件南洋戦等被害についてもそのままあてはまる。

第2　戦争被害受忍論は机上の空論に等しい考え方である

　沖縄県民に犠牲を強いた沖縄戦被害の実態に即して考えてみると、「戦争被害

受忍論」は、戦争被害の実態をみない机上の空論に等しいと言っても決して過言ではない。

1968（昭和43）年在外資産喪失補償事件最高裁判決は、カナダから引き上げた日本人が現地に残した資産について、サンフランシスコ講和条約によって、その処分権が日本政府からカナダ政府に引き渡されたことについて憲法29条3項を適用して日本政府を相手に補償を求めたことに対し、「国民の全てが、多かれ少なかれ、その生命・身体・財産の犠牲を堪え忍ぶべく余儀なくされていたのであり、これらの犠牲は、いずれも、戦争犠牲または戦争損害として、国民のひとしく受忍しなければならなかったところであり……在外資産の賠償への充当による損害のごときも、一種の戦争損害として、これに対する補償は、憲法の全く予想しないところというべきである」と判示した。

この判決は、財産問題についての判決であって、具体的に生命、身体について争点になっていないのにもかかわらず、生命・身体被害まで国民が等しく「受忍すべき」「堪え忍ぶべく余儀なくされている」と言及しているので、法的判断としての越権行為な判決である。

沖縄戦・南洋戦・フィリピン戦被害者の立場からすれば、いくら最高裁判決が被害を受忍せよ、堪え忍べと強調されても「受忍も出来ない」し「堪え忍ぶこと」も到底出来ないのである。悲惨な被害者の体験からすれば、この最高裁判所の判決は「机上の空論」にしか思えないのである。

特に、南洋戦等被害者の中でも未補償のまま放置されている原告らをはじめとする民間戦争被害者の立場からすると、軍人軍属をはじめ他の一般戦争被害者には、手厚い補償をし、原告らに全く補償されていないのにもかかわらず「等しく受忍せよ」などと言われてもそのこと自体矛盾しており到底納得が出来ない理屈である。現実に即した理論ではない。

第3　時代の推移と共に一貫しなくなった受忍論

1　受忍論は法的にも現実的にも破綻している。

広く知られるとおり、これまで判例は「国民のすべてが、多かれ少なかれ、その生命、身体、財産の犠牲を耐え忍ぶことを余儀なくされていた」と、国民に受

忍を迫る、いわゆる受忍論を採ることを通じ、国は戦後の戦争被害援護法制度を、一般戦争被災者へ救済が及ばないよう意図的に制度構築をしてきた。

この受忍論を前提に戦争被害者援護行政は、一貫して意識的に一般民間被災者などの一般戦災者を、援護対象から外してきたのである。

しかし、受忍論は特別犠牲を強制されない国民の憲法上の権利に反する。

日本国憲法の拠って立つ原理よりすれば、受忍論のような議論はもはや採ることができないはずである。憲法13条を中心とする憲法価値体系により、「特別犠牲を強制されない権利」が日本国民に保障されていることを説き、何人も自らの生命、身体を全体の利益の為に犠牲にさせられない憲法上の権利があり、特別犠牲に対し補償をなすことは憲法の要請するところであり、生命・身体に対する戦争被害は特別犠牲であることから、特別犠牲を強制されない憲法上の権利が存在することを明らかにした。

さらに、歴史的に見ても、受忍論主張は、昭和62年6月26日名古屋空襲最高裁判決後、現在までの戦争被害の補償立法・補償実態の流れからみても著しく説得力を欠くものとなっている。

一般戦争被害者グループ中、集団としては沖縄戦・南洋戦・フィリピン戦民間戦争被害者の一部と空襲被害者グループのみが補償対象から排除されている俯瞰的考察からも、原告らに対して、「戦争被害を国民として等しく受認せよ」と強いる受忍論を維持し押しつける論拠は失われている。

2「戦争被害受忍論」を援用しなくなった最近の判例の立場

東京大空襲訴訟・東京地裁判決（2009年12月14日）及び東京高裁判決（2012年4月25日）においても、最大かつ基本的争点であった「戦争被害受忍論」を採用しなかった。

大阪空襲訴訟・大阪地裁判決（2011年12月7日）においても戦争被害受忍論は排斥された。

このように戦争被害受忍論は司法の場においても克服されつつあるのである。それが時代の趨勢である。

第14章　本訴訟に「戦争被害受忍論」は通用するのか

　以上のとおりであるから、少なくとも残虐非道な日本軍の行為による南洋戦被害やフィリピン戦被害においては、「戦争被害受忍論」は机上の空論に等しく通用しないであろうことを強調しておくこととする。

日本軍の捕虜収容所（サイパン島）＝撮影　村上有慶

〈終　章〉
「平和の礎」に込められた
沖縄県民の優しさと憂い

1　後世に戦争を伝えても怨みを伝えない県民の選択

　前述したとおり、悲惨な戦争体験をした沖縄県民は、ある時期から、あの戦争で斃れたすべての人の霊を慰めることによって、戦争は伝えても怨みは伝えない選択を行ったように思える。怨みを批判精神に純化・昇華させて、恒久平和への祈りと誓いに転化させた。

　沖縄県は日本復帰前から、日本軍の組織的戦闘が終息した6月23日を戦没者慰霊の日と定め、休日とし（1961年）、積極的に取り組んできた。それは忘却ではなく体験の継承を、復讐ではなく許しを、争いではなく共生を、戦争ではなく平和を、永久に訴え続けようという精神で営まれてきた。

2　平和のための記念碑として世界に例のない「平和の礎」の建設へ

　そうした精神の高まりは、日本降伏50年目にあたる1995年、摩文仁の丘に「平和の礎」を建立することによって、凝縮した形で実現した。それはまた、沖縄人の伝統的精神に根づく優しさの発露であり、堪え忍んだ受難を二度と再び繰り返さないという決意の表明でもある。

　すなわち、平和の礎には沖縄県民や残虐非道の所業を行った日本軍将兵、敵対したアメリカ軍将兵、当時日本人として参戦を余儀なくされた朝鮮人（韓国・北朝鮮）など、すべての戦没者の使命をそれぞれの国の文字で刻銘した。「6月23日　人類普遍の恒久平和を希求し戦没者の霊を慰める日」（沖縄県条例）の式典は、

452

大理石でつくられた扇状の刻銘版114基（刻銘面は1184面）が並ぶ平和の礎の杜で挙行される。2010年6月23日現在240931名が刻銘されている。

3　大田昌秀知事の挨拶「平和の息吹が世界に波及することを……」

平和の礎の杜で挙行された最初の式典で、平和の礎を建設した当時の大田昌秀知事は、「50年前の鉄の暴風を平和の波濤に変え、この地から暖かい平和の息吹が世界に波及することを念願する」と訴えた。

大田氏は沖縄戦当時、沖縄師範学校生徒として鉄血勤皇隊に組み込まれ、戦闘に参加し、辛くも生還した。その訴えは掛け値なしの叫びであったろう。

4　沖縄県民は「平和への戦い」を続ける

この「平和の礎」は、敵味方を顕彰している点で「平和のための記念」としては世界に例がない。

ともかく、沖縄は毎年、6月23日を「慰霊の日」として、休日として全県に渡り、香煙がけぶる。悲惨な沖縄戦・南洋戦・フィリピン戦など戦争を体験した沖縄県民の闘いは、「平和への戦い」に装いを変えて、今後も続く。

1968年に建てられた「おきなわの塔」（サイパン島）＝撮影　村上有慶

■結　び——真実の究明を
南洋戦・フィリピン戦の死者を歴史の闇に葬ってはならない

　1　原告らは、被告国に対して各主張したとおりの事実と法的主張を根拠として、請求の趣旨記載のとおりの謝罪と損害賠償請求のため本件訴訟を提起する。損害賠償請求については、慰謝料の内金として請求する。

　第1の主的請求の不法行為に基づく請求の遅延損害金の民事法定利率年5分の発生については、戦争行為が終了した終戦の日である1945（昭和20）年8月15日を起算日した。

　第1次予備的請求の公法上の危険責任はその根拠として条理の他、日本国憲法13条、同14条も根拠としているので、損害賠償請求権の発生時期が日本国憲法施行日である昭和22年5月3日であるので、遅延損害金の発生日も同日を起算日とした。

　第2次予備的請求の立法不作為責任に基づく請求は、訴状送達日の翌日を起算日とした。

　2　原告らは、本件訴訟において、南洋戦・フィリピン戦の真実と真相を究明することによって、「沖縄」と「本土」との間にある歴史的な「差別」を解消し、真の「和解」への道につながる結論が下されることを強く期待している。

　3　そのためにも、貴庁におかれましては、原告らの訴えに謙虚に耳を傾けられ、原告らに十分な主張の機会を保証されたうえ、「南洋戦」「フィリピン戦」の死者を歴史の闇に葬ることのない、日本の歴史の上でも後世に残る「人道的判決」、国際的にも評価される「品格のある判決」をなされたく切にお願いする。

以上

証拠方法・附属書類

証　拠　方　法
　　別紙証拠説明書のとおり

附　属　書　類
　　1　訴状副本
　　2　訴訟委任状

以　上

街中に残っている奉安殿（サイパン島）＝撮影　村上有慶

455

謝 罪 文

沖縄県中頭郡北中城村字安谷屋 399 − 1

東江　和子　殿（以下、別紙原告目録記載の原告 45 名を連記）

内閣総理大臣　安倍　晋三

1　日本国は、自ら開始したアジア太平洋戦争において，サイパンをはじめ南洋諸島・フィリピン群島を戦場とし、その結果、当時の南洋諸島・フィリピン群島に住んでいた沖縄県出身約 8 万人のうち約 25,000 人が命を失い，多数の重軽傷者・後遺障害者を出しました。

2　日本国軍隊は南洋戦等の中で、民間人の生命・安全を守るべき保護義務があるにもかかわらず、民間人を守りませんでした。それどころか、日本国軍隊は、南洋諸島・フィリピン群島に住む民間人に対する虐殺行為を行うなど残虐無道の非人道的行為を行い、沖縄県人は塗炭の苦しみを舐めました。

3　にもかかわらず国は南洋戦等被害についての実態調査さえも実施せず、南洋諸島・フィリピン群島に居住していた日本国民に対して、いまだに南洋戦等被害についての謝罪を行っていません。また、南洋諸島・フィリピン群島での民間戦争被害者のうち一部の人々には「援護法」による補償を行っていながら、同様の被害を受けた原告らを中心とする多数の民間戦争被害者に対しては全く補償をせずに同じ県民の中に差別と選別を行っています。

　国は以上の歴史的事実経過を踏まえて、以下のとおり深く謝罪し、約束する。

（1）国は、旧軍人・軍属・一部の民間戦争被害者には国家補償をしてきたが、原告ら民間人被害者には何らの援護・補償をなさず、放置してきたことを深く謝罪する。

（2）国は、これまで南洋戦・フィリピン戦の死傷者や行方不明者の実態調査、犠牲者の氏名を記録せず、遺骨の収容も完全に行っていないことを深く謝罪する。

（3）国は、これらに対する謝罪の証として、沖縄・南洋諸島・フィリピン群島の民間戦争被害者をはじめ日本全国の民間人戦争被害者補償のための新たな立法措置、沖縄戦・南洋戦・フィリピン戦による死亡者の追跡調査、遺骨の完全収容、民間人犠牲者を悼み、後世に沖縄戦・南洋戦・フィリピン戦の実相を知らせるための国立の資料センターや追悼施設の建設を約束し実行する。

★原告名簿

No.	氏　名	生年月日
1	東　江　和　子	1943 年（昭和 18 年）2 月 17 日
2	阿　良　光　雄	1938 年（昭和 13 年）3 月 17 日
3	新　垣　秀　子	1936 年（昭和 11 年）1 月 5 日
4	上　地　清　勇	1939 年（昭和 14 年）5 月 2 日
5	上　原　和　彦	1938 年（昭和 13 年）6 月 7 日
6	上　原　清　志	1938 年（昭和 13 年）7 月 15 日
7	上　間　涼　子	1928 年（昭和 3 年）3 月 21 日
8	菊　池　美枝子	1945 年（昭和 20 年）11 月 20 日
9	喜　瀬　光　子	1934 年（昭和 9 年）12 月 11 日
10	國　吉　眞　一	1930 年（昭和 5 年）6 月 9 日
11	佐久本　正　男	1942 年（昭和 17 年）1 月 5 日
12	島　袋　　　弘	1935 年（昭和 10 年）2 月 3 日
13	島　袋　文　雄	1940 年（昭和 15 年）5 月 5 日
14	城　間　盛　正	1940 年（昭和 15 年）9 月 29 日
15	城　間　光　子	1912 年（明治 45 年）4 月 15 日
16	瑞慶山　シ　ズ	1939 年（昭和 14 年）8 月 8 日
17	祖　堅　秀　子	1938 年（昭和 13 年）8 月 10 日
18	楚　南　兼　正	1936 年（昭和 11 年）2 月 14 日
19	髙　良　吉　夫	1932 年（昭和 7 年）5 月 31 日
20	名嘉山　兼　正	1941 年（昭和 16 年）7 月 20 日
21	西　原　良　子	1939 年（昭和 14 年）3 月 10 日
22	真境名　　　文	1919 年（大正 8 年）6 月 22 日
23	松　島　良　智	1931 年（昭和 6 年）3 月 10 日
24	柳　田　虎一郎	1938 年（昭和 13 年）2 月 6 日（原告団長）
25	安信富　信　子	1939 年（昭和 14 年）4 月 30 日
26	大　城　栄　昌	1939 年（昭和 14 年）10 月 9 日
27	金　城　文　郎	1935 年（昭和 10 年）8 月 5 日

28	高嶺　致泉	1933 年（昭和 8 年）10 月 1 日
29	田仲　初枝	1927 年（昭和 2 年） 9 月 6 日
30	比嘉　ミサ	1937 年（昭和 12 年）12 月 27 日
31	又吉　康雄	1933 年（昭和 8 年） 5 月 27 日
32	山入端　治男	1936 年（昭和 11 年） 4 月 30 日
33	安里　俊明	1942 年（昭和 17 年） 4 月 22 日
34	上原　豊子	1937 年（昭和 12 年）12 月 30 日
35	大城　スミ子	1935 年（昭和 10 年） 5 月 11 日
36	蔵前　清徳	1934 年（昭和 9 年） 7 月 12 日
37	渡慶次　松子	1933 年（昭和 8 年） 7 月 11 日
38	仲本　幸代	1942 年（昭和 17 年） 1 月 10 日
39	大石　明子	1948 年（昭和 23 年） 5 月 25 日
40	大城　ノリ子	1940 年（昭和 15 年） 7 月 20 日
41	金城　宏幸	1938 年（昭和 13 年）10 月 28 日
42	金城　美佐子	1937 年（昭和 12 年） 4 月 25 日
43	中村　美代子	1931 年（昭和 6 年） 8 月 24 日
44	宮里　和子	1943 年（昭和 18 年） 7 月 20 日
45	山川　信子	1932 年（昭和 7 年） 5 月 9 日

★原告代理人名簿

No.	弁護士名	No.	弁護士名
1	瑞慶山　茂（弁護団団長）	27	大井　　琢
2	加藤　　裕（弁護団副団長）	28	田村　ゆかり
3	小園　恵介	29	松崎　暁史
4	垣花　豊順	30	仲西　孝浩
5	中村　照美	31	城間　博
6	伊志嶺　善三	32	栗田　妃呂子
7	折井　真人	33	砂川　満邦
8	伊志嶺　公一	34	中村　昌樹
9	高良　誠	35	山城　　圭
10	亀川　榮一	36	松本　啓太
11	亀川　偉作		
12	横田　　達		
13	上原　智子		
14	喜多　自然		
15	赤嶺　朝子		
16	白　　充		
17	池宮城　紀夫		
18	照屋　寛徳		
19	新垣　勉		
20	齋藤　祐介		
21	日高　洋一郎		
22	原田　敬三		
23	三宅　俊司		
24	岡島　　実		
25	金髙　望		
26	高塚　千恵子		

パラオ諸島は、1546年以降スペイン、ドイツ、日本、そしてアメリカと他国の支配が続いた。今次大戦では戦火に巻き込まれ多くの犠牲者を出したが、「共に働き、多くのことを教えてくれた日本人」へ好感を抱く人は今も多い。1981年1月「ベラウ共和国」として独立を達成。政府主催の祝典では、子どもたちが「異国支配」の歴史を表す仮装行列をして、新たな時代の訪れを祝った＝撮影 森口豁

特別寄稿

南洋戦被害と国家責任

　　　　　　　　　　行政法学者　**西埜　章**

◆─はじめに

　南洋戦被害国家責任訴訟と沖縄戦被害国家責任訴訟は、戦争被害の実態と法的争点において、多くの共通性を有している。南洋戦被害国家責任訴訟に先行して、沖縄戦被害国家責任訴訟が提起されていたが、この訴訟については、既に一審判決（那覇地判平成28・3・16）が出ている。沖縄戦被害国家責任訴訟については、拙稿「沖縄戦被害と国家責任」（瑞慶山茂編著『法廷で裁かれる沖縄戦〔訴状編〕』431頁以下（高文研、2016年））と「那覇地裁請求棄却判決の批判的検討」（瑞慶山茂編著『法廷で裁かれる沖縄戦〔被害編〕』43頁以下（高文研、2016年））において簡単な考察を行った。

　本稿は、南洋戦国家責任訴訟についてのものであるが、沖縄戦被害国家責任訴訟と重なる部分が少なくない。できるだけ重複は避けるようにはするが、叙述の便宜上やむを得ず重なる箇所が出てくるので、あらかじめご容赦をお願いしたい。

　戦後補償訴訟において、被告国は、これまでしばしば判例法理としての国家無答責の法理、戦争損害受忍論、除斥期間論等に基づいて戦後補償責任がないことを主張し、判決の多くも国家責任を否定してきた。本件南洋戦被害国家責任訴訟においても、被告国は、答弁書や準備書面において繰り返して、この判例法理を

振りかざして、国家責任がない旨主張している。

　筆者は、南洋戦被害国家責任訴訟の弁護団からの依頼により、いくつかの意見書を那覇地裁に提出した。本稿は、これらを要約した上で、若干の補足をしたものである。

　本件訴訟における主たる争点は、①国家無答責の法理、②除斥期間論、③立法不作為論、④公法上の危険責任論である。紙面の制約があるので、本稿においては、③の立法不作為の責任については触れないことにする。

Ⅰ　被告国の国家責任否定の論拠

1　国家無答責の法理

　被告国が国家責任を否定する論拠にはいくつかのものがあるが、その最初のものが国家無答責の法理である。被告国の主張の骨子は、「国賠法施行前においては、国家の権力的作用に係る行為から生じた損害については、私法である民法の適用はなく、国が損害賠償責任を負うことはなかったから（国家無答責の法理）、原告らが主張する旧日本軍等による国民保護義務違反なる行為には民法 709 条及び 715 条等の適用はなく、原告らの主位的請求は、そもそも法律上の根拠を欠き、理由がない。……国家無答責の法理とは、国家の権力的作用に係る行為から発生した損害については、私法である民法の適用はなく、明治憲法下においては、その他国家の賠償責任を認める実定法の規定がなかったことを根拠とする実体法上の法理である」ということである。そして、その理由として、①明治憲法は、行政裁判制度に関し、行政裁判を司法裁判より分離し、行政訴訟を審理するために司法裁判所とは別に行政裁判所を設けること及びその構成は法律をもって定めるべきものとするとの原則を掲げたこと（61 条）、②明治 23 年の行政裁判法 16条は、「行政裁判所ハ損害要償ノ訴訟ヲ受理セス」と規定し、行政裁判所は国家に対する損害賠償請求訴訟を受理しないものとされていたこと、③したがって、国家の権力的作用に係る行為から発生した損害については、司法裁判所及び行政裁判所のいずれもが受理しないこととされていたこと、④実体法である旧民法においても、制定過程では、ボアソナードの民法草案 393 条に、国が私人と同様、民法に基づいて使用者責任を負う旨が規定されていたが、最終的には、同草案

462

393 条の国家責任を定めた部分は旧民法 373 条において削除され、国家の賠償責任は規定されなかったこと、を挙げた上で、「このような立法がされた理由は、立法者が公権的活動に対しては民法に基づく国家責任を否定しようとする意思を有していたことによるのであって、行政裁判法と旧民法が公布された明治 23 年の時点で、公権力の行使について国家無答責の法理を採用するという基本的法政策が確立したのである（塩野宏・行政法Ⅱ（第 5 版）290 及び 291 ページ、宇賀克也・国家責任法の分析 409 ないし 411 ページ）」と主張している。国家無答責の法理の適用が判例上確立していたとして、大審院のいくつかの判例と最判昭和 25・4・11 を挙げている。

また、被告国は、国賠法附則 6 項について、「国賠法施行前の公権力の行使に伴う損害賠償が問題とされる事案については、国賠法それ自体の遡及適用を否定するのみならず、それまでに採用されていた国家無答責の法理という法制度がそのまま適用されることにより、国又は地方公共団体が責任を負わないことを明らかにする趣旨である」と主張している。

さらに、被告国は、第 1 準備書面において、私見を批判して、「正義公平の原則に基づき、国家無答責の法理の適用が制限されると解する余地がないこと」という見出しの下で、「国家無答責の法理は、除斥期間や消滅時効のように、それらの規定ないし制度が存在することにより、国がもともと負うべきであった損害賠償責任が免責されるというものではなく、国が賠償責任を負うべき法令上の根拠を欠くという形で存在する法理であるから、およそ国家無答責の法理の適用が制限されるということ自体が観念できないのである。仮に国家無答責の法理の適用が制限される場合を観念したとしても、除斥期間や消滅時効の規定ないし制度の適用が制限されて国がもともと負うべきであった損害賠償責任を負うという場合とは異なり、国が賠償責任を負う法的根拠が生じるものでもないし、公法私法二元論という我が国の基本的な法体系自体をも無視し、国の公権力の行使に係る行為に私法たる民法の規定が適用されることには到底なり得ない。したがって、結局のところ、国の公権力の行使に係る行為から生じた損害について賠償請求権発生の法的根拠がない状態自体が変わる余地はないから、国家無答責の法理の適用が制限されたからといって、原告らの損害賠償請求権の発生が基礎づけられるものでもない」と主張している。

2 除斥期間の経過

被告国が国家責任を否定する論拠の二つ目は、「除斥期間の経過」である。民法724条後段によれば、不法行為の時から20年が経過すれば、損害賠償請求権が消滅することになるが、原告らの損害は戦前の旧日本軍の不法行為により生じたものであるとしても、訴訟提起時には既に20年の期間が経過している、ということである。

被告国の主張の骨子は、答弁書でみると、「仮に主位的請求に係る原告らの損害賠償請求権が発生したことが認められるとしても、原告らが主張する旧日本軍による国民保護義務違反なる行為が本訴提起より20年以上前の行為であることは、原告らの主張自体から明らかである。そうすると、以下のとおり、民法724条後段の除斥期間の経過により、その損害賠償請求権は法律上消滅している」ということである。そして、その理由として、①最判平成元・12・21（以下、「最判平成元年」という）、最判平成10・6・12（以下、「最判平成10年」という）を引用して、「このように最高裁判所は、一貫して、民法724条後段の法的性格を除斥期間であると判示し、最高裁平成10年判決の調査官解説においても、かかる見解は『判例理論としては確立したもの』（春日通良・最高裁判所判例解説民事篇平成10年度（下）572ページ）とされている。／（改行を示す。以下同じ）したがって、民法724条後段の法的性格が除斥期間であり、その除斥期間の経過によって不法行為に基づく損害賠償請求権が消滅することは明らかである」と主張している。

被告国の第3準備書面は、PTSD被害については20年が未だ経過していないとの原告らの主張に対して、「原告らの主張は、被害者が損害の発生を認識した時点をもって除斥期間の起算点とするものであるが、最高裁平成元年12月判決は、『同条（引用者注：民法724条）後段の20年の期間は被害者側の認識のいかんを問わず一定の時の経過によって法律関係を確定させるため請求権の存続期間を画一的に定めたものと解するのが相当である』（傍点は引用者による）として、被害者の認識にかかわらず、一定期間の経過により権利が消滅すると判示しているから、原告らの主張は、最高裁平成元年12月判決に反するものである」と反論している。

Ⅱ　南洋戦被害と国家責任

1　国家責任の論拠

　南洋戦被害に対して国が法的責任（国家責任）を負うべきことの論拠としては、①民法不法行為法に基づく損害賠償責任（民法不法行為責任論）、②立法の不作為の違法を理由とする国家賠償責任（立法の不作為責任論）、③公法上の危険責任論がある。前述したように、本稿では、これらのうち①③を中心にして論述し、このほか、国家責任の法的根拠ではないが、被告国が除斥期間の経過を主張しているので、これについても批判的に検討することにする（除斥期間論）。公法上の危険責任論は、私見の中心的な内容であるので、最後に独立の項目の下で論じることにしたい。

2　民法上の不法行為責任論

　（1）　民法不法行為法の適用　　先に私見を述べれば、国家無答責の法理は、旧日本軍の残虐非道行為に対しては、正義・公平の原則から適用が制限されるべきである。そして、正義・公平の原則により国家無答責の法理が適用制限される場合には、民法の適用が全面に出てくるのは至極当然のことである。

　裁判例をみると、この点について詳論しているのは、中国人強制連行・強制労働訴訟の宮崎地判平成 19・3・26 である。概略次のように説示している。「行政裁判法 16 条及び裁判所構成法 26 条の手続規定は、国家無答責の法理を基礎付ける根拠とはならない上、実体法である旧民法及び現行民法の解釈上も、国家無答責の法理を採用したものということはできない。したがって、国家無答責の法理は、制定法上の根拠を有するものではなかったというべきである。以上によれば、本件強制連行・強制労働については、国賠法附則 6 項により、同法施行前の実体法が適用されるが、同法施行前の実体法上、被告国には不法行為に関する民法の規定が適用されると解されるから、被告国は、民法 709 条、715 条に基づき、原告Ａらに対して損害賠償責任を負ったというべきである。」

　上記の宮崎地裁判決は、私見とは異なる部分が少なくないが、最終的に民法 709 条、715 条が適用されるという点において私見と一致している。このことは、新潟地判平成 16・3・26 や福岡高判平成 16・5・24 等についてもほぼ同じである。

（2）　最高裁判例の射程　　被告国は、答弁書や準備書面において、国家無答責の法理が大審院の判例においても最高裁の判例においても確立していると主張している。しかし、最近の文献においては、このような判例の見方に対しては批判的な見解が有力になっている。裁判例をみても、前掲宮崎地判平成 19・3・26 は、大審院判例について、民法の不法行為法の適用を否定した大審院判例は、本件強制連行・強制労働の事案とは全く異なるものであって、判例法の射程範囲外にあり、また、最判昭和 25・4・11（警察官の防空法に基づく家屋の破壊に対して国家無答責法理を適用した原判決を是認）について、強制連行・強制労働とは事案を異にするとして、判例法の射程範囲外にある、と判示している。最判昭和 25・4・11 は、戦前の旧日本軍の残虐非道行為を想定したものではなく、その射程は本件南洋戦被害には及ばないものと解すべきである。

　（3）　司法裁判所の管轄権　　被告国は、一貫して、行政裁判所及び司法裁判所はいずれも国家無答責の法理を根拠として国家賠償請求訴訟を受理しないとしていたとして、司法裁判所の管轄権を否定している。そして、その証拠として、下山瑛二『人権と行政救済』69 頁（三省堂、1979 年）が「憲法起草者の法意識としては、国にたいする賠償請求は、基本的には、司法裁判所においても否定する考えであったということができるであろう。そして、この基本的な法構造は、権力的作用にかんするかぎり、日本国憲法（昭和 22 年・1947 年）に至る約半世紀余の間継続したものといいうる」との見解を引用している。しかし、同書は、仔細にみれば、別の箇所で「司法裁判所の態度は、若干の紆余曲折をへたにせよ、大体においてかかる事案を受理し、本案審理をおこなった結果、その『棄却』判決を下している」と説いているのである（同書 70 頁）。この点については、田中二郎博士も、戦前において既に、「国家其の他の公法人の行為により違法に第三者の権利を侵害した場合に、其の行為が行政処分なるの故を以て、司法裁判所のそれに対する救済を全く否定するのは不当である。そこで大審院は公権力の発動たる処分の取消変更を求める訴えであれば自己の管轄に属せずとしてその救済を拒否するのを原則とするのに反し、単に損害賠償を求める訴えであれば、之を受理し審判判決するのが通例である」と説いていたところである（田中「判例より見たる行政上の不法行為責任」同『行政上の損害賠償及び損失補償』80 頁（酒井書店、1954 年。初出 1937 年））。被告国の主張とは逆に、大審院や学説は、

466

国家賠償請求訴訟について司法裁判所の管轄権を肯定する動向にあったのではないかと思われる。

（4）　正義・公平の原則に基づく適用制限について　　原告らは、「法令を時間的に遡及」して適用すべきであると主張しているわけではない。旧日本軍の残虐非道行為による損害に対してまで国家無答責の法理を適用することは現行憲法下の正義・公平の原則に反する、と主張しているのである。戦前の権力的加害行為による損害については、原則として国家無答責の法理が適用されるとの前提の下に、現行憲法下で例外的にその適用制限を主張するものである。

なるほど、被告が主張するように、特別の規定のない限り、現行憲法を施行日である昭和22年5月3日より前に遡って適用することはできない。しかし、例えば、終戦日から現行憲法公布日までの権力的加害行為による損害の賠償責任、あるいは、現行憲法施行日から国賠法施行日の昭和22年10月27日までの権力的加害行為による損害の賠償責任について考えてみれば、この点については学説が分かれているところである。

この問題点については、まず、現行憲法施行前の権力的加害行為による損害についてさえ、ポツダム宣言の受諾により民法が適用可能となったとの見解（下山瑛二『国家補償法』40頁（筑摩書房、1973年））がある。また、現行憲法施行後国賠法施行前の権力的加害行為による損害については、憲法17条がプログラム規定であることを認めながらも、特別の定めがなされるまでは、民法不法行為法を適用ないし類推適用すべきであるとの見解が有力である（法学協会編『註解日本国憲法上巻』388頁（有斐閣、1953年）、今村成和『国家補償法』84頁（有斐閣、1957年）、乾昭三「国家賠償法」加藤一郎編『注釈民法（19）』390頁（有斐閣、1965年）、下山・前掲『国家補償法』45頁、樋口陽一＝佐藤幸治＝中村睦男＝浦部法穂『憲法Ⅰ〔注解法律学全集1〕』359頁（青林書院、1994年〔浦部執筆〕等）。

要するに、現行憲法施行後で国賠法施行前の権力的加害行為による損害については民法不法行為法の規定を適用ないし類推適用すべきであるとの見解が有力に説かれており、裁判例の中にもそのように説示するものがあるという状況に鑑みれば、旧日本軍の残虐非道行為による損害については、国家無答責の法理が現行憲法下の正義・公平の原則に基づいて適用制限されれば、民法不法行為法の規定

が適用ないし類推適用されるという法理の論拠となり得るということである。突如として民法不法行為法の適用を主張することにはならないのである。

3　除斥期間論

（1）　南洋戦被害と心的外傷後ストレス障害（PTSD）　　南洋戦により PTSD 被害を受けた者は、現在においてもその症状が継続している。その被害の実態は、本件訴訟の過程において次第に明確になってきた。このような場合に、「不法行為の時から 20 年が経過したことによって損害賠償請求権が消滅した」ということが如何に不合理であるかは、社会通念に照らせば明らかであろう。旧日本軍の残虐非道行為を目の当たりにした戦争体験者の多くは、今もなお PTSD 症状に苦しんでいるのであり、それを加害者である被告国が、単に 20 年期間の経過を理由に責任を免れようとすることは、20 年期間制度の本来の趣旨から大きく逸脱するものというべきである。PTSD 被害が継続している限り、20 年期間の起算点は進行していないものと解すべきである。原告らは、20 年以上も前の過去のPTSD 被害の賠償を求めているのではない。現在受けている PTSD 被害の賠償を求めているのである。

損害の発生時とは、損害の顕在化した時と解すべきである。PTSD 被害は、戦後相当の時間を経て、精神科医の診断によって初めて認識可能になり、権利行使が可能になったのである（松本克美「民法 724 条後段の 20 年期間の起算点と損害の発生―権利行使可能性に配慮した規範的損害顕在化時説の展開―」立命館法学 357 号＝ 358 号 246 頁、267 頁（2015 年）参照）。

被告国が挙げている最高裁判例（最判平成 16・4・27、最判平成 16・10・15、最判平成 18・6・16）について考えれば、いずれも PTSD 被害についてのものではなく、ましてや戦前の旧日本軍による残虐非道行為に起因する PTSD 被害に関するものではない。最高裁判例の考え方は、仮に被告国が主張するような理解をしたとしても、本件 PTSD 被害には及ばないものと解すべきである。

（2）　診断時説に親和的な最近の裁判例　　最近の裁判例をみると、20 年期間の起算点について診断時説または診断時説に親和的な立場に立って判示したものがある。戦後補償訴訟ではなく、水俣病訴訟におけるものであり、また PTSDに関するものでもないが、被害の性質からすればそれに近いものであるので、こ

南洋戦被害と国家責任

こでの参考にすべきである。

　まず、熊本地判平成26・3・31は、次のように判示している。「メチル水銀曝露停止から同中毒に起因する症候の発症までの期間（以下「潜伏期間」という。）については、初発症候の発現の遅延、発症の認定の困難性などから、潜伏期間が相当長期に及ぶ場合もあり得ることは否定できず、遅発性水俣病（初発症候の発現遅滞）の存在は認められ得るというべきである。そして、潜伏期間が長期間となる場合には、メチル水銀曝露の影響によるものと疑われる症候につき、他原因による可能性を慎重に吟味すべきであるとはいえるものの、潜伏期間が20年程度に及ぶことのみをもって、当該症候がメチル水銀曝露に起因するものであることを否定するのは相当ではないと考えられる。」「（小児水俣病については）脳性麻痺型においても、その進行が極めて長期にわたり得るものであり、かつ、その進行性の態様が医学上解明されているとはいい難い。すなわち、現在の医学的知見の下では、具体的な患者の病状の進行の程度、速度はもとより、そもそも、今後更に進行していくのか、現状で固定しているのかという進行の有無に関する判断が極めて困難であるといわざるをえない。」同判決は、このように判示した上で、認容原告らについての除斥期間の起算点は、医師の検診により感覚障害等が認められた時点であるとしている。

　また、新潟地判平成27・3・23も、認容原告らに係る除斥期間の経過の有無について、「被告昭和電工は、水俣病の潜伏期間は、長くとも曝露終了から4年を超えることはないとして、昭和45年又は昭和57年から起算すべきであると主張する。また、被告昭和電工は、原告らが主張する初発時期が水俣病の発症時期と認められる場合は、既に除斥期間が経過していると主張する。／しかし、曝露終了から4年を超えて発症する遅発性水俣病の存在を否定することができないことは、前記……のとおりである。また、認容原告らの発症時期は別紙7の『個別判断1』……『個別判断10』のとおりであり、認容原告らについて、水俣病の発症から20年が経過したとは認められない」と判示している。同判決は、認容原告らの発症時期を「訴訟提起の時期」としたものであり、診断時説に近い立場に立って判示したものと評価することができる。

　（3）　20年期間制度の適用制限　　一歩譲って、仮に20年期間が経過しているとしても、本件においては、20年期間の制度は適用制限されるべきである。

（ⅰ）　最高裁判例の揺らぎ　　被告国の主張は、「判例上確立した見解である」という一点に集約される。確かに、最高裁の二つの判決（最判平成元年と最判平成 10 年）をみる限り、判例上確立しているようにみえないでもない。しかし、最高裁判例は具体的事案に即した判断であり、当然のことながら、本件訴訟のような事案を想定したものではない。また、最高裁判例といえども不変ではなく、それは不断に進化するものである。最判平成 10 年と最判平成 21・4・28（以下、「最判平成 21 年」という）において、「特段の事情による例外」が認められ、また、最判平成 10 年における河合裁判官の意見及び反対意見、最判平成 21 年における田原裁判官の意見によって、「最高裁判例の揺らぎ」の現象がみられるのであり、学説上は判例変更が強く期待されているのである。最高裁判例に固執するのみで、それが直面する現代的諸問題を直視しないような対応の仕方は、いかに被告国の立場を考慮するとしても、一般市民の共感を得ることは困難であろう。

（ⅱ）　民法 1 条の一般条項の意義　　民法 1 条 2 項は信義誠実の原則を、同条 3 項は権利濫用禁止の原則を定めている。民法 724 条後段は、その例外を定めているわけではない。それにもかかわらず、何故に 724 条後段の適用に際してこの一般条項の適用が排斥されるのであろうか。

　この点については、文献の中には次のように説くものがある。すなわち、「民法の一般原理たる権利濫用の禁止原則（1 条）が適用されないとの大上段の判旨が妥当かは強く疑われる。そのような命題は、民法の最高理念に反するので成り立ちえないばかりでなく、とくに安全配慮義務が問題となる場面においては、債務不履行構成だと 10 年の時効に服しその援用は権利濫用になりうるのに対して、不法行為構成だと 20 年の除斥期間に服するのでその濫用もありえないということになり、不整合の事態を招来するからである。要するに、長期除斥期間は時効として扱う方がよほど素直かつ明解なのである」との見解（金山直樹『時効における理論と解釈』224 頁（有斐閣、2009 年）。同旨、松久三四彦『時効制度の構造と解釈』513 頁（有斐閣、2011 年）、「加害者側から除斥期間の適用が主張される場合に、その主張が当該個別事案において信義則に反したり、権利濫用にあたるならば、民法 1 条の一般条項を適用すべきなのではなかろうか。民法の明文で、724 条後段の適用については信義則や権利濫用などの一般条項が排斥されるなどと規定もされていないのに、解釈による〈期間の性質〉論によって、個

470

別事案の解決の妥当性のために原則化されている一般条項を一律的に排斥するという解釈のほうが、問題である」との見解（松本克美『続・時効と正義』189頁（日本評論社、2012年）、などである。いずれも除斥期間・消滅時効についての著明な研究者の論稿におけるものであり、傾聴すべきものである。

　（iii）　国家賠償制度と20年期間の適用制限　　20年期間の制度理念は、法的安定性である。国賠訴訟においては、被告は国・公共団体であるから、法的安定性に支障をもたらすということは、ほとんど考慮する必要がないものである。水俣病訴訟の京都地判平成5・11・26は、民法724条後段の趣旨を「専ら加害者保護の見地から被害者の認識のいかんを問わず不法行為をめぐる法律関係の画一的な確定を図ろうとするものである」と理解した上で、「そうすると、加害者と被害者間の具体的事情からみて、加害者をして除斥期間の定めによる保護を与えることが相当でない特段の事情がある場合においてまで損害賠償請求権の除斥期間の経過による消滅という法律効果を認めることは民法724条後段の趣旨に反するものであるといえる」と述べて、このような特段の事情が認められる場合には、加害者において除斥期間の経過の事実を主張することは権利の濫用に当たる、と判示している。

　（iv）　20年期間制度創設の主体としての被告国　　中国人強制連行・強制労働訴訟の東京地判平成13・7・12は、「消滅の対象とされるのが国家賠償法上の請求権であって、その効果を受けるのが除斥期間の制度創設の主体である国であるという点も考慮すると、その適用に当たっては、国家賠償法及び民法を貫く法の大原則である正義、公平の理念を念頭に置いた検討をする必要があるというべきである」と判示している。また、旧日本軍毒ガス兵器遺棄被害訴訟の東京地判平成15・9・29は、「本件においては、除斥期間の対象とされるのは国家賠償法上の請求権であって、その効果を受けるのは除斥期間の制度を創設した被告自身である。……これらの事情を考慮すると、本件において被告が除斥期間の適用によって損害賠償義務を免れるという利益を受けることは、著しく正義、公平の理念に反し、その適用を制限することが条理にかなうというべきである」と判示している。

　このように、国賠訴訟においては、20年期間の経過を理由にして被告国が損害賠償義務を免れようとすることは、20年期間制度の趣旨からして、疑問を禁

471

じ得ない。上記の裁判例が述べていることは、至極当然のことというべきであろう。

Ⅲ　公法上の危険責任論

1　公法上の危険責任の意義
最後に、公法上の危険責任論に基づいて、南洋戦被害に対する国家責任を根拠づけることにする。

公法上の危険責任とは、国・公共団体によって形成された特別の危険状態から生じた損失（損害）に対する塡補責任の総称である。特別の危険状態を形成した者は、そこから生じた損害に対して責任を負わなければならず、故意・過失や違法性の要件を必要としないという考え方である。

2　被告国の反論
公法上の危険責任論は筆者の持論であるが、弁護団が採用したために、被告国は、答弁書や準備書面において、原告らの主張に対してのみならず、私見に対しても厳しく反論している。被告国の反論の骨子は、「民法や国賠法等の個別的に規定された実定法上の根拠がないまま、『公法上の危険責任』という抽象的な概念を根拠に、戦争損害について、謝罪等及び損害賠償の請求権が発生するとは到底認めることはできないから、原告らの第一次予備的請求は、法的根拠を欠き、明らかに理由がないものというべきである」「そもそも、民法、国賠法その他の実定法に基づかず、憲法13条、14条1項又は条理に基づき直接の損害賠償請求や補償請求を認めた最高裁判決は見当たらないし、特に本件のような戦争損害に関しては、そのような請求が認められる余地はない」ということである。

3　被告国の反論の批判的検討
（1）　条理としての正義・公平の原則　　被告国は、原告らが条理を公法上の危険責任の根拠として主張したために、条理に基づき直接の損害賠償請求や補償請求を認めた最高裁判決は見当たらないし、特に本件のような戦争損害に関しては、そのような請求が認められる余地はない、と反論している。しかし、水俣病

472

お待たせ賃訴訟の最判平成3・4・26は、「救済法及び補償法の中に、認定申請者の右のような私的利益に直接向けられた作為義務の根拠を見いだし難いとしても、一般に、処分庁が認定申請を相当期間内に処分すべきは当然であり、これにつき不当に長期間にわたって処分がされない場合には、早期の処分を期待していた申請者が不安感、焦燥感を抱かされ内心の静穏な感情を害されるに至るであろうことは容易に予測できることであるから、処分庁には、こうした結果を回避すべき条理上の作為義務があるということができる」と説示しているから、戦争損害に関するものではないにしても、全く判例・裁判例がないということではない。

　下級審の裁判例であるが、戦後補償訴訟にやや近い事案において、条理を根拠に作為義務違反を認め、民法715条に基づいて国の損害賠償責任を肯定したものがある。事案は、鉄のスクラップ工場で、土地に埋設されていた旧海軍の爆雷を廃材として裁断処理した際に爆発事故が発生し、鉄くずが飛び散り、負傷者が出たほか、工場や周辺の民家等を損壊したというものである。横浜地横須賀支判平成15・12・15は、次のように判示している。「被告国は、国民の生命、身体及び財産を災害から保護する使命を負っており（災害対策基本法1条参照）、爆雷の所有者として、爆雷の爆発により生ずる国民の生命、身体及び財産に対する被害を未然に防止すべき条理上の作為義務を負っていると解すべきである。……被告国は、上記作為義務については法令上の根拠がないと論難するが、本件は、終戦直後の混乱のさ中に爆雷を本件土地中に埋設遺棄した、という特殊例外的な事象であり、このような事案を想定した法令の制定は期待し得ないこと、しかしながら、建築工事等に伴う土地の掘削により爆雷の爆発という危険が現実化するおそれがあることに照らせば、本件は、正に法の欠缺の場合として、災害対策基本法や火薬類取締法等の基底を貫く条理に作為義務の根拠を求めるほかないと考える。」そこでは、明確に「法の欠缺の場合」であると説示されているのである。

　（2）　憲法13条・14条1項等　　被告国が指摘するように、現在のところ、憲法13条や14条1項等を直接根拠にして国の法的責任を認めた判例・裁判例は存在しない。ただ、いくらかこれに近い見解を述べている裁判例がないわけではない。中国残留孤児訴訟の神戸地判平成18・12・11は、「残留孤児の救済責任の実定法上の根拠を敢えて挙げるとすれば、援護法29条の規定を挙げることができるが、この責任は、実定法上の根拠規定の有無にかかわりなく、端的に、

国民の生命、自由及び幸福追求に対する国民の権利は国政の上で最大限尊重しなければならないとする憲法 13 条の規定及び条理により当然に生ずると考えるのが相当である」と判示している。

　また、戦後補償訴訟ではなくて予防接種事故補償訴訟においてではあるが、東京地判昭和 59・5・18 は、憲法 29 条 3 項類推適用説に立って、「憲法 13 条後段、25 条 1 項の規定の趣旨に照らせば、財産上特別の犠牲が課せられた場合と生命、身体に対し特別の犠牲が課せられた場合とで、後者の方を不利に扱うことが許されるとする合理的理由は全くない。従って、生命、身体に対して特別の犠牲が課せられた場合においても、右憲法 29 条 3 項を類推適用し、かかる犠牲を強いられた者は、直接憲法 29 条 3 項に基づき、被告国に対し正当な補償を請求することができると解するのが相当である」と判示している。同訴訟の控訴審の東京高判平成 4・12・13 は、憲法 29 条 3 項に基づく損失補償責任を否定したが、他方では、同判決は、「国家賠償制度も、国民の納める税によって運用されるのであるから、国民全体による損害の分担という意味を持つのであり、公権力の行使の過程で特定の個人に生じた損失を国民全体で補填する実質を有するのであって、正義実現のための公平原則ないし平等原則に結び付くものである」とも述べている。同判決は、表面上は否定しているものの、その背後には損失補償的思考を垣間見ることができる。

　（3）　公法上の危険責任論が背後にある判例　　公法上の危険責任を認める実定法上の根拠規定が存在しないというのは、見方の相違によるものである。一見すると国賠法等の実定法上の規定を根拠としているようにみえながらも、その実質においては公法上の危険責任論に依拠している判例・裁判例が多数存在する。そのいくつかを次にみておくことにしよう。

　①　中国残留孤児訴訟神戸地判　　前掲神戸地判平成 18・12・1 は、表面上は、公法上の危険責任論について一切触れていない。しかし、仔細にみれば、早期帰国実現義務違反と自立支援義務違反を認めるに至った背後には、公法上の危険責任論的発想を垣間見ることができる。同判決は、「帰国遅延に関する責任について」という項目の中で、「政府は、静謐を装う方針を堅持することにし、開拓民に関東軍やソ連の動向に関する情報を伝えることも、開拓民を待避させる措置を講ずることもなかった。それどころか、昭和 20 年 7 月には、弱体化した関東軍の人

474

員補充のため、いわゆる根こそぎ動員を実施し、開拓団の構成員のほとんどを高齢者と婦女子としてしまい、開拓民をより一層無防備な状態に陥れた。開拓民以外の一般の在満邦人にとっても事態は似たようなものであり、彼らが、無防備な状態でソ連軍の侵攻とこれによる極度の混乱にさらされたことも自明である」と述べている。この説示部分は、被告国による「特別の危険状態」の形成に関わるものである。国賠法上の責任の有無を判断するに当たっては、被告国による特別の危険状態の形成という視点が深く影響しているものとみることができる。

なるほど、同判決は、最終的には国賠法 1 条 1 項に基づく責任を認めたものである。しかし、仔細にみれば、その背後には公法上の危険責任的発想が大きく影響しているのであり、ただ解釈論を補強するために国賠法 1 条 1 項を借用したにすぎないものと理解すべきである。現に、先に引用したように、同判決は、「この責任は、実定法上の根拠規定の有無にかかわりなく、端的に、国民の生命、自由及び幸福追求に対する国民の権利は国政の上で最大限尊重しなければならないとする憲法 13 条の規定及び条理により当然に生ずると考えるのが相当である」と説示しているのである。

②　旧日本軍毒ガス兵器遺棄被害訴訟東京地判　　このことは、旧日本軍毒ガス兵器遺棄被害訴訟の東京地判平成 15・9・29 にもみることができる。同判決は、放置行為は不作為による違法な公権力の行使であるとして被告国の責任を肯定したが、次のように判示していることに注目すべきである。「法令上に具体的な根拠規定がない場合であっても、条理により法的義務としての作為義務を認めなければならないことがある。本件の毒ガス兵器や砲弾の遺棄は、国の公権力の行使として実行されたものであり、これによって人の生命や身体に対する危険な状態を作り出したものである。このような先行行為があるにもかかわらず、公務員の職務上の義務を定めた根拠規定がないという理由で、国にはその危険な状態を解消するための作為義務はないと考えることは、正義、公平にかなうものではない。したがって、このような場合には、国に対し、一定の要件の下に、危険な状態を解消するための作為義務を認めなければならない。」ここでも、公法上の危険責任論から直接国の責任を導き出しているものではないが、背後に公法上の危険責任論的な発想があって、それが強く国の責任肯定に結び付いているのである。

③　新島漂着砲弾爆発事故訴訟判決　　このことは、さらに、新島漂着砲弾

爆発事故訴訟の一審判決（東京地判昭和 49・12・18）、控訴審判決（東京高判
昭和 55・10・23）、上告審判決（最判昭和 59・3・23）にもみることができ
る。一審判決は、「本件事故発生の当時、前浜海岸一帯においては、第二次世界
大戦終結の際に海中に投棄された日本国陸軍の装備にかかる前記砲弾類の存在に
より、人身事故等の惨事の発生する危険性があったことは、前記説示のとおりで
あるところ、……このように大量かつ危険な砲弾類を右のような場所に投棄して
危険性発生の原因を作り出した当事者としての被告国は、その後、海中に放置さ
れている砲弾類が海岸に打ち上げられることのないように、また、打ち上げられ
たとしてもそれによる爆発事故が起らないように、これらの砲弾類を早急に回収
して、事故の発生を未然に防止すべき法律上の作為義務を負っていたものという
べきである」と述べて、民法 709 条に基づく国の損害賠償責任を肯定している。
控訴審判決は、民法 709 条ではなくて 715 条に基づいて国の責任を肯定したが、
理論的にはほぼ同趣旨である。国が上告しなかったため、上告審判決は、東京都
の責任についてのみ判示しているが、基本的には同趣旨であるとみることができ
る。
　これは、実質的には、公法上の危険責任ないし結果責任の考え方に強く影響さ
れているものである。砲弾類の海中への投棄により、国はその近くの海岸に特別
の危険状態を形成したのであるから、国はそこから生じた損害に対して塡補責任
を負うのは当然である。国が回収等の作為義務を負っていたか否かは、危険責任
の成立に直接の関係はない。一応民法の不法行為規定を挙げてはいるが、これは
他に実定法上の明確な根拠規定を見出せないということからであり、単に借用し
たにすぎないものと解すべきである。

　◆─おわりに
　以上論述したとおり、被告国は南洋戦被害につき、(1) 民法の不法行為規定、(2)
公法上の危険責任に基づき、法的責任としての国家責任を負うべきである（紙面
の制約上、立法不作為については論じなかったが、被告国は立法の不作為責任も
負うべきである）。20 年期間は未だ経過していないか、あるいは、その適用が制
限されるべきである。
　南洋戦被害国賠訴訟は、これまでの戦後補償訴訟と比較して著しい特異性を有

している。被告国の主張は、これまでの最高裁判例に盲目的に依拠して、従前の主張を繰り返しているにすぎない。しかし、従来の判例や学説では、これに十分に対応することは困難であろう。裁判所が、法の解釈適用に創意工夫を凝らして、南洋戦被害に適切に対処することを期待したい。

【筆者：西埜　章（にしの・あきら）】

行政法学者、弁護士。新潟大学名誉教授、元・明治大学法科大学院教授。
主著：『国家補償法概説』（勁草書房 2008 年）、『国家賠償法コンメンタール〔第 2 版〕』（勁草書房 2014 年）など多数。

〔編集：注〕

＊本稿の表記は「南洋戦」としていますが、"フィリピン戦"の被害をも含んだ意味として、「南洋戦」と表記している論文です。

人類史上初めて大都市に投下された原爆の搭載地点に建つ記念碑。テニアン島(写真下)の米軍滑走路には、広島と長崎に投下された原爆それぞれの記念碑がある＝1988年、長崎投下原爆搭載スポットで。撮影 森口豁

【資料編】

・提訴経過一覧
・口頭弁論期日一覧
・提出証拠等一覧
・本書関連の用語解説

❖南洋戦・フィリピン戦訴訟 提訴経過一覧❖

第1次提訴　　2013年　8月15日（24名）
第2次提訴　　2014年　4月11日（8名）
第3次提訴　　2014年　8月15日（6名）
第4次提訴　　2014年　12月4日（6名）
第5次提訴　　2016年　8月5日（1名）

原告合計　　　　　45名

❖南洋戦・フィリピン戦訴訟　口頭弁論期日一覧❖

（那覇地方裁判所101号法廷）

（沖縄戦訴訟・提訴日2013年（平成25年）8月15日）

第1回　　2013年11月13日　11時
　　　　裁　判　官　鈴木博（裁判長）、片山信、内藤智子
　　　　原告意見陳述　弁護団団長　弁護士 瑞慶山茂
　　　　原告本人　上原和彦

第2回　　2014年2月5日　11時
　　　　裁　判　官　鈴木博（裁判長）、片山信、内藤智子
　　　　原告意見陳述　原告本人　祖堅秀子

第3回　　2014年5月14日　11時
　　　　裁　判　官　鈴木博（裁判長）、片山信、内藤智子

第4回　　2014年7月23日　11時
　　　　裁　判　官　鈴木博（裁判長）、片山信、内藤智子
　　　　原告意見陳述　原告本人　柳田虎一郎

第5回　　2014年9月17日　11時
　　　　裁　判　官　鈴木博（裁判長）、片山信、内藤智子

第6回　　2014年11月5日　11時
　　　　裁　判　官　鈴木博（裁判長）、片山信、内藤智子
　　　　原告意見陳述　原告本人　阿良光雄

南洋戦・フィリピン戦訴訟 口頭弁論期日一覧

第7回　　2015 年 1 月 14 日　11 時
　　　　　　裁　　判　　官　　鈴木博（裁判長）、片山信、内藤智子
第8回　　2015 年 3 月 4 日　14 時
　　　　　　裁　　判　　官　　鈴木博（裁判長）、片山信、内藤智子
第9回　　2015 年 5 月 13 日　14 時
　　　　　　裁　　判　　官　　鈴木博（裁判長）、片山信、内藤智子
第10回　2015 年 5 月 27 日　14 時
　　　　　　裁　　判　　官　　鈴木博（裁判長）、片山信、内藤智子
第11回　2015 年 6 月 17 日　14 時
　　　　　　裁　　判　　官　　鈴木博（裁判長）、片山信、内藤智子
第12回　2015 年 9 月 30 日　14 時
　　　　　　裁　　判　　官　　鈴木博（裁判長）、片山信、中町翔
第13回　2015 年 12 月 9 日　14 時
　　　　　　裁　　判　　官　　鈴木博（裁判長）、片山信、中町翔
　　　　　　原告意見陳述　　弁護団団長　弁護士 瑞慶山茂
　　　　　　　　　　　　　　原 告 本 人　國吉眞一
第14回　2016 年 3 月 16 日　11 時
　　　　　　裁　　判　　官　　鈴木博（裁判長）、片山信、中町翔
　　　　　　原告意見陳述　　原 告 本 人　宮里和子
第15回　2016 年 7 月 6 日　14 時
　　　　　　裁　　判　　官　　劒持淳子（裁判長）、宮崎陽介、高津戸拓也
　　　　　　原告意見陳述　　弁護団団長　弁護士 瑞慶山茂
　　　　　　　　　　　　　　原 告 本 人　大城スミ子、金城文郎
第16回　2016 年 9 月 14 日　14 時
　　　　　　裁　　判　　官　　劒持淳子（裁判長）、宮崎陽介、高津戸拓也
第17回　2016 年 10 月 26 日　14 時
　　　　　　裁　　判　　官　　劒持淳子（裁判長）、宮崎陽介、高津戸拓也
　　　　　　原告本人尋問　　上原和彦、宮里和子、阿良光雄、大城スミ子
　　　　　　　　　　　　　　祖堅秀子、國吉眞一、金城文郎、柳田虎一郎
第18回　2017 年 4 月 19 日　14 時
（結審）　　裁　　判　　官　　劒持淳子（裁判長）、宮崎陽介、高津戸拓也
　　　　　　原告意見陳述　　弁護団団長　弁護士 瑞慶山茂
　　　　　　　　　　　　　　原 告 本 人　喜瀬光子、柳田虎一郎
第19回　2018 年 1 月 23 日
（判決）

❖ 提 出 証 拠 等 一 覧 ❖

※証拠数字番号のあとは、書名などの資料名、発行・作成日などの順で掲載

1　平和の礎のパンフレット（2010 年頃）沖縄県
　【立証趣旨】沖縄戦被害者につき、国内外、県内外を問わず慰霊のために刻銘している事実

2　太平洋戦争主要海戦・航空戦（2005 年 4 月 30 日）太平洋戦争研究会
　【立証趣旨】南洋群島が本土防衛の「防波堤」とされ、初めて一般住民居住地での地上戦が闘われ、
日本人の民間人犠牲者が生じた南洋群島での戦争被害発生の構図

3　沖縄戦新聞第 1 号（2004 年 7 月 7 日）琉球新報社
　【立証趣旨】①サイパン戦がアジア太平洋戦争の中で一般住民居住地を戦場として、一般住民を巻き
込んだ住民犠牲を強いた初めての地上戦である事実②民間人被害の実態について

4　官報號外（1945 年 8 月 14 日）被告
　【立証趣旨】被告国が、南洋戦を含むアジア太平洋戦争の被害者につき、「特に戦死者　戦災者の遺族」
等に対し援護することを国民に命ずると共に約束した事実

5　戦史叢書、中部太平洋陸軍作戦 (1) マリアナ玉砕まで（1967 年 7 月 5 日）
　防衛庁防衛研究所戦史室
　【立証趣旨】南洋群島の沿革・兵要地誌等の概要、太平洋戦争開戦前の軍事状況（日米の太平洋方面
戦略と南洋群島）、「南洋戦」の戦闘経過と戦闘行為について

6　「日本帝国と委任統治」南洋群島を巡る国際政治（2011 年 12 月 25 日）
　等松春夫、名古屋大学出版会
　【立証趣旨】南洋群島が日本の委任統治領になった経過及び南洋群島の法的地位について

7　「沖縄県史」各論編 5 近代　第 5 部（2011 年 3 月 31 日）沖縄県教育委員会
　【立証趣旨】①南洋群島と沖縄の緊密な関係、南洋群島が沖縄県南洋群島と呼称されていた事実、沖
縄県人のフィリピン移民と戦争について②民間人被害の実態について

8　「現代の戦争」岩波小辞典（2002 年 5 月 8 日）岩波書店
　【立証趣旨】「南洋戦」に至る経過の概要について

9　図説太平洋戦争 16 の大決戦（2005 年 6 月 30 日）太平洋戦争研究会
　【立証趣旨】①「南洋戦」の戦闘経過と戦闘行為、マリアナ沖海戦で日本空母艦隊は惨敗して消滅し
たこと、フィリピン防衛戦について②民間人被害の実態について

10　図説玉砕の戦場（2004 年 4 月 30 日）太平洋戦争研究会
　【立証趣旨】①「南洋戦」の戦闘経過と戦闘行為、パラオ・ペリリュー島、アンガウル島の戦いにつ
いて　②民間人被害の実態について

11　図説太平洋戦争（2005 年 4 月 30 日）太平洋戦争研究会
　【立証趣旨】「南洋戦」の戦闘経過と戦闘行為、「絶対国防圏」がもろくも崩れ去ったこと、サイパン、
グアム、テニアンの戦い―日本民間人 1 万 6000 人が自決し、かつ日本軍に殺されたマリアナ諸島の
修羅場―について

提出証拠等一覧

12　図説秘話で読む太平洋戦争2（2001年9月30日）太平洋戦争研究会
【立証趣旨】①「南洋戦」の戦闘経過と戦闘行為について　②民間人被害の実態について

13　戦史叢書中部太平洋陸軍作戦2（1968年2月29日）防衛庁防衛研究所戦史室
【立証趣旨】パラオ・ペリリュー島、アンガウル島の戦いについて、アジア太平洋戦争当時、有事（戦時）における「国民保護法」が制定されておらず、住民保護対策が完全に欠落していた事実について

14　戦時遭難船舶犠牲者問題検討会報告書（1995年3月29日）沖縄県戦時遭難船舶犠牲者問題検討会
【立証趣旨】撃沈された船舶数とその犠牲者等、疎開船舶撃沈による一般住民死亡の多発について

15　沖縄戦トップシークレット（1995年3月8日）上原正稔
【立証趣旨】旧南洋委任統治領、フィリピン群島からの引揚者の実態ついて

16　引揚げと援護30年の歩み（1978年4月5日）厚生省援護局
【立証趣旨】旧南洋委任統治領、フィリピン群島からの引揚者の実態ついて

17の1　「沖縄の援護のあゆみ」（1996年3月25日）沖縄県生活福祉部援護課
【立証趣旨】引揚後の活動―南洋群島帰還者会の設立とフィリピン・ダバオ会の設立、沖縄における軍人・軍属・戦争被害者に対する援護行政・救済運動の経過及び現況について

17の2　「悲しみを乗り越えて」（1997年3月10日）沖縄県生活福祉部援護課
【立証趣旨】沖縄戦強制疎開マラリア犠牲の実態等について

18　沖縄の遺族会史50年史（1997年）沖縄県遺族連合会
【立証趣旨】引揚後の活動―南洋群島帰還者会の設立とフィリピン・ダバオ会の設立、沖縄における軍人・軍属・戦争被害者に対する援護行政・救済運動の経過及び現況について

19　差別なき戦後補償を（2013年3月10日）
【立証趣旨】沖縄における軍人・軍属・戦争被害者に対する援護行政・救済運動の経過及び現況について

20　海鳴りの底から―戦時遭難船舶の記録と手記―（1987年8月15日）戦時遭難船舶遺族会連合会
【立証趣旨】疎開船舶撃沈による一般住民死亡の多発

21　戦時・軍事法令集（1984年3月20日）現代法制資料編纂会
【立証趣旨】被告国が本件南洋戦当時に明治憲法下の法令に基づいて国民保護義務を負っていたとの法的主張の根拠について

22　法の本質（1948年10月20日）美濃部達吉
【立証趣旨】条理の法源性、公法上の危険責任と「戦争損害」の救済について

23　西ドイツ国家責任法体系における公法上の危険責任について（1980年）西埜章

24　中国残留孤児訴訟における国の不作為責任（2007年3月）西埜章

25　国家補償の概念と機能（1999年11月）西埜章
【立証趣旨】公法上の危険責任と「戦争損害」の救済

26　図説　沖縄の戦い（2003年6月23日）森山康平
【立証趣旨】①日本軍とアメリカ軍の沖縄戦の戦闘経過とそれらが被告国の国民保護義務に違反していること　②民間人被害の実態について

483

27　琉球新報（2013年8月15日）琉球新報社

28　琉球新報（2013年8月16日）琉球新報社

29　沖縄タイムス（2013年8月15日）沖縄タイムス社

30　沖縄タイムス（2013年8月16日）沖縄タイムス社

31　日本経済新聞（2013年8月16日）日本経済新聞社

32　千葉日報（2013年8月16日）千葉日報社

　　【立証趣旨】本件訴訟提起がマスコミで全国的に報道され、国民世論が注目している事実等

33　サイパンの戦いと少年（2002年6月23日）宮城信昇（琉球新報出版局）

　　【立証趣旨】①著者はサイパン戦で両親が死亡し、戦争孤児となり、本人も右手首切断の重傷を負っ
　　た②地上戦の闘われたサイパンにおける一般民間人被害の体験と実態（著者は昭和10年2月18日
　　サイパン生まれ、出身地・大宜味村字根路銘、昭和30年明治大学法学部卒、裁判所書記官に採用され、
　　中頭巡裁、中央巡裁、最高裁家庭局を経て、昭和63年那覇地裁事務局次長、平成3年長崎家裁事務
　　局長、平成5年那覇地裁事務局長、平成7年3月定年退職）

34　烈日サイパン島（1979年3月10日）白井文吾（東京新聞出版局）

　　【立証趣旨】サイパン地上戦の激闘の様子、民間人被害の実態（著者は、当時中日新聞社社会部長、
　　現在社長）

35　戦火と死の島に生きる太平洋戦・サイパン島全滅の記録（1982年11月）菅野静子（偕成社）

　　【立証趣旨】野戦病院の志願看護婦となった少女のサイパン戦の悲惨な体験と地上戦の闘われたサイ
　　パンの一般民間人が玉砕させられた実態等

36　サイパンの戦い「大場栄大尉」を読み解く（2011年1月20日）近現代史編（山川出版社）

　　【立証趣旨】サイパン戦における民間人被害の実態等

37　意見書〔沖縄戦被害国家賠償訴訟と国家無答責の法理〕（2013年1月23日）
　　新潟大学名誉教授・元明治大学法科大学院教授　西埜　章

　　【立証趣旨】沖縄戦被害は日本軍の残虐非道な行為によるものであるから，国家無答責の法理が適用
　　されるべきでないこと。同様に南洋戦・フィリピン戦の被害も日本軍の残虐非道行為により発生した
　　ものであるから、国家無答責の法理が適用されるべきでないこと。（沖縄戦訴訟・甲26）

38　意見書〔沖縄戦被害と公法上の危険責任〕（2013年4月12日）西埜　章

　　【立証趣旨】公法上の危険責任の意義。公法上の危険責任の法的根拠。南洋戦における被害の特殊性
　　からすれば、そこに特別の危険状態が形成され、各種の被害はこの特別の危険状態の現実化によって
　　生じたものであることは明らかで，南洋等において形成された危険状態は、当時日本日本国民の生存
　　していた他の地域をはるかに超える特別の危険状態であり，そこから生じた被害については、「戦争
　　損害受忍論」は妥当しないこと。特別の危険状態を形成した者は、ここから生じた被害に対して無過
　　失で補償責任を負わなければならず，被告国は、自ら形成した特別の危険状態から生じた被害に対し
　　て、違法性や過失がないことを理由にして責任を免れることはできないことなど（沖縄戦訴訟・甲
　　52）

39　意見書〔沖縄戦被害と立法不作為の違法性〕（2013年6月1日）西埜 章

　　【立証趣旨】立法不作為の概念。同じく南洋戦の一般民間被害者でありながら、「戦闘参加者」とされ
　　た者とそうでない者とが差別されている。「非戦闘参加者」を救済しないことが、「戦闘参加者」との

484

対比において平等原則の違反となり、それを解消するための「立法義務」が生ずるのである。援護法等の法律改正や新しい救済法の制定、場合によれば、通達等の改廃（この場合は、「行政の不作為」でもある）により、この不平等状況を解消しなければならない。このような相対的な立法の不作為の場合には、立法的手当て（場合によれば、行政的手当て）は、南洋戦における「非戦闘参加者」すべてに「戦闘参加者」と同じ程度の補償を認めれば足りる。相対的立法の不作為については、立法府の広範な裁量は認められず、裁判所の審査に服することなど（沖縄戦訴訟・甲61）

40　意見書〔「沖縄戦」被害と戦争被害受忍論批判〕（2013年8月31日）西埜　章
【立証趣旨】被告の依拠する戦争損害受忍論は、現在では、理論的に破綻している。文献における批判的見解に何らの考慮をも払わないないような立論は、著しく説得力を欠くものというべきであること。判例・裁判例の採る立法裁量論は、残虐非道な南洋戦被害の実態をみれば通用しない考え方であり、これをも立法裁量論で立法不作為の違法性を否定することになれば、日本国憲法の前文等の趣旨は全く考慮されず、国の戦後補償責任が簡単に否定されることになりかねないこと。それは、形を変えた戦争損害受忍論の復活であり、憲法の精神を踏みにじるものというべきであること。　南洋戦における一般住民の戦争被害は、本土における空襲被害と共通する面もないわけではないが、それとは異なる顕著な特異性を有しており、仮に戦争損害受忍論に成立余地があるとしても、少なくとも南洋戦による一般戦争被害には及ばないものと解するべきであること（沖縄戦訴訟・甲64）

41　意見書〔沖縄戦被害に対する除斥期間適用の批判的検討〕（2013年11月5日）西埜　章
【立証趣旨】日本軍の残虐非道行為による南洋戦における原告らの被害については除斥期間適用については信義則・権利濫用の法理及び正義・公平の理念等からして制限されるべきであることなど（沖縄戦訴訟・甲79）

42　意見書〔被告国の「第1準備書面」の批判検討〕（2014年10月25日）西埜　章
【立証趣旨】被告国が主張する①国家無答責論、②除斥期間の適用制限論、③戦争損害受任論、④公法上の危険責任否定論、⑤立法不作為の違法性否定論等がいかに誤りであるかを明らかにする（沖縄戦訴訟・甲129）

43　意見陳述書（2015年6月10日）西埜　章
【立証趣旨】①原告らに対する加害行為と原告らの被害の実態　②沖縄戦の加害と被害が特異なものである事実及びそのことが最高裁判所大法廷判決で事実認定され確定した判例となっていること　③被告国の主張する戦争被害受忍論・国家無答責論・除斥期間論が、少なくとも沖縄戦被害の原告らには適用されないこと　④被告国が原告らの被害につき、不法行為責任・公法上の危険責任・立法不作為責任を負うこと　⑤「戦闘参加者」認定基準及び運用基準が非合理的で恣意的なものであること　⑥「戦闘参加者」として認定された「準軍属」と認定されていない者との間に相対的な立法不作為の違法が生じていることなど　⑦上記の立証趣旨は、南洋戦においても同様（沖縄戦訴訟・甲155）

44　意見書（2015年11月30日）西埜　章
【立証趣旨】①本件訴訟における被告国の答弁書に対する批判・反論的意見書　②被告国が主張する1国家無答責論、2除斥期間論、3戦争損害受任論、4公法上の危険責任否定論、5立法不作為の違法性否定論等がいかに誤りであるかを明らかにする

45　沖縄戦訴訟訴状（2012年8月15日）弁護士瑞慶山茂ら
【立証趣旨】沖縄戦の被害者らが本件訴訟と同様に、国を被告として謝罪及び損害賠償請求の訴を提

485

起したこと

46　沖縄戦訴訟原告最終準備書面および補論（2015 年 9 月 15 日）弁護士瑞慶山茂ら
　　【立証趣旨】上記沖縄戦訴訟の原告らの最終準備書面

47　沖縄戦訴訟被告答弁書（2012 年 10 月 17 日）被告指定代理人
　　【立証趣旨】沖縄戦訴訟において、訴状に対する被告国の答弁内容（沖縄戦原告らがこの答弁書に対して反論したのが、甲 37 乃至 41 の各意見書）

48　沖縄戦訴訟被告第 1 準備書面（2014 年 7 月 16 日）被告指定代理人
　　【立証趣旨】沖縄戦訴訟において、答弁書に対する沖縄戦原告らの批判に対する反論（これに対し沖縄原告らは甲 42 等で反論）

49　沖縄戦訴訟被告第 4 準備書面（2015 年 9 月 15 日）被告指定代理人
　　【立証趣旨】①沖縄戦訴訟の被告の最終準備書面　②この中で国は日本軍による中国の重慶爆撃訴訟において国家無答責の法理で訴えを棄却したことは、正当であると主張していること

50　意見書（2015 年 11 月 11 日）西埜 章
　　【立証趣旨】上記沖縄戦訴訟の国の第 4 準備書面（甲 49）で主張する国家無答責論が残虐非道な重慶爆撃や沖縄戦においては適用されないことを詳論している事実

51　国の不法行為責任と公権力の概念史―国家賠償制度史研究（2013 年 2 月 28 日）岡田正則
　　【立証趣旨】①国家無答責の法理が制定法上の根拠がないこと、判例上も確立されていないこと　②本件において不法行為が適用されていること　③被告国の見解・主張が根拠を欠き誤りであること
　　④国家賠償制度において行政救済制度の形成過程の到達点のまとめ。（沖縄戦訴訟・甲 158）

52　「戦争損害論」と日本国憲法―最高裁判例の批判的検討（2007 年 5 月 21 日）
　　永田秀樹（現代社会における国家と法　阿部照哉先生喜寿記念論文集）成文堂
　　【立証趣旨】①最高裁が判例の中で展開してきた「戦争損害論」がもともと司法判断を回避するために案出された「補償不要論」であること　②本論文により、戦後補償関係の裁判において請求を棄却するための論拠として繰り返し登場する、いわゆる「戦争損害（補償不要）論」について、その理論的根拠と憲法上の問題点を明らかにする。戦争損害論が展開された最高裁判決を時系列順に並べて分析し、それぞれがどのような射程をもっていたか、また、戦争損害論が幾度かの修正によってどのような変化を遂げてきたかを検討し明らかにする。そのことを通じて、あらゆる戦争被害補償請求を拒否する、その意味で一見万能なこの「戦争損害論」が、実は日本国憲法上の根拠が薄弱で、違憲審査基準としての客観性に欠けるものであり、また最高裁判所自身もこの理論を一貫性をもって適用してきてはおらず、14 条解釈など他の憲法解釈との組み合わせにおいてかなり恣意的な運用を行ってきていることを詳細に論述し明らかにする　③本件訴訟や沖縄戦訴訟においても、戦争損害（補償不要）論の立場をとるべきでないこと

53　民法 724 条後段の 20 年期間の起算点と損害の発生―権利行使可能性に配慮した規範的損害顕在化時説の展開（2014 年）松本克己（立命館法学 2014 年 5・6 号）
　　【立証趣旨】原告ら南洋戦による外傷性精神障害や身体的後遺障害のある者について、民法 724 条後段の 20 年間の起算点が到来していないことなど（沖縄戦訴訟・甲 151）

54 の 1　「法廷で裁かれる日本の戦争責任」（2014 年 3 月 15 日）瑞慶山茂（高文研）
　　【立証趣旨】①戦後、日本の戦争被害（戦後補償）裁判は、約 90 件あるところ、本書ではそのうち

沖縄戦訴訟や南洋戦訴訟の継続事件も含めて基本的重要事件50例を取り上げ、主に担当弁護士にまとめてもらっている。判決が下された事件については、その判決の事実認定（不法作為事実の認定）や法的判断を整理した内容となっている　②最高裁判決も含めてほとんどの判決が日本軍等の不法行為事実を認定している内容となっていること　③日本における戦争損害賠償訴訟判例の事実認定（不法行為事実の認定）及び法的判断と南洋戦訴訟・沖縄戦訴訟の個別被害立証と法的判断の関係（沖縄戦訴訟・甲92）

54の2　自由と正義2015年1月号（98、99頁）（2015年1月1日）日本弁護士連合会
【立証趣旨】日本弁護士連合会機関誌「自由と正義」1月号にて、他の専門書籍（3冊）とともに書評として掲載され、資料として文献的にも評価がなされた事実

54の3　新聞記事（2014年6月23日）毎日新聞
【立証趣旨】①本件南洋戦訴訟の提起されたことが毎日新聞の全国版に掲載され、本件訴訟が全国的にも知られるようになった事実　②「法廷で裁かれる日本の戦争責任」が全国的にも紹介されたこと

54の4　新聞記事（2014年8月29日）中日新聞
54の5　新聞記事（2014年8月1日）信濃毎日新聞
54の6　新聞記事（2014年7月13日）千葉日報
54の7　新聞記事（2014年7月13日）宮崎日日新聞
54の8　新聞記事（2014年6月28日）山形新聞
54の9　新聞記事（2014年8月2日）高知新聞
54の10　新聞記事（2014年7月5日）京都新聞
54の11　新聞記事（2014年6月28日）熊本日日新聞
54の12　新聞記事（2014年6月21日）琉球新報
54の13　新聞記事（2014年6月27日）沖縄タイムス
【立証趣旨】①「法廷で裁かれる日本の戦争責任」に関し、共同通信社から著者・編集責任の弁護士瑞慶山茂に対して、インタビューの申し入れがあり、それを受けたところ、その紹介記事が全国・海外にも配信された事実　②各新聞社がインタビュー記事を掲載し、この本の存在と沖縄戦訴訟や南洋戦訴訟など先の大戦により被害を被った一般民間戦争被害者を基本的人権擁護の立場から謝罪と補償をすべきであるということがなお一層全国民の中に広まった事実

55　国家賠償法コンメンタール第2版（2014年3月30日）西埜章（勁草書房）
【立証趣旨】①本件訴訟で原告らが主張している立法不作為は相対的立法不作為の問題であること。②相対的立法不作為と南洋戦被害の原告各人の個別被害立証との関係（沖縄戦訴訟・甲93及び甲148）

56　戦争損害と国家無答責の原則（1998年11月）西埜章（新潟大学法学会）
【立証趣旨】戦争損害について国家無答責論が適用されないこと

57　学生無年金障害者訴訟における立法不作為の違法性（2006年3月30日）
西埜章（明治大学法科大学院論集第1号）
【立証趣旨】学生無年金障害者訴訟において、国に立法不作為の違法性が生ずる場合があること

58　南洋群島戦没者名簿（財）沖縄県文化振興会公文書管理部受入（2002年9月25日）
沖縄県立図書館（2009年5月1日）蔵書　南洋群島協会

【立証趣旨】①太平洋戦争時に日本軍の軍事行動・日米の戦闘行為により南洋群島において一般民間戦死者が多数発生した事実　②この名簿はその一部であること

59　「南洋群島戦没者名簿」を元にした一覧表（2013年6月23日）南洋群島協会

【立証趣旨】日本軍が住民保護対策を怠った軍事作戦・戦闘行為を遂行し、直接に住民虐殺などを行ったために一般民間人の死者や負傷者が増大したこと

60　歩いて見た太平洋戦争の島々（2010年4月20日）安島太佳由（岩波書店）

【立証趣旨】戦後65年になっても太平洋の島々に残されている戦争被害と、日本国が法的責任を負うべきこと

61　大本営に見捨てられた楽園　玉砕と原爆の島テニアン（2001年8月1日）
　　石上正夫（桜井書店）

【立証趣旨】テニアンにおける一般住民の戦争被害の実態と、大本営が一般住民を見捨てて保護対策を怠った事実、日本軍の軍事行動や軍命により一般住民が玉砕したこと

62　日本領サイパン島の一万日（2005年8月4日）野村進（岩波書店）

【立証趣旨】サイパンに対する沖縄県民をはじめ日本国民の入植の状況、及びサイパン戦で一般民間人が日本軍の虐殺や戦闘行為により多数死亡・負傷し、日本軍が住民保護対策を怠った事実

63　サイパン会誌　想い出のサイパン（1986年6月23日）サイパン会誌編集委員会（サイパン会）

【立証趣旨】サイパンにおける戦前戦中の沖縄県出身者の生活状況及びサイパン戦の被害の実態、並びに日本軍が住民保護対策を根本的に怠った事実

64　新沖縄文学84号（1990年6月30日）沖縄タイムス

【立証趣旨】①沖縄県から台湾・南洋群島・フィリピン群島その他の南洋の島への移民・移住の状況　②これらの地域での一般住民の戦争被害の実態　③日本軍が住民加害行為を行った事実　④日本軍が住民保護対策を根本的に怠った事実など

65　太平洋戦争陸戦概史（1951年3月5日）林三郎（岩波書店）

【立証趣旨】①元陸軍大佐で参謀本部の中枢にあり、敗戦時陸相の秘書官であった著者が、苦労をはらい収集した豊富な資料を駆使して、太平洋戦争の陸戦の全局面を、物動、編成、兵器、動員人員などあらゆる角度からはじめて総合的に把握し、記録した画期的な書　②日米の太平洋戦争の発端・経過および主な各戦場戦闘行為の具体的内容と問題点　③サイパン陥落の時点で戦争を終了させるべきであったこと、及びその考えは大本営の一部にあったが昭和天皇が戦争続行を決めた事実　④沖縄戦においては大本営が5月29日に首里放棄を決断し実行した事実、およびその時点で沖縄戦を終了させるべきであった事実、及び昭和天皇が沖縄戦を続行させた事実　⑤大本営が太平洋の各戦線（サイパン戦、フィリピン戦、パラオ戦など）において、一般住民に対する保護対策を怠ったために、一般住民被害が増大した事実

66　太平洋海戦史（1949年8月31日）高木惣吉（岩波新書）

【立証趣旨】①1941年（昭和16年12月8日）のパールハーバーアタックから始まる太平洋戦争の日米開戦以来の日米の海戦の推移・日本海軍の敗退の歴史・日本海軍が一般住民保護対策を怠ってきた事実など　②東条内閣の打倒、終戦工作で大きな役割を果たした高木惣吉少将。戦争終結から4年、本書は、海軍きっての知性派として知られた著者が、当時あたうかぎりの資料と情報を駆使し、太平洋での戦闘の詳細を記録した戦史である。真珠湾攻撃から沖縄特攻作戦まで。作戦、戦術での過誤を

提出証拠等一覧

も厳しく見つめ、冷静な筆致と客観的な分析で描写し、太平洋海戦の実相を明らかにする。

67 **太平洋戦争**（2002 年 7 月 16 日）家永三郎（岩波書店）
【立証趣旨】①太平洋戦争の歴史的経過　②太平洋戦争が侵略戦争であったこと　③太平洋戦争における国内外における住民被害の実態　④大本営・日本軍が全戦線において一般住民保護対策を根本的に怠った事実　⑤太平洋戦争で失ったもの、得たもの　⑥太平洋戦争に関する戦争責任が日本国指導者、陸軍・海軍指導部、昭和天皇にあることなど（沖縄戦訴訟・甲 182）

68 **戦史叢書中部太平洋方面海軍作戦②昭和十七年六月以降**（1973 年 2 月 10 日）
防衛庁防衛研修所戦史室（朝雲新聞社）
【立証趣旨】日本海軍が絶対国防圏と設定されたサイパンなどマリアナ諸島での海戦（マリアナ沖海戦）で大敗し、日本海軍の主力が壊滅状態となり、日本の敗戦が決定的となった事実、及び日本はその時点で戦争をやめるべきであった事実、並びにそれに反して戦争を続行したことは、その後の戦争被害について被告国が法的責任を負うべきであることなど

69 **戦史叢書海軍捷号作戦①臺灣沖航空戦まで**（1970 年 8 月 15 日）
防衛庁防衛研修所戦史室（朝雲新聞社）
【立証趣旨】台湾沖航空戦までの軍事状況と日本軍の敗北の状況

70 **戦史叢書海軍捷号作戦②フィリピン沖海戦**（1972 年 6 月 10 日）
防衛庁防衛研修所戦史室（朝雲新聞社）
【立証趣旨】フィリピン沖海戦の日本軍敗北の状況

71 **戦史叢書捷号陸軍作戦 (1) レイテ決戦**（1970 年 12 月 30 日）
防衛庁防衛研修所戦史室（朝雲新聞社）
【立証趣旨】日本軍が太平洋戦争における天王山の一つと言われたフィリピンのレイテ決戦で大敗したこと

72 **戦史叢書捷号陸軍作戦 2　ルソン決戦**（1972 年 11 月 25 日）
防衛庁防衛研修所戦史室（朝雲新聞社）
【立証趣旨】フィリピンのルソン島での決戦の状況と、日本軍が一般民間人保護対策を根本的に怠った事実

73 **戦史叢書比島捷号陸軍航空作戦**（1971 年 8 月 25 日）防衛庁防衛研修所戦史室（朝雲新聞社）
【立証趣旨】フィリピン戦線における日本軍の航空作戦の状況および日本軍が一般民間人保護対策を根本的に怠った事実

74 **ペリリュー・沖縄戦記**（2008 年 8 月 7 日）Ｅ・Ｂスレッジ（講談社）
【立証趣旨】(1) ペリリュー島攻略戦に参加したアメリカ第一海兵師団が沖縄戦上陸作戦と戦闘行為に参加し、主導的役割を果たした事実 (2) 地獄の沖縄戦の実態 (3) 沖縄戦の住民被害の実態（沖縄戦訴訟・甲 198）

75 **沖縄・台湾・硫黄島方面　陸軍航空作戦**（1970 年 7 月 30 日）
防衛庁防衛研修所戦史室（朝雲新聞社）
【立証趣旨】沖縄戦・台湾戦・硫黄島戦が大本営下で陸軍作戦、航空作戦、海軍作戦の三軍の総合総力戦体制で遂行された事実（沖縄戦訴訟・甲 126）

489

76　**戦史叢書沖縄方面海軍作戦**（1968 年 7 月 30 日）防衛庁防衛研修所戦史室（朝雲新聞社）

【立証趣旨】沖縄戦・南洋戦が大本営下で陸軍作戦、航空作戦、海軍作戦の三軍の総合総力戦体制で遂行された事実および一般民間人保護対策が欠落していたこと（沖縄戦訴訟・甲 127）

77　**戦史叢書沖縄方面陸軍作戦**（1968 年 1 月 15 日）防衛庁防衛研修所戦史室（朝雲新聞社）

【立証趣旨】①国の遂行してきた沖縄地上戦をはじめあらゆる軍事作戦・軍事行動の計画、立案、実行した事実、アメリカ軍との戦闘行為を行った事実及びこれらの事実が国民保護義務に違反する行為であること　②南洋戦においても同様であること（沖縄戦訴訟・甲 3）

78　**戦史叢書海上護衛戦**（1971 年 5 月 30 日）防衛庁防衛研修所戦史室（朝雲新聞社）

【立証趣旨】日本軍の疎開船海上護衛戦の失敗のため、南洋海域やフィリピン海域などでの一般民間人の犠牲者が増えたこと

79　**戦史叢書潜水艦史**（1979 年 6 月 20 日）防衛庁防衛研修所戦史室（朝雲新聞社）

【立証趣旨】日本軍は潜水艦作戦においてあまり成果をあげることなく、特に南洋戦においては、海上海中の護衛が弱く、アメリカ軍に日本船舶の撃沈を許し、一般民間人犠牲者が増えてきた事実

80　**ニミッツの太平洋海戦史**（1992 年 8 月 30 日）

　　チェスター・W・ニミッツ、エルマー・B・ポッター（恒文社）

【立証趣旨】①太平洋戦争におけるアメリカ海軍が日本軍といかに闘ってきたか　②アメリカ海軍が潜水艦作戦を実施した事実　③アメリカ海軍の沖縄攻略戦等（沖縄戦訴訟・甲 165）

81　**沖縄戦　第二次世界大戦最後の戦い**（2011 年 3 月 27 日）

　　アメリカ陸軍省戦史局（出版社MUGEN）

【立証趣旨】アメリカ軍が沖縄戦において日本軍との戦闘行為を遂行した事実及び対立的戦闘行為等によって日本軍と共に沖縄一般住民の生命身体等に被害を生じさせた事実（沖縄戦訴訟・甲 4）

82　**戦史叢書陸海軍年表　付 兵語・用語の解説**（1980 年 1 月 20 日）

　　防衛庁防衛研修所戦史室（朝雲新聞社）

【立証趣旨】旧日本軍陸海軍の使用した兵器や用語の解説（沖縄戦訴訟・甲 128）

83　**新聞記事**（2015 年 10 月 29 日）朝日新聞

【立証趣旨】2015 年 8 月 6 日一般民間戦争被害者を救済するための超党派の国会議員連盟が発足し、立法案策定のための活動が開始された事実。本件や沖縄戦被害者など一般民間戦争被害者に対する司法救済の緊急かつ必要性が高まった事実

84　**「空襲被害者等援護法の制定を求める人権救済申立事件」調査報告書および要望書**

　　（2015 年 11 月 10 日）日本弁護士連合会会長　村越進

【立証趣旨】先の大戦による一般民間戦争被害者の人権救済申立に対して法的根拠にもとづく必要性について結論を出し、調査の結果にもとづき内閣総理大臣他に対して救済を勧告した事実

85　**南洋と私**（2015 年 8 月 8 日）寺尾紗穂（リトルモア）

【立証趣旨】先の大戦による南洋群島における一般民間人の残酷な被害内容

86　**行政法再入門（下）**（2015 年 9 月 30 日）阿部泰隆（信山社）

【立証趣旨】①戦争被害受忍論の破綻　②「在外資産ならともかく、命までがなぜ一般の犠牲として正当化できるのか（特攻隊を想起せよ）。しかも、みんなが等しく犠牲になったのではないから、等しく受忍しなければならないというのは詭弁以外の何物でもない。戦争による生命の犠牲は、天災と

提出証拠等一覧

いうより国家起因性の犠牲であり、国家防衛という共通の利益の犠牲者としてあるいは無謀な戦争の開始決定ないし終結遅延による犠牲者として本来なら全体の負担において救済すべきもので、救済措置は戦後すぐに完全になされるべきであった」と主張している事実（313頁）

87　**最高裁判所は変わったか　裁判官の自己検証**（2009年7月29日）
　　元最高裁判所裁判官　滝井繁男（岩波書店）
　　【立証趣旨】最高裁判決平成17年について、文献上は立法不作為違法の要件を緩和したものと解することが多数であり、元最高裁判事滝井繁男氏が、「開かずの門」の感のあった扉を開いたもので、その意義は極めて大きいと述べている事実

88　**「国家無答責の法理」と民法典**（2003年）松本克己（立命館法学2003年6号）
　　【立証趣旨】被告国の主張する国家無答責論が法的に破綻していること

89　**「PTSDの裁判例と消滅時効・除斥期間」内池慶四郎先生追悼論文集　私権の創設とその展開**（2013年10月31日）松久三四彦
　　【立証趣旨】① PTSDなど外傷性精神障害の場合は、長期除斥期間は時効として取り扱うべきであるという見解が正しいこと　②本件第1準備書面（P18）で主張した法的見解　③ PTSDの裁判例（肯定判例、回避判例、否定判例）　④ PTSDと消滅時効・除斥期間　⑤ 20年の除斥期間の起算点

90　**戦史叢書中部太平洋陸軍作戦②付表第一　中部太平洋方面（在陸上）日本軍人員一覧表**（1968年2月29日）防衛庁防衛研究所戦史室
　　【立証趣旨】①日本軍の中部太平洋全域における作戦計画　②中部太平洋全域における日米の戦闘行為の経過　③日本軍が米軍に連敗に連敗を重ね、絶対国防圏設定が崩壊したこと　④日本軍の人員配置の状況など

91　**付表第二　中部太平洋陸軍作戦歴日表**（1968年2月29日）防衛庁防衛研究所戦史室
　　【立証趣旨】中部太平洋全域における日本陸軍の作戦の経過の詳細

92　**付図第一　太平洋、印度洋方面一般図**（1968年2月29日）防衛庁防衛研究所戦史室
　　【立証趣旨】昭和19年の太平洋全域、印度洋方面の日本軍の進出状況

93　**付図第二　その一　五月下旬におけるペリリュー地区隊配備要図（昭和十九年）**
　　（1968年2月29日）防衛庁防衛研究所戦史室
　　【立証趣旨】昭和19年5月下旬におけるパラオ・ペリリュー地区の日本軍配備状況

94　**付図第二　その二　八月中旬におけるペリリュー地区隊配備要図（昭和十九年）**
　　（1968年2月29日）防衛庁防衛研究所戦史室
　　【立証趣旨】昭和19年8月中旬におけるパラオ・ペリリュー地区の日本軍配備状況

95の1　**付図第三　その一　六月上旬におけるアンガウル地区隊配備要図（昭和十九年）**
　　（1968年2月29日）防衛庁防衛研究所戦史室
　　【立証趣旨】昭和19年6月上旬におけるパラオ・アンガウル地区の日本軍配備状況

95の2　**付図第三　その二　米軍上陸前におけるアンガウル島防禦配備要図（昭和十九年九月中旬）**（1968年2月29日）防衛庁防衛研究所戦史室
　　【立証趣旨】昭和19年9月中旬の米軍上陸前におけるアンガウル島の日本軍防禦体制

95の3　**付図第三　その三　アンガウル島戦闘経過要図（昭和十九年九月十七日〜十月十九日）**
　　（1968年2月29日）防衛庁防衛研究所戦史室

【立証趣旨】①昭和19年9月17日〜10月19日までのアンガウル島における日米軍の戦闘経過 ②アンガウル島の日本軍がほぼ壊滅した事実

96　**付図第四　米軍上陸時におけるペリリュー地区隊防禦配備要図（昭和十九年九月十五日ごろ）**
（1968年2月29日）防衛庁防衛研究所戦史室
【立証趣旨】昭和19年9月15日頃の日本軍のペリリュー地区における防禦体制

97　**付図第五　ペリリュー島戦闘経過要図（昭和十九年九月十五日〜十一月二十五日）**
（1968年2月29日）防衛庁防衛研究所戦史室
【立証趣旨】(1)昭和19年9月15日〜11月25日までの日本軍と米軍の戦闘経過 (2)ペリリュー島の日本軍がほぼ壊滅した事実

98　**付図第六　パラオ本島（バベルダオブ）付近防禦配備要図（昭和十九年九月下旬以降）**
（1968年2月29日）防衛庁防衛研究所戦史室
【立証趣旨】昭和19年9月下旬パラオ本島（バベルダオブ）における日本軍の防禦体制

99　**付図第七　小笠原兵団の硫黄島防禦配備要図（昭和十九年十月末以降）**
（1968年2月29日）防衛庁防衛研究所戦史室
【立証趣旨】昭和19年10月末以降の小笠原兵団の硫黄島防禦体制

100　**付図第八　硫黄島戦闘経過要図（昭和二十年二月十九日〜三月二十六日）**
（1968年2月29日）防衛庁防衛研究所戦史室
【立証趣旨】①昭和20年2月19日から3月26日の硫黄島における日米軍の戦闘経過　②硫黄島の日本軍が全滅した事実

101　**付図第九　トラック諸島配備要図（昭和二十年六月以降）**（1968年2月29日）
防衛庁防衛研究所戦史室
【立証趣旨】昭和20年6月以降のトラック諸島における日本軍の配備状況

102　**付図第十　メレヨン島防禦配備要図（昭和二十年二月末以降）**（1968年2月29日）
防衛庁防衛研究所戦史室
【立証趣旨】昭和20年2月末以降のメレヨン島における日本軍の防禦体制

103　**戦傷病者戦没者遺族等援護法の解説**（1989年3月6日）厚生省援護局援護課（新日本法規）
【立証趣旨】①先の大戦で戦没した者、負傷した者に対して、法的にいかにして援護が行われているかを明らかにする　②一般民間被害者の戦闘参加者の処遇内容を明らかにする　③沖縄戦闘参加者の認定と取扱の実例　④南洋戦戦闘参加者の認定と取扱の実例（沖縄戦訴訟・甲122）

104　**沖縄大観**（1953年4月4日）沖縄朝日新聞社（日本通信社）
【立証趣旨】①戦前における沖縄各産業の実情と沖縄戦による破壊と戦後の状況(P45,64,76,83,86以下、101,102,121〜126、161,169)　②沖縄戦における人的被害・犠牲者数の実態(P45,167,168,276〜287)　③沖縄戦により喪失した名勝旧跡(P300,301)　④上記の各事実は、南洋戦・フィリピン戦被害者である原告らについても被害である事実（沖縄戦訴訟・甲205）

105　**史料・太平洋戦争被害調査報告**（1995年8月5日）中村隆英・宮崎正康（東京大学出版会）
【立証趣旨】①被告国が昭和22年頃から沖縄県を除く46都道府県において太平洋戦争被害に関する実態調査を実施した事実　②被告国が戦後70年たっても沖縄県・南洋群島・フィリピン群島における太平洋戦争（沖縄戦や南洋戦）による戦争被害の実態調査を行っていない事実（沖縄戦訴訟・甲134）

提出証拠等一覧

106　沖縄戦研究Ⅰ（1998年10月23日）
　　沖縄県文化振興会公文書管理部史料編纂室（沖縄県教育委員会）
【立証趣旨】①沖縄戦の全体的遂行過程と日本軍の法令違反等の行為とそれらが国民保護義務に違反する行為であること　②南洋戦等においても①と同様であること（沖縄戦訴訟・甲11）

107　沖縄戦研究Ⅱ（1999年2月5日）
　　沖縄県文化振興会公文書管理部史料編纂室（沖縄県教育委員会）
【立証趣旨】①沖縄戦の全体的遂行過程と日本軍の法令違反等の行為とそれらが国民保護義務に違反する行為であること　②南洋戦等においても①と同様であること（沖縄戦訴訟・甲12）

108　戦争と個人の権利（1999年7月31日）藤田久一　外2名（日本評論社）
【立証趣旨】国際法上、戦争被害につき個人請求権が認められること、およびそれを所属国家が放棄できないことなど

109　戦傷病者戦没者遺族等援護法　援護法Q＆A－仕組みと考え方（2000年6月15日）
　　厚生省社会・援護局援護課（新日本法規出版）
【立証趣旨】①先の大戦で戦没した者、負傷した者に対して、法的にいかにして援護が行われているかを明らかにする　②一般民間戦争被害者の戦闘参加者の処遇内容を明らかにする　③沖縄戦闘参加者の認定と取扱の実例　④南洋戦戦闘参加者の認定と取扱の実例（沖縄戦訴訟・甲123）

110　戦時国際法規綱要（1937年5月30日）海軍大臣官房（帝国法規出版）
【立証趣旨】①1933年頃の戦時国際法規の内容　②当時の国際法からすると、アメリカ軍の南洋群島に対する空襲や米軍の艦砲射撃等が国際法違反であったこと（沖縄戦訴訟・甲283）

111　戦時国際法論（1931年4月15日）立作太郎（日本評論社）
【立証趣旨】①1931年頃の戦時国際法の内容　②当時の国際法からみた場合、米軍の南洋群島に対する空襲や米軍の艦砲射撃が国際法違反であること（沖縄戦訴訟・甲284）

112　第45回　九弁連大会シンポジウム報告集　日本の戦後処理を問う―復帰二十年の沖縄から
　　（1992年10月24日）九州弁護士会連合会
【立証趣旨】①1992年10月24日に那覇市で行われた表題のとおりのシンポジウム報告である　②日本の戦後処理問題、とりわけ沖縄戦被害や南洋戦被害を中心に解決すべき問題点が明らかにされた事実　③南西諸島守備大綱（32軍作成）　④戦闘参加者概況表（沖縄県生活福祉部援護課作成）　⑤その他の資料多数（沖縄戦訴訟・甲135）

113　沖縄作戦の統帥（1979年2月10日）大田嘉弘（相模書房）
【立証趣旨】①沖縄戦において日本軍が非武装中立地帯と休戦を実施せずに疎開対策も不十分であったため住民の生命・安全等の保護を怠った事実　②日本軍は南洋戦についても非武装中立地帯を設定せず、休戦せず、疎開対策も極めて不十分であったため、原告ら住民の生命・安全等の保護を怠ったことなど（沖縄戦訴訟・甲15）

114　逐条解説国民保護法（2005年2月28日）国民保護法制研究会 編（ぎょうせい）
【立証趣旨】先の大戦当時、国民の生命・身体などの安全保護のための法律を制定せず、国土地上戦などの戦争から国民の保護対策を怠ったこと

115　空襲罹災者の保護（1944年5月10日）増子正宏（羽田書店）
【立証趣旨】戦前戦中において軍人軍属以外の一般住民の空襲被害の場合も補償されていた事実（沖

493

縄戦訴訟・甲185)

116 いそとせ（1995年12月30日）沖縄県遺族連合会

117 還らぬ人とともに（1982年2月10日）沖縄県遺族連合会
【立証趣旨】沖縄戦・南洋戦・フィリピン線における沖縄の一般住民の被害とそれに対する不十分な援護の状況、及びそれに対し被告国が法的責任を負うべきこと

118 戦争犯罪の構造 日本軍はなぜ民間人を殺したのか（2007年2月20日）田中利幸（大月書店）
【立証趣旨】①日本軍がアジアにおける各戦争において占領地・占領地の一般住民を虐殺した具体例と原因 ②南洋戦における日本兵の住民虐殺等の原因（沖縄戦訴訟・甲188）

119 戦後処理の残された課題（2008年12月頃）社会労働調査室宍戸伴久
【立証趣旨】①日本における一般市民の戦争被害の補償と対象 ②例外的救済における一般市民の戦争被害の差別化・南洋戦一般住民被害者のうち戦闘参加者と認定された者とそれ以外の者との差別が発生している事実 ③南洋戦における一般民間戦争被害者に対する援護法の拡大適用と適用されない一般住民被害の差別化 ④ドイツにおける一般市民の戦争被害の補償—人的被害の補償と物的被害の補償がなされている事実 ⑤英国、フランス、アメリカにおける一般市民に対する戦争被害の補償がなされている事実（沖縄戦訴訟・甲124）

120 戦後補償と国際人道法—個人の請求権をめぐって（2005年10月31日）申惠丰 他（明石書店）
【立証趣旨】①国際人道法の趣旨に従い、戦争被害者個人の救済・補償を行うべきとする法的根拠を明らかにする ②沖縄戦・南洋戦における一般住民被害が国際法上から見ても「違法」とみなされること ③アメリカは原告らの戦争損害につき、被告国とともに法的責任を負うこと（沖縄戦訴訟・甲187）

121 祖川武夫論文集 国際法と戦争違反化—その論理構造と歴史性—（2004年5月20日）
小田滋、石本泰雄（信山社）
【立証趣旨】①国際法の発展が戦争違法化にあり、論理的かつ歴史的根拠を明らかにすること ②アジア太平洋戦争の実態からみて、アメリカ軍の艦砲射撃、潜水艦攻撃などが国際法上違法であること（沖縄戦訴訟・甲186）

122 国際人道法（1993年1月9日）藤田久一（有信堂高文社）
【立証趣旨】①国際人道法の趣旨に従い、戦争被害者個人の救済・補償を行うべきとする法的根拠を明らかにする ②沖縄戦・南洋戦における一般住民被害が国際法上から見ても「違法」とみなされること ③アメリカは原告らの戦争損害につき、被告国とともに法的責任を負うこと

123 サイパンの戦い 太平洋戦争写真史（1980年7月1日）加賀学（月刊沖縄社）
【立証趣旨】①サイパン戦の一般住民被害の悲惨な実態 ②日本軍が住民に対する加害行為を行い、あるいは住民保護対策を根本的に怠ったこと ③被告国はサイパン戦における原告ら住民被害について法的責任を負うこと

124 解説条約集（1988年4月1日）三省堂
【立証趣旨】国際法・条約により禁止されていた戦争行為など

125 戦争犯罪と法（2006年12月5日）多谷千香子（岩波書店）
【立証趣旨】アメリカ軍や日本軍が沖縄戦・南洋戦・フィリピン戦などアジア太平洋戦争で行った国際法違反の戦争犯罪とその責任

提出証拠等一覧

126　軍縮条約・資料集（1988年3月21日）藤田久一（有信堂高文社）
　　【立証趣旨】①戦争を規制する国際条約・国際法　②南洋戦などにおける戦争犯罪について

127　地獄の日本兵　ニューギニア戦線の真相（2008年7月20日）飯田進（新潮社）
　　【立証趣旨】①昭和17年日本軍が占領していたニューギニア島にアメリカ軍が侵攻し、退去する日
　　本兵は戦闘に敗れ、退去に退去を重ね密林の中をさまよい、マラリアと飢餓により死者が増え、それ
　　でも日本軍は転進命令を出したために壊滅状態になった　②日本軍が極端な人命軽視の体質にあった
　　事実

128　帝国陸軍の最後3死闘篇（1998年4月11日）伊藤正徳（光人社）
　　【立証趣旨】①著者は太平洋戦争当時の第一級の海軍記者　②サイパン玉砕戦の実態③一般市民1万
　　人の多くは玉砕による死者であること　④グアム・テニアン・ペリリューの敗北の実態などなど

129　太平洋戦争主要戦闘事典　指揮官・参加部隊から戦果・損害まで
　　（2005年（平成17年）7月19日）太平洋戦争研究会（ＰＨＰ研究所）
　　【立証趣旨】アジア太平洋戦争における主要戦闘行為と戦果と損害

130　「科学の目」で日本の戦争を考える（2015年3月20日）不破哲三（新日本出版社）
　　【立証趣旨】①科学的視点でアジア太平洋戦争を分析した事実　②戦争の性格　③戦争をした仕組み
　　④兵士たちはどのような戦争をさせられたか　⑤国民がどんな扱いを受けたか（国民の命より国体護持）

131　南洋群島（2002年9月20日）丸山義二（ゆまに書房）
　　【立証趣旨】太平洋戦争前のパラオを中心とする南洋群島の文化、民族と日本の植民地の実態など

132　7％の運命　東部ニューギニア戦線・密林からの生還（2003年5月26日）
　　菅野茂（ＭＢＣ21）
　　【立証趣旨】甲127と同様。ニューギニア戦の実体。派遣軍14万人のうち生存者は1万人、生存率
　　約7％であった事実。日本軍の人命軽視の実態など

133　沖縄空白の一年 1945-1946（2011年2月1日）川平成雄（吉川弘文堂）
　　【立証趣旨】①沖縄戦終了後の沖縄県民の生活実態　②収容所の中の住民の生活（P72）③戦災孤児
　　と「戦争マラリア」孤児の悲惨な実態（P77～）　④沖縄戦死者の実態といびつな人口構成（P157
　　～P160）など

134　診断書（東江和子）原告番号1（2016年2月11日）医師 蟻塚亮二
135　診断書（上原和彦）原告番号5（2016年2月11日）医師 蟻塚亮二
136　診断書（上原清志）原告番号6（2016年2月11日）医師 蟻塚亮二
137　診断書（喜瀬光子）原告番号9（2016年2月11日）医師 蟻塚亮二
138　診断書（柳田虎一郎）原告番号24（2016年2月11日）医師 蟻塚亮二
139　診断書（金城文郎）原告番号27（2016年2月11日）医師 蟻塚亮二
140　診断書（蔵前清徳）原告番号36（2016年2月11日）医師 蟻塚亮二
141　診断書（宮里和子）原告番号45（2016年2月11日）医師 蟻塚亮二
142　診断書（新垣秀子）原告番号3（2016年3月12日）医師 蟻塚亮二
143　診断書（上地清勇）原告番号4（2016年3月12日）医師 蟻塚亮二
144　診断書（上間涼子）原告番号7（2016年3月12日）医師 蟻塚亮二

145 診断書（國吉眞一）原告番号 10（2016 年 3 月 12 日）医師 蟻塚亮二

146 診断書（瑞慶山シズ）原告番号 16（2016 年 3 月 12 日）医師 蟻塚亮二

147 診断書（祖堅秀子）原告番号 17（2016 年 3 月 12 日）医師 蟻塚亮二

148 診断書（西原良子）原告番号 21（2016 年 3 月 12 日）医師 蟻塚亮二

149 診断書（大城栄昌）原告番号 26（2016 年 3 月 12 日）医師 蟻塚亮二

150 診断書（大城ノリ子）原告番号 40（2016 年 3 月 12 日）医師 蟻塚亮二

151 診断書（島袋弘）原告番号 12（2016 年 3 月 12 日）医師 蟻塚亮二

152 診断書（島袋文雄）原告番号 13（2016 年 3 月 12 日）医師 蟻塚亮二

153 診断書（楚南兼正）原告番号 18（2016 年 3 月 12 日）医師 蟻塚亮二

154 診断書（中村美代子）原告番号 44（2016 年 3 月 12 日）医師 蟻塚亮二

【立証趣旨】①南洋戦の戦時・戦場体験に起因する外傷性精神障害に罹患している事実　②上記障害により継続的かつ深刻な精神的被害を被っている事実　③よって被告国に対して上記精神的被害にもとづく慰謝料請求権を有し、その額は少なくとも 1000 万円以上となること

155 **法廷で裁かれる沖縄戦〈訴状編〉**（2016 年 3 月 15 日）証拠記載の発行日（2016 年 4 月 1 日）弁護士・瑞慶山 茂

【立証趣旨】①沖縄戦被害謝罪・損害賠償請求事件の訴状を中心に訴訟活動内容等を一審判決の結果如何にかかわらず単行本としてまとめた書籍　②陳述書と外傷性精神障害など原告の被害実態については、「被害編」として今年 4 月下旬に発行する予定で準備を進めている　③沖縄戦被害について初の国家賠償訴訟であるので、訴訟活動の記録を世論に広めて後世に残すための記録として出版した　④南洋戦との関係は、沖縄戦と南洋戦は同一・同質の被害にあるので、南洋戦においても沖縄戦と同様の被害を被ったことを立証する　⑤南洋戦の一審の訴訟についても同様の形で出版を予定している

156 診断書（佐久本正男）原告番号 11（2016 年 4 月 9 日）医師 蟻塚亮二

157 診断書（名嘉山兼正）原告番号 20（2016 年 4 月 9 日）医師 蟻塚亮二

【立証趣旨】①南洋戦の戦時・戦場体験に起因する外傷性精神障害に罹患している事実　②上記障害により継続的かつ深刻な精神的被害を被っている事実　③よって被告国に対して上記精神的被害にもとづく慰謝料請求権を有し、その額は少なくとも 1000 万円以上となること等

158 **ICD-10 精神科診断ガイドブック**（2013 年 5 月 20 日）中山書店

【立証趣旨】精神科医 蟻塚亮二氏が原告について南洋戦の戦時・戦場体験に起因する外傷性精神障害であると診断及び鑑定した（する）診断基準マニュアルとその症状等の説明等（沖縄戦訴訟・甲 327）

159 **ICD-10 精神および行動の障害**（2008 年 12 月 1 日）医学書院

【立証趣旨】精神科医 蟻塚亮二氏が原告について南洋戦の戦時・戦場体験に起因する外傷性精神障害であると診断及び鑑定した（する）診断基準マニュアルとその症状等の説明等（沖縄戦訴訟・甲 328）

160 **沖縄戦と心の傷**（2014 年 6 月 10 日）蟻塚亮二

【立証趣旨】①戦争と精神障害の関係　②沖縄戦により精神疾患の多発している事実③沖縄戦のトラウマによるストレス症候群（PTSD）の発生事実　④沖縄戦 PTSD（心的外傷後ストレス障害）が被害者個人及び沖縄社会に対しして与えている影響など　⑤以上の事実は南洋戦の戦時・戦場体験に起

提出証拠等一覧

因する外傷性精神障害においても同様であること（沖縄戦訴訟・甲98）

161 鑑定書（2015年7月30日）医師 蟻塚亮二

【立証趣旨】①別件沖縄戦訴訟の37名の原告らが沖縄戦による外傷性精神障害に罹患していると医学的鑑定が行われたこと　②同様のことは南洋戦の戦時・戦場体験に起因する外傷性精神障害と診断された原告らにも当てはまることが推定しうること（沖縄戦訴訟・甲297）

162 現代の病態に対する＜私の＞精神療法（2015年6月5日）金剛出版

【立証趣旨】①精神科医（蟻塚亮二医師）による沖縄戦の外傷性精神障害の診断方法と実態、精神医学の立場の臨床研究と症病名の分析など　②同様のことは本件南洋戦の外傷性精神障害にも当てはまること（沖縄戦訴訟・甲157）

163 「終戦から67年目にみる沖縄戦体験者の精神保健」（2013年3月）沖縄戦トラウマ研究会

【立証趣旨】①沖縄戦によるトラウマなど外傷性精神障害の実態調査と研究がなされていること　②沖縄戦による外傷性精神障害の具体的症例など　③南洋戦における外傷性精神障害の場合も同様であること（沖縄戦訴訟・甲149）

164 往還する〈戦時〉と〈現在〉─日本帝国陸軍における「戦争神経症」（2015年1月31日）中村江里（一橋大学大学院社会学研究科）

【立証趣旨】①戦場心理の特徴　②戦時神経症の定義と具体的症状　③戦時、戦場に起因する精神神経疾患　④戦争と精神疾患の「起因」性　⑤日本帝国陸軍が明治初期の陸軍発足以来、継続して戦争・戦場と精神疾患、兵士の精神疾患とその種類・治療方法等について調査研究等を重ねてきた事実　⑥戦争犠牲者に対する補償・援護制度と戦時精神疾患　⑦南洋戦における一般住民被害者の精神疾患の原因と症例　⑧日本軍が上記⑤の調査・研究等の実績からすれば、南洋戦において一般住民の精神疾患が発生することが予見し得たこと（沖縄戦訴訟・甲234）

165 「PTSD概念と諸問題」（1997年）武蔵野大学教授小西聖子

【立証趣旨】①南洋戦に起因する原告らの外傷性精神障害には権利濫用や信義則により除斥期間の適用が「排除」されること　②南洋戦に起因する原告らの外傷性精神障害が継続している限り20年期間の起算点は進行しない等（沖縄戦訴訟・甲130）

166 「PTSD被害と損害論・時効論」（2003年）立命館大学教授松本克美

【立証趣旨】①南洋戦に起因する原告らの外傷性精神障害には権利濫用や信義則により除斥期間の適用が「排除」されること　②南洋戦に起因する原告らの外傷性精神障害が継続している限り20年期間の起算点は進行しない等（沖縄戦訴訟・甲131）

167 平成24年度重要判例解説（2013年4月10日）有斐閣

【立証趣旨】PTSDが刑法上の傷害にあたることを認めた裁判例（沖縄戦訴訟・甲62）

168 新聞記事（2014年3月20日）琉球新報

【立証趣旨】①甲第160号証「沖縄戦と心の傷」の著者蟻塚亮二医師の診断経歴等について　②沖縄戦外傷性精神障害（PTSDを含む）の診断経歴等について　③南洋戦戦時・戦場体験に起因する外傷性精神障害の場合にも同様であること（沖縄戦訴訟・甲152）

169 新聞記事（2015年5月19日）琉球新報

【立証趣旨】①蟻塚亮二医師は「沖縄戦と心の傷」（甲160）の著者であり、外傷性精神障害の研究者であり、それを専門とする精神科医である　②戦争により外傷性障害の具体的な症状例の説明　③

497

南洋戦戦時・戦場体験に起因する外傷性精神障害の場合にも同様であること（沖縄戦訴訟・甲 150）

170　新聞記事（2015 年 6 月 7 日）朝日新聞
【立証趣旨】①蟻塚亮二医師の沖縄戦による外傷性精神障害の診断経歴について　②沖縄戦による外傷性精神障害が朝日新聞全国版で掲載され、全国的に注目され日本社会全体の問題となってきたこと　③沖縄戦の悲惨な実態など　④同様のことは、南洋戦の戦時・戦場体験に起因する外傷性精神障害にもあてはまること（沖縄戦訴訟・甲 153）

171　新聞記事（2015 年 6 月 10 日）朝日新聞
【立証趣旨】①沖縄戦の悲惨な被害の実態　②蟻塚亮二医師が沖縄による外傷性精神障害の救済を説明していること　③朝日新聞が沖縄戦に関する被害などの実態等、沖縄戦による外傷性精神障害のことが大きく取り上げられ、全国的な社会問題となっていることなど　④南洋戦の戦時・戦場体験に起因する外傷精神障害の場合も同様であること（沖縄戦訴訟・甲 154）

172 の 1 ～ 2　新聞記事（2015 年 6 月 10 日）朝日新聞
【立証趣旨】①甲 171 号証と一体となる記事であること　②沖縄戦による外傷性精神障害（心的外傷後ストレス障害など）に心に傷をもつ住民が多数いること　③沖縄戦や収容所生活で家族を亡くした人の割合が 64.5％を占めている事実　④日常生活の中で沖縄戦の体験を突然思い出すことがある人が 64.9％を占めている事実　⑤南洋戦の戦時・戦場体験に起因する外傷性精神障害の場合にも同様であること（沖縄戦訴訟・甲 156 の 1 ～ 2）

173　新聞記事（2015 年 6 月 19 日）朝日新聞
【立証趣旨】①精神科医蟻塚亮二氏による、沖縄戦による外傷性精神障害の具体例と深刻な実態　②南洋戦に起因する外傷性精神障害も同様であること（沖縄戦訴訟・甲 162 の 2）

174　札幌高等裁判所　平成 25 年（ネ）第 226 号判決（2014 年 9 月 25 日）札幌高等裁判所
【立証趣旨】札幌高等裁判所において、心的外傷後ストレス障害に関する除斥期間の起算点について発症時と判断したことなど（沖縄戦訴訟・甲 322）

175　新聞記事（2015 年 7 月 10 日）毎日新聞
【立証趣旨】最高裁判所が甲 174 の判決を認容したことなど（沖縄戦訴訟・甲 323）

176　インターネット記事（2015 年 7 月 9 日）産経ニュース
【立証趣旨】最高裁判所が甲 174 の判決を認容したことなど（沖縄戦訴訟・甲 324）

177　新聞記事（2015 年 8 月 18 日）朝日新聞
【立証趣旨】①戦前・戦中に日本軍人において戦場体験に基づく「戦争神経症」が多発していた事実　②その事実から南洋戦においても被告は一般民間人が戦場において外傷性精神障害を発生することが予見できたことなど（沖縄戦訴訟・甲 325）

178　新聞記事（2015 年 9 月 28 日）東京新聞
【立証趣旨】①沖縄戦訴訟で同訴訟の原告神谷洋子他 36 名の沖縄戦戦時・戦場体験に起因する外傷性精神障害の事実と評価が重要な争点となっていることが東京中心に報道された事実　②沖縄戦に起因する外傷性精神障害が全国的にも注目されている事実など　③南洋戦訴訟における外傷性精神障害の場合も同様であること（沖縄戦訴訟・甲 326）

179　意見書　被告国の「第 1 準備書面」の批判的検討（2016 年 5 月 3 日）
　　　新潟大学名誉教授元明治大学法科大学院教授　西埜章

【立証趣旨】①被告国の第1準備書面に対し全面的に反論し，被告国の各主張が誤りであること　②国家無答責論批判　③除斥期間論批判　④公法上の危険責任論の正当性について　⑤立法不作為の違法論の正当性について　⑥戦争被害受忍論批判

180　診断書 (上原豊子) 原告番号 34（2016 年 5 月 14 日）医師 蟻塚亮二

181　診断書 (仲本幸代) 原告番号 38（2016 年 5 月 14 日）医師 蟻塚亮二

182　診断書 (金城美佐子) 原告番号 42（2016 年 6 月 11 日）医師 蟻塚亮二
【立証趣旨】①南洋戦の戦時・戦場体験に起因する外傷性精神障害に罹患している事実　②上記障害により継続的かつ深刻な精神的被害を被っている事実　③よって被告国に対して上記精神的被害にもとづく慰謝料請求権を有し、その額は少なくとも 1000 万円以上となること等

183　法廷で裁かれる沖縄戦〈被害編〉（2016 年 6 月 23 日）弁護士 瑞慶山 茂（高文研発行）
【立証趣旨】①本件訴訟と類似の訴訟である沖縄戦訴訟で主張立証した被害を中心として単行本にまとめた内容　②本件南洋戦の被害が沖縄戦の被害と同様に、日本軍と米軍の残虐非道行為によってもたらされた事実

184　新聞記事（2016 年 6 月 25 日）沖縄タイムス
【立証趣旨】『法廷で裁かれる沖縄戦〈訴状編〉』（甲 155）の書評で、研究書として価値ある評価がなされた事実など

185　沖縄戦全記録（2016 年 5 月 30 日）ＮＨＫスペシャル取材班
【立証趣旨】本件南洋戦と類似している沖縄戦における被害状況と日本軍の残虐非道行為の実態など

186　新聞記事（2016 年 6 月 22 日）琉球新報
【立証趣旨】原告番号 24　柳田虎一郎氏が、南洋戦において受けた深刻な被害の状況など

187 の 1 ～ 4　新聞記事（2016 年 6 月 19 日）東京新聞
【立証趣旨】①本件南洋戦と類似している沖縄戦における米軍収容所における一般民間人の悲惨な実態と戦争孤児の実態　②南洋戦から生還し沖縄に移された子供が、戦争孤児として沖縄の「孤児院」などに収容されていた事実など

188 の 1 ～ 3　新聞記事（2015 年 6 月 17 日）朝日新聞
【立証趣旨】①沖縄戦被害事実について、朝日新聞が全国報道した事実　②沖縄戦被害について、意識調査の結果とその被害事実の継承について　③沖縄戦被害がいまだに、被害回復なされていない事実など

189　「沖縄における戦闘参加の実態と援護法の適用」（1990 年 9 月 14 日）被告国（旧厚生省）
【立証趣旨】旧厚生省が策定した沖縄戦における 20 項目の戦闘参加者の行政上の適用基準と運用の実態及びその運用が恣意的に実施されやすい恐れが十分にあることなど

190 の 1　交通事故後遺障害等級獲得マニュアル（表紙、奥付）（2009 年 5 月 7 日）
　　　　宮尾一郎（かもがわ出版）

190 の 2　交通事故後遺障害　等級獲得マニュアル（P90 ～ 93）

190 の 3　交通事故後遺障害　等級獲得マニュアル（P177 ～ 199）

190 の 4　交通事故後遺障害　等級獲得マニュアル（P644 ～ 648）
【立証趣旨】交通事故における PTSD を含む外傷精神障害の取扱い例

191　新聞記事（2016 年 6 月 30 日）毎日新聞

【立証趣旨】本件と類似事件である沖縄戦国賠訴訟が全国紙毎日新聞で取り上げられ、広く国民に知れ渡ることになった事実

192　東京高等裁判所　平成 14 年（ネ）第 2621 号事件判決（2005 年 3 月 18 日）東京高等裁判所

【立証趣旨】①国家無答責論を排斥されて国の不法行為責任が認められた例②本件訴訟の被害論にも類似点があり、この判決の考え方をすれば、本件訴訟においても国家無答責論が排斥され、原告らの損害賠償請求が認容されること（沖縄戦訴訟・甲 G 3）

193　意見書（2001 年 6 月 13 日）京都大学教授　芝池義一

【立証趣旨】①上記判決の基礎となった意見書であること　②国家無答責論が法律論的にも誤りであること（沖縄戦訴訟・甲 G 4）

194　診断書（安次富信子）原告番号 25（2016 年 3 月 12 日）医師蟻塚亮二

【立証趣旨】①南洋戦の戦時・戦場体験に起因する外傷性精神障害に罹患している事実　②上記障害により継続的かつ深刻な精神的被害を被っている事実　③よって被告国に対して上記精神的被害にもとづく慰謝料請求権を有し、その額は少なくとも 1000 万円以上となること等

195　沖縄戦と孤児院（2016 年 3 月 20 日）浅井春夫（吉川弘文館）

【立証趣旨】①南洋戦で両親が戦死したこと等により、たくさんの子どもたちが孤児となった事実　②戦後、米軍占領下で収容所内に孤児院が設置された事実　③各孤児院の実態について　④孤児院で相当数の子どもたちが栄養失調等により衰弱死した事実　など

196　3・11 と心の災害　福島にみるストレス症候群（2016 年 6 月 20 日）
　　蟻塚亮二・須藤康宏（大月書店）

【立証趣旨】① 2011 年の東日本大震災後の福島で、被災者に心的外傷後ストレス障害（PTSD）が多く見られる事実　②沖縄戦被害者の PTSD の症状と非常に類似している事実　③本件南洋戦被害者でも同様であることなど

197　インターネット記事（2016 年 6 月 25 日）千葉日報

【立証趣旨】①米国国籍の男性が、中国・マカオから成田空港に覚醒剤を持ち込み覚せい剤取締法違反などの罪に問われた裁判で、千葉地裁（金子武志裁判長）が無罪を言い渡した事実　②男性がベトナム戦争に起因する PTSD（心的外傷後ストレス障害）に罹患していたことによる判断能力低下を理由として無罪判決となった事実　③本件原告らも罹患している南洋戦の戦時・戦場体験に起因する PTSD などと同様の外傷性精神障害の症状が刑事事件で基本的争点となり、それを理由に無罪判決が下された事実　④本件訴訟においても、原告らの PTSD など外傷精神障害の認定を行い、被告国の不法行為責任などの法的責任を認めるべきであることなど

198　新聞記事（2016 年 7 月 9 日）千葉日報

【立証趣旨】①甲 197 の無罪判決を国（地検）も認め、控訴せず無罪判決が確定した事実　②上記甲 197 ①②③④の立証趣旨と同一など

199　新聞記事（2016 年 8 月 7 日）琉球新報

【立証趣旨】①新聞に、大阪大学の北村毅准教授による「法廷で裁かれる沖縄戦（訴状編・被害編）」の書評が掲載され、沖縄戦訴訟および沖縄戦による民間人被害等がより広く認知されることとなった事実　②本件南洋戦被害についても同様であることなど

提出証拠等一覧

200　インターネット Yahoo! ニュース記事（2016 年 8 月 10 日）
　　　Yahoo!JAPAN、寄稿：栗原俊雄（毎日新聞記者）
　　【立証趣旨】① Yahoo! ニュースに沖縄戦訴訟および沖縄戦による民間人被害等が取り上げられ、また、原告たちが戦後補償の差別などについて訴え、たくさんの人たちがその記事を読み、広く認知された事実　②本件南洋戦被害についても同様であることなど（関連証拠 甲 191）「類のない被害いまだ放置，そこが聞きたい 沖縄戦被害者の国賠訴訟，弁護団長瑞慶山茂氏」

201　戦後補償裁判　民間人たちの終わらない「戦争」（2016 年 6 月 10 日）
　　　栗原俊雄（ＮＨＫ出版）
　　【立証趣旨】①日本の戦後補償が不平等である事実　②沖縄戦の民間被害者が軍人軍属との間の差別だけでなく、民間人との間でも差別され、二重の差別を受けている事実　③沖縄戦民間被害者「未」補償問題および本件沖縄戦訴訟について取り上げられ広く認知されることとなった事実（263 ～ 274 頁）　④南洋戦民間被害者についても同様であることなど

202　沖縄戦のトラウマによるストレス症候群と精神保健（2016 年 5 月頃）
　　　蟻塚亮二・當山冨士子（日本社会精神医学会雑誌）
　　【立証趣旨】①日本社会精神医学会の発行雑誌に掲載された論文　②沖縄戦に由来する PTSD などの外傷性精神障害について精神医学会でも認知され注目されている事実　③南洋戦についても同様であることなど

203　新聞記事（2016 年 7 月 20 日）沖縄タイムス
　　【立証趣旨】沖縄県ダバオ会のメンバーら 81 人が平成 28 年 7 月 19 日にフィリピン・ミンダナオ島ダバオを訪れ、墓参りを行った事実など

204　天皇・皇室辞典（2005 年 3 月 10 日）原武史・吉田裕（岩波書店）
　　【立証趣旨】①天皇・皇室の制度とその内容　②昭和天皇の太平洋戦争指導　③昭和天皇の戦争責任　④昭和天皇の南洋戦指導の責任など

205　大審院判例からみた「国家無答責の法理」の再検討（1）（2002 年）
岡田正則（南山法学 25 巻 4 号）
　　【立証趣旨】①国家無答責の法理と判例・学説における概念的混乱　②「権力的行為」の概念・解釈　③本件南洋戦被害において国家無答責の法理が適用制限されるべきことなど

206　サイパン島ススッペ収容所について（具志川市史だより第 15 号）（2000 年 3 月 31 日）
　　　伊波妙子（具志川市史編さん室）
　　【立証趣旨】①サイパン島ススッペ収容所の変遷、団体の配置、職業、生活など当時の様子について　②原告らの収容所・孤児院生活の悲惨な実態など

207　サイパン孤児院　山田良子、嶋峯一・藤子夫妻の体験を通して（具志川市史だより第 16 号）（2001 年 3 月 30 日）佐々木末子（具志川市史編さん室）
　　【立証趣旨】①原告らが収容されたサイパン島の収容所および孤児院の悲惨な実態　②サイパン収容所・孤児院の教育など

208　玉砕の島々（1987 年 7 月 15 日）出口範樹（潮書房）

209　歴史と旅　太平洋戦史総覧（1991 年 9 月 5 日）鈴木亨（秋田書店）

210　孤島の戦闘玉砕戦（1993年2月22日）椎野八束（新人物往来社）

211　＜玉砕＞の軍隊、＜生還＞の軍隊（2013年8月8日）河野仁（講談社）

【立証趣旨】①南洋戦が、日本が行った無謀で悲惨な戦いであった事実　②原告の親族など一般住民も多数玉砕に追い込まれた事実など

212　鑑定書（2016年7月19日）精神科医蟻塚亮二

【立証趣旨】27名の原告らが南洋戦による外傷性精神障害に罹患していると医学的鑑定が行われたこと

213　新聞記事（2016年9月7日）東京新聞

【立証趣旨】①被害住民全体を補償する法律の制定を怠ってきた国の不作為が問われるべきであると訴えている事実　②沖縄戦国賠訴訟控訴審について新聞に取り上げられ、広く国民の知るところとなった事実など

214　サイパン会誌第2号　心の故郷サイパン（1994年4月）サイパン会誌編集委員

215　サイパン・グアム光と影の博物誌（2003年4月15日）中島洋（現代書館）

【立証趣旨】①サイパン渡航者らの生活実態　②南洋戦の民間人被害者の悲惨な状況　③日本軍が民間人を保護しなかった軍事行動の実態など

216　サイパン＆テニアン戦跡完全ガイド（2011年2月15日）小西誠（社会批評社）

【立証趣旨】①現在でも戦争の跡がそこかしこに残っており、当時のサイパン・テニアンがいかに悲惨な状況であったかという事実　②民間人たちが戦争に巻き込まれ、ついには集団自決等、死へと追いやられた事実　③②の状況が戦陣訓や日本軍によって引き起こされた事実　④日本軍が民間人を保護しなかった軍事行動の実態など

217　観光コースでないグアム・サイパン（2001年7月20日）大野俊（高文研）

【立証趣旨】①現在でも戦争の跡がそこかしこに残っており、当時の南洋群島がいかに悲惨な状況であったかという事実　②日本人住民および現地住民の被害について　③日本軍が民間人を保護しなかった軍事行動の実態など

218　太平洋戦争写真史グアムの戦い（1981年10月20日）平塚柾緒（月刊沖縄社）

【立証趣旨】①グアム島での日米軍の激しく悲惨な戦いの状況について　②グアム島でも日本兵による、住民への自殺強要等が行われた事実　③日本軍が民間人を保護しなかった軍事行動の実態など

219　戦争犯罪とは何か（1995年3月20日）藤田久一（岩波書店）

【立証趣旨】①戦争犯罪について国際法研究者の立場から論じた書籍　②戦争犯罪の内容について　③第二次世界大戦における戦争犯罪について　④南洋戦における犯罪について　⑤その他

220　生き残るということ　えひめ丸沈没事故とトラウマケア（2008年4月14日）
　　　前田正治、加藤寛、丸岡隆之、開浩一（星和書店）

【立証趣旨】①えひめ丸沈没事件で生還した生徒らのほとんど（78%）が、生存罪責感情に苛まれ、PTSDを発症した事実　②PTSDの治療が困難を極めたこと　③沖縄戦・南洋戦の戦時・戦場体験者の生存者、PTSDなど外傷性精神障害についても同様であることなど

221　戦争ストレスと神経症（2004年12月17日）
　　　エイブラム・カーディナー、訳：中井久夫、加藤寛（みすず書房）

【立証趣旨】①多数の症例と分析を通して戦争による外傷神経症等を研究した書籍　②戦時・戦場体験によって外傷性精神障害が発生すること　③外傷性精神障害が発生するのは、戦時戦場体験した兵

士のみならず、兵士以外の非戦闘員が戦時戦場体験をした場合にもよく発生すること　④外傷性精神障害は労働能力が半永久的に減退すること（P319）　⑤外傷性精神障害が合併症を伴う障害であること(P319)　⑥外傷性精神障害の法的問題点(P319)　⑦外傷性精神障害と責任問題(補償問題)(P319〜378)　⑧補償方式は年金か一時金かなど

222　**新外傷性精神障害－トラウマ理論を越えて**（2009年8月31日）

　　岡野憲一郎（岩崎学術出版社）

　　【立証趣旨】①原告らが罹患している外傷性精神障害について、概要、分類、治療方法等　②外傷体験には陽性外傷（直接的に精神的外傷をもたらす）と陰性外傷（幼児の健常な情緒発達にとって必要な刺激が欠損）があるという事実（76頁〜79頁）　③外傷体験が自我形成の途上にある小児や思春期において最も大きな痕跡を残すという事実（81頁）　④外傷性精神障害の分類（P66〜161）　⑤戦時戦場体験や天災・災害等の体験によって外傷性精神障害が発生すること　⑥外傷性精神障害の治療方法（P231〜296）　⑦本件原告が罹患した外傷性精神障害が南洋戦の戦時戦場体験によって発症したこと　⑧外傷性精神障害の治療が困難を伴う症例が多いこと　⑨その他

223　**沖縄戦と民間人収容所**（2010年12月20日）七尾和晃（原書房）

　　【立証趣旨】①沖縄戦中、その後、米軍が設置した沖縄の民間人収容所の数と実態　②劣悪な収容所での生活実態　③収容所での民間人の生活と、死者が多発したことなど(沖縄戦訴訟・甲277)

224　**孤児たちの長い時間**（1990年8月15日）創価学会夫人平和委員会（第三文明社）

　　【立証趣旨】①罪の無い子どもたちが、国のおこした戦争によって親を失い孤児となり、悲惨な生活を強いられたこと　②戦時・戦場体験により子どもたちがPTSDなどの後遺障害を負った事実　③南洋戦でも同様であったことなど

225　**戦場の童－沖縄戦の孤児たち**（2005年6月10日）謝花直美（沖縄タイムス社）

　　【立証趣旨】①罪の無い子どもたちが、国のおこした戦争によって親を失い孤児となり、悲惨な生活を強いられたこと　②戦時・戦場体験により子どもたちがPTSDなどの後遺障害を負った事実　③南洋戦でも同様であったことなど

226　**孫たちへの証言**（1991年8月10日）福山琢磨（新風書房）

　　【立証趣旨】①戦時・戦場での悲惨な状況について　②日本軍による民間人への残虐非道な行いなど

227　**沖縄戦の全女子学徒隊**（2006年6月23日）青春を語る会代表　中山きく（フォレスト）

　　【立証趣旨】①沖縄の女子学生たちが戦争に駆り出され、負傷した兵隊の看護にあたっていた事実　②看護とは名ばかりで、現場が悲惨な状況であった事実　③米軍による砲撃等により多くの学徒隊員が亡くなった事実　④南洋戦でも一般民間人が同様の被害を受けた事実など

228　**声なき声250万英霊にこたえる道**（1978年10月1日）板垣正（原書房）

　　【立証趣旨】①元軍人で参議院議員、日本遺族会顧問であった著者が、戦没者遺族の声を代弁し書き綴った文章　②軍人軍属の補償の経過　③民間人補償が放置されていった経過など

229　**軍政／民事マニュアル**（1998年10月30日）訳：竹前英治、尾崎毅（みすず書房）

　　【立証趣旨】①米国が占領した地域における軍政の計画と実施、および民事管理に関しての行動指針を米国陸海軍のために記したマニュアル　②沖縄の占領がどのように行われていたかということ　③南洋における米国の占領や軍政についても沖縄とほぼ同様であることなど

230 地域のなかの軍隊7 植民地帝国支配の最前線IV南洋群島（2015年5月1日）
坂本悠一（吉川弘文館）
【立証趣旨】①南洋群島における軍隊と民間人、企業との関係 ②当時の状況 ③民間人の戦争犠牲の実態など

231 空襲被災者の救済と立法不作為の違憲─国家賠償責任について（2011年8月5日）
青井美帆
【立証趣旨】①立法不作為の違憲要件と国賠法上の違法性 ②特別犠牲を強制されない憲法上の権利 ③国家賠償責任の成立要件 ④南洋戦被害国賠訴訟にみる相対的立法不作為 ⑤戦後になって事後的に日本政府が作り出した行政上の基準により、一般民間被災者は「戦闘参加者」と「非戦闘参加者」に区別され、後者は何らの補償も受けることができないことになっているが、この行政基準の設定と適用について、その恣意性や理論的破綻を指摘していることなど（沖縄戦訴訟・甲95）

232 意見書（2016年10月10日）西埜 章
【立証趣旨】①本件訴訟における被告国の「第2準備書面」に対する批判・反論的意見書 ②被告国が主張する①国家無答責論、②公法上の危険責任否定論、③立法不作為の違法性否定論等がいかに誤りであるかを明らかにする ③原告の主張する①不法行為責任論、②公法上の危険責任論、③立法不作為の違法論が法的根拠を有する法的主張であること ④①法の下の平等原則違反、②除斥期間不適用論が法的根拠を有すること ⑤戦争被害受忍論の不当性 ⑥戦争被害受忍論が南洋戦にも適用が制限されること (7) 以上の主張を通じて被告国には原告らの被った被害について謝罪及び賠償責任があることなど

233 診断書(山川信子)原告番号46（2016年11月12日）医師 蟻塚亮二
【立証趣旨】①南洋戦の戦時・戦場体験に起因する外傷性精神障害に罹患している事実 ②上記障害により継続的かつ深刻な精神的被害を被っている事実 ③よって被告国に対して上記精神的被害にもとづく慰謝料請求権を有し、その額は少なくとも1000万円以上となること等

234 日本帝国陸軍と精神障害兵士（2006年12月25日）清水寛（不二出版）
235の1～2 新聞記事（2015年8月28日）東京新聞
236 新聞記事（2015年8月30日）東京新聞
237 新聞記事（2015年9月1日）東京新聞
【立証趣旨】①戦時、軍隊内に戦争神経症に罹患する兵士が多数出ていた事実 ②過酷な陸上戦が繰り広げられた南洋群島では、一般住民も兵士と同じように生と死の極限状態におかれていた事実 ③兵士であっても精神障害を来す状況で、一般住民においては尚更外傷性精神障害を惹起する可能性が高い状況であったこと ④被告国は本件南洋戦被害により外傷性精神障害に罹患した原告らに対する国家賠償責任を負うこと

238 最高裁回想録学者判事の七年半（2012年4月5日）藤田宙靖（有斐閣）
【立証趣旨】①最高裁判例に依拠する被告国の反論については、最高裁判例の捉え方について検討すべきであること ②最高裁判決におけるいわゆる「徴する判決」の意義とその問題点 ③事例判決と法理判決の異同 ④最高裁判決といえども基本的には事例判決であり、判例法理とは言ってもその射程はそれほど広いものではないこと ⑤最高裁判決といえども基本的には事例判決であり、「徴する判決」として引用されている判決も事案が異なることを考慮すれば、被告国がしばしば「最高裁の確

立した判例法理」であると強調しているものの、極めて論拠の弱いものであることなど

239 裁判と法律学『最高裁回想録』補遺（2016年7月10日）藤田宙靖（有斐閣）

【立証趣旨】①「最高裁の判例」という場合には、「最高裁の判決例」（事例判決）と「最高裁の判例理論」（法理判決）があり、法理判決は、その具体的事案だけではなく、他の同種の事案についても適用する一般的な法理を示したもので、「判決例」であると同時に、その判例理由中には「判例理論」をも含んでいる、ということである。そして、厳密にいえば、全ての最高裁判決は本来「事例判決」であり、「法理判決」のようにみえるものであっても、その実「事例判決」としての性質を内蔵するものである、ということ　②裁判判決は、基本的にいって、専ら目の前にある個別的・具体的事件の事実関係を前提として、その紛争をどう解決するのが最も適正かという見地からなされているにすぎず、厳密にいえば、判決理由というのは、一般論を展開しているようにみえても、実はそれは、その事件の個別的な事実関係と切り離して理解することはできないのであって、これは最高裁判例にあっても基本的に同じことである、ということ　③最高裁判例についてのこのような捉え方を基礎にして考えれば、被控訴人国が「確立した判例」であるとして、判例法理なるものに依拠して主張していることは、最高裁判例に過度に固執するものであって、説得力を著しく欠くことになるのではないかと思われる。例えば、シベリア抑留訴訟の最判平成9・3・13（民集51巻3号1233頁）をみてみると、「原審の適法に確定した事実関係の下においては」となっているし、韓国・朝鮮人BC級戦犯訴訟の最判平成11・12・20（訟月47巻7号1787頁）をみてみると、「右の事実関係によれば」となっており、いずれも事例判決であることを示している。このように、最高裁判例といえども基本的には事例判決なのであり、判例法理とはいっても、その実、その射程はそれほど広いものではないこと　④最高裁判所の見方について、学説は『理論』からアプローチするが、最高裁は、『事実』ないし『事案』からアプローチする、ということになる。従って、『最高裁判例』ないし『判例理論』なるものも、その基盤には意外にもろいものがあり、昨日まで『最高裁判例』と見られていたものが、その理論的枠組みを変えることなく、ある日突然実質的に変わってしまうということがあっても、さほど不思議ではない、ということになる。要は、その時々の裁判官達が、目の前の事件を先例の事案と同じ事案と見るか否かに掛かっているということである。そして『同じ』かどうかの判断には、それを決める尺度が何であるかが大いに影響し、そしてまた、この尺度の決定ないし選択には、その時々の社会通念ないし社会的常識が影響を及ぼしている、ということである。ある解釈問題についての最高裁判例が何であるかを語る際には、こういった背景を理解した上での余裕を持った捉え方がぜひとも必要なのであって、例えば、判決文に記された文言の形式的な解読にこだわっていたのでは、思わぬ足をすくわれることにもなりかねないということに、十分注意しなければならないこと

240 最高裁　平成9年3月13日　第1小法廷判決（1997年3月13日）

最高裁判所（判例秘書／エルアイシー）

【立証趣旨】①沖縄戦訴訟で被控訴人国が反論の論拠とした判決の一つ　②この判決はシベリア抑留についてのものであり、その射程は沖縄戦被害にはおよばないこと　③本件においても同様であること

241 立法の不作為と国家賠償責任（最高裁昭和62年6月26日第2小法廷判決）

（1988年6月10日）原田尚彦（ジュリスト臨時増刊910号）

【立証趣旨】①沖縄戦訴訟で被控訴人国が反論の論拠とした判決の一つ　②控訴人らがもともと「不合理な差別」であると訴えている点で、被控訴人の反論が失当であること

242 **東京高裁平成 5 年 10 月 20 日判決**（1993 年 10 月 20 日）
東京高等裁判所（判例秘書／エルアイシー）

243 **東京地裁平成 11 年 9 月 22 日判決**（1999 年 9 月 22 日）
東京地方裁判所（判例秘書／エルアイシー）

244 **東京地裁平成 15 年 4 月 24 日判決**（2003 年 4 月 24 日）
東京地方裁判所（判例秘書／エルアイシー）
【立証趣旨】①裁判所が判決の中で日本軍による残虐非道な行為を「残虐」「非人道的」「常軌を逸した卑劣な行為」等の言葉で表している事実　②原告が主張している南洋戦における残虐非道行為と同様の意味であること

245 **意見書　被控訴人国の「答弁書」（平成 28 年 8 月 30 日）の批判的検討**
（2016 年 11 月 18 日）西埜　章
【立証趣旨】①沖縄戦訴訟で提出された意見書　②国家無答責の法理について　③公法上の危険責任について　④立法不作為の違法性について　⑤「残虐非道な行為」の意味について　⑥最高裁判例の捉え方について　⑦被告国は本件南洋戦被害について国家賠償責任を負っていること

246 **新聞記事**（2016 年 11 月 22 日）朝日新聞
【立証趣旨】① PTSD が世界的に問題となっており研究が進められているが、現在でも PTSD の画期的な治療法は見つかっておらず、治療が容易でない事実　②上記事実からして PTSD など外傷性精神障害に罹患している本件訴訟原告の身体的・精神的苦痛が甚大であることなど

247 **2016 年 7 月 19 日付鑑定書の補充　外傷性精神障害（PTSD）などの発症時期について**
（2016 年 12 月 1 日）精神科医　蟻塚亮二
【立証趣旨】① 27 名の原告らが南洋戦による外傷性精神障害に罹患していると医学的鑑定が行われたこと　②それにより、各人の発症時期についても鑑定が行われたこと　③除斥期間が進行していないこと　④被告国が不法行為責任を負うことなど

248 **「法務研究科（法科大学院）松本克美」で始まる書面　立命館大学法科大学院**
【立証趣旨】①立命館大学法科大学院のホームページに掲載されている松本克美教授の紹介　②松本克美教授が行政救済法および除斥期間論の権威であることなど

249 **民法 724 条後段「除斥期間」説の終わりの始まり－「除籍期間」説に基づき判例を**
＜統一＞した最判 89 年の再検討（2005 年 6 月頃）立命館大学教授　松本克美
【立証趣旨】①民法 724 条後段の立法経緯と法文の趣旨について　②「除斥期間」説が既に空洞化をきたしていること　③本件南洋戦被害について除斥期間が経過していないことなど

250 **後発顕在型不法行為と民法 724 条後段の 20 年期間の起算点**
－規範的損害概念の提唱及び公訴時効との異同について（2006 年 6 月頃）松本克美
【立証趣旨】①損害の顕在化時が損害の発生時であること　②原告らの PTSD については、不調が南洋戦に起因するものと診断された時点が損害の顕在化時であり、損害の発生時であること　③本件南洋戦被害について除斥期間が経過していないことなど

251 **最高裁平成 16 年 4 月 27 日第 3 小法廷判決**（2004 年 4 月 27 日）
最高裁判所（判例秘書／エルアイシー）
【立証趣旨】①民法 724 条後段の不法行為のときの解釈について、一定の場合には損害発生時と解す

べきことを明示した判決　②本件南洋戦被害について除斥期間が経過していないことなど

252　**東京地裁平成 26 年 4 月 14 日判決**（2014 年 4 月 14 日）

　　東京地方裁判所（判例秘書／エルアイシー）

　　【立証趣旨】①民法 724 条前段の「損害を知った」とは、不法行為の被害者が、損害の発生だけでなく、発生した損害が不法行為により生じたものであることを含めて認識することをいうものと裁判所が判断した事実　②本件南洋戦被害について除斥期間が経過していないこと　③被告国は本件南洋戦被害者である原告らに対して賠償責任を負うことなど

253　**鑑定書 2**（2017 年 1 月 29 日）精神科医　蟻塚亮二

　　【立証趣旨】①原告山川信子が南洋戦による外傷性精神障害に罹患していると医学的鑑定が行われたこと　②発症時期についても鑑定が行われたこと　③除斥期間が進行していないこと　④被告国が不法行為責任を負うことなど

254　**1 トン爆弾（写真）**（2017 年 2 月 2 日）大城弘明

　　【立証趣旨】① 2014 年 1 月 26 日に沖縄県糸満市喜屋武で不発弾処理された 1 トン爆弾の実物写真　②現在でもまだ沖縄の地中には多くの不発弾が埋まっており、沖縄戦当時の沖縄においては想像を絶する数の砲弾が投下された事実　③「鉄の暴風」と形容されるほどの激しい砲爆撃が 3 か月も続き、沖縄の一般住民の受けた被害・恐怖・絶望が甚大であった事実　④南洋戦においても同様であることなど

255　**5 インチ艦砲弾（写真）**（2017 年 2 月 2 日）大城弘明

　　【立証趣旨】①当時一番多く使用されたと思われる 5 インチ艦砲弾のほぼ原寸大（Ａ 3 サイズより少し大きい）の写真　②沖縄戦における米軍による沖縄を攻撃した艦砲弾等は約 1800 万発に及んでいるが（甲 7 Ｐ 496 〜 497、甲 46 Ｐ 546 〜 553）、これはその内の 1 発であって、5 インチ艦砲弾は小型であり大きいものになると実に 550 キロに及ぶものもある事実　③沖縄戦の民間戦争被害者の大半が艦砲射撃によるものと推定されており、このサイズの艦砲弾が無数に飛んできたであろう事実　④「鉄の暴風」と形容されるほどの激しい砲爆撃が 3 か月も続き、沖縄の一般住民の受けた被害・恐怖・絶望が甚大であった事実　⑤南洋戦でも同様であることなど

256　**戦傷病者戦没者遺族等援護法請求書類一覧　被告国**

　　【立証趣旨】弔慰金・遺族年金（遺族給与金）の請求等に必要な書類の一覧

257 の 1　**戦傷病者戦没者遺族等援護法請求書類一覧　被告国**

　　【立証趣旨】障害年金（障害一時金）の請求等に必要な書類の一覧

257 の 2　**障害年金請求必要書類（初度請求）　被告国**

　　【立証趣旨】障害年金（障害一時金）の初度請求に必要な書類の一覧

258　**意見書**（2002 年 4 月 30 日）京都大学教授　芝池義一

　　【立証趣旨】①乙 39（芝池教授証人調書）の中に記載のある、意見書　②被告の逸脱行為論に関する反論が誤りであることなど

259　**補充意見書**（2002 年 9 月 11 日）京都大学教授　芝池義一

　　【立証趣旨】①乙 39（芝池教授証人調書）の中に記載のある、補充意見書　②被告の逸脱行為論に関する反論が誤りであることなど

507

260 **最高裁平成元年12月21日第1小法廷判決**（1989年12月21日）　**最高裁判所**
　　（判例秘書／エルアイシー）
　【立証趣旨】①「民法724条後段の規定は、不法行為によって発生した損害賠償請求権の除斥期間を
　　定めたものと解するのが相当である」とし「20年の期間は被害者側の認識のいかんを問わず一定の
　　時の経過によって法律関係を確定させるため請求権の存続期間を画一的に定めたものと解するのが相
　　当」とした最高裁判例　②この判旨は本件南洋戦被害には適用されないこと

261 **熊本地裁平成26年3月31日判決**（2014年3月31日）　**熊本地裁**
　　（判例秘書／エルアイシー）

262 **新潟地裁平成27年3月23日判決**（2015年3月23日）**新潟地裁**
　　（判例秘書／エルアイシー）
　【立証趣旨】①水俣病が身体に蓄積する物質が原因で人の健康が害され、一定の潜伏期間が経過した
　　後に症状が現れる疾病であるとし、「損害の全部又は一部が発生した時」が除斥期間の起算点となる
　　と解されるとした地裁判決　②この判旨は本件南洋戦被害においても適用されること

263 **最高裁平成10年6月12日第2小法廷判決**（1998年6月12日）　**最高裁判所**
　　（判例秘書／エルアイシー）

264 **最高裁平成21年4月28日第3小法廷判決**（2009年4月28日）　**最高裁判所**
　　（判例秘書／エルアイシー）

265 **最高裁平成19年2月6日第3小法廷判決**（2007年2月6日）　**最高裁判所**
　　（判例秘書／エルアイシー）
　【立証趣旨】①特段の事情がある場合には民法724条後段の効果は生じないとした判決　②民法724
　　条後段の規定をもって除斥期間を定めたものと断定した平成元年判決（甲260）は法令の解釈を誤っ
　　ているとして、変更されるべきものであるとした裁判官の意見　③この判旨・意見は本件南洋戦被害
　　においても適用されること

266 **時の判例**（ジュリスト№1340、99〜101頁）（2007年9月1日）
　　最高裁判所　調査官　清野正彦
　【立証趣旨】平成19年判決（甲265）の射程が極めて狭いものとした調査官解説

267 **京都地裁平成5年11月26日判決**（1993年11月26日）**京都地裁**
　　（判例秘書／エルアイシー）
　【立証趣旨】①特段の事情が認められる場合には、加害者において訴訟上、除斥期間の経過の事実を
　　主張することは権利の濫用に当たるとした判決　②この判旨は本件南洋戦被害においても適用される
　　こと

268 **東京高裁昭和32年10月26日判決**（1957年10月26日）　**東京高裁**
　　（判例秘書／エルアイシー）
　【立証趣旨】①憲法17条は権力行政に関する国家無答責の状態を廃止することによって、国等の権
　　利を剥奪し、私人と同様の地位に置こうとしたものであるから、新憲法施行後は、国などは、公権力
　　の行使についても、民法の不法行為に関する規定の適用又は類推適用を受けるという立場に立った判
　　決　②この判旨は本件南洋戦被害の救済についての根拠となること

提出証拠等一覧

269　意見書　被告国の「第3準備書面」の批判的検討（2017年3月7日）
　　　新潟大学名誉教授　元・明治大学法科大学院教授　西埜章
【立証趣旨】①本件訴訟における被告国の「第3準備書面」に対する批判・反論的意見書　②被告国が主張する国家無答責論、除斥期間論等がいかに誤りであるかを明らかにする

270　永遠平和のために（1985年1月16日）　カント　岩波書店
【立証趣旨】①世界の恒久的平和はいかにもたらされるべきか　②カントの恒久平和論は、日本国憲法の平和主義そのものである　③原告ら南洋戦被害者は、沖縄・日本・世界の永遠平和を願ってこの訴訟に加わったのである

271　「平和の礎」刻銘者数（2016年6月15日）　沖縄県
【立証趣旨】①「平和の礎」の刻銘者数　②国内の戦没者のみでなく、戦争当時敵国であったアメリカやイギリスの戦没者も刻銘されている事実　③沖縄県内の市町村別の刻銘者数　④都道府県別の刻銘者数

272　鑑定書2（2016年10月21日）　精神科医　蟻塚亮二
【立証趣旨】①別件沖縄戦訴訟一審の37名に続き、控訴審で6名（合計43名）の控訴人らが沖縄戦による外傷性精神障害に罹患していると医学的鑑定が行われたこと（沖縄戦被害者の外傷性精神障害の鑑定書については、既提出の甲161を参照）　②同様のことは南洋戦の戦時・戦場体験に起因する外傷性精神障害と診断された原告らにも当てはまることが推定しうること

273　沖縄戦による外傷性精神障害診断・各所見一覧表（2017年3月31日）
　　　弁護士　瑞慶山茂
【立証趣旨】①別件沖縄戦訴訟において43名の控訴人らが沖縄戦による外傷性精神障害と診断された事実　②本件南洋戦においても、沖縄戦と同様に戦争による外傷性精神障害の発生が必然化したこと

274　新聞記事（2017年3月15日）　毎日新聞
【立証趣旨】①超党派の国会議員連盟の活動も本格化し、戦争被害者、学者、国会議員、弁護士等による活動が盛んになり、被害者救済法案の今国会での成立を目指している事実　②原告らと同様の一般民間戦争被害者の救済の運動が全国的に高まってきている社会状況にあることなど

275　判例時報（No1623）（1998年2月11日）　判例時報社
【立証趣旨】家永教科書検定第3次訴訟上告審判決において、最高裁判所は、沖縄戦ついて、「原審の認定したところによれば、本件検定当時の学界では、沖縄戦は住民を全面的に巻き込んだ戦闘であって、軍人の犠牲を上回る多大の住民犠牲を出したが、沖縄戦において死亡した沖縄県民の中には、日本軍によりスパイの嫌疑をかけられて処刑された者、日本軍あるいは日本軍将兵によって避難壕から追い出され攻撃軍の砲撃にさらされて死亡した者、日本軍の命令によりあるいは追い詰められた戦況の中で集団自決に追いやられた者がそれぞれ多数に上ることについてはおおむね異論がなく、その数については諸説あって必ずしも定説があるとはいえないが、多数の県民が戦闘に巻き込まれて死亡したほか、県民を守るべき立場にあった日本軍によって多数の県民が死に追いやられたこと、多数の県民が集団による自決によって死亡したことが沖縄戦の特徴的な事象として指摘できるとするのが一般的な見解であり、また、集団自決の原因については、集団的狂気、極端な皇民化教育、日本軍の存在とその誘導、守備隊の隊長命令、鬼畜米英への恐怖心、軍の住民に対する防諜対策、沖縄の共同体の在り方など様々な要因が指摘され、戦闘員の煩累を絶つための崇高な犠牲的精神によるものと美化す

509

るのは当たらないとするのが一般的であった」と判示していること

276　判例時報（No1999）（2008 年 6 月 1 日）　判例時報社

【立証趣旨】沖縄集団自決出版差止等請求訴訟第一審判決において、大阪地方裁判所は，沖縄戦における事実認定を詳細に行い、「集団自決」について、「こうした事実に加えて、第 4・5（1）イ（エ）で判示したとおり、座間味島、渡嘉敷島をはじめ、慶留間島、沖縄本島中部、沖縄本島西側美里、伊江島、読谷村、沖縄本島東部の具志川グスクなどで集団自決という現象が発生したが、以上の集団自決が発生した場所すべてに日本軍が駐屯しており、日本軍が駐屯しなかった渡嘉敷村の前島では、集団自決は発生しなかったことを考えると、集団自決については日本軍が深く関わったものと認めるのが相当」と判示したこと。住民加害について、「元大本営船舶参謀であった厚生省引揚援護局の厚生事務官火野信彦の調査によれば、軍の住民に対する加害行為が各地で行われていた」と判示したことなど

277　判例時報（No2057）（2010 年 1 月 1 日）　判例時報社

【立証趣旨】沖縄集団自決出版差止等請求訴訟第一審判決において、大阪高等裁判所は、「以下に原判決を補正引用して示すとおり、集団自決に日本軍が深く関与しそれによって住民が集団自決に追い込まれたという要素は否定しがたいところである」と判示したことなど

278　日本帝国陸軍と「戦争神経症」－戦傷病者をめぐる社会空間における「心の傷」の位置
　　（2013 年）　中村江里　季刊戦争責任研究 81 号

【立証趣旨】①旧日本軍の戦闘体験等の兵士が戦争神経症を発症し多数入院などしていた事実　②軍人でさえ戦闘により神経症にかかっていたのであるから、本件南洋戦の住民地区における地上戦を中心とする海空の戦闘行為により一般民間人も PTSD など外傷性精神障害にかかることを推測できること

279　沖縄「集団自決」裁判（2012 年 2 月 14 日）　岩波書店

【立証趣旨】沖縄戦において、軍命・強制によって住民が「集団自決」に追い込まれた事実

280　沖縄県史各論編 6　沖縄戦（2017 年 3 月 10 日）　沖縄県教育委員会

【立証趣旨】①南洋戦被害と同様の沖縄戦被害の全容、地上戦を中心とした海・空の戦闘による被害の残虐非道性　②南洋戦被害者の南洋群島・フィリピン諸島からの引揚げの状況　③南洋戦の PTSD など外傷性精神障害が沖縄戦においても多発している事実など

本書関連の用語解説

❖本書関連の用語解説❖

(50音順)

◆人物編

1 【アイゼンハワー　Dwight David Eisenhower】アメリカ34代大統領（1953－1961・共和党）。陸軍軍人、政治家。1890年テキサス州に生まれる。1915年に陸軍士官学校卒業。第2次世界大戦中にいくつもの作戦を指揮した戦争英雄である。39年にマーシャル参謀総長に認められ、陸軍少将として42年に陸軍省作戦局長に着任した。同年6月、マーシャルよりフランス領北アフリカ上陸作戦司令官に任命された。ヴィシー政府と交渉し、合同参謀本部の司令官として米英連合軍作戦を率いて、ローズヴェルト米大統領、チャーチル英首相からも信頼を得た。イタリアに侵攻してムッソリーニ政権の崩壊を導くと、連合軍最高司令官として44年6月のノルマンディ上陸作戦を指揮した。ドイツ敗北後、占領軍司令官を務めたのち、マーシャルを引き継ぎ、45年末に参謀総長となった。戦後は、コロンビア大学学長、北大西洋条約機構の最高司令官を歴任。政治経験はなかったが、断固とした外交政策の推進を公約して大統領選挙に圧勝した（62歳）。大統領に就任すると、戦争を回避しながらアジアや中近東での共産主義の拡大を抑えるために奮闘した。また、ソ連との緊張緩和にも努め、初の超大国首脳会談を実施した。大統領の2期目には健康上の問題に苦しんだが、アメリカの強い経済成長に支えられ、人気は衰えなかった。69年3月28日没。78歳。

2 【伊藤整一（いとう せいいち）】1890-1945　海軍軍人。中将。1890年福岡県に生まれる。海軍兵学校に進み1911年卒業（第39期）。23年海軍大学校（甲種）卒業。27年から2年間アメリカに駐在し、エール大学で学ぶ。アメリカの国力を知悉していた。「榛名」「愛宕」「最上」艦長など艦長歴が豊富で、中央では人事局勤務が中心。水雷出身だったが、航空兵力の重要性を理解していた。37年第2艦隊参謀長、38年人事局長、40年第8戦隊司令官。山本五十六連合艦隊司令長官の要望で、41年4月連合艦隊参謀長に引き抜かれる。9月には穏健な思考を買われ、軍令部次長に就任。日米開戦に消極的だった。44年12月に第2艦隊司令長官に補せられるまで、作戦指導の中枢にあった。45年4月7日、沖縄水上特攻作戦を指揮し、戦艦「大和」とともに戦死。56歳。

511

3 【井上成美（いのうえ しげよし）】1889-1975　ラディカル＝リベラリストを自認する
海軍軍人。中将。1889年宮城県生まれ。仙台二中から海軍兵学校に進み、1909年次席
で卒業（第37期）。海軍大学校（甲種）卒業、軍務局局員。軍務局第1課長、海軍軍令
部が発議した海軍軍令部条例・省部互渉規程の改訂に抵抗する。軍務局長、米内光政海
相のもと、日独伊防共協定強化に反対する。39年10月支那方面艦隊参謀長兼第3艦隊
参謀長、40年5月に101号作戦を実施。10月海軍航空本部長に就任し、41年1月航
空主兵論を骨子とする「新軍備計画論」を立案。7月「情勢の推移に伴ふ帝国国策要綱」
を批判し、第4艦隊司令長官に転出させられる。珊瑚海海戦を指揮。10月海軍兵学校長。
44年8月海軍次官、高木惣吉に戦争終結の研究を指示。敗戦後は横須賀市長井に隠棲生
活を送る。75年12月15日没。86歳。

4 【宇垣　纒（うがき まとめ）】1890-1945　1890年2月15日岡山県にて出生。艦隊と軍
令部を主なキャリアとした軍令系の海軍軍人。砲術系の大艦巨砲主義者。1912年海軍兵
学校卒業（第40期）。24年海軍大学校卒業（甲種）。連合艦隊参謀兼第1艦隊参謀。軍
令部第1部長。大和型3番艦「信濃」の建造を進めた。40年日独伊三国同盟締結に反対。
41年4月に第8戦隊司令官。8月、軍令部次長に転じた伊藤整一の後任として連合艦隊
参謀長。43年4月、山本五十六連合艦隊司令長官とともに搭乗機が撃墜され重傷。44年
2月第1戦隊司令官に着任し、6月マリアナ沖海戦、10月レイテ沖海戦を指揮。20年
2月第5航空艦隊司令長官となり沖縄戦での特攻作戦を実施。8月15日、玉音放送を聞
いた後、11機の特攻機とともに沖縄方面に出撃し、未帰還。56歳。

5 【牛島　満（うしじま みつる）】1887-1945　第32軍（沖縄守備軍）司令官。鹿児島藩
士・牛島実満（陸軍中尉）の三男として鹿児島県に生まれる。鹿児島一中から熊本地方
幼年学校を経て、明治41年、陸軍士官学校卒（第20期）。大正5年、陸軍大学を卒業。
近衛歩兵第4連隊中隊長（大尉）、歩兵第36旅団（鹿児島）旅団長（少将）、予科士官
学校校長兼戸山学校校長、第11師団（善通寺）師団長、17年、陸軍士官学校長。（中
将）。19年3月、第32軍が沖縄に編成され、8月にその司令官に就任して、沖縄戦を指揮、
20年6月に自決、大将に進級。57歳。
　　　兄・省三は朝鮮総督府内務局長・茨城県知事を務めた。

6 【大田昌秀（おおた まさひで）】1925.6.12-2017.6.12　沖縄県久米島に生まれる。沖縄
県知事。1945年3月、沖縄師範学校在学中（19歳）に鉄血勤皇隊の一員として沖縄戦
に学徒動員され、約20万人が犠牲となった地上戦を体験し、九死に一生を得て生還した。
戦後、早稲田大学を卒業後、米国シラキュース大学大学院でジャーナリズムを学ぶ。終

了後、琉球大学社会学部で教授として研究・指導を続け、90 年の知事選で社会、共産両党などの推薦を得て初当選し、国籍を問わず沖縄戦などで命を落とした人々の名前を刻銘する「平和の礎（いしじ）」建設に力を尽くした。沖縄県知事（2 期 8 年）として平和・自立・共生をモットーに県政を行い、米軍基地用地の強制使用手続きの代理署名を拒否して国に異議を申し立てるなど、沖縄の米軍基地問題の解決に取り組んだ。「新沖縄県立平和祈念資料館」「沖縄県公文書館」などを作った。大田昌秀の上記の沖縄戦に関する施策は、後世に遺る歴史的な偉業である。

　沖縄基地返還アクション・プログラムは、大田昌秀知事が 1996 年 1 月発表した、米軍基地返還の具体的なスケジュール。沖縄県の 21 世紀に向けたグランドデザインである国際都市形成設備構想の目標年次 2015 年までに、米軍基地の計画的・段階的返還を要望した。県が米軍基地全体について、このように包括的かつ段階的に期限を切った計画を示したのは初めてである。グランドデザインは、首里城正殿の鐘に刻まれた＜以舟楫為万国之津梁＞（舟を操って海外諸国と交流し、世界の架け橋となる）という琉球王国時代の海上交易の伝統を、現代沖縄に取り戻すことを目標に作成された。その具体的進展には本島の約 20％を占める広大な米軍基地用地の利用が必要であり、また、返還に当たっては計画的・段階的に実施されることが求められるため、すべての基地を対象に国際都市形成設備構想の事業計画と関連づけながら、返還日程を第 1 期から第 3 期に区分し、2001 年から 15 年までに全基地が撤去されるものとした。第 1 期には那覇港湾施設・普天間飛行場など 10 施設が、第 2 期（2010 年まで）に牧港補給地区・キャンプ桑江など 14 施設、第 3 期に嘉手納飛行場・キャンプハンセンなど 17 施設が示された。しかし日本政府は、沖縄県の構想受け入れを拒み、また大田知事が 98 年の選挙で敗れた結果、推進力を失った。しかし、その基本構想の実現は、沖縄県民の戦いに引き継がれ、その方向性は現沖縄県知事の翁長雄志にも受け継がれている。米軍基地問題解決の進展に大きな役割を果たした。

　2001 年の参院選比例代表に社民党から立候補して初当選、1 期務めた。2017 年 6 月 12 日 92 歳で死去。

7 【大西瀧治郎（おおにし たきじろう）】1891-1945　海軍軍人。1891 年兵庫県生まれ。1912 年海軍兵学校卒（第 40 期）。英仏留学を経て、36 年 4 月、航空本部教育部長に着任し、海軍航空の発展に貢献した。日中戦争下では、第 2 連合航空隊司令官、第 1 連合航空隊司令官などを歴任し、重慶爆撃を行っている。アジア太平洋戦争では、第 11 航空艦隊参謀長としてフィリピン方面の作戦を指導した。42 年 3 月航空本部総務部長、43 年 5 月中将となる。44 年 7 月のサイパン陥落の際には、サイパン奪回を強硬に主張した。同年 10 月、第 1 航空艦隊司令長官に就任すると、戦局の挽回には体当たり攻撃もやむを

513

得ないと考えるようになり、いわゆる特攻作戦を決意した。45年5月、軍令部次長に転じ、本土決戦の戦備の充実に努めた。ポツダム宣言の受諾にあたっては降伏に反対し、8月16日、割腹自決。55歳。

8 【小沢治三郎（おざわ じさぶろう）】1886-1966　海軍軍人。1886年宮崎県生まれ。1909年海軍兵学校卒（37期）、21年海軍大学校卒。40年11月中将に進級、第3戦隊司令官、海大校長を経て開戦時は南遣艦隊司令長官。航空母艦部隊第3艦隊司令長官、第3艦隊と水上部隊（戦艦・巡洋艦部隊）の第2艦隊を合わせて新編された第1機動艦隊の司令長官となる。同年6月、米軍のマリアナ来攻に際しては同艦隊を率いて米空母部隊との決戦に臨んだが、空母9隻のうち3隻と搭載機の大半を失う大敗を喫した（マリアナ沖海戦）。続く10月のレイテ沖海戦では弱体化し「囮部隊」となった空母部隊を指揮、米空母部隊を引き付け囮の任は果たしたが、主力である栗田健男中将率いる艦隊の反転により海戦自体は日本側の大敗に終わった。その後は11月軍令部次長、さらに45年5月には中将のまま海軍総隊司令長官兼連合艦隊司令長官・海上護衛司令長官となり終戦を迎え、日本海軍最後の連合艦隊司令長官となった。66年11月9日没。80歳。

9 【栗林忠道（くりばやし ただみち）】1891-1945　陸軍軍人。1891年長野県に生まれる。1914年陸軍士官学校卒（第26期）、23年陸軍大学校卒業。40年少将・騎兵第2旅団長を経て、騎兵第1旅団長、41年第23軍参謀長、43年中将・留守近衛第2旅団長となる。44年には第109師団長に就任し、硫黄島の地下に陣地を作り、全島を要塞化して長期持久戦を図る。米軍上陸までに全長18キロにわたる地下道を建設し、45年2月19日に上陸した米軍に対して約1カ月にわたり抗戦し甚大な損害（死傷者2万8686人）を与えるが劣勢となり3月17日に大本営へ訣別の電報を送り、硫黄島で戦死、大将進級。享年55。

10 【古賀峯一（こが みねいち）】1885-1944　海軍軍人。1885年佐賀県生まれ。1906年海軍兵学校卒（34期）、17年海軍大学校卒。フランス大使館付武官、海軍省副官、戦艦「伊勢」艦長、軍令部第2部長、36年中将、軍令部次長、第2艦隊司令長官。軍令系の勤務が長いが、30年のロンドン会議時は海軍省副官として条約成立に尽力している。開戦時は支那方面艦隊司令長官で中国方面作戦の全般指揮に任じ、42年5月大将に進級、11月横須賀鎮守府司令長官。43年4月、山本五十六前長官の戦死を受け連合艦隊司令長官となる。退勢挽回のため東正面（太平洋方面）での米艦隊との決戦を企図していたが果たせず、戦局の悪化を食い止めることはできなかった。44年3月31日、パラオからフィリピンのダバオに航空機で移動中、搭乗機が消息不明となり殉職と認定、元帥となった。60歳。

本書関連の用語解説

11【近衛文麿（このえ ふみまろ）】1891-1945　政治家。東京生まれ。近衛篤麿の長男。公爵。京大卒。「革新貴族」の代表として国家改造勢力の期待を集め、1937年に第一次内閣、40年には新体制運動を背景にして第二次内閣、41年には第三次内閣を組織したが、日中戦争・日米交渉ともに打開できなかった。43年末頃から東条内閣打倒工作、終戦工作を展開し、45年2月に天皇に戦争終結を勧告する上奏を行った（近衛上奏文）。天皇はその勧告を米軍に打撃を与えたうえで講和を模索するとして拒否した。45年12月戦犯に指名され服毒自殺した。54歳。→近衛文麿の単独上奏、天皇（昭和）の沖縄戦総括→（軍事・法令関係用語解説60）

12【東条英機（とうじょう ひでき）】1884-1948　昭和期の軍人、陸軍大将、首相、政治家。1884年、著名な戦術家、陸軍中将東条英教の三男として東京に生まれる。1905年に陸軍士官学校を卒業（第17期生）、15年には陸軍大学校卒業。スイス駐在、ドイツ駐在などを経て、31年には参謀本部編制動員課長となる。満州事変後に激化した陸軍内の派閥対立では、皇道派と対立した統制派の一員と目された。35年には関東憲兵隊司令官となり、部内統制に辣腕をふるった。37年には関東軍参謀長となり、星野直樹、岸信介、松岡洋右、鮎川義介とともに、満州国の実力者「二キ三スケ」と呼ばれた。38年には陸軍次官に就任し、板垣征四郎陸相のもとで、有能な軍事官僚ぶりを発揮した。

　その後、40年7月には、日独伊三国同盟の締結と武力南進政策を決めた第2次近衛文麿内閣に陸相として入閣し、41年1月には、捕虜となることを事実上禁じた戦陣訓を示達している。41年7月の第3次近衛内閣の成立に際しては、陸相に留任した。この内閣で大きな争点となったのは、対米戦回避のため、41年4月から開始されていた日米交渉への対応だったが、中国からの日本軍の撤兵を要求するアメリカ側に対して、東条陸相は撤兵絶対反対を強く主張して、アメリカとの妥協の道を探る近衛首相と激しく対立した。そのため、同年10月、近衛内閣は総辞職に追い込まれた。後継内閣の組閣を天皇から命じられたのは、陸軍内の予想に反し、大将に昇進した東条だった。同月に成立した新内閣では、東条は現役のまま首相に就任して陸軍大臣を兼任し、さらに、内相も兼任して大きな権力をふるった。特に、陸相の兼任は、東条が陸軍を統制する上で大きな力となった。東条内閣は、組閣（東条内閣）と同時に対米国策の再検討を天皇から命じられたが、結局、11月5日の御前会議で対英米開戦を事実上決定し、12月1日の御前会議で最終的に決定、41年12月8日にアジア太平洋戦争が始まった。この間、東条は天皇の意向を常に確認しながら、重要政策を決定するという政治手法をとったため、昭和天皇の信頼は厚いものとなった。

　初期作戦の成功に国民が熱狂する中で、東条内閣は、42年4月には翼賛選挙を実施し、議会を政府支持派で固めた。また、東条個人も国民の圧倒的支持をうけるようになった。

515

絶えず国民の前に姿を現し、率先して行動し、決断する強力な政治指導者を演じ続けた。

　42年6月のミッドウェー海戦の敗北と43年2月のガダルカナル島からの撤退によって、戦局が悪化した。

特に、東条首相にとって致命的だったのは、44年6月のマリアナ沖海戦の敗北と7月のサイパン島の陥落である。これによって、絶対国防圏の一角がくずれ、海軍の機動部隊が事実上壊滅するとともに、日本本土のほぼ全域が、米軍の新鋭大型爆撃機B29の行動圏内に入ったのである。戦局の行く末に対する不安が急速に拡大する中で、近衛文麿や岡田啓介などの重臣グループが倒閣に動き出し、東条は重臣の入閣などによって事態を乗り切ろうとした。しかし、東条を終始支持してきた昭和天皇や木戸幸一内大臣も、最終的には東条を見放し、同年7月、東条内閣は総辞職に追い込まれた。辞職とともに予備役に編入された東条は、軍部内における影響力を失ったが、敗戦に至るまで徹底抗戦を主張し続けた。

　敗戦後の45年9月、東条は戦犯容疑者として米軍に逮捕された。その際、自殺を試みたが失敗し、米軍の治療を受けた。戦陣訓示達の当事者であったため、この自殺未遂は国民の大きな反感を買った。その後、46年5月に開廷した極東国際軍事裁判（東京裁判）において、A級戦犯として起訴され、48年11月に「平和に対する罪」などで、絞首刑の判決を受けた。法廷では、昭和天皇の訴追を回避するため、全ての責任は自分にあることを明言し、占領政策の円滑な遂行のため、天皇を利用しようとしていたGHQも密かにこれに協力した。同年12月23日、死刑執行。享年65。

13【富永恭次（とみなが きょうじ）】1892-1960　陸軍軍人。1892年長崎県に生まれる。熊本地方幼年学校を経て1913年陸軍士官学校卒業（第25期）。23年陸軍大学校卒業。主に参謀本部と関東軍でキャリアを積む。ソ連大使館付武官補佐官。関東軍司令部付から関東軍参謀（第2課長）。近衛歩兵第2連隊長、参謀本部第4部長、第1部長と要職を歴任。40年9月北部仏印進駐に際し中央の決定を無視して武力進駐を画策。その責を問われ要職を逐われるも、後に陸軍省人事局長に復活。43年3月陸軍次官兼人事局長。44年8月第4航空軍司令官。フィリピン戦で特攻作戦を指揮。全兵力を消耗した後に台湾に逃走。予備役となるも45年7月に再召集され第39師団長。シベリアに抑留され55年に帰国。陸軍の統制の乱れと幹部への甘い処断を象徴する人物。60年1月14日没。68歳。

14【トルーマン　Harry S. Truman】アメリカ33代大統領（1945－1953・民主党）
ミズーリ州出身の小間物屋だったトルーマンは、1945年にローズヴェルトが急死したために大統領の地位を引き継いだ。第2次世界大戦の最後の数か月間、彼はアメリカを指

揮しながら数々の大きな問題に直面し、日本に原爆を投下するという難しい決断を下した。トルーマン大統領の在職中にアメリカと共産主義国ソ連との間に冷戦が始まり、両国間の緊張は次第に高まった。トルーマンは他国にソ連の共産主義の影響が及ぶのを防ぐため、いくつもの手立てを講じた。その政策はトルーマン・ドクトリンと呼ばれている。

出生　1884年5月8日　　没年　1972年12月26日（88歳）

■主な出来事

1947年　国家安全保障法を成立させ、中央情報局（CIA）を設立する。

1948年　第2次世界大戦後のヨーロッパを支援するため、数十億ドルを支給するマーシャル・プランを承認する。

1948年　ベルリン空輸作戦を承認する。西ベルリンがソ連の支配下にある東ドイツに取り込まれるのを防ぐため、生活必需品を空輸した。

1950年　北朝鮮の共産主義者と戦うために、朝鮮戦争に米軍を派遣する。

1950年　上院議員のジョゼフ・マッカーシーが政府の主要人物を共産主義者だと告発する演説。トルーマンはこれを非難したが、マッカーシーに不安をあおられたアメリカでは「マッカーシズム」と呼ばれる時期が数年間続き、共産主義の疑いをかけられた多くの人々が迫害された。

■日本への原爆投下　1945年5月に原爆の製造に成功すると、トルーマンは日本との戦争を終わらせるために原爆の使用を決意した。その年の8月、日本の長崎と広島に原爆が投下された。これらの都市は壊滅的な被害を受け、およそ20万人が死亡した。まもなく日本は降伏した。

15【南雲忠一（なぐも ちゅういち）】1887-1944　海軍軍人。1887年山形県に生まれる。1908年海軍兵学校卒（36期）、20年海軍大学校卒。戦艦「山城」艦長、35年少将、第1水雷戦隊司令官、水雷学校校長、第3戦隊司令官と、主に水雷関係の経歴を歩む。39年中将に進級、海軍大学校校長を経て41年4月、空母を中心とする第1航空艦隊が新編されると初代司令長官となり開戦を迎える。開戦劈頭の真珠湾作戦、42年4月のインド洋作戦などに参加し大きな戦果を挙げた。6月のミッドウェー海戦では第1航空艦隊の中核戦力であった空母6隻のうち4隻を失う大敗を喫し、7月に同艦隊は第3艦隊へと改編されるが、引き続き司令長官となる。8月、ガダルカナル島攻防戦が始まると第2次ソロモン海戦（8月）、南太平洋海戦（10月）に参加、後者ではミッドウェー海戦にも参加していた米空母「ホーネット」を撃沈し仇討ちを果たした。44年3月、中部太平洋方面艦隊が新編されるとその司令長官となり、同年6月の米軍のマリアナ来攻を受け防衛戦の指揮をとるが、7月8日、サイパン島玉砕に際し戦死、大将となる。58歳。

16【ニミッツ　Chester William Nimitz】1885-1966　米国の軍人。海軍提督。1885年
テキサス州で生まれる。1920年に真珠湾で潜水艦基地を完成させた後、同基地の司令官
に就任。アジア艦隊の旗艦である重巡洋艦「オーガスタ」の艦長。第2巡洋戦隊や第1
戦艦戦隊の司令官、人事担当の航海局長に着任した。41年初めには米国艦隊司令長官へ
の就任を打診されるが、辞退した。しかし、代わりに任命されたキンメルが真珠湾攻撃
の責任を問われて解任された後、キンメルが兼任していた太平洋艦隊司令長官に就任し
た。さらに42年3月末に太平洋戦場作戦経路が分割されて、太平洋方面が設置された際
に司令長官に就任して、太平洋方面の海戦・島嶼戦を指揮し、マッカーサーと功を競った。
44年12月にはキングに続いて海軍元帥に昇進した。45年11月、太平洋艦隊司令長官
の職をスプルーアンスに譲り、45年12月から2年間、キングの後継として米国艦隊司
令長官兼海軍作戦部長を務めた後、退役した。66年2月20日に死去。80歳。

17【百武晴吉（ひゃくたけ　はるよし）】1888-1947　陸軍軍人。1888年出生。佐賀県出身。
1909年陸軍士官学校卒（第21期）、21年陸軍大学校卒業。ハルビン特務機関長、独立
混成第4旅団長・中将へと進み、42年第17軍司令官となり、ガダルカナル島の奪回が
失敗し撤退。45年第8方面軍付となる。47年3月10日没。60歳。

18【福留　繁（ふくとめ　しげる）】1891-1971　海軍軍人。1891年鳥取県に生まれる。
1912年海軍兵学校卒業（第40期）。砲術と水雷を学び26年海軍大学校（甲種）卒業（首席）。
37年の第2次上海事変に際しては、陸軍の増援を要請、また渡洋爆撃を実施し、結果的
に日中戦争の全面化を導いた。支那方面艦隊参謀副長兼第3艦隊参謀長として漢口攻略
作戦を担当。「長門」艦長。39年11月連合艦隊参謀長兼第1艦隊参謀長。山本五十六連
合艦隊司令長官のもと、航空兵力の充実につとめる。41年軍令部第1部長。穏健な思想
の持ち主であり、対米戦には消極的だった。真珠湾攻撃には、そのリスクの多さから反
対した。開戦後、山本長官戦死までの戦局を作戦部長として担当。43年5月、山本の後
を継いだ古賀峯一長官のもと連合艦隊参謀長に転じる。44年3月、古賀長官とパラオか
らダバオに移動中、遭難。一時フィリピンゲリラの捕虜となり作戦計画や暗号書を奪わ
れる（海軍乙事件）。6月第2航空艦隊司令長官。10月台湾沖航空戦を経てフィリピン
に進出、当初は第1航空艦隊の体当たり攻撃に反対して通常の攻撃方法を採った。戦力
消耗に伴い特攻作戦を採用。45年1月、ほぼ兵力を消耗し、命によりシンガポールに移動。
第10方面艦隊司令長官兼第13航空艦隊司令長官兼第1南遣艦隊司令長官。敗戦後、海
軍作業隊の総指揮官として47年10月まで残留。その後、捕虜処刑問題と戦後の証拠隠
滅の罪で戦犯裁判をうけ禁固3年。1年減刑されて50年に帰国。71年2月6日没。80歳。

本書関連の用語解説

19【**本間雅晴（ほんま まさはる）**】1887-1946　陸軍軍人。第14軍司令官、陸軍中将。
1887年新潟県生まれ。陸軍士官学校（19期）、陸軍大学校を卒業。英国駐在、インド駐
劄武官、参謀本部員、陸軍大学校教官。英国大使館付武官となる。38年7月、中将に昇進。
第27師団長として武漢作戦に参加し、40年12月には台湾軍司令官となる。41年11
月、第14軍司令官に就任し、フィリピン攻略戦を指揮する。戦後、日本陸軍は、米国が
戦犯事案として重視していたバタアン「死の行進」について調査し、米比軍捕虜の取り
扱いに関する本間中将の監督責任を認め、昭和天皇の裁可を経て45年10月18日付で
本間を冷遇停止に処した。その後、本間は米軍マニラ法廷で訴追され、死刑を宣告された。
46年4月3日、刑死。60歳。

20【**マッカーサー　Douglas MacArthur**】1880-1964　米国の軍人。陸軍元帥。占領下日
本の連合国軍最高司令官（SCAP）。1880年アーカンソー州生まれ。1903年ウェストポ
イント陸軍士官学校卒。米植民地フィリピンを経て05年米大使館付武官の父アーサー中
将の副官として来日。このときアジア視察を通じて「極東通」としての過大な自負をもっ
た。第1次世界大戦では「レインボー師団」参謀長。30年陸軍参謀総長就任（50歳の
最年少記録）、大将（待遇）昇進。35年フィリピン軍事顧問。元帥として国軍創設を担当。
41年米極東軍司令官。日米開戦後、フィリピンを日本軍に占領され、42年3月コレヒ
ドールから幕僚らとオーストリアに脱出。同年連合国軍南西太平洋方面軍司令官として
対日反攻を開始。44年10月フィリピンレイテ島奪還に成功。45年8月日本降伏により
連合国軍最高司令官に就任。占領統治に絶対的権力をもって憲法改正、農地解放、労働
改革、婦人解放など「マッカーサーの改革」の印象を日本国民に与えて戦後改革を実施。
45年10月の弊原喜重郎首相との会談でマッカーサーが天皇制と軍部の並列的残置は認
めない旨を語ると弊原は天皇制存続を望んだ。その直前の9月27日天皇との最初の会見
以後マッカーサーは円滑な占領統治のためには天皇の利用が不可欠として天皇の戦争責
任を不問に付し、東京裁判の被告・証人として出廷を認めず、象徴天皇制を残存させた
（天皇会見は11回）。他方、憲法改正では極東委員会の関与を嫌い、主導して民政局の草
案作成など作業を先行させた。第9条「戦争放棄」規定は先の弊原会見が起点であるが、
47年5月片山哲首相に「東洋のスイスたれ」と言明、48年の占領政策の転換（NSC13
／2）後も日本の軍事強国化に反対の態度を示したが沖縄の要塞化（空軍基地化）とセッ
トであり、50年6月の朝鮮戦争勃発後に国家警察予備隊創設を指令し再軍備への布石を
打った。48年大統領選挙には対日戦の勝利と日本占領の成功を看板に本気で共和党から
の出馬を企図したが予備選で敗北。マッカーサーはきわめて権威主義的で、面会もGHQ
内ではごく少数の幹部、日本人も天皇・吉田茂首相など一部上層だけと孤高の司令官で
あった。朝鮮戦争で国連軍総司令官も兼任するがマッカーサーは中国本土爆撃など戦争

519

拡大を主張、米中交渉を求めるトルーマン大統領と対立、51年4月一切の軍職から解任された。最高司令官在任期間は5年8カ月であった。64年4月5日ワシントンの陸軍病院で死去。84歳。

21【山下奉文（やました ともゆき）】1885-1946　陸軍軍人。陸軍大将。第14方面軍司令官、陸軍大将。1885年高知県生まれ。1905年11月に陸軍士官学校（18期）、16年11月に陸軍大学校を卒業。参謀本部に勤務。陸軍省軍務局課員。オーストリア大使館兼ハンガリー公使館付武官。歩兵第3連隊長、陸軍省軍事課長、陸軍省軍事調査部長。北支那方面軍参謀長、39年第4師団長、航空総監兼航空本部長などを歴任し、40年12月、航空視察団長としてドイツに派遣。41年11月、第25軍司令官に就任し、シンガポール攻略戦を指揮。42年7月に第1方面軍司令官として満州に移る。43年2月、大将に昇進。44年9月、第14方面軍司令官に就任し、フィリピン防衛にあたる。45年9月3日、フィリピンのバギオでの降伏調印式に出席。戦後、米軍マニラ法廷で訴追、マニラ戦の虐殺に対する指揮官責任を問われ、死刑を宣告される。46年2月23日、刑死。62歳。

22【山本五十六（やまもと いそろく）】1884-1943　海軍軍人、海軍大将。1884年4月4日、新潟県に生まれる。海軍兵学校32期に入校。日露戦争では装甲巡洋艦「日進」艦長の伝令役を勤め、主砲の膅発で重傷を負い、臀部を大きくえぐられ、左手指2本を失った。1910年に海軍大学校に入校し、エリートコースに乗り、海軍省軍務局、教育本部を経て米ハーバード大学に留学。米国駐在武官。空母「赤城」の艦長。29年、ロンドン海軍軍縮会議全権委員の随員。30年、海軍航空本部技術部長になり、航空機開発を指導する位置につき、七武・八試・九試などの戦闘機や攻撃機・偵察機などの試作が進められ、90式艦戦、89式艦攻、92式艦行、90式水偵などが相次いで採用され、33年、第1航空戦隊司令官に転出、再び「赤城」に座乗し、かつて評判を呼んだ航空隊の激しい訓練を復活させた。34年、ロンドン海軍軍縮会議予備交渉代表。36年12月海軍次官。独国が三国同盟を提案してきたのは39年1月で、山本ら海軍省首脳は対英戦争に巻き込まれるのを恐れ反対したが、8月、連合艦隊司令長官に転出。司令長官に就任したとき、連合艦隊は第1・第2艦隊の2艦隊であったが、40年には4艦隊、41年には航空艦隊を含めて9艦隊へと膨張し、司令長官の責任が急激に重くなった。対米戦が不可避になると、空母部隊による真珠湾攻撃を構想、成功させて世界を驚かせた。圧倒的戦力を有する米国を敵に回して、先手必勝を要諦とする連続攻勢策を続けたが、ミッドウェー海戦敗北後の島嶼戦に対する有効策を見出せないまま43年4月18日搭乗機が米軍に撃墜され、戦死を遂げた。60歳。

本書関連の用語解説

23 **【ローズヴェルト　Franklin Delano Roosevelt】** アメリカ 32 代大統領（1933 － 1945・民主党）1882 年ニューヨーク州に出生。ローズヴェルトは大統領選挙で 4 選を果たし、アメリカ史上一番長い期間務めた大統領として、この国でもっとも偉大な指導者のひとりに数えられている。1921 年にポリオにかかって両足が不自由になったが、その後政界に復帰してニューヨーク州知事になった。大恐慌のさなかに大統領に就任し、危機を乗り越えるためにさまざまな政策を打ちだした。「われわれが恐れなければならないのは、恐れそのものである」という就任演説はよく知られている。ローズヴェルトは「ニューディール」（新規巻き直し）政策によって経済の立て直しを進め、国際社会ではアメリカを指揮して第 2 次世界大戦の荒波を乗り越えた。

■**大統領就任**　1933 年 3 月 4 日（51 歳）

■**主な出来事**　1921 年　ポリオにかかり、下半身が麻痺する。

　　　　　　　　1933 年　12 月、禁酒法を撤廃する。

　　　　　　　　1945 年　4 期目に入って 3 か月後、脳溢血で死亡する。

　決して写真や映像に映し出されることはなかったが、ローズヴェルトは生涯の大半を車いすで生活した。

■**真珠湾攻撃**　アメリカは第 2 次世界大戦に参戦しないとローズヴェルトは公約していたが、1941 年 12 月 7 日に日本がハワイの真珠湾にある合衆国海軍基地に奇襲攻撃をかけたことにより、その公約はくつがえされた。翌日ローズヴェルト大統領は日本とその同盟国に宣戦布告した。それから数年かけてローズヴェルトは次第に派遣する兵力を増やし、ついにアメリカを勝利に導いた。（1945 年没）

※引用、**参照文献**（書名、作成・発行日、著者等の順）

1　アジア・太平洋戦争辞典（2015 年 10 月 10 日）吉田裕・森武麿・伊香俊哉・高岡裕之　吉川弘文館

2　歴代アメリカ大統領百科（2017 年 5 月 30 日）ＤＫ社　原書房

3　太平洋戦争主要戦闘事典　指揮官・参加部隊から戦果・損害まで（2005 年 7 月 19 日）太平洋戦争研究会　ＰＨＰ研究所

4　ほか「太平洋戦争主要戦闘経過概略一覧」引用、参照文献に同じ

◆軍事・法令関係　編

1 **【アジア太平洋戦争】**　満州事変（1931年9月18日）から日本の敗戦（45年8月15日）
に至る日中15年全面戦争と、日米戦争（41年12月8日開始、45年8月15日終結）
を中心とするアジア・太平洋地域で行われた戦争の総称。南洋戦とフィリピン戦はアジ
ア太平洋戦争末期の戦闘であり、第二次世界大戦（1939年9月～1945年8月15日）
最終段階の激しい戦闘である。

　　アジア太平洋戦争の特質は、第1に日独伊三国のファシズム諸国と英米にソ連・中国
を加えた民主主義・自由主義と社会主義・民族自決主義をスローガンにしたイデオロギー
の正統性を問う戦争であったことにある。

　　第2に日独伊など後発の資本主義諸国が新たな市場と資源を求めて支配地域の拡大を
目的とし、先発の資本主義諸国の覇権地域や利権を奪うための戦争であったことである。

　　第3に、これら植民地の現地住民、また日本が従来から植民地化していた朝鮮・台湾、
事実上軍事占領していた中国の東北部（満州地域）をはじめとする主要部における抗日
民族解放勢力との戦争であったことである。アジア太平洋戦争は間違いなくアジア侵略
戦争であった。今日この歴史的事実を"アジア解放戦争"あるいは"聖戦"の名で修正・
歪曲する動きが活発化している。南洋戦・フィリピン戦は、アジア太平洋戦争の最終段
階の戦闘行為であり、日本軍の玉砕の戦法により、軍人のみならず数多くの日本人民間
人が犠牲となった。

2 **【帷幄上奏】いあく・じょうそう**　統帥事務に関し、天皇に希望又は意見を述べること。
元来、帷も幄も幕（の布）のことで、帷幄は、作戦を立てる所又は参謀の意。旧憲法時代に、
作戦用兵に関する軍令事務（統帥事務）は一般の国務の外に置かれ、これに関しては軍
令期間（参謀総長、軍令部総長等）が内閣とは独立して直接に上奏を行ったが、軍令が
国務である軍政と密接な関係にありその限界が明確でないため、上奏の対象範囲が運用
上拡大され、問題を生じた。→統帥権、軍令

3 **【沖縄戦】**　アジア太平洋戦争の末期において、日本の国内の住民地区で唯一の戦場となっ
た戦闘である。第二次世界大戦の後半、イタリアとドイツが降伏し、連合軍と唯一戦争
継続の最中にあった日本を攻略するため、連合軍は1944年9月に早くも沖縄攻略作戦
を計画していた（アイス・バーグ作戦）。アメリカ軍を主力とする連合軍は、日本領土の
一部である沖縄を軍事占領することで日本政府の継戦意欲を削ぎ、軍事的には沖縄全島
を基地化することにより南西諸島の制海権・制空権を確保して日本本土攻略の強固な軍
事拠点を築こうとしたのである。

522

本書関連の用語解説

一方、日本本土へのアメリカ軍の侵攻作戦が時間の問題とみた大本営は、本土決戦に備える時間確保の必要に迫られ、そこから沖縄を本土侵攻を可能な限り食い止めるための持久戦とする構想を描いていた。要するに、沖縄県民の命は本土防衛と本土に展開する兵力温存のための“捨て石”とされたのである。最近、強く言われている米軍基地の沖縄に対する集中押付けと同様に、日本政府の沖縄に対する「構造的差別」の典型である。

　米英の連合軍は 1945 年 3 月 26 日に渡嘉敷島をはじめとする離島を占拠し、同年 4 月 1 日、沖縄本島中部（嘉手納・北谷海岸）へ上陸した。その中心部隊はアメリカ軍 55 万人であった。日米両軍は嘉数、浦添、前田などで激戦を繰り広げ、短期間に双方に多大の被害を出したが、日本軍は 6 月になると、本島南部の摩文仁半島に敗残兵 3 万人、住民 10 万人が追いつめられた。6 月 23 日には牛島満軍司令官、長勇参謀長が自決し組織的戦闘は終わったが、9 月 7 日に嘉手納で降伏調印式が行われるまで小規模の戦闘が続いた。これら一連の沖縄戦の過程で、避難していた壕から住民が日本軍によって追い出されたり、戦闘への支障と秘密性保持などを理由に殺害されたり、強制「集団自決」に追い込まれたりする残虐非道行為が繰り返された。この結果、日本人犠牲者は 18 万 8136 人に達する。これにアメリカ軍の戦死者 1 万 2520 人を加えると総計 20 万 656 人と記録されている。95 年に摩文仁丘に建立された“平和の礎（いしじ）”には、その後確認された戦死者や在沖縄朝鮮人らの犠牲者を加え、24 万 1336 人（2015 年 6 月 29 日現在）の名が刻まれている。

4 【沖縄のアメリカ軍による軍事占領の国際法違反】　沖縄は国内における唯一の日米軍の地上戦が行われ、アメリカ軍に軍事占領され、沖縄県民は 27 年間米軍の軍事的統治を体験した。1945 年 3 月 26 日、米軍が慶良間列島に上陸、4 月 1 日には主力が沖縄本島に上陸して日本軍守備隊と住民を巻き込む地上戦にはいった。そのなかで、太平洋艦隊司令官チェスター・ニミッツ海軍大将による布告第 1 号〈米国軍占領下の南西諸島及びその近海居留民に告ぐ〉（通称ニミッツ布告）にはじまる、権限の停止、戦時刑法、金融機関の閉鎖・支払い停止、財産の管理など 10 布告が発せられ、5 日には読谷村比謝に米国海軍軍政府を設置、占領地域における軍政を開始した。アメリカ軍はその根拠を「ハーグ陸戦条約（条約附属書・陸戦の法規慣例に関する条約第 3 款第 42 条）」に基づく〈敵国の領土における軍の権力〉（戦時占領）の確立であると主張しているが、それは誤った見解である。それが沖縄戦継続中やその終了後短い期間ならば占領地として米国軍が「戦時占領」することは、前記国際法で認められている。

　しかし、長期にわたる占領や軍事基地建設は同条約に違反している。すなわち、46 条「私権の尊重」では、私有財産の没収を禁じ、「敵の財産の破壊、又は押収の原則禁止」していることからも、いずれにしても日本本土が敗戦後におかれたような、ポツダム宣言（降

523

伏条件）履行のための"保障占領"と明確にことなっている。軍事占領地では住民は捕虜収容所に隔離され、行政権・司法権が真空化した状態のなかで、日本軍軍用地だけでなく民有地・農耕地も直接支配下におかれ米軍の戦闘推進のために使用された。6月23日、日本軍の組織的抵抗が終わり、8月、日本が降伏したのちも"戦場の継続"としての軍事占領が全島でつづけられた。沖縄占領と統治の特異性は、その始まりにもあらわれている。前記国際法の原則からして、アメリカ軍の軍事基地建設は国際法違反である。その実質が現在も続いているのである。

1952年4月28日、対日平和条約（サンフランシスコ条約）が発効したことで、日米間の戦争状態は終結し独立回復がなされた。しかし沖縄は、平和条約第3条により日本本土から分析され、アメリカの施政下にとどめられた。4月28日は現在沖縄では「屈辱の日」と呼ばれ、強い抗議行動が行われている。巨大な軍事基地権益を手放すつもりのない米政府は、"民政府"設置と"任命知事"導入でうわべを取りつくろいながら、国防長官 - 高等弁務官（軍人）- 行政命令（布令）による軍政（軍事占領）を実質的に継続した。アメリカ政府（実体は軍事占領政府）は自らの占領支配の意思を「布令」という形式にした。53年4月公布された「米民政府布令第109号」は、土地を軍用地として収用するための強制手続を定めた。住民は"銃剣とブルドーザー"による土地取り上げに島ぐるみ土地闘争で抵抗した。そのなかから、"核も基地もない沖縄"をめざす本土復帰運動が形成されていった。

1972年5月15日、沖縄返還協定により、27年ぶりに沖縄の日本復帰が実現した。しかし、同協定第2条（安保条約の適用）と第3条（基地の使用）により、本島の2割をしめる広さの米軍基地の存続は従前どおり保証されたので、"異民族支配"に終止符は打たれたものの、沖縄の軍事的な"占領状態"が終わることはなかった。「核抜き本土並み返還」は砂上の楼閣と化しており、今日の沖縄で深刻な問題となっているアメリカ軍基地は、そもそもその発端から国際法違反の存在である。

5 【海軍軍令部】 海軍の中央統帥機関。海軍の軍令機関・軍令部ができたのは、日清戦争の前年、明治26年5月であった。

海軍の軍令事項は、明治5年に海軍省が設立された当初は、同省内の軍務局、軍事課が軍政事項と併せて管掌していたが、同17年、軍務局を軍事部に改め、部長を将官とする軍令専管機関とした。軍事部は2年後の19年3月、廃止され、軍事部が管掌していた軍令事項を、参謀本部の海軍部に移した。

陸軍の軍令機関として発足した参謀本部が「陸海軍事計画ヲ司ル」として拡大改組された。これによって、海軍の統帥・軍令機関は海軍省から独立したが、同時に海軍が陸軍の下に置かれることになった。2年後の21年5月公布の海軍参謀本部条例により参謀

524

本書関連の用語解説

本部の陸海参謀本部は、陸軍参謀本部、海軍参謀本部に改称された。

　改称されても、陸軍の下位にあることに変わりなく、海軍はこれを不満として、海軍参謀本部を海軍省にいったん戻し、その後、海軍軍令部条例の制定により、同省から独立させて、海軍軍令部を新設した。→統帥権、参謀本部

6 【戒厳】　戦時又はこれに準ずる事変に際し、立法・行政・司法の事務の全部又は一部を軍の機関（軍司令官又は軍法会議）の手に移すこと。それによって平時における国民の権利の保障を多かれ少なかれ制限することを目的とする。いわゆる国家緊急権制度の典型的なもので、旧憲法では、天皇がこれを宣告する権能をもっていた（明憲14）が、現行憲法ではこの制度は全く認められない。

7 【戒厳令】　戒厳を宣告する命令。戒厳に関する法令（の名称）。旧憲法は、「天皇ハ戒厳ヲ宣告ス」（14 ①）とするとともに、「戒厳ノ要件及効力ハ法律ヲ以テ之ヲ定ム」（14 ②）としていたが、これに基づく法律は制定されず、明治15年太政官布告36号「戒厳令」がこれに代わるものとして行われていた。沖縄戦では、戒厳令は宣告されなかった。従って、戦時の沖縄においても、県民の権利は平時と同様に保障されており、日本軍といえども県民の生命・身体・自由を制限したり、奪うことは法的に正当化されなかった。県民の生命・身体・自由等を奪った場合は殺人罪、傷害罪などが成立し、犯罪者として処罰されるべきであった。しかし、住民殺害、強制「集団自決」、食糧強奪などを行った日本軍人が処罰された例はない。

8 【外交的保護】　国家は、外国の領域内に在留する自国民が、その身体や財産を侵害され、しかも当該外国によって十分に保護・救済されないときは、外交手続をとおして保護・救済を請求することができる。これを、外交的保護または在外国民の外交的保護という。

9 【外交保護義務（違反）】　空襲被害者らは国際法違反行為を行ったアメリカ政府に対して被害者個人としての戦争損害賠償請求権を有すると解する見解がある。しかし、1951年9月8日に締結された対日平和条約第19条（a）において戦争や戦争状態から生じた国民の損害賠償請求権を放棄すると規定されている。国が、対米請求権を放棄したと解釈すれば、日本国憲法下でそれによって不利益を受けた空襲被害者ら一般戦争被害者がアメリカ政府に対して有する損害賠償請求権を保護（不利益の解消）する義務を負うものである（外交保護義務）。国はこの被害者らにとって不利益である外交保護義務違反状態を解消し、被害者らの権利を保護するための立法義務を負うとする主張。

10 【外交保護権】 外国人に対して国際法上要求されている十分な保護を与えなかった場合
に、外国人の本国が在留国政府に事態改善や損害賠償支払いを要求できる権利。一般に
領域主権を認められている在留国の国内管轄時効に介入することになるため、外交保護
権行使の際には次の条件を満たす必要がある。①本国と被害者との間に国籍上の真正の
結合があること（真正結合の原則）、②その国籍が侵害を受けたときから最終的な解決に
至まで継続して保有されること（国籍継続の原則）③在留国の国内救済手続きを十分に
尽くすこと（国内的救済完了の原則）④侵害国の国籍をもたないこと。

11 【開戦】 戦争の開始には戦争宣言又は、最後通牒の手続が必要とされる。1907年のハー
グ平和会議の「開戦ニ関スル条約」（明治45条3）もこの2つを要件としたが、〝敵対行
為〟によっても事実上の戦争は開始される。戦争宣言は開戦宣言又は単に〝宣戦〟ともいい、
この条約によれば理由を付する必要がある。最後通牒は最終的の要求を提出し、受諾さ
れなければ自由行動をとる旨の通告で、特に戦争に訴える旨を明示したものを条件付戦
争宣言を含む最後通牒という。敵対行為による開戦をこの条約は認めていないが、敵対
行為が大規模に引き続いて行われるときは事実として戦争の存在を認めなければならな
い。ただし、敵対行為の程度で戦争開始の時期の決定は困難なことが少なくない。開戦
の直接の効果の主要なものは交戦国間の外交断絶、条約の失効又は停止、通商、敵国の
国民の在留条件、敵国の財産特に商戦に対する制限などである。なお開戦により第三国
との間では〝中立法規〟の適用が生ずる。

12 【海戦法規（ハーグ条約）】 海上の戦闘に関する国際法上の規則の総称。その主な規則
は1856年のパリ宣言、1907年のハーグ平和会議の多数の条約によって成文化された。
1909年のロンドン宣言も重要な規則を成文化したが、正式に効力を発生しなかった。

13 【海戦法規に関する宣言】 1909年2月26日ロンドン海戦法規会議の結果採択された
条約。英国内の反対もあり、署名されただけで批准が得られず、発効しなかった。ただ
し、内容的には従来の慣習法の法典化であり、第一次世界大戦後、実際の戦争でよく遵
守された。戦時封鎖、戦時禁制品、非中立役務、被拿捕中立船の破壊、国旗の移転、敵性、
軍艦の護送を受ける中立船の臨検免除、臨検に抵抗する船舶の没収、交戦国の捕獲権濫
用の場合の損害賠償を規定している。

14 【慣習国際法】 諸国の慣行を通して形成される成文化されていない国際法。主要国を含
む諸国の一般的慣行と法的信念の二要素によって成立する。条約と並ぶ国際法の主要な
法源で、日本国憲法九八条二項に規定する「確立された国際法規」がこれに当たる。一

526

本書関連の用語解説

般国際法として多数の国家を拘束する反面、形成に時間を要し、内容も明確ではないという問題点もある。このような決定を克服するために国際法の法典化が進められている。

15【款症】　援護法に基づく障害年金と障害一時金支給については、その障害の程度に応じて所定の金額が支給される仕組みとなっている。障害の程度として第1款症から第5款症まである。支給金額に違いがある。恩給法でも障害の程度に応じて第1款症から第5款症までに分ける仕組みである。例えば交通事故でいえば、1級から14級までの等級があり、それは傷害の程度を表しているのと同様である。→項症

16【艦砲射撃】　軍艦が装備した大砲による対地射撃。日本軍が初めて発案し実行した攻撃方法であり、1942（昭和17）年10月のガダルカナル島の飛行場に戦艦が実行。それをまねたアメリカ軍は44年6月のサイパン戦や45年3月の沖縄戦から本格的に実行し、45年7月に岩手県の釜石、茨城県の日立・水戸、千葉県の千倉、静岡県の浜松においても戦艦などが実施した。

17【危険責任】　社会に対して危険を作り出している者（危険な施設の所有者、危険な企業の経営者等）は、そこから生じる損害に対して無過失の場合にも責任を負わなければならないという考え方、あるいはその損害賠償責任。危殆（きたい）責任ともいう。報償責任とともに、無過失責任を認めるための有力な（中核的）論拠とされる。民法717条の工作物所有者等の責任もこの原理を含んでいるといえる。これを適当に拡大して不可避的な危険を含む近代的企業等に及ぼすのが妥当であると説く。→報償責任、無過失責任

18【休戦】　戦争中、交戦国や軍司令官が合意によって一時戦闘行為を停止すること。「陸戦ノ法規慣例ニ関スル条約」の附属書は、休戦に関する一般的規則（休戦の期間、全般的休戦と部分的休戦、通告、違反の場合等）を定めている。休戦規約とは、戦争中、一時戦闘行為を停止する旨の合意。政府代表又は軍司令官が文書によって締結する。

19【休戦規約】　戦争中、一時戦闘行為を停止する旨の合意。政府代表又は軍司令官が文書によって締結する。

20【極東国際軍事裁判所（東京裁判）】　第二次大戦における我が国の重大戦争犯罪人（A級戦争犯罪人）を裁判するため、1946年（昭21）年に極東国際軍事裁判所条例に基づき東京に設けられた裁判所。東条英機等28名が起訴され、48年11月に全員（途中死亡

527

等3名を除く）有罪（死刑7名）の判決があった。この裁判を東京裁判という。

21 **【軍機保護法】** 軍事上の秘密保護のため一定の行為を処罰した法律（明32法104）。昭和12年（法72）に全面改正され、昭和20年（勅568）に廃止。なお、改正後の同法1条2項では、軍事上秘密を要する事項又は図書物件の種類範囲は陸軍大臣又は海軍大臣の命令に委任されていた。

22 **【軍使】** 交戦者の一方の命を帯びて他の一方と交渉するため白旗を掲げて来る者。旗手その他の随従者とともに不可侵である。他方の交戦者は軍使を接受する義務はないが、接受すれば安全に帰還させなければならない。ただし軍使がその使命を利用して情報を得るのを防止するため一切の手段をとることができる。軍使が使命を濫用すれば、一時的にこれを抑留することができ、背信行為を実行又は教唆するために特権的地位を利用すれば、不可侵権を失う（陸戦規則32〜34）。

23 **【軍事裁判】** 明治憲法下で軍人の犯罪を裁くための特別な裁判手続。明治憲法下においては、陸海軍軍人を裁判する特別刑事裁判所として陸軍刑法（明41法46）及び海軍刑法（明41法48）により軍法会議が置かれていたが、昭和20年に廃止された。なお、戦争犯罪人を裁判するために設けられる国際的な軍事法廷手続の場面でもこの語が用いられることがある。

24 **【軍事大権】** 明治憲法によって天皇に与えられた条約大権、非常大権（第31条）など12ある大権の1つ。軍令大権と軍政大権とに区別される。軍事大権は、軍部が政治的に大きな地位を占めるに至る法的裏付けとなった。

25 **【軍事目標主義】** 戦争中、敵に対する攻撃または砲弾は、軍事目標に限定されなければならないという主義。ここに掲げた陸戦規則は単に「防守セサル都市、村落、住宅又ハ建物ハ、如何ナル手段ニ依ルモ、之ヲ攻撃又ハ砲撃スルコトヲ得ス」（25条）と規定し、無防守地域に対する一切の攻撃または砲撃を禁止したようにみえるが、慣習法上で認められてきた無防守地域の中の軍事目標に対する攻撃や砲撃までも禁止する趣旨ではない。無防守の地域に対する無差別の攻撃または砲撃を禁止したものである。1907年、艦砲射撃に関して規整した「戦時海軍力ヲ以テスル砲撃ニ関スル条約」は、「防守セラレサル港、都市、村落、住宅又ハ建物ハ海軍力ヲ以テ之ヲ砲撃スルコトヲ禁ス」（1条）と規定した後、「右禁止中ニハ、軍事上ノ工作物、陸海軍建設物、兵器又ハ軍用材料ノ貯蔵所、敵ノ艦隊又ハ軍隊ノ用ニ供セラルヘキ工場及設備並港内ニ在ル軍艦ヲ包含セサルモノトス」（2条）

本書関連の用語解説

と明示している。

　1922 年ワシントン会議によって設けられた専門家委員会の作成した「空襲法規案」も、「空中爆撃は、軍事目標、すなわち、その破壊又はき損が明らかに軍事的利益を交戦者に与えるような目標に対して行われる場合に限り、適法とする。」（24 条 1）とした。

　最近では、77 年署名のジュネーブ諸条約追加第一議定書が、軍事目標主義について、周到な規定を設けている（48・51・52・57・59 条）。

26【軍縮】　原義は武装解除、転じて国家間の合意による軍備の撤廃、縮小を指す。思想的には国家間の戦争が難しくなる程度の軍備撤廃を意味した。しかし 19 世紀以降、多くの提案にもかかわらずほとんど実現せず。国際連盟の軍縮会議（1932 年）、国連軍縮特別総会（1978、82、88 年）などが目指した国際社会全体の一般軍縮も実現しなかった。合意の多くは特定国間の特定兵器の規制である。この現実の中で軍縮は、必ずしも軍縮に至らない多様な規制を包括する用語として使われる。その 1 つに戦時国際法（国際人道法）上の規制がある。ハーグ平和会議（1899, 1907 年）は、軍縮を目指して招集されたが合意できたのは陸戦法規、空爆規制など戦時法の取り決めであった。第一次大戦後の化学兵器、生物兵器使用禁止のジュネーブ議定書（1925 年）もこの系統の合意である。戦時法は、戦争は否定せず交戦下での人道的な配慮から戦い方、兵器の使用を規制するが、若干の軍縮が含まれることがある。

27【軍人】　旧軍隊に属する将校、下士官、兵等の総称。元の陸海軍の現役、予備役、補充兵役、国民兵役にあった者。

28【軍人恩給】　旧軍人、旧準軍人若しくは旧軍属又はこれらの者の遺族が一定の要件の下で恩給法に基づいて支給される恩給。軍人、軍属等に対する恩給は、戦後、連合国最高司令官の覚書に基づく「恩給法の特例に関する件」（昭 21 勅 68）によって廃止又は制限されたが、その後昭和 28 年の恩給法の一部改正によって再び設けられた。恩給法等による年金種別としては公務扶助料（軍人の遺族に支給する年金）、遺族年金（軍属の遺族に支給する年金）、遺族給与金（準軍属の遺族に支給する年金）がある。

29【軍人勅諭】　陸軍参謀本部御用掛の哲学者・西周（にしあまね）が起草し、参謀本部長山県有朋らが加筆修正後、1882（明治 15）年 1 月 4 日、明治天皇の名で日本帝国軍人に下付された勅諭。〈一、軍人は忠節を尽すを本文とすべし〉で始まる本文では、忠節・礼儀・武勇・信義・質素を軍人の守るべき条件として、皇軍兵士の天皇への忠誠心を徹底して説き、〈夫兵馬の大権は、朕が統ぶる所〉と記して天皇の統帥権（軍隊指揮権）が強調さ

529

れる。また、〈只々一途に己が本分の忠節を守り、義は山嶽よりも重く、死は鴻毛よりも
軽しと覚悟せよ。其操を破りて不覚を取り、汚名を受くるなかれ〉の有名な一文は、天
皇の命令を絶対視し、その前には兵士の生命を無価値とする。命令への服従を強い、自
発性や積極性を排除して、軍隊内秩序を保とうとする前近代的な日本軍の体質は、戦争
目的の曖昧さと劣悪な条件下での戦闘ゆえに、侵略戦争の過程で日本兵士のあいだに様々
な不満を生み出し、それが虐殺事件などを引き起こす原因の1つともなったと考えられ
る。

30【軍属】 一般に、明治憲法下で軍人以外の軍に所属する公務員を指す場合の用語。具体的
には、元の陸海軍から正規に給料を受けていた雇員、傭人、救護看護婦等の者。

31【軍部の独立】 軍は明治40年9月、「軍令ニ関スル件」を制定した。軍令とは、陸海軍
の統帥に関し、勅裁を経た軍事法規のこと。規程の立法手続きによることなく、天皇の
統帥大権の発動というかたちで立法できるようにし、軍独自の立法権である軍令制定権
を獲得した。

　　軍はこれで司法、行政、立法の三権を合わせ持つ、独立した政治勢力としての軍部を
確立した。司法とは軍法会議による司法権、行政とは、軍隊内の指揮命令権と、陸軍大
臣−師団長−連隊区司令官−郡市町村長系統の行政権である。

32【軍法会議】 旧陸海軍における特別刑事裁判所。現役軍人の刑事事件のほか、一部の非
軍人の刑事事件についても審判した。昭和21年勅令278号で廃止された。

33【軍律】 旧軍人に関する法律又は軍法。

34【軍令】 ①明治憲法下において、軍の統帥に関して軍隊に対して発せられた天皇の命令。
勅令が人民に対し拘束力を有するものに対し、軍令は軍隊に対してのみ拘束力ををを有し
た。②軍政に対する語として、用兵に関する統帥の事務を軍令と呼ぶこともあった。軍
令大権などがその例。

35【軍令大権】 →統帥権

36【原爆投下裁判】 （概要）東京裁判の戦犯弁護活動にかかわった大阪弁護士会所属の弁護
士岡本尚一が若き弁護士松井康浩とともに、ビキニ事件がおきた1954年、原子爆弾の被
爆者下田隆一らを原告とし国（日本政府）を被告として提起した裁判。原告は広島・長

崎への原子爆弾投下が国際法違反だと主張し、国家賠償法により損害賠償を請求したが、被告はこれを認めず国際法専門学者による鑑定の結果に待つとした。判決は原告の損害賠償請求を棄却したが、原告の主張と学者たちの鑑定結果にそって原爆投下が国際法違反だと認定した。その要点は①原爆投下（無差別爆撃）とその効果（被害の残虐性・非人道性）、②国際法による評価、③国内法による評価、④被害者の損害賠償請求権、⑤対日平和条約による請求権放棄、⑥請求権放棄による被告の責任に及んだ。原告は主張が実質的に認められたとして控訴せず、また勝訴した被告も控訴せず、東京地裁判決が確定した。原爆投下が国際法違反だと初めて判断した本件は「下田事件（Shimoda Case）」として世界的に知られている。〈東京地方裁判所（判決）1963 年 12 月 7 日（下民集 14巻 12 号 2,435 頁、判時 355 号 17 頁）〈「法廷で裁かれる日本の戦争責任」452 頁、高文研発行）

（影響）国内法ではこの裁判提起を契機に「原爆被害者医療法」（1957 年）が制定されたが、判決は一歩進んで戦争災害の結果責任に基づく国家補償法（被爆者援護法）の必要にも言及した。国際法による評価の点では、原爆投下時点での「戦争法」（慣習法と条約）の法理を適用している。本件判決は、ハーグ法とジュネーブ法という基本枠組みを継承した「国際人道法」の発展過程において、"核兵器"それ自体と核兵器の使用に関する法理の原点を示したといえよう。このことは、核兵器使用の一般的違法性を認めた国際司法裁判所（ＩＣＪ）の勧告的意見（1996 年）で実質的に継承され展開されている。なお付言すれば勧告的意見の問題点は自衛権論と核抑止論を取っている点である。

37 **【憲法】**国家の統治体制の根本的事項を定める法（根本法、基礎法）の全体。この意味の憲法（固有の意味の憲法）は、国家であれば全て存在するのに対し、自由主義の原理に立脚する憲法を「近代的（立憲的）意味の憲法」と呼ぶことがある。また、憲法という名称の法典を「形式的意味の憲法」といい、これを含めて国の統治体制の根本的事項を内容とする法を「実質的意味の憲法」と総称することがある。憲法は、国の最高法規として、法令の頂点に位する。なお、憲法を分類して、文書化の有無により成文憲法と不文憲法に、改正するための要件の難易度により硬性憲法と軟性憲法に、制定の主体により欽定（きんてい）憲法、民定憲法、協約憲法等に区分することがある。

38 **【憲法違反】**法令又は国家機関が行う処分が憲法の規定に違反すること。この状態を排除するため憲法上何らかの制度を設けるのが例である。

39 **【憲法義解】** 伊藤博文の著書で、正式には「帝国憲法典範義解」という。明治 22 年刊。内容は、大日本帝国憲法及び皇室典範の逐条解説である。実際は井上毅が筆を執ったとい

531

われる。憲法草案起草者による解釈を示す書として、旧憲法の研究上重要な文献である。なお、「義解」を「ぎげ」と読んでいる例もある。

40【権利侵害】 故意・過失とともに不法行為の成立要件の一つ。明治31年7月16日施行された民法は、平成16年の改正前は、故意又は過失によって他人の権利を侵害することを不法行為と規定していた（旧709等）。

判例は、当初、成文法上の権利に限るとしていたが、その後、広く法律上の保護に値する利益の違法な侵害と解するに至った。これを受けて、前記改正により、不法行為の成立要件として「他人の権利又は法律上保護される利益」の侵害と規定された。

41【権利保護請求権】 私人がその私法上の権利を侵害されたときに、司法機関たる裁判所に対しその保護を要求することができる公的権利。私権保護請求権ともいう。この権利を自己に有利な具体的な内容を持つ判決を求める権利と構成するときは具体的訴権という。

42【権利濫用】形式上権利の行使としての外形を備えるが、その具体的な状況と実際の結果に照らし、その権利の本来の目的内容を逸脱するために実質的には権利の行使として認めることができないと判断される行為。その権利者個人の利益と義務者又は社会全体に及ぼす害悪などを比較衡量して、権利濫用となるか否かが判断される。権利濫用は一般には権利行使の効果がなく、権利者の要求に従わなくても責任は生じない。権利者が逆に不法行為責任を負うこともある（民1③）。

43【権利濫用の禁止】 権利の行使であっても、それが濫用にわたる場合には違法となり、法的に保護されないとする原則。民法には当初この旨の明文の規定はなかったが、昭和22年の改正で、権利の濫用は許さないとの規定が置かれた（1③）。

44【項症】 恩給法に基づく障害年金と障害一時金支給について、その障害の程度に応じて所定の金額が支給される仕組みとなっている。その場合の障害の程度に応じて特別項症、第1項症から第6項症までのランクがある。恩給法の場合も、障害の程度に応じて第1款症から第5款症まで分ける方法もある。恩給法の場合は12段階に分かれている。支給金額に違いがある。→款症

45【降伏】 交戦国の軍隊又は艦隊が戦闘行為をやめ、自己の兵員、軍事施設等を敵の権力下に置くこと。当事者間の合意に基づく場合と一方的に行われる場合とがある。降伏し

532

本書関連の用語解説

た者を殺傷することは禁じられ、降伏規約には軍人の名誉に関する例規を参酌すべきものとされている（陸戦ノ法規慣例ニ関スル規則 35）。

46【公法】　①私法に対する語。私法との区別の標準としては、権力関係の法か対等関係の法か、公益に関するか私益に関するか、国家に関するものか私人に関するものか等の説がある。この区別によって、適用すべき法原理の違いや訴訟手続の相違を生ずるとされている。②一般的な用法としては、憲法、行政法、刑法、訴訟法、国際法等が公法に属するとされる。憲法及び行政法のみを指すことも多い。民法などが私法である。

47【公法上の時効】　行政法関係で認められる時効の制度。金銭債権の消滅時効は、会計法などによって原則 5 年と定められている。時効の中断や停止については民法の規定が準用される。納入の告知が時効中断の効果をもち、また、この消滅時効は、時効期間の経過によって権利の絶対的な消滅をきたし、当事者の援用を必要としないなどの特徴がある（会計 30 ～ 32、税通 72 ～ 74 等）。→時効

48【公法上の損失補償】　国、公共団体等の公権力の主体が適法な公権力の行使により加えた特定人の経済上の損害に対して、その損害を補填するために金銭その他の財産的給付を行うことをいう。行政上の損失補償ともいう。土地収用に対する補償などがこれに当たる。憲法は、私有財産を公共のために用いるについて正当な補償を要求し、損失補償の制度について一般的基礎を置いている（29 ③）。→国家の不法行為責任（公権力の行為が違法な場合は不法行為責任が成立する）

49【国際人道法】　武力紛争において、人道的配慮から、紛争当事者による戦闘方法や捕虜取扱い、攻撃対象や攻撃手段などについて規制する国際法規範。かつてはこの種の法は戦争法ないし交戦法規と呼ばれていたが、国連の集団安全保障体制の下で戦争が禁止されたことにより、交戦法規は不要と考えられるようになった。しかし、国連の下でも武力紛争は継続しており、戦闘に適用される法の重要性が再認識され、1971 年に赤十字国際委員会が国際人道法と呼ぶようになった。
　　この分野の条約には、07 年の陸戦の法規慣例に関するハーグ条約があるが、第二次世界大戦後は、武力紛争の際の捕虜、傷病者、非戦闘員、文化財などの保護を目的とする 49 年のジュネーブ諸条約及びその追加議定書、化学兵器禁止条約、生物毒素兵器禁止条約、特定通常兵器禁止条約、対人地雷禁止条約、クラスター（集束）爆弾禁止条約などが締結された。

50 **【国際法】** 主として複数国家の関係を規律する国際社会の法。国際法の起源は 16、17 世紀のヨーロッパに求められる。当初ヨーロッパ近代国際社会において君主の間で守られるべき法として形成された国際法は、やがて、18 世紀後半の市民革命を経て諸国家間の関係を規律する法として定着・発展し、20 世紀に入ると個人、企業、国際機構などの非国家行為主体の活動をも規律する法として変容を遂げている。

　　従来、国際法は諸国家の明示の合意としての条約及び黙示の合意としての慣習法を前提に形成されてきた。しかし近年では人道の原則など国家意思を超越する規範（ユース・コーゲンス［強行規範］）の存在を認める考え方や、国連総会決議などに一定の法的効果を認める考え方（ソフト・ローなど）が出てきている。

51 **【国際法上の個人】** 従来、伝統的には国家のみが国際法の主体と考えられてきたが、最近では個人にも一定の範囲で国際法の主体性を認める見解が通説となっている。個人が国際法主体といえるためには、①個人の権利・義務が条約等に規定されていること、②これらの権利・義務を実現するための手続が個人に関して規定されていることが必要であると解されている。

52 **【国体】** 天皇の神性を根拠に明文化された日本の国柄、または天皇を中心とする政治体制・民族的結束。国家のあり方という意味で尊王思想家が使用したものを語源とする。1890（明治 23）年、歴史的に発達、形成された日本国家の最も重要な特質（建国以来の万世一系の皇統による統治が中心要素とされた）を指す歴史的、倫理的概念を表した語で、主として幕末から第二次大戦後の一時期にかけて一般に用いられた。教育勅語で使用されて以来、国民統合の原理として一般社会に浸透した。天皇と日本の神聖性を強調する概念。

53 **【御前会議】** 重大な政治決定を行う場合に、天皇が出席して開かれた超憲法的機関。日清・日露戦争時にも開催されたが、政治や戦争を指導するうえで、内閣行政権の主導性を発揮するため天皇の権威が利用される場として企画された。

　　1940 年 9 月 19 日、日独伊三国同盟締結方針を決定する際に開催されたのを皮切りに、日米戦争の開始を前に合計 4 回開催された。

54 **【国家責任】** ①国内法上は、国家の不法行為責任や国家賠償責任と同義。国家が違法に人民の権利を侵害した場合の賠償責任（国家の不法行為責任、国家賠償法）。②国家が国際法上の義務違反に対し、国際法上負う責任。国家機関の故意または過失によって国際義務違反が生じた時に成立する。この責任を解除する方法としては、原状回復、損害賠償、違法行為の否認、陳謝、責任者の処罰等がある。

本書関連の用語解説

55 【国家総動員法】　国家の総力を戦争目的を理由に統制・運用する権限を政府に与えるため、日中全面戦争開始の翌年 1938（昭和 13）年 4 月 1 日に公布された法律。日華事変発生後、人的物的資源の戦力化のために制定され戦時立法。戦時又はそれに準ずべき事変に際して、国防目的達成のために政府が人的・物的資源を統制運用できるよう政府に広範な権限を授権した法律。同法に基づき、国民徴用令（昭 14 勅 451）、物資統制令（昭 16 勅 1130）等、国家総動員のための多くの勅令が制定され、我が国は本格的な戦時統制経済に移行した。昭和 21 年 4 月 1 日に廃止（昭 20 法 44）。

56 【国家の不法行為責任と国家無答責の法理】　国または公共団体が違法に人民の権利を侵害した場合の賠償責任。国家賠償責任ともいう。旧憲法下では、公権力の行為に基づく損害の賠償責任が認められない（国家無答責の原理）など、これに関する一般的規定がなく、必ずしも確立したものではなかった。現行憲法ではこれを明示し（17）、憲法の規定に基づいて国家賠償法が制定されている。

57 【国家賠償責任】→国家の不法行為責任

58 【国家賠償法】昭和 22 年法律 125 号。国又は公共団体の不法行為による損害賠償責を定めた憲法 17 条の規定に基づき、その具体的要件を定める。国または公共団体の賠償責任につき、公務員の公権力の行使に基づく損害、公の営造物の設置・管理の瑕疵（かし）に基づく損害に分けて、規定し、本法の規定によるほかは民法の規定を運用することとしている。（国家の不法行為責任）

59 【国家補償】　国家作用（行為）によって生じた損失を填補すること。その種類としては、適法な国家作用に関する公法上の損失補償、違法な国家作用に関する国家の不法行為責任、適法・違法を問わない結果責任に基づく国家補償がある。狭義では、公法上の損失補償を指す。→公法上の損失補償、国家の不法行為責任

60 【近衛文麿の単独上奏】　近衛文麿が昭和 20 年（1945 年）2 月 14 日、天皇に「敗戦は遺憾ながら、最早必至なりと存候」と、戦争早期終結の上奏文を提出したこと。
　　近衛は上奏文のなかで「敗戦は我国体の瑕瑾（かきん＝恥辱・引用者）たるべきも、英米の輿論は今日までのところ、国体の変更とまでは進み居らず、（勿論、一部には過激論あり、又、将来、いかに変化するやは測知し難し）、随て敗戦だけならば、国体上は、さまで憂うる要なしと存候、国体護持の立前より最も憂うべきは、敗戦よりも、敗戦の伴うて起るべきことあるべき共産革命に候」と述べている。これに対して、天皇は「陸

535

海軍共、敵を台湾沖に誘導するを得ば、是に大損害を与え得るを以て、其の後、終結に向うもよしと思う」と、戦争継続の意思を明確に示し、近衛上奏を拒否した。

　その後の事実経過をみると、3月10日の東京下町の大空襲など米空軍B29による本土空襲がさらに激化、3月下旬、米軍は沖縄の慶良間諸島に、つづいて4月1日からは沖縄本島に上陸を開始、沖縄戦では20万人の犠牲者を出した。4月5日、ソ連は日ソ中立条約の不延長を通告し、欧州では5月7日、ドイツ軍が降伏して、ヨーロッパ戦争が終結した。孤立を深める日本に対し、米軍は8月6日、広島に、9日には長崎に原爆を投下、無数の死者・被爆者を出した。8月15日に敗戦。→近衛文麿、天皇（昭和）の沖縄戦総括、天皇（昭和）の沖縄戦における戦争責任

61【サンフランシスコ講和条約】　日本（吉田茂内閣）と48の連合国との第二次世界大戦の講和条約。「日本国との平和条約」が正式名称。1951（昭和26）年9月8日調印。日本の独立と領土確定、極東国際軍事裁判判決受諾、連合国の賠償要求原則の放棄、米軍駐留と沖縄・小笠原諸島のアメリカ信託統治領化、千島列島の放棄などを定めた。ソ連など三ヵ国は調印せず。同日夕、日米安全保障条約調印。国内では日本をアメリカの零戦戦略に組み込むもので、中国・朝鮮・ソ連・インドなどを除く片面講話でなく全面講和をすべきとの声が高まった。この条約により、日本の戦後体制が確立した。

62【参謀本部】　陸軍の中央統帥機関。内閣から独立して、国防・用兵のことをつかさどった。明治11年12月5日、参謀本部条例が制定されて、設置された。新設の参謀本部は、天皇に直属し、太政大臣などにも拘束されない、独立の軍令機関となった。

　明治10年代に入るや、自由民権闘争は士族民権の波に豪農民権の波が続き全国規模の波涛となった。反政府運動が高まるなか、11年には陸軍軍人による竹橋事件が勃発し、政府、軍部首脳を驚かせた。軍隊が自由民権などの政治運動に巻き込まれることを、政府、軍部首脳はなにより恐れた。

　軍隊が政治の動きに左右されないためとして、参謀本部・軍令部の統帥部を政府から独立した、天皇の直属機関とした。政治の波動を受けず、天皇が直接統率し得るものとした。明治7年から、国会が開設された23年まで戦われた全国的な民権闘争は、揺籃期の軍隊に大きな影響を与えた。

　一つは統帥権の独立という、近代国家の軍隊にはみられない奇形性の権力構造を生み出した。第二に、統帥権の独立ということから、『軍人勅諭』に見られるように、軍隊の精神的支柱が「国家への忠誠」ではなく、「天皇への忠義」に置き換えられた形になったことである。

本書関連の用語解説

63【時効】　ある事実上の状態が一定期間継続した場合に、真実の権利関係にかかわらず、その継続してきた事実関係を尊重して、これに法律効果を与え、権利の取得又は消滅の効果を生じさせる制度。私法上だけでなく、公法上も認められる。（取得時効、消滅時効、公法上の時効）

64【時効期間】　時効の完成のために必要な期間。取得時効では、20年又は10年である（民法162・163）。消滅時効では、債権以外の財産権は20年であり、債権は10年が原則である（民法167）が、各種の短期時効に関する規定が有る（民法170以下等）。

65【醜業条約】　一連の婦人・児童の売買禁止に関する国際条約の俗称。第二次大戦当時は、①「醜業を行わしむる為の婦女売買取締に関する国際協定」（1904年）、②「醜業を行わしむる為の婦女売買取締に関する国際条約」（1910年）、③「婦人及児童の売買禁止に関する国際条約」（1921年）、④「成年婦女子の売買の禁止に関する国際条約」（1933年）の４つがあった。日本は①②③の３つの条約を批准していた。

　これら一連の条約は、未成年の女性の場合は、本人の承諾の有無にかかわらず売春に従事させることを禁止し、成年であっても詐欺や強制手段が介在していれば刑事罰に問われる旨を定めている。これらの条約の未成年の定義は、②は20歳未満、③では21歳未満となっていた。日本政府は当初、未成年を18歳未満とするという留保条件を付けて条約に加入していたが、1927年にはこの留保条件を撤廃した。

　「従軍慰安婦」問題はこの条約違反とされる。

66【ジュネーブ諸条約】　1949年にジュネーブで締結された、陸上の傷病兵の保護に関する第一条約、海上の傷病兵・難船者の保護に関する第二条約、捕虜の待遇に関する第三条約、文民の保護に関する第四条約の総称（1949年赤十字諸条約とも呼ぶ。日本は昭和28年４月21日に加入。いずれも武力紛争の被害を最小限に抑えることを目的とし、捕虜や傷病兵に一定の人道的待遇を与えるべきことなどを定めている。

　その後、民族解放戦争やゲリラ戦、内戦の増大を受けて七七年には、ジュネーブ諸条約の内容を補完・拡充し、攻撃の対象を軍事目標に限定（軍事目標主義）した第一追加議定書、内戦における犠牲者保護の内容をより補完・拡充した第二追加議定書が採択された。日本は2004年の有事関連法制定を受けて、８月31日にこれらの追加議定書に加入（05年２月28日発効）。

67【準軍属】　旧陸海軍の要請に基づく戦闘参加者、旧国家総動員法に基づく徴用者。

68【使用者責任】 ある事業を行うために他人を使用する者は、被用者たる他人がその事業を執行するについて第三者に損害を加えた場合には、損害賠償責任を負うとされており（民715）、この責任。

69【詔書】 国家機関としての天皇が発する公文書。国家機関としての天皇の意思表示を内容とし、一般に公示される。旧憲法時代に公式令で定められていたが、現行法上明文の規定のあるものは国会の召集詔書だけである（国会1）。実際には、衆議院の解散及び国会議員の選挙の施行の公示も詔書によって行われるしきたりとなっている。親署があり、御璽（ぎょじ）が押され、内閣総理大臣が副署する令である。

70【上告】 ①民事訴訟では、原則として控訴審の終局判決に対し、（例外として、高等裁判所がする第一審判決及び跳躍上告の場合の第一審判決に対し）、一定の理由により不服を申し立てる上訴（民事3編2章）。ほかに上告受理の申立ての制度がある。②刑事訴訟では、高等裁判所が第一審又は控訴審としてする判決に対する上訴（刑訴3編3章）。
ただし、ほかに跳躍上告及び上告受理の制度がある。

71【上告受理の申立て】 民事訴訟において、原判決に不服のある当事者が、原判決に判例違反等の法令違反があることを理由に、最高裁判所に対して、上告審として事件を受理するように求める申立て（民訴318）。
　平成8年の民事訴訟法の改定により、最高裁判所にする上告の理由が原判決の憲法解釈の誤りや重大な手続違反に限られ、原判決の法令違反は上告理由とはならないこととなったが（民訴312）、同時に、最高裁判所の判例解釈の統一の機能を重視する観点から、原判決に最高裁判所等の判例と相反する判断がある事件、その他の法令の解釈に関する重要な事項を含むものと認められる事件について、上告受理申立て制度が設けられた。最高裁判所が上告審として事件を受理する決定をした場合には、上告があったものとみなされる。刑事訴訟法にも、同様の制度がある（刑訴406）。

72【上告理由】 上告に当たっての原判決に対する不服申立ての理由。民事訴訟では、原判決に憲法の解釈の誤りその他憲法の違反があること及び訴訟手続上の法令違反で一定の重要なもの（絶対的上告理由）が上告理由である（民訴312①②）。原判決に法令の違反がある旨の主張は、高等裁判所にする上告の場合は上告理由となり得る（312③）が、最高裁判所にする上告の場合は、一定の場合に上告受理申立ての理由となるにすぎず（318①）上告理由とはならない。

本書関連の用語解説

73【消滅時効】 一定期間行使しない権利を消滅させる制度。取得時効とともに広く時効と呼ばれる。所有権以外の財産権はすべて消滅時効にかかる。債権は民事は10年、商事は5年、それ以外の財産権は20年の不行使によって消滅するのが原則である（民167、商523）が、その期間（時効期間）には権利の性質により多くの特則がある（民168〜174の2等）、期間の起算点は権利を行使できる時である（166）。→時効、除斥期間

74【上諭】 旧憲法時代に、憲法、皇室典範、法律、皇室令、勅令、条約、予算、軍令など一定の重要な国家行為を発表するには、天皇の名によるその旨の前文が付されており、その前文を「上諭」と呼んだ（公式令）。多くは、単なる公布文であった。

75【条理】 社会生活における根本理念であって、物事の道理、筋道、理法、合理法と同じ意味。社会通念、社会一般の正義の観念、公序良俗、信義誠実の原則等と表されることもある。一般的には法の欠缺（けんけつ）を補うものとして考えられ、裁判事務心得（明8太告103）によれば、成文法も慣習もないときに裁判の基準としてとり上げられるものとされている。民事調停法1条に用例がある。

76【除斥期間】 権利関係を短期間に確定する目的で一定の権利について法律の定めた存続期間。中断がなく、当事者が援用しなくても当然に権利消滅の効力を生ずるなどの点で、消滅時効と異なっている。法律に権利の存続期間の定めがある場合に時効と解するか除斥期間と解するかの基準については、判例・学説が分かれているが、婚姻・縁組の取消権（民745以下、804以下）、上訴権（民訴285・313、刑訴373・414）に関する規定は除斥期間の例である。

77【信義誠実の原則】 人の社会共同生活は、相互の信頼と誠実な行動によって円滑に営まれるべきであるとの考えに基づき、権利義務という法律関係の履行についても同様の行動をとることを求める法理。信義則ともいう。法と道徳の調査を図るための重要な観念となっており、民法1条2項は、「権利の行使及び義務の履行は、信義に従い誠実に行わなければならない」と規定する（「信義則」）。

78【心的外傷後ストレス障害（PTSD）・外傷性精神障害】 沖縄戦に起因する心的外傷後ストレス障害（PTSD）は、戦時戦場体験に起因する外傷性精神障害の一つである。自然災害や戦争・事件事故など、生死に関わるような体験をきっかけに起きる精神疾患。症状は、体験を何度も思い出したり夢に出てきたりする「再体験」や、気持ちが不安定になって眠れなくなったりする「過覚醒」など。厚生労働省のガイドラインによると、災害や

539

広域犯罪では、半年以内の罹患率は3～4割程度。うち半数程度は自然回復する。一年後の罹患率は1～2割程度で、慢性化するとされる。

　1944年の南洋戦やフィリピン戦、1945年の沖縄戦を体験した民間人の高齢者の4割～6割が、現在心的外傷後ストレス障害（PTSD）を含む外傷性精神障害に罹患している可能性が高いことがわかった。南洋戦・フィリピン戦・沖縄戦被害の際立った特徴である。沖縄の研究者グループが約400人を対象に調べた。68年経ってなお、4割もの人に症状がみられる背景には、沖縄戦が激烈な地上戦だったことに加え、米軍基地が身近に多く、戦争を思い出しやすい環境があると研究者たちはみている。空襲被害者にも罹患者が多いことが指摘されている。沖縄戦訴訟や南洋戦訴訟の被害者の中には、多数の罹患者がいることが、精神科医蟻塚亮二の診断で明らかとなっている。

79【人道に対する罪】　戦争前又は戦争中に、一般人民に対して殺戮（さつりく）、殲滅（せんめつ）、奴隷的虐使、追放その他の非人道的行為を行うことであって国際法上の個人の違法行為として特に国際犯罪の名において処罰される罪。

　第二次世界大戦の際、ニュルンベルグ及び東京で国際軍事裁判による処罰が行われたが、このとき「平和に対する罪」「通常の戦争犯罪」と並び犯罪の類型とされた。「国際刑事裁判所に関するローマ規程」（平19条6）の中にも、国際刑事裁判所が管轄権を有する犯罪の一種として盛り込まれている。

80【臣民】　①国民と同義。国権に属するという観点からみた場合の用語。②君主国における国民。③旧憲法下における用語として、天皇及び皇族以外の日本人を指した。

81【人民】　実定法上の用語ではないが、文脈により、国民の全体、一般住民、国家権力に服従する者の全般に意で用いられる場合があるほか、特に共和国の国民のみの意で用いられる場合がある。

82【正義】　正しいすじ道。人の行うべき正しいこと。何が正義かについては、普遍的正義の発見への努力も行われてきたが、時代により、また依拠する立場により、それぞれ異なり、法令上も特定の内容を示すものではない。例、「日本国民は、正義と秩序を基調とする国際平和を誠実に希求し」（憲法9条）、「原判決を破棄しなければ明らかに正義に反すると認めるときは、判決で原判決を破棄することができる」（刑訴397条2項）。

83【絶対国防圏】　日本軍は連合軍のガダルカナル反攻以来、連合軍と激闘が続いたが昭和17年12月末、ついに日本軍は撤退を決定。それ以降、日本軍は後退に後退を余儀なくされ、

540

本書関連の用語解説

基本作戦の見直しを迫られた。1943（昭和18）年9月30日の御前会議で決定された「今後採ルヘキ戦争指導ノ大綱」において、日本の大本営が「戦争目的達成上絶対確保ヲ要スル圏域」として設定した地域。その範囲は「千島、小笠原、内南洋（中、西部）及西部「ニューギニア」、「スンダ」、「ビルマ」ヲ含ム圏域」とされ、戦線を縮小して防衛戦の強化を企図したが、44年7月のサイパン島陥落によって日本本土が米軍のB29爆撃機の航続圏内となったため、崩壊した。

84【戦時占領】 ハーグ陸戦条約（条約附属文書・陸戦の法規慣例に関する規則第3款第42条にもとづく「敵国の領土における軍の権力」の確立のことをいう。それは戦闘継続中や戦争終了後短期間における軍事権力を樹立し、占領軍の権力を移行し得る範囲に限定される。このように戦時占領の「占領の時期、期間限定」と「占領権力の地域的限定」がその特徴である。この点からしてアメリカ軍の沖縄占領は、沖縄戦継続中、沖縄戦終了後の短期間内であれば国際法上の戦後占領として国際法上合法である。しかし、1945年6月23日の沖縄戦終了後1972年の日本復帰まで27年間も事実上の軍事占領を続けたことは、国際法違反であった。→占領、保障占領、ハーグ陸戦条約、沖縄のアメリカ軍による軍事占領の国際法違反

85【戦時復仇】 戦時における復仇で、戦闘法規の違反に対するもの。交戦者の一方による違反に対して、他方がその違反を止めさせるために対等な戦闘法規違反を行うこと。→復仇

86【戦傷病者戦没者遺族等援護法（援護法）】昭和27年法律127号。軍人軍属等の公務上の負傷もしくは疾病又は死亡に関し、国家補償の精神に基づいて、軍人軍属等であった者又はこれらの者の遺族を援護することを目的とする法律（1）。この場合の公務は、戦闘行為や戦時行為等も含まれる。援護の種類としては、障害年金及び障害一時金、遺族年金及び遺族給与金、弔慰金の支給の5種がある。費用は全額国庫負担である。

87【先行行為】 作為犯によって充足されることを予定した構成要件を不作為によって実現する犯罪。不純正不作為犯、不作為による作為犯ともいう。例えば、殺人罪（刑199）は、通常、作為によって実現されるが、場合によっては、不作為によっても実現されることがある。母親が乳児に授乳しないで餓死させるとか、父親がおぼれた子供を救助しないで溺死させる場合などがその例。

　不真正不作為犯が成立するためには、上例からもわかるように、一定の結果の発生を防止すべき義務を負った主体の不作為が必要である。問題は、この作為義務をどの範囲

541

で認めるかにあるが、通説は、この義務の根拠を法律、契約、条理特に自己の行為によって島外結果発生の危険を生じさせたこと（先行行為）の３つに求めている。

　例えば、沖縄戦における被害は、日本軍の軍事的公権力の行為等及び日米（英）の戦闘行為等により発生した損害であり、その戦闘行為は損害を発生せしめた直接行為であるとともに生命・身体・事由に対する危険を発生させた先行行為として評価しうる行為でもある。自ら行った戦闘行為によってその結果発生（戦争被害）の危険を生じさせた行為のことを先行行為という。（不真正不作為犯）

88【戦時国際法】　戦場に適用される国際法。交戦国間に適用のある交戦法規と、交戦国と中立国の間に適用のある中立法規とに区分される。戦争が違法とされる今日、その意識は変化したが、武力紛争に際して適用可能なもの（特に人道的なもの）は依然通用があると考えられている。→ジュネーブ諸条約

89【宣戦】　一国が他国に対して戦争状態に入る意思を宣言すること。宣戦をせずに戦争を開始することは違法である（開戦ニ関スル条約一）。国際連合の下では、いわゆる戦争の違法化とともに、伝統的な意味での宣戦は考えにくく、また、奇襲戦法の一般化とともに、事前には何らの意思表示も行われないことが多い。→開戦

90【宣戦・終戦の詔勅】　宣戦及び講和に関する天皇大権の施行に関する勅旨として、国民に向けて宣布されたもの。

　1941（昭和16）年12月8日に公布された「米国及英国ニ対スル宣戦ノ詔書」は、開戦に至った理由を、中国の〈重慶ニ残存スル政権ハ米英ノ庇陰ヲ恃ミテ兄弟尚未タ牆に相鬩クヲ悛メス……帝国ノ平和的通商ニ有ラユル妨害ヲ与ヘ〉ので、これに対して〈帝国ハ今ヤ自存自衛ノ為蹶然起ツ〉たとし、徹底した防衛戦争という認識を示す内容であった。そこには中国侵略戦争の実体を覆い隠す意図が露骨であった。

　また、45年8月14日、最後の御前会議で決定・公布された「終戦ノ詔書」は、無条件降伏による敗戦の事実を“終戦”の言葉ですり替え、〈朕カ陸海将兵ノ勇戦朕カ百僚有司ノ励精朕カ一億衆庶ノ奉公各々最善ヲ尽セルニ拘ラス戦局必スシモ好転セス……敵ハ新ニ残虐ナル爆弾ヲ使用シテ頻ニ無辜ヲ殺傷シ惨害ノ及フ所〉に至ったので、降伏によって国民の安全と生命を保守しようとするためという自己弁護に終始するものであった。これら2つの詔書からは天皇の政治・戦争責任の認識をも垣間見ることは出来ず、逆に天皇の“聖断”による国民救済説が、戦後一人歩きした。

91【戦争】　国家間の兵力による闘争であるが、国際法上は戦争と呼ばれる法的状態のこと。

宣戦又は条件付最後通牒によって開始され、戦時国際法の適用が開始される。通常は、休戦によって戦闘行動が停止されて後、講和条約の締結によって戦争状態が終了する。戦争による惨禍の規模が拡大するにつれ戦争禁止の気運が高まり、不戦条約における試みを経て国際連合憲章により違法とされた。

92【戦争指導】 「国務」と「統帥」との統合運営のことをいい、明治憲法に基因する日本独特の問題だった。

明治憲法下では、作戦用兵のことを「統帥」といい、統帥を管掌する機関は参謀本部・軍令部、その他の行政事項を「国務」といい、国務を管掌する機関は内閣であった。

その統帥は明治憲法第11条などにより、「統帥権の独立」として国務の圏外に置かれ、したがって、国家権力構造は国務・統帥、つまり行政府としての内閣と、統帥部としての参謀本部・軍令部の二本建になっていた。

国務・統帥並立のままでは戦争遂行は不可能であって、戦争指導のためには、これらの統合調整が不可欠である。具体的には、内閣総理大臣、外務大臣、陸海軍大臣、企画院総裁などと、参謀総長、軍令部総長などとの合議である。このための会議が「大本営政府連絡会議」であった。→統帥権、参謀本部

93【戦争状態終結宣言】 戦勝国が戦争状態を終了させるため、一方的に発する宣言（例、1947年9月、イギリスのオーストリアに対するもの）。その効果は、結局、宣言の内容によるが、一定の平和的関係の回復が普通である。全面的に戦争状態を終結させるためには、通常、講和条約の締結が必要。

94【戦争の放棄】 国家の伝統的な権利とされてきた戦争に訴える権利を放棄し否認すること。1928年の不戦条約は、締約国が国家の政策の手段としての戦争を放棄することを宣言していた。が、1946年に公布された日本国憲法は、「戦争の放棄」と題する第二章において、「日本国民は、…国権の発動たる戦争と、武力による威嚇又は武力の行使は、国際紛争を解決する手段としては、永久にこれを放棄する」（9①）としたうえ、「前項の目的を達するため、陸海空軍その他の戦力は、これを保持しない。国の交戦権はこれを認めない」（9②）として、戦争法規の立場を徹底している。（戦争抛棄ニ関スル条約）

95【戦争犯罪】 狭義では、軍隊構成員又は一般市民により交戦相手国に対してされた一定の行為（戦争法規の違反行為であるが、例外もある）であって、交戦相手国がその行為者を捕らえたときに処罰することができるものをいう。普通、戦時犯罪といわれるもの。広義では、第二次大戦後において、戦時犯罪とあわせて戦争準備（平和に対する罪）や

543

非人道的行為（人道に対する罪）を含んだ意味で用いられている。戦争犯罪については、その処罰が戦争終了後にも行われる。

96【戦争犯罪人の類別】　極東国際軍事裁判所条例では三つの罪が審理の対象と明記された。第一は「平和に対する罪」である。これは宣戦の布告の有無にかかわらず、侵略戦争及び戦争の準備・計画・開始・遂行に関わった者に対する罪である。第二は「通例の戦争犯罪」である。第一次世界大戦前後に成立したハーグ陸戦条約やジュネーブ条約といった「戦争の法規・慣例」に違反する行為、つまり通常の戦闘中における非戦闘員の殺害や捕虜に対する虐待行為などが含まれる。第三は「人道に対する罪」であり、第二の「通例の戦争犯罪」において裁くには不十分な行為が戦争犯罪とされた。

　またそれぞれの戦争犯罪には「個人的責任」が認められた。すなわち、戦争の開始や遂行といったような国家的行為は国家指導層に、また部隊レベルの戦争犯罪行為は指揮官や実行者にそれぞれ責任をという処罰方法が適用されたのである。よって、東京裁判では「平和に対する罪」を罪状とする主要戦争犯罪人を含む「重大戦争犯罪人」が裁かれることになった。いわゆる「A級戦争犯罪人（A級戦犯）」と呼称される人たちで、罪の性格上、戦前戦中の国家指導者たちであった。

　この分類をもとに東京裁判において戦争犯罪人として起訴された者がA級戦犯と呼ばれた。東京裁判の起訴状では「平和に対する罪」だけではなく「通例の戦争犯罪」が含まれていたが、「人道に対する罪」はドイツの戦争犯罪（特にユダヤ人虐殺）を裁くことを目的に分類されたもので、対日戦犯裁判の判決では明確に分類されなかった。

　また、中国やフィリピン・東南アジアなど、日本の旧占領地において引き起こされた「通例の戦争犯罪」や、日本本土内の捕虜収容所での虐待行為などは、連合国各国によって行われた戦犯裁判（「BC級戦犯裁判」）で裁かれた。この戦犯裁判において戦争犯罪人として裁かれた者たちは一般的に「BC級戦争犯罪人（BC級戦犯）」と呼ばれた。

97【戦争抛棄ニ関スル条約】　昭和4年条約1号。1928年8月28日にパリにて署名され、翌年7月24日に発効。日本は1929年6月27日に批准。略称「不戦条約」といわれている。発案者の名をとってケロッグ・ブリアン条約とも呼ばれる。

　国際紛争の解決のために戦争に訴えることを非とし、かつ、国家の政策の手段としての戦争を放棄することを宣言するとともに、紛争の平和的解決の義務を定めたが、違反の場合の措置を定めていない点で不十分であった。戦争を禁止した最初の条約であり、国際連合憲章の先駆けとされる。

98【戦闘員】　交戦国の兵力に直接に属し、戦闘そのものに従事する人。非戦闘員に対する。

544

本書関連の用語解説

両者によって交戦国の兵力を構成し、文民と区別される。敵対行為に正当に従事でき、捕らえられた場合には捕虜の待遇を受ける。近年、戦闘形態の変化から文民との境界が薄れ、捕虜の資格もこれと切り離されつつある。

99【戦闘参加者】　戦闘地域の陸軍海軍の現地軍部隊長等の要請（指示）に基づき、戦闘に参加させられた者または戦闘幇助に携わり死亡・負傷した者（援護法2条3項2号該当者）。戦闘参加者は、準軍属の一類型で軍人同様に援護法による各種補償の対象となる。準軍属とは直接軍に雇用されたものではないが、軍の命令により直接の戦闘または戦闘を幇助する用務に携わった者や国徴用令などにより総動員業務に従事させたりした者など、国との雇用類似の関係にあった者をいう。

　特に法令上の根拠はないが、昭和34年1月1日に適用開始されたもので、年齢制限はないが地域は限定され、地上戦闘など行われ戦場となった沖縄、満州、サイパン、テニアンなどの南洋群島、フィリピン群島などの地域に限定されている。

　これらの者は、この制度が法律に基づかないため、実際に軍事行動によって負傷または死亡した者（戦時災害）のみが法令上の戦闘参加者の身分を取得する。一般的に戦闘参加者という身分そのものがあるのではない。戦闘参加者の3要件としては、（1）陸海軍の要請または指示があったこと、（2）直接戦闘に参加または軍の戦闘行為を幇助したこと、（3）原則、戦時災害による傷病であること、となっている。上記3要件に該当しない者、例えば空襲による一般犠牲者等は戦闘参加者としては認められない。一般民間人が戦争に巻き込まれて死亡などしても、補償の対象にはならない。その点において、軍人軍属と一般民間人は同じく戦闘行為による被害としても不平等扱い（差別）が生じているのである。（『法廷で裁かれる沖縄戦〈訴状編〉』350〜388頁、被害編、南洋戦・フィリピン戦被害者が沖縄に引き揚げてきたので、これら被害者として適用された）

（南洋戦・フィリピン戦の戦闘参加者）

　南洋戦・フィリピン戦の戦闘参加の場合も、戦後、沖縄に引揚げてきたので、沖縄戦の戦闘参加者同様の取扱いとなった。沖縄戦の場合と同様に援護法の戦闘参加者として適用された。

そして次に、援護法の米軍占領下の沖縄へ適用は、次の経過による。

日本国内で住民地区で唯一の地上戦が闘われ、多数の犠牲者が出た沖縄は、戦争終結後も引き続きアメリカ軍に軍事占領され、軍人軍属中心の戦傷病者戦没者遺族等援護法（1952年制定）が当初適用されず、一般住民はもとより軍人軍属も含め「援護金」は支給されなかった。

焦土と化した沖縄では、県民の生存が危機に瀕していた。被害者は、国に対して必死に援護法の適用運動を展開した結果、1953年に援護法が適用された。

545

しかし、それは軍人軍属のみに補償され（沖縄戦関係では 28,228 人に対してのみ）、圧倒的多数の一般住民被害者は適用外とされた。

これには、一般民間戦争被害者が我慢（受忍）できず、遺族会を中心に世論が高まり、全民間戦争被害者救済と援護法の沖縄への適用運動が広がり、対日本政府交渉を粘り強く行った。

その結果、政府は 1957（昭和 32）年に一般住民被害者の中で「戦闘参加者」と取り扱うべき事例 20 項目（食糧提供、壕の提供など）を決め、それらに該当するときは「戦闘参加者」、すなわち「準軍属」として援護法を適用すると決定し、一部の住民を救済する措置をとった。

（戦闘参加者 20 項目）

①義勇隊　②直接戦闘　③弾薬・食糧・患者等の輸送　④陣地構築　⑤炊事・救護等の雑役　⑥食糧供出　⑦四散部隊への協力　⑧壕の提供　⑨職域（県庁職員、報道関係者）　⑩区（村）長としての協力　⑪海上脱出者の刳舟輸送　⑫特殊技術者（鍛冶工、大工等）　⑬馬糧蒐集　⑭飛行場破壊　⑮集団自決　⑯道案内　⑰遊撃戦協力　⑱スパイ嫌疑による斬殺　⑲漁撈勤務　⑳勤労奉仕作業

この 20 項目は、食糧供出や壕の提供などのように任意になされた表現となっているが、いずれも軍の強制・命令に基づくものであるところ、実態を隠蔽する表現となっている点、強い批判がなされている。

日本政府が、もしこのような部分的救済措置でもとらならかったならば、沖縄の世論は、日本政府への批判が高まり、アメリカの支配を揺るがす大運動に発展したことは確実だったと見られたからであった。

しかし、この措置は同じ被害を受けた一般住民の中に選別（差別）を持ち込み、それによって県民世論は分断され、その後、全民間戦争被害者救済運動は沈滞し、事実上消えてゆく。

（戦闘参加者認定と一般住民間差別）

戦後になって事後的に日本政府が作り出した基準による一般住民の「戦闘参加者」は、同じ戦争被害者である一般住民の選別（差別）でもあった。

両者は沖縄戦の一般民間人被害者という点では全く同じである。沖縄戦の被害者は日本軍の軍事作戦行動に従ったために被害を受けたものであり、選別自体根拠はなく不当なものである。

戦闘参加者として取り扱われた一般住民は、「準軍属」として軍人軍属と同額の補償がされている。一般住民の「戦闘参加者」の受給者数は、沖縄県福祉・援護課の統計資料では、平成 23 年 3 月末現在 52,332 人にのぼっている。

（放置されている死者約 7 万人・負傷者 5 万人）

本書関連の用語解説

　「戦闘参加者」概念から外されている援護法未適用者は、沖縄県の資料によると 38,900 人余であるが、その数字は戦争被害調査に基づくものではなく、統計の机上の計算で、実態からかけ離れている。これに、船舶撃沈による死者や戦争マラリア死者などの被害者が統計上の対象となっていない。沖縄県民の戦死者を 15 万人と推定した場合は、未補償の死没者数は、15 万人から、軍人軍属 28,228 人と戦闘参加者として取り扱われた焼く 52,332 人を除いた 69,440 人と計算される。負傷者で後遺障害者も推定 5 万人が放置されている。

（沖縄・民間戦争被害者の会の結成と救済運動の展開）

　未補償の民間戦争被害者は、2010 年 10 月に「沖縄・民間戦争被害者の会」を結成し、立法救済運動と国を被告とする「謝罪と国家補償」を求める集団訴訟の提訴を決定した。この沖縄戦被害国家賠償訴訟は、この流れの中で提起されたものである。なお付言するに、一般民間戦争被害者救済立法運動は、全国的に展開されており、現在、国会内には立法促進のための超党派の議員連盟が結成され、活動を続けている。

100【戦没者】　戦争で死亡した人。戦死者・戦傷死者（戦闘での負傷がもとで死亡した人）及び戦病死者（戦場で病気になり死亡した人。餓死も含む）の総称。靖国神社に合祀されている戦没者は軍人・軍属（扱い含む）に限られている。

101【占領】　他国の領土の全部または一部を自己の事実上の支配下に置くこと。戦時占領と平時に行われる保障占領とに分かれる。占領者による行政が行われ、秩序がおおむね維持される必要がある点、侵入と異なる。占領は、占領軍の権力を行使し得る範囲に限られる。戦時占領に関しては、「陸戦ノ法規慣例二関スル条約」に規定がある。→保障占領、沖縄のアメリカ軍による軍事占領の国際法違反

102【総加入条項】　第一次大戦前の戦争法規に共通にみられた条項で、交戦国の全てが条約当事者である場合に限り、当事国相互の間でその条約を適用する旨を規定したもの。主権平等の観念に基づき、かつ、交戦国の中に非締約国が存在することから生ずる問題を回避するために用いられた。第一次大戦以降は、戦争が世界戦争に拡大したため、不都合が多く、第二次世界大戦後に作成された 1949 年のジュネーブ条約では、明確に除外された。

103【第一次世界大戦】　三国同盟（独・墺・伊）と三国協商（英・仏・露）との対立を背景として起こった世界的規模の大きな戦争。サラエボ事件を導火線として 1914 年 7 月オーストリアはセルビアに宣戦、セルビアを後援するロシアに対抗してドイツが露・仏・

547

英と相次いで開戦、同盟側（トルコ・ブルガリアが参加）と協商側（同盟を脱退したイタリアのほかベルギー・日本・アメリカ・中国などが参加）との国際戦争に拡大。最後まで頑強に戦ったドイツも18年11月に降伏、翌年ヴェルサイユ条約によって講和成立。欧州大戦。第一次大戦。

104【大権】 旧憲法において、天皇の権能、特に帝国議会の参与なしに行使されるものを指した語。→大権事項

105【大権事項】 旧憲法下での天皇の権能のうち、帝国議会の召集、命令の発布、文武官の任免、軍の統帥、宣戦、栄転の授与など帝国議会の参与なしに行使できた事項。これらの大権のうち、皇室の事務に関するもの（皇室大権）と軍の統帥に関するもの（統帥大権）は、大臣助言制の外に置かれ、それぞれ宮内大臣又は軍令機関の輔弼（ほひつ）によって行われた。輔弼とは君主を輔佐すること。→大権

106【第31軍（大本営直轄・中部太平洋方面全陸軍部隊）】 大本営が設定した絶対国防圏を死守することが困難となってきたので、大本営は1944（昭和19）年2月16日大本営直轄の第31軍を創設し、軍司令官に小畑英良中将を配して、中部太平洋方面全陸軍部隊を統率させることになった。第31軍の戦闘序列には第52師団、第29師団、第1〜第8派遣隊など既に中部太平洋方面に派遣中又は派遣を発令された部隊のほか、新たに第35師団（在中支）、戦車第9連隊、高射砲第25連隊（ともに在満）及びその他の部隊が編入された。

　第31軍はトラック地区集団、マリアナ地区集団、パラオ地区集団、小笠原地区集団及びマーシャル諸島、クサイ、クェーク、南鳥島、メレヨン島に配備（又は配備予定）の部隊と所要の軍直部隊からなっていた。

　一方、海軍においては、陸軍の第31軍司令部新設に伴い、従来中部太平洋方面において作戦中の第4艦隊と新たに編成した第14航空艦隊を基幹として、3月4日中部太平洋方面艦隊（司令長官・南雲忠一中将）を編成し、中部太平洋方面の陸海軍をその指揮下に入れて同方面の作戦を担当させることになった。

107【第32軍（大本営直轄・南西諸島方面防衛軍・沖縄守備軍）】 1944（昭和19）年3月22日に屋久島から南、沖縄を中心に台湾から北の範囲の防衛軍として大本営直轄の第32軍を創設した。

　南西諸島での不沈空母化の航空基地等の建設が進行中の1944（昭和19）年2月17日〜18日、中部太平洋カロリン諸島中央部に位置する日本の委任統治領トラック諸島（現

在チューク諸島）の日本軍が米機動部隊の艦砲射撃や空襲を受け、艦船等40余隻が沈められ、飛行機約270機を失うという大被害をうけた。大本営にとってそれはきわめて深刻な打撃であった。なぜならその前日の2月16日、米英の反撃を阻止するためサイパン・テニアンなどマリアナ諸島方面の兵備強化を目的に、第31軍（中部太平洋方面全陸軍部隊）の創設を企図したばかりだったからである。

　そこで同年2月19日に大本営は、日本本土、南西諸島、台湾方面の防衛の強化を決定した。そのうえに、佐世保鎮守府司令長官が南西諸島防衛強化の詳細な意見具申を行った。それによると、南西諸島海域で米軍潜水艦攻撃を頻繁に受けていたので、対潜水艦作戦と海上交通路確保のため、航空基地建設にとりかかりつつあったが、敵の空襲並びに上陸作戦に対しては無防備の状態だった。そこで海軍としてはマリアナ諸島同様の兵力を南西諸島防備のため急速に強化することを求めたのである。

　大本営はその意をうけ、南西諸島防衛強化のために、1944（昭和19）年3月22日に屋久島から南、台湾から北に大本営直轄の第32軍を創設したのである。

　一般に、第32軍を「沖縄守備軍」という呼び方をしてきたので、その作戦範囲は恰も沖縄県域だけに限定されているように思われがちである。しかし、第32軍の作戦地域は、沖縄県だけでなく、鹿児島県の奄美諸島にまたがっており、沖縄戦は、特攻攻撃を含めて九州から南、台湾から北の南西諸島全域に渡って展開することになったのである。

　当初の軍司令官は渡辺正夫陸軍中将であったが、病気のため転出し、後任には牛島満中将が就任し、沖縄戦を指導したが敗北し1945（昭和20）年6月23日に自決し、沖縄戦の組織的戦闘は終了し、第32軍が壊滅した。

108【第二次世界大戦】　後進資本主義国である日・独・伊3国（枢軸国）と米・英・仏・ソなど連合国との間に起こった全世界的規模の大きな戦争。1939年9月ドイツのポーランド侵入、英・仏の対独宣戦により開始。ドイツ軍は一時欧州諸国を席捲、40年6月にはパリを占領、41年には独ソ不可侵条約を破ってポーランド東部・ウクライナ地方に侵入して独ソ戦争が勃発。一方、同年12月、日本の対米宣戦で太平洋戦争が起こり、戦域は全世界に拡大。42年夏以降連合国軍は総反攻に転じ、43年にはスターリングラードにおけるドイツ軍の全滅、英・米連合軍の上陸によるイタリアの降服、45年5月には英・米・ソ軍のベルリン占領によるドイツの降服、8月には原爆投下とソ連の参戦による日本の降服となって終了。戦後、アジア・東欧に社会主義国が生まれ、資本主義国との矛盾が一層深まり、米・ソの対立は再び激化した。第二次大戦。

109【大日本帝国】　旧憲法下における日本国家の呼称。現行憲法では「日本国」と改められた。

549

110【大日本帝国憲法】 明治22年2月11日公布、23年11月29日施行。旧憲法、明治憲法と俗称される日本の憲法典の正式の題名。7章76箇条からなる欽定（きんてい）憲法。日本で初めての近代憲法であり、昭和22年5月2日まで存続した。その特色は、天皇主権と民主主義の原理の実際的・政治的妥協にある。すなわち、帝国議会を設け、衆議院については公選の議員によって構成されることとして、民主的要請を満足させる一方、天皇主権の原理に基づき、天皇を国の元首、統治権の総攬（そうらん）者として、軍の統帥権をはじめ多くの大権を与え、議会の政府に対するコントロールをできるだけ制約しようとした。→日本国憲法

111【大本営・最高戦争指導機関】 戦時において作戦立案や作戦を指導する天皇直轄の最高戦争指導機関。戦時大本営条例（1893年5月22日公布）によって設置され、当初は陸軍の参謀総長を幕僚長とし、海軍も含めた全軍の作戦指揮を統轄した。1944年8月4日に小磯国昭内閣下で最高戦争指導会議に取って代わられるまで、日本の最高の戦争指導機関としての役割を果たした。アジア太平洋戦争期にあって大本営は、本来ならば統一的な戦争指導機関として機能することが期待されたが、陸海軍間の作戦や軍需物資の配分をめぐる深刻な対立は、大本営によっても最後まで解決することができず、また日本の陸海軍に特有の独善性もあって、アメリカやイギリスなどに見られるような戦争指導と政治指導の連携を作り出すことができないままであった。つまり、大本営は政治指導部を排除する形で戦争指導を強引に押し進め、常に政略と戦略の連携を欠落させる限界を露呈した制度だった。沖縄戦を指揮した第32軍、南洋戦を指揮した第31軍は、いずれも大本営直轄であった。

112【大本営発表】大本営による国民向けの戦況の発表。大本営陸・海軍部報道部による戦況の公式発表のことで、軍事機密を保護するとともに国民の戦意を高揚させることを目的としていた。アジア太平洋戦争中に合計846回の発表が行われた。
　　ミッドウェー海戦時より戦果の誇張と損害の隠蔽が本格化し、次第に国民の信頼を失っていった。戦後は「誇大発表・ウソ」の代名詞となった。戦果の誇張は故意による場合や、大本営の情報収集能力の不足からくるものであった。

113【徴兵制】 一般国民に対して、個人の意思のいかんにかかわりなく、兵役に服することを強制する制度。志願兵制度に対応するもの。わが国では、明治5年に強制徴兵の制度が採られ（明治6・1・10太政官無号徴兵令、昭和2法47兵役法）、旧憲法の下では、兵役の義務は教育・納税の義務と並ぶ国民の3大義務の一つであった。しかし、第2次大戦の終了とともに徴兵制度は廃止された。現行憲法の下では、徴兵制をとることは憲

本書関連の用語解説

法上許されない（憲9・18・22①参照）。

114【徴用】日中戦争時より行われた強制労働。国家総動員法及び1939（昭和14）年制定の国民徴用令により実施された。戦争遂行の要である軍需工業に労働力を集中させるため、被徴用者は政府が定めた労働条件の下、軍需工場に釘付けにされた。

初めは一定の有技能者に対してのみであったが徐々に拡大され、44年からは国民学校児童と既婚女性、60歳以上の者を除く全国民が徴用対象者として登録された。終戦時の被徴用者数は約六一六万人であった。

115【天皇（昭和）の戦争責任】　戦後70年を超えても、アジア太平洋戦争に関する戦争責任がなぜ問題となるか。

対外的には、今なお慰安婦や強制連行、朝鮮人・台湾人軍人軍属、朝鮮人被爆者などからの補償要求・謝罪要求が出されている現状がある。戦争や植民地・占領地支配によって筆舌に尽くしがたい惨禍を被ったアジア・太平洋地域の諸国民にとっては、日本の侵略による被害は過去のことではなく明らかに現在の問題である。

対外的な問題だけではなく、国内においても戦争と軍国主義・植民地支配は、未だに癒やされぬ多くの傷跡を残している。国内における空襲被害者、被爆者、沖縄戦における住民虐殺や「集団自決」の問題などからも分かるように、今なお戦争によって被った精神的・肉体的苦痛を被っている人々がいる。そして、国内外の戦争被害者に対する日本国家からの謝罪と補償が皆無に等しい状態で放置され、日本国に対する国家賠償責任追及の法的手段が講じられるなど未解決な問題となっている。その責任を誰が負うべきかは、議論になることは当然の道理である。

ここでいう戦争責任とは、国内外の戦争被害救済責任のことである。戦争の後始末の一つとして、戦争責任が問われるのは当然である。戦争責任を問題にすると、昭和天皇を含む政府・軍の指導者個人に対する「死者に鞭打つ」非難・弾劾を行うことではない。再び戦争が起こらないようにするため、確かな土台作りのために必要不可欠である。戦争責任には国家の戦争責任と天皇の戦争責任問題、国民の戦争責任問題等がある。ここでいう戦争責任とは、国民の生命・身体・財産・文化等の全戦争被害に対する法的責任・政治的責任・道義的責任のことである。アジア太平洋戦争について、昭和天皇は戦争責任があるか否かについて、肯定論・否定論がある。

■責任肯定論

最終的な戦争責任は戦前の国家元首であり、陸・海軍の最高統帥者たる大元帥・昭和天皇にあると肯定すべきである。

その理由は次のとおりである。大日本帝国憲法（旧憲法）は、天皇主権の原理に基づき、

551

天皇を国家の元首、統括権の総攬者として軍の統帥権をはじめ多くの大権を与えた。第31条で天皇に軍事大権・条約大権・非常大権など12ある大権を付与した。大権とは、旧憲法において天皇の権能のうち、特に帝国議会の参与なしに行使されるものであり、それを大権事項と言われた。

　その大権事項は、旧憲法下での天皇の権能のうち、帝国議会の召集、命令の発布、文武官の任免、軍の統帥、参戦、栄典の授与など帝国議会の参与なしに行使できた事項。これらの大権のうち、皇室の事務に関するもの（皇室大権）と軍の統帥に関するもの（統帥大権）は、大臣助言制の外に置かれ、それぞれ宮内大臣又は軍令機関の輔弼（ほひつ）によって行われた。

　軍事大権は、この大権事項の一つである。軍事大権と軍政大権とに区別される。軍事大権を実行できるようにするために、アジア太平洋戦争時には天皇直轄の大本営を最高戦争指導会議にした。

　統帥とは、用兵・作戦のこと、または軍を指揮すること。その権限を「統帥権」という。軍の統帥は、欧米では行政権の範疇に入り、政府の管掌するところ。
明治憲法には第11条に「天皇は陸海軍を統帥す」とあり、通称、天皇の「統帥大権」と呼ばれていた統帥権は、行政権の範疇外、行政府とは別個の、天皇に直接隷属する統帥部が、それを管掌する仕組みになっていた。→統帥権
統帥権は、軍の最高指揮権。明治憲法において天皇の大権事項の一つとされていたが、国務大臣の輔弼（ほひつ）の外に置かれ、政府も帝国議会も全くこれに関与できないとされた（統帥権の独立）。

　実際には、参謀総長（陸軍）と軍令部総長（海軍）などの軍令機関が輔弼にあたり、統帥権の範囲が本来の作戦用兵にとどまらず広く軍に関係する政治行政の領域にまで及ぶとされるに至って、軍による政治干渉の足がかりとなった。
統帥部は、陸軍の参謀本部、海軍の軍令部のこと。それぞれの長官にあたる参謀総長（陸軍）、軍令部総長（海軍）が、天皇の、陸軍、海軍に対する統帥権の行使をそれぞれ輔翼していた。

　これらの陸・海軍に対する指揮は、全て天皇を頂点とするものであり、天皇は陸・海軍に対する最高統帥者であり大元帥である。

　戦争指導とは、「国務」と「統帥」との統合運営のことをいい、明治憲法に基因する日本独特の問題だった。

　明治憲法下では、作戦用兵のことを「統帥」といい、統帥を管掌する機関は内閣であった。

　その統帥は明治憲法第11条などにより、「統帥権の独立」として国務の圏外に置かれ、したがって、国家権力構造は国務・統帥、つまり行政府としての内閣と、総帥部としての参謀本部・軍令部の二本建てになっていた。

552

国務・統帥並立のままでは戦争遂行は不可能であって、戦争指導のためには、これらの統合調整が不可欠である。具体的には、内閣総理大臣、外務大臣、陸海軍大臣、企画院総裁などと、参謀総長、軍令部総長などとの合議である。このための会議が最高戦争指導機関であった。それは、天皇の直轄下により、その会議が大本営としての最高戦争指導会議であった。

　以上の諸理由により、昭和天皇には大日本帝国の元首、陸・海軍を指揮・統率する最高統帥者（＝大元帥・最高戦争指導者）として、アジア太平洋戦争に関する戦争責任が肯定されるべきである。

■否定論に対する批判

　天皇の戦争責任否定論とは、大別して (1) 天皇の憲法上の機能からの否定論（大日本帝国憲法の条文を根拠とする否定論）と (2) 天皇の戦争にかかわり方の実態からの否定論がある。

　昭和天皇に戦争責任がないとする旧憲法上の第一の理由として、旧憲法第３条の神聖条項「天皇は神聖にして侵すへからす」に基づく天皇無答責任論である。しかしこの３条そのもの条文において明文的な無答責規定がないのである。その天皇無答責論は拡大解釈であり、それについて合理的根拠がない。旧憲法以外の法律等によっても天皇免責の規定がない。否定論には、要するに明治憲法下における実定法上の根拠が全くない。

　しかも、天皇無答責論は、立憲君主制＝君主無答責、という考えが前提となっている。しかし、大日本帝国憲法は立憲君主制（国民主権と両立する君主制）ではなく、限りなく絶対君主制に近い。要するに、大日本帝国憲法における天皇の地位は、西欧・北欧と同様の立憲君主というよりも絶対君主に近いものである。従って、西欧・北欧の立憲君主論（国民主権と両立）とは前提を異にする議論である。

　大日本帝国憲法第 55 条の国務大臣の輔弼条項を根拠とした輔弼機関答責論も、そもそも戦前日本における統帥権の独立というシステムを無視した議論である。軍令機関（参謀本部・軍令部）の長は、天皇に直属する幕僚長であり、最高命令を下す権限を持っていなかった。憲法第 55 条は、軍事命令発令の責任の所在については全く触れていないのである。統帥権が政府から独立しており、かつ幕僚長に最高命令を下す権限がないのであるから、その責任は最高命令を出す権限を有する最高統帥者たる天皇に帰着せざるを得ない。

　天皇の憲法上の機能からの否定論（大日本帝国憲法の条文を根拠とする否定論）はともに西欧流の立憲君主制の理念を前提とし、むしろ大日本帝国憲法が運用されていた政治体制の実態にはそぐわない議論であるといわざるを得ない。

　以上述べたように、天皇の戦争責任について大日本帝国憲法の各条文を根拠とする各否定論はいずれも根拠がない。

第二の天皇の戦争との関わり方の実態論からの否定論にも根拠がない。その理由は次のとおりである。

　その否定論は、(1) 天皇は軍事には素人、戦争に主体的に関与しなかった。(2) 戦争は軍部の独走であり、軍部の方針・作戦を押さえていた平和主義者であった。(3) 天皇は戦況を知らなかった、知らされていなかった。(4) 天皇が決断したからこそ戦争が終わり平和となった、という主張である。

　しかしながら、いずれの理由・主張も根拠がない。まず (1) の点については、天皇は「御下問」「御言葉」を通じて戦争指導を行い、軍事作戦指導に深く関わり大元帥として戦争指導を行い、天皇は常に主体的に関与していた。

　(2) については、昭和天皇は軍事に素人などではなかった。天皇の大元帥としての責任感、軍事人としての資質・素養は、アジア太平洋戦争において大いに発揮した。
昭和天皇は東郷平八郎から直接・間接に帝王学・軍人哲学を学んでいた。
昭和天皇は作戦内容についても介入の度を深めるようになり、政戦略の統合者として世界情勢と戦況を常に検討し、統帥大権を有する大元帥として統帥部を激励したり、叱責して戦争指導を行った。昭和天皇は、沖縄戦においては現地軍の考えを押さえて攻勢作戦を実施（1945 年）し、大敗した例もある。
確かに、昭和天皇は軍部による手段を選ばない強引な勢力圏拡大・戦争遂行路線に、常に賛成していたわけではなかった。

　昭和天皇はどのような軍事行動であっても戦闘に勝利し、結果として「国威発揚」に成功した場合は、軍部に対し積極的に賞賛もした。天皇は帝国主義国家日本の君主として、なるべく露骨な手段を使わずに領土と勢力圏を拡張していくという膨張論者であった。

　(3) については、日中戦争・アジア太平洋戦争を通じて、昭和天皇は常に重要な最新の軍事情報を提供され、軍事情報は掌中されていた。従って、戦況を知らなかったという主張は全く以て不当である。

　(4) については、決断したから戦争が終わったということは、天皇が決断しなければ大日本帝国憲法の下では戦争は終了しないのであるから、決断さえすれば戦争が終わることは当然である。その点からして (4) は理由にならない。むしろ、昭和天皇の戦争終結の決断が遅かったことに責任がある。

　原爆投下・ソ連参戦という軍事的破綻をきっかけに、天皇は宮中グループの「聖断」シナリオに乗り、本土決戦に執着する軍部に継戦を断念させたが、それは時機に遅れた決断であり、戦争責任を否定する論拠でなく戦争責任を肯定する論拠となる。
アジア太平洋戦争は、すでにマリアナのサイパンが陥落した 1944 年 6 月〜7 月より最終段階に入っており、以後の統帥部と天皇の決戦への執着が、いたずらに犠牲を拡大させたのである。1945 年 2 月 14 日の近衛上奏の時に戦争を終結させておけば、その後最

本書関連の用語解説

も悲惨な戦争被害である3月10日の東京大空襲など全国各地に対する空襲、4月の沖縄地上戦、8月の広島・長崎への原爆投下は間違いなく防げたものである。歴史的に見れば、天皇が「聖断」シナリオに乗って、最後の最後に「決断」したから戦争が終わったことよりも、マリアナ陥落や近衛上奏という決定的な転換期に決断しなかった不作為（統帥部を信頼しすぎた）ために戦争が続いて、国民・国内の犠牲が圧倒的に増えたことこそが重大な問題である。原爆投下、ソ連参戦という末期的な軍事的破綻に追い詰められて戦争終結を決めざるを得なかったのである。それは天皇が決断したから戦争が終わったという評価ではなく、天皇の戦争終結行為が遅かったために戦争被害が飛躍的に増大したという責任の問題である。

　→近衛文麿の単独上奏

昭和天皇の戦争責任の内容と国家の戦争責任との関係

昭和天皇の戦争責任の具体的内容

　　天皇の戦争責任は詳細に検討すれば、実はそれは複合的な内容をもっている。

①　国家の最高責任者（元首）として日米開戦を決定・承諾した開戦の責任

②　国務と統帥（軍事）を統轄できる唯一人の最高責任者として戦争を遂行した責任

③　最高軍事命令（大本営命令）の唯一の発令者としての責任

④　統帥権の実際の行使者として現実の作戦指導・戦争指導を行ったことに伴う責任

⑤　戦争終結決定遅延責任、サイパン陥落により日本の敗北が決定的になったとき及び戦争終結の近衛文麿上奏を拒否した点、特に戦争を終結しなかったために被害を拡大させた責任

などから構成される。

■国家責任との関係

　これからもわかるように、天皇の戦争責任はまさに国家の戦争責任の中核をなすものである。つまり、天皇の戦争責任を曖昧にすることは、国家の戦争責任をうやむやにすることである。一般国民の戦争被害者に対する国家の戦争責任を曖昧にしている。天皇無答責論は、国家無答責論の根拠となっており、ひいては戦争被害受忍論の理由とされ、戦争被害者（空襲被害者や沖縄戦被害者、南洋戦被害者、フィリピン戦被害者、原爆被害者）を救済せず放置している流れとなっている。ここであえて天皇の戦争責任を論ずる意味は、日本国が国家として戦争被害者に対する救済を放置している現実があり、国家責任として、一般民間戦争被害者の救済が強調されだしているから、天皇の戦争責任を論じざるを得ないのである。なにも昭和天皇を個人的に感情的に非難しているからではなく、歴史の総括のため客観的な理由がある。戦争責任の所在を曖昧にすることは歴史を歪曲することであり、教育・マスコミ報道を通じて、日本国（日本人）の歴史認識・国家認識をゆがめ、ひいては国際的な批判・反発を招き、結局は日本人に跳ね返ってくるので

555

ある。

■平成天皇は昭和天皇の戦争責任を承継するか

　なお、昭和天皇に戦争責任があるとすれば、昭和天皇の子である平成天皇には昭和天皇の戦争責任を承継するか否かも問題となる。

　賛否両論あると考えるが、特にその点を論じた書籍等は見当たらない。太平洋戦争の戦争責任を国民が負うか否かも論じられている。現在の国民も戦争責任として間接的責任・政治的責任・道義的責任を負うとする立場とパラレルにして考えると、平成天皇にも同様の戦争責任があると考えることも一理はある。皇室として相続が行われる事実等、戦前から承継されている点もその根拠となると考えられる。平成天皇が高齢にもかかわらず、アジア太平洋戦争での戦没者の慰霊のために沖縄・サイパン・パラオ・フィリピン等まで出かけていることは大変注目に値するが、アジア太平洋戦争についての反省から出てきているものであるか否かは判然としない。

116【天皇（昭和）の沖縄戦における戦争責任】　昭和天皇のアジア太平洋戦争における戦争責任があることは、天皇（昭和）の全体的戦争責任のところで述べたとおりである。それに加えてここでは沖縄戦について、昭和天皇の戦争責任について述べる。

　ここでいう戦争責任は、沖縄戦による沖縄県民の生命・身体・精神・財産・文化等の全被害に対する法的責任、政治的責任、道義的責任のことである。この根拠として次の諸点を列挙する。

(1)　天皇直轄の大本営が 1944 年 3 月 22 日に大本営直轄の第 32 軍（南西諸島方面防衛軍・沖縄守備軍を創設し、国体（天皇制）護持・本土防衛のための沖縄捨て石作戦の軍事基地としたことにより、必然的に米軍との戦闘行為が発生し、それにより沖縄県民に深刻な被害をもたらした責任

(2)　元首相近衛文麿が 1945 年 2 月 14 日に天皇に敗戦は必至であるとして早期の戦争終結を勧告したのに対し、天皇は米軍に打撃を与えてから講和を模索するとして拒否したことにより、その後の沖縄戦を回避しなかった責任

(3)　沖縄戦開始後には、1945 年 5 月 4 日に第 32 軍に対して長期持久戦の作戦を短期決戦に変更させて大敗北を期し、県民を護るべき立場にあった第 32 軍の精鋭部隊など約 6 割を壊滅させて第 32 軍に著しい戦闘能力低下をもたらし、そのことにより沖縄戦の県民被害の増大をもたらしたことになった責任

(4)　大本営は連敗に次ぐ連敗の第 32 軍が 1945 年 5 月 28 日に首里の第 32 軍司令部を放棄させ、第 32 軍は南部方面へ撤退したが、その日本軍の首里撤退は大本営が沖縄戦放棄を決定したものであるにもかかわらず、その事実を現地第 32 軍の幹部にも沖縄県民にも通知等せずに沖縄戦を終結させることなく第 32 軍に戦闘を維持・継続させ、そのこと

本書関連の用語解説

によりその後日本軍の組織的抵抗が終わった 6 月 23 日までの 20 日余で沖縄戦最大の生き地獄を現出し、その期間内だけでも沖縄県民約 7 万人の戦死者を出すことになった責任（大本営が第 32 軍の首里撤退の時に沖縄戦を終結させなかった責任）

(5)　沖縄戦についての国家責任と天皇責任との関係は、別々に成立するものであり、一方が他方を吸収する関係であるものではなく、併存している責任である。すなわち、国家責任が成立するからといって天皇の戦争責任が消えるものではないのである。その逆も同じである。

(6)　沖縄戦終了後 70 年も経過した今日においても、その戦争被害（特に一般民間戦争被害者）の救済をせず放置している債務（救済）不履行責任

→「天皇（昭和）の沖縄戦統括」、近衛文麿、近衛文麿の単独上奏

117【天皇（昭和）の沖縄戦総括】　昭和天皇は、沖縄戦について「昭和天皇　独白録」（113、114 ページ）のなかで次のように語っている。

「之（沖縄戦）は陸海作戦の不一致にあると思ふ。沖縄は本当は三ケ師団で守るべき所で、私も心配した。梅津（美治郎）は初め二ケ師団で充分と思つてゐたが、後で兵力不足を感じ、一ケ師団を増援に送り度いと思つた時には己に輸送の方法が立たぬという状況であつた。所謂（いわゆる）特攻作戦も行つたが、天候が悪く、弾薬はなく、飛行機も良いものはなく、たとへ天候が幸ひしても、駄目だつたのではないかと思ふ。

特攻作戦といふものは、実に情に於て忍びないものがある。敢て之をせざるを得ざる処に無理があつた。

海軍は『レイテ』で艦隊の殆んど全部を失つたので、とつておきの大和をこの際、出動させた。之も飛行機の連絡なしで出したものだから、失敗した。

陸軍が決戦を延ばしてゐるのに、海軍では捨鉢の決戦に出動し、作戦不一致、全く馬鹿馬鹿しい戦闘であつた。詳しい事は作戦記録に譲るが、私は之が最後の決戦で、これに敗れたら、無条件降伏も亦已を得ぬと思つた」。

昭和天皇は、この独白録によると、沖縄戦について兵力・装備ともに不十分、陸海軍の作戦不一致、捨鉢作戦、勝てぬ決戦などと認識していたことが素直に表現されている。これでは、沖縄戦で戦死した一般住民や軍人も浮かばれない。その責任を誰がとるのであろうか。→近衛文麿の単独上奏、天皇（昭和）の沖縄戦における戦争責任

118【天皇（昭和）の沖縄に関する戦後責任（「沖縄メッセージ」）】　昭和天皇には沖縄戦自体についての戦争責任が肯定されることは「天皇（昭和）の沖縄戦における戦争責任」の項で述べたとおりである。

昭和天皇は大元帥として大本営を指導し、大日本帝国の最高責任者として沖縄戦を遂行

557

し、沖縄県民に歴史上未曾有の多大の犠牲を強いておきながら、それを反省せず、戦後にあって沖縄をアメリカに「差し出し」アメリカの沖縄軍事占領継続を認容する考え方を占領軍アメリカに伝えた。

　それがいわゆる「沖縄メッセージ」である。1947年9月19日、天皇の密使として宮内府御用掛・寺崎英成がＧＨＱ外交顧問シーボルトを訪ねた〈『昭和天皇独白録　寺崎英成・御用掛日記』332頁〉。その時、寺崎は、天皇が「アメリカが沖縄を始め琉球の他の諸島を軍事占領し続けることを希望している」こと、それがソ連の脅威に対抗する日米両国にとって利益になること、占領は主権を日本に残した形で、25年ないし50年といった長期のものがよいと天皇が思っていることなどをシーボルトに語った。シーボルトはさっそく翌日そのことをマッカーサーに報告している。これが天皇自身の考えにもとづくものであったことは、のちに天皇が侍従長・入江相政に語っているところである（『入江相政日記』第5巻、419頁。1974年4月19日の項）。

　米ソ対立の激化を見通し、沖縄をアメリカに差し出すことによって日本本土の安泰をはかる戦略は、沖縄戦において沖縄を天皇制（国体）の護持と本土防衛のため捨て石にした軍事戦略と同一のものである。『芦田均日記』によれば「沖縄メッセージ」をマッカーサーに伝えた当時、天皇は外相・芦田均に「内奏」をしばしば求め、片山哲・中道内閣の頭越しに保守勢力の代表として二重外交を展開していたことは確かである。天皇のこのような言動は日本国憲法第2条 象徴天皇制により国政に関する権能を有しないと限定されている象徴天皇の越権行為である。アメリカは、結果として天皇側の意見を取り入れたのであるから、昭和天皇の判断と「希望」は、基地問題にあえぐ沖縄の戦後から現代に至るまでの状況に決定的な役割を果たしたと言える。

119【東京裁判】　第二次世界大戦で日本が降伏した後に、連合国が戦争犯罪人として指定した日本の指導者などを裁いた一審制の裁判。日本の重大戦争犯罪人（Ａ級戦争犯罪人）を裁くため行われた国際裁判。正式には極東国際軍事裁判という。

　1946年1月に「極東国際軍事裁判所条例（極東国際軍事裁判所憲章）」が定められ、東京・市ヶ谷の旧参謀本部の講堂にて行われた。起訴は1946年4月29日、48年11月12日に判決の言い渡しが終了、12月23日に東条英機らの死刑が執行された。しかし、天皇の追訴は行われなかった。

120【東京大空襲】　1945（昭和20）年3月10日午前零時過ぎから2時間半に渡って、木造家屋の密集する東京下町一帯に米軍が行った大規模空襲。マリアナ基地の司令官にＣ・ルメイ少将が就任すると、軍事施設への精密爆撃から大都市への夜間焼夷弾絨毯爆撃へと戦略方針を転換した。334機のＢ29が超低空から推定1665トンの焼夷弾を投下、折

558

本書関連の用語解説

からの強風もあって約 40 万平方メートルを焼き払った。死者は推定約 10 万人、罹災者
は 100 万人を超えた。

121【統帥】　用兵・作戦のこと、または軍を指揮すること。その権限を「統帥権」という。
軍の統帥は、欧米では行政権の範疇に入り、政府の管掌するところ。
　　明治憲法には第 11 条に「天皇は陸海軍を統帥す」とあり、通称、天皇の「統帥大権」
と呼ばれていた統帥権は、行政権の範疇外、行政府とは別個の、天皇に直接隷属する統
帥部が、それを管掌する仕組みになっていた。→統帥権

122【統帥権】　軍の最高指揮権。明治憲法において天皇の大権事項の一つとされていたが、
国務大臣の輔弼の外に置かれ、政府も帝国議会も全くこれに関与できないとされた（統
帥権の独立）。
　　実際には、参謀総長（陸軍）と軍令部総長（海軍）などの軍令機関が輔弼にあたり、
統帥権の範囲が本来の作戦用兵にとどまらず広く軍に関係する政治行政の領域にまで及
ぶとされるに至って、軍による政治干渉の足がかりとなった。

123【統帥部】　陸軍の参謀本部、海軍の軍令部のこと。それぞれの長官にあたる参謀総長（陸
軍）、軍令部総長（海軍）が、天皇の、陸軍、海軍に対する統帥権の行使をそれぞれ輔翼
していた。

124【特攻隊】特別攻撃隊の略称。1944（昭和 19）年 10 月のレイテ沖海戦に際し、日本海
軍は米空母の活動を封じるために航空機による体当たり攻撃を実施し、「神風特別攻撃隊」
と称したため、以後、特攻隊・特攻は体当たり攻撃の代名詞となった。特攻は「志願」
によるものとされたが、次第に命令による部隊ぐるみの特攻が常態となり、陸海軍あわ
せて約 2500 機が特攻に投入された。戦艦大和の「海上特攻隊」、「回天」など特攻兵器
も実戦に投入された。

125【南洋庁（なんようちょう）】1919 年のパリ講和会議で赤道以北のドイツ領太平洋諸
島（南洋群島）の委任統治を受任した日本が、1922 年に設置した行政機関。本庁をパラ
オ諸島コロール島に置き、サイパン、パラオ、ヤップ、トラック、ポナペ、ヤルートの
6 支庁を設けた。委任統治では陸軍根拠地の建設は禁止されたが、庁開設とほぼ同時に
コロール島に配置された海軍在勤武官が、南洋庁と「連繋を保持し海軍関係事項の交渉、
処理調査及諜報事務」を行った。国際連盟脱退後、海軍自らが施設建設を行うようになり、
建設を一層急いだ 42 年には南洋庁に交通部を新設、海軍の現役将校を配置した。43 年、

559

大本営が絶対国防圏を設置して間もなく、南洋庁長官に細萱戊子郎海軍中将、支庁長に海軍将校を据え、北部、西部、東部の3支庁に再編された。米軍の占領により南洋庁による統治は事実上終わったが、米軍が占領行政に南洋庁官吏や戦時の組織を利用した島嶼もあった。

126【日本国憲法】　大日本帝国憲法（旧憲法）に代わって昭和22年5月3日から施行された日本の憲法典。前文及び11章103箇条から成る。連合国最高司令官の指導と助言の下に起草され、旧憲法の規定による改正案として帝国議会に付議され、昭和21年11月3日公布された。憲法は政治権力者を規制する法であるとする立憲主義の立場に立ち、国民主権、平和主義及び基本的人権の尊重という三原則のほか地方自治の保障等について規定し、旧憲法に比べて徹底した民主主義原理を打ち出している。→大日本帝国憲法

127【日本国との平和条約（サンフランシスコ条約）】　昭和27年条約5号。対日平和条約、サンフランシスコ平和条約ともいう。第二次大戦を終了させるため、1951年9月8日サンフランシスコにおいて連合国の大部分と日本との間で署名され、52年4月28日発効。同時に署名された日米安全保障条約とともにいわゆるサンフランシスコ体制を構成したといわれる。戦争状態の終了、日本の主権の承認、日本による領土権の放棄、国際連合憲章第2条の執務の受諾、戦前の日本との条約の効力、賠償の支払等が定められている。

128【ニュルンベルク裁判】　第二次世界大戦中に日本と同じ枢軸陣営であったドイツの戦争犯罪人を裁く目的で行われた裁判。
　　1945年8月8日、ヨーロッパ枢軸諸国の重大戦争犯罪人の訴追・処罰に関する協定である「ロンドン協定」が調印された。この「ロンドン協定」に付属したものが、「国際軍事裁判所条例（憲章）」である。
　　この条例を直接の根拠法として、1945年11月からニュルンベルク裁判が開廷された。

129【ハーグ条約】　一般にオランダのハーグで結ばれた条約を指す。陸戦法規や海戦法規など戦争に関する諸条約から、現在では離婚に関する子どもの引渡問題を定めた条約まである。

130【賠償と補償】賠償とは、一般的には、他人に与えた損害を償うこと。法令用語としては、民法上の債務不履行又は不法行為に基づく損害の「賠償」や国家賠償法に基づく損害の「賠償」のように、通常、違法な行為により他人の権利・利益を侵害して損害を与えた場合

560

にその損害を補填するため金銭等を支払うことを意味する。適法行為に基づく損害の補填の場合には「補償」の語を用いることが多い。

131【東久邇宮の「一億総懺悔」】　1945 年 9 月 5 日、施政方針演舌で以下のように述べた　ことが有名である。「敗戦の因って来る所は固より一にして止まりませぬ、前線も銃後も、軍も官も民も総て、国民悉く静かに反省する所がなければなりません、我々は今こそ総懺悔し、神の御前に一切の邪心を洗い浄め、過去を以て将来の誡めとなし、心を新たにして、戦いの日にも増したる挙国一家、相援け相携えて各々其の本分に最善を竭し、来るべき苦難の途を踏み越えて、帝国将来の進運を開くべきであります。」これは戦争被害受忍論の根拠ともなった演舌である。

132【BC 級戦犯裁判】捕虜や一般市民への通例の戦争犯罪を指揮、または実行した者を裁いた軍事裁判。米・英・蘭・仏・豪・フィリピン・中国国民政府の 7 ヵ国（ソ連も実施したが詳細は不明）が 1945（昭和 20）年 10 月〜51 年 4 月までに、アジア・太平洋各地域の 49 法廷で実施した。
総件数は 2,244 件、5,700 人の日本軍人・軍属が起訴され、984 名が死刑判決を受けた（死刑最終確認者は 934）。捕虜収容所監視員などに従事した朝鮮人 23 人、台湾人 26 人が「日本人」として処刑されるなど、問題を残した。

133【非戦闘員】　伝統的には、事務的要員、兵站部員、医師、従事記者、教誨師など交戦国の兵力に属するが直接に戦闘には従事しない者。戦闘員、平和的人民と区別された。
　なお、1977 年の「ジュネーブ四条約追加議定書」では、広く軍隊の構成員（衛生要員・宗教要員を除く）を「戦闘員」とし、右のような区別をしていない。

134【復仇】　国際法違反の行為の中止又は救済を求める目的で被害国によってとられる強制手段。その目的の範囲内で相手国の不法行為と対等なものであれば、被害国の強制行為の違法性は阻却される。国際連合憲章により武力の行使は一般的に禁止されているので、今日では武力による復仇は違法と解される。→報復

135【不法行為】　故意又は過失によって他人の権利又は法律上保護される利益を侵害し、これによって他人に損害を生じさせる行為。一般の不法行為（民 709）と、その特則としてより重い責任の認められる特殊の不法行為（使用者責任・715 工作物責任・717 など）とがある。
　不法行為の効果として、加害者は、財産的損害のほか精神的損害を賠償しなければな

らない（710・711）。一般の不法行為の成立要件には、①主観的要件（行為が故意又は過失に基づくこと、加害者に責任能力があること）と、②客観的要件（加害行為の違法性と被侵害利益との態様を比較して権利侵害があること、行為と損害との間に因果関係があること）とがある。

136【俘虜の待遇に関するジュネーヴ条約】　1929（昭和4）年7月に調印された世界初の俘虜（捕虜）に関する独立した多国間条約（97ヵ国）。第一次世界大戦の経験をもとに、「ハーグ陸戦規則」第2章17ヶ条を発展、独立させたもので（49年8月に143ヵ条に発展）、俘虜への報復の禁止などが謳われている。日本は「帝国軍人が俘虜になることは予期していない」などを理由に批准しなかったが、対米英開戦の際、米英には俘虜に対して同条約の規定を準用すると伝えた。

しかし、日本軍はこの条約違反の行為が多く、戦争犯罪として裁かれた。

137【平和の礎（へいわのいしじ）】大田昌秀が沖縄県知事の時に、沖縄県糸満市、沖縄島南端の沖縄平和祈念公園の中に1995年6月に建立した記念碑。沖縄戦で亡くなった全ての人々と、31年から45年までの15年戦争で亡くなった沖縄県出身者の名前を刻銘している。刻銘数は2017年6月現在、24万1468人。この碑は「沖縄の歴史と風土の中で培われた「平和のこころ」を広く内外にのべ伝え、世界の恒久平和を願」って建設されたもので、「国籍や軍人、民間人の区別なく沖縄戦で亡くなられたすべての人々の氏名を刻んだ」点に特徴がある。沖縄県民や本土出身の日本軍人だけでなく、米軍人、台湾や朝鮮半島出身者なども刻銘されている。自国のために戦って倒れた兵士を顕彰するものではなく、軍人より多くの民間人の命が失われた沖縄戦のような経験を二度と繰り返してはならないという平和への願いを示している。ただ朝鮮人の日本軍慰安婦の戦没者が1人も刻まれていないことなどが指摘されている。→大田昌秀

138【報償責任】　無過失責任の理論的根拠の一つ。「利益あるところに損失もまた帰せむべし」という考え方に立つ。民法の使用者責任等はこの考え方に基づくものとされている。企業活動の巨大化に伴い、企業責任を広く認めるべきとの主張の論拠とされている。民法715条の使用者責任は、このような思想の現れであるとして、大きな利益を収める企業等の責任を広く認めることが主張されている。→危険責任

139【法廷（民衆法廷）】　一般的に法廷とは国の司法機関としての裁判所が審理及び裁判を行う機能の備わった「場所」や裁判体ことをいう。例えば、最高裁判所の場合は、大法廷又小法廷で審理・裁判を行う。この場合の判決は国家権力を基にして強制（執行）力

を有する。

　これに対して「民衆法廷」とは、国家権力や軍事権力を有しない民間の個人や国体など
が特定の課題、例えば「従軍慰安婦」問題をテーマにして、裁判の形式を借りて有責・
有罪などの「判決」を出す形式のことを示している。この場合は、前者とは異なって強
制力がないので、世論を喚起して問題解決を図るのための活動や運動を行うが、そのこ
とを「民衆法廷運動」という。

　典型的例として、2000 年 12 月に行われた「日本軍性奴隷制を裁く 2000 年女性国際
戦犯法廷」などがあげられる。

140【法の下の平等】　封建的な身分制度や男女の差別などを廃止し、全ての人間は平等であ
るとする、近代憲法の基本原則の一つ。ただ、平等といっても、不合理な差別を禁止す
るのであり、全ての差別待遇を禁止する趣旨ではない。旧憲法では、公職就任について
は平等の原則がとられていたが、現行憲法は、華族制度を廃止し、男女同権を確立する
など、法の下の平等を徹底している（14・44）。（法の前の平等）

141【報復】　国際法上は、ある国が国際法違反を構成しない範囲でとった不当な行為に対し、
その被害を受けた国が対抗してそのある国の利益を害する同種類の行為をもって報いる
こと。通商の制限、関税の引上げ等が典型例であるが、それらの手段が国際法上合法な
ものである限り法の問題とはならない。

　相手国の不法行為を前提とする復仇とは異なる。→復仇

142【保障占領】　相手国による義務の履行を確保するために行われる相手国領域の一部また
は全部の占領。戦勝国が敗戦国に対し降伏条件や講和条件の履行の確保のため、両者間
の合意に基づいて（この点が戦時占領との差異）行うのが普通。ポツダム宣言（降伏条件）
履行のために行われた日本本土の占領がその例。日本本土は 1952 年 4 月 28 日サンフラ
ンシスコ講和条約締結時までアメリカによる「保障占領」が実施されたことになる。→
占領、戦時占領

143【ポツダム宣言】　1945（昭和 20）年 7 月 26 日、米（H．S．トルーマン）、英（C．
アトリー）、中（蔣介石）首脳名で発表し、ソ連も参戦後に加わった対日降伏勧告宣言。

　日本に軍国主義の除去、連合国による軍事占領、領土の制限、戦争犯罪人の処罰、民
主化の推進、条件付きでの政体選択の自由などを求めていた。鈴木貫太郎内閣は「黙殺」
と発表、原爆投下やソ連参戦を招いた。その後、日本政府は連合国側に天皇制容認の意
思があると認め、同年 8 月 14 日に受諾し無条件降伏した。

563

144【捕虜】 戦争の際、敵側に身柄を確保された戦闘員のこと。俘虜ともいう。

　日露戦争や第一次世界大戦では、日本軍は日本の国際的地位向上の観点から、1907年の「ハーグ陸戦規則」などの国際条約を遵守、捕虜を人道的に取り扱うことに努めたが、その一方で、日本人が捕虜になることは恥辱であるという観念も強かった。

　1932（昭和7）年第一次上海事変の際、捕虜になった空閑　昇　少佐が、停戦後に自決した事件は「帝国軍人の鑑」として称えられ、以後、捕虜になるよりも死を選ぶことを美徳とする考えが広まった。41年1月に出された「戦陣訓」は、捕虜否定思想の一つの帰結であった。

　日本軍は、政府が調印した俘虜の待遇に関するジュネーヴ条約（1929年）を批准させず、捕虜の取扱いに関する教育はなされなかった。

　また、満州事変以降、捕虜になった中国兵を現地指揮官の独断で殺害することが日常茶飯事となったこともあって、アジア太平洋戦争でも、連合軍捕虜に対する処遇は多くの場合、非人道的な過酷なものとなった。

　その結果、戦後、関係軍人が戦犯として多数裁かれた。

145【マリアナ沖海戦】 1944（昭和19）年6月19、20日、マリアナ諸島西方海域での日米機動部隊による大規模な海戦。

　15日の米軍のサイパン島上陸に伴い空母9隻を基幹とする日本艦隊は、空母15隻の米機動部隊を先制攻撃したが、航空機395機を喪失、逆に、米軍の空襲と潜水艦の攻撃により大鳳・翔鶴・飛鷹の空母3隻を撃沈され、日本側の完敗に終わった。

　この結果、制空・制海権を得た米軍はマリアナ諸島を制圧し、B29による本土空襲の出撃基地を確保した。絶対国防圏・サイパンの陥落となった。

146【ミズーリ　Missouri】 アメリカ海軍の戦艦。基準排水量約4万5000トン、最大速度33ノット（時速約61キロ）。アイオワ級の3番艦として1941年1月起工。44年6月竣工。アメリカ海軍が無条約時代の列強海軍に対して計画した速度の強化と40.6センチ砲の搭載に成功した最新鋭の戦艦であったが、航空兵力が戦局を決する状況となった。「ミズーリ」は45年2月、硫黄島への上陸作戦に投入される。同年3月の沖縄戦では陸上部隊に向けて艦砲射撃を行い、翌月11日、零式艦上戦闘機による特攻を右舷甲板の後部に受けた。その後ウィリアム＝ハルゼー率いる第3艦隊の旗艦となり、日本の都市を砲撃。同年9月2日の日本の降伏文書調印式はミズーリ号艦上で行われた。戦後は朝鮮戦争に投入され、51年8月にミズーリのみであったアイオワ級の現役艦として戦闘任務に就く。55年に退役となり、予備役状態でワシントン州ブレマートン基地に係留され、兵装の改良を行うか、廃棄処分とされるかが検討されていたが、その間も日本の降伏調印が行わ

れた戦艦として多くの観光客が訪れていた。86年5月、アメリカの国防方針の転換により現役に復帰して最新兵器を搭載、中東での任務を主とするなか、91年1月の湾岸戦争に同型艦の「ウィスコンシン」とともに参加。翌年3月に2度目の退役となり、再度ブレマートン基地に係留。ハワイ州の真珠湾に回航された後、99年1月に戦艦ミズール記念館が設置された。

147【無過失責任（無過失賠償責任）】 ①損害の発生について故意・過失がなくてもその賠償責任を負うこと。無過失賠償責任ともいう。「過失なければ責任なし」という過失責任主義は近代法の大原則の一つであるが、近時の経済的発展、特に大企業の発達は、危険を伴う活動をしながら巨額の利益を収める企業には、その危険から生じた損害に対して常に賠償責任を負わせることを妥当と感じさせ、損害の公平な負担を図るために、無過失責任の思想が発展した（→「企業責任」）。結果責任主義又は原因責任主義ともいい、その理論的根拠について危険責任・報酬責任・原因責任等の説明がされている。実際には企業の内部（労働者への災害）・外部（一般人への危害）に対する責任について無過失責任を認める特別の立法が各国で試みられ、判例もこれに応じていく傾向にある。わが国では前者については労働者の災害補償の制度があり、後者については鉱業法、原子力損害の賠償に関する法律、大気汚染防止法、水質汚濁防止法による賠償責任等の制度がある。

②わが国の国家賠償法は、過失責任主義を採用しているため、違法であっても無過失の行為については採用されない。また、「公法上の損失補償」は適法行為に対するものである。したがって、違法無過失の行為に基づく損害に対する救済は、いわゆる国家補償の谷間となる。そこで、違法侵害に対しては、過失の有無を問わず、国家責任を認めるべきであるという主張がなされることがある。これが行政上の無過失責任である。現行法上は、消防法6条3項、国税徴収法112条など特別の定めがある場合にだけ認められるが、それ以外の場合にも過失の客観化・推定等の手法により、無過失責任主義に近い運用がなされることがある。なお、国家賠償法2条の定める営造物責任は、従来の学説によれば無過失責任を定めたものであるが、最近は、これに反対する説も唱えられている。

148【無条件降伏】 第二次世界大戦において新たに定められた戦争終結方式。戦勝国の要求に条件をつけず従うことを意味する。

日本に対する降伏要件はポツダム宣言で提示されたが、天皇制の維持に日本が固執していたため、主権は連合国軍最高司令官により制限されるが天皇制の存否は日本国民に委ねる見解がアメリカから重ねて示された（バーンズ回答）。これを天皇制の保障と解釈した日本は宣言受諾を決め、降伏文書調印により正式に内容が確定した。

149【靖国神社】 明治2年に招魂社として創立された神社。明治12年に現在名に改称されるとともに、別格官幣社となる。明治維新前後から、戦没者など国事に殉じた人々をまつる。旧憲法下においては、「神社は宗教にあらず」との立場から、他の神社と同様特別の待遇を受けたが、政教分離の原則に立つ現行憲法下においては、何ら特別の地位を有しない。

150【ヤルタ協定】 1945年2月、ソ連クリミア半島のヤルタにおいてルーズベルト大統領、チャーチル首相及びスターリン元帥が戦後処理問題等を話し合った際に、日本に関して結ばれた協定。戦後の1946年2月に公表された。

この協定により、ソ連は当時中立関係にあった日本に対する参戦を約し、アメリカ、イギリスはソ連への樺太南部の返還及び千島列島の引き渡し等を約した。ソ連は、この協定に基づき対日参戦を行った。

151【陸戦ノ法規慣例ニ関スル条約】 明治45年条約4号。1899（明32）年の第一回ハーグ平和会議で採択され、1907年に改正されたもので、ハーグ陸戦条約と通称される。56条から成る「陸戦ノ法規慣例ニ関スル規則」（通称、ハーグ陸戦規則）が附随しており、交戦者の資格、俘虜（ふりょ）の取扱い、害敵手段の制限、休戦等に関する規程を置いている。いわゆる戦時国際法の一つ。

152【陸戦法規】 陸戦に関する国際法上の規則の総体。その主要な規則はハーグ平和会議で成文化された「陸戦ノ法規慣例ニ関スル条約」に附属する「陸戦ノ法規慣例ニ関スル規則」である。前者をハーグ陸戦条約、後者をハーグ陸戦規則または陸戦条規と略称する。それは陸戦に関する重要な規則をほぼ網羅したもので、大体に陸戦法規の法典に当たる。陸戦とのかかわりで、第2次大戦後、捕虜・文民・傷病者の保護等に関しては新たな条約が締結され（「ジュネーブ四条約」）、兵器に関しても若干の条約ができた（「通常兵器規制条約」）。

※引用、**参照文献**（書名、作成・発行日、著者等の順）

1　有斐閣　法律用語辞典［第4版］（2012年6月25日）有斐閣

2　解説条約集［第3版］（1998年4月1日）三省堂

3　軍縮条約・資料集（1998年3月21日）有信堂

4　戦時・軍事法令集（1984年3月20日）図書刊行会

5　完本日本軍隊用語集（2002年6月14日）寺田近雄　学研パブリッシング

本書関連の用語解説

6 日本の戦争ハンドブック（2002年8月25日）歴史教育者協議会編　青木書店
7 近代日本戦争史事典（2006年4月5日）古賀牧人（光陽出版社）
8 戦傷病者戦没者遺族等援護法　援護法Q&A=仕組みと考え方（2000年6月15日）
  厚生省社会・援護課
9 岩波　天皇・皇室辞典（2005年3月10日）原武史・吉田裕　岩波書店
10 法廷で裁かれる日本の戦争責任（2014年3月15日）瑞慶山茂　高文研
11 法廷で裁かれる沖縄戦－初めて問う日本軍の国家賠償責任（2016年4月1日）
  瑞慶山茂　高文研
12 大元帥昭和天皇（2006年3月15日）山田朗　新日本出版社
13 新法律学辞典［第三版］（1994年10月30日）有斐閣
14 資料集20世紀の戦争と平和（2000年8月30日）吉岡吉典・新原昭治　新日本出版社
15 太平洋戦争主要戦闘事典　指揮官・参加部隊から戦果・損害まで（2005年7月19日）
  太平洋戦争研究会　PHP研究所
14 ほか「太平洋戦争主要戦闘経過概略一覧」引用、参照文献に同じ

サイパン島南西部・ススペにいまも残る日本軍将校用官舎＝撮影　村上有慶

瑞慶山　茂（ずけやま・しげる）

南洋戦・フィリピン戦被害・国家賠償訴訟弁護団長。弁護士。1943年6月、南洋諸島パラオ・コロール島で生まれる。1歳の時、米軍の空襲を避けるための避難船が沈没、奇跡的生還。姉（3歳）は水死。1946年沖縄県に引き揚げ。66年琉球大学法文学部卒。68年第9回世界青年学生平和友好祭（ブルガリア首都ソフィア）の日本代表、アメリカの軍事支配下の沖縄問題を世界の青年に訴える。

1971年弁護士登録。94年千葉県弁護士会会長、関東弁護士会連合会常務理事、日本弁護士連合会理事、商工ローン被害対策千葉県弁護団長を歴任。現在、月刊「軍縮問題資料」編集責任者、東京大空襲訴訟常任弁護団、沖縄・民間戦争被害者の会顧問弁護団長、「赤ちゃんの急死訴訟研究会」代表世話人、弁護士法人瑞慶山総合法律事務所代表などを務める。

編著書：『法廷で裁かれる日本の戦争責任』『法廷で裁かれる沖縄戦〔訴状編〕』『法廷で裁かれる沖縄戦〔被害編〕』（共に高文研）『未解決の戦後補償Ⅱ　戦後70年・残される課題』（共著。創史社）『災害・事故トラブル解決大百科』（共著、講談社）『沖縄返還協定の研究』（汐文社）など。

法廷で裁かれる南洋戦・フィリピン戦〔訴状編〕
──強いられた民間人玉砕の国家責任を問う──

● 2018 年 2 月 1 日 ──────────── 第 1 刷発行

編著者／瑞 慶 山　茂
発行所／株式会社　高文研
　　　　東京都千代田区猿楽町 2-1-8　〒 101-0064
　　　　TEL 03-3295-3415　振替 00160-6-18956
　　　　http://www.koubunken.co.jp

印刷・製本／精文堂印刷株式会社

★乱丁・落丁本は送料当社負担にてお取替えいたします。

ISBN978-4-87498-645-5 C0021